스무 살 독일, 얼마만큼 컸나?

독일 통일,
그리고
한반도의 선택

이 도서의 국립중앙도서관 출판시도서목록(CIP)은 e-CIP 홈페이지(http://www.nl.go.kr/ecip)
에서 이용하실 수 있습니다.(CIP제어번호: CIP2010003335)

스무 살 독일, 얼마만큼 컸나?

독일 통일, 그리고 한반도의 선택

김동명 지음

한울
아카데미

일러두기

1. 이 책에서 표기되는 서독과 동독은 통일 전 서독 지역과 동독 지역을 의미하며, 국가 호칭인 서독(BRD: 독일연방공화국)이나 동독(DDR: 독일민주공화국)이 아니다.
2. 통일 이후 양 지역의 경제발전 등을 비교할 때, 보다 정확성을 기하기 위해 동·서베를린은 제외했다. 분단 전 서독에 속해 있던 서베를린을 통일 후 동독의 통계에 포함시킬 경우 엄밀한 의미에서 통계의 정확성이 떨어지기 때문이다.
3. 이 책에 나오는 사진들의 출처는 독일연방정부 공보처(Presse- und Informationsamt der Bundesregierung), Bundestag, Bundesstiftung zur Aufarbeitung der SED-Diktatur, 그리고 위키피디아이다. 특히 대부분의 사진을 제공해준 독일연방정부 공보처(Referat 403/ Bundesbildstelle)의 마그리타 골트(Margritta Gorlt) 여사에게 감사드린다.
4. 이 책의 인세는 탈북자를 포함한 북한 동포의 생명과 인권을 지키기 위해 활동 중인 NGO 단체 '사단법인 북한인권시민연합'에 전액 지원됩니다.

추천사

　독일 통일 20주년을 맞는 오는 10월 3일은 우리 독일인들에게 각별한 날입니다. 1990년 10월 3일 동서냉전 종식으로 그토록 오랫동안 염원했던, 그러나 거의 불가능할 것이라 믿었던 독일인들의 꿈이 드디어 이루어졌기 때문입니다. 이제 통일 독일은 역사상 처음으로 자유, 통일과 평화 속에서 모든 이웃 국가들과 공존하며 동서 유럽을 이어주는 가교 역할을 하고 있습니다.

　독일 통일은 그간 독일정부의 동방 정책 및 동서 긴장완화 정책과 중·동 유럽의 평화혁명이 종합된 결과라고 볼 수 있습니다. 독일민주공화국(동독)에서의 시민평화혁명은 결코 1989년 가을에 시작된 것이 아니었습니다. 이미 그해 초부터 독일사회주의통일당(SED), 경찰 그리고 국가보위부(슈타지)에 대한 다수의 저항 움직임이 일어나고 있었습니다. 이러한 저항 움직임은 1989년 10월 7일 동독 건국 40주년을 맞아 치러진 기념행사에서 정점을 맞았습니다. 이날 라이프치히에서는 약 7만 명의 평화시위대가 집결하여 반정부 시위를 벌였습니다. 1989년 11월 9일 베를린장벽의 붕괴로 지난 40년간 지속되었던 비정상적이었던 독일의 분단은 끝이 났습니다.

그 당시 어느 누구도 독일인의 역동성을 막아서는 안 되었고, 또한 막을 수도 없었습니다. 베를린장벽이 붕괴되고 1990년 3월 18일 동독에서 최초로 자유총선이 실시된 후 동·서독은 1990년 9월 23일 통일조약에 서명했습니다. 1990년 10월 3일 통일조약이 발효되면서 동독은 독일연방공화국(서독)에 흡수되었습니다. 이 기쁜 역사적 사건이 올해 20주년을 맞게 된 것입니다.

독일 통일은 새로운 유럽의 시금석이었습니다. 독일 통일로 인해 유럽연합(EU)의 동유럽 확대가 가능했고, 유럽 전체의 경제적 여건이 급격히 개선되었으며 안보 상황도 안정적으로 발전하고 있습니다. 그런 의미에서 독일 통일은 독일뿐만 아니라 유럽 전체의 성공사라고 말할 수 있을 것입니다.

독일 통일과 함께 동독의 인민군도 서독 연방군에 편입되었습니다. 군 지휘관들도 신중하게 처신하며 통합과정을 성공적으로 추진했습니다.

이 책의 저자인 김동명 대령(예)은 독일의 군사통합 과정에 대해 남다른 인상을 갖고 있으리라 생각합니다. 김동명 대령은 육군사관학교와 서울대학교에서 독문학을 전공한 후 독일 콘스탄츠 대학교에서 1984년부터 1991년까지 석사와 박사과정을 마쳤습니다. 아마도 독일에서의 수학 과정은 김동명 박사에게 통일 전 분단된 독일의 정치적 상황에 대한 깊은 이해를 형성할 수 있도록 해주었을 것입니다. 이러한 바탕 위에서 김동명 대령은 1996년부터 1999년까지, 2002년부터 2006년까지 두 차례 독일 주재 대한민국대사관의 국방무관으로 근무하면서 군사 분야를 포함한 독일 통일 과정 전문가로 성장했습니다.

김동명 대령이 2005년부터 2010년까지 집필한 이 책의 출판을 축하합니다. 지난 몇 년 간 한국에서는 독일 통일과 관련된 많은 서적이 출판되었지만 독일 통일로부터 한국이 어떤 결론을 얻을 수 있는지에 대해 분야별로 이토록 상세하고 집중적으로 조명한 책은 없었다고 봅니다. 김동명 대령이 집필한 이 책이 아무쪼록 장차 한국 통일에 대한 전망을 밝히는 데 크게 기여하기를 바랍니다.

2010년 9월 10일 서울
주한 독일연방국 대사 한스 울리히 자이트 박사
(Dr. Hans-Ulrich Seidt at the German Embassy to Korea)

서문

    1990년 10월 3일 독일은 통일되었다. 분단된 지 45년 만이었다. 2010년 올해로 통일 20주년을 맞는 독일은 사람으로 치면 이제 스무 살에 해당된다. 필자는 스무 살 독일이 과연 얼마만큼 자랐고, 얼마만큼 슬기로워졌는지, 또한 그동안 어떤 성장통과 사춘기를 겪으며 오늘까지 성장해왔는지를 이 책을 통해 그려보고 싶었다. 독일이 통일된 후 지난 20년간 상이한 정치·경제·국방·사회체제를 어떻게 통합했고, 동·서독 주민들이 어떻게 통합되어 왔는지를 살펴보고 싶었다. 통일된 지 20년이 지난 지금 독일이 통일되기 전과 무엇이 대내외적으로 크게 달라졌는지를 규명하고, 통합과정에 대한 동·서독 주민들의 반응과 평가도 알아보고 싶었다.
    이 외에도 독일과 한반도의 분단 배경 중 무엇이 서로 비슷하고 다른지, 또한 분단 시절 상호 교류·협력과 관련하여 동·서독과 남북한이 얼마나 큰 차이를 보이고 있는지도 분석해보고 싶었다. 독일은 어떤 배경에서 통일이 가능했는지, 그러나 한반도는 왜 아직도 분단체제에서 헤어나지 못하고 있는지를 규명하고 싶었다.
    이 책을 쓰는 가운데 항상 머릿속에는 '독일로부터 무엇을 배울 수 있을까?'라는 질문이 자리 잡고 있었다. 독일 통일과 관련된 모든 것이 통일을 지향하며 남북분단관리를 하고 있는 우리에게 소중한 교훈이 될 수 있을 것이다. 독일의 오늘은 한반도의 내일이기 때문이다. 이런 맥락에서, 분단에서 통합까지 독일과 한반도와의 차이점과 유사점, 그리고 상이한 양 체제의 통합 과정에서 나타난 긍정적인 면과 부정적인 면 등 모든 것이 장차 남북한 간에 상호 갈등을 줄여나가며, 통일을 위한 재원을 효율적으로 관리해야 하고, 또한 독일의 잘못을 반복하지 말아야 하는 우리에게 좋은 교훈이 될 수 있을 것이다.

이와 같은 배경에서 쓴 이 책은 크게 세 부분으로 나누어진다. 제1부는 독일 분단과 분단 시절 동·서독 관계, 그리고 통일 과정, 제2부는 20년간의 분야별 통합 실태, 제3부는 독일 통일로부터 얻을 수 있는 한반도 통일에 대한 교훈과 시사점을 담고 있다.

제1부에서는 주로 독일의 분할 배경과 동서냉전을 맞아 분단으로 발전되는 과정, 그리고 서독 정부의 분단관리정책을 소개한다. 분단 시기 서독 정부의 분단관리정책은 헤겔의 변증법에 따른 정반합으로 발전되었다. 독일 통일은 '아데나워의 친서방정책(正) + 브란트의 동방정책(反) + 콜의 교류·협력강화정책(合)'의 종합 산물인 것이다. 또한 제1부에서는 동·서독 간의 분야별 교류와 협력 사례를 소개한다. 독일 통일은 기본적으로 전승 4개국 간의 긴장완화와 동서냉전 종식이 이루어진 후에야 비로소 가능했기 때문에, 분단 시절 서독 지도부는 통일 문제 그 자체를 거론하기보다는 우선적으로 양독 간의 교류·협력에 치중했다. 이어서 독일 통일 과정과 독일 통일을 가능하게 한 대내외적 요인들을 분석한다.

제2부에서는 통일 후 지난 20년 동안 동·서독 간의 분야별 통합 실태를 기술한다. 독일 통일은 흡수통일의 성격을 띠고 있었기 때문에 전 분야에 걸친 통합이 서독의 주도로 비교적 수월하게 진행될 수 있었다. 제2부에서

는 국내 정치, 경제, 대외정치, 국방 및 사회 분야에서의 양독 통합 과정과 문제점 등을 상세하게 소개할 것이다. 이어서 독일 통일 20주년을 종합적으로 평가한다. 즉, 독일 통일의 성격을 규명하고, 20년에 걸쳐 나타난 현상과 이제까지의 성과를 분석하며, 향후 통일 독일의 모습을 전망해본다.

제3부는 '독일의 경우에서 얻을 수 있는 교훈과 시사점을 어떻게 한반도에 적용할 수 있을까'에 주안점을 둔다. 이를 위해 먼저 분단에서부터 통일(1945~1990)까지의 과정에서 나타나는 동·서독과 남북한 간의 차이점을 규명하고, 또한 통일 이후 동·서독 간의 분야별 통합으로부터 한반도가 얻을 수 있는 시사점과 교훈을 끌어내보고자 한다. 동시에 독일로부터의 경험을 한반도에 적용하는 문제를 검토하기 위해서는 한반도 안보구도에 대한 근본적인 평가 작업이 뒤따라야 한다는 인식에 따라 현행 한반도 안보실태를 진단하고 장차 한반도 냉전구도를 해체하기 위한 과제들을 분석한다. 끝으로 독일로부터의 경험을 토대로 장차 한국이 어떻게 통일을 지향하며 남북분단을 관리해나가야 할지에 대한 방안을 제시하고자 한다.

주로 독일의 통합 과정에서 나타난 문제점을 지적했기에, 자칫 '통일 자체가 문제였고, 통일된 독일이 문제 국가로 전락'한 것처럼 독자에게 비치지는 않을까 우려된다. 그러나 누가 뭐라 하더라도 독일 통일은 21세기 독일 역사 중 가장 축복받을 만한 역사적 사건이다. 또한 통일된 독일은 세계 최강의 경제 대국 중 하나고, 유럽통합을 주도하며 세계의 여론을 이끌어나가는 '품격 있는 국가'라는 것을 누구도 부정할 수 없을 것이다. 이러한 독일의 우수한 면들을 이 책에 상세히 다 기록할 수 없었음을 양해하기 바란다.

이제까지 동·서독 간의 교류나 독일의 분단 및 통일과 관련하여 많은 책들이 소개되었다. 그러나 이 책은 지난 20년의 독일 통합을 결산하며,

이로부터 장차 한반도의 분단관리를 위한 실마리를 찾으려고 했다는 점에서 기존의 연구들과 차이를 보인다. 따라서 제목도 『독일 통일, 그리고 한반도의 선택』으로 정했다. 독일에서도 2010년 독일 통일에 대한 대대적인 평가 작업이 뒤따를 것으로 예상된다. 20년이라는 기간 자체가 '아직 당시를 기억하는 사람이 많이 남아 있어 너무 멀지도 않고 너무 가깝지도 않아 역사적 평가가 가능한 특별한 기간'이기 때문일 것이다. 같은 맥락에서 필자도 이 책을 집필함으로써 한편으로 독일의 역사에 동참하고 다른 한편으로는 한반도의 분단 극복에 대해 깊이 고민할 수 있었던 계기가 된 것 같아 뿌듯하다.

이 책은 필자의 지난 45년간 독일과 맺었던 인연을 총 정리한 작품(Lebenswerk)이라고 감히 말할 수 있다. 필자는 중학교 1학년 때 독일어를 배우기 시작한 것을 계기로 독일과 인연이 닿았고, 독일에서 학업과 근무를 마칠 수 있었다. 필자는 1984년부터 독일 콘스탄츠 대학교에서 국제정치학을 수학하던 시절, 동·서독의 분단 과정과 동시냉전을 현장에서 직접 목격할 수 있었다. 또한 박사과정 시절(1987~1991)에는 동구권이 와해되는 과정과 베를린장벽이 붕괴되고 통일이 성사되는 과정을 생생하게 지켜볼 수 있는 행운을 가졌다. 이때 필자가 목도한 것은 동구권이 무너지며 부르짖던 '공산주의·사회주의는 결코 역사 발전의 대안이 될 수 없다'는 처절한 외침이었다. 이후 필자는 두 차례에 걸쳐 주독 한국대사관에서 국방무관을 역임했다.

본에 체류하던 1996~1999년에는 독일이 성공적으로 체제통합을 이룩하며 유럽통합을 주도하는 모습을 목격할 수 있었다. 동시에 여러 분야에서 파생되는 문제점으로 통일 후유증을 겪기 시작하는 독일의 또 다른 면도 볼 수 있었다. 두 번째 근무기간이었던 2002~2006년에는 베를린에 체류하면서 이제까지의 동독재건전략을 전면 수정하여 효율적으로 통일

비용을 관리하고 전 분야에서 개혁과 변혁을 추진하며 세계 속으로 웅비하는 청년 독일의 모습을 볼 수 있었다.

지금까지 독일과의 경험을 통해 필자가 가장 부러웠던 점은 '독일 사회가 본질(Substanz)을 중시하는 사회'라는 것이다. 비록 밖으로 요란하게 설치지는 않으나 속으로 내실을 다져온 독일인의 저력과 우수성은 갑작스러운 통일 과정에서 더욱 여실히 드러났다. 아무도 예상하지 못한 상황에서 통일을 맞았음에도 불구하고 독일은 순식간에 평화적 통일을 성취했고, 이후 동·서독의 상이한 양 체제를 통합하는 과정에서도 슬기롭게 대처했다. 우리 남북한도 현재 한반도 분단의 본질을 정확히 직시하고 실질적인 교류·협력을 통해 민족의 동질성을 회복하며 통일로 천천히 나아갈 수 있기를 간절히 소망한다.

필자는 군 생활이 거의 끝나가던 2005년부터 본격적으로 이 책을 준비해왔다. 그간 필자가 밤늦게까지 책상 앞에서 집필에 몰두할 수 있었던 것은 전적으로 전후방 각지에서 우리의 전우들이 이 땅의 안보를 책임지고 있었기 때문에 가능했다. 이 자리를 빌려 전우들의 노고와 충정에 깊은 존경과 감사를 보낸다. 오늘의 필자가 있기까지 끊임없이 정진할 수 있도록 지원하고 격려해준 육군사관학교, 대한민국 육군과 국방부에 대해 한없는 감사를 표하며, 우리 군의 무궁한 발전을 기원한다. 필자는 학위를 마치고 독일에서 귀국한 후 첫 근무지인 국방부 군비통제관실에서 북한 핵문제를 위시해 남북문제 현안에 대해 많은 고민을 할 수 있었다. 당시 많은 격려와 가르침을 주신 박용옥 장군님께 감사를 드린다. 그리고 이 책의 내용을 높게 평가해주고 독일 통일 20주년을 기해 이 책의 출판을 직접 기념해주신 주한 독일대사 자이트(Dr. Hans-Ulrich Seidt) 박사님에게 감사를 드린다. 비록 일일이 거론할 수는 없지만 그 외에도 필자에게 많은 격려와 가르침을 주신 군 동료와 선·후배, 육사 및 서울대 은사님들,

그리고 독일에서의 학업을 순탄하게 이끌어주신 호르스트 준트(Dr. Horst Sund) 콘스탄츠 대학교 전 총장님과 지도교수 미하엘 크라일레(Dr. Michael Kreile) 씨에게 감사를 드린다. 아울러 필자의 박사과정을 지원한 독일학술교류처(DAAD) 장학재단본부와 아시아 담당관을 지내신 게오르크 노이만(Georg Neumann) 씨에게 각별한 고마움을 표하고 싶다. 또한 도서출판 한울의 김종수 사장님과 윤순현 과장님, 그리고 꼼꼼하게 편집을 도맡아주신 염정원 씨 외 관계자 여러분의 노고에 힘입어 이 책의 출판이 가능했다. 이 모든 분들께 진심으로 감사를 드린다.

이 책의 도표와 사진 등을 도맡아 편집하며, 수차례에 걸쳐 원고를 수정해준 아내 순자에게 특별히 고마움을 전한다.

끝으로 사랑하는 아들 홍직과 딸 신우가, 그들의 친구 니콜라와 레베카가 통일된 독일에서 평화롭게 사는 것처럼, 장차 통일된 한반도에서 전쟁의 위협으로부터 해방되어 살 수 있기를 간절히 소망한다.

In der Hoffnung, dass meine Kinder Hongjik und Shinu in einem wiedervereinigten Korea, frei von der Kriegsgefahr, leben können, wie ihre Freunde Nocola und Rebecca Messmer in dem wiedervereinigten Deutschland.

2010년 6월
비엔나 숲이 보이는 서재에서
김동명
Colonel(ret.) Dr. Kim, Dongmyung

■ 차례

추천사 5
서문 8

제1부 | 독일의 분단과 통일

제1장 독일의 분단과 분단 시절 양독 관계 / 20
1. 독일의 분단과 동·서독 국가 성립 / 20
2. 동서냉전과 독일 문제 / 34
3. 분단 시절 서독 정부의 분단관리정책 / 40
4. 분단 시절 동·서독 국경 관리 / 64
5. 독일 내 반유대주의 역사와 나치 만행 청산 과정 / 72
6. 분단 시절 동·서독 교류·협력 사례 / 85

제2장 정치적 대변혁과 독일 통일 / 107
1. 통일 과정 / 107
2. 통일 일지(1989~1990): 자유로 가는 길 / 122
3. 독일 통일 가능 요인 / 127

제2부 | 독일 통일 20주년 분야별 통합 실태

제3장 국내 정치적 시각에서 본 독일 통일 20주년 / 150
1. 현행 독일 정치제도 / 150
2. 정치·행정체계 통합 / 162

3. 통일 후 정치문화 변화 / 165
4. 정치 변혁 후 동·서독 정당 통합과 정당체제 변화 / 172
5. 통일 후 의회와 정부소재지를 베를린으로 이전 / 195
6. 동독 사통당의 독재체제 청산 / 205

제4장 경제적 시각에서 본 독일 통일 20주년 / 214
1. 경제통합: 동독 경제의 사회적 시장경제체제로의 전환 / 214
2. 통일 후 동독 지역이 경제반전 실태 / ???
3. 통일 20년 경과 후 독일 경제의 실태와 전망 / 245

제5장 대외 정치적 시각에서 본 독일 통일 20주년 / 265
1. 유럽 안보 구도와 최근 유럽 안보 정세 / 265
2. 통일 후 독일의 국제정치적 위상 변화 / 275

제6장 국방정책적 시각에서 본 독일 통일 20주년 / 297
1. 동·서독 군사통합 / 297
2. 연방군의 특성 / 323
3. 연방군의 변혁 / 340
4. 연방군의 해외파병 작전 / 346
5. 통일 후 주독 미군 변화 / 354
6. 통일 후 방위산업계 변화 / 364
7. 통일 독일의 군사 대국화 가능성 / 368

제7장 사회·노동·기타 분야에서 본 독일 통일 20주년 / 371
  1. 통일 후 동·서독의 사회보장통합 / 371
  2. 통일 후 노동시장의 통합과 실업 / 383
  3. 통일 후 인구 이동과 이주민 대책 / 396
  4. 통일 후 주택정책 / 410
  5. 통일 후 교통정책 / 415

제8장 독일 통일 20주년 종합 평가 / 420
  1. 독일 통일의 성격 / 420
  2. 통일 달성 후 20년에 걸쳐 나타난 현상들 / 424
  3. 통일 후 성과 / 433
  4. 독일 통일에 대한 종합 인식 및 평가 / 438

제3부 | 독일 통일과 한반도의 통일

제9장 독일 통일이 한반도 통일에 주는 시사점 / 452
  1. 독일과 한반도의 분단 비교(1945~1989) / 452
  2. 동·서독 통일 과정에서 본 한반도 통일 관련 시사점
    (1989~1990) / 489
  3. 독일 통일 20주년 분야별 통합 실태를 통해 본 한반도 관련 시사점
    (1990~2010) / 501

4. 독일 통일의 경험과 현행 한반도 안보에 대한 함의 / 541

제10장 현행 한반도 안보 구도 실태와 통일 여건 / 547
   1. 한반도 냉전구조의 본질과 특성 / 547
   2. 한반도 냉전구조의 해체를 위한 다섯 가지 핵심 과제 / 555
   3. 5대 과제 상호 연관성과 추진 우선순위 / 607
   4. 한반도 평화체제 구축 이후 남북한 통일 대비 주요 과제 / 610

제11장 통일을 지향한 남북분단관리 방안 / 616
   1. 북한의 변화 / 616
   2. 통일을 지향한 남북분단관리 방안 / 618

부록 625

참고문헌 632

항목 찾아보기 637

인명 찾아보기 651

제 1 부
독일의 분단과 통일

제1장 독일의 분단과 분단 시절 양독 관계
제2장 정치적 대변혁과 독일 통일

제1장

독일의 분단과 분단 시절 양독 관계

1. 독일의 분단과 동·서독 국가 성립

▎**These 1**   제2차 세계대전 패망 이후 독일은 분할되었다. 독일의 분할을 야기한 근본적인 요인은 세계를 정복하려는 야욕으로 전 세계의 평화를 유린한 히틀러의 '제3제국'의 만행이다. 제3제국의 만행은 미국, 영국, 프랑스의 서방 민주 진영과 소련의 공산 진영이라는 이질적인 집단 간의 동맹을 불러왔다. 승전 후 전승 4개국은 독일의 분할을 통해 독일의 약화를 기도했으나, 포츠담 조약에서 독일을 정치·경제적 단일 단위로 유지하려 했던 것에서 알 수 있는 것처럼 독일의 영구 분단이 처음부터 계획된 것은 아니었다. 그러나 1947~1948년 동서냉전이 과열되자 전승 4개국은 결국 서방 3국 대 소련이라는 구도로 발전되었고, 양대 진영의 후원을 받은 동·서독은 각기 다른 국가를 수립하게 되었다. 미국과 소련의 대결의 장으로 변한 유럽의 정세로부터 독일은 결코 비켜날 수 없었다. 이런 맥락에서 독일은 '제3제국의 만행의 결과로 분할'되었고, '동서냉전의 결과로 분단'되었다고 볼 수 있다.

1) 제2차 세계대전 패망과 독일의 분할

1871년 비스마르크(Otto von Bismarck)에 의해 통일된 후[1] 제2차 세계대전이 끝날 때까지 독일은 주변국으로부터 유럽의 안정과 평화를 위협하는 주요 세력으로 인식되었다. 통일된 상태로 있었던 과거 74년(1871~1945) 동안 독일은 세계 양차 대전을 주도하여 약 6,500만 명에 달하는 인명을 희생시켰다. 이런 과거 역사로 인해 당시 강대국 사이에서는 통일된 독일이 장차 또다시 유럽의 안정과 평화를 위협할 것이며 오로지 분할을 통해 독일을 약화시키는 것만이 유럽의 안보질서를 보장할 수 있을 것이란 인식이 팽배했다.

제2차 세계대전 중 '반히틀러 연합(Anti-Hitler-Koalition)'을 구축했던 미국·영국·소련 3국은 이미 수차례에 걸쳐 독일의 분할 문제를 제기하고 논의했다. 1941년 12월 처음으로 이오시프 스탈린(Iosif Stalin)이 독일의 분할과 관련된 구상을 언급했고,[2] 그 후 영국 수상 윈스턴 치칠(Winston Churchill)과 미국 대통령 프랭클린 루스벨트(Franklin Roosevelt)도 근본적으

---

[1] 1806년 신성로마제국(Heiliges Römisches Reich)의 멸망 후 유럽 질서를 재편하기 위해 개최된 '빈회의(Wiener Kongress)'(1815. 6. 8)에서 39개의 독일어를 사용했던 제후국들로 구성된 독일연방(Deutscher Bund)이 성립되었다. 이후 그중 가장 강력한 국가인 프로이센(Preußen)을 중심으로 3차에 걸친 통일전쟁(독일-덴마크, 프로이센-오스트리아, 프로이센-프랑스)에서 모두 승리함으로써 25개 연방국가(Bundesstaat)로 구성된 독일제국(Deutsches Reich)이 성립되었다. 843년 체결된 베르됭(Verdun) 조약으로 프랑크 왕국(Frankenreich)이 동프랑크(독일 지역)와 서프랑크(프랑스 지역)로 갈라진 후, 독일 지역에는 1,000여 년 동안 350여 개의 봉건 제후국이 난립해오다가 비스마르크에 의해 역사상 처음으로 통일을 이룩했다.
[2] 스탈린은 오스트리아의 독립을 비롯해, 수데텐(Sudeten) 지방의 체코슬로바키아로의 반환, 자치적 라인국가의 건설, 바이에른의 독립과 동프로이센의 폴란드 할양 등을 거론했다.

로 독일의 분할에 동의했다. 1943년 11월 테헤란 3국 정상회담에서 루스벨트 대통령은 독일을 5개 자치국가로 분할하여 점령할 것을 제의했다.

1945년 2월 얄타(Yalta)회담에서 미·영·소 3국 정상은 '유럽자문위원회(European Advisory Commission: EAC)'의 건의에 따라 독일과 베를린을 미국, 소련, 영국 및 프랑스[3] 4개국 점령 지역으로 분할하기로 합의했다. 1945년 5월 8일 독일의 무조건 항복으로 제2차 세계대전은 종식되었고 전승 4개국은 1945년 6월 5일 '베를린 선언(Berliner Deklaration)'을 공포했다. 이를 계기로 전승 4개국은 유럽자문위원회의 「런던의정서(EAC-Zonenprotokoll)」에 따라 '독일 전 지역과 베를린'을 4개의 점령 지역으로 분할하고, 독일 전체 통치를 위해 구성된 '연합국 통제위원회(Alliierter Kontrollrat)[4]'를 통해 독일에 대한 통치권(oberste Regierungsgewalt)을 위임받았다. 이로써 독일은 국가주권을 완전히 상실했다. 이어서 열린 '포츠담회담(Potsdamer Konferenz)'(1945. 7. 17~8. 2)[5]에서 미·영·소 전승 3개국[6]은 전후 독일 처

---

[3] 1943년 모스크바 외상회담에서의 결정으로 설립된 유럽자문위원회에서 미·영·소 3국은 1943년 12월부터 1945년 8월까지 런던에서 독일의 항복 조건과 이후 점령 분할 문제를 협의·조율했다. 1940년 이래 독일에 점령당한 프랑스는 1944년 미·영 연합군에 의해 독일 치하로부터 해방되어 최초 승전국에 가담할 수 없었다. 1945년 2월 얄타회담에서 영국의 건의에 따라 프랑스를 승전국 대열에 포함시키기로 합의했고, 프랑스는 그해 5월 1일 연합국 통제기구 설립에 관한 런던협정에, 그리고 7월 25일 독일 분할에 관한 런던의정서에 가입함으로써 전후 독일 문제에 관여할 수 있게 되었다. 1945년 7월 30일 처음으로 구성된 연합국 통제위원회에 장 드라트르 드타시니(Jean-Marie-Gabriel de Lattre de Tassigny) 장군을 파견함으로써 승전국의 대열에 동참하게 되었다.

[4] 1945년 7월 30일 처음으로 구성된 연합국 통제위원회의 위원은 소련의 주코프(Georgi K. Schukow) 원수, 미국의 드와이트 데이비드 아이젠하워(Dwight D. Eisenhower) 장군, 영국의 버나드 몽고메리(Bernard Montgomery) 원수, 프랑스의 드타시니 장군 등이다.

〈사진 1-1〉 포츠담회담에 참석한 처칠, 트루먼, 스탈린

리 문제와 관련하여 다음과 같은 통치 원칙(5-D)에 합의했다. 즉, 장차 독일을 군사력의 감축과 무기산업의 폐기를 통해 '비군사화(Demilitarisierung)'하고,

---

5) 포츠담회담은 제2차 세계대전을 마무리 지으면서 동시에 새롭게 동서냉전이 시작됨을 알리는 성격의 회담이었다. 전승 3개국 대표인 트루먼, 스탈린, 처칠(선거 패배로 회담 중이던 7월 말에 클레멘트 애틀리(Clement Attlee)로 교체됨)은 주로 전후 독일 국경 문제, 전후배상 문제, 그리고 독일 점령 지역의 행정 문제를 논의했다(Hans Georg Lehmann, *Deutschland-Chronik 1945~1995*, bpb, p. 20~21).

6) 스탈린이 주도한 이 회담에 프랑스는 초청을 받지 못했다. 스탈린은 근본적으로 독일에 점령당한 후 미·영·소에 의해 해방된 프랑스의 승전국 지위에 대해 회의적이었다. 그러나 전쟁 종식 후 프랑스와 함께 소련의 팽창 위협에 대응하려 했던 영국의 처칠은 미국과 소련에 프랑스를 전승국의 일원으로 편입시켜야 한다고 설득했다. 당시 유럽의 강대국이었던 프랑스는 1939년 9월 3일 독일의 제3제국에 대해 선전포고를 했고, 제2차 세계대전 중 드골의 영국 망명정부와 '레지스탕스' 및 '프랑스 해방군'은 독일군과 비시 정권(Vichy-Regime)에 항쟁했다.

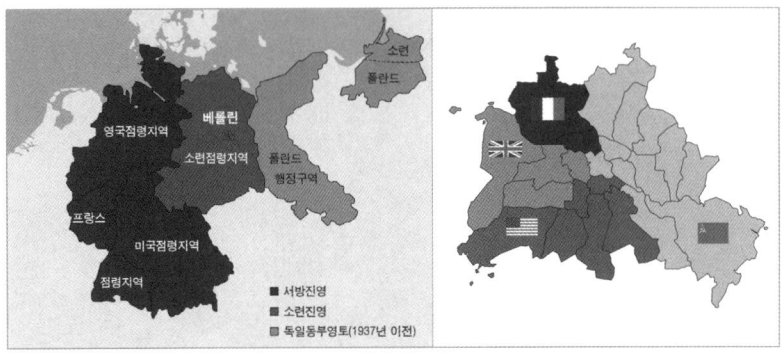

〈그림 1-1〉 1945년 독일 영토와 4개 점령구역으로 분할된 베를린

나치 잔재를 모두 청산하며(Denazifizierung), 중앙정부의 권한을 지방정부에 이양함으로써 지방분권화(Dezentralisierung)하고, 중공업·금속산업 시설을 해체(Demontage)하며, 독일 사회를 민주화(Demokratisierung)한다는 내용이었다. 이 외에도 독일을 전쟁배상 구역으로 나누되, 처리 방식은 각 점령국의 재량에 맡기기로 합의했다. 소련은 전쟁배상 명분으로 동독 지역의 산업시설을 해체하여 본국으로 가져갔으나, 서방측은 트루먼 독트린(Truman Doktrin)[7]에 따라 서방 점령 지역 내의 독일 산업시설에 대한 해체 작업을 중단했다. 또한 포츠담회담에서는 독일과 폴란드의 국경선으로 '오데르-나이세(Oder-Neiße) 강'을 규정했으나, 이는 양국 간 평화·우호조약이 체결될 때까지라는 유보조항을 담고 있어 어디까지나 잠정적인 성격을 띠고 있었다. 오데르-나이세 강 동쪽에 위치한 '독일 영토(Ostgebiete des deutschen Reiches)'는 독일과 평화협정이 체결될 때까지 소련과 폴란드의 행정관할 하에 두기로 했다. 쾨니히스베르크(Königsberg)를 포함한 동프로

---

7) 미국이 공산주의로부터 위협을 받는 국민들을 지원할 것을 약속한 것으로 1947년 3월 12일 트루먼 대통령이 선포했다.

이센의 북부 지역은 소련 관할로, 그리고 동프로이센의 남부 지역, 프로이센 포메른 주(Provinz Pommern: Hinterpommern), 동브란덴부르크(Ost-Brandenburg), 작센(Sachsen), 슐레지엔(Niederschlesien-Oberschlesien)의 동부 지역은 폴란드의 관할로 잠정 이전되었다.

2) 동서냉전과 독일 분단

전승 4개국의 독일 분할정책은 1945년부터 시작된 동서냉전을 맞아 새로운 양상을 띠게 되었다. 제2차 세계대전 후 미국과 함께 초강대국으로 부상한 소련은 공산국가의 선봉장으로서 이미 독일 내 소련 점령 지역뿐만 아니라 폴란드와 체코슬로바키아에서도 공산정권을 수립했다. 소비에트화된 이들 동구 위성국가들은 소련의 완충지대 역할을 했다. 전쟁 직후부터 가시화되기 시작한 소련의 공산주의 팽창정책은 이란, 터키 및 그리스에서도 서방측과 마찰을 빚었다.[8] 소련의 팽창 속도가 예상보다 훨씬 빠르고 규모가 커짐에 따라 서방측의 불안은 더욱 고조되었다. 드디어 처칠은 1946년 3월 스탈린이 유럽 내에서 치고 있던 '철의 장막(Iron Curtain)'에 대해 경고하기에 이르렀다.

냉전이 과열되면서 서방 전승 3개국의 독일정책도 변하기 시작했다. 이들은 소련의 팽창 노력을 저지하고 전후 유럽 내 세력균형을 달성하기 위해서는 중부 유럽의 안정이 필수적이며, 이를 위해서 '강력하고 안정된 독일'이 필요하다는 인식을 갖기 시작했다. 미국과 영국은 독일의 서부

---

[8] 소련은 그리스로부터 기지를 요구했고, 이란에서는 친소 정부를 수립하고자 했으며, 친서방 터키 정부를 상대로 터키와 영토 주장을 펼치고 있던 아르메니아와 그루지야의 입장을 지지했다. 또한 이탈리아와 프랑스의 공산당도 소련의 지원을 받았다.

지역을 소련 공산주의의 팽창을 저지할 수 있는 마지막 보루로 인식하고, 1947년 1월부터 두 나라의 점령 지역을 하나로 통합했다[Bizone]. 1949년 4월부터 프랑스도 이에 가담함으로써[9] 서방 3개국의 점령 지역은 하나로 통합되었다[Trizone]. 이로써 서방 3개국은 더 이상 독일의 '점령국(Besatzer)'이 아닌 '보호국(Schutzmächte)'으로 변신했다.

결국 미국과 영국은 전쟁배상 처리와 관련하여 독일에게 관대한 입장을 취하게 되었다. 포츠담 조약에 규정되어 있는 전쟁배상 처리 기준에 따르면, 승전국은 각기 점령구역 내에 있는 독일의 기계·산업시설을 해체하여 본국으로 가져가기로 되어 있었다.[10] 그러나 미국과 영국은 독일의 산업능력을 향상시켜 경제를 부흥시켜야 된다는 판단 아래 1946년 5월부터 각자의 점령 지역의 산업시설에 대한 해체 작업을 중단했다.

1947년 3월 12일 트루먼 대통령은 소련의 공산주의 팽창을 저지하기 위한 트루먼 독트린을 선언했고, 이로써 동서냉전은 더욱 가속화되기 시작했다.[11] 트루먼 독트린을 뒷받침하기 위해 당시 국무장관 조지 마셜

---

9) 마셜플랜의 영향을 받아 프랑스는 그간 연합국 통제위원회에서 사사건건 반대해 왔던 입장을 포기하고 미국과 영국에 협력했다. 만장일치제로 운영되었던 이 위원회에서 항상 거부권을 행사해온 프랑스의 당시 주요 국가이해는 전쟁배상의 준수, 자르(Saar) 지역의 자국 통치, 알자스-로렌 지방의 자국영토화, 루르지방(Ruhrgebiet)에 대한 국제적 통치 등이었다.

10) 소련은 전쟁 중 가장 많은 희생을 치렀기 때문에 자기 점령 지역 이외 기타 지역으로부터 해체된 시설물의 10%를 추가로 보상받기로 되어 있었다. 1946년 연합국 통제위원회 계획에 따르면, 독일의 경제를 1932년 수준으로 후퇴시키고, 1,800개의 독일 공장을 해체하기로 되어 있었다. 그러나 서방 3국은 '페터스베르크 협정(Petersberger Abkommen)'(1949.11.22.)에 따라 독일의 산업시설 해체를 중단하기로 합의했다.

11) 트루먼 독트린의 실질적 이행조치로 터키와 그리스에 대한 군사원조, 마셜플랜, 베를린 공수작전 그리고 나토 창설(1949) 등을 들 수 있다.

〈사진 1-2〉 1948년 6월 24일 소련이 서베를린으로 이어지는 육로 및 수로 접근을 봉쇄하자 미국이 생필품을 비행기로 공수했다. 생필품을 실은 미군수송기가 서베를린 템펠호프(Tempelhof) 공항에 착륙하기 직전 환호를 보내는 서베를린 시민들

(George Marshall)은 1947년 6월 전후 유럽 재건이라는 목표하에 '유럽부흥계획(European Recovery Program: ERP, 일명 마셜플랜)'을 발표했다.[12] 이 계획에는 경제적 빈곤이 공산주의 확장에 기여할 수 있다는 미국의 우려가 근본적으로 바탕에 깔려 있었다. 서방측은 1948년 6월 20일 마셜플랜의 효과적 운영을 위해 서독 지역과 서베를린에 한하여 화폐개혁[라이히스마르크(Reichsmark)를 독일마르크(Deutsche Mark)로 교환]을 단행했다.

마셜플랜에 반대해오던 소련은 1948년 6월 24일 전(全) 베를린 지역을

---

12) 1947년 7월 파리에서 열린 회의에는 16개의 유럽 국가가 참여했으나, 소련의 불참 종용으로 동구권의 참가국은 없었다. 1948~1952년에 총 124억 달러(차관, 현물 및 에너지 자원 포함)가 지원되었는데, 그중 15억 달러가 독일로 유입되어 주로 탄광 및 에너지 산업 분야에 활용되었다.

포함한 동독 지역을 대상으로 화폐개혁을 단행했다. 이에 서방 연합국은 서베를린에는 소련의 조치가 효력이 없음을 선언하자 소련은 이날부터 약 10개월간(1949년 5월 5일까지) '서베를린 봉쇄(Berlin-Blockade)'를 단행했다. 이로써 서독 지역에서 서베를린으로 이어지는 육로 및 수로에 대한 접근이 봉쇄되어 서방측은 항공기로 생필품을 공급하는 공수작전을 감행했다. 소련이 서베를린 봉쇄를 단행한 이유는 '런던 서방 6개국 정상회담' (미국·영국·프랑스와 베네룩스 3국, 1948. 2. 23~3. 6)에서 결의한 내용, 즉 '서베를린을 서독의 일부로 건설'하기로 한 서방측 결정에 반발하기 위해서였다. 그러나 서베를린 봉쇄작전은 서방측의 생필품 공수작전으로 결국 실패했으며, 오히려 서방 진영의 반공사상을 강화하는 데 기여했을 뿐이다.

서방측의 트루먼 독트린과 마셜플랜에 대응하여 소련은 1947년 9월 동구 공산당 연맹인 '코민포름(Kominform)'을, 1949년 1월 동유럽 국가 상호경제원조 기구인 '코메콘(Council for Mutual Economic Assistance: COMECON)'[13]을 창설했다. 또한 소련은 '런던 서방 6개국 정상회담'에 반대하는 의미로 '연합국 통제위원회'에서 탈퇴했다. 이로써 점령 지역에 대한 연합국의 공동 관리는 종식되었으며, 이후 독일에는 두 개의 상이한 점령 지역, 즉 서방측의 자유 진영과 소련 측의 공산 진영이 서로 대치하게 되었다.

양 진영 간 상호 불신이 더욱 깊어지고, 포츠담 조약에 따른 전후 독일 문제의 처리와 관련된 결의사항이 승전국 입장에 따라 달리 실현됨에 따라 4개국의 통일되고 조율된 독일 통치는 거의 기대하기 어려워졌다. 통일된 독일 정부를 수립하는 것이 사실상 불가능하게 됨으로써 동·서독의 분단은 더욱 기정사실화되어 가고 있었다.

---

13) 회원국은 소련, 동독, 알바니아, 불가리아, 헝가리, 폴란드, 루마니아 및 체코슬로바키아이다.

3) 동·서독 국가 성립과 동서 진영으로의 편입

런던 정상회담 이후 서방 6개국은 서독 지역에 민주정부를 수립하기로 결정했으며, 1948년 7월 1일 11개 서독 주의 주지사들에게 헌법제정권을 갖는 의회를 소집하여 서독만의 국가를 건설할 것을 촉구했다. 그러나 주지사들은 헌법(Verfassung) 대신 기본법(Grundgesetz)에 바탕을 둔 임시국가를 수립하고자 했다. 1948년 9월 1일 기본법 제정을 담당할 '의회위원회(Parlamentarischer Rat)'가 발족되었고, 1949년 5월 24일 기본법이 발효되면서 '독일연방공화국(Bundesrepublik Deutschland: BRD)'이 탄생했다. 소련 점령 지역(동독)에서도 1949년 10월 7일 '독일민주공화국(Deutsche Demokratische Republik: DDR)' 헌법이 선포되면서 동독 정부가 탄생했다.

베를린은 전승 4개국에 의해 4개 구역으로 분할되어 연합국 사령부에 의해 공동으로 관할되었고, 각 구역은 베를린을 담당하는 각국 사령관의 통제를 받았다. 점령국의 정치·경제체제에 직접 영향을 받을 수밖에 없는 상황에 놓여 있던 동·서독은 동서냉전이 깊어짐에 따라 자연스럽게 각각 동서 양 진영으로 통합되었다. 경제체제 면에서 서독은 자본주의 시장경제를, 동독은 공산주의 계획경제를 각각 도입했고, 서독은 1951년 4월 '유럽석탄·철강공동체(European Coal and Steel Community: ECSC)'에, 동독은 1950년 9월 코메콘에 각각 가입했다.

또한 정치·군사동맹 체제 면에서 서독은 자유민주주의체제를 표방하며 1955년 5월 9일 '북대서양 조약기구(North Atlantic Treaty Organization: NATO)'에 가입했고, 동독은 사회주의를 표방하며 1955년 5월 14일 '바르샤바 조약기구(Warsaw Treaty Organization)'에 가입했다. 또한 서독의 '연방군(Bundeswehr)'과 동독의 '인민군(Nationale Volksarmee: NVA)'이 1956년 각각 창설됨으로써 양독 간 분단의 골은 더욱 깊어져만 갔다.

건국 후 서독은 '사회적 시장경제(Soziale Marktwirtschaft)' 체제를 도입했다.[14] 역사적으로 사회주의(Marxismus, Marxism) 전통이 강한 독일에서는 특히 1920년대 말 세계 경제공항과 제2차 세계대전으로 전시 경제난을 체험한 이후 '국가가 경제를 계획하고 조정·통제해야 한다'는 요구가 높았다.[15] 독일의 마르크스주의는 제1차 세계대전 패망 후 사회민주주의(Sozialdemokratie) 개념으로 변화되었고, 제2차 세계대전 패망 후 자본주의 시장경제가 도입되면서 자연스럽게 자본주의와 사회주의가 접목되어 사회적 시장경제를 탄생시켰다. 당시 서독은 동유럽에 대응하여 소련보다 우월한 새로운 유형의 사회복지국가를 건설해야 할 입장이었다. 그러나 당시 서구사회에는 대공황의 폐해가 자본주의의 실제 모습이라는 인식이

---

14) 사회적 시장경제의 이론적 기초는 1930~1940년대 일부 학자들이 주창한 '신자유주의(Neoliberalismus)'와 프라이부르크(Freiburg) 학파인 '질서자유주의(Ordoliberalismus)'에 기인한다. 이 학파는 '시장에서 경쟁을 허용하는 경제가 더 효율적이며, 사회적 문제도 해결할 수 있다'고 주장하며, 과거 '자유주의(Laisssez-faire Liberalismus)' 방임경제가 시장에서 경쟁을 포기하고 경제 지상주의를 가져옴으로써 사회적으로 부정적 결과를 초래했다고 진단한 반면, 국가가 철저히 개입한 중앙통제경제도 비효율적이며 권력집중을 초래했다고 비판했다 (Uwe Andersen and Wichard Woyke(Hrsg.), *Handwörterbuch des politischen Systems der Bundesrepublik Deutschland - Grundlagen, Konzeption und Durchsetzung der Sozialen Marktwirtschaft*(Opladen 2003); Christian Watrin, "The Principles of the Social Market Economy—Its Origins and Early History", *Zeitschrift für die gesamte Staatswissenschaft, Band 135*(1979), p. 405~425).

15) 심지어 1947년 개최된 기독민주연합(CDU) 정당대회에서 채택된 정강정책(Ahlener Programm)에서조차도 국가가 경제를 통제하고 생산수단은 국유화되어야 하며, 자본주의 경제체제는 독일 국민에게 정당화될 수 없다고 규정되어 있다. 헤센, 노르트라인-베스트팔렌 등 당시 대부분의 서독 주정부 주법에도 '생산수단의 국유화' 규정이 있었다(Henning Köhler, *Adenauer, Eine politische Biografie, Bd. 1*(Propyläen, 1997), p. 394f.

팽배했으며, 그 결과 '사회적 시장경제'라는 경제모델을 선택하게 되었다. 즉, 자본주의 국가이지만 약육강식이 판치지 않고 경제적 노력은 보상을 받아야 하지만 경제능력이 없거나 실패한 사람에게도 생활이 보장되는 국가, 모두를 위한 복지를 지향하는 국가를 건설하자는 것이 사회적 시장경제의 핵심이다.

사회적 시장경제 개념은 근본적으로 '경쟁이 지배하는 시장 메커니즘(소비 - 생산 - 분배)'을 유지하되, 국가는 자유경쟁을 보호하고 수입과 재산을 분배하며 경기부양과 재정정책 분야에서 조정과 통제를 함으로써 '만인을 위한 복지(Wohlstand für Alle)'를 담당하기 위해 최소한의 영향력을 행사해야 한다는 것이다. 여기서 '사회적'이라는 말의 뜻은 시장을 자유방임주의에 맡기는 것이 아니라 시장에서 제대로 경쟁이 이루어질 수 있도록 국가가 일정 부분 개입해야 한다는 의미이다. 이를 위해 아데나워 정부는 카르텔청을 설립하여 시장지배 세력의 등장이나 가격담합을 막도록 했다. 1950년대 서독의 국가 지향 목표는 '지속적 경제성장을 통한 더 많은 복지(Mehr Wohlstand durch Wirtschaftswachstum)'를 달성하여 사회복지국가를 건설하는 것이었다.

서독에서 사회적 시장경제를 정착시킨 주요 인물은 '독일 사회적 시장경제의 아버지'로 불리는 루트비히 에르하르트(Ludwig Erhard, CDU) 전 수상이다. 그는 아데나워 수상 밑에서 14년 동안 경제장관을 역임하며 '라인 강의 경제 기적'을 견인한 장본인이다. 야당이었던 사회민주당(SPD, 이하 '사민당')조차도 시장경제질서를 토대로 한 정강정책(Godesberger Programm, 1959)을 발전시킴으로써 사회적 시장경제는 독일의 국가 법체제(Ordnungspolitik)에 맞는 가치로 정착되었다.[16] 독일은 사회적 시장경제

---

16) 사회적 시장경제 개념은 독일 헌법 규정과도 일치한다. 헌법 20조와 28조는

를 도입함으로써 경제를 세계적 수준으로 도약시킬 수 있었다.

동독 건국 후 실질적 권력자는 '독일사회주의통일당(Sozialistische Einheitspartei Deutschlands: SED, 이하 사통당)'[17] 중앙위 제1서기장인 발터 울브리히트(Walter Ulbricht)[18]였다. 사통당은 공산주의 간부당으로[19] 국정운영을 선도했고, 정치국 내 당 서기장이 국가 일인자이며,[20] 그 외 다른 정당과 기관들은 모두 허수아비에 지나지 않았다.[21] 울브리히트는 소련을 모델로 동독의 국가체제를 건설했다. 1950년 2월 '당의 선도주의'를 보장하기 위해 소련의 국가경찰정보기구인 KGB를 모방한 동독 '국가보위부(Ministerium für Staatssicherheit: MfS)', 일명 '슈타지(Stasi)'가 창설되었고,[22] 정치적 억압수단으로 형법이 이용되었다. 모든 국가조직은 인민

독일이 사회적 국가(Sozialstaat)임을 강조하고 있고, 헌법 2·9·11·12·14조는 계획경제의 도입을 불가능하게 하고 있다.

17) 1946년 4월 소련 점령 지역 내 독일공산당(KPD)과 사민당은 소련의 압력으로 통합되어 소련공산당을 모델로 한 사통당(SED)으로 개명되었으며, 반파시즘과 마르크스-레닌주의를 추종했다.

18) 1950~1971년 사통당 서기장을 역임했다.

19) 1949년 1월 1차 당대회에서는 사통당을 공산주의 간부당으로 변혁시킬 것을 결정했고, 1950~1951년 당 정풍운동 시 당의 스탈린주의화를 반대하던 15만 명에 달하는 사회민주주의자들이 숙청되었다[Andreas Malycha & Peter Jochen Winters, *Die SED. Geschichte einer deutschen Partei*(C. H. Beck Verlag, 2009), p. 136f].

20) 1960년 이래 당 서기장이 국가수반이 되었다.

21) 1949년 10월 7일 동독 임시의회가 발효시킨 동독 헌법은 주로 바이마르 헌법을 토대로 마련되어 연방제, 의회통제, 권력분산, 그리고 다당제를 허용하고 있었다. 그러나 실제로 동독에서는 자유선거가 전혀 실시되지 않았으며, 사통당이 위장하여 통합 명부를 작성하고 이에 대한 찬반 투표만을 실시했다[Heike Amos, *Die Entstehung der Verfassung in der sowjetischen Besatzungszone/DDR 1946~1949*(LIT-Verlag, 2005)].

민주주의를 표방하며 개편되었고, 기존의 지방자치단체는 모두 해산되어 신(新)행정체제가 구축되었다.23) 정당 및 노조 창설은 서방측보다 빨리 진행되었다. 1952년 7월 사통당 대회에서 공산당에 의한 사회주의 건설을 국가목표로 삼음으로써 국가정체성을 공산국가로 못 박았다.

소련 점령 지역에서는 이미 1945년부터 시장경제와 생산수단의 사유화를 폐지하는 것을 골자로 하는 사회주의 중앙계획경제가 도입되었다. 1945~1946년 토지개혁이 단행되었는데, 이때 모든 토지는 일단 소작농에게 분할되었고 1950년대에 들어서면서 농업생산 협동조합으로 다시 통합되기 시작했다. 토지개혁은 1960년에 완결되었다. 에너지, 철강, 화학공업 분야의 산업체 및 대기업들은 1950년대 중반에 모두 국유화되거나 소련주식회사로 전환되었다. 그러나 식당 및 가내공업 분야에서의 개인영업은 허락되었다. 1950년부터 국가계획위원회(Staatliche wirtschaftliche Plankommission)가 경제계획을 수립하고 그 이행을 감독해왔다. 산업생산의 배가와 전쟁피해 복구를 목표로 추진되었던 제1차 5개년 경제계획(1951~1955)은 에너지 및 중·화학공업 분야에 치중함으로써 소비재 및 주택 건설 분야의 실적이 저조했다는 평가를 받았다.

같은 기간 서독의 경제부흥과 비교하여 동독의 경제실적이 저조했던 또 다른 이유는 근본적으로 사회주의 중앙계획경제가 안고 있는 비효율성에 기인했다. 그 외에도 전후 배상 몫으로 소련은 동독의 주요 산업설비를 해체하여 본국으로 가져갔고, 또한 군비 재무장으로 인해 동독의 재건

---

22) 당시 슈타지의 주요 임무는 반체제 인사의 색출 및 국경 탈출 방지, 농업의 집단화, 그리고 1961년 베를린장벽 구축 후에는 동독 주민들의 여행 감시와 여권 통제였으며, 1957년부터 에리히 밀케(Erich Mielke)가 중심인물로 활약했다.
23) 1952년 7월 25일 기존의 5개 주는 해체되었고, 모두 14개 행정구역으로 재편되었다.

속도는 서독보다 느릴 수밖에 없었다. 많은 숙련 인력의 서독으로의 탈출도 동독 경제에는 큰 부담이 되었다.[24] 동독의 주요 경제협력 파트너는 동구 코메콘 국가였다.

2. 동서냉전과 독일 문제

> ■ These 2   미-소를 중심으로 한 동서냉전은 1950년대에 들어서면서 더욱 가속화되었다. 유럽 내에서 동서냉전의 중심 무대로 변한 동·서독은 '베를린 봉쇄'(1948/49), '스탈린 공한'(1952), '베를린 최후통첩'(1956), '베를린장벽 구축'(1961) 등 일련의 사건들을 통해 미-소 양국이 주도하는 동서 진영의 각축장으로 변모했다. 독일 문제가 동서 진영의 첨예화된 쟁점으로 부각되면서 독일은 점점 더 전승 4개국의 영향권 속으로 빠져들었다. 독일의 약화를 기도하며 분할을 추구했던 서방 3국은 냉전을 맞아 독일을 다시 강화시키기 위해 서독 연방군의 재무장을 허용했다. 첨예화된 동서냉전 속에서 독일의 분단은 더욱 고착화되어갔다.

1) 동서냉전과 서독 재무장

1950년대에 들어서면서 동서냉전은 더욱 고조되었다. 소련은 1949년 9월 핵실험을 성공함으로써 핵무기 분야에서 미국의 독점적 지위를 무너뜨렸고, 재래무기 전력 면에서도 서방 진영에 비해 우세했다. 베를린 봉쇄 이후 악화되었던 동서 진영 간의 대립은 한국전쟁의 발발로 더욱 악화되었

---

24) 1950년대 중반 농업 및 수공업 분야의 강제 집단화로 분노에 찬 동독 주민들은 서독의 경제부흥을 동경하며 주로 서베를린을 통해 서독 지역으로 탈출했고, 1961년 8월 13일 베를린장벽이 설치된 이후 서독 탈출은 거의 중단되었다.

다. 소련의 동구 위성국가에서 발생한 노동자와 시민들의 봉기는 소련군에 의해 무력진압되었다.[25] 그럼에도 불구하고 미국을 위시한 서방 진영은 소련의 공세적 조치에 대해 속수무책일 뿐이었다. 1957년 10월 4일 소련은 스푸트니크(Sputnik)를 성공적으로 발사함으로써 핵무기 탑재수단도 개발했음을 대외적으로 과시했다. 이는 탄도미사일 분야에서 미국이 이제 더 이상 소련에 대해 기술적 우위를 차지하고 있지 못함을 알리는 것이었으며, 장차 미국도 소련의 핵무기 공격으로부터 자유롭지 못함을 시사하는 충격적 사건이었다. 스푸트니크 발사는 미국에 큰 충격을 주었으며,[26] 소련의 입장에서는 공산주의의 우월성을 과시하고 후르시초프로 하여금 대외적으로 공세적 외교를 펼치게 하는 계기로 작용했다.

동서냉전이 격화되면서 미국은 전 세계를 대상으로 군사력을 투사해야 했다. 미국은 한국전쟁에 깊숙이 개입했고, 1955년 가을 프랑스를 대신하여 월남 보호국이 되었다. 또한 1961년 4월 쿠바를 침공했고, 그해 12월 월남 내 미 군사력을 증강하는 등 그야말로 전 세계를 대상으로 자유민주주의 이념을 수호하기 위해 군사력을 투사하는 상태였다.

한국전쟁은 나토 군사력의 강화와 유럽의 통합 노력을 가속화시켰고, 독일과 일본에 재무장을 위한 명분을 제공했다. 한국전쟁 이후 미국은 군사적으로 재무장한 강력한 독일을 통해 소련의 팽창을 저지하고자 했다.

---

25) 1956년 제20차 소련공산당대회에서 니키타 세르게예비치 후르시초프(Nikita Sergeevich Khrushchyov) 서기장은 스탈린 시절의 범죄행위를 청산하겠다고 선언했다. 이 발언을 계기로 발생한 폴란드 노동자 봉기(1956.6)와 헝가리 노동자 봉기(1956.10.23~11.11)는 소련군에 의해 무력진압되었다. 이전 동독 노동자 봉기(1953.6.17)도 소련군에 의해 진압되었다.
26) 소련의 핵무기 개발과 탄도미사일 보유는 미국으로 하여금 세계 전략을 수정하게 하는 계기가 되었다. 미국은 미소 간의 긴장완화를 시도함으로써 이후 동서냉전의 약화를 불러왔다.

이를 위해 미국은 프랑스에 서독의 재무장(Deutsche Wiederbewaffnung)을 용인하도록 촉구했다. 미국의 서독 재무장 촉구에 따른 반응으로 당시 프랑스 수상 르네 플레벵(René Pleven)은 소련 진영과의 유사시에 대비한 범유럽방위군(pan-European defence force)의 성격을 띤 '유럽방위공동체(European Defence Community)' 창설을 제의했다. 서독, 프랑스, 이탈리아 및 베네룩스 3국은 1950년 10월 24일부터 유럽방위공동체의 창설을 논의했고, 이 협정은 1952년 5월 27일 서명되었으나 1954년 8월 30일 프랑스 의회가 비준을 거부함에 따라 무산되고 말았다.

이에 대한 대안으로 1954년 10월 23일 파리협약에 의거한 '서유럽연합(Western European Union: WEU)'[27]이 창설되었다. 1955년 5월 5일 발효된 파리협약에 따라 서독은 나토와 서유럽연합에 가입하여 주권국가로서 서구 방위 분담에 동참할 수 있게 되었다.

스탈린은 서방측의 유럽방위공동체 협정 체결을 막기 위해 1952년 3월 10일 서방 3개국에 문서[일명 「스탈린 노트(Stalin note)」]를 전달했다. 「스탈린 노트」의 주요 내용은 서독이 친서방정책을 포기하고 중립을 유지하며, 오데르-나이세 강을 폴란드와의 국경으로 인정하고, 점령군이 철수할 경우 소련은 서독의 재무장을 용인하고 독일의 통일을 지지한다는 것이었다. 그러나 서방측은 이와 같은 스탈린의 제의를 독일의 유럽방위공동체 참여를 막기 위한 술수로 인식하여 거절했다. 스탈린의 제의가 서방측으로부터 묵살당하자 1955년 소련은 동독에게 주권을 부여하며 동독의 재무장을 독려했다.

---

[27] 1948년 3월 17일 창설된 서유럽연합의 회원국은 독일의 침략에 대비하여 결성되었던 '브뤼셀 협정' 국가(프랑스·영국·베네룩스 3국)에 서독과 이탈리아가 추가되었다.

2) 동서냉전 가속화와 베를린 위기: '베를린 최후통첩'

스탈린 사망 후 공산당 서기장 직을 승계한 후르시초프는 국내적으로 '탈스탈린화'를 주도했고, 대외적으로 '평화공존(Friedliche Koexistenz)'을 주창했다. 1956년 2월 25일 제20차 소련공산당대회에서 그는 핵시대에서 상호 공멸을 막기 위해서는 긴장완화와 평화공존이 필수적이며, 동서 간 '군사적 대결'을 지양하고 '경제적 경쟁'을 할 것을 제안했다.

1958년 11월 후르시초프는 ① 서베를린을 동·서독과 독립된 독자적 정치 단위로서 '자유도시(Freie Stadt)'화 하고, ② 서베를린으로부터 서방 연합군 주둔 병력의 철수를 촉구하며, ③ 서베를린 통과 주권을 동독에 이양한다는 내용의 6개월 시한부 '베를린 최후통첩(Berlin-Ultimatum)'을 일방적으로 선언했다. 이는 '후르시초프의 3국 이론'(서독+동독+비무장 자유도시 베를린)의 시발점으로, 베를린 시에 대한 4개국의 지위를 종료시킨 후 베를린을 어떠한 국가도 영향력을 행사할 수 없는 비무장 도시로 만들려는 시도였다. 이는 궁극적으로 베를린으로 연결되는 모든 통로를 통제하여 동독 주민의 서베를린 탈주를 막으려는 의도에서 나온 것이었다.

서방측은 베를린 4개국 지위 준수, 병력 주둔, 서독에서 동독을 거쳐 서베를린 간 자유왕래 보장, 나토의 서베를린 보호 등을 강조하며 소련의 제의를 묵살했다. 결국 이듬해 9월 후르시초프의 미국 방문으로 베를린 최후통첩은 흐지부지되고 말았으며, 서베를린의 4개 전승국에 의해 관할되는 국제법적 지위에는 어떠한 변화도 생기지 않았다.

1961년 7월 25일 케네디(John F. Kennedy) 미 대통령은 베를린과 관련하여 세 가지 원칙을 선언했다. 서방 전승국은 베를린에 주둔하고, 베를린을 왕래할 권리를 가지며, 서베를린 주민들의 자결권을 보호할 의무를 지닌다는 내용이었다.

〈사진 1-3〉 1961년 8월 13일 베를린장벽을 쌓고 있는 동독 인민군들

〈사진 1-4〉 1961년 8월 15일 동독 국경수비대 소속 경찰인 콘라트 슈만(Conrad Schumann, 당시 19세)이 베를린장벽 구축이 시작된 다음 날 철조망을 넘어 서베를린으로 탈출하고 있다. 그는 장벽 설치 후 서방으로 귀순한 최초의 군경이었다.

1955년부터 내독 국경통제와 감시임무는 소련군에서 동독 경찰로 위임되었다. 더 이상 내독 국경을 통한 탈출이 어렵게 되자 동독 주민들은 그때까지 접근이 용이했던 서베를린을 통해 서독으로 탈출했다. 갈수록 동독 주민들의 서독으로의 탈주가 늘어남에 따라 동독 정부와 소련은 체제 유지에 대한 위협을 느끼고 이를 막기 위한 대책 마련에 고심했다.[28] 1961년 8월 13일 울브리히트는 급기야 베를린장벽을 설치하라는 명령을 하달했고, 정부는 서베를린을 통째로 봉쇄하기 위하여 인민군을 투입해 161km의 장벽을 쌓았다. 1961년 이후 내독 국경에도 지뢰가 추가적으로 매설되고, 전류 철조망 및 자동소총장치가 설치됨으로써 동독으로부터 서독으로의 탈출은 더욱 어려워졌다.

---

28) 1949년 9월부터 1961년 8월 13일 베를린장벽이 세워질 때까지 무려 270여만 명이 서독으로 탈출했다. 이는 하루 평균 1,500~2,000명꼴에 해당되는 수치이다. 1961년 8월 1일부터 13일까지 불과 2주 동안에 탈출자가 무려 4만 7,000명에 달했다. 특히 탈출자 중에는 젊은 전문 인력이 많이 포함되어 있어, 이는 동독 경제 전체에 큰 타격이 되었다.

베를린장벽 구축은 동독 체제가 취약하다는 것과 소련이 계속 동독을 보호할 의지를 갖고 있다는 것을 대외에 과시하는 사건이었다. 이와 같은 동독 정부의 조치에 대해 서방측은 양 진영 간 갈등이 증폭될 것을 우려해 소련 측 점령구역을 존중한다는 등의 지극히 미온적인 방식으로 대처했다. 베를린장벽 설치는 쿠바 위기와 함께 1960년대 초 동서 냉전이 극에 달했음을 보여주는 사례가 되었다.

〈사진 1-5〉 베를린장벽은 서베를린 주민들에게 그라피티(Graffiti)를 할 수 있는 좋은 대상이었다. 장벽 좌측이 동베를린 관할 구역으로 차단장치가 설치되어 있는 반면, 서방측은 현장 접근을 막는 아무런 장치도 없어 서베를린 주민이 한가롭게 산책을 즐기고 있다.

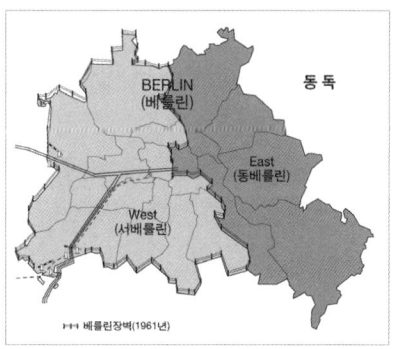

〈그림 1-2〉 동서로 분단된 베를린과 161km에 달하는 베를린장벽

3. 분단 시절 서독 정부의 분단관리정책

■ **These 3** 분단 시기 서독 정부의 분단관리정책은 '헤겔의 변증법에 따른 정반합'으로 발전되었다. 아데나워는 '친서방정책'과 '힘의 우위 정책'에 따라 안보는 나토에 의존하며 경제적으로는 사회적 시장경제를 도입하여 국력을 신장시켰다. 이로써 서독의 국력은 동독을 압도하게 되었다. 브란트는 이와 같은 압도적인 국력 격차와 체제에 대한 자신감을 바탕으로 동독을 포용하는 동방정책을 추진할 수 있었다. 동·서독 기본조약 체결에 따라 동·서독 간의 교류·협력은 제도화되었고, 콜 정부가 들어서면서 양독 간 교류·협력이 더욱 강화되었다. 독일 분단이 동서냉전의 결과라는 점을 잘 인식하고 있었던 서독 지도부는 분단 기간 동안 동서 진영 간의 긴장완화를 최우선 외교 목표로 삼고 이를 추진했다.

1) 아데나워의 '친서방정책' 및 '힘의 우위 정책'

1949년 9월 서독의 초대 수상이 된 콘라트 아데나워(Konrad Adenauer)는 서독 건국의 토대를 마련했다. 분단 직후 서독이 안고 있던 가장 시급하고 중요한 문제는 잿더미가 된 경제를 재건하는 일과 완전한 주권을 회복하는 일이었다. 아데나워의 정치·경제·군사정책은 서독을 서방 진영에 통합(Westbindung)시키는 것이었다. 이 정책에 따르면, 국가안보는 전적으로 미국 중심의 나토에 의존하여 해결하고, 경제적으로는 '유럽석탄·철강공동체'에 가입하여 서구 중심의 경제체제에 서독을 편입시키는 것이었다. 서독 정부는 오로지 사회적 시장경제에 입각하여 전후 복구와 경제 재건을 위해 국력을 쏟아붓는다는 전략이었다.

아데나워의 친서방정책은 1950년대 말까지 소련을 위시한 동구권과 독일 내의 야당인 사민당과 자민당으로부터 비난을 받았다. 야당의 주장에 따르면, 중립을 유지할 경우 독일 통일을 지지하겠다는 스탈린의 제의(1952)를 아데나워가 거부함으로써 통일의 기회를 무산시켰다는 것이었다. 아데나워는 독일 기본법 전문에 기술되어 있다시피 '독일 통일이 국가목표'[29]임을 잘 알고 있었으나, 동서냉전이 진행되는 상황에서 중립에 의한 통일보다 서구와의 협력을 통해 자유민주주의체제를 구축하는 것이 더욱 시급하다고 인식했다.

서독 주민 대다수도 중립국 독일이 소련의 통치하에 놓이는 것을 원하지 않았다. 더 나아가 아데나워는 친서방 결속을 통해 과거 독일의 부정적인 이미지를 제거함으로써 더 이상 서독이 서구 국가들의 위협 대상이 아니고, 이제 동반자로 변모했다는 것을 적극적으로 과시하고자 했다.

아데나워의 친서방정책은 1954년 10월 '파리 협정' 체결로 완결되었다. 파리 협정은 '독일 협정(Deutschlandvertrag)', 'WEU 가입 협정', 'NATO 가입 협정', '자르(Saar) 지위 관련 협정' 등 모두 4개의 세부 협정으로 구성되어 있다. 이 중 독일과 서방 3국(미국·영국·프랑스) 간에 체결된 '독일 협정'(1952. 5. 26)에서 서방 3국의 점령국 지위는 주둔국 지위로 변경되었다. 프랑스와의 현안 문제였던 자르 지방의 귀속 문제는 주민투표로 결정하기로 했고,[30] 서방 3국은 서독을 독일의 유일한 합법정부로 인정하고 서베를린을 포함한 서독의 안보를 책임지기로 했다. 1955년 5월 5일 '파리 협정'이 발효됨과 동시에 서독은 주권을 회복하게 되었고,[31] 5월

---

29) "전 독일인이 자유로운 자결권을 통해 독일의 통일과 자유를 성취한다."
30) 귀속 투표(1955.10.23) 결과, 자르 지방 주민 67.7%가 서독으로 귀속하기로 결정함에 따라 정치조직은 1957년에 서독에 통합되었고 경제통합은 1959년에 이루어졌다.
31) 1990년 통일이 될 때까지 '전승 4개국의 유보권한(Vorbehalterechte)'으로 인해 독일의 주권 일부는 여전히 제한되었다.

9일 나토에 가입했다.[32]

이에 따라 동·서독 간의 정치이념적 대결은 군사적으로 제도화되어 동서냉전구도는 더욱 고착화되었고, 아울러 독일 통일에 대한 전망은 점점 더 흐려져만 갔다.

아데나워는 서구와의 결속과 동독에 대한 힘의 우위를 유지함으로써 (Politik der Stärke) 독일 문제를 주도하고자 했다. 아데나워는 "동독은 ① 주민의 자유의사에 따라 수립된 것이 아닌, ② 소련에 의해 점령된 자치력을 상실한, ③ 결코 외국으로 간주될 수 없는 체제로 국제법적으로 절대 인정되어서는 안 되는 불법정권"임을 주장했다. 그는 오로지 독일 주민들의 자유선거로 창설된 독일연방공화국(서독)만이 ① 유일한 합법적 정부로, ② 국제법적으로도 전폭적인 지지를 받고 있으며,[33] ③ 독일제국의 후속 국가 실체로서 독일 국민을 대변할 권한이 있다"[34]라는 '단독대표권(Alleinvertretungsanspruch)'을 주장하며 동독 정부와의 어떠한 공식적인 접촉도 거부했다.[35]

아데나워 정부는 더 나아가 동독과 수교하거나 동독을 주권국가로 인정하는 제3의 국가와는 외교적 관계를 단절하는 이른바 '할슈타인 독트린(Hallstein-Doktrin)'[36]을 채택했다. 이러한 정책은 사민당 정부가 들어서는

---

32) 연방군의 병력 규모는 최대 50만 명으로 제한되었다.
33) 미국·영국·프랑스 3국의 뉴욕 외상회담(1950년 9월 18일)에서 3국은 서독이 독일의 유일한 합법정부임을 인정했고, 서방측도 이에 동조했다.
34) 이는 '독일제국'은 1945년 멸망하지 않았고, 따라서 1937년의 국경이 그대로 존속되고 있다는 입장을 반영한다[Peter Siebenmorgen, *Gezeitenwechsel; Aufbruch zur Entspannungspolitik*(Bouvier Verlag, 1990), p. 63].
35) 동독을 지칭할 때, 공식 명칭인 독일민주공화국 대신 동베를린의 지명인 '판코우(Pankow)'나 '동쪽지역(Ostzone)'이라는 용어를 사용했다.
36) 서독 외교부 장관 발터 할슈타인(Walter Hallstein, 1951~1958)이 표명한 것으

1960년대 말까지 지속되었다.

이 외에도 아데나워 정부는 국제 사회를 대상으로 나치의 전쟁범죄에 대해 사죄하고 재발방지대책을 강구함으로써 주변국의 우려를 불식시키려 노력했다. 이를 위해 무엇보다 프랑스와의 화해를 우선시했으며, 1963년 '엘리제 협정'을 체결하여 장차 유럽통합을 주도할 양국 협력 관계의 기반을 조성했다. 그 외에도 1955년 9월 소련과 수교하는 등 주변국과의 관계 개선도 도모했다.

아데나워 정부는 사회적 시장경제체제를 구축했으며, 1950년대 연 10% 이상의 고도성장을 통해 경제 기적을 이루었다. 당시 서독의 고속성장을 이끈 원동력으로는 우수한 인력 확보와 안정 위주의 국내 경제정책, 수출 위주의 대외 경제정책, 마셜플랜에 따른 미국의 원조, 그리고 동서 진영에 따른 해외 수요의 증대와 유럽 시장의 확대 등을 꼽을 수 있다. 서독은 이와 같은 지속적인 경제성장을 통해 빠른 기간 내에 전후 피해를 복구하고 의회민주주의를 정착시킬 수 있었다. 서독의 급속한 경제성장으로 동독과의 국력 격차는 더욱 커졌으며,37) 이는 장차 사민당 정부의 동방정책추진을 가능하게 만든 요인이 되었다.

로 1955~1969년 냉전시대에 통용되었던 서독의 외교정책이다. 제3국의 대동독 수교 행위는 '비우호적 행위(acte peu amical)'로 간주되었으며, 소련은 예외로 적용되었다. 실제로 적용된 경우는 유고슬라비아(1957)와 쿠바(1963)로, 서독은 이들 국가와 단교했다.

37) 1950년대 동독도 동구 코메콘 국가들과 무역협정을 체결하고 경제건설에 매진했다. 동독의 제2차 5개년 경제계획(1956~1960) 동안의 연평균 성장률은 6.6%에 달했고, 소비재 생산은 33%가 증가함으로써, 동독 주민의 생활환경이 크게 향상되었다. 그럼에도 불구하고 동·서독 간의 국력 격차는 점점 커져갔다[Jörg Roesler, *Die Wirtschaft der DDR*(Landeszentrale für politische Bildung Thüringen, 2002), p. 29~34].

아데나워 정부는 괄목할 만한 경제성장을 바탕으로 1950년대 중반부터 노동자의 임금을 획기적으로 개선했고, 근로시간을 단축했으며 휴가를 늘렸다. 또한 연방예산의 40% 이상을 사회보장 지출비로 지출하고, 노조와 노동자의 사회적 여건 개선에 앞장섰다. 「모성보호법」(1952), 「자녀수당법」(1954), 「양성평등법」(1957) 등이 모두 이 당시에 제정되었다. 1960년대 중반까지 지속된 고도 경제성장으로 서독은 완전고용을 달성할 수 있었다. 게다가 이를 통해 과거 해외로 추방되었던 수백만 명의 독일인들을 서독 사회로 흡수할 수 있었다.

2) 미-소 화해 분위기와 사민당의 '신동방정책'[38]

(1) 국제적 긴장완화

1962년 10월 미 정찰기가 쿠바 내 소련의 미사일 발사대를 발견하면서 야기된 쿠바 위기는 미국의 강력한 대응으로 수습되었다. 이후 미국과 소련은 핵전쟁만큼은 피해야 한다는 점에 인식을 같이 하고 평화공존의 길을 모색했다. 1963년 6월 미·소 양국은 핫라인을 설치하고 직접적인 군사대결을 피하고자 했다. 당시 미국은 베트남전 개입으로, 소련은 중국과의 국경분쟁으로 상호 대결을 펼칠 상황이 아니었다. 미·소 간의 긴장완

---

[38] 신동방정책(Neue Ostpolitik)은 1963년 7월 브란트의 독일 문제 담당 자문관이며 사민당의 전략가인 에곤 바(Egon Bahr)에 의해 정립된 '접근을 통한 변화(Wandel durch Annährung)'를 통해 동·서독 분단관리를 해야 한다는 개념이다. 독일 역사에서 나치 정부나 아데나워 정부가 이미 동방정책(Ostpolitik)이란 용어를 사용했기 때문에 브란트 수상의 사민당 정부가 추진한 동방정책을 '신'동방정책이라 일컫는다[Andreas Zellhuber, *Das Reichsministerium für die besetzten Ostgebiete und die deutsche Besatzungsherrschaft in der Sowjetunion 1941~1945*(Verlag Ernst Vögel, 2006)].

화와 때를 같이해 국제적으로 아시아, 아프리카를 중심으로 한 비동맹(非同盟) 제3세계가 부상하기 시작했고, 프랑스와 중국도 미·소의 세력권을 벗어나 독자적 영역을 구축하려 했다. 미·소 중심의 양극체제(bipolar system)가 이른바 다극체제(multipolar system)로 변화되기 시작했다.

미·소의 화해 분위기는 국제 사회에서 독일 문제에 대한 관심을 자연스럽게 줄어들게 했고, 이는 서독 정부로 하여금 독자적 외교정책을 수행할 수 있도록 행동반경을 넓혀주는 계기가 되었다.

역사적으로 독일은 지리적으로 유럽의 중앙에 위치하여 항상 주변 연합국의 공격이나 양면전(兩面戰, Zwei-Fronten-Krieg)을 수행해야 한다는 두려움을 갖고 있었다. 따라서 전통적인 독일 외교정책의 핵심은 유럽 내 동서지역의 국가들 속에서 균형을 찾는 것이었다. 그러나 제2차 세계대전 후 동서 진영의 중간에 위치하여 냉전을 직접 체험해온 독일로서는 그간 외교적으로 행동반경이 제약되어왔던 것이 사실이었다. 따라서 미·소 간의 화해는 전적으로 독일의 국가이익에 부합했고, 소련을 위시한 동구권과의 관계 개선은 전통적인 독일외교정책의 패턴과 일치하는 것이었다.

1963년 10월 15일 아데나워 수상은 14년간의 집권을 끝내고 에르하르트에게 수상 직을 넘겨주었다.[39] 미소 화해 분위기 아래서 에르하르트 수상은 1963년 12월 17일 동·서 베를린 간 '통과사증협정(Passierscheinabkommen)'을 체결하여 1963년 12월 19일부터 이듬해 1월 5일까지 무려 120만

---

[39] 1961년 8월 베를린장벽 설치 후 아데나워 수상이 물러날 때까지 2년 동안은 아데나워가 그간 쌓아온 절대적 권위가 퇴색한 기간이다. 1959년 연방대통령 후보 지명을 번복함으로써 지도력에 상처를 입은 아데나워는 연정 파트너인 자민당으로부터 소외되었고, 나토 기동훈련 관련 군사 기밀을 누설한 '슈피겔 사건(Spiegel Affäre)'으로 연정이 붕괴되면서 아데나워의 지도력은 더욱 실추되었다.

명의 서베를린 주민들에게 동베를린 친척을 방문할 수 있도록 했다. 또한 1965년 5월 이스라엘과 수교했고,[40] 1966년 3월 동구 국가에 대한 무력사용 포기, 군비통제 및 긴장완화를 내용으로 하는 '평화공한(Friedensnote)'을 보내 동구 국가들과의 관계를 개선하고자 했다.

(2) 서독 국내정세 변화: 사민당으로 정권 교체

서독은 사회적 시장경제를 도입한 후 20년에 걸쳐 경기호황을 누려왔으나, 1960년대 중반부터 처음으로 경기침체를 경험했다. 경제성장이 급격히 둔화되고 60만 명의 실업자가 양산되었다.[41] 경기침체의 원인은 1950년대 말 경기과열로 인한 높은 임금 인상과 국내 물가상승, 그리고, 사회보장성 지출 확대로 인한 재정적자의 급증을 들 수 있다. 에르하르트 수상은 선거 당시 소득세율을 인하하겠다는 등의 지나친 공약을 남발했다. 예산 편성과 관련하여 연정 파트너인 자민당과 심각한 이견을 보여왔던 그는 결국 1966년 11월 30일 퇴진했다.

그 후 '기민/기사연합'과 사민당 간에 대연정(大聯政, Grosse Koalition)이 수립되었고, 대연정 정부의 수상은 기민당의 쿠르트 게오르크 키징거(Kurt Georg Kiesinger)가, 외무장관은 사민당의 빌리 브란트(Willy Brandt)가 맡게 되었다. 대연정 기간에도 동구권과의 관계 개선은 꾸준히 시도되었다. 1967년과 1968년에 유고슬라비아, 루마니아와의 수교가 수립되었으나 여전히 서독 정부 대외정책의 핵심은 서독이 단독대표권을 가진 유일한

---

40) 이를 계기로 아랍 국가들은 서독과의 외교관계를 단절했다.
41) 서독은 1960년대 중반까지 산업인력 부족으로 200만 명의 외국인 근로자를 불러들일 정도로 경기호황을 누렸으나, 이후 경제성장이 점차 저조해져 실업자가 늘기 시작했다. 서독의 경제성장률은 1964년 6.6%, 1965년 5.2%, 1966년 2.8%, 1967년 0%였다.

합법정부이며 할슈타인 독트린은 계속 유효하다는 것으로 이전과 변함이 없었다.

한편 대연정을 계기로 전후 처음으로 정부에 참여한 사민당은 성공적인 경제정책으로 서독 유권자들로부터 '수권 대안 정당'으로 인정받는 계기가 되었다. 사민당은 이미 1959년 소위 '고데스베르크 프로그램(Godesberger Programm)'이라는 당 정강정책42)을 개발해 국민들로부터 긍정적인 평가를 받아왔다. 더욱이 동서 진영의 긴장완화 추세에 힘입어 사민당은 동구와의 관계 개선은 물론 동·서독 간의 갈등을 완화시키려 노력하면서 차후 동방정책을 본격적으로 펼칠 수 있는 기반을 조성했다. 1969년 9월 28일 연방의회선거 결과 사민당과 자민당의 연립정부(sozial-liberale Koalition)가 출범했다. 사민당의 브란트가 수상이 되고,43) 자민당의 발터 셸(Walter Scheel)이 외무장관이 되었다. 1949년 서독 정부가 수립된 이래 20년 동안 경제부흥과 국가건설을 주도해왔던 '기민/기사연합'이 처음으로 야당이 되는 순간이었다.

(3) '신동방정책'과 동구권과의 관계 개선

1970년대 들어 유럽에서도 긴장완화 추세가 나타났고, 동서 양 진영 간에는 평화공존의 분위기가 지배하고 있었다. 브란트 수상은 국제적

---

42) 정강정책 주요 내용은 ① 연방군 지지, ② 나토 내 영토 방위, ③ 사회적 시장경제, ④ 생산수단의 사유화 및 ⑤ 교회와의 협력강화 등이다(http://de.wikipedia.org/wiki/Moskauer_Vertrag).

43) 1930년 이래 사민당 출신으로는 최초로 수상에 선출된 브란트는 1913년 출생 당시에는 헤르베르트 에른스트 프람(Herbert Ernst Frahm)으로 불렸으나 1933년 브란트로 개명했고, 나치 시절에는 노르웨이로 망명했다. 1949년 처음으로 연방하원 의원에 당선되어 1957년 서베를린 시장을 역임하고, 1964년 사민당 당수, 이후 대연정 당시는 외무장관을 역임했다.

긴장완화 추세에 맞추어 그간 서독 외교정책의 핵심이었던 아데나워의 '친서방정책' 및 '힘의 우위 정책'을 수정하여 보완하고 동독과의 관계를 개선하고자 했다. 그가 추진했던 외교정책의 핵심은 독일의 분단을 극복하고 전 유럽에 평화질서를 구축하기 위한 '신동방정책'이었다. 이 정책은 유럽의 평화질서가 유지되는 가운데에서만 독일 통일이 이루어질 것이라는 전제에서 출발하고 있다. 따라서 미소 간의 긴장완화와 소련을 위시한 동구권과의 관계 개선을 통해 동서냉전을 극복하고, 분단으로 인한 부정적인 면들을 제거하기 위해서는 양독 간의 물적·인적 교류와 협력을 꾸준히 확대해나가야 한다는 것이다.

브란트 정부의 적 개념은 미국과 달랐다. 소련을 위시한 동구권 국가들은 같은 대륙 내에 있는 이웃 국가이며, 아직도 과거 '독일제국의 동부 영토(Ostgebiete des deutschen Reiches)'에는 많은 독일인이 거주하고 있고, 이들의 현지인과의 화해는 서독 정부가 풀어야 할 중요한 외교적 과업 중 하나였다. 당시 동구 국가들도 서방과의 경제협력을 중시했다. 또한 동구 진영의 야권 및 반체제 인권단체들도 서방과의 협력으로 자체 인권 문제를 해결하고자 했다.

이러한 시대적 상황에 부응하여 브란트 정부는 소련(모스크바 조약, 1970. 8. 12)[44], 폴란드(바르샤바 조약, 1970. 12. 7)와 체코슬로바키아(프라하 조약, 1973. 12. 11)를 상대로 상호 무력행사 포기와 오데르-나이세 강을 중심으로 한 국경 존중 등의 내용을 담고 있는 무력포기 협정을 체결했고, 헝가리 및 불가리아와도 수교함으로써 알바니아를 제외한 전 동구 국가와 수교를

---

44) 소련과의 협상에서 브란트 정부는 독일인의 자결권에 의한 통일을 강조했고, 동독을 국제법적으로는 승인할 수 없다는 점을 분명히 했다. 또한 서방 세계에 대해서도 소련과의 무력포기협정이 서방측과의 동맹관계에 아무런 영향을 미치지 않을 것이며, 유럽 전체와 독일 모두에 유익할 것임을 설득했다.

〈사진 1-6〉 1970년 12월 7일 브란트 수상은 폴란드 방문 시, 나치에 저항하다 희생된 폴란드인들을 추모하는 '바르샤바 게토 봉기' 기념탑에 헌화한 후 나치의 만행에 대해 무릎을 꿇고 사죄하고 있다. 서독이 과거사에 대해 진정으로 참회하고 있음을 전 세계에 상징적으로 알리고 있다.

맺게 되었다. 브란트 정부는 모스크바 및 바르샤바 조약에서 이미 유럽 내 'status quo(현재 정치질서)'와 동독의 주권을 인정했다. 동구 국가들과의 관계 개선을 위해 정치권, 청소년, 종교단체 및 노조 간의 교류를 시도했을 뿐만 아니라, 역사교과서의 집필 논의와 도시 간 자매결연 등으로 상호 신뢰를 구축하기 위해 노력했다.

이 외에도 브란트 정부는 소련과 가스협정(1970) 및 무역협정(1972~1974년 유효)[45]을 체결하는 등 소련을 비롯한 동구 국가들과의 경제교류와 협력을 통해 동서 진영 간의 상호 적대 관계와 편견을 해소하려는 이른바 '무역을 통한 변화 추구(Wandel durch Handel)' 정책을 추진했다. 서독과

---

45) 추가 무역협정은 1978년 5월 체결되어 25년간 지속되었다.

동구권 국가와의 교역은 규모 자체는 미약했으나[46] 정치적 의미는 대단히 컸다. 이는 장차 동구 국가들이 서방측으로부터 소비재와 투자 설비재를 수입함으로써 정치·경제적으로 서방측에 종속될 것이며, 다른 한편으로는 소련으로부터의 종속에서 서서히 해방될 것임을 시사하는 것이기도 했다. 이런 맥락에서 브란트는 동서 진영 간 최소한의 교류와 협력은 그 어떠한 대결보다도 유리한 평화창출 수단임을 확신하고 있었다. 브란트의 신동방 정책은 독일이 더 이상 '유럽의 평화와 안정을 방해하는 세력(Störenfriede)'이 아니라, 이제는 오히려 이를 도모하는 국가라는 인식을 다른 나라에 심어주는 계기가 되었다.

(4) 유럽 안보협력회의

1970~1973년 브란트 정부가 보여준 동구권과의 관계 개선 노력은 동구권 국가들의 유럽 안보협력회의(Conference for Security and Cooperation in Europe: CSCE) 참여를 용이하게 만든 계기가 되었다. 신동방정책에 입각하여 동독을 긴장완화의 큰 틀 속으로 끌어들이기 위한 방편으로, 브란트는 동구권이 주장해온 CSCE를 적극 수용할 것을 서방측에 권고했다.[47]

바르샤바 조약기구의 주도로 미국, 소련, 캐나다를 포함하여 전 유럽

---

[46] 서독과 코메콘 국가와의 교역 규모는 1975년 당시 서독 전체 수출의 4.6%, 수입의 3.1%를 차지했다. 이는 서독의 입장에서 스위스와의 교역보다도 적을 정도로 미약한 수준이었다. 1970년대 중반 대부분의 코메콘 국가들은 외화 부족 현상에 직면하고 있었다.

[47] 바르샤바 조약 회원국들은 1967년 나토와 바르샤바 양대 군사조직을 해체하고 유럽 문제에서 미국을 배제하기 위해 CSCE의 개최를 주장했다. 1970년대 초, 동서 긴장완화 추세에 힘입어 서방측은 처음으로 소련의 제의에 긍정적인 반응을 보였고, 드디어 1972년 리처드 닉슨(Richard Nixon)과 레오니트 브레즈네프(Leonid Brezhnev)는 모스크바 정상회담(2.26)에서 CSCE를 개최할 것에 합의했다.

35개국이 모인 가운데(알바니아만 제외) 1973년 7월 3일 첫 번째 CSCE가 헬싱키에서 개최되었다. 1975년 8월 1일 CSCE 35개국[48] 정상은 동서 진영 간의 관계를 새롭게 규정하는 '헬싱키 최종의정서(final act)'에 서명했다.

헬싱키 최종의정서는 크게 세 부분으로 나누어져 있다. 제1부에는 유럽안보, 즉 국경 준수, 무력 불사용, 국가주권 동등, 내정불간섭 및 인권존중, 제2부에는 경제·과학·환경 분야 협력, 그리고 제3부에는 체제를 뛰어넘어 인적 접촉을 강화하는 내용이 포함되어 있다. 최종의정서에는 또한 동서 진영 간 군사적 신뢰 구축을 위한 조치들이 포함되어 있다. 2만 5,000명 이상이 참가하는 기동훈련은 최소한 3주 전에 상대방에게 사전 통보하고, 이 훈련에 상대 진영의 참가자를 초청하도록 되어 있다.

동구 진영은 헬싱키 최종의정서의 채택으로 서방 진영으로부터 전후 질서인 국경 문제(오데르-나이세 강)를 공식적으로 인정받고 경제협력을 보장받게 된 반면, 동구 내 인권 문제를 서방측에 양보해야 했다. 인권 조항은 동독의 시민단체나 체코슬로바키아의 '77헌장(Charta 77)' 등과 같은 동구 반체제 지식인들에게는 체제에 저항할 수 있는 국제적인 근거가 되었고, 이는 결국 동구 진영의 몰락을 초래하는 단초가 되었다. CSCE 후속 회담이 베오그라드(1977~1978), 마드리드(1980~1983), 빈(1986~1989) 그리고 헬싱키(1992)에서 속개되었다.

동·서독은 이 협상에 동등한 입장으로 참여했고, 서독의 헬무트 슈미트(Helmut Schmidt) 수상과 동독의 에리히 호네커(Erich Honecker) 사통당 서기장이 헬싱키 최종의정서에 서명했다.

동독 측은 CSCE가 유럽의 당시 정치질서를 인정하고, 내정 불간섭을

---

48) 바르샤바 7개국+13개 중립국+나토 15개국(EC 국가의 요청에 따라 미국과 캐나다도 포함).

규정하고 있다는 점에서 매력을 느꼈다. 동독은 CSCE의 헬싱키 최종의정서에 서명함으로써 국제 사회에서 서독과 동등한 권리를 가진 회원국으로 인정받는 계기가 되었으나, 동시에 동독 지도부는 동독 주민들의 인권과 기본적인 자유를 존중해야 할 뿐만 아니라 동·서독 간 인적 교류를 강화시켜야 할 의무를 지니게 되었다.

그러나 최종의정서 서명 이후에도 동독 내 인권 문제는 전혀 개선되지 않았고, 이에 동독의 인권운동 시민단체 및 반체제 인사들은 동독 정부의 인권탄압 정치에 저항하면서 여행·종교·의사표현의 자유를 요구했다.[49] 이들의 활동은 서방측으로부터 전폭적인 지지를 받았고, CSCE의 헬싱키 최종의정서는 결과적으로 동독 수뇌부에 체제 개방과 개혁을 강요하는 서방의 압력수단으로 작용했다. 이런 맥락에서 헬싱키 최종의정서는 브란트의 신동방정책과 함께 동독의 체제를 와해시키는 데 상호 보완작용을 했다고 볼 수 있다.

(5) 동·서독 기본조약(Grundlagenvertrag) 체결

브란트의 정책에 따르면 서독이 동독의 실체를 국제법적(völkerrechtlich)으로는 인정할 수 없으나, 국가법적(staatsrechtlich)으로는 인정해야 한다는 것이었다. 이는 독일에는 두 개의 국가가 실제로 존재하고 있음을 인정해야 하나, 그렇다고 동독이 외국(Ausland)은 아니라는 입장이다. 이런 관점에

---

49) 이에 대해 사통당은 강압으로 대처했다. 반정부 예술가 및 작가들에게 실형을 부여하고 시민권을 박탈한 후 서독으로 추방했다. 루돌프 바로(Rudolf Bahro)가 1977년 사회주의 체제를 비판한 책을 출간했다는 이유로 체포되었다. 1976년 11월에는 1953년 '6·17 저항' 이래 최초의 대규모 공개 시위가 있었고, 저명한 작가[슈테판 하임(Stefan Heym), 크리스타 볼프(Christa Wolf), 사라 키르쉬(Sarah Kirsch)]와 70여 명의 예술가들이 이 시위에 참가했다.

서 볼 때, 서독 정부는 서독이 동독 주민들까지 포함된 전체 독일인을 대표한다는 이른바, '단독대표권'을 포기해야 한다는 것이었다. 이는 이제까지 지속되어온 서독의 유일 합법정부론과 할슈타인 독트린을 포기한다는 의미를 지니고 있었다.

브란트 수상은 동·서독 간의 긴장완화를 위해 동·서독 정상회담을 추진했으며, 1972년 12월 21일 동·서독 간 기본조약을 체결했다.[50] 기본조약은 조약 본문과 10개의 부속 문서로 이루어져 있다.[51] 주요 내용은 다음과 같다. 첫째, 동·서독은 상호 국경선을 침범하지 않고 무력 사용을 포기하며, 둘째, 동·서독은 외국과의 관계가 아닌 민족 내부의 특수적인 관계하에 있으며, 셋째, 동·서독은 향후 다양한 분야에서 교류협력을 강화한다.

당시 야당이었던 '기민/기사연합'은 기본조약이 평화조약, 베를린의 특수 지위, 승전 4개국의 권한과 책임 그리고 동독 주민의 인권 완화 조치 등에 관한 내용을 포함하고 있지 않다는 이유로 비준에 비판적이었다. 조약체결 과정에서 국제법적 또는 국가법적으로 동독을 승인하는 문제가 쟁점화되었으나, 서독 정부는 이 조약을 계기로 동독 정부를 공식적으로 인정하게 되었다. 객관적으로 이 조약은 두 개의 독일국가를 최종적으로

---

[50] 이 조약은 서독의 특임장관(Bundesminister für besondere Aufgaben)인 에곤 바와 동독의 장관(Staatssekretär)인 미하엘 콜(Michael Kohl) 간에 서명되었다.

[51] 내용은 다음과 같다. 1조, 동·서독은 동등한 권리로 선린관계를 발전시킨다. 2조, 동·서독은 유엔헌장원칙을 지지한다. 3조, 분쟁조정 시 무력사용을 포기하고 상호 국경을 존중한다. 4조, 동·서독은 어느 한 국가도 국제적으로 상대방을 대표할 수 없다. 5조, 동·서독은 CSCE 협상 과정에 참여하고 군축 조치를 지지한다. 6조, 동·서독은 상호 내외 문제에 있어서 자주성과 독립성을 존중한다. 7조, 차후 경제·과학·우편 및 통신·문화·스포츠 분야의 협력과 관련한 협정을 체결한다. 8조 상호 상주대표부를 설치한다. 9조, 본 협정은 이전 체결된 협정을 저촉하지 않는다. 10조는 비준 및 발효에 관련된 내용이다.

확인하는 분단조약으로 평가되었다.

기본조약 체결 후 서독 정부는 그간 추진해온 할슈타인 독트린을 포기하고, 양독 관계 개선을 위해 '접근을 통한 변화' 정책으로 선회했다. 기본조약은 연방하원에서 268 대 217로 의결되었으나, 상원에서의 비준은 실패했다. 그러나 1973년 7월 31일 연방헌법재판소(Bundesverfassungsgericht)는 기본조약이 기본법에 위배되지 않는다는 판결을 내렸다. 기본조약은 많은 비판에도 불구하고, 동·서독의 공존과 협력을 제도화한 기본 틀로 간주되어왔다는 점에서 큰 의미를 지닌다.

기본조약 체결 후 동·서독은 다양한 후속 협정을 체결함으로써 교류·협력을 더욱 활성화시켰다.[52] 동·서독은 1973년 9월 18일 유엔에 동시 가입했고, 1974년 5월 2일 상주대표부를 각각의 수도에 설치했다. 1971년 9월에는 '베를린 지위 관련 전승 4개국 협정(Viermächte-Abkommen über Berlin, 일명 베를린 협정)'이 체결되었다. 이 협정의 핵심은 ① 베를린에 대한 전승 4개국의 권한과 책임을 확인하고, ② 서베를린과의 통행 문제를 완화하는 것이다. 이 협정의 협상 과정에서 서방측은 포츠담 조약이 규정하고 있는 대로 전승 4개국에 베를린 전체에 대한 관할 책임이 있음을 강조함으로써 소련의 관심을 환기시켰다. 이로써 서방 3개국은 소련을 개입시켜 서베를린의 통행 문제를 해결하고 서베를린 주민들의 고통을 완화하고자 했다.

이 협정에 따라 서베를린과 서독 간의 육로, 철도 및 수로 통행이 보장되어 서독 주민들의 통행이 크게 개선되었다. 그뿐만 아니라 서베를린에 주소를 둔 주민들은 인도적, 가족적, 종교적, 문화적, 또는 상업적인 목적이

---

52) 보건협정(1974. 4. 25.), 우편·통신협정(1976. 3. 30.), 함부르크-베를린 간 고속도로 건설협정(1978. 9. 16.), 내독 국경 표지판 점검 및 개선 의정서(1978.11.29.), 동물학 분야 협력협정(1979. 12. 21.) 등이 있다.

나 관광 목적으로 동독을 방문할 수 있게 되었다. 이 협정에 따라 1971년 12월 17일 '동·서독 국경통과협정(Transitabkommen)'이 체결되었다. 이는 소련이 베를린을 양 진영 간의 위기 조성을 위한 수단으로 이제 더 이상 이용하지 않을 것이며, 서베를린과 서독의 연결을 인정한다는 것을 의미했다. 동시에 '베를린 지위 관련 전승 4개국 협정'은 포츠담 조약에 따라 동베를린을 동독 지역에 편입시키는 것을 반대한다는 것도 보여주었다.

브란트 정부는 신동방정책으로 동서 진영 간 긴장완화와 양독 관계 개선에 크게 기여한 반면, 국내 정치·경제적으로는 많은 어려움에 직면했다. 브란트는 급진적 사회주의정책을 추진했다. 그는 성장을 통한 사회적 시장경제를 추구하기보다는 분배 중심의 경제정책을 추진함으로써 시장과 사회적 형평성 간의 균형을 약화시켰다는 평가를 받았다. 브란트 시대에는 경쟁보다는 재분배나 부양의 원칙이 더 중시되었고, 시장 메커니즘보다는 사회적 공정성이 더 강조되었다. 또한 시장 내 경쟁질서도 집단주의적, 평등주의적, 경쟁최피적으로 변질되었다고 평가되었다. 고도성장을 통한 경제성과 배분에 대한 이해집단의 요구가 커짐에 따라 의료 및 연금보험 등의 분야에서 사회복지정책이 확대되었다.[53] 삶의 질과 교육 분야 등에서의 기회균등이 더욱 강조됨으로써 노동자나 자영업자 계층이 큰 혜택을 받았다. 이로써 GDP 대비 정부의 재정지출이 급격히 증가했고,[54] 사회보장 지출비의 지속적인 증가로 1971~1974년에 정부부채가 무려 45%나 증가했다. 과거 20년간의 고도성장과 저실업 현상은 중단된 채 경제성장률이 하락했고 실업률이 상승했다.[55] 이와 같은 경제악화는 이제

---

53) 1975년부터 자녀수당(Kindergeld)이 처음으로 수입과 무관하게 지급되었고, 질병 시 「임금 계속 지불법」(1969)이 제정되는 등 사회보장 대상자가 확대되었다.
54) 1973년 28.5%에서 1975년 50.3%로 증가했다.
55) 경제성장률은 1974년 0%에서 1975년 -1.1%로, 실업자는 1973년 27만 5,000명

까지 자동차, 건축, 철강 및 기계 분야에서의 고도성장에 따른 구조적 조정 국면이라는 측면도 있었다. 그러나 근본적으로는 1970년대 초 미국 달러화의 금태환 정지 선언으로 야기된 '브레튼우즈(Bretten Woods)' 체제의 와해(1971. 8)와 이스라엘과 아랍국가들 간의 '4차 중동전쟁(Yom-Kippur war)'(1973. 10)으로 인한 '1차 석유파동' 때문에 국제 경제환경이 악화되고 서방 국가들의 경기가 하락함으로써 독일의 수출이 전반적으로 둔화되었기 때문이었다.

1974년 4월 브란트 수상은 수상실에서 근무하던 보좌관 귄터 기욤(Günter Guillaume)의 간첩사건으로 인해 수상 직에서 물러났다. 그의 후임으로 슈미트가 선출되었고, 외무장관으로 한스 디트리히 겐셔(Hans-Dietrich Genscher, FDP)가 취임했다. 슈미트 정권은 브란트의 긴장완화정책을 계승했으나, 적군파(Rote Armee Fraktion: RAF) 등 좌파 테러리즘으로 얼룩진 경향이 있었다. 슈미트 수상은 국가재정의 적자폭을 줄이고 국가수입을 늘리기 위해 사회복지 관련 국가지출을 감소하는 정책('operation 82')을 추진했다.

일반적으로 사민당 정권은 사회복지정책 강화로 복지 측면은 발전시켰으나 시장경쟁원칙을 훼손시켰고, 독일식 모델을 세계화 추세에 적절히 대응시키지 못했다는 비난을 받았다. 브란트와 슈미트의 집권 기간 중 사회보장세가 무려 세 배 이상 급증했는데, 이는 국가의 세금과 차입금 등으로 보전되었다(국채 발행 6배 증가). 임금 삭감 없이 노동시간 단축을 요구하는 노조는 이미 사민당 정권하에서 정치세력화된 지 오래되었다. 이런 맥락에서 브란트와 슈미트 수상은 동독과의 관계 개선을 제도화시켰

에서 1974년 58만 명(2.6%), 1975년 107만 4,000명(4.6%), 1982년 200만 명(7.5%)으로 점차 증가했다.

다는 큰 업적에도 불구하고 서독을 채무국가와 노조천국으로 전락시킨 장본인이라는 비난을 받게 되었다.

3) 콜 수상과 동·서독 관계: 동독과의 교류·협력강화

1982년 9월 사민당의 슈미트 수상은 서독 헌정사상 최초로 행해진 '건설적 불신임 투표(Konstruktives Misstrauensvotum)'[56] 결과 기민당의 헬무트 콜(Helmut Kohl)로 교체되었다. 콜 정부는 동독과의 교류·협력을 강화하며, 프랑스와 함께 유럽통합을 가속화시키려 했다.

신동방정책을 통해 전 분야로 확대된 양독 관계는 콜 정부 출범 이후 더욱 실질적인 관계로 발전했다. 콜 수상은 기본법에 의거하여 자유가 최고의 가치임을 강조했고, 동·서독 간 인도적 차원의 인적 교류를 최우선 시했다. 콜 수상은 동독과의 계약을 통해 협력을 강화하고자 했다. 1983~1984년 서독은 우호적인 양독 관계 조성을 위해 동독에 20억 마르크의 차관을 제공했다. 1984년 동독은 차관의 대가로 내독 경계선에 설치된 자동소총을 제거했고, 반체제 동독 주민의 서독 이주를 허용했다.[57] 1986년 5월 동·서독은 문화협정을 체결했고, 그 외에도 수질 오염

---

[56] 독일의 연방하원은 자체적으로 의회를 해산할 권리를 갖고 있지 않다. 기본법 제68조(의회해산)에 따르면 수상이 신임을 물었으나[Vertrauensfrage] 의회가 다수결로 거부할 경우, 수상의 의회해산권고로 대통령이 21일 이내 의회를 해산시킬 수 있고, 의회는 신임 수상을 선출할 수 있다. 그러나 대통령이 상기 절차를 지키지 않을 경우 기본법 제67조에 따라 의회는 의석 과반수의 찬성으로 신임 수상을 선출하고 대통령에게 전 수상의 해임을 물음으로써 전 수상에 대한 불신임을 제기할 수 있다. 대통령은 전 수상의 해임과 동시에 선출된 새 수상을 임명한다. 슈미트 수상의 경우가 여기에 해당된다.

[57] 1984년에는 4만 명, 1987에는 1만 1,500명, 1988에는 2만 5,000명이었다.

제거 및 산림 피해 방지 등 환경 분야에서도 긴밀하게 협력했다. 1987년 9월 7일 호네커는 동독의 국가원수로서는 최초로 서독을 방문했다.

콜 수상은 '시장'의 기능을 더욱 강화시킨 사회적 시장경제를 추진했다. 사회적 시장경제의 원칙은 추구하되, 이전 사민당 정권과 비교하면 "국가의 개입을 줄이고 시장의 기능을 더욱 강조(Weg von mehr Staat, hin zu mehr Markt)"한 것이다. 경쟁은 강화되었고 시장개방과 규제완화가 뒤따랐다.[58] 콜 수상은 공급 중시의 경제정책을 운용하며 통화가치의 안정과 재정적자 축소를 강조했다.

콜 정부는 근본적으로 국가재정이 부담할 수 있는 한도 내에서 사회보장제도를 실시하고자 했다. 예를 들어, 사회보장 지출을 최대한 억제하기 위해 실업급여를 축소하고 실업보험분담률을 인상하는 등 실업자에 대한 지원을 축소했다. 콜 정부는 또한 의료보험 가입자의 자기부담률을 인상하고, 출산휴가지원금(Mutterschaftsgeld)과 자녀수당도 수입에 따라 축소·조정했다.

콜 정부는 노동시장의 유연화정책을 추진했다. 1985년 연방하원은 노동시장의 규제를 개혁했다. 이는 시한부 노동계약이 가능하며, 해고보호(Kündigungsschutz)를 제한적으로 운용하고, 58세부터 조기 명예퇴직제도를 도입하는 것 등이었다. 콜 정부는 노조의 기존 활동에도 제약을 가했다. 「노동촉진법(Arbeitsförderungsgesetz)」 중 파업을 할 경우 노동청의 중립유지조항과 실업급여 지급금지조항을 신설함으로써 1984년 중반 이후 노조

---

[58] 경제규제개혁(Deregulierung) 조치로 노동시간, 임금, 세법, 근로자 해고금지 등의 분야에서 규제개혁을 단행했을 뿐만 아니라 국영기업의 민영화가 이루어졌다. 독일연방우편(Deutsche Bundespost)을 우편은행(Postbank), 텔레콤(Telekom), 우체국(Postdienst)으로 분리하여 민영화했고 루프트한자(Lufthansa)도 민영으로 바꾸었다.

〈사진 1-7〉 1987년 9월 7일 동독 국가수반인 사통당 서기장 호네커(오른쪽)의 서독 방문 시 양독 정상의 의장대 사열 장면

의 파업이 현저히 감소했다. 이와 같은 다각적 조치로 콜 정부는 집권 후 경제 호황을 구가할 수 있었다. 물가와 통화가치가 안정되었고 재정적자는 줄어들었다. 그러나 콜 정부에서도 장기실업 및 청년실업 문제는 해결되지 않았다.

4) 분단 시절 동·서독의 통일 관련 입장

(1) 서독의 통일 관련 입장

서독 측에 따르면 1945년 제2차 세계대전 패망 후 전승 4개국에 의해 점령당하고 있을 당시에도 독일은 몰락한 국가가 아니었으며, '국가법 및 국제법적으로 엄연한 하나의 국가 실체(als Staats- und Völkerrechtssubjekt)'

로 존재하고 있었다. 베를린 선언(1945. 6. 5)과 포츠담 조약에서 언급되고 있듯이, 전승 4개국은 분단된 동·서독의 개념이 아닌 '전체로서의 독일(Deutschland als Ganzes)'이라는 국가 개념으로 독일의 존속을 인정하고 있었다. 단지 독일과 평화조약이 체결될 때까지 전승 4개국이 '전체로서의 독일'과 관련된 법적 관할권을 소유하고 있을 뿐이었다.[59]

따라서 독일 기본법에 따르면 독일제국(1871~1949)[60]은 1945년 전쟁 패망 이후에도 존속되며, 독일의 항복이나 전승 4개국의 통치와 무관하게 몰락하지 않았다는 것이다. 1949년 독일연방공화국, 즉 서독의 출현은 새로운 국가가 성립된 것이 아니라 독일제국의 일부가 잠시 새롭게 조직된 것으로 해석된다. 서독은 독일제국의 법적 후계 국가(Rechtsnachfolger des Deutschen Reiches)가 아닌, 독일제국과 동일시되는 국가라는 것이다.[61] 따라서 전체 독일의 영토는 오스트리아와 체코가 히틀러 체제로 병합되기 전인 1937년 12월 31일 이전 상태를 의미하며, 독일인이라 함은 기본법 116조에서 언급하고 있듯이 1937년 12월 31일 이전 독일제국 영토 내에서 거주하던 모든 독일 국적 소유자를 일컫는다. 여기에는 동독 거주민은 물론 과거 폴란드 및 동부지역으로 추방된 난민과 그들의 배우자와 자손 모두가 포함되어 있다.

---

59) 포츠담 조약은 전승 4개국에 독일과 평화조약을 체결하고 독일의 통일을 완성시킬 책임이 있음을 기술하고 있다.
60) 독일제국은 ① 1871~1918년 비스마르크 제국헌법 체제하의 독일황제제국, ② 1919~1933년 바이마르 제국헌법 체제하의 바이마르 공화국(Weimarer Republik), ③ 1933~1945년 히틀러의 제3제국(Drittes Reich), ④ 1945~1949년 전승 4개국의 점령기간 중 동·서독의 네 단계로 크게 구분된다.
61) 1937년 12월 31일 당시의 국경을 가진 독일제국은 독일과 폴란드 간의 국경을 오데르-나이세 강으로 인정하고 있는 '바르샤바 협정'(1970)이 체결될 때까지 독일이라는 개념과 동일시되었다.

이와 같은 배경에서 서독의 헌법인 기본법 전문에서는 '전체로서의 독일'로 통일시키는 과업이 서독의 주요 임무 중의 하나임을 명시하고 있다.62) 이처럼 통일 문제가 서독의 헌법에서 최우선 목표로 규정되고 있기 때문에 서독 정부는 분단 시절, 통일을 방해하거나 법적 지위를 포기하는 어떠한 행위나 협약도 금지해왔던 것이다.

서독 정부는 기본법 제정 후 독일은 하나이고 서독 정부가 전체 독일을 대표할 권리가 있다고 주장해왔다. 이른바 서독의 단독대표권은 브란트 정권이 들어선 1969년부터 포기되었고, 이는 공식적으로 동·서독 기본조약 체결과 동시 유엔 가입(1973)으로 입증되었다. 그럼에도 불구하고 서독 정부는 양독 관계를 '국가 간의 관계가 아닌, 민족 내부의 특수 관계'로 인식했고 동독 국적을 인정하지 않았다. 동독 주민들은 똑같은 독일 국민으로 대우받았으며, 이런 배경으로 동독 탈출자들은 추방되지 않고 서독 사회에 그대로 통합될 수 있었다.

(2) 동독의 통일 관련 입장

동독 측의 입장은, 독일제국은 이미 1945년 전쟁 패망으로 종식되었고 이후 두 개의 독일 국가가 탄생했다는 것이다. 동독 지도부는 동독이 국가법 및 국제법적으로 인정을 받아야 하며, 독일제국이나 히틀러의 나치 체제와는 어떠한 법적 구속력도 없기 때문에 이스라엘과 동독 땅을 떠난 유대인들의 손해배상 요구를 받아들일 필요가 없다고 주장했다.

---

62) "(……) 민족과 국가의 통일을 유지하고 통합된 유럽의 동등한 일원으로 세계평화에 기여하려는 의지에 고무되어 (……) 전 독일 국민은 자유롭게, 자결로 독일의 통일과 자유를 성취해야 한다는 요구를 받고 있다(Das gesamte Deutsche Volk bleibt aufgefordert, in freier Selbstbestimmung die Einheit und Freiheit Deutschlands zu vollenden)."

동독 정부의 독일정책은 소련의 입장과 동일했다. 즉 동독을 국제법적으로 인정하고, 독일을 비군사화하며, 폴란드와의 국경을 오데르-나이세 강으로 확정하고, 독일 내에서 공산당을 허용하라는 것이었다. 소련은 최종적으로 독일을 중립화하는 조건으로 통일시키고, 통일된 독일과 강화조약을 체결하고자 했다. 그러나 냉전 당시 이와 같은 소련의 주장은 서구 분열을 노리는 선전 공세로 간주되어 서방측에 의해 수용되지 않았다.

동독의 최초 헌법(1949. 10. 7)에 따르면 "독일은 분리할 수 없는 하나의 공화국이며, 오직 하나의 독일 국적만이 존재한다(dass Deutschland eine unteilbare Republik sei und es nur eine einzige deutsche Staatsangehörigkeit gebe)"고 규정하고 있다. 실제로 동독은 전체 독일을 대표하는 공화국으로 성립되었고, 초기 서독과 빠른 시일 내에 통일을 이룩하고자 노력했다. 1954년 3월 25일에 소련은 동독의 주권을 선포했다. 1945~1955년 사통당은 "하나의 독일 국가 속에 하나의 독일 민족(eine deutsche Nation in einem deutschen Staat)"이라는 입장을 취했다. 그러나 갈수록 국력 격차가 커지고 통일 가능성이 점차 희박해지고 있음을 인식한 동독 지도부는 서독의 할슈타인 독트린과 단독대표권을 비난하며 국제 사회로부터 동독의 주권을 인정받기 위해 외교적 노력을 강화했다.[63] 동시에 동독 정권은 국제 사회를 상대로 독일에 두 개의 국가가 존재한다는 '2국가론(2 deutsche Staaten in einer deutschen Nation)'을 주장했다.

1956년부터 동독은 동·서독의 군사동맹으로부터의 탈퇴와 군비감축, 그리고 독일 영토로부터의 외국군대 철수를 주장해왔다. 1957~1958년 울브리히트 서기장은 통일 이전 단계에서 같은 수의 동·서독 의원들로

---

[63] 1960년대 중반 바르샤바 조약기구의 회원국들은 동독의 외교적 노력에 힘입어 서독의 단독대표권을 반대했다.

구성되는 '전 독일의회'를 구성하자는 이른바 국가연합 통일방안을 제기했다.

1960년대 들어서면서 동독 정부는 베를린장벽 설치로 대내적 안정을 찾기 시작했다. 동독은 서독에 비해 비록 생활수준은 낮았으나, 1960년대 초부터 이미 동구권에서는 소련 다음가는 경제 강국으로 부상했다.

서독 정부가 단독대표권을 계속 주장하는 가운데, 동독의회는 1967년 2월 20일 「동독국적법」[64]을 신설하여 동독 주민이 독립적인 독일 국민임을 강조했다. 또한 동독은 1968년 헌법 개정을 통해 동독이 독자적인 국가임을 공표했다. 이른바 '두 개의 상이한 국가에 두 개의 독일 민족(2 deutsche Nationen in 2 getrennter Staaten)'을 주장함으로써 통일을 목표로 하는 서독 정부의 정책과 거리를 두기 시작했다.[65] 이후 그간 사회주의에 근간을 둔 전 독일 통일을 강조해왔던 사통당 지도부의 선전은 중단되었다. 그러나 서독 정부는 「동독국적법」을 인정하지 않았고, 1913년 제정된 독일제국 헌법을 준수해야 한다는 입장이있다.[66]

---

64) 이로써 1913년에 제정된 전 독일제국 국적법의 효력은 상실되었다. 1949년 동독 헌법에 기술된 통일된 독일 국적조항은 폐지되었다. 신(新)국적법은 동독이 주권국가임을 알리고 사회주의 국가로서의 체제 강화 차원에서 마련되었다.

65) 1968년 신(新)헌법은 당 선도주의와 2국가론을 법적으로 보장하려는 의도에서 마련되었다. 그럼에도 불구하고 신헌법은 제국주의에 의해 강요된 분단을 극복하고 민주주의와 사회주의를 근간으로 하는 통일을 규정하고 있었다.

66) 이에 따라 동독 탈출자들은 즉각 서독에서 여권을 신청할 수 있었다. 기본조약에서도 양독의 입장은 상이하여 국적 관련 사항은 기본조약에서 규정되지 않았다. 서독 정부의 일관된 '전 독일' 국적 고수 입장에 근거하여, 1989년 가을 동독 내 시위대가 법적으로 '우리는 하나의 국민(Wir sind ein Volk!)'이라고 주장할 수 있었던 것이다.

4. 분단 시절 동·서독 국경 관리

■ **These 4** 동·서독 국경은 상징적으로는 동서 진영 간의 군사적 대치 성격을 띠고 있었으나, 실제적으로는 동독이 체제 수호를 위해 일방적으로 세운 장벽의 성격이 더 강했다. 분단 시절 동·서독은 국경을 중심으로 중무장한 채로 상대를 위협하며 대치하지도 않았고, 군인 대신 국경경찰이 국경을 관리하고 있었을 뿐이다. 동·서독은 서로 전쟁을 겪지 않았고, 분단 기간 중 양측 간에 국경을 중심으로 한 무력 충돌도 전혀 없었다. 동독은 단지 동독 주민의 서독 탈출을 저지하기 위해 철조망과 지뢰를 자기 진영에 일방적으로 설치했다. 분단 기간 중 발생한 모든 희생자는 거의 대다수가 동독 주민들로, 이들은 국경을 넘어 서독의 자유 진영으로 탈출하는 과정에서 동독 국경경찰의 총격이나 매설된 지뢰 폭발 등으로 목숨을 잃거나 부상당했다.

1) 동·서독 국경 관리체계

독일 분할 문제를 논의하기 위해 미·영·소 3국에 의해 런던에 설치되었던 '유럽자문위원회(EAC)'는 1944년 9월 12일 이미 전후 독일을 세 개 지역으로 분할(런던의정서)했고, 이는 3국 정상이었던 처칠, 루스벨트 그리고 스탈린에 의해 얄타회담(1945. 2. 4~11)에서 승인되었다. 프랑스에 대한 승전국 자격 부여와 이에 따른 점령 지역 할당 문제로 논쟁이 있었으나 결국 프랑스를 승전국 대열에 포함시키고, 그 대신 미국과 영국의 점령 지역에서 일부를 분할하여 프랑스에 할당하기로 합의했다. 포츠담회담에서의 합의에 따라 독일은 1945년 7월부터 4개국 점령통치하에 들어가게 되었다. 동서냉전이 시작되면서 독일 내 4개국 점령 지역은 자연스럽게 서방 진영(미·영·프) 대 소련 진영으로 양분되었고, '런던의정서'에 따른 미국·영국 대 소련 간의 점령 구역 경계선이 양 진영 간의 분할경계선이 되고 말았다.

1945년 이후 소련 점령구역으로부터 전문 인력이 계속 빠져나가자 소련 점령 당국의 요청으로 연합국 측은 1946년 양대 점령 지역 간의 군사분계선을 잠정적으로 차단하기로 결정했다. 이에 따라 소련은 1946년 6월 30일부터 서방 진영으로 연결되는 모든 통행구간을 차단했고, 1946년 11월부디 짐령 지역 5개 주의 보호를 위해 국경경찰을 창설하여 국경감시임무를 수행했다. 1949년 동·서독이 창건되고 동서냉전이 심화되면서 결국 이 경계선은 동·서독 간의 군사분계선으로 변하고 말았다.[67]

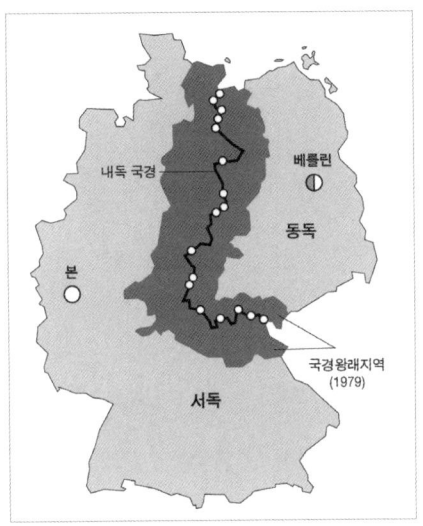

〈그림 1-3〉 동·서독 군사분계선

주: 동·서독 군사분계선은 북쪽 뤼벡(Lübeck)만에서 독일 중부를 통해 남쪽으로 내려와 동쪽 호프(Hof)로 이어지는 도별 경계선으로, 육상 성세(오프-뤼벡 만선 1378.1km, 해상 경계선 (발트 해) 14.9km, 그리고 서베를린 접경 지역 161km로 구성되어 있었다.

내독 군사분계선과 관련하여 동·서독은 서로 상이한 명칭을 사용했다. 동독은 엄연한 하나의 주권국가임을 강조하기 위해서 처음부터 국경(Staatsgrenze)이라는 명칭을 사용했다. 반면 서독은 내독 간의 경계가 통상적인 국가와 국가 간의 국경 개념이 아니기 때문에 군사분계선(Demarka-

---

67) 동·서독 간 체결된 기본조약에서도 동·서독은 「런던의정서」에서 합의된 경계선을 양독 간 군사분계선으로 인정했다.

tionslinie), 혹은 지역경계(Zonengrenze)라는 용어를 사용했다. 통일 전 내독 간의 국경은 다원적 성격을 띠고 있었다. 국가 간의 국경이라는 성격을 가진 국경, 상이한 양 사회체제 간의 국경, 군사적 대립 성격의 국경, 그리고 상이한 경제체제 간의 국경이었다.

동독은 군사분계선을 따라 대략 25m 후방에 3m 높이의 이중 철책선을 설치했고, 철책선 5m 뒤에 차량 진입을 막기 위한 80cm 깊이의 차단호(KFZ-Sperrgraben)를 구축했다. 그 뒤로 6~10m 폭의 통제구역(Kontrollstreifen)과 폭 1m의 순찰로가 이어졌다. 이로부터 다시 뒤로 약 500m폭의 보호지역(Schutzstreifen)이 있었고, 그 뒤로 국경 식별을 알리는 2m 높이의 철조망이 설치되어 있었다. 이로부터 다시 후방으로 폭 약 5km의 구역이 차단지역(Sperrzone)으로 설정되어 주거 및 여행이 제한되었다. 내독 국경선에는 600여 개의 감시탑, 1,000여 개의 지하 벙커, 315개의 군견 추적소 등이 설치되어 있었다.

서독은 1951년 3월 16일 국경수비 문제를 관장할 1만여 명 규모의 특수 경찰인 '연방국경수비대(Bundesgrenzschutz: BGS)'를 창설하여 내무부 소속으로 운용했다. 연방국경수비대는 1951년 5월 28일부터 공식적으로 국경감시임무를 수행했다.

2) 동독의 국경 운용

동·서독이 수립된 후 내독 군사분계선에 대한 감시·통제 임무는 점령군으로부터 동독의 국경경찰(Grenzpolizei)과 서독의 국경수비대로 이양되었다. 동독의 국경경찰은 1946년 12월 1일 소련 점령 지역에서 창설되었고, 1952년 5월부터 슈타지 예하 소속으로 편입되었다. 동독과 소련 간에 맺어진 '관계조약(Vertrag über Freundschaft, Zusammenarbeit und gegenseitige

Beziehungen zur Sowjetunion)'(1955. 9. 20)의 발효로 동독이 주권을 회복하면서 1955년 12월 1일부터 동독 국경경찰은 그간 소련군이 담당해왔던 국경 외부의 안전조치 임무를 인수받았다. 1980년대 동독의 국경경찰은 후방 요원을 포함하여 총 5만 명에 달했다. 동·서독 국경에 3만 명, 서베를린 접경지대에 8,000명, 그리고 동독-폴란드, 동독-체코슬로바키아 국경(총연장 886km)에 1,000여 명이 투입되었다. 국방차관의 통제를 받았던 국경경찰은 총 세 개의 국경수비사령부를 두고 있었

〈사진 1-8〉 1956년 국경의 모습

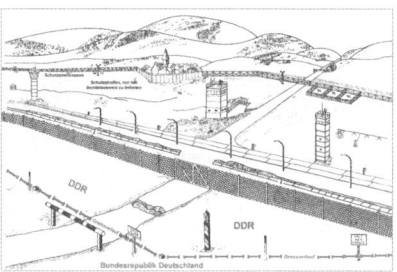

〈사진 1-9〉 국경 도면(DDR이라고 표기된 지역이 동독 지역)

다.[68] 슈타지 산하조직인 'Organisation 2000'은 국경경찰 조직 내에 상주하며 막강한 영향력을 행사했다. 이들의 임무는 서독 진영 50km 이내까지 서독 국경수비대나 세관의 동태를 감시하고, 서독 시위대들의 국경시설 침해행위로부터 국경을 보호하며 동독 첩자들의 서독 침투 및 귀환을 지원하는 것이었다. 1950년 창설된 슈타지의 가장 큰 임무는 국경 감시로, 동독 국경경찰조차도 슈타지의 통제를 받는 실정이었다.

동·서독 국경이 본격적으로 군사분계선으로 차단되기 시작한 것은

---

68) 베를린에 중부 사령부, 슈텐달(Stendal)에 북부 사령부, 에르푸르트(Erfurt)에 남부 사령부가 있었다.

〈사진 1-10〉 1961년 이후 국경 모습(동독 지역으로만 일방적으로 차단시설이 설치되어 있는 것이 남북한 간의 휴전선과의 차이점이다)

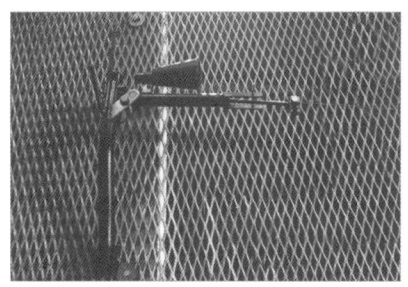

〈사진 1-11〉 1971년 이후로 전자감응 자동 발사기가 설치되었으나 1980년대 초 서독의 무상차관에 대한 반대급부로 제거되었다.

1952년 5월 이후로 동독 정부가 국경으로부터 폭 5km의 차단지역을 설치하고 여기에 지뢰를 매설하면서부터이다. 그 전까지는 소련 점령군에 의해 통제되기는 했으나 동·서독 주민 간의 왕래는 가능했다. 1952년 5월 동독 정부는 각료회의 결정으로 국경에 관한 시행령을 제정하고 양독 간 군사분계선 사이의 통행을 전면적으로 제한했다. 이와 함께 국경경찰에게 국경탈출자에 대한 총기 사용이 허용되었다.

동독 정부는 1952년부터 1961년에 걸쳐 국경지대 마을 주민들을 불신 대상으로 지목하여 '야간 작전(Nacht und Nebelaktion)'을 통해 이들을 강제적으로 국경 지역에서 추방하여 후방으로 이주시켰고 이들의 내독 간 여행을 통제했다. 1953년 6월 17일 동독 주민들의 대규모 반체제 시위가 소련 점령군에 의해 진압되었다. 이 사건 이후 반체제 인사들을 통제하고 국경통제를 강화함으로써 탈주자를 봉쇄하는 일이 사통당의 중요한 임무 중 하나로 대두되었다. 1953년 한 해만 무려 33만 명이 서독으로 탈출했다.[69] 1957

---

69) 1952년 전면적인 동·서독 간 국경차단으로, 탈출을 기도하던 동독 주민들은

년 동독 국경경찰은 인원 및 물자 통제 임무를 '물품교역 관세통제청(Amt für Zoll und Kontrolle des Warenverkehrs: AZKW)'으로 이관했고, 이후 장갑차와 경기관총으로 무장하여 국경보호임무만을 수행했다.

1960년 국경 지역에 차단시설과 지뢰가 매설되고[70] 군견 기지가 설치되는 등[71] 동·서독 간의 국경통제가 강화되자, 많은 동독인은 서베를린을 통해 서독으로 탈출했다. 이에 동독 지도부는 소련과 바르샤바 조약 동맹국과의 협의를 거쳐 1961년 8월 13일 베를린장벽을 설치하기 시작했다. 이 외에도 내독 국경선의 철책이 강화되었고 탈출 방지 장애물 및 감시탑 등이 설치되었다.

1961년 9월 15일 동독 국경경찰은 일시적으로 국방부 소속으로 편입되어 편제도 '인민군 국경부대 사령부(Kommando Grenztruppe der NVA)'로 바뀌었고, 국경경찰은 국경군인으로 신분이 변경되면서 전차(T-34), 장갑차(BTR-152), 그리고 유탄발사기 등으로 무장했다. 1962년 4월부터 의무복무병도 국경군인으로 충원되어 18개월간 복무를 할 수 있었다.

1962년 7월 동해(Ostsee) 연안을 감시하는 해안국경 담당 부대가 창설되었다. 1974년 1월 '인민군 국경부대 사령부'는 인민군으로부터 분리되었다. 이는 1973년 10월 개시된 나토와 바르샤바 조약기구 간에 진행된 '유럽 상호 균형 병력 및 무기 감축(Mutual and Balanced Force Reductions in Central Europe: MBFR)' 협상에서 국경부대가 MBFR 협상의 대상이

당시까지 아직도 왕래가 가능했던 서베를린을 이용했다.

70) 동독 인민군은 국경지대에 지상 지뢰, 매설용 지뢰(발목지뢰) 등 총 130만 개의 파편형 지뢰 등과 차단물을 설치하여 국경경찰과 공동으로 관리했다.

71) 1985~1986년 국경수비대 조직개편 시, 순찰 경계병을 보호하고 보초 역할을 할 군견 투입의 필요성이 늘어나면서 양 철책선 사이에 50m 간격으로 군견을 배치했다. 국경수비대 해체 이후 모든 군견은 동물보호소에 수용되었다.

아님을 나타내기 위한 조치였다. 국경경찰은 여전히 국방부 소속이었으나 동독 인민군 소속의 정규군은 아니었다. 국경경찰은 계급의 적과 직접 대치하여 '평시 전방 야전임무'를 수행함으로써 국가체제를 수호하는 친위대로 간주되었고, 국경경찰 대원들 사이에는 자신들이 선택받은 엘리트라는 의식이 팽배해 있었다.

1972년 양독 관계가 정상화되고 교류·협력이 시작되었음에도 불구하고 체제 불안을 느낀 동독 지도부는 국경차단 조치를 더욱 강화했다. 1971년 이미 차단지역 내에 '전자감응 자동발사기'가 설치되기 시작했고,[72] 1975년에는 더 많은 지뢰가 매설되었다. 1982년 3월 25일 「국경법(Grenzgesetz)」이 제정되어 국경탈출자에 대한 총기 사용 명령이 법제화되었다.

호네커 서기장은 1989년 1월 19일 "동·서독 장벽을 구축하도록 만든 주변 여건이 여전히 상존하고 있기 때문에 향후 50년에서 100년간 분단이 지속될 것"이라고 호언했다. 그러나 동독 국경부대 사령부는 1989년 11월 9일 베를린장벽이 무너짐과 동시에 임무를 상실했고, 1990년 7월 1일부터 국경감시임무는 정지되었다.

동독 지도부는 국경감시임무가 자국의 국경을 보호하기 위한 당연한 권리임을 주장하면서 실제로 국경이탈자들을 다수 사살했다. 동독 국경법에 따르면, 동·서독 국경지대에서의 무기 사용에 관한 법률적 근거로 27조를 활용했다. 여기에 따르면 "상황에 따라 범죄로 간주되는 행위"를 방지하고, "범죄혐의가 있는 자"를 체포하기 위한 무기 사용은 정당한

---

72) 1983년 바이에른 주지사인 프란츠 요제프 슈트라우스(Franz Josef Strauß)가 동독에 20억 마르크의 차관을 제공하는 조건으로 동독은 1983년부터 1985년까지 철책에 장착된 SM 70 자동발사 기관총과 지뢰를 제거했다. 이는 동독의 대외적 위신을 고려하고 서독이 동독 정부에 은행 대출을 보증해준 데 대한 반대급부적인 조치였다.

것"으로 규정하고 있다.

1989년 1월 동독 정부는 빈(Wien)에서 개최된 유럽 안보협력회의(CSCE) 후속 회담에서 주민들의 해외여행권을 존중한다는 결정에[73] 동참했다. 그럼에도 불구하고 현실적으로 출국 신청은 대부분 거부되었고, 국경이탈은 범죄로 간주되어 무력으로 저지되었다. 중앙기록소(Zentrale Erfassungsstelle Salzgitter)[74]의 통계에 따르면 동·서독 국경에서 발생한 희생자의 수는 모두 872명으로 대부분은 탈주자들이나, 동독 국경경찰요원과 소련군 탈주자들도 포함되어 있다. 철책에 설치된 폭발물로 270명 이상이 희생되었다. 1950년 이후 동독을 탈주한 국경경찰대원은 총 2,000명 이상으로 추정된다.[75]

통일 후 국경지대에 있던 재산이나 토지 몰수와 관련된 법적 소송이 많았으나, 재판 결과는 실망스러웠다는 평가를 받았다. 국경에서의 폭력적 행위에 대한 3,000건 이상의 소송이 제기되었음에도 90% 이상이 기각되었고, 재판에 회부된 경우에도 대부분 무죄나 집행유예로 끝났다. 통일 후 지뢰제거 작업에도 불구하고 아직도 3만 3,000개의 지뢰가 미확인되었

---

73) "참가국들은 개인의 임의 이주권, 국내에서 체류지역의 자유로운 선택권 및 자국으로의 귀국을 전제로 하지 않은 국외 여행권을 존중한다."
74) 1961년 11월부터 활동하기 시작한 주 사법행정 자료 기록 보관소는 동독 체제의 비행과 범죄와 관련하여 모든 기록을 수집·보관해왔다. 서독 각 주에서 재정지원을 받은 이 기록보관소는 통일된 후 모든 관련 자료를 각 주의 해당 부서로 이관하고 1992년에 폐쇄되었다[Heiner Sauer & Hans Plumeyer, *Der Salzgitter-Report - Die zentrale Erfassungsstelle berichtet über Verbrechen im SED-Staat* (Bechtle, 1991)].
75) Stefan Ulrich Hirtschulz & Peter Joachim Lapp, "Das Grenzregime der DDR," Hrsg. von Eberhard Kuhrt, *Die SED-Herrschaft und ihr Zusammenbruch*(Opladen, 1996), p. 143~198.

다. 그러나 통일 후 독일 국방부는 '인간의 판단에 따라' 지뢰제거 작업은 1995년 말부로 종료되었다고 공식적으로 발표했다.

한편, 독일은 과거 동·서독 국경을 따라 27개의 박물관과 전시관, 그리고 기념비를 건립하여 역사적인 분단 현장을 보존하고 있다. 국경은 지난 40년간 자연보호지역으로 남아 있었다. 따라서 이 지역을 관할하는 주정부는 자연보호·생태공원과 관광자원으로서의 가치를 병행시키는 발전전략을 강구해나가고 있다.

5. 독일 내 반유대주의 역사와 나치 만행 청산 과정

> **These 5** 역사적으로 독일의 반유대주의 전통은 깊다. 히틀러의 유대인 말살정책으로 560만 명이 희생되었다. 제2차 세계대전 패망 후 독일의 이와 같은 만행을 단죄하기 위해 전승 4개국은 '탈나치화' 작업을 수행했으나 이는 본질적인 해결책이라고 보기 어렵다. 이후 서독 정부와 서독 사회는 근본적으로 이 문제를 해결하기 위해 교육기관이나 언론 매체들을 통해 과거 나치의 만행을 가감 없이 그대로 국민에게 전달해왔고, 이를 통해 대다수의 국민들은 과거의 역사적 과오를 분명히 인식하고 인류에 대한 만행을 저지른 과거사에 대해 사죄하고 있다. 이러한 서독 정부의 나치 만행 청산 의지는 국제 사회로 하여금 서독 정부에 대한 신뢰와 투명성을 고양하는 데 크게 기여했고, 이는 훗날 독일 통일과 관련하여 전승 4개국의 승인을 끌어내는 데도 큰 도움이 되었다.

1) 독일 내 '반유대주의' 역사

독일 내 '반유대주의(Antisemitismus)'[76]의 전통은 뿌리가 깊다. '1848~

1849 혁명'[77] 후 유대인들은 독일인과의 동등한 권리를 강력히 요구했고 이는 결국 제국헌법에 반영되었다. 당시 유대인들은 독일 전체 인구 중 1.25%를 차지하고 있었다. 1870년 경제위기로 인해 독일 내 인종차별은 더욱 심해졌고, 이러한 분위기 아래서 유대인들은 독일 사회에 전혀 동화되지 못한다는 내용의 반유대인 선전이 확산되었다. 특히 반유대주의자들은 '시오니즘'을 '영혼이 없는 물질주의'로 인식했다. 또한 이들은 시오니즘을 독일의 이상주의에 배치되는 개념이며 현대화에 부정적 영향을 미치는 요인으로 간주했다. 이들에게 시오니즘은 '자본주의, 착취, 마르크시즘'과 동일시되었던 것이다. 따라서 독일 내 '반유대주의'의 속성은 '반자유주의와 반자본주의'를 의미하며, 프랑스혁명의 자유·평등사상과는 반대되는 개념으로 인식되었다.

1893년 제국의회선거(Reichstagswahlen)에서 반유대인 정당들이 총유권자의 2.9% 지지를 획득하여 총 16석의 의원을 원내에 진출시켰다. 1899년 반유대인 정당 연합은 정강정책인 '함부르크 프로그램(Hamburger Programm)'을 통해 장차 유대인 문제를 '20세기의 세계 문제'로 발전시킬 것임을 명시했고, 유대인을 완전히 차별하여 최종적으로 모두 학살시키는 것이 유일한 해결책임을 밝혔다.

제1차 세계대전이 발발하자, 독일 내 10만여 명의 유대인이 독일 사회에 동화되기를 희망하며 참전했다. 전쟁 초기 몇 달간은 반유대 징후도 사라진 듯 보였으나,[78] 독일 사회 내 반유대인 정서의 뿌리는 깊었다. 제국헌법

---

76) 18세기 후반, 신학이나 역사적 문헌에서 언어학자나 인종학자들은 'Semiten'을 유대인 개념으로 사용했다.
77) 1848년 개인의 자유와 평등을 요구하는 프랑스 2월 혁명의 영향으로 독일 연방 국가 내에서도 자유와 통일을 요구하는 시위가 거세졌고, 이를 계기로 입헌운동과 통일운동이 일어났다.

은 군대에서 유대인을 평등하게 대우하도록 명시하고 있었으나 실제로는 이행되지 않았다. 원칙적으로 유대인이 장교단에 편입되는 것은 불가능했으나, 전쟁 발발과 동시에 많은 인력 소요로 인해 유대인도 장교단에 편입될 수 있었다. 그럼에도 불구하고 유대인 출신 하사관이 장교로 전환되는 비율은 현저히 낮았고, 그나마 극소수의 유대인 장교들도 배타적이고 귀족적인 집단이었던 독일 장교단으로부터 위험인물로 간주되었다.

특히 참호전의 성격을 띠었던 제1차 세계대전 중, 참호 내에서 병사들 간의 반유대인 정서는 여전히 심하게 남아 있었다. 제1차 세계대전 패배 후 독일 내 경제상황의 악화로 반유대인 정서는 더욱 심해졌다. 독일 사회와 정치권에서는 모든 경제악화의 원인을 유대인에게서 찾았고, 유대인에 대한 적개심을 불태우기 위해 노력했다. 심지어 '반유대 급진 단체'(Alldeutscher Verband, Reichshammerbund)들은 유대인을 제1차 세계대전의 승리자로 조롱하면서, 독일군이 전쟁에서 조국을 위해 희생하고 있을 때 유대인은 후방에서 자기 배만 불리고 있었다고 비난했다.

제1차 세계대전 중 3만 5,000명의 유대인이 동구로부터 유입되자, 이에 문제의식을 느낀 프로이센 내무성은 더 이상의 유대인 유입을 막기 위해 1918년 4월 폴란드와의 국경을 차단했으며, 폴란드계 유대인의 독일 내 취업 금지령을 내렸다.

바이마르 공화국 시대에도 유대인은 제1차 세계대전 패배의 속죄양이 되었다. 당시 독일 전체 인구의 1%에 해당되던 유대인은 '유대 볼셰비키'

---

78) 유대계 독일인 조직인 'Central-Verein'은 조국 독일을 위해 유대인들이 헌신해줄 것을 요구하는 등 독일 사회에 동화되기 위해 나름대로 노력했다[Arnold Paucker, "Zur Problematik einer jüdischen Abwehrstrategie in der deutschen Gesellschaft," Werner E. Mosse(Hrsg.), *Juden im Wilhelminischen Deutschland 1890~1914* (Mohr Siebeck, 1998)].

로 간주되어 독일 사회 내에서 계급투쟁과 시민전쟁을 촉구하는 세력으로 비난받았다. 1920년 2월 뮌헨(München)에서는 반유대인 정서를 표방하는 정당인 독일노동자당(Deutsche Arbeiterpartei: DAP)과 히틀러의 나치당(Nationalsozialistische Deutsche Arbeiterpartei: NSDAP)이 창당되었다.[79] 1930년부터 나치당의 돌격대(Sturmabteilung: SA)는 공공연하게 유대인 상가를 약탈했고 유대인들에 대한 테러를 감행했다. 1933년 1월 히틀러의 집권 후 독일의 반유대정책은 더욱 노골화되고 반인륜적인 양상을 보이기 시작했다. 히틀러는 '테러와 선전'을 교묘하게 결합시켜 우선 국내의 정치 반대세력을 제거하고 유대인을 독일 사회로부터 완전히 격리시키려는 전략을 추진했다. 나치는 먼저 유대인들이 자발적으로 독일 땅을 떠나게 하거나 그렇지 않을 경우 그들을 추방하려 했고, 반유대인 관련법을 무려 2,000여 개나 제정했다. 1933년 봄부터 독일 사회에서는 유대인 상점, 변호사 및 의사들에 대해 보이콧 행동이 나타났고, 1933년 4월 1일 나치의 선동 아래 유대인 상점을 이용하지 말자는 캠페인이 대대적으로 벌어졌다.[80]

1938년 3월 오스트리아가 합병된 이래 나치당의 반유대정책은 새로운 양상을 띠게 되었다. 반유대인 규정을 오스트리아까지 확대·시행하면서 오스트리아 내 유대인들을 국외로 추방하기 시작했다. 빈에 '유대인추방센터(Zentralstelle für jüdische Auswanderung)'를 설립하여 아돌프 아이히만(Adolf Eichmann)을 책임자로 임명했다. 1938년 11월 9~10일, 소위 '유대

---

[79] 물론 독일 내 유대보호단체나 정당도 등장했고 1891년 반유대주의를 반대하는 종교단체가 설립되어 이에 항거하기 위한 시민들의 노력도 있었다. 대표적인 단체가 'Central-Verein deutscher Staatsbürger jüdischen Glaubens'와 'Verein zur Abwehr des Antisemitismus'이다. 유대인의 정서를 대변하는 Deutsche Demokratische Partei(DDP)도 창당되어 활약했으나 독일 사회 내에서 반유대인의 정서를 막기에는 역부족이었다.
[80] 1933년경 독일 내 유대인 숫자는 52만 5,000여 명에 달했다.

인 박해의 밤(Pogromnacht 혹은 Kristallnacht)'으로 불리는 이날, 나치는 100여 명의 유대인을 살해했고, 수백 곳의 유대인 교회에 방화했다. 이날 밤 수천 개의 유대인 상점도 약탈당했다. 1938년 11월 7일부터 13일까지 불과 일주일 사이에 무려 400명 이상의 유대인이 학살당하거나 자살했고, 1,400여 개의 유대인 교회와 수천 개의 유대인 상가, 가옥 및 공동묘지가 약탈·파손되었다. 이 사건은 어디까지나 앞으로 나치에 의해 자행될 대대적인 유대인 말살정책의 서곡일 뿐이었다.

독일 땅으로부터 유대인을 추방하는 것이 나치의 목표였으나 이는 제2차 세계대전 발발로 무산되었다. 전쟁 발발과 동시에 나치의 유대인정책은 더욱 악랄해졌다. 1939년 모든 유대인은 전화기를 비롯해 귀금속을 국가에 반납해야 했고 유대인만이 거주할 수 있는 통제구역이 별도로 설치되었다. 1939년 12월 최초로 독일 내 유대인들이 대규모로 폴란드 점령 지역으로 추방되기 시작했다. 1939년 12월 1일부터 폴란드 내 유대인들은 흰 바탕에 푸른 별이 그려진 완장을 팔에 착용했다. 1941년부터 나치는 독일 세력권 내에 있는 유대인을 원칙적으로 모두 학살하기로 했다. 1941년 9월 이래로 독일 내 거주하는 모든 유대인은 노란 별을 달고 유대인임을 표시해야 했다. 1941년 10월부터 이들은 체계적으로 폴란드 내 독일 점령 지역으로 추방되었고, 그중 대부분이 백주에 테러를 당하거나, 기아와 질병, 그리고 강제노동으로 사망했다. 또한 많은 폴란드 정치인 및 종교 인사들도 유대인과 함께 처형을 당했다.[81]

히틀러의 꿈은 동구권을 점령하여 독일인을 위한 생활공간(Lebensraum im Osten)을 확보하는 것이었고, 이런 전략에 의거하여 소련도 점령하고자

---

[81] 나치의 인종주의자들에 따르면 유대인뿐만 아니라 집시(Sinti und Roma), 슬라브족인 러시아인과 폴란드인도 모두 저열한 민족에 속하기 때문에 제거 대상이었다.

했다.[82] 1941년 6월 22일부터 시작된 소련과의 전쟁은 서구 전역에서 수행된 전쟁의 양상과는 달리 '인종말살전쟁'의 성격을 띠었다. 1941년 9월 키예프(Kiev) 근처에서는 3만 4,000여 명의 유대인이 집단 학살을 당했고, 1941년 말까지 무려 50만여 명이 학살되었는데 그중 90%가 유대인이었다. 전 유럽으로부터 수십만 명의 유대인이 동구지역으로 추방당했다. 동구 지역의 첫 번째 대규모 집단 학살은 1941년 11월 25일 리투아니아 카우나스(Kaunas)에서 벌어졌다. 1942년 1월 나치는 조직적이고 체계적으로 모든 수단을 동원하여 전 유럽의 유대인을 학살하기로 했다.[83]

1941년 12월 이래로 유대인들에 대한 가스 독살이 시작되었다.[84] 1942년 3~7월 폴란드의 벨제크(Belzec), 소비보(Sobibor), 트레블링카(Treblinka)에 집단 수용소가 설치되었고, 트레블링카 수용소 한 군데서만 바르샤바에서 추방된 90만 명의 유대인이 가스로 학살되었다. 1943년 10월까지 이 세 군데 수용소에서 모두 173만 명의 폴란드 유대인이 가스로 학살당했다. 유대인이 죽기 전 남겨진 시계나 안경 및 금붙이 등 귀금속 액수만도 무려 1억 8,000만 마르크에 달했고, 이는 나치 친위대(Schutzstaffel: SS) 특별계좌에서 관리되었다.

나치가 세운 유대인 수용소 중 제일 규모가 큰 곳은 1940년에 설치된 아우슈비츠(Auschwitz) 수용소로, 1942년부터 전 유럽의 유대인이 이곳으로 추방되었다.[85] 소장 루돌프 회스(Rudolf Höß)의 지령에 따라 아우슈비츠

---

82) 1941년 하인리히 히믈러(Heinrich Himmler)에 의한 계획('Generalplan Ost')에 따르면, 새로이 창출될 공간은 종족별로 재구성되어 '독일화(Germanisierung)'된다는 것이었다.
83) 1942년 1월 20일 '반제회의(Wannsee-Konferenz)'에서 결정되었다.
84) 바르테란트(Wartheland)에 있는 헬름노(Chelmno) 처형소에서 집행되었다.

수용소 내 수천 명의 유대인들은 인체실험 대상이 되었다.[86] 주로 노약자, 임산부 및 아이가 딸린 부인들은 곧장 가스실로 보내졌고, 근로능력이 있는 유대인은 강제노동에 투입된 후 노동력을 상실하면 즉각 가스실로 보내졌다. 아우슈비츠에서 죽은 유대인만 모두 100만여 명이 넘는다. 수용소 마이다네크(Majdanek)에서 죽은 인원은 모두 20만여 명에 달하고, 그중 6만여 명이 유대인이었다.

1944년 소련군의 반격으로 동부 전선이 좁혀오고 패전의 기색이 짙어지자 대량살상의 증거를 인멸하라는 히믈러[87]의 지시에 따라 집단 수용소들이 일제히 폐쇄되기 시작했다. 이때부터 마지막 수용소 수감자들은 서부 지역으로 '죽음의 행군(Todesmärschen)'을 시작했다. 이 행군에서도 수많은 수감자들이 도중에 기진맥진하여 죽거나 친위대로부터 사살당했다.

나치의 유대인 학살정책에 따라 독가스, 사살, 주사, 생체실험 그리고 강제노역으로 사망한 총 유대인은 560만 명에 달하고,[88] 그중 270만

---

[85] 1943년부터는 그리스와 이탈리아에서, 1944년 5~6월에는 헝가리에서 유대인이 아우슈비츠 수용소로 추방되었다. 1942년 4월, 이미 세르비아에서는 유대인이 현장에서 모두 학살되거나 가스로 독살되어 유대인이 없는 나라가 되었다.

[86] 나치 친위대는 이미 1941년 9월 소련군 포로를 대상으로 독가스 치클론 B(Zyklon B)를 실험했다.

[87] 나치 친위대 대장으로 유대인 학살 책임자 중 한 명이다.

[88] 나치 학살로 유럽에서 희생된 유대인의 숫자는 벨기에 2만 8,500명, 덴마크 116명, 독일제국 지역(폴란드 동부) 16만 5,000명, 에스토니아 1,000명, 프랑스 7만 6,100명, 그리스 5만 9,200명, 이탈리아 6,500명, 유고슬라비아 6만~6만 5,000명, 라트비아 6만 7,000명, 리투아니아 22만 명, 룩셈부르크 1,200명, 네덜란드 10만 2,000명, 노르웨이 760명, 오스트리아 6만 5,500명, 폴란드 3,00만 명, 루마니아 27만 명, 소련 1,00만 명, 체코슬로바키아 26만 명, 헝가리 20만 명이다[LeMO Impressum(Stiftung Deutsches Historisches Museum, 독일 역사박물관재단) 웹 사이트의 "II. Weltkrieg" 항목 참조].

명이 수용소에서 사망했다. 유대인 외에 열등 인종으로 여겨진 집시도 25만여 명이 희생되었다.

2) 나치 만행 청산 과정: 연합 전승국의 '탈나치화' 과정

1945년 5월 8일 독일의 무조건 항복 이후 전승 4개국의 중요한 과제 중 하나는 전후 독일을 나치의 잔재로부터 해방시키는 이른바 '탈나치화(Entnazifizierung)' 작업이었다. 포츠담 조약에 따라 독일과 오스트리아는 정치, 사회, 문화, 언론, 경제 및 법무 등 전 분야에서 나치의 잔재를 청산하도록 되어 있었다. 따라서 '연합국 통제위원회'는 1946년 1월 '탈나치화 훈령(Entnazifizierungsdirektiven)'을 하달했고, 1946년 10월 구체적 처리지침을 내렸다. 탈나치화 작업은 4개국 점령 지역별로 각각 실시되었는데, 주요 내용은 나치 전범을 포함하여 관련자를 물색하여 처벌하고 나치당과 예하 조직의 활동을 금지시키는 것이었다. 또한 나치 법을 청산하고 제3제국을 상기시키는 모든 것들, 즉 도로명, 서적, 제복 및 훈장 등을 폐기하는 것이었다.

당시 독일 내에 남아 있던 850만 명의 나치 당원들은 5개의 범주, 즉 ① '전쟁주범(Hauptschuldige)', ② '적극 가담자(Belastete)', ③ '소극 가담자(Minderbelastete)', ④ '동조자(Mitläufer)', 그리고 ⑤ '단순 혐의자(Entlastete)'로 구분하여 처리되도록 했으나, 네 곳의 점령구역마다 이행 실태가 달랐다. 처음에 미국은 청산 작업을 '도덕적 엄숙주의'에 입각하여 엄격하게 시행했다. 그러나 동서냉전이 가시화됨에 따라 탈나치화 작업에 대한 이해와 관심이 줄어 결국 1948년 3월 31일부로 모든 청산 작업이 중단되었다. 이로써 많은 전범자가 처벌받지 않은 상태로 살아남을 수 있었다.

영국과 프랑스는 미국에 비해 처음부터 훨씬 부드럽게 이 문제를 다루었다. 영국은 정치적 관점보다 독일 재건과 경제회복에 중점을 두고 주로 엘리트 교체에 관심을 보였다. 프랑스는 국내적으로도 '비시(Pétrains Vichy) 정부'에 대한 탈나치화 극복 문제에 봉착하여 있던 상황이어서 독일 내의 전범처리 과정은 비교적 유연한 편이었다.[89]

소련의 경우 처벌보다는 동독 지역의 공산화에 우선적인 관심을 기울였고, 1947년까지 50만 명을 해직시키고 공산주의자로 대체했다. 그러나 핵심 당직자나 조직관리자들은 특별수용소(Speziallager)에 수감하여 재판을 진행했고, 소련 비밀경찰(NKWD)이 이런 과정을 총감독했다.

그 외에 기타 유럽 지역에서도 탈나치화 작업이 이루어졌다.[90] 1951년 5월 11일 「탈나치 종식법(Entnazifizierungsschlussgesetz)」이 공포됨으로써 탈나치화 작업은 모두 끝났다. 전쟁 주범과 적극 가담자를 제외하고 나머지 나치 관련자들은 모두 사면·복권되어 1949년 이후 어떠한 방해도 받지 않고 생업에 복귀할 수 있었다. 이러한 조치는 국민 대부분으로부터 용인되었다.

(1) 뉘른베르크 재판(Nürnberger Prozesse)

1945년 11월 20일 처음으로 뉘른베르크 국제 군재판소(Der Internationale Militärgerichtshof von Nürnberg)에서 전범자들에 대한 재판이 열렸다. 아돌프 히틀러(Adolf Hitler)와 요제프 괴벨스(Joseph Goebbels)는 이미 자살했고, 재판에 회부된 자들은 제국원수(Reichsmarschall)였던 헤르만 괴링(Hermann Göring), 제2인자였던 루돌프 헤스, 군비장관 알베르트 슈페어(Albert Speer),

---

[89] 대부분의 나치 당원들은 동조자로 분류되었다.
[90] 독일군에 점령당했거나 제3제국과 관련되었던 오스트리아, 프랑스, 이탈리아 등지에서도 탈나치화 작업이 이루어졌다.

전 외교부 장관 콘스탄틴 폰 노이라트(Konstantin von Neurath)와 요아힘 폰 리벤트로프(Joachim von Ribbentrop), 당 이념가 알프레트 로젠베르크(Alfred Rosenberg), 제국 청소년 지도자 발두어 폰 쉬라흐(Baldur von Schirach)와 마르틴 보르만(Martin Bormann) 등이었다.

재판이 진행되어 1년이 지난 후 1946년 10월 1일 24명의 전범 중 12명이 사형 선고를 받고 집행되었다. 헤르만 괴링은 재판 도중에 자살했고, 7명의 전범들은 무기징역 혹은 장기형을 언도받았다. 교수형에 처해진 이들은 뮌헨 화장터에서 화장된 뒤 이자(Isar) 강에 뿌려졌다. 이어서 뉘른베르크 재판에서는 외교부, 산업체, 장군들, 의사들, 법조인 그리고 나치 친위대 간부들에 대한 재판이 다루어졌다.

(2) 아우슈비츠 재판(Auschwitz Prozesse)

1963~1965년에 아우슈비츠 수용소 간부들의 범죄에 대한 재판이 프랑크푸르트에서 열렸다. 아우슈비츠 재판은 최대의 형사재판이었다. 4년간의 재판 준비 기간 중 1,300명의 증인 진술이 있었고, 19개국에서 359명의 증인이 채택되었다. 20명의 피고에 대한 재판에서 수용소 만행상이 그대로 폭로되었다. 20개월의 재판과정이 끝난 후 1965년 8월 19일 판결이 내려졌다. 6명은 무기징역, 11명은 3~14년 징역, 3명은 무죄로 판결이 났다. 형량이 낮은 것에 대해 국제 사회로부터 많은 비난이 있었다.

3) 나치 청산 관련 동·서독 정부의 조치

나치 정권 몰락 후 독일 내 유대인의 삶은 완전히 파괴되었다. 히틀러가 들어서기 전인 1933년경에는 약 50만 명의 유대인이 독일 땅에 거주했으나, 제2차 세계대전 후에는 그 숫자가 겨우 1만 5,000명에 지나지 않았다.

동독 지역에는 수백 명 정도밖에 존재하지 않았으나, 이후 동독재건을 위해 3,500명의 유대인이 동구지역으로부터 유입되었다. 1989년까지 약 2만 6,000명의 유대인이 서독 지역에, 약 500명이 동독 지역에 거주했다. 2006년 통계에 따르면 100여 개 이상의 지부에 10만 4,000명의 유대인이 독일에 거주하고 있다.

나치 만행을 청산하기 위해 서독 정부가 취한 대외적 조치는 크게 ① 이스라엘과의 '룩셈부르크 협정(Luxemburger Abkommen)'(1952. 9. 10) 체결, ② 유대인 중앙협의회 창설(Zentralrat der Juden in Deutschland), 그리고 ③ 나치 체제에 대한 저항운동(Widerstandstraditionen)의 기념 및 복원이라 할 수 있다.

1950년대 서독 정부는 과거 나치 피해에 대한 손해보상법 등을 제정했다. 이는 이후 외국으로부터 독일의 신뢰를 회복하는 데 기여했다.[91] 또한 아데나워 수상은 1952년 룩셈부르크 조약에 서명함으로써, 독일은 유대인 난민들의 통합 문제를 해결하기 위해 이스라엘과 유대단체에 대해 35억 마르크에 상당하는 현금, 물품, 서비스를 보상하기로 했다. 또한 유대인들의 개인 재산 손실에 대해서는 서독 정부가 보상하도록 합의했다. 이 조약으로 신생 서독 정부는 나치 만행에 대해 사과하고 책임을 지려는 정부로 인식되어 국제 사회로부터 국가 신인도를 높일 수 있었고, 이를 바탕으로 친서방 결속정책을 용이하게 펼 수 있었다. 독일 정부는 현재까지도 1950년 창설된 유대인 중앙협의회와 긴밀히 협력하고 있다.

2003년 독일 정부는 유대인 중앙협의회와 국가협정(Staatsvertrag)을 체결했고, 추방당한 유대인의 독일 정착을 지원하기 위해 매년 300만 유로를

---

91) 모든 나치 희생자가 다 보상을 받은 것은 아니었다. 동서냉전 당시의 공산주의자, 집시, 강제노역자 그리고 외국인 수용소 수감자들은 보상 대상에 해당되지 않았다.

유대인 중앙협의회에 지불하고 있다. 1979년 독일 내 유대인 역사 탐구를 위해 하이델베르크 대학에 유대학과가 설립되었다.

이와 같은 외부적 조치 외에도 서독 정부는 또다시 양차 세계대전과 같은 역사적 과오를 되풀이하지 않기 위해 사실에 입각한 역사교육을 통해 국민들에게 민주주의 가치를 심어주려 노력했다. 점령기간 중 연합국 통제위원회는 독일의 교육체제를 민주화하기 위한 지침을 마련했고 교육 개혁을 구상했다. 나치 당시의 역사교과서 사용이 금지되었고, 나치 만행에 대해서는 별도로 재교육(Re-education)이 실시되었다. 독일 사회를 탈나치화하고 민주화시키는 과정에서 언론과 방송을 다원화하고 민주화하는 작업도 병행되었다.

탈나치화 작업과 관련하여 아데나워 정부의 당면 과제 중 하나는 '어느 선에서 매듭을 지을 것인가?' 하는 것이었다. 나치 만행에 직접 가담한 자로부터 저항했던 세력들까지 다양한 범주의 독일인들이 공존하고 있었던 당시 상황에서는 '① 누가, ② 어느 정도 나치 범죄에 대해 알고 있었는지, ③ 모든 독일인이 똑같이 책임을 져야 하는지, ④ 누가 최종적으로 제3제국 만행에 책임을 질 것인지' 하는 문제가 최대의 담론들이었다. 이런 가운데 아데나워 정부의 시급한 당면 과제는 적당한 선에서 나치 잔재를 청산하여 빠른 시일 내 국민 통합을 이룬 후, 모두 전후 복구에 매진할 수 있도록 독려하는 것이었다. 1951년 5월 「탈나치 종식법」이 공포된 후 서독 사회에서 나치 만행에 대한 처리가 일단락되었고, 1960년대 말까지 나치 문제는 비교적 소극적으로 다루어져왔다.

그러나 1960년대 후반 68세대와 사민당 정권의 등장 이후, 나치의 죄악상이 교과서뿐만 아니라 각종 언론 매체를 통해 다시 상세하게 다루어지기 시작하면서 독일인들로 하여금 새롭게 과거사에 대한 사죄 의식을 일깨우게 했다.

나치의 만행을 청산하는 과정에서 동·서독은 상이한 태도를 보여주었다. 동독도 서독처럼 나치 체제를 반대하고 모든 잔재를 청산하고자 했으나, 실천 방법은 완전히 상이했다. 소련 점령 지역에서는 나치 체제 대신에 사회주의 체제가 도입되었고, 교육체계도 국가와 공산당의 지도노선에 따라 개편되었다. 서독 정부가 나치 희생자에 대해 책임을 통감하는 입장이었던 반면, 동독 정부는 스스로를 나치의 후속 정권이 아닌 반파쇼 저항의 전통을 이어온 정권으로 인식했기 때문에 책임이 없다는 입장이었다. 동독은 나치 정권의 전쟁 도발 결과에 대해 소련에 전쟁보상금을 지불해왔고, 나치 파쇼 정권과는 단절된 역사를 갖고 있기 때문에 이스라엘에 대해서는 보상금의 지불의무를 못 느낀다는 논리로 이 문제를 비켜갔다. 한편 동독의 경우 중동 문제와 관련해 소련의 입장을 동조해야 할 입장이었기 때문에 '친아랍, 반이스라엘' 정책을 펴왔다.

나치 체제에 대한 저항의 전통과 관련해서도 동·서독은 상이한 입장을 보여왔다. 서독에서는 '1944년 7월 20일 클라우스 폰 슈타우펜베르크(Claus von Stauffenberg) 대령의 히틀러 암살계획'[92]을 나치에 저항한 독일의

---

[92] 1944년 7월 20일 히틀러 앞에서 전황 보고를 하기로 되어 있던 육군 대령 슈타우펜베르크는 볼프산체(Wolfsschanze)로 불렸던 나치군 전쟁지휘소(현 폴란드 지역)에서 히틀러를 암살할 목적으로 폭탄을 준비했다. 12시 반경 정확히 폭탄이 터졌고 전쟁지휘소가 쑥밭이 되었으나, 누군가가 폭탄이 든 가방을 옆으로 치우는 바람에 히틀러는 가벼운 부상만 당하고 말았다. 같은 날 밤 늦게 히틀러 제거작전(Operation Walküre) 주모자들은 전원 체포되어 처형되었다. 그 처형 장소인 베를린 벤들러블록(Bendlerblock)에 현재 독일 국방부가 위치하고 있다. 게다가 매년 7월 20일 이 처형 장소의 뜰에서 독일군 신병 입대식이 국방장관 주관 아래 거행된다. 이는 장차 독일군이 어떤 가치를 수호하기 위해 총칼을 들어야 하는지를 대대로 후손들에게 알리려는 독일 국방부의 상징적 의식행위로 볼 수 있을 것이다. 이후 독일 정부는 반인륜적 히틀러 독재체제에 대한 과거 성찰을 통해 1949년 기본법 제정 시 다음과 같은 국민

전통으로 간주하는 반면, 동독에서는 나치 정권의 파시즘(Faschismus)에 투쟁해왔던 독일공산당(Kommunistische Partei Deutschlands: KPD)만이 추모의 대상이었다.93) 구체적으로 에른스트 텔만(Ernst Thälmann)을 위시한 공산주의자, 국가위원회 'Freies Deutschland(자유독일)'과 저항 그룹인 'Rote Kapelle(붉은 밴드)' 등을 나치 저항 세력으로 추모해왔다. 이처럼 같은 사안을 놓고 동·서독 간 상이한 입장을 보이는 것은 상이한 이념과 체제로 인한 결과이다.

6. 분단 시절 동·서독 교류·협력 사례

> **■ These 6** 분단 시기 동·서독은 지속적으로 교류와 협력을 유지·확대했다. 독일 통일은 전승 4개국 간의 긴장완화와 냉전 종식이라는 전제하에서만 가능했기 때문에 서독 지도부는 통일 문제를 거론하기보다는 양독 간의 교류·협력에 치중했다. 무엇보다도 가장 시급한 과제는 분단으로 인한 양독 주민들 간의 고통을 완화시키고 상이한 체제로 인한 상호 이질감을 해소하는 것이었다. 이를 위해 특히 중점을 두었던 분야는 인적·물적 교류와 협력이었다. 그러나 결과적으로 보면, 오히려 이와 같은 양독 간의

저항권(Widerstandsrecht)을 기본법에 명시하게 된다. 기본법 20조 4항 "모든 독일인은 민주질서를 파괴하려 기도하는 그 어느 누구에 대해서도, 다른 어떤 수단으로도 구제가 불가능할 때에는 저항할 권리를 갖는다(Gegen jeden, der es unternimmt, diese Ordnung zu beseitigen, haben alle Deutschen das Recht zum Widerstand, wenn andere Abhilfe nicht möglich ist)". 이와 같은 저항권의 의미는 민주적 기본질서와 헌법체제를 무시하는 국가기관이나 권력자에 대해 주권자로서 국민이 복종을 거부하고 저항할 수 있는 권리를 말한다.

93) 동독에서 대표적으로 추앙되는 기념 장소는 당시 공산당 의장 에른스트 텔만이 처형된 부헨발트(KZ Buchenwald) 집단수용소였다.

교류·협력이 분단 당시 독일이 처한 현실에서 가장 이상적인 통일 준비였다고 평가할 수 있을 것이다.

1) 정치 분야

(1) 정상회담

동·서독 간 관계 개선을 위한 조치로는 동·서독 정상회담과 기본조약 체결, 그리고 '베를린 지위 관련 전승 4개국 협정'을 들 수 있다. 1989년 11월 9일 베를린장벽이 무너지기 전까지 모두 네 차례의 동·서독 정상회담이 개최되었다. 최초 정상회담[94]은 1970년 3월 18일 에르푸르트에서 브란트와 동독 총리 빌리 슈토프(Willi Stoph) 간에 개최되었고, 그해 5월 21일 동독 총리가 카셀(Kassel)로 답방했다. 비록 구체적 성과는 없었으나 이 회담은 동·서독 분단사에서 최초의 정상회담이라는 상징성을 갖고 있다.

1971년 5월 사통당 서기장 울브리히트는 소련의 압력으로 호네커[95]로 교체되었다. 울브리히트는 1960년대 이미 소련과의 관계에 일정한 선을 긋고 동독의 독자적 사회주의를 강조해왔으며, 미-소 간에 추진되어왔던 긴장완화를 반대함으로써 소련 지도부로부터 이미 눈 밖에 난 상태였다. 제3차 정상회담은 제2차 정상회담이 열린 지 11년 만인 1981년 12월

---

94) 최초의 정상회담을 성공적으로 마친 브란트는 1971년 노벨평화상을 수상했다.
95) 호네커는 17세에 공산당에 입당하여 히틀러 집권 당시 10년간 투옥 생활을 했으며, 1946년 자유독일청년(Freie Deutsche Jugend: FDJ) 의장, 1958년 이래 사통당 정치국 의원으로 지내며 베를린장벽 구축을 계획했다. 1971년 당 중앙위 제1의장, 1976년 국가평의회(Staatsrat) 의장으로 동독 내 1인자로 부상했다.

11일 동베를린에서 서독의 슈미트 수상과 동독의 호네커 사통당 서기장 간에 개최되었다. 소련의 아프가니스탄 침공으로 마소 간의 대립이 격화일로에 있는 가운데 개최된 이 회담에서 양 정상은 비록 냉전이 도래했더라도 동·서독 간에는 전 분야에서 협력을 유지하는 것이 중요함을 인식하고 함께 노력하기로 했다.

〈사진 1-12〉 1970년 3월 19일 동독 에르푸르트에서 최초로 개최된 동·서독 정상회담에 참석하기 위해 온 서독 수상 빌리 브란트(왼쪽)가 역에서 동독 총리 빌리 슈토프(오른쪽)로부터 영접을 받고 있다.

제4차 정상회담은 1987년 9월 7일부터 11일까지 서독에서 콜 수상과 호네커 서기장 간에 개최되었다. 두 정상은 이 회담에서 '원자력 안전을 위한 정보와 경험에 관한 교환협정' 등 세 개의 협정에 서명했다.

베를린장벽 붕괴(1989. 11. 9) 후 통일 직전까지 네 차례의 추가적인 공식 회담과 수차례 비공식 회동이 더 있었다.

(2) 정당 교류

1945년 여름 소련군정은 소련이 점령한 지역에 공산당(KPD), 사민당(SPD), 기민당(CDU) 그리고 자민당(LDP/LDPD) 등 네 개의 정당만을 허용했다. 1946년 2월 사민당은 공산당과 강제로 통합되어 사통당이 되었다. 1946년 선거에서 기민당과 자민당이 선전하자, 양당의 부상을 견제할 목적으로 소련군정과 사통당은 '독일민주농민당(DBD)'과 '독일민족민주당(NDPD)'의 창당을 주도했다. 사통당은 통일되기 전까지 줄곧 동독의 집권당으로 군림했다. 통일 전 동독에는 집권당인 사통당과 네 개의 위성

정당(Blockpartei)96) 등 외견상 모두 다섯 개의 정당체제가 구축되어 있는 것처럼 보였으나, 사실은 사통당 일당독재체제로 유지되고 있었다. 통일 직전 사통당의 회원 수는 230만 명에 달했다. 사통당을 제외한 네 개 정당은 특정 계층별 주민들을 정치적으로 동원하고 사회적으로 통합시키거나 통제할 목적으로 조직되었으며, 사통당에 의해 조종되는 허수아비 위성정당에 불과했다.

1945년 6월 26일 소련 점령 지역에서 창당된 동독 기민당은 초기에는 서독의 자매정당인 기민당처럼 기독사회주의(christlich-sozial)와 의회민주주의를 지향했다. 그러나 집권당인 사통당과 갈등을 겪으면서 점차 위성정당으로 변질되었다. 사통당 입장에서는 기독교 신자를 사회주의 체제로 흡수하는 일이 최대 과제였기 때문에 기민당의 역할에 큰 기대를 갖고 있었다. 동독 기민당은 1989년 정치적 변혁 이후 위성정당으로서의 역할을 끝내고 시장경제와 통일을 지향하며 1990년 10월 1~2일 서독의 기민당으로 흡수되었다. 동독 기민당 총재로 마지막 수상을 지낸 로타어 데 메지에르(Lothar de Maizière)는 통일 후 통합된 기민당의 부총재가 되었다.97)

1945년 7월 창당된 동독 자민당은 중·소 제조업자 층과 공산주의에 반대하는 지식인층을 겨냥하며 사통당을 측면 지원했다. 특히, 사통당은

---

96) 공산 진영에서는 통상 집권당인 공산당 이외에 위성정당을 설립하여 하나의 정당블록을 형성함으로써 결속을 다진다. 이 위성정당들은 의회나 정부에 진출하기는 하나 실제 고유 권한은 행사하지 못한다. 위성정당체제를 유지함으로써 외부적으로는 다당제라는 인상을 주고, 내부적으로는 공산당의 시책을 비공산주의자들에게 설득하는 효과를 노렸다. 동독의 네 위성정당(기민당·자민당·농민당·독일민족민주당)은 공통적으로 "반파쇼-민주 블록(Antifaschistisch-demokratischer Block)"이라는 특성을 갖고 있다[Klaus Schroeder, *Der SED-Staat. Partei, Staat und Gesellschaft 1949~1990*, 2. Auflage(Propyläen, 2000), p. 47].

97) 1989년 9월 동독 기민당의 회원 수는 14만 1,000명이었다.

경제활동이 다양해지고 국제 사회가 다원화됨에 따라 자민당의 역할에 큰 기대를 했다. 동독 자민당은 1990년 8월 서독 자민당에 흡수되었다.[98]

1948년 4월 창설된 독일민주농민당은 농민층을 사회주의 체제로 끌어들이는 역할을 하며 사통당을 지원했다. 사통당의 농업정책을 추종하며 1950년대 농업집단화에 앞장섰다. 1989년 정치적 변혁 이후 환경농민당(ökologische Bauernpartei)으로 변신을 꾀했으나, 동독 마지막 총선(1990. 3. 18)에서 2.2%만을 획득함에 따라 의회 진출에 실패했다.[99]

독일민족민주당은 1948년 4월 동독 내 전범 혐의가 없는 '나치 잔당들(nichtbelastete NSDAP-Mitglieder)' 및 퇴역장교 출신들을 사회주의질서 내로 통합시키기 위해 소련 군정 및 사통당의 주도로 결성되었으며, 1990년 서독의 자민당으로 흡수되었다.[100]

분단 시절 동·서독 간 정당 교류에서 가장 활기를 띤 당은 노동운동과 사회주의 전통을 공유하고 있던 서독의 사민당과 동독의 사통당이었다. 사민당은 분단으로 인한 체제 갈등을 극복하기 위해 동독을 체제의 적이라기보다는 교류와 협력의 대상으로 인식했으며, 항상 동독 정권과의 대화의 창구를 유지하고 있었다. 양당은 1980년대 유럽 내 평화 정착을 위한 군비통제 및 군축 분야에서도 긴밀히 협력했다.

네 개의 위성정당은 분단 시절 사통당의 지시와 통제에 따라 서독의 자매정당들과 접촉과 교류를 시도했으나 큰 성과는 없었다. 기민당의 경우 1985년까지 공산당에 대한 강경 입장으로 인해 공식적인 접촉은 없었으나, 이후 동·서독 도시 간 자매결연과 지방행정 차원에서 교류와 접촉이 이루어진 후 양당 간 접촉이 확대되었다. 특히 동독 지도부는

---

98) 1989년 9월 동독 자민당 회원 수는 11만 3,000명이었다.
99) 1989년 9월 독일민주농민당 회원 수는 12만 5,000명이었다.
100) 1989년 9월 당시 회원 수는 11만 2,000명이었다.

서독 정부의 동독에 대한 강경정책을 완화시키고, 동독의 군축 및 평화정책을 홍보하기 위한 방편으로 동독 기민당의 서독 기민당에 대한 접촉을 적극적으로 지지했다. 동·서독 자민당은 자유주의 이념을 공유한다는 명분으로 활발한 접촉을 가졌다. 동독 지도부는 서독의 대외정책에 동독의 입장을 반영하기 위한 방편으로 동독 자민당을 적극 활용하려 했다. 서독 자민당이 연정에 참여할 경우 외교부 장관은 자민당 몫이었다는 점이 고려되었다.

2) 경제 분야

전승 4개국이 포츠담회담에서 독일 점령 지역을 '하나의 경제 단위'로 취급하기로 합의했음에도 불구하고, 동·서독 간의 상이한 경제체제 도입과 상이한 화폐 사용으로 점령기간 중 양독 간의 경제교류는 사실상 불가능했다. 본격적인 동·서독 간의 교역은 1951년 9월 양독 간의 교역협정인 '베를린 협정(Berliner Abkommen)'이 체결된 이후이다. 베를린 협정은 1990년 7월 '경제·화폐·사회연합(Wirtschafts-, Währungs- und Sozialunion)', 일명 국가조약(Staatsvertrag)에 의해 최종적으로 폐기될 때까지 동·서독 간의 교역을 규정하는 사실상의 기본 틀이 되어왔다.

그러나 이는 동·서독이 1972년까지 국가법 및 국제법적으로 상호 인정을 하지 않았기 때문에 엄밀한 의미에서 국가 간의 협정은 아니었고, 서독마르크와 동독마르크 지역 간의 교역을 위해 체결된 잠정협정의 성격을 띠고 있었다. 이 협정에 따라 동·서독 간 거래상 청산지불은 양독 중앙은행에 설치된 청산계정을 통해 이루어졌고, 동·서독 간 현격한 구매력의 차이에도 불구하고 결제수단으로 '청산 단위(Verrechnungseinheit: VE)'[101]가 사용되었으며, 공식 환율은 '1청산 단위(VE)=1서독마르크=1동독마르크'

로 적용되었다. 서독이 동독으로부터 수입하는 것보다 동독이 서독으로부터 수입하는 양이 훨씬 많았기 때문에 동독의 수입 시 '무이자 초과인출(zinsloser Überziehungskredit)'을 가능하게 하는 '스윙(swing) 제도'가 도입되었다.

동·서독 간의 교역 규모는 1950년도에 8억 VE에서 1988년도에 160억 VE로 약 20배나 증가했다. 서독은 주로 공작기계나 전자제품 등 자본재나 원자재 및 금속 반제품을 동독에 수출했고, 동독으로부터 철강, 화학제품 비철금속 등 1차 산품과 소비재 농산물 등을 수입했다. 동·서독 간의 교역이 각각의 대외무역에서 차지하는 비율을 보면, 서독의 경우 1955년 2.3%, 1970년 1.8%, 1987년 1.5% 정도로 미미했으나, 동독의 경우는 1955년 12.3%, 1970년 11.4%, 1987년 7.6%에 달하여 상대적으로 비중이 높은 편이었다. 1989년 통계에 따르면 서독은 동독에게 소련 및 체코슬로바키아에 이은 제3의 교역 대상국이었다.

한편 내독 거래 관계의 특수성은 동독의 대외교역에도 큰 도움이 되었다. 1951년 서독의 '관세 및 무역에 관한 일반 협정(GATT)' 가입과 1957년 유럽경제공동체(EEC) 가입 시 서독은 이미 특별 의정서를 채택하여 양독 간의 거래가 국가 간의 무역이 아님을 확정지었다. 따라서 동독은 동독 제품을 유럽공동체가 부과하는 관세를 물지 않고 서독을 통해 제3국으로 재수출할 수 있었다.

이처럼 양독 경제교류의 경제적 의미는 서독의 경우 비록 미미했으나, 동독의 경우 상당히 컸다고 볼 수 있다. 계획경제를 추진했던 대부분의 동구권 국가와 마찬가지로 생필품 및 소비재 물품의 부족 현상을 겪고 있던 동독에 서독으로부터의 물자공급은 체제 안정을 도모하는 데 큰

---

101) 결제 청산 단위로 동·서독 교역 시에만 유효한 화폐 단위였다.

⟨표 1-1⟩ 내독 거래(1)

(단위: 1억 마르크)

민간인		교회		국가	
우편	450				
물품 개인 반입	50	물자지원	25		
동독 선물중개회사 (Genex)	26	동독 선물중개회사	3	현금지원	20
성금	100	선물	28	의료지원	5
합계	626	합계	56	합계	25

주: 1989년까지 약 707억 마르크.
자료: 연방 내무성 제공 자료(2004).

도움이 되었다. 하지만 양독 교역을 통해 동독 경제는 서서히 서독 경제에 종속되기 시작했고, 서독 정부는 때때로 양독 교역을 동독을 압박하는 정치적 압력수단으로 활용했다.[102] 그러나 서독 지도부는 근본적으로 양독 간의 교류와 협력을 통해 상호 체제 간의 이질성을 극복하고, 동독 내부에서의 점진적인 변화를 도모할 수 있다는 인식을 갖고 있었다.

1990년 서독 연방은행(Deutsche Bundesbank)은 분단 기간 중 동독에 지원된 금액을 공개했다. 상세한 내역의 공개는 현실적으로 불가능하나 주요 지불 내용만으로도 동·서독 분단 시절 내독 거래의 내용을 추론할 수 있을 것이다. 서독의 개인, 교회 및 공공기관은 동·서독 연대 차원에서 동독의 개인, 교회 및 공공기관에게 무상지원을 했다. 즉, 경제적 반대급부 없이 동독에 환전 가능한 물자지원을 한 것이다.

개인의 경우 주로 우편물을 통한 현금 선물이 이루어졌으며, 1972년 여행이 허가된 후에는[103] 소형 선물을 직접 전달하거나 서독이나 외국에

---

[102] 서독과 서베를린 간의 자유왕래를 보장받기 위한 압력수단으로 활용되었다. 1971년 말 '동·서독 국경통과협정' 체결로 서독과 서베를린 간의 통행은 아무런 제한 없이 이루어졌다.

서 물건을 주문하여 동독 선물중개회사104)를 통해 동독 내 수취인에게 전달했다. 서독 교회는 동독 교회에 주로 물자를 지원했다. 1960년대는 마르크를 직접 송금 지원하는 것이 불가능했기 때문에 주로 원자재105)를 지원했다. 기독교회의 경우 1957년에서 1990년 사이에 의료, 생필품, 건자재, 종이, 전자제품, 의약품, 병원의 의료기기와 책 등 총 13억 970만 마르크에 달하는 물자를 지원했고, 천주교회가 지원한 물자는 총 28억 마르크에 달했다. 그 외 교회연합이 같은 기간 3억 4,000만 마르크에 달하는 물자를 지원했다. 이외에 서독 정부도 동독에 생활용품을 지원할 경우 면세혜택을 부여했고, 동독 주민이 서독을 방문할 경우 환영금을 지급하고 의료지원을 했다.

이와 같은 자발적인 지원 외에 서독 주민과 정부는 강제적으로 동독 정부에 지불해야 하는 비용들이 있었다. 개인의 경우 도로이용료106)와 비자신청금,107) 그리고 동독 입국 시 강제환전금(Zwangsumtausch)108)을

---

103) 1972~1980년에는 연평균 650만 명이 동독을 방문했고, 250만 명이 서독을 방문했다.
104) 1962년 동독 사통당이 선물중개회사를 설립했고, 코펜하겐과 취리히에 지사를 두었다. 주요 역할은 외국에서 물품을 주문하여 동독 내 수취인에게 선물을 전달하는 것이었는데, 주요 주문 품목은 동독산 제품(자동차 등)이며, 주요 고객은 동독 내 친지를 둔 서독인과 서독 교회였다.
105) 석유, 구리, 천연고무, 커피, 섬유 등으로 연간 최대 4,000만 마르크로 제한되었다.
106) 동독 정부의 도로이용료 수입은 30년간 총 10억 마르크에 달했다.
107) 동독 정부는 1968년 7월 1일부터 서독-베를린 통과 시 여권소지의무와 비자발급제도를 도입했다(입국비자 발급비는 체제 시 15마르크, 동독 통과 시 5마르크). 입국비자 발급비는 1972년부터 서독-베를린을 통과할 경우 통행세로 통합되어 정부예산에서 지불되었다.
108) 1964년 도입된 강제환전제도에 따라 일일 체류 시에는 5마르크를 환전해야 했다(서베를린 주민은 3마르크). 단, 연금생활자와 청소년은 제외되었다. 강제

⟨표 1-2⟩ 내독 거래(2)

(단위: 1억 마르크)

민간인		국가		국가	
도로이용료	10	통행료	78		
비자신청금	7	도로이용료	5		
세금청산금	0.2	허가비	0.3	현금지원	20
기타	2	투자비	24	의료지원	5
강제환전금	45	정치범석방비	34	합 계	25
합계	66	합계	144		

주: 1989년까지 약 210억 마르크.
자료: 연방 내무성 제공 자료(2004).

지불해야 했고, 서독 정부는 공식적으로 동독의 서비스 시설 이용 대가, 정치범(Freigekaufte) 석방, 통행세 및 도로이용료와 일반 투자 분야와 관련된 비용을 지불했다. 베를린 주정부는 쓰레기 및 폐수를 동독이 처리한다는 조건으로 비용을 지불했다.

1964년 정치범 석방비가 서독 교회와 자선단체의 중개로 동독에 전달되었다. 서베를린과 서독 도시 간의 원활한 통행 보장을 위해 체결된 '동·서독 국경통과협정' 18조에 따라 서독 정부는 도로이용료, 비자신청금, 세금청산금 등의 개인 부담금 수년치를 동독에 일괄지급 했다. 서독 정부는 동독의 고속도로, 철로, 수로, 환경보호 프로젝트 등의 인프라 시설 개선 사업에도 투자했다.[109]

환전금은 1973년 20마르크로, 다시 1980년부터는 25마르크로 인상되었다(단, 연금생활자는 15마르크). 이때 동·서독마르크는 1:1로 환전되었다.
109) 투자참여비 지출은 동독 내 자재비나 인건비 기준으로 산정할 수 있는 성격이 아니어서 적정가 산정이 매우 어렵고, 세부적인 사업추진계획서가 제출되지 않아 현지답사도 불가능했다. 따라서 '유령예산 평가'에 따라 산정된 '정치성 지불'이라는 비판과 의심을 받았다.

서독 연방은행 통계에 따르면 1950~1989년 서독이 동독에게 재정지원한 총액은 약 900억 마르크(450억 유로 상당) 이상이다. 이 중 700억 마르크는 개인이나 교회가 지원했고, 66억 마르크는 여행, 교통 및 강제환전금으로 개인이 지불했다. 다분히 정치적 강제성을 띠며 서독 정부가 지불한 금액은 144억 마르크였다.[110] 국가 지원은 1970년대 중반 이래 증가하는 추세였다. 통일 전까지 서독은 매년 GDP 대비 0.1~0.2% 정도의 자금을 동독에 지원했는데, 특히 1983~1984년 외채 위기를 겪고 있던 동독에 두 차례에 걸쳐 각각 10억 마르크를 무상으로 지원했다.

분단 시절 이와 같은 서독의 동독에 대한 재정지원이 동독의 경제발전에 크게 일조했다는 평가는 드물다. 그러나 동독 입장에서 서독마르크의 수입은 수출능력 개선을 위한 외채상환에 활용되어 근본적으로 동독의 외화유동성 안정에 크게 기여했다는 평가를 받았다. 강제환전으로 인한 수입금은 동독 상업은행(DABA)에 적립되어 대외 결제수단으로 이용되었고, 동독 선물중개회사의 수익금은 사통당 해외조직 지원금으로 활용되었다. 이처럼 내독 거래는 외환보유고에 허덕이던 동독의 국제 지불능력을 향상시키는 데 크게 기여했다.[111]

그러나 소규모 외환 보유를 허가하기 시작한 1974년 이후, 서독마르크는 동독 내에서 제2의 화폐로 사용되었으며 동독은 서서히 재정·경제적으로 서독에 예속되기 시작했다. 동독 교회는 서독으로부터 지원된 물자를 시민들에게 분배함으로써 민족의 동질성 유지와 단합에 크게 기여했다. 한편으로 동독 교회의 서독 물자 분배는 단순한 인도적 차원의 활동이

---

110) 베를린 도로이용료 86억 마르크, 서독-베를린 간 교통로 건설 및 보수비용 24억 마르크, 정치범 석방 및 이산가족 결합 비용 34억 마르크.
111) 1970년대(1971~1980) 동독의 대 서독 무역수지 적자는 210억 동독마르크에 달했다(Statistisches Bundesamt, *Statistisches Jahrbuch 1990*, p. 251).

아니라 동독 주민들에게 서독 체제의 우월성을 직접 홍보하며, 동독의 사회주의 체제는 결코 대안이 될 수 없음을 대변해주는 행위였다. 이는 동독 교회가 동독 내 반체제 시민운동단체 인사들에게 피신처를 제공하며, 훗날 동독의 정치적 변혁을 가져오는 데 구심적 역할을 했던 것과 결코 무관하지 않을 것이다. 따라서 서독의 동독에 대한 마르크 지원은 동독의 경제적 안정에 일부 기여했을지 모르나, 정치적 측면에서는 중·장기적으로 동독의 체제 불안을 조장하고 체제 붕괴를 가속화하는 요인으로 작용했다. 이런 맥락에서 내독 거래가 없었다면 동독 체제는 정치적으로 더 안정되고, 더욱 오랫동안 수호될 수 있었을 것이라는 비판적 시각도 제기되었다.

3) 교통 교류

분단 이후부터 동독 내에 위치하고 있던 서베를린과의 교통로 확보는 서독 정부의 큰 관심사였다. '동·서독 간 국경통과협정'과 '교통조약(Verkehrsvertrag)'(1972. 5. 26)이 체결되기 전까지 서독 주민들은 제한된 도로나 철도를 통해 내독 국경을 넘어 서베를린으로 왕래했다. 분단 이후 점령구역 간의 통행 문제와 관련된 법적 근거는 '포츠담회담'이다. 포츠담 결의문 14조에 따르면 전승국에 의한 점령기간 중 독일은 '하나의 단일 경제 단위'로 간주되어야 하고, 이를 위해 수송과 교통 문제에 대한 기준이 마련되어야 함을 언급하고 있다.

'연합국 통제위원회'는 이와 관련된 규정을 제정할 권한을 위임 받아 베를린 서방 진영(서베를린)으로부터 소련 점령구역(동독 지역)을 거쳐 서방 점령 지역(서독) 간의 통행구간을 확정지어야 했다. 그러나 사사건건 걸고 넘어졌던 프랑스의 반대와 서방측과 소련 측의 갈등으로 이 과제는 수행되

〈그림 1-4〉 서베를린 서독 간 통행로

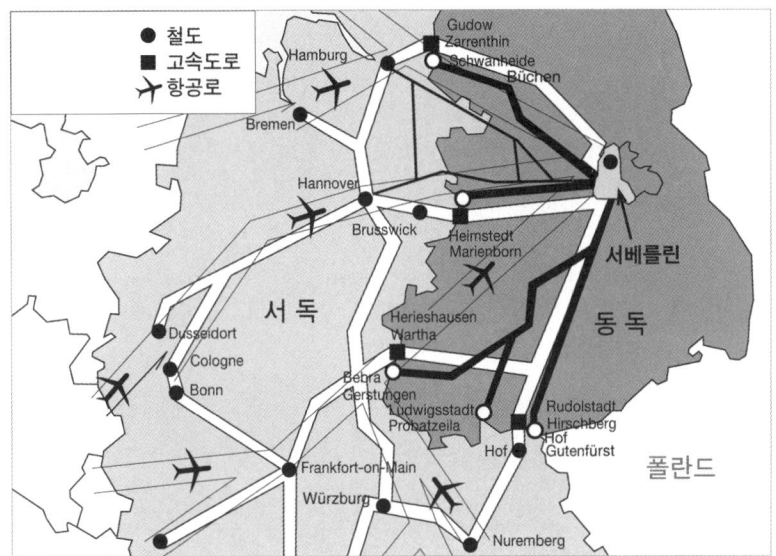

주: 동독 내 고속도로 이용료는 서독 여행객이 직접 지불하지 않고, 서독 정부가 매년 일괄 산정하여 지불했다. 동독은 국경통과협정을 체결함으로써 주권국가로 인정받고자 했다.

지 못했다. 따라서 분단 후 동·서독 주민들은 소련군 점령사령관이 허용한 철도, 도로, 항공에서 각각 한 개의 노선만을 통해 서로 왕래할 수 있었다.

그러나 1952년 5월 5일 소련 통제위원회(Sowjetische Kontrollkommission: SKK)의 명령에 따라 안전·통제 조치가 강화되자 동·서독 간 왕래는 급격히 감소되었다. 1970년대에 들어 동·서독 간의 교통 교류는 서독 브란트 수상의 동방정책과 긴장완화 추세에 힘입어 급진전을 맞이하게 되었다. 서독과 소련 간 우호협정(모스크바 협정, 1970. 8. 12)이 체결된 후, 서독 정부는 이 협정의 비준 문제를 서베를린과의 통행 문제와 결부시켰다. 이와 같은 조치에 힘입어 도출된 결과가 바로 '베를린 지위 관련 전승 4대국 협정'이었다. 이 협정을 계기로 소련은 분단 이후 처음으로 서독과 서베를린 간의 육로, 철도 및 수로를 통한 왕래를 보장했다. 이 협정에서는

제1장 독일의 분단과 분단 시절 양독 관계 97

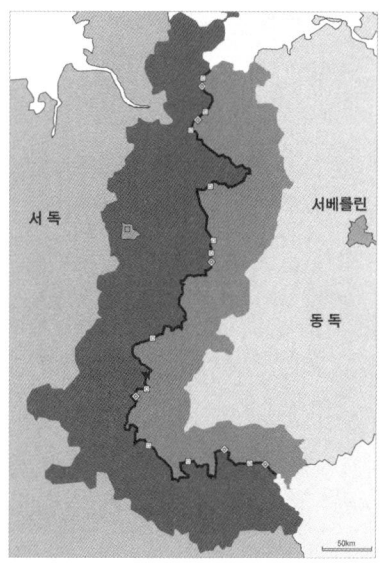

〈그림 1-5〉 국경 인접 왕래 허가 구역

서베를린까지 장애를 받지 않고 접근할 수 있도록 동·서독이 차후에 통행 관련 세부 내용을 발전시키도록 명시하고 있다.

1971년 12월 17일 동·서독은 최초로 정부 차원의 국경통과협정에 서명했다. 이 협정은 양독 간 교통교류의 법적 토대가 되는 것으로, 서독과 서베를린 간, 그리고 서베를린과 동베를린 간의 인적·물적 왕래를 원활하게 하기 위해 마련되었다. 주요 내용은 동독 당국이 국경에서 여행객에 대한 통과 절차를 간소화하는 것이다. 이 협정을 통해 서독과 서베를린 간의 여행은 더욱 쉬워졌고, 통행 문제는 더 이상 동독의 정치적 압력수단으로 이용되지 않았다.

1972년 5월 26일 양독 간 교통조약이 체결되었고, 이후 양독 간 교통교류는 급증했다. 이 조약은 1971년 맺은 동·서독 국경통과협정의 내용을 확대하여 세부화한 것으로, 이 조약을 계기로 여행자들에게 더 많은 편의가 보장되었다.

분단 당시 서독 정부는 주로 통행 장애의 완화나 접경지역의 무기 제거 등을 조건부로 하여 동독의 교통 인프라에 적극 투자했다.[112] 약 1,400km

---

112) 서독은 국경통과(Transit) 구간의 국경초소, 육로 및 철도 개선을 위해 총 22억 마르크를 동독에 지불했다. 베를린-함부르크 간 고속도로의 건설비용만 12억 마르크에 달했다.

에 이르는 동·서독 국경을 따라 7개의 철도 노선, 9개의 도로, 2개의 내륙수로가 연결되어 있었고, 동-서 베를린 간에도 8개의 연결지점이 있었다.

1970년대 초 동·서독 간 국경통과협정과 교통조약에 따른 교통망의 연결은 양독 간의 인적 교류, 무역거래, 우편·전신·전화 분야의 협력, 여행, 문화, 과학기술, 교회, 청소년, 스포츠 및 언론 정보 분야 등 사회 전반에 걸친 교류협력을 증진시키는 데 크게 기여했다. 이러한 교류를 토대로 동·서독은 민족동질성을 유지할 수 있었고, 이는 결국 통일의 밑거름이 되었다.

분단 시절 서독 정부의 동독 교통 인프라에 대한 지원 문제는 당시 서독 내에서 많은 비판에 직면했다. 그러나 막대한 건설비용과 장기간 소요되는 건설 기간을 고려할 때, 이것이 통일 후 동독 지역의 재건을 앞당기는 선행투자의 성격을 띠고 있었다는 점을 간과해서는 안 될 것이다.

4) 인적 교류

분단된 이후에도 동·서독 주민 간의 왕래는 꾸준히 지속되었다. 서독 측은 근본적으로 기본법에 명시된 자유의 가치를 구현하기 위해 동·서독 간 인적 교류에 최우선 순위를 부여했고, 주민들의 동독 방문을 장려했으며, 방문한 동독인을 환대했다. 따라서 분단 직후에도 서베를린 주민들의 동베를린 및 동독 방문은 자유로웠다.

그러나 1952년 5월 동독 각료회의에서 동·서독 국경을 완전히 차단하기로 결정함에 따라 서베를린 주민들은 동베를린만 방문할 수 있었으며, 사실상 동독의 다른 지역에 대한 방문은 불가능하게 되었다. 1961년 베를린장벽 설치 이후에는 동베를린마저도 방문할 수 없게 되었다. 그러나

1963년 12월 17일 동·서 베를린 간 '통과사증협정(Passierscheinabkommen)'
이 체결됨으로써 서베를린 주민들은 동베를린의 친척을 다시 방문할 수
있게 되었고, 1972년 이후에는 서베를린 주민들의 여행 조건이 크게 완화
되었다.

반면 동독 정부는 주민들의 서독 방문을 최소한의 범위로 제한하며, 서독인의 방문에 대해 제한 조치를 취하는 등 소극적으로 대처했다. 서독의 재정지원 등에 대한 대가성으로 마지못해, 그것도 제한적으로 허용하는 경우가 대부분이었다. 1946년부터 동독 주민들이 서독 지역을 방문할 경우는 소련 군정이 발행한 여권을 소지해야 했다. 1953년부터는 연금수령자(남자 65세, 여자 60세 이상)만이 제한된 범위에서 서독을 방문할 수 있었다. 베를린장벽 설치 이후에는 공공 목적의 여행만 허용되었다. 1962년 처음으로 동독은 합법적 이주를 허용했다. 1964년 동독은 서독에 친척을 두고 있는 연금생활자에 한해 4주간의 서독 체류를 허용했고, 동독에 부모·형제를 두고 있는 서독인에 한하여 1년에 1회 4주간의 방문을 허용했다.[113]

동독 정부는 열악한 외환 사정으로 여행자들의 외화 소지를 엄격히 제한했다. 따라서 서독 정부는 이로 인한 동독 방문자들의 어려움을 덜어주기 위해 환영비를 지급하는 등 재정지원 조치를 취했다.[114] 반면 동독은 1964년 12월 1일부터 동독을 방문하는 서독인 및 외국인을 대상으로 강제환전제도를 도입함으로써, 이들 방문자는 의무적으로 일정 한도액 이상을 동독마르크로 환전해야 했다.

---

113) 1961년 베를린장벽 설치 후 한때 단절되었으나 1963년에 재개되었다.
114) 환영금은 1987년 8월 26일까지 1인당 1년에 2회에 한해 30마르크씩 지원되었다(이후 1인당 1회 100마르크 지원). 또한 동독 주민의 서독 여행 시 의료비를 포함한 여행경비가 지불되었고 여행 도중 사망 시에도 장례비를 지원했다.

1970년대 초 연평균 260여만 명의 서독인이 동독을 방문했으며, 100여만 명의 동독인이 서독을 방문했다. 1972년 동·서독 교통조약과 기본조약이 발효된 이후 동독은 여행 규정을 대폭 완화했다. 동독의 연금생활자들은 1년에 전체 30일 범위 내에서 여러 번 서독과 서베를린을 방문할 수 있게 되었다. 비록 연금생활자가 아니더라도 긴급한 가사 사유를 가진 경우라면 당국의 허가를 받아 서독 방문이 가능했다. 서독 주민의 동독 방문객에 대한 규제도 완화되어 친척뿐만 아니라 지인(Bekannte)에 대해서도 방문이 허용되었으며, 단체관광도 가능해졌다.

1972년 기본조약이 발효된 이후 서독의 56개 국경도시 주민들은 동독의 54개 국경도시를 하루만 체류하는 조건으로 방문할 수 있게 되었다. 1972년 이후부터 1970년대 말까지 평균 300여만 명에 달하는 서독인이 꾸준하게 동독을 방문했고, 평균 140여만 명의 동독인이 서독을 찾았다.

1984년부터 동독은 친척뿐만 아니라 지인까지로 범위를 확대했으며 60일 범위 내에서 서독 방문을 허용했다. 1986년에 긴급 가사 사유로 인한 서독 방문이 젊은 층까지 확대된 후 동독 주민의 서독 방문은 급증했다. 1986년 연간 서독 방문객 숫자는 평균 140여만 명, 1987~1989년에는 연평균 200여만 명으로 증가했다. 1987~1989년에 동독을 방문한 서독인 수는 550여만 명으로 집계되었다.

5) 우편·통신 교류

분단 직후 동·서독 지역 간 우편과 통신은 그런대로 유지되었으나 이후 정치적 영향을 받아 많은 우여곡절을 겪었다. 1948년 베를린 봉쇄 당시 양 진영 간의 소포 교환이 중단되었고, 1952년 5월 27일 동독은 서베를린과의 전화선을 단절하여 서베를린과 서독 간의 직통전화가 불통되기도

했다.

그러나 1970년대 초부터 이루어진 일련의 합의들로 인해 동·서독 간 우편 및 통신 교류는 획기적으로 개선되었다. 동·서독은 1970년 4월 29일 우편과 통신 실적에 따른 청산에 관해 합의했고, 1972년 12월 체결된 기본조약에 따라 양독은 1976년 3월 30일 우편·통신협정을 체결했다. 이후에도 후속 회담을 통해 우편과 통신 분야 교류는 다른 분야의 교류보다 순조롭게 진행되었다.

통일 직전에는 동·서독 전 지역에서 직통전화 연결이 가능했다. 내독 간 서신 교류는 일부 서신 검열과 같은 정부의 개입 사례를 제외하고는 동독 측에 의해 완전히 단절된 적이 한 번도 없었다. 1988년 한 해 동안 동·서독 간 왕래 편지가 2억 건, 소포가 3,600만 건에 달했다. 그러나 우편배달 기간의 장기화와 우편물 분실 및 반송 건수는 양독 간의 합의에도 불구하고 통일 직전까지 개선되지 않았다.

6) 스포츠

국제올림픽위원회(IOC)는 '1개국 1개 국가올림픽위원회(NOC)'라는 정신에 따라 동·서독이 하나의 NOC로 통합되어 대표권을 행사하며 올림픽에 단일팀으로 출전하기를 권고했다. 이에 따라 동·서독은 1950년대 초반부터 올림픽 단일팀 구성 문제를 논의했다. 그 결과 동·서독은 1956년 1월 이탈리아 코르티나담페초(Cortina d'ampezzo)에서 개최되었던 제7회 동계올림픽, 1956년 제16회 멜버른(Melbourne), 1960년 제17회 로마, 그리고 1964년 제18회 도쿄올림픽 등 네 차례에 걸쳐 올림픽 단일팀을 구성하여 출전했다.

그러나 1965년 10월 마드리드 총회에서 IOC는 공식적으로 동·서독

두 개의 NOC를 인정함에 따라, 동·서독은 1968년 제19회 멕시코 올림픽부터 개별적으로 출전했다. 베를린장벽 설치 후 1961~1966년간 동·서독 간 스포츠 교류는 거의 단절되었다.

그러나 기본조약 체결에 따라 스포츠 교류가 재개되었고, 스포츠 의정서(1974. 5. 8) 체결에 의해 양독의 체육단체인 서독의 DSB(Deutsche Sportbund)와 동독의 DTSB(Deutscher Turn- und Sportbund)가 연간 내독 간 스포츠 교류 계획을 수립하고 국경지방 및 청소년 스포츠 교류를 포함하여 더 많은 종목의 교류 확대를 위해 노력했으나 양적인 면에서 활발하게 진행되지는 못했다. 무엇보다도 동독의 경우 스포츠는 사회주의 사상과 체제 강화를 위한 수단으로 간주되었고, 스포츠 교류의 장은 정치적 선동 및 선전 무대로 활용되었다. 동독은 또한 엘리트 체육인들의 서방 탈출을 우려하여 스포츠 교류 확대에 소극적인 입장을 취했다. 반면 서독은 동·서독 간 스포츠 교류를 통해 양독 주민들 간의 유대를 강화시키는 데 주안을 두었고, 이를 통해 분단을 극복하고자 했다.

7) 도시 간 자매 교류

1980년대 중반부터 동·서독 도시 간에는 자매결연이 이루어졌다. 1989년 12월 말까지 모두 62개의 도시가 상호 자매결연을 한 상태였고,[115] 700여 개의 서독 도시들이 자매결연하기를 희망하고 있었다. 서독은 자매결연을 통해 더 많은 주민들과 접촉함으로써 분단을 극복하고 민족동질성을 유지하려 했다.

---

115) 1985년 11월 자를란트(Saarland) 주지사 라퐁텐과 호네커의 회동에서 최초로 서독의 자르루이(Saarlouis)와 동독의 아이젠휘텐슈타트(Eisenhüttenstadt)가 자매결연할 것을 공표했다.

반면 동독은 자매결연을 통해 서독 정부로부터 외국으로서의 지위를 인정받아 국제법적으로 국가로 승인받기를 희망했다. 자매결연 도시를 선정하는 데, 동독 측에서는 주로 대화 상대로서 상대적으로 편하게 느꼈던 사민당이 집권하고 있던 도시를 선호했으며[116] 서독 측에서는 역사적·경제적·문화적 공통성 등을 고려하여 자매도시를 신청하는 경향이 있었다.

자매도시들은 도시계획, 교통계획, 주택 문제 및 환경오염 등과 관련된 경험과 정보를 상호 교환하거나 청소년 교류나 문화행사 등을 개최했다.

8) 종교

동독의 헌법이 신앙의 자유를 보장하고 있음에도 불구하고 사통당은 1950년대와 1960년대에 걸쳐 교회 탈퇴 운동을 장려하는 등 교회에 대한 탄압 조치를 단행했다. 또한 동독 정부는 동·서독 간 교회단체를 분리시키고, 동독교회를 사회주의 체제를 대변하는 기관으로 변모시키려 노력했다. 그러나 1970년대 호네커의 집권 후부터는 교회 세력에 대한 탄압이 줄어들었고, 기독교인들에 대한 직업상·교육상 차별 조치가 점차 완화되었다. 동독교회 신자들은 대부분 개신교였고, 동·서독 교회 간의 접촉도 개신교를 중심으로 이루어졌다.

전 독일을 망라한 신교연합단체인 독일신교연합회(EKD)는 분단 극복의 노력으로 동·서독 종교인이 참석하는 종교대회(Kirchentag)를 개최해왔다. 베를린장벽이 구축되기 이전까지 동·서독에서 번갈아가며 개최되었던 이 대회는 양독 신교도들의 거대한 회합체였다. 1961년 전까지 이 대회에

---

[116] 1989년 당시 자매결연 대상 62개 도시 중 41개 도시에서 사민당이 집권하고 있었다.

서는 민족통일 문제도 거론되었다.

그러나 베를린장벽 구축으로 양독 신도들의 만남 자체가 불가능하게 되었다. 1969년 동독 신교연합회는 독일 신교연합회로부터 분리되어 새로이 조직되었고, '사회주의 내에서 교회(Kirche im Sozialismus)'의 역할을 강조했다.

동독 신교연합회는 1970년대 말부터 독자적인 평화교육 프로그램을 제작하여 청소년들을 대상으로 평화교육을 실시했다. 동독 교회는 반체제 시민단체들인 평화·환경·인권 보호단체들을 보호하며 활동의 근거지를 제공했다. 또한 이들이 동독의 민주화를 주도하도록 지원했으며 정치적 대변혁기에는 동독 시민들의 시위가 폭력화되는 것을 막는 데 큰 기여를 했다.

9) 방송

1950년대부터 서독 내 동독 언론인들은 서독 언론인들과 똑같은 여건 아래서 취재활동을 했으나, 동독 내 서독 언론인들은 1972년까지 보도에서 자유롭지 못했다.

1972년 기본조약 체결로 언론·방송 분야의 협력도 활발해졌다. 1973~1974년 동독은 28개 언론기관에 대해 특파원 상주를 허가했고, 서독에도 6명의 동독 특파원이 주재했다. 이후 서독 언론들의 동독 취재 기사 내용이 훨씬 다양하고 깊어졌다. 심지어 동독 주민들은 서독 방송에서 보도하는 동독 관련 기사들로 동독 내 실정을 파악할 정도였다.

그러나 근본적으로 동·서독 간에는 언론의 자유와 대중매체의 역할에 대해 상반된 견해가 지배했고, 이에 따라 동독 내 상주 서독 언론인들은 취재활동에 어려움을 겪었다. 서독 사회는 언론의 자유로운 의사표현과 여론의 전파가 정치적 의사를 형성하는 데 기여를 한다고 보는 반면, 동독 측은 언론을 사회주의 건설을 위한 수단으로 간주했다. 따라서 동독 당국은 서방 언론의 반사회주의적 내용의 기사에 대해서 민감하게 반응했다. 동독 정부는 동독의 체제 불안을 야기하는 보도 활동에 대해서 많은 제재를 가했으며, 특히 동독 체제에 비판적인 기사를 쓴 기자들을 추방하기도 했다. 그러나 1970년대 중반에 들어서며 CSCE 최종의정서에 따른 동서 진영 간 '언론인 활동조건 개선' 조항이 마련되어 상대적으로 많은 개선이 이루어졌다.[117]

내독 간 국경은 물리적으로는 차단되어 인적·물적 교류가 제한되었으나, 동·서독 간에는 전파 매체에 의해 국경을 초월한 의사소통이 진행되었다. 대부분의 동독 주민들은 동독 TV나 라디오보다 서독 TV나 라디오를 더 많이 시청함으로써 일찍부터 외부 세계의 소식에 밝았고, 억압적인 동독 공산체제가 동독의 미래가 될 수 없다고 인식했다.

서독 방송을 접하면서 대부분의 동독 주민들은 서독 사회를 동경하게 되었고, 동독 체제로부터 해방되기를 희망했다. 이런 맥락에서 서독의 방송 전파는 동독 주민들로 하여금 체제 이탈을 부추기며 독일 통일을 촉발시키는 데 큰 역할을 했다고 볼 수 있다.[118]

---

117) 주독 한국대사관, 『동서독 교류협력 사례집』(통일원, 1993), 676~687쪽.
118) Werner Weidenfeld & Karl-Rudolf Korte(Hg.), *Handbuch zur deutschen Einheit* (bpb, 1993), p. 369.

제2장

정치적 대변혁과 독일 통일

1. 통일 과정

■ Thoco 7   1900년대 국제정세는 이념이 점차 쇠퇴하고 군사적 영향력이 후퇴하면서 서방측에 유리하게 전개되고 있었다. 자유민주주의와 자본주의 시장경제를 축으로 하는 서방 진영은 나토와 유럽공동체를 중심으로 정치·경제·안보적 측면에서 안정적으로 발전되고 있었던 반면, 소련을 중심으로 한 동구 진영은 열악한 경제상황과 민주주의 탄압으로 대변되는 공산체제의 자체 모순으로 수난을 겪고 있었다. 양 진영 간의 경제적 수준의 격차도 점점 커져갔다.

이런 상황에서 소련의 아프가니스탄 침공으로 야기된 동서 간의 신(新)냉전과 군비경쟁은 소련과 동구의 몰락을 재촉하는 계기가 되었다. 1985년 등장한 고르바초프는 거의 40년 이상 지속되어오던 동서냉전을 종식시킨 장본인이다.[1] 그는 동구권 국가들에 새로운 발상으로 개혁·개방정책을 추진하도록 독려함으로써 이들 국가가 스스로 공산체제로부터 해방될 수 있는 길을 터주었다. 고르바초프의 등장으로 동구 사회주의 국가들 간의 관계는 종속관계에서 수평관계로 전환되었다. 이후 동구권 사회는 서방 진영 국가들과의 긴밀한 협력 아래 자유화와 민주화를 바탕으로 한 정치개혁을 서둘렀으며, 시장경제체제를 도입하여 경제난을 극복하려 했다. 이는 동구 진영의 공산체제가 자체 모순으로 붕괴되었다는 것을 의미하며, 동시에 동서냉전이 서방 진영의 일방적인 승리로 끝나게 되었음을 시사하는 것이었다. 독일 분단이 동서냉전의 산물이었다는 관점에서 볼 때, 동서냉전의 종식은 마침내 독일 분단이 극복될 수 있는 환경이 조성되었다는 것을 의미했다. 또한 독일 문제는 전승 4개국과의 각종 조약과 협정 등으로 얽혀 있어 근본적으로 국제 문제의 성격을 띠고 있었기 때문에 국제 환경이 변화됨에 따라 쉽게 해결될 수 있었다. 이는 바야흐로 독일 문제가 강대국 간의 갈등 요인이 아닌 협력 요인으로 변모했음을 시사하는 대목이다. 또한 동서냉전이 서방측의 일방적 승리로 끝났다는 것은 독일 통일이 서방측에 소속되어 있던 서독에 의해 주도될 수밖에 없었다는 것을 시사한다.

    1985년 3월 10일 소련공산당 서기장에 미하일 고르바초프(Mikhail Gorbachev)가 임명되었다. 전후 유럽 정치질서에 새로운 이정표를 세운 고르바초프 서기장은 개혁(Perestroika)과 개방(Glasnost)을 기치로 소련을 위시한 동구 국가들의 정치·경제체제를 투명하게 개혁하려 했다. 당시 동구권 체제가 안고 있는 공통적인 문제는 민주주의의 결여, 열악한 경제, 인권탄압 및 해외여행 제한 등이었다. 동구 국가들은 오래전부터 이런 체제를 벗어나기 위해 끊임없이 저항해왔으나 그때마다 소련군에 의해 무력진압되었다.[2] 고르바초프는 1987년 1월 소련공산당의 실책을 지적하

---

1) 1983년 10월 25일 미국의 그라나다 침공으로 인해 미-소 양국은 쿠바 위기 이래로 가장 첨예하게 대립했으나, 1985년 중반 고르바초프의 등장으로 동서 진영 간의 대결은 반전되었다. 당시 크레믈린에서 강경파가 정권을 차지했더라면, 동서냉전은 훨씬 더 오랫동안 지속되었을 것이라는 평가가 지배적이다.
2) 1953년 6월 동독 근로자 봉기, 1956년 10월 헝가리 대학생 시위, 1968년 8월 프라하의 봄, 1970년 폴란드 사태, 1971년 리투아니아에서의 민주화운동 등이

고, 당과 사회의 개혁을 요구했다. 그는 브레즈네프 독트린(1968. 11. 12)[3]을 폐지하고, 앞으로 동구 국가들에 대한 이념적인 지배를 포기할 것이며 이들 국가의 주권을 존중할 것임을 천명했다. 앞으로 소련은 어떠한 경우에도 타국에 대해 군사개입을 하지 않을 것이며, 이들 국가의 민주화를 지지하고 또한 서방과도 긴밀히 협력할 것임을 밝혔다.

그러나 동독 지도부는 동독 공산당인 사통당의 노선을 끝까지 고수하며 고르바초프의 개혁 요구에 반대했다.[4] 이와 같은 동독 수뇌부의 구태의연한 리더십은 경제 실정, 야당 탄압, 여행 자유의 제한, 선거 조작 등으로 불만에 가득 찬 동독 주민들로 하여금 해외로의 탈출 의지를 더욱 부추겼고, 또한 야당의 활동을 활성화시키는 계기가 되었다. 1980년대 중반 이후 교회의 적극적인 비호 아래 재야 운동가들의 시민운동이 활발해졌고, 이들에 대한 동독 정부의 탄압은 점차 커져갔다. 이런 상황에서 동독 내 반체제 인사들의 정신적인 지주로 변모한 소련과 동독 정부의 관계는 점차 악화일로로 치달았다.

1989년에 들어 동독 시민들의 불만은 더욱 커져갔다. 그들은 1989년 1월 15일 정부를 상대로 표현·언론·집회의 자유를 요구했고, '달리 생각하는 사람들(anders Denkende)'의 의사표현의 자유도 존중해줄 것을 강조했다. 그러나 이들은 동독 정부로부터 '체제의 적'으로 간주되어 슈타지의 감시

이러한 사례이다.
3) 1968년 8월 21일 바르샤바 조약기구 회원국 군대가 프라하 시위를 진압한 후, 1968년 11월 12일 소련은 "모든 사회주의 국가들은 다른 사회주의 국가들의 안보를 책임질 의무가 있고, 필요할 경우 해당 국가의 주권에 관계없이 사회주의 전체의 안보를 위해 얼마든지 개입할 수 있으며, 소위 사회주의 국가의 주권은 일시적으로 제한받을 수 있다"는 '브레즈네프 독트린'을 발표했다.
4) 1988년 11월 동독 정부는 소련의 잡지 ≪스푸트니크(Sputnik)≫ 판매를 금지했다.

대상이 되었다. 동독 정부는 주민들에게 1989년 초부터 동·서독 간의 여행 기회를 확대시켜 주기로 약속했으나, 이는 여전히 제한적으로 운용되었다. 1989년 3월 라이프치히(Leipzig)에서 여행 자유화를 요구하는 데모가 있었으나 슈타지에 의해 진압되었다.

고르바초프의 개혁 요구에 힘입어 동구권에서는 최초로 폴란드와 헝가리가 정치개혁을 추진했다. 1989년 5월부터 헝가리는 오스트리아와의 국경 장벽을 단계적으로 허물기 시작했다.[5] 이를 계기로 1989년 8월 8일 하루에 130명의 동독 주민이 동베를린 소재 서독 상주대표부로 진입했으며, 같은 날 수천 명의 동독 주민이 헝가리, 체코슬로바키아 및 폴란드 소재 독일대사관으로 각각 몰려들었다. 헝가리가 9월 11일 오스트리아와의 국경을 전면 개방함으로써, 3일간 무려 1만 5,000여 명의 동독 주민이 서독으로 탈출하는 데 성공했다. 당시 서독 외무장관 겐셔는 9월 30일 프라하의 독일대사관에 체류 중이던 동독 주민 6,000명을 특별열차를 통해 동독 지역을 통과하여 서독으로 입국할 수 있게 했다.

1989년 5월 7일 지방선거에서의 부정선거와 헝가리의 국경 개방으로 동독 주민들의 대규모 탈출은 더욱 가속화되었다. 대규모 탈출 후 동독의 국내 상황은 더욱 극적으로 전개되었다. 1989년 9월 이후 동독 주민들은 정부에 공개적으로 개혁을 요구했고, 또한 교회는 이를 적극적으로 지지했다. 1989년 9월 4일 라이프치히 니콜라이 교회에서 여행 자유화를 요구하는 주민들의 첫 번째 시위가 있었고, 이후 매주 월요일마다 기도 모임과 시위가 이어졌다. 라이프치히 월요 시위는 장차 다가올 평화적 무혈혁명의 시발점이 되었으며, 이후 마그데부르크(Magdeburg), 카를마르크스-슈타트

---

[5] 1989년 6월 27일 헝가리와 오스트리아 외상은 쇼프론(Sopron)에서 국경 철조망 단절 행사를 통해 양국 간 국경선을 개방했다.

〈그림 2-1〉 베를린장벽 붕괴까지의 독일 국내외 상황(1989년)

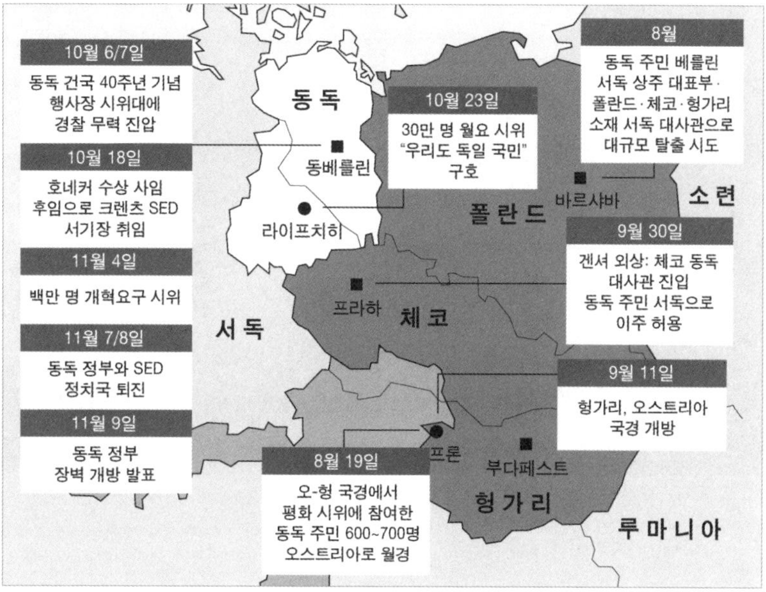

10월 6/7일	동독 건국 40주년 기념 행사장 시위대에 경찰 무력 진압
10월 18일	호네커 수상 사임 후임으로 크렌츠 SED 서기장 취임
11월 4일	백만 명 개혁요구 시위
11월 7/8일	동독 정부와 SED 정치국 퇴진
11월 9일	동독 정부 장벽 개방 발표
8월 19일	오-헝 국경에서 평화 시위에 참여한 동독 주민 600~700명 오스트리아로 월경
10월 23일	30만 명 월요 시위 "우리도 독일 국민" 구호
8월	동독 주민 베를린 서독 상주 대표부·폴란드·체코·헝가리 소재 서독 대사관으로 대규모 탈출 시도
9월 30일	겐셔 외상: 체코 동독 대사관 진입 동독 주민 서독으로 이주 허용
9월 11일	헝가리, 오스트리아 국경 개방

(Karl-Marx-Stadt),[6] 포츠담 및 동베를린 등 여러 도시에서 11월 9일 베를린 장벽이 무너지기 직전까지 대규모 시위가 이어졌다. 1989년 10월 7일 동독 창설 40주년을 기해 전국적으로 극렬한 반정부 시위가 일어났고, 시위대는 사통당의 해체를 요구했다.

한편 1989년 9월부터 새로운 정당들이 결성되어 반체제·민주화운동에 동참했다. 이후 동독 지도부는 급격히 흔들리기 시작했다. 1989년 10월 18일 호네커가 사임하고, 이튿날 에곤 크렌츠(Egon Krenz)가 후임 당 서기장으로 임명되었다. 10월 24일 동독 인민의회는 시위 격화를 이유로 정치 개혁을 요구했다.

---

6) 현재의 켐니츠(Chemnitz)이다.

〈사진 2-1〉 베를린 장벽 붕괴

〈사진 2-2〉 베를린 장벽 붕괴(뒤에 보이는 건축물은 브란덴부르크 문이며, 서베를린 쪽에서 바라본 정경이다)

〈사진 2-3〉 베를린장벽 붕괴

〈사진 2-4〉 베를린장벽 붕괴 후 서독을 향해 떠나는 동독 주민들의 트라비(Trabi) 행렬

11월 3일 드디어 동독 정부는 동독 주민들에게 체코 국경을 통과해 서독으로 여행할 수 있도록 허락했고, 이후 이틀 동안 무려 1만 5,000여 명이 서독으로 탈출했다. 동시에 11월 4일 동독 역사상 최대 규모인 100만 명 이상이 동베를린 알렉산더 광장에서 사통당 공산 정권의 퇴진을 요구하며 시위를 벌였다. 11월 8일에는 사통당 정치국 요원 전원이 퇴진했고, 드디어 11월 9일 정치국 요원인 귄터 샤보브스키(Günter Schabowski)가 언론 인터뷰를 통해 해외여행 자유화를 선언했다. 이로써 베를린장벽은 28년 만에 무너졌다. 이날만 무려 20만 명이 서독 땅을 밟았다.[7]

1989년 11월 13일 동독 인민의회는 최초로 비밀투표에 의해 호르스트 진더만(Horst Sindermann)을 의장으로 선출했으며, 한스 모드로(Hans Modrow)를 총리로 임명했다. 취임 후 모드로는 개혁을 천명하고, 서독과 계약공동체(Vertragsgemeinschaft)[8] 관계를 정립할 것임을 언급했다. 그는 섣부른 통일의 위험성을 강조했고, 일부 저명인사들도 동독의 독자성을 주장하고 장차 통일 논의에 대비하여 사회주의적 대안을 갖출 것을 요구했다. 이때까지만 해도 서독 지도자들조차도 통일에 대한 확신을 갖고 있지 못하던 상황이었다. 11월 28일 콜 수상은 통일방안으로 '10개 항(Zehn-Punkte-Programm)'을 제시하며 통일로 가는 중간 단계로 동·서독 간의 국가연합(Confederation)을 창설할 것을 제의했다.

브란트 전 수상도 동·서독의 '공동성장번영(Jetzt wächst zusammen, was zusammengehört)' 정도로만 언급할 뿐이었다. 동독 시민단체의 요구도 '체제

---

[7] 동독 주민들은 국경을 통과할 때 서독 정부로부터 100마르크의 환영금(Begrüßungsgeld)을 받았다.

[8] 동·서독 간에 '격조 있는 좋은 이웃(qualifizierte gute Nachbarschaft)과 협력적 공존(kooperative Koexistenz)' 관계를 유지하자는 의미에서 계약공동체를 설립할 것을 주장했다.

개혁 및 민주화 그리고 여행 자유화' 정도였다. 그러나 11월 말부터 12월 사이에 동독 지도부가 급격히 무너지자 시위대는 최초로 통일을 촉구하기 시작했다. 시위 구호도 "Wir sind das Volk(우리도 같은 독일 국민)!"에서 "Wir sind ein Volk(우리는 하나의 통일된 독일 국민)!"으로 바뀌었다.9) 그러나 일부에서는 동독이 정체성을 잃어가면서까지 통일되는 것을 우려하는 구호들도 없지 않았다.10)

동독 지도부는 체제 개혁을 단행하면서 우선 시민들의 원성이 자자한 슈타지의 명칭

〈사진 2-5〉 "우리는 하나의 통일된 독일 국민"

을 '국가보안청(Amt für Nationale Sicherheit)'으로 바꾸었다. 12월 1일 동독 의회는 '사통당 선도 조항'을 헌법에서 삭제했고, 과거 동독 인민군이 1968년 '프라하의 봄' 시위 진입에 개입했던 사실을 사과했다. 12월 3일 사통당 서기장 크렌츠와 당 정치국원 전원이 퇴진했다. 12월 8~9일간 개최된 사통당 특별 전당대회에서 과거사 청산 문제와 관련하여 특별검사팀이 구성되었고, 호네커 전 수상, 슈타지 책임자였던 밀케, 그리고 전 총리 슈토프에 대해 직위 남용 및 수뢰 혐의로 수사권을 발동했다.11) 또한

---

9) 당시 시민들의 다른 구호들은 "Deutschland einig Vaterland(독일, 우리의 통일된 조국)", "Keine Experimente mehr, Wiedervereinigung jetzt(더 이상 실험은 그만, 당장 통일을)" 등이었다.

10) "Wir wollen keinen Kohl auf dem sauberen Mittagstisch[우리의 정갈한 점심 식탁 위에 배추(Kohl은 콜 수상을 가리키는데 독일어로 배추를 뜻함 — 필자 주)를 올리고 싶지 않아요]", "Kein Ausverkauf der DDR(동독의 헐값 판매 반대)", "Wir lassen uns nicht BRDigen(우리를 서독화하지 마세요)" 등이 있다.

11) 세 명 모두 건강상 이유로 재판이 중단되고 석방되었다.

〈그림 2-2〉 양독 간 국가조약

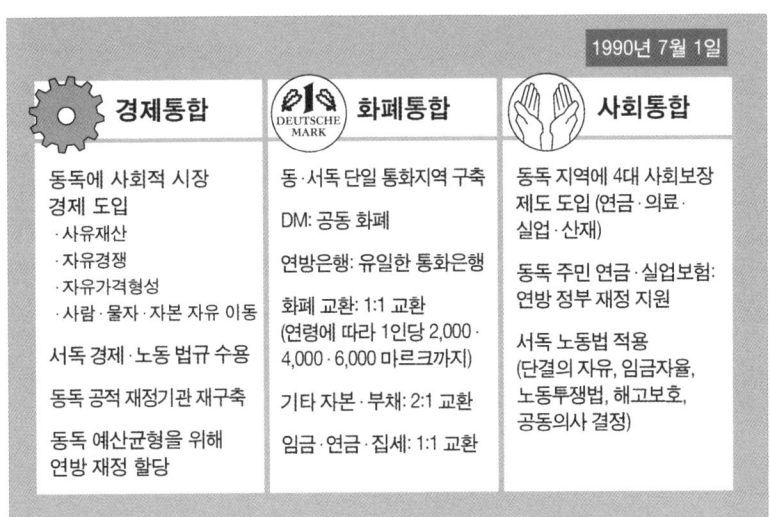

사통당 당명을 독일 '민주사회주의당(Partei des Demokratischen Sozialismus: PDS)'으로 바꾸고 그레고어 기지(Gregor Gysi)를 당수로 선출했다.

1989년 12월 19일 콜 수상은 모드로 총리와의 드레스덴(Dresden) 회동에서 양독 간 '협력 및 근린 공동 협정(Gemeinsamer Vertrag über Zusammenarbeit und gute Nachbarschaft)'을 체결했다. 이 협정은 동독의 평화적 혁명을 요구하며 독일 통일이 최종 목표임을 천명했다. 이 협정을 통해 동·서독은 처음으로 독일 통일이 가시권 내로 들어왔음을 대외적으로 과시했다. 12월부터 시위대의 통일 요구는 더욱 거세졌으며, 이제 통일은 거스를 수 없는 대세가 되었다. 통일보다 동독의 독자성을 강조하던 동독의 지식층과 시민운동 지지층, 그리고 정치개혁과 자유선거를 주장하던 시위대도 점차 줄어들었다. 그들의 요구가 모두 실현되었기 때문이었다.

1990년 들어 동독의 몰락은 더욱 가속화되었다. 1990년 1월 15일 시민들이 슈타지 본부를 급습하는 등 동독 상황은 악화일로로 치달았다.

1990년 1월 28일 시민운동 대표자들은 일명 '원탁회의(Zentraler Runder Tisch)'[12]에서 기존 세력들과 회동하여 체제 개혁과 관련된 협상을 진행했고, 그해 5월 6일로 계획되어 있던 의회선거 일자를 3월 18일로 앞당기는 데 합의했다. 1990년 3월 18일 동독 최초이자 마지막 자유선거인 인민의회(Volkskammer, 일종의 국회)선거[13]에서 서독 기민당이 후원하는 독일동맹(Allianz für Deutschland: AFD)[14]이 48.1%로 압승을 거두었다. 이는 동독 내에서 이미 서독 정치가나 정당의 영향력이 커져 있었음을 보여주는 사건이었다.[15] 1990년 4월 12일 동독 인민의회는 독일동맹의 데 메지에르를 수상으로 선출하고 대연정(CDU, DSU, DA, SPD, die Liberalen)을 구성하여 조속한 시일 내에 기본법 23조에 의한 통일 방법으로 동독을 서독에 편입시키고자 했다.

통일이 가시권으로 접어들자, 서독 정부의 준비 행보도 빨라지기 시작했다. 양독 재무장관은 1990년 5월 18일 '경제·화폐·사회연합'(일명 '국가조약')에 서명했다. 이에 따라 동독은 1990년 7월 1일부로 서독 경제체제에 편입되어 서독마르크(DM)화를 사용하게 되었다. 많은 전문가들은 열악한 동독 경제가 하루아침에 서독이나 국제 시장에 대해 경쟁력을 보유할 수 없음을 예견했고, 신속한 통화동맹은 동독의 낮은 생산성을 고려할

---

12) 구세력과 7개 야당 세력의 모임으로 모두 33명으로 구성되었다.
13) 1990년 3월 18일 동독 인민의회선거에 1,220만 명의 유권자와 24개의 정당이 참여했다.
14) 독일동맹은 동독 기민당, 민주약진당(Demokratischer Aufbruch: DA), 독일사회연합(Deutsche Soziale Union: DSU)의 3당이 맺은 선거 동맹이다.
15) 독일동맹 48%, 사민당 21.9%, 민주사회주의당 16.3%, 자유민주연합(die Liberalen, Bund Freier Demokraten) 5.3%, Bündnis 90 2.9%. 사통당의 해체와 자유선거, 그리고 정치개혁이 실현됨으로써 시민운동의 의미는 점차 퇴색되기 시작했다.

때 장차 동독 기업의 성장을 막는 요인이 될 것이라 우려했다. 그럼에도 불구하고 동독의 임금, 봉급, 연금 및 집세의 경우 1:1의 비율로 교환되었다. 이로써 동독은 경제적 측면에서 서독에 완전히 편입되었다.

1990년 7월 6일 동·서독 정부는 '통일조약(Einheitsvertrag)' 관련 협의를 개시하여 1990년 8월 31일 서명했다.16) 이 조약은 동독 해체 이후 동독의 독일연방공화국 가입 절차와 독일 통일에 관한 규정을 포함하고 있다. 통일조약은 전문, 9장 45개 조의 본문, 각 조의 적용 기준을 명시한 의정서 등으로 구성되어 있다. 조약 제1조는 편입된 동독 5개 주를 기본법 23조에 따라 1990년 10월 3일자로 독일연방공화국의 주(州)로 명하며, 제2조는 독일 수도가 베를린이고 의회와 정부소재지는 통일 후 결정하며, 10월 3일을 독일 통일의 날로 정하고 있다. 또한 '2+4 조약'이 체결되어야 통일조약이 국제법적으로 발효된다는 것을 언급하고 있다.

통일조약이 서명되기 일주일 전, 1990년 8월 23일 동독 의회는 총 400표 중 294표의 찬성으로 기본법 23조17)에 의한 통일을 결정했다. 기본법 23조에 따르면 서독 밖의 다른 지역, 즉 동독의 경우 그 지역이 서독에 가입된 후 기본법의 효력을 받도록 되어 있다. 이는 1945년 이전 동독 지역의 5개 주18) 의회가 서독으로 편입할 것을 결정하는 경우 그

---

16) 이 조약은 9월 20일 서독 연방하원과 동독 인민의회에서 승인되었다.
17) 통일과 관련해서는 23조 이외에 146조에 의한 방법도 있었다. 146조에 따르면, 양독은 제헌의회를 구성하여 신(新)헌법을 제정하고, 이를 동·서독 국민투표에 붙여 승인한 후 양독 정부를 해체하고 통일정부를 구성하도록 되어 있다. 독일동맹은 제23조, 사민당은 146조를 선호했고, PDS는 국가연합, 그리고 Bündnis 90 등 시민단체는 단계적 통일을 주창했다. 그러나 인민회의 선거 결과는 당시 동독 유권자가 '가장 빠른 시일 내, 가장 빠른 방법으로' 통일을 이룩할 것과 동시에 사회적 시장경제의 도입을 갈망하고 있었음을 보여주었다.
18) 1952년 동독은 5개 주를 14개 지역(Bezirk)으로 갈라놓았다. 동베를린은 소련

주는 서독에 귀속됨으로써 간단히 통일되는 절차이다. 기본법 23조에 따라 동독이 서독의 주로 편입되는 통일 방식을 채택했다는 것은 통일 독일의 국경을 현 상태로 유지함을 의미한다. 독일은 이로써 영토 문제에 대한 인접국의 불안을 불식시킬 수 있었다.

동·서독 분단은 그간 전승 4개국의 권한과 책임하에 관리되어왔기 때문에 독일 통일은 그들의 동의 없이는 불가능했다. 서독은 패전 후 지난 40년 동안 민주법치국가이자 '믿을 만한 나토 동맹국'이었다. 그러나 통일된 독일이 그 국가 규모나 경제력을 감안할 때, 또다시 지역의 안정과 평화를 위협하는 세력으로 변모할지도 모른다는 주변국의 우려와 경계심은 여전히 남아 있었다. 따라서 그간 국제법적으로 남아 있던 독일 문제의 해결과 통일 후 야기될 대외 정책적 결과에 대한 협의를 위해, 동·서독과 전승 4개국 간의 특별회담('2+4')이 필요했다. 1990년 2월부터 이미 소련은 독일의 통일을 막을 수 없을 것이라는 인식을 갖고 있었기 때문에 '2+4 회담' 개최에 쉽게 동의했다. 1990년 5월 5일 처음 시작된 '2+4 외상 회담'은 총 네 차례에 걸쳐 진행되었다. 이 회담에서 1945년 이래로 독일 문제와 관련되어 아직도 해결되지 않은 채 남아 있던 과제들(offene deutsche Fragen)과 통일된 독일의 집단안보체제 가입과 관련된 소련의 입장 등이 협의되었다.

1990년 7월 14일 고르바초프는 콜 수상과의 코카서스 회동에서 독일의 집단안보체제귀속 문제는 독일의 자유로운 판단에 맡기기로 했음을 통보했고, 콜은 기존의 국경선을 준수하고, 연방군을 37만 명으로 감축하며,

---

점령구역에 귀속되지 않고 '대(大)베를린(Groß-Berlin)'의 4개국 통제를 받도록 되어 있었다. 따라서 동베를린은 1949년 이래 국제법적으로는 동독의 통제를 받지 않았다. 그러나 1961년 9월 7일 국가평의회 칙령에 따라 동베를린은 동독의 15번째 행정구역으로 편입되었다.

핵 및 화생 무기를 보유하지 않을 것임을 약속했다. 1990년 9월 12일 마지막 '2+4 회담'인 모스크바 회담에서 고르바초프는 독일의 통일을 공식적으로 승인했고, 9월 12일 '2+4' 외상들은 모스크바에서 최종적으로 '2+4 조약'에 서명했다. 이 조약의 주요 내용은 ① 폴란드와의 국경선으로 오데르-나이세 강을 확정, ② 독일의 핵·화생 무기 보유 금지, ③ 독일 연방군의 병력 보유 상한선을 37만 명으로 제한, ④ 소련군은 동독으로부터 1994년까지 철수 완료, ⑤ 동독 지역에 핵무기 배비 및 외국군 주둔 금지, ⑥ 독일 전체에 대한 전승국 책임 종료 및 독일의 완전한 주권 회복, 그리고 ⑦ 독일 스스로 군사동맹을 선택하는 것 등이다. 이후 독일은 폴란드와의 관계 개선을 위해 국경협정(1990. 11. 14)을 맺었을 뿐만 아니라, 과거 동부 영토(Ostgebiete des Deutschen Reiches)에 대한 반환 요구를 하지 않을 것임을 확약했고, 상호근린협정(1991. 6. 17)도 체결했다.

독일 통일과 관련된 국제법적 합의가 도출됨으로써 독일은 완전히 주권을 이양받게 되었다. 독일은 '2+4 조약' 결과를 CSCE에 통보함으로써 주변국으로부터 독일 통일에 대한 폭넓은 지지를 획득하고자 했다. 1990년 9월 24일 동독은 바르샤바 조약기구를 탈퇴했고, 10월 2일 인민의회를 해산했다. 1990년 10월 3일 독일은 45년간의 분단을 극복하고 다시 통일되었다.

1990년 12월 2일, 1932년 이래 최초로 실시된 전체 독일 연방하원 선거(제12대)에서는 동·서독 간 체결된 '선거협정'(1990. 8. 13)에 따라 전 독일 선거 지역을 동독과 서독 두 개로 분리하여 5% 규정을 각각 동·서독에 별도로 적용했다.[19] 통일 후 최초로 실시된 이 총선에서 콜 수상이 이끈 '기민/기사연합(CDU/CSU)'이 압승했다.[20] 사민당은 통일 관련 재정

---

[19] 총유권자의 5% 이상을 득표해야 원내 진출이 가능하다는 규정이다.

문제를 집중적으로 제기함으로써 유권자로부터 외면당했고, 서독 지역의 녹색당은 5%의 장벽을 넘지 못하여 원내 진출에 실패했다. 1991년 1월 17일 콜은 초대 통일 독일 수상으로 취임했고, 45년 만에 다시 통일된 독일 의사당에는 동·서독의원 663명이 나란히 등정했다.

---

20) 동독 지역의 녹색당(Bündnis 90/Grüne)은 6%, PDS는 11.1%(서독 지역에서는 0.3%)를 각각 획득하여 원내 진출에 성공했다. 12월 20일 12대 하원이 구성되었고, 리타 쥐스무트(Rita Süssmuth)가 국회의장으로 선출되었다. 녹색당(8석)과 PDS/Linke Liste(17석)는 원내 교섭단체 구성에 실패했다.

2. 통일 일지(1989~1990): 자유로 가는 길

1989.6.27: 오스트리아-헝가리 국경개방

헝가리 외상 기울라 호른(Gyula Horn)과 오스트리아 외상 알로이스 목(Alois Mock)이 양국 국경 도시인 쇼프론에서 국경 철조망 절단식을 하고 있다. 이미 5월 초부터 헝가리는 오스트리아와의 국경차단 시설물들을 제거해오는 중이었다.

1989.9.19: 'Neues Forum' 결성

1989년 여름 동독 주민들의 서방 탈출이 대규모로 이어지자 동독에서는 새로운 재야단체들이 등장하기 시작했다. Neues Forum(NF, 신포럼) 외에도 Demokratie Jetzt(DJ, 민주주의 지금 당장), Demokratie Aufbruch (DA, 민주약진) 등이 출현했다.

1989년 늦여름: 서독 대사관으로 진입

1989년 8월 8일 수천 명의 동독 주민이 서독으로 탈출하기 위해 동베를린 소재 서독 상주 대표부와 부다페스트, 프라하 및 바르샤바에 있는 서독 대사관으로 진입했다. 이들의 동독 탈출 시도를 도화선으로 동독 내 시위가 격화되기 시작했고, 결국 사통당 지도부의 퇴진을 가져왔다.

1989.10: 특별 열차를 타고 서독으로

프라하의 서독대사관에 진입했던 약 6,000여명의 동독 시민들이 서독 정부가 주문한 특별 열차를 타고 서독으로 향하고 있다. 서독으로 가는 도중 거치게 되는 동독의 드레스덴 역에서는 수천 명의 동독 시민이 열차에 동승하기 위해 뛰어들었고, 이때 동독 보안요원들과의 치열한 몸싸움이 벌어지기도 했다.

1989.10.7: 동독 건국 40주년 기념식

동독 건국 40주년 기념식이 군사 퍼레이드와 함께 개최되었다. 이날 수많은 도시에서 대규모 반정부 시위가 개최되었고 이들은 의사표현의 자유와 개혁을 요구했다. 이날 수천 명이 체포되었다. 이 행사 바로 11일 뒤, 호네커는 시위대의 개혁 요구에 밀려 사임했다.

1989.10: "우리도 같은 독일 국민"

거리로 쏟아지고 있는 수십만 명의 라이프치히 월요시위대가 "Wir sind das Volk"와 "무력 사용 반대"를 외치고 있다. 11월 말부터 12월 사이에 동독 지도부가 급격히 무너짐에 따라, 시위대는 최초로 통일을 요구하기 시작했다. 구호도 "Wir sind ein Volk(우리도 하나의 통일된 독일 국민)!"로 바뀌었다.

1989.10.18: 사통당 지도부 교체

사통당 서기장 호네커가 사임하고 크렌츠가 후임으로 등장했다. 취임 후 크렌츠는 장차 동독에서 '정치적 변혁(Wende)'이 시작될 것임을 알리고 있다. 이 단어는 즉각 동독 시민들에게 평화적 혁명으로 이해되어 평화적 가두시위가 본격화되었다. 크렌츠는 취임 후 한 달 반 만인 12월 초, 모든 공직에서 물러났다.

1989.11.4: 동베를린에서 대규모 시위

50만 명에서 100만 명에 이르는 시위대는 언론 및 집회의 자유, 민주화와 개혁을 요구했고, 사통당의 권력 독점을 반대했다. 이 시위에서 크리스토프 하인(Christoph Hein), 슈테판 하임, 크리스타 볼프, 하이너 뮐러(Heiner Müller) 등 다수의 반체제 성향의 작가들이 연사로 나섰다.

1989.11.9: 베를린장벽 붕괴

사통당 정치국 요원인 샤보브스키는 TV로 생중계된 기자회견에서 어떠한 제한도 없이 서독 여행을 보장한다는 여행규정을 발표했다. 이 규정이 "지금 당장" 적용된다는 말에 수천 명이 동시에 국경으로 몰려들기 시작했고 자정 직전 바리케이드가 열리면서 장벽이 무너졌다.

1989.11.13: 한스 모드로를 동독 총리로

동독 인민의회는 비밀투표로 사통당 드레스덴 지역 담당자이었던 한스 모드로를 새 동독 총리로 선출했다. 그는 개혁 성향의 공산주의자로 평가받고 있었다. 12월 1일부로 '사통당의 선도주의'가 동독 헌법에서 삭제되었다.

1989.11.28: 콜의 통일 10개 항 발표

콜 수상은 하원에서 독일과 유럽의 분단 극복을 위한 10개 항을 제시했다. 이 발표에서 콜은 궁극적인 목표는 독일 통일이라고 말함으로써 정부 차원에서 처음으로 통일의 가능성을 언급했다. 그는 통일로 가는 중간 단계로 동·서독 간의 국가연합을 창설할 것을 제의했다.

1989.12.4: 슈타지 건물 점령

시위대가 라이프치히 슈타지 분소에 침입하여 모든 자료를 폐기하지 말고 존안할 것을 요구하고 있다. 1990년 1월 13일 슈타지는 해체되었으나, 모두 180km에 달할 정도로 많은 양의 관련 문서는 '슈타지 문서 특명관'에 의해 관리되고 있다.

1989.12.7: 원탁회의

위성정당을 포함한 5개당 대표들과 7개의 재야 시민단체가 처음으로 모여 원탁회의를 구성했다. 이 회의에 참석한 대표들은 동독의 신헌법 제정과 슈타지 해체를 결정했다.

1989.12.19~20: 양독 정상 접촉

콜 수상과 모드로 총리가 드레스덴에서 회동하여 '협력 및 근린 공동 협정'을 체결했다. 이 협정은 동독의 평화적 혁명을 요구하며 독일 통일이 최종 목표임을 천명했다. 이 협정을 통해 동·서독은 처음으로 독일 통일이 가시권 내로 들어왔음을 대외적으로 밝혔다.

1990.2.24: 콜 수상-부시 대통령 회동

장벽 붕괴 후 콜 수상은 부시 대통령과 수차례에 걸친 전화통화와 회동을 하며 독일 문제를 긴밀히 조율했다. 독일 통일과 관련하여 미국은 독일 통일 문제는 동·서독 주민 스스로가 결정하고, 통일된 독일은 나토와 유럽공동체에 귀속되어야한다는 입장을 취했다.

1990.3.18: 동독 인민의회선거

최초이자 마지막 민주선거인 동독 인민의회 선거에 1,220만 명의 유권자와 24개의 정당이 참여했다. 이 선거에서 보수적 성향의 독일연맹이 48.15%로 압승했다. 사통당의 해체와 자유선거, 그리고 정치개혁이 실현됨으로써 시민운동의 의미는 점차 퇴색되기 시작했다.

제2장 정치적 대변혁과 독일 통일 125

1990.7.1: 동·서독 국가조약 체결

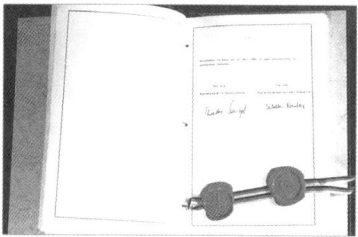

'경제·화폐·사회연합' 창설 조약이 발효되었다. 동독의 임금, 봉급, 연금 및 집세의 경우 1:1의 비율로 교환되었고, 동독이 서독마르크 체제로 편입되었다. 동독 지역에 서독의 사회보장(연금·의료·실업·산재) 제도가 도입되었다. 이로써 동독은 경제적 측면에서 완전히 서독에 편입되었다.

1990.7.14: 독-소 정상 코카서스 회동

고르바초프는 독일 통일을 승인했고 군사체제귀속결정권을 독일에 일임했다. 경제적으로 파국 상태에 있던 소련에 대한 대규모의 경제지원도 약속되었다. 그리고 콜은 통일 후 양국 간 협력사업을 소개하는 등, 소련의 현실주의자들을 설득해 통일과 관련된 전반적인 문제에 대한 지지를 얻어냈다.

1990.9.12: '2+4 조약' 체결

4차 모스크바 회담에서 체결된 이 조약의 주요 내용은 ① 폴란드와의 국경선 오데르-나이세 강 확정, ② 독일의 핵·화생 무기 보유 금지, ③ 독일 연방군 병력 보유 상한선으로 37만 명으로 제한, ④ 전승 4개국의 베를린과 전 독일에 대한 유보권한과 책임의 종료 등이다.

1990.10.3: 통일

독일은 분단 45년 만에 완전히 주권을 회복하며 통일되었다. 10월 3일을 통일의 날로 선정한 이유는 동독의 국가파산위험을 피하기 위해 가급적 최대한 빠른 날짜를 택한 결과이다. 장벽이 무너진 11월 9일도 고려되었으나, 히틀러의 쿠데타 시도(1923)와 유대인 집단 학살(1938)과 겹치는 날이라 배제되었다.

3. 독일 통일 가능 요인

▌**These 8**　소련과 동구 사회의 공산체제가 스스로 붕괴되고 동서냉전이 종식됨으로써 독일 통일의 기반이 조성되었다. 이런 맥락에서 동서냉전을 종식시키는 데 결정적인 역할을 한 고르바초프는 독일 통일의 물꼬를 튼 핵심적인 인물이다. 독일 문제는 독일에 대한 전승 4개국의 권한과 책임, 그리고 오데르-나이세 강 국경 문제 등에서 보듯 국제화된 성격을 띠고 있었다. 따라서 전승 4개국의 승인 없이는 독일 통일이 불가능한 실정이었다. 이런 면에서 독일 통일을 지원하기 위해 전승 4개국의 독일 통일에 대한 입장을 조율하고 설득해온 미국의 부시 대통령도 독일 통일의 일등 조력자일 것이다.

독일 통일을 가능하게 한 내부적인 요인으로는 스스로 동독의 붕괴를 초래한 '사통당 공산체제(SED-Regime)'를 들 수 있다. 중앙통제 계획경제의 여파로 인해 열악해진 동독 경제와 무능한 사통당 지도부는 정치적 대변혁기를 맞아 동독의 정치적 몰락을 가속화시켰다. 동독 체제는 교회와 반체제·민주화 세력들의 지원 아래 직접 길거리에서 평화시위를 주도한 동독 시민들에 의해 붕괴되었다. 과거 동구 공산주의 국가 내에서 벌어진 모든 시위는 항상 무력으로 진압되었던 반면, 1989년 가을 동독 내에서의 시민혁명은 '총 한 발도 쏘지 않은, 단 한 사람의 사망자도 발생하지 않은', '아래로부터의 평화적 무혈혁명'이었다.

이를 가능하게 한 결정적인 요인 중 하나는 소련이 개혁을 거부하는 동독 지도부를 외면하며, 오히려 개혁을 주장하는 동독 시민 편에 서 있었다는 사실이다. 이런 맥락에서 체제에 저항하여 대규모 서방 탈출을 감행했던 동독 주민들, 또한 평화적 무혈혁명으로 동독 체제의 붕괴를 주도한 동독 시민들 모두가 독일 통일의 일등공신들일 것이다.

동독 인민의회가 기본법 제23조에 의한 방법으로 통일하기로 결정한 것은 서독 체제가 동독 체제보다 우월했다는 의미이다. 이것은 의회민주주의와 자본주의 시장경제체제의 경이적인 성공으로 동독과의 체제 경쟁에서 승리한 서독 정부가 차후 전적으로 통일 과정을 주도하게 된 배경이기도 했다.

1) 동서냉전 종식으로 인한 통일 기반 조성

(1) 소련 및 동구권 몰락

1980년대 들어 소련의 국력이 쇠퇴일로를 걷는 가운데, 대내외 정치경제적 문제로 인해 동구권 전체의 내적 불안 요인이 점차 커져가고 있었다. 6,000만 명에서 1억 명 정도의 인구가 경제적으로 어려움을 겪고 있었고, 군인들과 보안요원들의 기강도 해이해진 상태였다. 다민족 국가로 구성된 소련 내 민족 간의 갈등도 부각되기 시작했다. 동구 사회주의 국가들에 대한 소련의 지원이 줄어들면서 이들 국가에 대한 소련의 영향력은 점차 약화되었다. 소련의 입지가 좁아지는 상황에서 이들 국가들에 대한 소련의 통제는 사실상 기대하기가 어렵게 되었다. 이러한 가운데 고르바초프는 소련의 국내 경제회생을 위해 긴급 개혁·개방 조치를 단행했다.[21] 고르바초프의 개혁·개방정책은 결국 동서냉전을 종식시켰고, 나아가 독일 통일, 소련의 해체, 바르샤바 조약기구의 해체, 동구 공산체제의 종식 등을 이끌어낸 원동력이 되었다.

공산주의 계획경제체제를 이어오던 동구 진영은 1970년대에 들어서면서부터 이미 몰락의 길을 걷기 시작했다. 소련으로부터 저렴한 에너지와 천연자원을 공급받는 등 소련과의 교역을 통해 많은 이득을 누렸던 동구 국가들은 1970년대 들어 소련의 경제가 침체되면서 덩달아 붕괴되기 시작했다. 1970년대 초 석유파동 여파로 야기된 자본주의 국가들의 경제 침체는 동구 국가들의 제품에 대한 수요 감소를 초래했다. 또한 서구로부터 차관 제공이 줄어들자 동구 국가들의 부채는 급증했고 경제성장률도 급격히 둔화되었다.

---

[21] 브레즈네프 지지자들은 이미 퇴출된 상태여서 개혁을 추진하기에 수월했다.

1980년대에 들어서면서 계획경제 자체의 비효율성과 서방 진영과의 과도한 군비경쟁으로 급기야 동구 국가들의 경제는 파산지경에 이르렀고, 소비재 및 식생활 분야의 공급에 큰 차질을 초래했다. 동구 국가의 계획경제체제의 공통적인 특징은 ① 공산당의 권위주의와 경직된 행정구조로 인해 정책수행의 유연성 결핍, ② 과도한 자원 낭비, ③ 기술 및 투자 부족, ④ 소비재 생산 부족, 그리고 ⑤ 낮은 경쟁력 등이었다. 이 외에도 동구 국가들의 지도자는 국민들로부터 직접 선출되지 않았고, 당 관료들의 부정부패도 심하여 정부는 국민들로부터 신뢰와 인기를 상실한 실정이었다. 또한 이는 총체적으로 노동자의 노동 의욕을 상실하게 하고 내부 개혁의 방해 요인으로 작용했다는 평가를 받았다.[22]

1989년은 동구 진영의 몰락을 가져온 해이다. 동구 국가들은 이미 서구와의 교역 및 자본 교류로 서구의 자본주의 경제체제에 예속되어 있었다. 또한 전자, IT 및 첨단 산업 분야에서의 제3의 산업혁명을 따라잡을 수 없을 정도로 낙후된 산업구조 때문에 산업경쟁력을 완전히 상실한 상태였다. 공산주의 이념은 이미 퇴색된 지 오래되었고, 반면에 시민의식은 성숙되어 있었다. 이런 상황에서 공산 정권의 고질화된 문제점들은 동구권 지식인들로 하여금 반정부활동을 하도록 부추기며 민주화와 개혁 운동을 확산시키는 직접적인 계기가 되었다. 이들은 브레즈네프 독트린으로 그간 제한되었던 국가주권의 회복과 독립을 요구하며, 자유민주주의와 법치국가의 실현, 그리고 공산 정권의 퇴진을 주장했다.

CSCE 또한 동서냉전 종식에 큰 역할을 했다. '헬싱키 최종의정서'는 동서 진영 간 교류 확대와 인권 문제의 중요성을 다룸으로써 동구권 내의

---

[22] 1981~1982년 폴란드 위기는 동구 사회주의 국가의 경제 실패를 단적으로 보여주는 예이다.

민주화와 개혁 세력의 활동을 강화하는 데 큰 기여를 했다.

(2) 동서 신냉전과 군비통제

1970년대 후반에 접어들면서 동서 진영 간의 냉전이 재개되었다. 소련은 제3세계에 대한 영향력을 확대하려는 시도에서 1979년 아프가니스탄을 침공했다. 또한 소련은 동독과 체코슬로바키아에 중거리 핵미사일을 배치했다. 이에 대해 나토 회원국들은 1979년 12월 '나토 이중 결정(NATO-Doppelbeschluss)'을 채택했다. 즉, 소련으로 하여금 동구에 배치된 중거리 핵미사일을 철수하거나, 그렇지 않을 경우 1983년부터 서독을 포함한 서유럽 국가에 퍼싱 II(Pershing II) 108기와 크루즈 미사일 464기 등 최신 중거리 핵미사일을 배치한다는 것이었다.

1981년 폴란드 내 계엄령(Kriegsrecht)이 선포되었다. 이와 같은 양 체제 간의 군비경쟁은 결국 소련과 동구 진영의 동반 몰락을 초래했다. 미국을 위시한 서구진영은 나토를 중심으로 군비 증강을 단행하면서 유럽통합에 박차를 가했다. 1985년 3월 10일 소련공산당 서기장으로 등장한 고르바초프는 체제의 열세를 인식하고, 동서 진영 간 군축협상을 재개했으며, 아울러 동구권의 개혁·개방을 촉구했다. 이와 같은 조치는 동구 진영 스스로가 동구 공산체제로부터 해방되기를 희망한다는 신호이자, 동시에 장차 서방진영이 무혈 승리할 것임을 알려 주는 단초(端初)가 되었다. 양 진영 간의 관계 개선에 힘입어 동·서독 간의 관계도 비교적 순조롭게 좋아질 수 있었다.

이러한 시대상을 반영하여 반핵, 반전, 환경을 구호로 하는 평화운동이 1980년대 활발히 전개되었고, 이 운동의 주창자들은 동서 진영 간 군비경쟁 종식과 군비통제 및 군축을 촉구했다. 1970~1980년대에 진행된 동서 양 진영 간의 군비통제 및 군축협상은 동서냉전을 완화시키는 데 크게 기여했다. 이미 미-소 간 핵 균형이 이루어 진 상태에서 양국은 '핵확산 금지조약(Nuclear Non-Proliferation Treaty: NPT)'(1968), '전략무기 제한 협정(Strategic Arms Limitation Talks I-II: SALT)'(1969~1979), '유럽 상호 균형 병력 및 무기 감축'(1973) 협상 개시,[23] CSCE '헬싱키 최종의정서'(1975), '중거리 핵무기 감축 협정(Intermediate Range Nuclear Forces: INF)'(1987) 등에 합의하거나 협상을 진행함으로써 동서 진영 간 긴장완화와 신뢰구축을 주도했다.

서독에서는 녹색당(Die Grünen)이 창설되어 1980년 처음으로 연방하원에 진출했다. 동독에서도 반체제 단체를 중심으로 환경[24] 및 평화운동이 이루어졌으나, 서독에 비해 활동은 미약한 편이었다.

2) 미국 및 서방 세계의 지원

(1) 국제 문제화된 독일 문제

제2차 세계대전 패망 이후 독일 문제는 전승 4개국에 의해 국제 문제화되었다. 따라서 이들의 승인 없이 독일 통일은 불가능했다.

먼저 베를린과 독일 전체에 대한 전승 4개국의 권한 및 책임을 규정하고 있는 국제조약을 살펴보면 다음과 같다.

첫째, 전승 4개국의 '베를린 선언'에 따르면 전승 4개국은 분단 이후

---

23) 1989년 2월 2일 16년 동안 양 진영 간에 진행되어오던 MBFR 협상은 결렬되고, 유럽 재래식무기감축협정(Conventional Armed Forces in Europe: CFE) 협상으로 대체되었다.

24) 동독은 1968년 헌법에서 자연과 환경보호가 국가와 사회의 책임임을 명문화했고, 1970년 「국토문화법(Landeskulturgesetz)」을 제정하여 환경정책의 목표와 과제를 규정했다. 동독은 1972년 세계 최초로 '환경보호 및 수자원 이용부(Ministerium für Umweltschutz- und Wasserwirtschaft)'를 창설했다.

독일에 대한 통치권을 접수하되 훗날 독일의 국경과 법적 지위를 확정지을 권한을 보유하고 있음을 명시했다.

둘째, '포츠담 협정'(1945. 8. 2)에는 전승 4개국의 독일 전체에 대한 통제 책임이 명시되어 있다.

셋째, 독일과 전승 서방 3개국(미국·영국·프랑스)이 합의한 '독일조약(Deutschlandvertrag)'(1952. 5. 26)[25]에서는 "서방 3개국이 장차 독일 통일과 평화협정 체결 등과 같은 문제에서 그들이 이제까지 베를린과 전 독일에 대하여 행사해온 기존의 권리와 책임을 보유하고 있다"고 규정하고 있다.[26] 그러나 이 조약에서 서방 전승 3개국은 서독에 대한 점령국 지위를 포기함으로써 점령체제를 종식시켜 서독으로 하여금 주권을 행사할 수 있게 했다. 그러나 이 주권은 연합국의 베를린과 전 독일에 대한 권한과 책임이라는 유보사항으로 인하여 제한적인 성격을 띠고 있었다. 동독의 경우에도 소련은 1949년 11월 군정을 종식했으나 대신에 '소련 통제위원회'를 발족시켰다. 소련 역시 1954년 3월 25일 동독에 완전한 주권을 부여했고, 그해 8월 7일 그간(1945~1953) 소련 군정(SMAD)이나 통제위에서 발령된 명령이나 훈령의 효력을 모두 중지하기로 결정했다. 그럼에도 불구하고 소련은 전승 4개국의 일원으로 소련 점령구역(동독)에 대한 관할국으로 계속 인정받아왔다.

넷째, '베를린 지위 관련 전승 4개국 협정'(1971. 9. 3)에서는 서독의

---

25) 1952년 5월 26일 체결, 일부 수정 후 1955년 발효.
26) 독일조약 제2조에 따르면 "(……) 3개국은 독일 통일과 평화협정을 체결하는 문제를 포함하여 베를린과 독일 전체와 관련하여 이제까지 행사해왔거나 보유하고 있는 권리와 책임을 갖는다(…… behalten die Drei Mächte die bisher von ihnen ausgeübten oder innegehabten Rechte und Verantwortlichkeiten in bezug auf Berlin und auf Deutschland als Ganzes einschließlich der Wiedervereinigung Deutschlands und einer friedensvertraglichen Regelung)".

입장과는 반대로, 서베를린은 본질적으로 서독의 일부분이 아님을 규정하고 있다.[27] 그러나 베를린 헌법(Verfassung von Berlin)에는 베를린이 서독의 한 개의 주로 되어 있고, 기본법 23조에서도 '대(大)베를린(Groß-Berlin: 동·서 베를린)'은 독일의 1개 주로 규정되어 있다. 이와 같은 서방 3국과 서독 간의 입장 차이를 해소하기 위해 체결된 것이 바로 '베를린 협정'이었다. 서방 3개국은 서독 정부가 추진하는 '서베를린의 서독화'에 제동을 걸기 위해 소련을 끌어들여 사실상 베를린에 대한 전승 4개국의 지위를 계속 유지하고자 했다. 서방 3개국은 이 협정을 통해 서독에 대한 승전국으로서의 지위를 유지하는 명분을 얻은 반면, 서독에 실질적인 혜택도 돌려주었다. 서방 3개국은 서베를린에 대한 전승국으로서의 소련의 책임을 강조하며 서베를린의 자유로운 통행을 보장하고 서베를린 주민들의 동베를린 여행 조건을 완화시켜줄 것을 요구했다. 이 협정에 따라 전승 4개국의 베를린에 대한 책임과 권한은 예전과 같이 유지되었고, 베를린 지위에 대한 변화는 오직 이들 국가의 승인하에서만 가능했다.

그 외에도 독일 문제가 국제 문제화되었던 배경으로 폴란드와의 국경선(오데르-나이세 강)을 확정짓는 문제와 오데르-나이세 강 동쪽에 있던 과거 '독일제국의 동부 영토' 문제에 대한 해결을 지적할 수 있다. 이 영토는 1937년 12월 31일까지 독일제국에 속해 있었으나, 제2차 세계대전 패망 후 독일로부터 사실상 분리되어 폴란드와 현재 러시아의 영토로 편입되었다.

이처럼 독일 통일 문제는 국내의 정치·경제적 측면에서는 동·서독이 협의하에 독일 정부가 모든 것을 결정할 수 있었으나, 대외 정치적 측면에서는 반드시 전승 4개국의 승인을 필요로 했다.

---

[27] 그러나 사실상 서베를린은 1949년부터 1990년까지 서독의 1개 주로 간주되었다.

(2) 서방 세계의 지원

베를린장벽이 무너지고 독일 통일이 가시화되는 과정에서 주변국들이 모두 독일의 통일을 반기는 것은 아니었다.[28] 프랑스의 프랑수아 미테랑(François Mitterrand) 대통령은 '콜의 10개 항'에 대해 "독일 통일은 법적·정치적으로 불가능하다"는 입장을 피력했고, 과거 역사적 경험으로 볼 때 "통제할 수 없는 막강한 독일"은 유럽의 질서와 평화를 위협하는 세력이므로 유럽이 결코 받아들일 수 없을 것이라고 언급했다. 그러나 독일 통일이 대세임을 감지한 미테랑은 이후 독일과 함께 유럽통합을 강화시키기로 합의한 후 독일 통일을 추인했다.[29]

영국의 마거릿 대처(Margaret Thatcher) 수상도 통일된 막강한 독일은 유럽 전체 안보 구도에서 불안정한 세력[30]이 될 것으로 보았다. 대처 수상은 통일된 독일을 통제하기 위해서는 무엇보다도 미국이 정치·군사적으로 유럽 안보에 더욱 적극적으로 개입해야 하며, 영국과 프랑스가 긴밀한 관계를 유지할 수 있을 때만이 양국은 독일에 대한 견제 세력이 될 수 있을 것임을 강조했다. 또한 통일 독일은 전후 유럽의 정치질서에 대한 심각한 도전이 될 것이므로 급히 서둘러서는 결코 안 된다는 점도

---

28) 1989~1990년 즈음, 독일 통일을 지지하는 국가는 스페인과 아일랜드뿐이었다. 이탈리아의 줄리오 안드레오티(Giulio Andreotti) 수상은 "우리는 독일을 너무 사랑하기 때문에 두 개의 독일이 제일 좋다(Wir lieben Deutschland so sehr, dass wir am liebsten zwei davon haben.)"는 농담으로 독일의 통일에 대한 반대의사를 간접적으로 표명한 바 있다[Richard Schröder, "Deutsche Einheit-besser als ihr Ruf"(Konrad Adenauer Stifung, 2008), p. 10].
29) 독일과 프랑스는 1992년 2월 7일 마스트리히트 조약에 서명했다.
30) ≪타임스≫와의 회견 시 '제4제국(Viertes Reich)'의 위험성에 관해 언급했다 [Hella Kaeselitz, *Die Ängste der Margaret Thatcher: Einige Aspekte der britischen Haltung zur deutschen Vereinigung*(UTOPIE kreativ, 1999), p. 61~67].

부각시켰다. 마지막 순간까지 회의적이었던 대처 수상은 심지어 독일이 서명한 유럽통합조약(일명 마스트리히트 조약)조차도 장차 독일이 유럽 대륙을 석권하는 데 쓰일 도구가 될 수 있을 것이라고 힐난했다. 그럼에도 불구하고 미국 부시(George H. W. Bush) 대통령의 강력한 통일 지지 의사에 따라 영국도 결국 독일 통일을 승인할 수밖에 없었다.

독일 통일과 관련하여 프랑스와 영국이 과거 역사적 경험에 기초하여 부정적인 태도를 취하고 있었던 반면, 미국은 미래 지향적인 입장에서 긍정적으로 접근했다. 미국은 동서냉전이 지속되어온 이래 꾸준하게 서독 정부의 입장을 지지해왔고, 정치적 여건이 성숙되면 언제든지 독일 통일을 환영한다는 입장이었다. 미국의 부시 대통령은 독일 통일에 대한 소련의 의구심을 해소하기 위해 콜 수상과 긴밀하게 협의했고, 독일 통일에 반대하던 프랑스와 영국을 설득했다. 독일 통일과 관련한 미국의 입장은[31] 첫째, 독일 통일 문제는 동·서독 주민 스스로가 결정해야 하며, 둘째, 통일된 독인은 나토와 유럽공동체에 속해야 하고, 셋째, 통일은 단계적으로 진행되는 가운데 유럽의 안정을 절대로 해쳐서는 안 되며, 넷째, 독일은 국경선 문제와 관련하여 헬싱키 최종의정서에서 합의된 대로 오데르-나이세 강을 준수해야 한다는 것이었다.

통일이 진행되는 과정에서 미국과 독일은 긴밀하게 협의했다. 부시 대통령은 통일 과정이 미-소 간의 건설적 관계를 해치지 않는 방향으로 진행되기를 희망했으며, 소련과 협상 시 주독 미군의 철수 문제는 일체 거론하지 말 것을 콜 수상에게 주문했고, 콜 수상은 이와 같은 그의 견해를 충실히 반영했다.[32] 소련의 고르바초프가 동서냉전을 와해시키며 독일

---

31) 1989년 11월 29일 미국은 독일 통일과 관련된 공식적인 입장을 표명했다.
32) 1989년 11월 10일부터 1990년 10월 3일 사이에 이루어진 부시-콜 간 전화 통화 내용[*Focus*(2009. 10. 19) p. 54~57].

통일의 기반을 조성하는 데 크게 기여했다면, 미국의 부시는 독일 통일과 관련하여 서방측의 이견을 조정하고 설득했으며 고르바초프를 상대로 콜의 입장을 강변했다는 점에서 독일 통일의 진정한 조력자라 할 수 있을 것이다.

1990년 3월 18일 프라하에서 개최된 바르샤바 외상회담에서 회원국들도 독일 국민이 통일을 결정할 권리를 갖고 있음을 인정했다. 당시 소련이 통일 후 독일의 집단안보체제 귀속 문제와 관련하여 양 진영으로부터 중립을 주장했음에도 불구하고, 폴란드, 헝가리 및 체코슬로바키아 외상은 독일이 계속 나토에 잔류하는 것을 선호했다.

3) 동독 공산 체제의 붕괴: 사통당 정권(SED-Regime)의 몰락

(1) 동독 경제의 몰락

제2차 세계대전 이전 구동독 지역의 생산성은 서독 지역에 비해 17%나 높을 정도로 산업이 발달했었다. 그러나 제2차 세계대전 패망 후 소련의 점령통치하에서 중앙통제 계획경제체제를 받아들인 이후 점차 쇠퇴하기 시작했다. 동독 경제는 서독 경제에 비해 출발부터 불리하게 진행되었다. 동독은 사유화를 금지하고 모든 생산수단을 국유화하는 새로운 체제에 적응하는 데 어려움을 겪었을 뿐만 아니라, 전쟁배상금 명목으로 핵심 산업의 기술과 설비를 통째로 소련에 넘겨주어야 했다. 그뿐만 아니라 동독에는 서독이 누렸던 마셜플랜 같은 경제적 지원도 없는 실정이었다.

동독 경제의 몰락을 자초한 근본적인 원인은 동구권의 다른 국가들과 마찬가지로 공산당의 집권과 중앙집권적 사회주의 계획경제체제에 기인했다. 동독은 동구권 내에서 경제적으로 가장 모범적인 국가로 인정받고 있었다. 그럼에도 불구하고 동독 경제는 갈수록 침체되어 주민의 물적 욕구를 충족시키는 데 실패했다. 통일 직전까지 섬유 산업의 경우 1920년대의 기계를 사용하고 있었고, 도로나 오래된 건물들은 보수를 하지 못해 열악한 상태였다.

1963~1971년 동안 울브리히트 정부는 계획경제의 비효율성을 극복하기 위해 시장경제 요소를 일부 도입한 경제개혁을 시도했다. 그러나 1960년대 들어서면서 가격체제가 가동되지 않고 자유경쟁체제가 존재하지 않는 상황에서 기업들은 제한된 자원의 확보에만 급급할 뿐 경제성장을 주도하지 못했다. 1971년 울브리히트의 후임으로 등장한 호네커 서기장은 사통당의 통제력 상실을 우려하여 즉각 경제개혁을 중단했고, 중앙통제 계획경제체제로 복귀하여 전 기업을 국유화했다.

그러나 1973년 석유파동으로 인해 다른 동구권 국가와 마찬가지로 동독도 직접적인 타격을 입었다. 1970년대 중반 이후 동독의 경제성장률은 서서히 하락하고 식량 부족 등 생필품 부족 현상이 더욱 커졌으며 대외 무역적자 폭도 늘어나기 시작했다. 열악한 통신·교통 인프라의 산업시설의 노후화로 동·서독 간의 기술 격차는 더욱 커졌다. 특히 사회보장에 대한 부담으로 인해 동독 정부는 투자 여력이 없었으며, 특히 1985년 이후부터 대(對)서방 교역이 현저히 감소함으로써 서독과의 국력 격차가 더욱 벌어졌다.[33] 심각한 외화 부족 현상을 겪었던 동독은 서독으로부터 20억 마르크의 원조를 받기 시작하면서 완전히 서독 경제에 예속되기 시작했다. 또한 동독 내 환경 훼손이 심화되었고 도시의 유령화가 가속화되어 통일 직전에는 대대적인 경제개혁의 필요성이 제기되었다.[34]

---

33) 1960년대 중반 동독의 경제수준은 서독에 비해 70% 정도였으나, 1989년도에는 거의 30% 수준으로 하락했다. 동독 주민의 평균 생활수입은 서독에 비해 1960년대 70%, 1970년대 60%, 1980년대 50% 밖에 되지 않았다.
34) 구동독 경제의 와해를 가져온 세 가지 큰 이유로 투자 소홀, 소비 증가로 인한

그럼에도 불구하고 동독 정부와 사통당은 경제구조 변화에 적절히 대응하지 못했고, 정치 및 경제 분야의 개혁 추진을 주저함으로써 동독의 경제는 점차 쇠퇴해갔다. 이에 동독 주민들의 체제에 대한 불만은 점차 커졌고, 야당 세력의 입지는 갈수록 강화되었다. 호네커 정부는 1980년대 들어서 경제목표를 잘못 설정했고, 경제실적과 관련해서도 과장되게 선전했다. 실제 동독의 경제상황은 서독 정부가 분석한 것보다 훨씬 열악하여, 1990년 3월 동독의 경제난 극복을 위해 필요한 금액이 150억 마르크에 달한다고 밝혀졌다. 1989년 10월 동독 국가계획위원회의 자체 보고서에 따르면, 주민들은 그간 분에 넘치는 생활을 해왔으며, 동독의 국가경제는 국제경쟁력을 상실했다는 것이다. 이 보고서에 따르면, 1989년 수출을 통해 벌어들인 외화 총액은 서방으로부터의 수입, 이자 및 상환 총액의 35%에 불과하여, 이미 대외지불 불능상태에 놓여 있었다. 주민들에 대한 생필품 공급도 중기적으로 보장할 수 없는 상황이었다. 이 보고서는 "1990년 외채 도입을 중단할 경우 동독 주민들의 생활수준은 25~30% 정도 하락할 것이고, 정부는 더 이상 주민 통제가 불가능할 것이며, 이와 같은 사태의 근본 원인은 계획경제에 기인하기 때문에 즉각적인 개혁이 요구된다"고 권고하고 있었다. 동독 정부의 계획 경제를 총 지휘했던 귄터 밋탁(Günter Mittag)은 1991년 "동독은 경제난으로 더 이상 존립할 수 없었다"고 진술했다.[35] 경제악화로 인해 언제든지 통일이 닥칠 수 있는 상황이었던 셈이다.

외채 증가와 수출 둔화를 꼽는다[Joerg Roesler, *Ostdeutsche Wirtschaft im Umbruch*(Bundeszentrale für politische Bildung, 2003)].

35) Joachim Ragnitz, *Zwanzig Jahre "Aufbau Ost": Erfolge und Misserfolge*(bpb, 2009).

(2) 시민 세력과 반체제 세력의 무혈혁명 성공

동독 내 반체제 운동은 1950년대로 거슬러 올라간다. 1956년 탈스탈린화정책 이래로 동구권에서는 '인간적인 그리고 민주주의적인 공산주의'를 추구하기 시작했다. 동독에서는 1961년 탈스탈린주의 물결이 일어났고, 1968년 프라하의 봄 이후 자본주의와 공산주의 사이에 '제3의 길(Dritter Weg)'[36]이 있다는 입장도 등장했다. 이는 사회주의적 경제질서를 유지하고, 민주주의적 참여를 보장하되, 스탈린 독재주의적 요소는 제거하는 법치국가를 형성하는 것을 의미했다.

1975년 CSCE '헬싱키 최종의정서'가 조인된 후, 동구권 내에서 '인권, 정치적 자유, 사회주의와 경제난'에 대한 비판이 고조되면서 시민단체들이 탄생했다. 반체제 성향을 띤 이들 단체는 교회의 비호 아래 주로 인권, 군축 그리고 환경 문제를 제기했다. 체제 위협을 느낀 동독 지도부는 1979년 6월 28일 동독 인민의회로 하여금 형법 변경법을 입안하여 동독 내 정치적 형법을 강화하도록 했다. 언제든지 체제에 저항하는 시민들을 처벌할 수 있는 권한을 부여한 것이다.[37] 동독 지도부는 비공식 평화운동이나 환경운동에 대한 감시 활동을 더욱 강화했고, 슈타지를 통해 주민들을 조직적으로 탄압하면서 체제 저항 세력을 양산했다. 정부의 탄압에도 불구하고 시민운동의 강도는 더욱 거세졌다.

---

36) 1956년 철학 교수인 볼프강 하리히(Wolfgang Harich)는 사통당 내 스탈린주의자 배제, 슈타지 폐지, 집단화의 중지 및 법치국가 건설을 주장했다. 이 이론은 1960~1970년대 들어 동독의 대표적 반체제 지성인 로베르트 하베만(Robert Havemann)과 바로에 의해 발전되었다. 제3의 길 주창자들은 대부분은 반스탈린주의자이기는 하나 철저한 공산주의자이며 반자본주의자였다(LeMO Impressum, Geteiltes Deutschland, 1963~1974 Entwicklungen im Osten: Dritter Weg).

37) 106조는 국가반역선동, 220조는 국가 권위 추락과 관련되어 있다.

1980년대에는 이미 동독 내부에서 체제 개혁의 움직임이 일어나고 있었다. 개신교 교회와 각종 민간조직들이 인권, 군사화, 환경, 교육, 도시 문제 등을 놓고 적극적으로 토론과 비판을 하기 시작했던 것이다. 1980년 11월부터 매년 평화운동이 개최되었고, 1986년 평화와 인권을 위한 시민단체(Initiative Frieden und Menschenrechte)가 창설되었다. 1986년 동베를린에서 문을 연 환경 도서관(Umweltbibliothek)은 야당 및 시민단체들의 정보교류센터 역할을 했고, 1988년부터 이 단체들은 개신교 교회와 연결되어 단합했다.

1989년 가을 동독 내 평화혁명은 주로 기독교 교회가 주도했고, 교회의 보호를 받은 평화단체나 환경단체 그리고 일반 시민들이 시위에 가담했다. 그러나 동독에서 벌어진 시위의 경우 폴란드의 레흐 바웬사(Lech Walesa)나 체코슬로바키아의 바츨라프 하벨(Václav Havel)과 같은 유명한 반체제 인사가 없었고, 폴란드 노조와 체코의 지성인 반체제 그룹인 '77헌장'과 같은 대규모 야당 세력도 없는 상황이었다.

1989년 9월 동독 경찰과 슈타지는 무력으로 시민들의 평화시위를 진압하려 했고, 실제로 일부 시민들을 체포하기도 했다. 1989년 9월부터 동독 인민군은 국방장관 하인츠 케슬러(Heinz Keßler)의 명에 의거하여 시위진압을 위해 179개의 인민군 기동타격대[38])에 전투준비태세를 하달했다. 정부는 10월 9일 라이프치히 월요시위를 겨냥하여, 시위진압 시 발생할지 모르는 희생자들에 대한 대비책으로 모든 병원에 추가 혈액저장분(Blutkonserven)을 공급하는 등의 사전 조치를 강구하고 있었다. 그러나 10월 9일 라이프치히에서는 약 7만 명의 시민들이 전 세계가 주시하는 가운데 비폭력 평화시위를 벌였고, 다른 도시에서도 대규모 시위가 잇달았다.

---

38) 1개의 기동타격대는 100명으로 구성되어 있었다.

당시 동독 지도부는 시민들의 대규모 시위와 서독으로의 대량 탈출로 인해 완전히 공황(panic) 상태에 빠져 있었다. 동독 지도부는 결국 엄청난 숫자의 시위대의 힘에 눌려 굴복하고 말았다. 대세를 거역할 수 없는 상황에 이르렀음을 인식한 동독 당국은 1989년 11월 11일 기동타격대에 내려졌던 전투준비태세 명령을 해제했다. 이후 동독군의 명령체계는 즉각 붕괴되어 명령을 하달하는 사람도 따르는 사람도 모두 없게 되었다.

처음부터 소련의 계획에 따라 바르샤바 동맹군으로 창설된 동독 인민군은 소련의 다른 위성국가들의 군대처럼 국가 내부적인 기능만을 독자적으로 수행했을 뿐, 외부로부터의 위협에 대한 방어는 전적으로 소련이 보장하고 있었다. 이처럼 냉전 당시 소련과의 돈독한 관계는 동독군에 대한 지원과 지지의 의미도 있었으나, 동시에 예속과 종속을 의미하기도 했다. 때문에 동독군은 서독을 비롯한 서방측에 대해 뚜렷한 적 개념도 갖고 있지 못했고, 통일 직전 변혁기와 같은 위기상황을 독자적인 군사력으로 통제할 수 있는 능력을 갖추지도 못했다. 1989년 가을 동독군의 기동타격대는 전투준비태세를 유지하고 있었음에도 불구하고 소련으로부터 시위를 진압하라는 어떠한 압력도 없었을 뿐만 아니라, 많은 장교들조차도 작전 투입에 반대하는 입장이어서 근본적으로 시위대 진압에 투입될 수 있는 상황이 아니었다.

이처럼 평화적인 무혈혁명을 가능하게 한 가장 큰 요인으로는 동독 지도부의 외교적 고립과 무능을 들 수 있을 것이다. 고르바초프와 동독 지도부의 신뢰관계는 고르바초프가 동독 측에 개혁·개방정책을 추진할 것을 요구했을 때부터 이미 금이 가기 시작했다. 또한 고르바초프의 브레즈네프 독트린 포기와 무력 불개입 선언은 소련이 더 이상 동독 지도부의 후견인 역할을 수행하지 않겠다는 것을 밝히는 것이었다. 반면 동독 시민들은 동구 인접국들이 고르바초프의 개혁·개방정책에 힘입어 평화적인 방법을 통해 성공적으로 민주화운동을 펼치고 있다는 사실에 크게 고무되어 있었다. 이와 같은 혁명의 물결은 당시 동구 진영의 대세였기 때문에 동독 지도부는 감히 이를 거역할 엄두를 내지 못했다. 과거 소련 수뇌부는 항상 동독 지도부를 지지해왔고 시민운동을 억압하던 세력이었으나, 이제는 동독시민의 편이었다. 따라서 동독 지도부는 고르바초프의 지지와 전 세계의 주목을 받고 있는 시민들의 평화혁명에 무기력하게 대응할 수밖에 없었다. 1989년 동독 시민들의 대규모 서방 탈출과 체제 개혁 요구 시위에 동독 지도부는 어떠한 위기관리 조치도 취하지 못한 채 급격히 무너지기 시작했다. 대규모 탈출이 지속되고 시위가 증가되자 결국 호네커는 1989년 10월 18일 사임했다. 1989년 11월 7일 내각이, 그리고 다음 날 당 정치국 회원들이 총사퇴함으로써 동독 집권 세력의 권력은 하루아침에 붕괴되고 말았다.

동독 지도부는 최소한의 정치·경제적 안정을 유지할 수 있는 지도력도 발휘할 수 없었을 뿐만 아니라, 자체적인 주민 통제도 할 수 없을 정도로 취약한 상태였다. 동독 주민들의 강력한 통일 요구에 속수무책이었던 동독 지도부에게 현실적으로 유일한 대안은 서독에 흡수되는 길뿐이었다. 동독의 시위는 교회 지도자들의 요구에 따라 비폭력주의가 철저히 지켜졌고, 동독 인민군도 시위진압에 동원될 수 없는 상황이었기 때문에 1989년 가을 동독의 무혈평화혁명이 가능했던 것이다.

4) 서독 체제의 우월성과 서독 정부의 일관된 독일정책

동서냉전이 서방측의 승리로 종식되었다는 것은 그간 양 진영에 각기 통합되어 있던 동·서독 간의 체제 경쟁에서도 서독이 승리했다는 것을 의미한다. 분단 후 서독의 '친서방정책'과 사회적 시장경제의 경이적인 성공이 동독과의 체제 경쟁에서 결정적으로 승리한 요인일 것이다. 서독은 의회민주주의를 바탕으로 안정된 정치체제와 지속적인 경제성장을 이루어 동독보다 체제가 우월함을 입증했으며, 이는 서독 정부가 통일 과정을 주도하게 된 배경이기도 하다. 최초의 자유선거로 구성된 동독 인민의회는 1990년 8월 23일 서독 기본법 23조에 의한 통일을 스스로 결정했다. 이는 서독의 자유민주주의에 바탕을 둔 정치체제와 사회적 시장경제체제가 동독의 정치·경제체제에 비해 훨씬 성공적이고 효율적이며 더 나아가 자유로웠기 때문이었다. 동독 주민 스스로가 동독 체제로부터 해방되어 서독 체제에 흡수당하기를 희망했던 것이다.

독일 통일은 어느 누구도 예측할 수 없을 정도로 급변하는 상황에서 진행되었다. 국제 문제와 양독 간의 문제가 복잡하게 얽혀 돌아가는 과정에서 서독의 콜 수상은 뛰어난 지도력과 협상력을 발휘하여 전승 4개국을 설득하고 통일 과정을 조율했다. 서독 정부의 관료들도 전혀 사전 준비 계획이 없었음에도 불구하고, 분야별로 해박하게 쌓은 전문지식을 바탕으로 탁월한 임기응변 능력을 발휘하여 통일의 대업을 완수했다.

콜 수상의 가장 큰 과제 중 하나는 독일 통일에 회의적이었던 소련의 지지를 끌어내는 일이었다. 1989년 가을, 소련의 딜레마는 군사적 개입 없이는 동독 지도부를 구할 수 없고, 또한 독일 통일의 대세를 거역할 수도 없다는 것이었다. 만약 소련이 동독을 잃을 경우, 폴란드, 헝가리, 체코슬로바키아도 잃을 수밖에 없는 상황이었다. 미국과 프랑스의 지지를 획득한 콜 수상은 이러한 상황을 무기로 고르바초프를 압박하면서 독일 통일과 관련하여 독일 국민들의 자결권(Selbstbestimmungsrecht der Deutschen)을 상기시켰다. 1990년 2월 10일 콜 수상은 결국 독일 통일을 지지한다는 고르바초프의 입장을 전 국민에게 전달했다.

그러나 처음부터 소련이 독일 통일을 조건 없이 전폭적으로 지지한 것은 아니었다. 양국 간에 가장 큰 이견은 '기본법 23조에 의한 통일'과 '통일 후 독일의 나토 존속' 문제였다. 소련은 독일이 기본법 23조에 의한 방법과 나토 자격으로 통일되는 것을 반대하는 입장이었다.[39] 그러나 독일 정부는 비밀리에 특사를 파견하여 50억 마르크의 차관을 제공함으로써 소련으로부터 결국 이 문제에 대한 양해를 받아냈다.[40] 1990년 5월 30일 고르바초프는 미국 방문에서 "모든 국가는 CSCE의 '헬싱키 최종의정서'에 따라 군사동맹귀속 문제를 자유롭게 결정할 수 있다"고 언급함으로써 독일의 나토 존속 문제는 해결되었다. 아울러 콜은 서독의 막강한 경제력을 바탕으로 고르바초프와의 코카서스 회담에서 경제적 파국 상태에 놓여 있던 소련에 대한 대규모의 경제지원(약 287억 달러)을 약속했다. 또한 동독 지역으로부터의 소련군 철수 비용으로 125억 마르크를 지원했다.[41] 그 외에도 콜은 통일 후 양국 간 협력사업을 제안하는 등 소련

---

39) 1990년 4월 16일에 소련이 독일 정부에 전달한 비공식 문서(non-paper, aide-mémoire)와 1990년 4월 29일 동독 데 메지에르 수상의 모스크바 방문 시 이루어진 고르바초프와의 회동에서도 나타났듯이 소련의 반대 입장은 동일했다.

40) 1990년 5월 13~14일 호르스트 텔칙(Horst Teltschik)을 중심으로 한 독일 대표단이 모스크바를 비밀리에 방문하여 50억 마르크의 차관을 제공하는 문제에 대해 협상했다. 이미 소련은 5월 4일 외무장관 예두아르트 셰바르드나제(Eduard Schewardnadse)를 통해 200억 마르크의 차관(5~7년 거치)을 요망한다는 고르바초프의 희망사항을 전달한 바 있었다. 이에 독일은 1990년 5월 22일 50억 마르크 차관을 소련에 공여할 준비가 되어 있음을 통보했다. 대신 통일 후 독일의 군사동맹귀속 문제가 '2+4 회담'에서 원만하게 해결되기를 희망한다고 언급했다. 1990년 6월 22일 독일은 소련에 50억 마르크의 차관을 공여했다 (LeMO Impressum, Geteiltes Deutschland, 1963~1974 Entwicklungen im Osten: Dritter Weg, Chronik 1990).

41) 지원금은 주택 건설에 78억 마르크, 체제 및 철군 비용에 30억 마르크, 수송에 10억 마르크, 재교육에 2억 마르크, 조기 철수 보너스에 5억 마르크씩 할당되었다.

내 현실주의자들에게 설득력을 발휘하면서 결국 통일과 관련된 전반적인 문제에 대한 지지를 끌어낼 수 있었다.

서독 정부는 언제 통일이 달성될지 몰랐으나 근본적으로 통일 여건을 조성하기 위해 다음과 같은 입장을 일관되게 견지해왔다.

첫째, 서독은 바르샤바 조약(1970)에서 이미 독일과 폴란드의 국경을 오데르-나이세 강으로 인정하여 국제 사회를 대상으로 더 이상 제국주의적 야심이 없음을 표명했고, 이를 통해 통일된 독일의 군사 대국화를 우려하는 주변국의 두려움을 근본적으로 불식시키고자 했다. 서독은 독일 통일 문제가 항상 19세기와 20세기 유럽의 역사와 깊은 연관 속에서 이루어져야 함을 잘 인식하고 있었다.

둘째, 서독은 또한 EU와 나토의 핵심 국가로서 인접국과 긴밀히 협력하며 유럽통합을 주도해왔다. 이를 통해 장차 통일된 독일도 통합된 유럽의 일부인 '하나의 유럽 국가(ein europäischer Staat)'로 남을 것임을 천명한 것이다. 그 결과 주변국들은 유럽통합이 심화될수록 독일의 세력 확대가 근본적으로 더욱더 어려워질 것임을 인식하게 되었다. 서독 정부는 '유럽의 독일화'가 아니라 '독일의 유럽화'를 강조하면서 주변국의 우려를 불식시키고자 했다.

셋째, 서독 정부는 국제 사회를 대상으로 나치가 저지른 반유대주의 만행과 양차 대전의 원죄에 대해 일관되게 사죄해왔고, 이를 청산하기 위해 지난 45년간 지속적인 노력을 기울여왔다. 이러한 서독 정부의 과거사 청산 의지는 서독 정부에 대한 국제 사회의 신뢰를 고양시키는 데 크게 기여했다.

넷째, 서독이 분단 당시 고수하고 있었던 외교원칙 중 하나는 독일 통일 여건을 개선하기 위해서는 반드시 국제 사회의 보편적인 이해에 부합하는 정책을 수행해야 한다는 것이었다. 일찍부터 서독은 동서냉전 당시 분단에 따른 제약으로 인한 자신의 외교적 한계를 인식하고 있었기 때문에 국제 무대에서 '제3의 독자의 길'을 가는 정책을 원천적으로 배제했다. 전승 4개국에 의해 분할되었기 때문에 4개국의 승인 없이는 독일 통일이 불가능하다는 것을 잘 알고 있었던 서독 정부는 분단 시절 4개국의 비위를 거스르는 외교적 행위는 일체 하지 않았다. 예를 들어, 이는 통일 직전 콜 수상이 유럽 안보기구와 관련하여 각국 정상들과 나눈 대담에서 잘 드러난다. 콜은 부시와의 회동에서는 나토, 미테랑과의 회동에서는 EU, 고르바초프와의 회동에서는 CSCE가 유럽 안보를 위해 매우 중요하다는 언급을 수시로 해왔다. 이는 각국 정상들이 유럽의 평화와 안정을 위해 강조해온 안보기구들이다.

다섯째, 동서 간의 긴장완화를 위해서 소련을 위시한 동구 진영과의 관계 개선이 필수적이라는 인식 아래 동구 진영과 경제 분야를 포함하여 정치권, 청소년, 종교단체, 그리고 노조 차원에서의 교류를 강화했다. 역사 교과서 집필 논의와 도시 간 자매결연 등을 통해 상호 신뢰를 구축하는 데에도 지속적으로 노력했다. 동서냉전 당시 서독 정부는 최소한의 교류와 협력이 양 진영 간의 어떠한 대결보다도 유리하다는 확신을 갖고 있었다. 독일의 경우 안보가 중요했으나 독일의 적 개념은 미국과는 다소 상이했다. 소련을 위시한 동구 국가들은 같은 대륙 내에 있는 이웃 국가로서 사회주의에 대한 전통도 같이 공유하고 있었다. 이러한 배경으로 서독은 동구 진영의 대서방 창구 역할을 하며 교류·협력을 강화시키며 상호 적대감과 편견을 약화시키기 위해 노력했다. 서독의 막강한 경제력에 의해 동구권은 이미 1970년대부터 정치·경제적으로 서독과 서방 진영에 서서히 종속되기 시작했고, 이는 장차 동구 국가들로 하여금 불만족스러운 사회주의 체제로부터 스스로 해방되길 희망하며 체제 와해를 앞당기게 한 단초가 되었다. 서독의 동서 긴장완화정책은 결국 동서냉전 종식으로 직결되어 독일 통일을 가져오게 하는 기반을 마련하는 데 크게 기여했다.

여섯째, 분단 시절 서독 정부가 추진한 독일정책(Deutschlandpolitik)의 핵심은 '동·서독 통일'이 아니라, 분단으로 인한 동·서독 주민들의 고통을 최대한 완화시킨다는 것이었다. 이를 위해 서독 정부는 동독과의 인적·물적 교류를 일관되게 추진했다.

분단 시절 서독 정부는 적극적인 동서 긴장완화 노력과 양독 간 교류·협력 강화정책으로 동서냉전을 종식시키는 데 크게 기여했다. 동서냉전의 시작으로 분단되어 국제 문제화되었던 독일 문제는 동서냉전 종식으로 자연스럽게 해결되며 동·서독의 평화통일로 이어질 수 있었다.

제 2 부
독일 통일 20주년 분야별 통합 실태

제3장 국내 정치적 시각에서 본 독일 통일 20주년

제4장 경제적 시각에서 본 독일 통일 20주년

제5장 대외 정치적 시각에서 본 독일 통일 20주년

제6장 국방정책적 시각에서 본 독일 통일 20주년

제7장 사회·노동·기타 분야에서 본 독일 통일 20주년

제8장 독일 통일 20주년 종합 평가

제3장

국내 정치적 시각에서 본 독일 통일 20주년

1. 현행 독일 정치제도

▮These 9 독일의 정치체제는 의회민주주의(parlamentarische Demokratie)와 연방제 개념에 바탕을 두고 조직되어 있다. 이는 과거 독일의 역사적 교훈과 전통에서 기인한다. 전후 서독은 히틀러 제3제국의 만행을 되풀이하지 않기 위해 권력의 중앙집중화를 근본적으로 차단할 수 있도록 의회민주주의를 전 분야에 걸쳐 제도화했고, 정부체제로 의원내각제를 채택했다. 역사적으로 독일은 1871년 비스마르크에 의해 통일되기 전까지 한 번도 민족국가 형태를 갖춘 적이 없는 상태에서 수백 개의 영방국가(領邦國家, Territorialstaat)로 존속했다. 이러한 역사로 인해 독일은 지역별로 고유의 문화와 지방분권의 전통을 유지하고 있고, 이에 걸맞은 정치 형태인 연방제를 발전시켜왔다. 연방 상·하원으로 구성되는 양원제를 중심으로 한 독일의 연방제는 '균형과 견제'의 기능을 통해 나치 때와 같은 권력의 중앙집중화를 방지하는 데 큰 기여를 하고 있다. 특히 서독의 의원내각제와 연방제는 통일을 맞아 그간 정치·경제·사회·문화적으로 상이하게 발전해온 동독을 통합시키는 과정에서 순기능적인 역할을 하고 있다.

> 연방제를 통해 동독 사회의 기존의 고유성과 자체적인 독립성이 나름대로
> 보장되는 가운데 경제적 어려움은 연방정부의 재정지원으로 극복되고 있
> 기 때문이다. 일방적으로 흡수통일을 당한 동독 주민들이 그나마 큰 동요
> 와 마찰 없이 서독 체제로 편입될 수 있었던 요인으로 연방제와 의원내각
> 제를 지적할 수 있을 것이다.

1) 독일의 정치체제

독일 기본법 제20조에 따르면 독일은 ① 민주주의적·사회적 연방국가이자, ② 국가권력이 국민으로부터 나오는 민주·공화주의 국가이며, ③ 국가권력은 국민과 국가 입법·행정·사법 기관에 의해 행사되며 법에 따라 삼권이 집행되는 법치국가이다. 이를 통해 독일 국가체제의 5대 원칙인 연방주의, 민주주의, 공화주의, 사회주의 및 삼권 분립에 입각한 법치주의를 확인할 수 있다. 독일은 정부 형태로 의원내각제를, 국가 형태로 연방제를 채택하고 있다. 독일에서는 연방(聯邦)과 주(州)가 동시에 주권을 행사하며, 입법, 행정, 사법 분야에서 연방과 주의 관할권이 분리되어 집행된다. 또한 주가 연방의 입법 과정에도 참여하여 연방 차원에서 주의 이해를 관철시키기 위해 연방과 조율한다. 독일의 18세 이상 유권자는 '일반·직접·자유·평등·비밀(allgemeine/unmittelbare/freie/gleiche/geheime Wahl)' 등 '5대 선거원칙'을 통해 '연방과 주' 차원에서 대표자를 선출한다. 유권자는 4년마다 연방하원 의원을, 4~5년마다 주의원을 선거를 통해 선출한다. 국민들로부터 직접 선출된 연방하원 의원들로 구성된 연방하원(Bundestag)은 의회민주주의 원칙에 따라 연방수상을 직접 선출하고, 수상은 장관을 임명하고 연방정부를 구성하여 국정을 수행한다.

연방수상의 권한은 ① 연방정부의 기본 정책노선을 결정하고, ② 연방

〈그림 3-1〉 독일의 정치 제도

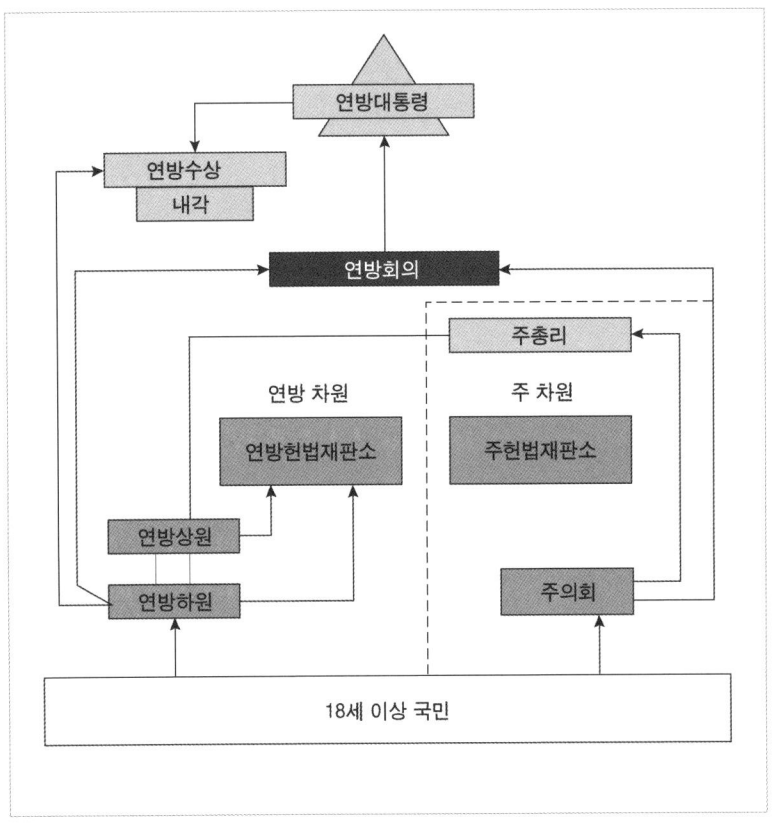

대통령에 대한 연방각료 임면(任免)을 제청하며, ③ 연방대통령에 대한 연방하원 해산을 제청하는 것 등이다.

주 차원에서는 주민들에 의해 선출된 주의원들이 모여 주의회(Landtag)를 구성하고, 주의회는 주총리를 선출한다. 주총리는 주장관을 임명하여 주정부를 구성하고 주 행정을 집행한다.

독일의 입법기관은 양원제로 구성된다. '연방상원(Bundesrat)'은 전체 16개 주로부터 인구비례에 따라 파견된 주 대표로 구성되고, '연방하원'은 지역구와 비례대표제에 의해 선출된 의원들로 구성된다. '연방하원'은 국민을 대표하는 국가 최고의 입법기관이다. 주요 임무는 ① 연방법 제정, ② 수상 선출, ③ 연방예산 의결, ④ 국가조약 승인, ⑤ 연방정부의 국정수행 감시 등이다. '연방상원'은 연방 16개 주정부를 대표하는 기관이다. 따라서 연방상원 의원은 국민에 의해 직접 선출되는 것이 아니라 각 연방 주정부의 대표들, 즉 주총리, 주장관 및 시장으로 구성된다. 연방상원의 주요 기능은 연방의 입법 과정에 깊이 참여하는 것이다. 연방상원은 하원과 더불어 연방법률제정권을 공유하며, 연방정부에 제출하는 법률안은 상원의 심의를 거치도록 되어 있다. 각 주의 이익에 특별히 관계되는 법률안들은 반드시 상원의 명시적 동의를 필요로 하고 하원에서 의결된 모든 법률안은 상원에 제출되며, 상원은 모든 법률안에 대해 '이의제기권'을 갖는다. 연방상원 의석은 총 69석으로 각 주의 인구비례에 따라 의석이 배분된다. 인구가 적은 주는 최소 3석, 인구 200~600만인 경우 4석, 600~700만인 경우 5석, 700만 이상일 경우 6석을 할당받는다. 연방상원 의장은 1년 임기로 주총리가 교대로 맡고 있다.

　연방하원 의원 612명 전체와 각 주의회에서 파견된 이와 같은 수의 대의원들은 연방회의(Bundesversammlung)를 구성하여 과반수를 획득한 자를 '연방대통령(Bundespräsident)'으로 선출한다.[1] 연방대통령은 국가원수로 국가를 상징적으로 대표할 뿐 국정수행과 관련된 실제 권한은 행사하지 못한다. 대통령의 권한으로는 ① 외국과의 조약 체결, 외교사절의 파견 및 외국 대사로부터의 신임장 접수, ② 연방하원에 연방수상 후보 추천

---

[1] 2010년 6월 30일 쾰러 대통령의 자진 사임 후 니더작센(Niedersachsen) 주지사를 역임한 기민당의 크리스티안 불프(Christian Wulff)가 사민당이 추천한 요아힘 가우크(Joachim Gauck) 슈타지 자료 담당 특명관을 누르고 제10대 연방대통령에 당선되었다.

및 임명, ③ 연방수상의 제청에 의한 연방각료, 연방판사, 연방공무원, 군 장교 및 하사관의 임면, ④ 연방수상의 제청에 의한 연방하원 해산, ⑤ 사면권이 포함되어 있다. 임기는 5년이며 1회 연임이 가능하다.

의원내각제에서 우려될 수 있는 점은 집권당이 의회에서 가까스로 과반수 의석을 유지하고 있을 경우 야당에 의해 불신임을 당해 정국 혼란을 자초할 가능성이 높다는 것과, 막강한 권력을 보유하고 있는 연방수상이 전횡을 일삼을 수 있다는 것이다. 이와 같은 문제점을 해결하기 위해 독일은 기본법 제67조를 통해 의회가 정부를 통제하는 방안의 일환으로 '건설적 불신임 투표제도'를 보장하고 있다.[2] 이는 연방수상에 대해 유일하게 책임을 물을 수 있는 연방하원이 연방수상의 실정에 대해 언제든지 불신임을 제기할 수 있도록 하는 동시에, 불신임을 제기할 경우 국정 혼란을 막기 위한 대안으로 반드시 후임 수상을 하원에서 미리 선출한 후 연방대통령에게 연방수상을 해임하도록 요청하는 방안이다. 독일 의정사에서 2회에 걸쳐 건설적 불신임 투표가 시행되었다. 1972년 브란트(사민당) 수상에 대한 불신임 투표(4. 27)는 부결되어 브란트는 수상으로 잔류할 수 있었고, 1982년 슈미트(사민당) 수상에 대한 불신임 투표(10. 1)는 가결되어 슈미트가 하야하고, 후임 수상으로 선출된 콜(기민당)에게 권좌가 넘어가는 정권 교체가 이루어졌다.

이와는 달리 정부 차원에서 의회에 대해 신임을 묻는 장치도 구비되어 있다. 독일 기본법 68조(의회해산)에 따르면 연방수상(정부)은 연방하원을 상대로 임기 중 이룩한 업적에 대한 평가를 바탕으로 수상으로서 계속 집권해도 좋을지에 대한 여부를 물어볼 수 있다('Vertrauensfrage'). 이때

---

[2] '건설적'이란 표현은 '후임 수상을 선출하지 않은 상태에서 대안도 없이 불신임을 제기할 경우'를 '파괴적 불신임 투표(destruktives Misstrauensvotum)'라고 하는 것과 대비되는 개념이다.

의회(연방하원)가 다수결로 신임을 거부할 경우 연방수상은 대통령에게 의회해산을 권고하고, 이에 대통령은 21일 이내에 의회를 해산할 수 있다. 이후 의회는 새로이 선거를 실시하여 신임 수상을 선출해야 한다. 이제까지 독일 의정사에서 총 다섯 회에 걸쳐 수상 신임안이 제기되었고, 이 중 3회, 즉 브란트 수상(1972. 9. 20), 콜 수상(1982. 12. 17) 및 슈뢰더 수상(2005. 7. 1)이 제기한 신임안은 의회에서 모두 부결 처리되어 연방하원이 해산된 후 다시 선거를 실시하여 신임 수상을 선출했다.[3] 이 제도는 조기 총선을 실시할 목적으로 종종 이용되어옴으로써 위헌 시비를 야기하기도 했으나, 연방헌법재판소는 이 문제가 의회해산규정을 담고 있는 기본법 68조를 위배하지 않기 때문에 합헌으로 판결했다.[4]

헌법기관이자 최고법원인 연방헌법재판소는 기본법의 이행을 감시하며 기본법을 해석하는 기관이다. 연방헌법재판소는 ① 정부기관의 행위나 법원의 판결, 또는 법률에 의해 기본권을 침해당한 경우 이를 심리하고, ② 연방법률과 주법률이 기본법에 일치하는지 여부를 결정하며, ③ 연방정부와 주정부 간의 분쟁이나 연방주 상호 간의 분쟁을 조정하며, ④ 연방대통령의 탄핵에 대한 결정도 내린다. 또한 ⑤ 연방헌법재판소는 정당의 정강이나 활동이 자유민주주의 기본질서와 기본법에 위배되는지 여부를 결정하고, 위배 시 해당 정당이나 단체를 해산시킬 수 있다. 연방헌법재판소 재판관은 총 16명이며, 연방하원에서 선출되는 '제1세나트(Senat)'와 연방상원에서 선출되는 '제2세나트'는 각각 8명으로 구성된다.

---

3) 이 외에도 슈미트(1982.2.5) 및 슈뢰더(2001.11.16)가 제출한 신임안은 가결되어 수상 직을 유지할 수 있었다.
4) 2005년 8월 25일 연방헌법재판소는 슈뢰더 수상의 신임투표 부결과 쾰러 대통령의 연방하원 해산과 조기총선 결정이 기본법 제68조(하원 해산 규정)에 합치하며 위헌이 아니라고 판결했다.

임기는 12년이고 재임은 허용되지 않는다. 제1세나트에서는 기본권 침해 사례가, 제2세나트에서는 연방과 주정부 또는 주정부 간의 분쟁조정 문제가 다루어진다.

2) 독일 연방제

독일의 국가 형태는 연방공화국으로, 독일 연방제는 역사적으로 오랜 전통을 갖고 있다. 1871년 비스마르크가 독일제국을 수립한 이후 독일은 나치 통치기간(1933~1945)을 제외하고는 계속해서 연방제를 유지하고 있다. 독일제국 이전에도 독일은 수많은 제후 국가들로 구성되어 상호 연맹관계를 맺어왔다. 1806년 신성로마제국의 몰락 이후 '라인동맹(Rheinbund, 1806~1813)[5]과 '독일연방(1815~1866)',[6] 그리고 1867년 오스트리아에 승리한 프로이센을 중심으로 17개 국가들이 뭉쳐 건립된 '북독일연방(Norddeutscher Bund)' 등은 일종의 국가연합 형태를 보여주었다.

25개 '연방국가'로 구성된 독일제국은 25세 이상 남자의 보통선거로 선출된 '제국의회(Reichstag)'와 함께 25개 연방국가의 대표로 구성되는 '연방상원'이 수립되어 독일 연방제의 기본 골격을 이루었다. 제1차 세계대전 이후 18개의 연방주로 건립된 바이마르 공화국(1919~1933)은 지금까지 '연방국가'로 불렸던 국가들을 처음으로 '주(州, Land)'로 지칭했다. 바이마르 공화국 시절에는 연방정부의 권한이 강화되고 연방하원에 대한 연방상원의 권한이 약화됨으로써 연방주의의 약화가 초래되었다. 나치

---

[5] 나폴레옹의 주도로 창설된 '라인동맹'은 프랑스와 군사동맹을 맺은 독일 제후국들의 동맹이다. 모두 4개 왕국(Königreich), 5개 대공국(Großherzogtümer), 13개 공국(Herzogtümer), 17개 후국(Fürstentümer)으로 구성되어 있었다.

[6] 라인동맹이 해체된 후 1814년 빈 회의에서 창설된 국가연합이다.

시절 히틀러는 주정부와 연방상원 등 연방제도를 해체하고 강력한 중앙집권체제를 유지했다. 제2차 세계대전 이후 연방주의의 부활은 나치와 같은 권력의 중앙집중을 방지하려는 의도에서 비롯되었다. 연합국은 점령시절 연방정부에 앞서 주정부를 먼저 수립했고, 연방주의를 기본법의 핵심요소로 채택했으며, 주의 권한을 명시적으로 강화하여 바이마르 시절과 같이 연방정부로 권력이 집중되는 것을 막으려 했다. 기본법도 제헌의회가 아닌 주정부 지도자들이 주축이 된 '의회위원회'에서 마련되었으며, 국민투표 대신 주의회의 인준을 받도록 했다. 또한 대통령의 비상 대권을 없애고 '건설적 불신임투표제도'를 도입했다.

정치조직 형태로서의 독일 연방제는 기본법에 명시되어 있다. 독일 연방제의 핵심은 동등한 권력 분배로 운영되는 연방정부와 주정부 간의 분권주의, 그리고 '견제와 균형'으로 권력의 중앙집중화를 예방하는 양원제(연방하원과 연방상원)라 할 수 있다. 연방과 주의 관계는 기본법에 의해 규정되어 있다. 각각이 주된 입법 분야를 보면, 연방정부는 외교, 국방, 국적사항, 통화 및 관세 등의 분야에서, 그리고 주정부는 교육 및 경찰 등의 분야에서 입법권을 갖는다. 연방제를 폐기하기 위해서는 원칙적으로 연방 상·하원 2/3 이상의 승인을 필요로 하고, 또한 기본법 146조에 의해 새로운 헌법이 제정될 경우에 가능하다.

독일의 연방제는 미국이나 스위스식 연방제와 달리, 다양성에 기초하기보다는 독일 민족이라는 공통성을 기초로 형성되었다. 독일 연방제는 연방과 주의 능력 형태(Kompetenzarten)에 따라 업무 영역을 분담하고 있다. 각 연방주는 독자적 정당성, 권리와 권한, 그리고 주헌법을 가지며, 이에 따른 입법·행정·사법 기구, 즉 주의회, 주정부 및 주법원을 보유하고 있다.

기본법 제28조에 의해 각 연방주와 예하 지방자치단체는 지방의회를 가져야 한다. 대부분의 주의회는 4년마다 구성된다.[7] 기본법은 연방하원과 주의회의 입법관할사항을 규정하고 있다. 주로 연방주 모두에 공통적으로 해당되는 외교, 국방, 통화, 관세와 통상, 항공교통, 우편, 전신 및 전화 분야에 관한 입법은 연방 차원에서 이루어지나, 주 자체적으로도 교육 및 문화정책 그리고 기타 지역관련 분야에 대해서는 법을 제정할 수 있다. 이때는 연방 상·하원의 승인을 필요로 하지 않는다. 연방정부와 주정부의 업무 영역도 구분된다. 연방정부의 행정은 주로 외교, 국방, 경제, 재정, 노동중개, 관세에 국한되어 있다. 재무, 내무, 법무, 교통, 문화 등의 분야는 각 주정부에 의해 집행되고 있다. 각 주정부는 그들이 파견한 대표로 구성되는 연방상원을 통해 연방법 제정을 저지할 수도 있다. 재정구조가 취약한 주에 대해서 연방정부는 재정 조정을 통해 지원하는데, 이는 각 연방주 간 형평성의 문제를 야기하고 있다.

독일 연방주의의 주요 특징으로는 '집행 중심의 연방주의(Exekutivföderalismus)'를 들 수 있다. 이는 연방과 주 차원의 행정기능이 서로 긴밀한 협조를 통해 유기적으로 잘 수행되고 있음을 의미한다. 그러나 이와 같은 독일의 연방제는 통일과 EU 통합을 맞아 많은 문제점을 노출해왔다. 첫째, 독일 전체로 볼 때 16개 연방주와 이에 해당되는 지자체의 선거로 인해 지속적인 선거전(Dauerwahlkampf)이 벌어짐으로써 국정의 효율성이 손상을 받고 있다. 둘째, 연방정부와 주정부 간의 입법권 분배 문제, 연방정부의 입법 시 주정부의 책임과 결정참여권 문제, 그리고 연방정부와 주정부 간의 재정관계 정립 문제 등과 관련하여 연방과 주 사이의 정치적 책임소재를 명확하게 정리할 필요성도 대두되고 있다. 셋째, 전후 서독은 나치 독재의 경험을 거울삼아 '견제와 균형'으로 권력의 집중화를 막기 위해 양원제를 도입했다. 서독의 양원제는 전 국민을 대표하는 연방하원과

---

7) 노르트라인-베스트팔렌과 자를란트는 5년이다.

이를 견제하기 위해 각 주의 이익을 대변하는 연방상원으로 구성되어 있다. 그러나 연방상원은 시간이 흐르면서 연방주의 이익을 대표하는 단순한 회의체가 아닌, 연방정부와 연방하원을 견제하는 강력한 입법기관으로 변모되었다. 연방하원에서 통과되는 법률 중 주정부의 이해와 밀접한 관련이 있는 법안은 연방상원의 동의를 얻어야 최종적으로 법률로 확정된다.8) 야당이 연방상원의 다수를 차지할 경우 종종 여당의 정책추진을 어렵게 하며 국정의 비효율성을 야기한다. 넷째, 건국 이후부터 연방주의 크기와 규모를 재구성할 필요성이 줄곧 제기되어왔다.9)

통일 후 독일에서는 연방제 개혁을 위해 이제까지 세 번에 걸쳐 '연방주의 상·하원 공동위원회(Föderalismuskommission)'가 구성되었다. 1991~1992년 구성된 첫 번째 위원회에서는 통일 후 어떤 연방기관을 동독지역으로 이전시킬 것인가를 검토했다. 두 번째 위원회는 2003~2004년에 정치적 결정을 더 빨리 더 효율적으로 진행하고, 연방과 주 간의 입법영역을 명확하게 배분하여 정치적 책임소재를 더욱 분명하게 하기 위해 개최되었으나, 교육과 대학정책 분야 등에서 큰 이견을 보이며 2004년 12월 최종 합의에 실패하고 해체되었다. 세 번째 위원회는 2007년 3월부터 2009년 3월까지 주로 '연방과 주' 간의 세수배분 문제와 주 간의 재정균형 문제를 다루었다.

---

8) 건국 초기 연방하원에서 통과된 법 중 상원을 통과해야 하는 법안의 비율이 10%밖에 되지 않았던 것이 현재는 거의 60%에 달하고 있다.
9) 이제까지 거론되고 있는 주별 통합 논의는 ① 베를린+브란덴부르크+메클렌부르크-포어포메른(2003년 12월 브란덴부르크 주총리인 플라체크가 제의한 구상), ② 브레멘+니더작센, ③ 슐레스비히-홀슈타인+메클렌부르크-포어포메른+함부르크, ④ 작센+작센-안할트+튀링겐, ⑤ 자를란트+라인란트-팔츠이다. 통합을 성사시키기 위해서는 기본법 29조에 따라 국민투표가 필요하나, 각 주마다 오랜 전통으로 인하여 통합에 대한 저항이 심한 편이다.

3) 과거 동독 연방제

동독의 정부체제도 분단 초기에는 연방제 형태를 띠었다. 동독 헌법 1조 1항은 "독일은 분리되지 않은 민주공화국이며, 이는 독일 주로 구성되어 있다"고 규정하고 있었다. 당시 동독의 5개 주는 서독의 연방상원과 동일한 개념인 인민의회(Länderkammer: 1949~1952)에 대표단을 파견했으나, 이들은 주로 사통당의 통제에 따라 작성된 각 정당 명부에 고정적으로 정해져 있던 인물들이었다. 따라서 동독은 외양상으로는 연방제를 표방했으나 사실상은 사통당 일당 독재체제였다. 일당 독재지배 형태를 더욱 강화하기 위해 동독은 1952년 주정부와 주의회를 포함하여 각 주를 해체시켰고, 대신 14개의 행정구역으로 재편했다. 이 행정구역은 통일이 임박해짐에 따라 「동독 주 성립법」(1990. 7. 22)에 의해 다시 과거 주로 복원되었고, 이로써 동독의 각 주는 기본법 23조에 의해 서독에 편입될 수 있었다.

4) 선거제도: 독일 연방하원 및 수상 선출

바이마르공화국 시절 비례대표제를 도입한 후 군소 정당이 난립하여 정당 간 정쟁이 잦았고 이는 정정 불안정을 초래했다. 이 문제점을 해소하기 위해 소선거구제 및 제2표에 따른 의석배분제도를 도입했다. 1953년 선거법 개정에 따라 ① 유권자가 현행대로 두 표를 행사하는 제도를 신설했고, ② 전체 유권자의 5%를 획득하지 못한 정당은 원내 진출을 금지시키는 '5% 조항'을 도입했다. 1956년 선거법 개정에서는 5% 미만을 획득한 상태에서 지역구에서 3석 이상을 얻지 못하는 정당에게 주어진 '제2표'는 모두 사장되도록 했다. 1990년 통일 후 최초 선거에서 동독 지역 정당에 한해 5% 조항을 동독 지역에만 적용되도록 배려했다. 즉, 동독 지역

정당이 동독 전체 유권자의 5% 이상을 획득하는 경우 획득한 제2표에 따라 의석 배정이 이루어지도록 허용했다. 그러나 1994년 총선부터는 지역 구분 없이 다시 전 정당에 5% 조항이 적용되었다.

독일 선거제도는 다수선거제(Mehrheitswahl)와 비례선거제(Verhältniswahl)를 50 대 50으로 적용하고 있다. 유권자는 모두 두 표를 행사한다. 제1표는 지역구의원 선출을 위한 직접투표이다. 각 선거구에서 최다 득표자 1명만 선출된다(다수선거제). 제2표는 지지 정당(명부)에 대한 투표로 각 당의 득표수에 비례하여 의회 내 의석배분이 이루어진다.(비례대표제) 각 정당에 할당된 전체 의석배분은 다음과 같은 절차로 이루어진다. ① 각 정당(명부)에 주어진 제2표를 최종 집계한다. 제2표 집계 후 5% 이상 획득한 정당, 혹은 최소 3개 이상 지역구에서 승리한 정당에 한해서 정당 명부에 따른 비례대표 배분이 이루어진다. ② 다음 사항에 해당되는 후보가 지역구에서 최다 득표를 했을 경우 전체 하원 의석수에서 해당 의석수만큼 제한다(유권자 200명 이상이 추천한 무소속 후보, 정당 명부가 허용되지 않은 정당의 후보, 제2표 집계 결과 전체 유권자의 5%를 넘지 못한 정당의 후보, 최소 세 개 지역구에서 당선자를 내지 못한 정당의 후보). ③ 상기 경우의 의석수를 제하고 남은 전체 하원 의석수는 제2표에 따라 각 정당에 다음과 같은 방식으로 배분(Hare/Niemeyer 방식)된다.

$$\text{전체 의석수} \times \frac{\text{각 당이 획득한 제2표 합계}}{\text{모든 당이 획득한 제2표 합계(A)}}$$

(A): 무소속 후보나 비허용 정당후보에게 투표한 제2표와 지역구에서 3석 이하를 배출했거나 5% 미만을 획득한 정당의 제2표는 포함시키지 않는다.

④ 각 정당은 일차적으로 소수점 이상의 숫자만큼 최소 의석수를 확보한

다. ⑤ 이후 전체 의석수에서 각 당 획득 의석수를 제하고 남은 의석은 소수점 이하 높은 숫자로부터 순서대로 각 당에 배정한다. ⑥ 최종적으로 각 당에 배분될 의석 숫자가 확정되면 각 당은 다시 각 주별로 이를 할당하게 된다. 이때 각 주가 얻은 전체 득표수를 각 당이 얻은 전국 득표수로 나눠 당에 기여한 비율에 따라 주별로 의석을 재배분한다. ⑦ 각 당은 주별로 할당된 의석 중에서 지역구에서 획득한 의석을 제한 후, 남은 의석수만큼 정당 명부에 따라 순서대로 당선자를 확정한다. ⑧ 각 주의 경우, 지역구에서 직접 획득한 의석이 제2표에 의해 각 당에 할당된 의석수를 초과할 경우 추가의석(Überhangmandat)으로 확정되고, 이 경우 하원 총의석은 612명을 초과하여 해당 숫자만큼 추가된다.

연방대통령은 선거에서 승리한 당의 후보자 한 명을 수상 후보로 추천하고, 하원에서 선거를 실시한다. 이때 1차 투표에서 절대 과반수의 지지를 획득해야 한다(기본법 63조). 만약 1차 투표에서 절대 과반수를 얻지 못했을 경우 14일 이내 다른 수상 선출이 가능하다. 그러나 이제까지 전부 1차 투표에서 수상이 선출되었다.

2. 정치·행정체계 통합

▌**These 10**   동독 인민의회가 서독 기본법 23조에 의한 통일 방식을 결정(1990.8.23)함에 따라, 동·서독은 비교적 수월하게 정치·행정체제를 통합할 수 있었다. 통일 후에도 독일 국가체제의 기본 원칙과 서독의 국가 형태와 정부 형태인 연방제와 의원내각제, 그리고 기본법 체제는 그대로 유지되었다. 또한 흡수통일 형태로 통일이 진행되었기 때문에 행정기관을 포함한 서독의 체제와 제도가 그대로 동독 지역으로 확장되면서 기존의 동독 엘리트들은 서독의 전문 엘리트들로 거의 교체되었다. 이는 오늘날 동독

주민들의 불만요인이 되고 있다. 메르켈 수상과 같이 동독 출신 정치 엘리트가 등장할 수 있었던 배경은 동독이 비록 공산사회였으나 이미 오래전부터 시민사회를 이루고 있었던 전통과, 또한 종교단체를 중심으로 한 반체제 시민운동 단체들이 활동할 수 있는 토양을 갖추고 있었기 때문이다.

통일 독일의 국가체제는 기본법의 기본 원칙인 연방주의, 민주주의, 공화주의, 사회주의 및 법치주의에 따라 통합되었다. 이 원칙에 따라 헌법 기구들도 동독 지역에 그대로 이전되었다. 동독 지역의 5개 주가 각기 서독의 주로 편입되기로 결정함에 따라, 동독은 서독의 정치·행정체제를 그대로 인수하게 되었다. 정치적 대변혁이 시작된 1989년부터 1993년 사이에 동독의 기존 체제는 전부 와해되었고, 서독의 정치·행정체제가 동독으로 이전되었다. 이후 1996년까지 대부분의 행정기구와 관청 및 사회단체 등이 형성되었고, 지금까지 성공적으로 정착하여 운영되고 있다. 행정체계의 구축·통합 과정에서 특히 어려웠던 점은 동독 붕괴 당시 동독에 주(州)가 없었다는 점이다. 동독은 1952년 7월 25일 기존의 5개 주를 해체하여 모두 14개 행정구역으로 재편함으로써 연방주의적 행정체계를 폐기했다. 행정구역에서 근무하던 동독 인력들은 사통당 정권과 밀착되어 있었기 때문에 새롭게 행정체제를 구축하는 데는 적합하지 않았다. 따라서 동독 지역의 행정체계 재건을 위해 대다수의 연방정부 및 서독 지역 주정부 공무원들이 파견되었고, 이 중 일부는 이미 퇴직한 공무원들이었다. 동독 지역의 행정체계 구축을 위한 공무원 파견은 연방정부기관, 주정부기관, 지방자치단체 기관의 세 가지 행정 차원에서 이루어졌다.

1991년 이래 동독의 행정구축 업무상 주요 과제는 서독 지역의 자매주에 의해 수행되었다. 특히 사법행정 및 조세행정 분야의 구축을 위해 서독으로부터 대대적인 인력지원이 뒤따랐다. 이와 병행하여 자문활동,

교육훈련, 연수교육이 이루어졌다. 특히 조세행정 분야는 거의 새로 구축하는 것이나 다름없었다. 통일 전 동독의 국가예산재원 조달에는 세금이 사실상 의미가 없었기 때문에 동독에는 세무서가 없었다. 행정지역의 재정부에 근무했던 인력들조차도 서독의 조세체제에 관한 전문지식이 없는 실정이었다. 따라서 1990년 7월 1일자 경제·화폐·사회연합과 동시에 설치된 120개 세무서의 운영을 위해 연방 재무부와 서독 지역의 조세행정기관은 인력과 물적 지원을 대대적으로 제공했다.

통일 후 동독 공무원들은 적법 절차에 따라 일부는 해고되었고, 새로 채용된 인원에 대해서는 재교육이 이루어졌다. 동독 지역의 주정부와 각 지방자치단체는 서독의 주정부 및 지방자치단체와 자매결연하고 인력과 물자를 지원받았다. 동독 지역에서 근무하는 공무원의 봉급수준은 1991년 7월 서독 지역의 60%선에서 출발했고, 1993년 7월 1일부터 80%로 인상 조정된 후, 통일 후 18년이 지난 2008년에야 겨우 동등해졌다.

통일 후 동독 지역 내의 엘리트 구조는 급격히 바뀌었다. 구동독 시민들의 권력타도 요구로 기존의 정치이념적으로 동질성을 띤 '독점 엘리트(Monopol-Elite)'들은 일제히 물러났고, 서방측 모델에 따른 다원화된 분야별 엘리트들이 새롭게 등장했다. 서독에는 동독의 엘리트 층 공백을 메워줄 분야별 전문 예비 자원들이 충분했기 때문에 동독 지역에서 일어난 엘리트층의 구조 변화는 1945년 나치 몰락 이후 진행되었던 상황보다 훨씬 폭넓게 전 분야에 걸쳐 진행되었다. 하지만 이와 같은 현상은 동독 주민들로 하여금 소외의식을 갖게 했으며, 서독에 의해 식민지화되었다는 감정(Gefühl der Kolonialisierung)을 일으켰다.

동독 내에서 최초의 민주선거인 동독 인민의회선거(1990. 3. 18)와 지방선거(1990. 5. 6)를 통해 앙겔라 메르켈(Angela Merkel, CDU), 볼프강 티르제(Wolfgang Thierse, SPD), 그리고 마티아스 플라체크(Matthias Platzeck, SPD)

등과 같은 동독 출신 정치 엘리트들이 새롭게 등장했다. 이들 동독 출신 정치 엘리트들은 일반적으로 구체제 당시 반사회주의적 성향을 띠었으며, 약 1/4은 반체제 시민운동을 하던 인사들이고, 나머지는 주로 자연과학 종사자, 엔지니어 및 종교계 인사들로[10] 서독 엘리트에 비해 연령이 낮고 여성 비율도 높은 편이었다. 지방자치단체의 정치가나 행정가 중 2/3는 정치적 변혁 이후 처음으로 정치권에 진입한 신인들이었고, 1/3은 기성 인사들이었다.

행정요원 중 1/3은 서독 출신이었고, 특히 고위직은 거의 모두 서독 출신으로 교체되었으며 현재도 이런 추세가 지속되고 있다. 정부행정기구, 군대, 법무 및 대기업체의 주요 핵심 직위는 대부분 서독 엘리트로 대체되었다. 경제, 법무, 군대의 핵심 보직 426개 중 동독인은 한 명도 없었고, 행정 분야 474개 핵심 보직 중 12개만 동독인이 보유하고 있었다. 또한 미디어, 학술위원회, 노조 및 문화 분야는 약 10명 중 한 명꼴로 동독인으로 채워졌다.[11] 이와 같이 중요 요직을 서독 출신이 독식하는 현상은 좀처럼 바뀌지 않고 있어 여전히 동독 주민들의 불만사항으로 남아 있다.

3. 통일 후 정치문화 변화

▋**These 11**　독일은 통일된 지 20년이 흘렀으나 경제와 사회정치적 관점에서 보면 아직도 동·서독 간에는 상이한 정치문화가 존재하며, 이데

---

10) 과거 구체제 엘리트의 대부분은 이데올로기와 관련된 법과 경제를 전공했고, 서독 엘리트의 60%도 법과 경제를 전공했다.
11) W. Bürklin & H. Rebenstorf, *Eliten in Deutschland. Rekrutierung und Integration* (Opladen 1997), p. 67.

올로기 청산이 완전히 끝나지 않은 상태이다. 동·서독 주민들은 아직도 민주주의, 사회주의, 자유와 평등 개념 등에서 상이한 입장을 보이고 있다. 게다가 민주주의에 입각한 정치참여 행태에서도 동·서독 주민들 간 차이를 보이고 있다.

이는 서독 주민들이 1945년 이래 민주주의를 학습할 수 있는 기간을 가져온 반면, 동독 주민들은 같은 기간 중 사회주의 체제만을 경험한 결과이다. 또 다른 한편으로 동독 주민들의 통일에 대한 기대가 충족되지 못한 점을 들 수 있을 것이다. 통일 직후 서독 체제에 대하여 가졌던 동독 주민들의 기대는 충족되지 않았다. 동독 내 정부기관과 산업체가 대부분 서독의 엘리트에게 점령당하자, 동독 주민들은 대량실업과 2등 국민이라는 자괴감을 경험했고, 이에 따른 실망과 분노는 결국 서독의 자유민주주의체제 자체에 대한 불만으로 표출되었다.

이처럼 동·서독 주민들 간의 상이한 정치문화와 체제인식의 차이는 독일 국민으로서의 동질성과 민족공동체 형성에도 부정적인 영향을 미쳐 결국 내적 통합을 어렵게 만드는 요소가 되고 있다.

1) 동·서독 주민 간의 정치문화 차이

(1) 민주주의

통일된 지 20년이 흘렀으나 경제와 사회정치적 관점에서 보면 아직도 동·서독 간에 상이한 정치문화가 존재한다. 현재 서독 주민의 75%는 민주주의가 가장 중요한 국가이념(Demokratie als Staatsidee)이라고 인식하는 반면, 동독 주민의 32%만이 이를 인정하고 있다.[12] 통일 직후 실시한 동독 주민들의 민주주의에 대한 만족도 평가에 따르면, 근본적으로 만족

---

12) "20 Jahre Wiedervereinigung - was denken Ost- und Westdeutsche darüber?" (Pressemitteilungen Leipzig, 2009.9.24, www.blogspan.net).

〈그림 3-2〉 민주주의에 대한 만족도

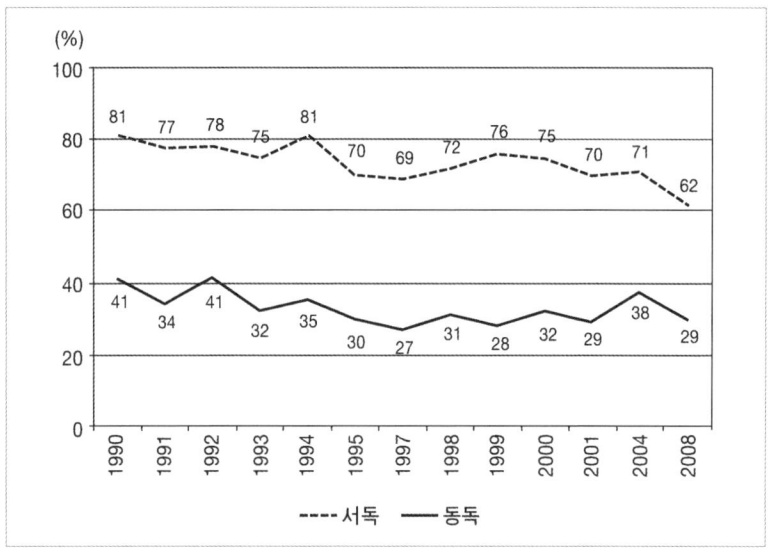

자료: Institut für Demoskopie Allensbach; Klaus Schroeder, "20 Jahre Nach dem Mauerfall" (Freie Universität Berlin, Forschungsverband SED-Staat, 2009), p. 78.

(10~20% 사이)보다는 불만족(30~50% 사이) 집단이 훨씬 컸다. 이후 만족도가 서서히 오르기 시작했으나, 1995년을 기점으로 불만족이 다시 높아지기 시작했다.[13] 이는 1995년부터 경기침체로 많은 실업자가 양산되었던 당시 상황과 무관하지 않을 것이다. 2010년 현재는 동독 주민의 약 65%가 자유민주주의체제에 만족하지 못하고 있는 것으로 나타났다.

통일 직후 동독 주민 중 75%는 사회주의가 민주주의보다 더 중요한 제도라고 인식하고 있었다. 그때에 비해 비록 줄어들기는 했으나 아직도 동독 주민의 49.2%는 "사회주의는 근본적으로 좋은 이념이나, 단지 이제

---

13) Eckhard Priller, *Demokratieentwicklung und gesellschaftliche Mitwirkung in Ostdeutschland*(WZB, 1999), p. 15~18.

까지 실천이 잘 안 되었을 뿐"14)이라 믿으며 이에 대한 미련을 여전히 버리지 못하고 있다.

통일 전 동독 시절의 민주화 과정은 고르바초프 개혁·개방정책 이후 일부 시민운동 단체를 중심으로 진행되었으나, 근본적으로 공산독재 치하에서 시스템 부재와 재정 결핍으로 진전을 기대하기에는 한계가 있었다.

따라서 통일 후 연방정부는 관공서, 각급 교육기관, 언론, 군 및 연구소 등을 통해 동독 주민에 대한 정치교육을 강화해왔다. 그 결과 민주주의나 시장경제, 그리고 사회복지국가에 대한 가치는 동독 주민들 사이에 어느 정도 공유되고 있는 상태이다. 동독 주민이 민주주의로 인식하고 있는 가치는 '자유·비밀선거, 법치주의, 자유노조, 야당 존재, 언론자유, 결사체 조직, 통제 조직의 독립성 및 여행의 자유' 순으로 조사되었다.15) 통일 후 20년간의 자유민주주의 다원화 사회에서의 경험을 통해 동독 주민들은 민주주의나 다원화 사회에 대한 중요성은 인식하고 있으나, 민주주의를 실천하는 국가 형태(Staatsform), 즉 실제 정치기구에 대해서는 아직도 크게 신뢰하지 않는 편이다.16) 이는 동독 주민들이 45년간의 분단으로 인해 민주주의나 자유 개념에 대한 근본적 합의(Grundkonsens)가 없었고, 이런 개념을 법체계나 행정기구에 접목시킬 수 있는 기회를 갖지 못했기 때문이다. 연방하원의 역할과 관련하여 서독 주민은 37%가 불신을 보이는 반면, 동독 주민은 50%가 넘는 실정이다. 동독 주민들이 가장 신뢰하는 집단은

---

14) "Der Sozialismus ist im Grunde eine gute Idee, die bisher nur schlecht ausgeführt wurde."
15) Eckhard Priller, *Demokratieentwicklung und gesellschaftliche Mitwirkung in Ostdeutschland*, p. 12~14.
16) 2001년 통계에 따르면, 연방정부는 10%, 법원 10%, 하원 11%, 경찰 33%, 지방행정기관 27%였다.

경찰과 시청이며, 장차 변화를 이끌어내거나 기대를 실현시키는 수단으로는 선거, 파업 그리고 시위를 꼽고 있다.

통일 후 20년이 경과했음에도 불구하고 동독 사회에서는 아직도 민주주의가 서독 사회에서처럼 완전히 정착되지는 못한 상태이다. 서독 주민들이 1945년 이래 민주주의와 관련된 학습기간을 가져온 반면, 동독 주민들은 같은 기간 중 사회주의 체제 속에서 세뇌되어왔기 때문에 민주주의 원칙에 대한 이해가 상대적으로 부족한 편이다. 동독 지역은 여전히 정치적 이해나 참여의식이 서독 지역에 비해 현저하게 낮다. 동독 주민들의 투표율이나 정당 지지도, 그리고 정당이나 노조 가입 회원 수도 서독에 비해 뚜렷이 낮은 실정이다.

민주주의에 대한 개념도 동·서독 간에 차이가 있다. 서독 주민이 인식하는 민주주의 사회란 능력에 따라 성과가 주어지는 사회를 의미하나, 동독 주민이 이해하는 민주주의 사회는 '민주사회주의(Demokratischer Sozialismus)'에 바탕을 둔 '평등과 분배가 지배하는 사회'를 의미한다.17) 따라서 서독 주민이 자유민주주의 국가를 추구하는 데 비해 동독 주민은 분배체계가 잘 되어 있는 국가, 즉 경제와 사회복지의 발전을 지향하는 국가를 선호하고 있다. 동독 주민들의 인식에 따르면, 비록 다당제와 민주주의의 개념이 중요할지라도 통일 후 동독 지역 내에서 파생되는 문제나 동독 주민들의 고민을 해결하는 데에는 크게 도움이 되지 않는다는 것이다.

서독 지역에서는 '시민문화(Staatsbürgerkultur)'가 정착되어 시민들이 일반적으로 적극적인 정치적 성향을 보인다. 반면 과거 동독 지역은 '신하문화(Untertanenkultur)'가 지배했기 때문에 일반적으로 시민들의 정치적 성

---

17) Detlef Pollack & Gert Pickel, "Die ostdeutsche Identität - Erbe des DDR, *Aus Politik und Zeitgeschichte*, B41-42(1998), p. 10~11.

향이 수동적인 경향을 띠고 있었으며, 시민이 정치적 엘리트가 될 수 있는 풍토도 아니었다.[18] 이와 같은 배경에서 동독 사회에는 아직도 고유의 정치문화가 존재하고 있는 것이 현실이다. 아직도 많은 동독 주민들은 통일 후 물질적인 생활여건은 분명히 개선되었으나 여성들의 삶의 환경, 노동, 사회보장, 임금과 수입의 분배, 그리고 자산 소유 및 교육 분배 측면에서 통일 전 동독이 서독보다 더 정의로운 사회를 유지했다고 생각하고 있다. 그들은 통일로 인해 동독이 불공평한 사회로 전락했고, 여전히 사회적 불평등이 지배하고 있는 현실에서 민주주의보다는 사회정의를 강조하는 사회주의가 더 필요하다는 인식을 갖고 있다.

(2) 자유와 평등 개념

동·서독 주민들은 자유에 대해서도 서로 다른 개념을 갖고 있다. 서독 주민들은 자유를 선거 참여를 통해 이루어지는 정치적 개념으로 인식하는 반면, 동독 주민들은 '사회적 곤궁으로부터의 해방'이라는 개념으로 인식한다. 이는 자유를 경제·사회적 평등의 시각에서 바라본 결과이다. 서독 사회가 자유민주주의적 가치를 강조하는 데 비해, 동독 사회는 민주주의보다 평등의 개념을 더 강조했다. 서독 주민들이 인식하는 평등의 개념은 우선 자기능력계발을 통해 각자 경쟁력을 키우고 궁극적으로 기회균등의 사회에서 각자 성과를 보장받는 것을 의미한다. 반면 동독 주민들의 평등 개념에 따르면 사회적 차별이 있는 것은 한마디로 정의롭지 못하며, 국가의 개입을 통해 정의로운 사회가 구현되어야 한다.[19] 이러한 배경에서 서독

---

[18] 1960~1970년대 동독 주민들은 상대적으로 양호한 복지와 사회보장 혜택 그리고 개인 영역의 인정 등으로 비교적 정권에 복종하고 충성하는 편이었다.

[19] 1989년 12월 베를린장벽이 무너진 직후 실시된 여론조사에서, 동독 주민의 46%는 동독의 미래와 관련하여 '제3의 길'을, 26%는 시장경제를, 그리고 21%

〈그림 3-3〉자유와 평등에 대한 동·서독 주민들의 인식 비교

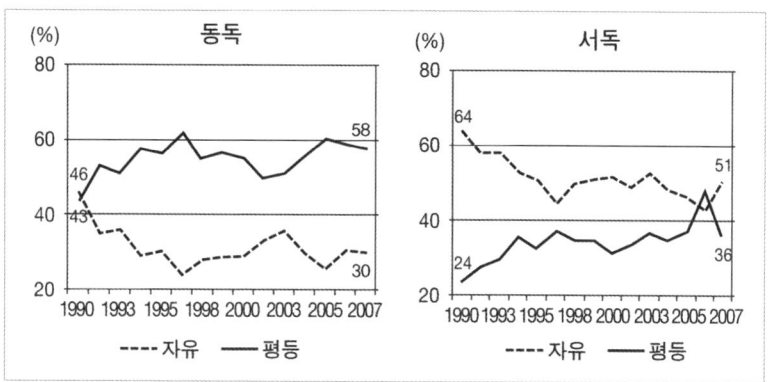

자료: die Welt Infografik, INSM/Schroeder/Ragnitz; Uwe Müller, "100 Milliarden Euro Fließen Pro Jahr in Den Osten," Welt Online(2009. 8. 21), Axel Springer AG, p. 7.

사회가 능력위주의 사회로 '나(ich)'를 중심으로 발전해온 반면, 동독 사회는 소요와 필요에 따른 사회로 '집단(Kolletiv)'을 중심으로 발전해왔다.

이처럼 동·서독 간 정치문화가 차이를 보이는 이유는 양독 주민들이 자본주의 사회와 사회주의 사회에서 각각 성장해온 배경에 따라 독특한 심성과 정체성을 형성하게 된 데에 기인한다.[20] 사회학적 관점에서 볼 때, 자본주의적 인간은 일반적으로 자기중심적으로 소유욕이 강하고 권력 지향적인 성향을 보이며 남에 대한 배려가 약한 특성을 보인다고 한다. 반면 사회주의적 인간은 사회를 위해 자신을 버릴 줄 알도록 길들여져, 이타적이며 진지하고 훨씬 인간적인 특성을 갖는다는 것이다.[21] 동독

는 '민주사회주의'를 도입할 것을 주장했다(das Meinungsforschungsinstitut Infas: 1989.12).

20) Alexander Thumfart, "Politische Kultur in Ostdeutschland," *Aus Politik und Zeitgeschichte*, B39-40(2001), p. 7~10.
21) Alexander Thumfart, "Politische Kultur in Ostdeutschland," p. 8.

주민들은 '평등과 무조건 수용(Akzeptanz)'의 문화에 젖어왔다. 반면 서독 주민들은 '성과(Leistung)와 정책 결정의 참여(Mitbestimmung)'를 중시하는 사회에서 살아왔다. 따라서 서독 주민들은 평등과 성과는 개인의 능력, 즉 신분과 소득 차이에 따라 달라질 수 있다고 보는 반면, 동독 주민들은 결과는 항상 동등(Ergebnisgleichheit)해야 한다고 보며, 성과 위주의 원칙(Leistungsprinzip)에 대해서는 비판적이다. 통일 이전 동독 주민들은 정부의 모든 결정에 강제적으로 따라야 했으며, 이전의 자유가 어려웠고, 국가가 요구하는 이데올로기에 충실해야만 했다. 따라서 동독 지역의 정치문화를 개선하는 데 가장 큰 걸림돌은 45년간 구동독 체제에서 굳어진 이와 같은 주민들의 사고와 행동방식이다.

4. 정치 변혁 후 동·서독 정당 통합과 정당체제 변화

▎**These 12**   독일 선거제도의 특징은 의회민주주의에 입각한 '다수선거제'와 '비례선거제'를 50 대 50으로 적용하고 있다는 것이다. '의회는 사회 전체 구성원이 참여하는 토의의 장'이라는 맥락에서, 이 제도는 의회민주주의를 구현하는 데 합리적인 제도 중 하나로 간주된다. 통일 후 서독의 정당제도가 동독으로 확대되었고, 통일 20주년이 지난 현재 독일의 정당체제는 양대 국민정당인 '기민/기사연합'과 사민당, 그리고 세 개의 약소 정당인 자민당, '좌파연합(Die Linke)', '녹색당' 등 5당 체제로 구축되어 가고 있다.

통일 후 독일의 정당제도와 관련하여 나타난 현상 중 하나는 양대 국민정당이 총선 승리를 위해 기존의 당 고유 노선 및 정강정책의 폭과 범위를 확대하고 있어, 양당의 정강정책이 유사해지는 경향을 보인다는 것이다. 반면 세 약소 정당들은 여전히 고유의 노선을 고수하고 있다. 통일 후 뚜렷하게 변화를 보인 또 다른 현상은 양대 정당에 대한 전체 유권자들의 지지율이 갈수록 줄어들고 있다는 사실이다. 이에 대한 가장 큰 이유는 통일 후 동독 지역에서 태동한 사통당의 후신인 좌파연합이 정치 스펙트럼상 같은 좌측에 있는 사민당의 기존의 지지층을 잠식하고 있기 때문이다. 사민당의 정책노선이 좌로부터 중도 성향으로 기울자 극좌 세력과 노동자를 포함한 기존의 일부 사민당 지지층은 새롭게 그들의 이해를 대변하고 있는 좌파연합으로 지지를 바꾸고 있다.

통일 후 동독 주민들 고유의 이해와 정서는 의원내각제의 틀 속에서 반영될 수 있었다. 통일 직후 동독 주민들은 최대 희망인 통합 과정을 촉진시키기 위해 '기민/기사연합'을 지지함으로써 콜의 집권을 가능하게 했다. 그러나 동독 주민들은 1990년대 중반 이후 통일에 대한 실망감이 커지면서 다른 대안으로 사민당을 지지함으로써 슈뢰더의 집권에 기여했다. 이들은 2000년대 중반부터는 동독 주민들의 이해와 정서를 대변하는 사통당의 후신인 '좌파연합'을 적극 지지하고 있다. 그럼에도 불구하고 동독 유권자들의 특정 정당에 대한 지속적인 지지 여부는 여전히 불투명하다. 양대 국민정당들의 집권 여부는 동독 유권자들의 표심의 향방과 깊이 관련되어 있다.

1) 통일 전 서독의 정당체제 발전

(1) 독일 정당 약사

독일에서 정당은 19세기 후반[22])에 출현했으나 정치적 역할은 매우 제한적이었다. 1871년 독일제국 설립 후 '제국의회'가 창설되어 정당들의 활동 무대가 되었지만, 당시 정당들은 정권 창출과는 상관없이 제한적인 입법권과 예산심의권 등을 행사했다. 제1차 세계대전 패망 후 수립된 '바이마르 공화국'(1919~1933)은 정당정치체제를 도입했으나 정당들의

---

22) 1861년 자유독일진보당, 1863년에는 현재 사민당의 모태가 된 '독일노동자총동맹'이 창설되었다.

강한 이념적 성향으로 인해 정당 간 타협과 안정적인 연정 구성이 불가능했다. 바이마르 공화국은 처음으로 비례대표제를 도입했으나 소수 정당들이 난립하는 현상이 발생했다. 다당제로 인한 정치적 혼란상을 극복하지 못한 바이마르 공화국은 결국 '국가사회주의당(NSDAP, 나치당)'을 통해 합법적으로 등장한 히틀러에 의해 붕괴되고 말았다.

서독의 정당제도는 이와 같은 과거의 부정적인 경험을 토대로 다음과 같은 요인들을 보완하며 발전했다. 첫째, 연방하원 선거에서 소수 정당의 난립을 방지하기 위해 '5% 조항'을 도입함으로써 5% 득표에 미달하는 정당들의 원내 진출을 원천적으로 차단했다.[23] 둘째, 기본법에 정당의 역할과 구성 원칙을 명시하여 나치 독재와 같은 전체주의적 정당의 재출현을 방지하고자 했다. 기본법 21조 2항은 어느 정당이 자유민주주의 질서를 침해하거나 국가 존립을 위협하는 경우 정당의 위헌성에 대해서 연방헌법재판소가 심판하도록 규정하고 있다.[24] 셋째, 히틀러의 나치당(NSDAP)에 흘러들어간 기업의 불법기부금이 독재정권 형성에 크게 기여했다는 역사적 경험을 교훈 삼아 불법적인 대자본이 정치 영역으로 유입되는 것을 근본적으로 막기 위해 '정당재정의 투명성'을 제도화하고 있다. 각 정당은 모든 수입과 지출 및 자산에 관한 상세한 내역을 매년 연방하원 의장에게 의무적으로 제출해야 하며, 하원의장은 이를 연방관보(Bundesanzeiger)에 공표한다. 정당의 주요 재원은 당원들의 당비, 기부금, 그리고 국가보조금으로 구성된다.[25] 넷째, 제2차 세계대전 이전 독일에는 '국민정당(Volk-

---

23) 1949년 총선에 참여했던 36개 정당 중 오직 6개 정당만이 원내에 진입했다.
24) 연방헌법재판소는 상기 기본법 규정에 의거하여 1952년 신나치주의 성향의 '사회주의 제국당(Sozialistische Reichspartei Deutschlands: SRP)'과 1956년 '독일공산당'을 위헌정당으로 판결하고 해산명령을 내렸다.
25) 특히 정당의 선거비용을 '선거 공영성의 원칙'에 의거하여 득표수에 따라 국고에

〈표 3-1〉 독일 역대 수상과 연정 구성

기간	역대 수상	당
1949.09~1963.10.	콘라트 아데나워	기민/기사연합-자민당
1963.10~1966.11.	루드비히 에르하르트	기민/기사연합-자민당
1966.12~1969.10.	쿠르트 게오르크 키징거	기민/기사연합-사민당
1969.10~1974.05.	빌리 브란트	사민당-자민당
1974.05~1982.10.	헬무트 슈미트	사민당-자민당
1982.10~1998.10.	헬무트 콜	기민/기사연합-자민당
1998.10~2005.10.	게르하르트 슈뢰더	사민당-녹색당
2005.10~2009.10.	앙겔라 메르켈	기민/기사연합-사민당
2009.10~현재	앙겔라 메르켈	기민/기사연합-자민당

spartei 또는 catch-all-party)'[26)]이 존재하지 않았으며, 각 정당들은 스스로 특정 계층이나 사회집단·종교를 대표하는 정당으로 이해하고 있었다.[27)] 그러나 건국 후 '기민/기사연합'과 사민당 양대 정당은 모든 대중을 잠재적 지지층으로 삼아 이데올로기적 접근보다는 차기 선거의 승리를 최우선시하는 국민정당으로 변모했다.

건국 이후 1980년대 초반까지 서독의 정당제도는 3당제의 형태를 띠며 양대 정당인 '기민/기사연합'과 사민당은 제3의 정당인 자민당과 함께

서 보조하며, 정당기부금과 당비에 대해서도 국가보조가 뒤따른다. 국가보조와 관련하여 연방하원과 유럽의회선거(Europawahl)에서 총유효표 0.5% 이상, 주의회선거에서 총유효표 1% 이상을 획득할 경우, 국가는 매년 각 정당별 득표수 400만 표까지는 0.85유로, 그 이상의 득표수에 대해서는 0.70유로를 지원한다. 개인당 3,300유로까지 가능한 기부금에 대해 매 1유로당 0.38유로의 국가보조가 지원된다(국가 지원 한계는 총 1억 3,300만 유로).

26) '국민정당'이라는 용어는 독일 정치학자 오토 키르히하이머(Otto Kirchheimer) 가 1965년 「서유럽 정당제도의 변화」라는 논문에서 처음 사용했다.

27) 예를 들어 사민당은 스스로를 노동자 계급을 대표하는 정당으로 규정했다.

연정을 구성하며 정치적 체제를 유지해왔다. 그러다가 1983년 녹색당(Grünen)의 연방하원 진출로 통일 직전까지 4당 체제를 유지했다.

① 기독 민주 연합(Christlich Demokratische Union: CDU, 기민당)

1945년 가톨릭 및 신교 대표가 창당한 보수 성향의 정당으로, 초대 서독 수상 아데나워와 경제 기적을 이끌어낸 에르하르트 수상 등을 배출한 '국민정당'이다. 2010년 현재까지 총 41년간 집권한 독일 내 최대 정당이라 할 수 있다. 통일 수상 콜과 현재 최초의 여성 수상인 메르켈이 기민당 소속이다. 미국과의 유대 강화를 중시하며 유럽통합을 강조한다. 당원은 약 53만 명으로 주요 지지층은 보수 세력, 농민층, 그리고 중·상류층이다.

② 기독 사회 연합(Christlich-Soziale Union: CSU, 기사당)

1945년 바이에른 주에서 보수 가톨릭 세력이 창당한 정당으로, 바이에른 주에만 당 조직을 갖고 있다. 창당 이래 기민당의 자매정당으로 바이에른 주 내에서만 대표를 내보내는 대신, CDU는 바이에른 주에는 진출하지 않는다. 1970년대 이래 바이에른 주에서 55% 이상의 지지를 획득하고 있으며 기민당 집권 시 연정에 참여하고 있다. "더 작은 국가, 더 많은 자유"라는 이념을 추구하며 연방주의를 신봉하고, 그리스도교 사상으로 통합된 유럽을 지향하며, 보수 카톨릭 세력 및 농민층이 주요 지지 세력이다.

③ 사회민주당(Sozialdemokratische Partei Deutschlands: SPD, 사민당)

사회민주당은 가장 역사가 오래된 정당으로 1875년 '사회주의 노동자당(Sozialistische Arbeiterpartei)'으로 출발했으나 1933년 나치당으로부터 활동을 금지당했고, 1945년 쿠르트 슈마허(Kurt Schumacher)가 사회주의 군소 정당들을 규합하여 사회민주당으로 재창당했다. 1959년 '고데스베르크

강령(Godesberger Grundsatzprogramm)'을 채택하면서 기존의 노동자당에서 민주·사회주의적 '국민정당'으로 변모했다. 1966~1969년 기민당과의 대연정에 참여하여 수권정당으로서의 능력을 검증받은 후 1969년 10월 총선에서 승리하여 1982년까지 자민당과 연정을 이루며 집권했다. 1998년부터 2005년까지 녹색당과 '적-녹 연정'을 수립했고, 2005~2009년까지 '기민/기사연합'과 대연정을 구성하며 집권했으나 2009년 이후 야당으로 남아 있다. 사민당은 사회주의적 민주주의로서 자유, 사회적 정의와 연대, 노동자의 권익보호 등을 추구하는 중도좌파 정당으로 당원은 약 52만 명이다. 산업이 밀집한 지역 도시의 근로자 및 회사원들이 주요 지지 세력이다.

④ 자유민주당(Freie Demokratische Partei: FDP, 자민당)

1947년 테오도어 호이스(Theodor Heuss)는 비스마르크 이래 분열된 좌익 자유 정당과 우익 자유정당을 결합하여 자유민주당을 창당했다. 제3의 정당으로서 1949~1956년(기민/기사연합), 1961~1966년(기민/기사연합), 1969~1982년(사민당), 1982~1998년(기민/기사연합), 그리고 2009년~현재(기민/기사연합)까지 연정에 참여해오고 있다. 당세는 미약하나 '기민/기사연합' 또는 사민당이 과반수 의석을 보유하지 못한 경우 연립정부 구성에 결정적 변수 역할을 하고 있으며, 겐셔 전 외무장관이 자민당 소속이다. 최소한의 국가권력, 신자유주의와 친기업적 시장경제를 주장하며 주요 지지층은 자영업자, 고소득 화이트칼라층, 자유시장주의자 및 도시의 젊은 자유주의자 등이다.

⑤ 녹색당(Bündnis 90/Die Grünen)

1960년대 말 대연정에 대항하던 '원외야당(Aussenparlamentarische

Opposition: APO)' 세력들과 '68세대'들이 정치 세력으로 확대되어 1980년 1월 연방 차원의 정당으로 탄생했다. 1983년 총선에서 5.6%의 지지율을 확보하며 처음으로 연방하원에 진출했으나, 독일 통일 후 실시된 1990년 12월 총선에서 5% 조항에 미달하여 연방하원 진출에 실패했다. 1993년 말 동독 자매당과 통합하여 당명을 개칭했으며, 1998년 9월 총선에서 47석을 차지, 사민당과 함께 적-녹 연정을 구성하여 처음으로 집권했다. '생태학적(ökologisch), 사회적(sozial), 비폭력적(gewaltfrei), 민초·민주주의적(basisdemokratisch)'이라는 4대 기본 원칙 아래 환경 보존 및 인권 존중 등을 강조하고 있다. 당원들은 대부분 교육 수준이 높은 청년층이며, 조직의 특성은 직접민주주의를 채택하여 당원 간 상하 관계가 아닌 수평적인 관계를 유지하고 있다는 점이다.

⑥ 좌파연합(Die Linke)

1989년 12월 구동독 집권당인 사통당의 후신 정당인 민사당(PDS)과 오스카 라퐁텐(Oskar Lafontaine)을 중심으로 사민당 내 일부 좌파[노동·사회 정의 선거 대안(Wahlalternative Arbeit und Soziale Gerechtigkeit: WASG)]가 연합한 세력이다. 2005년 9월 총선에서 'Die Linkspartei·PDS'라는 당명으로 8.7%를 득표하여 연방하원에 진출했고, 2009년 총선에서 11.88%를 획득함으로써 돌풍을 일으켰다. 주요 노선은 반자본주의와 부의 공정한 분배를 주장하며 구동독 시절의 공산당원, 좌파 지식인, 실업자 등이 주요 지지층이고, 특히 동독 지역에서 25.4%라는 높은 지지율을 확보하고 있다(서독 지역에서는 4.9%).

2) 정치적 대변혁기(1989~1990)의 정당 통합과 정당체제 변화

1989년 여름 동독 주민들의 대규모 서방 탈출이 이어지자 동독에서는 새로운 재야단체들이 등장하기 시작했다. 9월 13일 'Neues Forum(NF)', 'Demokratie Jetzt', 그리고 'Demokratie Aufbruch'[28] 등이 출현했다. 베를린장벽 붕괴와 격화되는 주민들의 시위 속에서 사통당은 12월 중순 당명을 민주사회주의당(Partei des Demokratischen Sozialismus: SED-PDS)으로 바꾸고 자체 개혁을 단행했으나 당세는 급격히 약화되기 시작했다. 1989년 여름 230만 명에 달했던 당원이 6개월 뒤에는 겨우 20만 명에 불과했다. 동독의 기존 정당들도 사회주의와 결별을 선언하고 독자노선을 걷기 시작했다.

1989년 여름 이후 정치적 대변혁을 맞아 서독의 정당들은 동독 내에 자매정당을 창당하여 지원하기 시작했다. 10월 7일에는 서독 사민당의 지원을 받아 동독 사민당(SDP)이 창당되었으며, 이는 이후 1990년 1월 13일 서독 사민당(SPD)에 통합되었다. 11월에는 동독 녹색당이 창당되었다. 이 당은 이후 시민운동단체로 남아 있던 Neues Forum, Demokratie Jetzt, Initiativ für Frieden und Menschenrechte(평화 인권 이니셔티브) 등과 함께 서독 녹색당의 주도 아래 1990년 2월 '동맹 90(Bündnis 90)'으로 통합되었다. 또한 1990년 1월 서독 '기사당(CSU)'의 지원을 받아 '독일사회연합'이 창당되었고, 1990년 2월 서독 자민당의 지원 아래 동독 자민당(FDP)이 새로이 창당되어 기존 동독 자민당(LDPD)과의 차별성을 부각시켰다.

동독 인민의회 총선을 앞두고 서독의 정당들은 동독의 자매정당들을 지원했고, 또한 정당들 간에 연합이 이루어졌다. 1990년 2월 6일 서독

---

28) 1989년 12월 정당으로 탈바꿈했다.

기민당의 주도 아래 동독 기민당(CDU), 독일사회연합(DSU), 민주약진당(DA)은 '독일동맹'이라는 명칭으로 선거동맹을 구성했다. 다음 날 콜 수상은 '경제·화폐·사회연합'을 조만간 실시할 것임을 발표했고, 이어진 동독 유세에서 동·서독 화폐의 1:1 환율 교환을 약속함으로써 동독 유권자를 사로잡기 시작했다. 그 외에도 독일동맹은 기본법 제23조에 의한 조속한 통일을 공약으로 내세워 빠른 시간 내에 통일을 원하던 동독 유권자들의 기대를 충족시켰다. 1990년 3월 18일 1,220만 명의 동독 유권자는 최초이자 마지막 자유선거인 동독 인민의회 총선에서 총 35개 군소정당에 투표했다. 이 선거에서 콜이 지원했던 '독일동맹'은 48.1%의 압도적인 지지를 획득했다. 이는 당시 동독 유권자가 조속한 통일과 서독의 시장경제체제를 선호하고 있었고, 콜 정부의 경제적 지원으로 하루빨리 경제난으로부터 해방되길 원한다는 신호였다. 이 선거에서 사민당(SPD)은 21.9%, 민사당(PDS)은 16.4%, 그리고 자유민주연합(Bund Freier Demokraten)[29]은 5.3%를 얻었으며, '동맹 90'은 2.9%를 얻어 원내 진출에 실패했다. 동독 인민의회는 동독 기민당 소속인 데 메지에르를 총리로 선출했다.

1990년 8월 23일 동독 인민의회는 기본법 제23조에 따라 10월 3일부로 독일연방공화국(서독)에 가입하는 형식으로 통일할 것임을 결정했다. 또한 통일 후 최초의 연방의회선거는 12월 2일에 치르기로 결정했다. 통일 시기 및 연방의회 총선 일정 등이 확정됨에 따라 동·서독 정당 간의 통합도 빠른 속도로 진행되었다. 동독 기민당과 서독 기민당은 10월 1일 통합을 위한 전당대회를 개최하여 콜을 당수로, 데 메지에르를 부당수로 각각

---

29) 총선 진출의 가능성을 높이기 위해 그간 위성정당인 자민당(LDP 혹은 LDPD), 새로 창당된 동독 자민당(FDP), 그리고 'Neues Forum'의 후신인 'Deutsche Forumpartei(DFP)' 등 3당이 맺은 선거 연합으로, 동독 자민당(LDP)은 1990년 3월 동독의회선거 후 당명을 자유민주연합(BFD)으로 바꾸었다.

선출했다. 동·서독 자민당과 사민당도 각각 8월과 9월에 통합전당대회를 개최하고 합당했다. 동독 녹색당은 'Bündnis 90'와 연합하여 'Bündnis 90/Grünen Ost'로 개명했다. 민사당은 1990년 2월 4일 당 명칭을 'SED-PDS'에서 'PDS'로 변경했다. 이처럼 정당 간의 외형적인 통합 또는 연합체제 구축은 통일 이전에 모두 완료되었다. 이상에서 보듯이 동·서독 통일은 독일 정당체제에 근본적 변화를 가져왔다기보다는, 구동독 정당이 서독 정당으로 편입되거나 정당 간 연합을 통해 서독식의 정당제도가 동독으로 확산되었다고 평가할 수 있을 것이다.

3) 통일 후 총선 결과와 동독 출신 수상 메르켈

(1) 12대 총선(1990년 12월 2일)

통일 후 실시된 첫 번째 전체 독일 총선에서 "통일 수상 콜의 정당"으로 인식되었던 '기민/기사연합'이 총유권자의 43.8%를 획득하며 압도적인 승리를 거두었다. 사민당에 대한 지지는 33.5%에 불과했는데, 이는 사민당 수상 후보인 라퐁텐이 상대적으로 통일 문제에 대해 이중적인 입장을 취했기 때문이었다. 통일 당시 대부분의 동독 유권자들은 특정 정당과의 접촉이나 인연이 없었고, 또한 통일의 감격으로 들떠 있는 상태에서 '기민/기사연합'이나 사민당, 양대 정당 중 하나를 지지하는 경향이 있었다. 독일 통일이 동·서독 모두 사전 준비가 전혀 없는 상태에서 진행되었기 때문에, 통일 초기 단계에는 서독의 정당체제가 동독을 지배할 수밖에 없는 상황이었다. 통일 후 처음 실시되는 1990년 총선에 한해 동·서독 지역별로 '5% 조항'을 분리하여 적용하기로 한 결정에 따라 동독 지역의 사통당 후신인 민사당(PDS)과 'Bündnis 90/Grünen Ost'은 각각 17명과 8명을 의회에 진출시키는 데 성공했다. 반면 1983년 총선에서 5.6%의 지지율을 확보하여 처음으로 연방하원에 진출했던 서독의 녹색당은 3.8%를 획득하여 5% 조항을 넘지 못해 결국 의회 진출에 실패했다. 5% 조항을 극복하기 위해 1993년 5월 14일 서독 녹색당과 동독 지역의 'Bündnis 90/Grünen Ost'는 통합을 단행했고, 당명을 'Bündnis 90/Grünen(녹색당)'으로 개칭했다.

(2) 13대 총선(1994년 10월 16일)

통일의 감격은 1994년 총선까지도 이어져 '기민/기사연합'이 총유권자의 41.5%를 획득함으로써, 콜을 수상으로 한 '기민/기사연합'과 자민당 간의 연정은 계속되었다. '5% 조항'이 전체 독일 지역을 대상으로 원래대로 환원되어 적용된 13대 총선에서 민사당은 4.4%를 획득하여 '5% 조항'은 충족시키지 못했으나, 동독 베를린 지역구에서 4명을 당선시킴으로써 지역구 3명 이상 배출 정당의 원내 진출 가능조항에 따라 4.4%에 할당되는 총 30명의 의원을 원내에 진출시킬 수 있었다. 1년 전 합당한 'Bündnis 90/Grünen(녹색당)'은 7.3%를 획득하여 원내 진출에 성공했다.

(3) 14대 총선(1998년 9월 27일)

1997~1998년을 즈음해서 통일 후유증이 서서히 가시화되었다. 전반적으로 경제성장은 둔화되고 실업률이 증가하기 시작했다. 동독 주민들은 스스로를 '2등 국민'으로 인식하며 그들의 요구를 대변할 수 있는 정당을 찾기 시작했다. 독일 통일은 서독 사회 내에서 상하층 간의 갈등을 야기했을 뿐만 아니라, 동독 주민들에게도 민주주의보다는 평등사회와 복지국가가 더 중요하다는 인식을 불러 일으켰다. 통일이 된 지 8년이 지난 시점에서 동독 유권자의 관심이 맹목적인 통일지상주의에서 벗어나 서서히 사회정의와 실업 문제의 해결로 바뀌고 있음을 보여주었다. 통일 이후 불만이

커짐에 따라, 많은 동독 유권자들은 이제까지 그들이 지지해왔던 콜 수상의 '기민/기사연합'으로부터 이탈하여 상대적으로 사회정의를 강조해온 사민당을 지지하는 경향을 보였다. 동독 지역에서 사민당은 '기민/기사연합'보다 11.5%나 더 많은 지지를 받았다. 즈음하여 극우 정당에 대한 지지도 한편으로 늘어나기 시작했다.

이런 맥락에서 14대 총선은 통일 후 독일의 경제정책 및 복지국가 수준에 대한 종합 평가의 성격을 띤 선거였다. 이 총선에서 게르하르트 슈뢰더(Gerhard Schröder)가 이끈 사민당은 총유권자의 40.9%의 지지를 획득했고, 6.7%를 획득한 'Bündnis 90/Grünen(녹색당)'과 함께 적-녹(赤-綠)연정을 구성함으로써 16년 만에 재집권에 성공했다. 콜의 패배는 그간 콜 정부가 통일의 후유증인 '경제 저성장과 실업'을 극복하기 위해 통화가치 안정과 구조 재조정, 그리고 규제철폐 등의 각종 조치를 취했음에도 불구하고, 결국 실업 문제를 해결하는 데 실패했기 때문이다. 이 선거에서 '기민/기사연합'은 전통적인 지지층인 중산층뿐만 아니라 노인과 여성 유권자들로부터도 외면당했다.

(4) 15대 총선(2002년 9월 22일)

2002년 총선의 주요 테마 중 하나는 독일의 이라크 전쟁 참여 여부였다. 2002년 8월 총선 선거전에서 사민당의 슈뢰더 수상은 "독일은 장차 이라크 전쟁에 불참할 것"이라는 입장을 표명하며 이를 선거 테마화하는 데 성공했다. 슈뢰더는 미 부시 대통령의 이라크 정책을 반대하고 평화주의를 지향하는 기존의 좌파 진영 유권자와, 독일의 독자노선과 국수주의를 지향하는 기존의 우파 진영 유권자로부터 동시에 지지를 획득함으로써 선거 바로 직전까지 나타났던 열세를 만회하며 결국 총선에서 승리했다. 사민당은 14대 총선(1998) 득표율과 비교해 서독 지역에서는 4%가 줄었으나 동독 지역에서는 4.7%가 증가하여, 동독 유권자들로부터 지속적인 지지를 받았다. 2002년 총선에서 민사당은 총유권자의 4%를 획득하여 '5% 조항'을 충족시키지 못하고 원내 진출에 실패했다.[30] 2002년 9월 슈뢰더 수상이 재집권한 후 실시된 11개 주의회선거에서 집권당인 사민당은 9개 주에서 패배했다. 선거 패배의 주된 이유는 경기침체 장기화로 제2차 세계대전 이후 500만 명이라는 최대의 실업자가 발생한 것과, 복지혜택 축소와 해고규정 완화 등으로 대변되는 슈뢰더의 개혁정책('Agenda 2010')에 대한 일반 노동자 및 노조 등 전통적인 사민당 지지 세력의 불만을 들 수 있다. 특히 독일 최대의 인구 밀집 주(州)이자 지난 39년간 사민당의 아성이었던 노르트라인-베스트팔렌 주의회선거에서 사민당의 패배는 슈뢰더 수상으로 하여금 예정된 차기 총선(2006. 9)을 1년 앞당겨 2005년 9월 18일 실시하도록 유도하는 계기가 되었다.[31]

(5) 16대 총선(2005년 9월 18일)

2005년 총선에서 독일의 양대 정당인 '기민/기사연합'(35.2%)과 사민당(34.2%)은 창설 이래 최악의 결과를 경험했다. 반면 자민당(9.8%)은 기대 이상으로 선전하여 1990년 이래 처음으로 제3당으로 부상했다. 2005년 6월 민사당(PDS)과 라퐁텐을 중심으로 한 사민당 내 일부 좌파 그룹 'WASG'

---

30) 지역구 당선자 2명만 원내에 진출했다.
31) 슈뢰더는 자신에 대한 신임안을 연방하원에 제출하여 의도적으로 부결을 유도했다(7.1). 기본법에 따르면, 신임안 부결 시 21일 내에 연방대통령은 의회해산이 가능하고 이후 60일 내에 총선을 실시하도록 규정하고 있다. 호르스트 쾰러(Horst Köhler) 대통령은 연방하원 해산과 조기 총선을 9월 18일로 결정했다(7.21). 연방헌법재판소는 슈뢰더 수상의 신임투표 부결과 쾰러 대통령의 연방하원 해산과 조기총선 결정이 기본법 제68조(하원해산 규정)에 합치하며 위헌이 아니라고 판결했다(8.25).

는 공동으로 정당 명부를 결합시킬 것에 합의했다. 민사당은 이와 같은 결합을 통해 2002년 총선 때 '5% 조항'으로 원내 진출에 실패한 경험을 되풀이하지 않고자 했다. 민사당은 2005년 7월 당명을 'Die Linkspartei · PDS(좌파연합·민사당)'로 바꾸고 2005년 총선에서 8.7%의 득표율로 돌풍을 일으키며 연방하원에 진출했다. 'Die Linkspartei· PDS'의 주요 지지층은 구동독 시절의 공산당원, 좌파 지식인, 실업자 등으로, 특히 구동독 지역에서 높은 지지율을 얻어(동독 지역 25.4%, 서독 지역 4.9%) 사민당 다음가는 제2의 정당으로 부상했다. 2005년 총선 결과 정책성격상 통상적인 연정 조합인 '기민/기사연합'과 자민당(9.8%), 그리고 사민당과 녹색당(8.1%) 중 어느 연정 조합도 과반수를 차지하지 못함에 따라 '기민/기사연합'과 사민당 간의 대연정(大聯政)이 구성되었고, 메르켈이 수상으로 추대되었다. 메르켈은 연방공화국 건국 이래 최연소(51세) 수상이 되었으며, 최초의 여성 동독 출신 수상이라는 기록도 갖게 되었다.

(6) 17대 총선(2009년 9월 27일)

2009년 총선 결과에 따르면, 제16대 대연정을 구성하며 집권했던 양대 정당 중 '기민/기사연합'은 33.8%를, 사민당은 23%를 각각 획득하여 양당 모두 역대 최저 지지율을 기록했다. 특히 사민당의 경우 지난 총선에 비해 무려 11.2%나 줄어든 결과였다. 반면 자민당은 14.56%를 득표함으로써 당 창설 이래 최대의 결과를 획득했다. 2007년 6월 16일 'WASG'와 'Linkspartei·PDS'는 합당하여 'Die Linke(좌파연합)'으로 개명했다. '좌파연합'은 동독 지역을 중심으로 맹위를 떨치며 이제까지 총선 결과 중 가장 높은 11.88%를 획득했다. '기민/기사연합'과 자민당이 과반수를 넘기며 메르켈 수상을 중심으로 새로 연정을 구성했다.

(7) 동독 출신의 메르켈 수상

구동독 출신의 개신교 신자이며 신인 여성 정치가인 앙겔라 메르켈은 기민당(CDU) 총재이자 2005년 이래로 독일의 수상을 맡고 있다. 이는 기존의 기민당 고위 당직자들이 서독 남성 출신이며 가톨릭 신자들이란 전통을 깬 것이다. 1954년 서독의 함부르크에서 태어난 메르켈은 그해 개신교 목사였던 부친을 따라 동독으로 이주하여 줄곧 그곳에서 자랐다.[32] 물리학 박사인 메르켈은 물리학 연구소의 연구원으로 지냈을 뿐 정치경험이라고는 전혀 갖고 있지 않았다.[33]

동독 시절 슈타지에 협조하지 않았던 '반이데올로기적 성향'의 평화주의자 메르켈은 1989년 가을 정치적 변혁 이후 민주약진당에 입당했고, 1990년 3월에 실시된 동독 인민의회선거에서 당선되어 통일 직전 데 메지에르 정부의 부대변인으로 활약했다.[34] 1990년 12월 통일 후 최초 총선에서 연방하원 의원으로 당선되었고, 이후 민주약진당이 기민당에 통합됨에 따라 메르켈은 통독 최초의 콜 수상 내각에서 '여성·청소년부' 장관에 임명되기에 이르렀다. 이 모든 것은 메르켈이 정치에 입문한 지 불과 12달 이내에 일어난 일이었다.[35] 이후 메르켈은 1994년 '환경·핵

---

32) 그녀의 부친은 함부르크에서 대학을 마치고 목회자 부족 현상을 겪고 있던 고향인 동독으로 자진해서 다시 돌아왔다. 1954년 첫 5개월간 18만 명의 동독 지역 주민이 '노동자·농민 국가'인 동독을 떠나 서독으로 이주했던 당시의 상황을 감안할 때, 메르켈 가족의 동독 이주는 상당히 이례적인 것이었다.
33) 예컨대 사민당의 청년좌파(JUSOS)나 기민당의 청년연합(Junge Union) 등 당의 청년조직에서 정치 경험을 쌓은 적이 전혀 없었다.
34) 당시 민주약진은 동독 기민당과 기사연합과 함께 '독일동맹'이라는 연합체를 형성하여 선거에 참여한 결과 압도적인 승리를 거두었다.
35) 1990년 당시 콜 수상은 여성들이 차지할 수 있는 자리에 모두 동독 출신 여성들로 충원하는 정책을 쓰고 있었다.

안전부' 장관을 역임했고, 1998년 총선에서 사민당에 패배한 후 1999년 기민당 사무총장에 임명되어 그해 치렀던 지방선거 7군데 중 6군데에서 승리하며 승승장구했다. 2000년 4월 기민당 총재에 선출되었고, 2005년 총선에서 승리하여 수상에 취임한 이래 2009년 재선에 성공했다.

당내 인맥이나 네트워크를 전혀 갖고 있지도 않으면서, 그것도 동독 출신인 메르켈이 수상에 오를 수 있었던 것은 다음과 같은 정치적 배경과 독일의 정치문화로 설명될 수 있다.

첫째, 서독 정치엘리트 층의 몰락으로 메르켈이 부상할 수 있었다. 1998년 총선 패배와 1999~2000년 콜 전 수상과 기민당이 연루된 정치자금 스캔들36)로 인해 당내 기존의 정치 세력들이 줄줄이 퇴진하는 가운데, 당은 구심점을 잃고 극도로 무기력해진 상태에서 새로운 리더십을 기다리고 있는 상황이었다.

둘째, 통일 후 기존 정치인들은 독일 국민들로부터 아이디어와 정치적 혁신이 부족하다는 평가를 받고 있었으나, 반면에 메르켈은 전형적인 정치꾼이 아닌, 문제의 해결에 관심을 두는 실질적인 업무형 스타일의 관료로 실용주의적 성향을 갖고 있는 독일 유권자와 코드가 일치하는 정치인으로 인식되었다.37) 당시 기민당은 통일과 유로 도입 등 굵직한 사업들을 다 마무리했으나, 국민들로부터 후속적인 관심을 끌어 나갈 프로젝트를 제시하지 못하는 상황에 처해 있었다. 이처럼 무기력에 빠져있

---

36) 1999년 11월 4일 목요일 기부금 스캔들이 터졌다. 아우구스부르크(Augsburg) 검찰은 세금포탈 혐의를 받고 캐나다로 도주한 카를하인츠 슈라이버(Karlheinz Schreiber)에게 100만 마르크의 정치기부금을 받았다는 혐의로 기민당의 자금 담당 발터 라이슬러 키프(Walter Leisler Kiep)에 대해 체포영장을 발부했다.
37) 장관 시절 비록 생소한 분야를 맡겨도 꾸준히 노력하여 소임을 성공적으로 수행했다는 평가를 받았다.

던 당의 입장에서 메르켈은 활력 요소였다.

셋째, 메르켈의 냉철한 상황판단 능력과 용기는 당을 위기상황에서 구해내는 원동력이 되었다. 당이 정치자금 스캔들로 지리멸렬한 상황에 처해 있었을 때, 메르켈은 1999년 12월 22일 일간지 ≪프랑크푸르트 알게마이너(FAZ)≫에 기고한 글을 통해 자신의 정치 대부인 콜 전 수상이 당에서 퇴진할 것과 당의 전반적인 혁신을 요구하는 등 냉철하고 대담한 리더십을 보여주었다.

넷째, 메르켈은 비록 동독 출신이기는 하나 35년간 자유가 없는 세상에서 살아왔기 때문에 아데나워와 에르하르트 수상이 만들어놓은 서독의 자유민주주의 가치를 거의 이상화(Idealisierung)하고 있었고, 서독 출신의 같은 세대들보다 훨씬 더 강력하게 서독의 거의 모든 것을 칭송해왔다는 평가를 받고 있다. 이러한 가치관을 가진 메르켈은 정치에 입문한 이래 뛰어난 성과를 도출했고, 명분보다 실질을 더 중시하는 독일 국민들은 메르켈의 능력을 인정했다.

다섯째, 독일 국민들에게 동독 공산체제는 혐오의 대상이었으나 근본적으로 동독 주민들은 동정(Sympathie)의 대상이었다. 메르켈이 등장할 수 있었던 배경으로 동독 공산체제와 동독 주민을 엄격히 구분하는 독일인들의 냉철한 시민의식과, 동독 주민의 개인의 능력과 성과도 객관적으로 평가되는 성숙한 독일의 시민사회도 들 수 있을 것이다.

4) 통일 후 최근 선거 및 정당체제 변화 추세

첫째, 통일 이래로 유권자의 정치 참여가 갈수록 낮아지고 있는 추세이다. 연대별 평균 총선 투표 참여율을 보면 1970년대에 90.9%를 정점으로 1980년대에 87.33%, 1990년대에 79.64%, 그리고 2000년대에는 다시

75.84%로 하락했다. 심지어 지난 2009년 총선 투표 참여율은 역대 최저인 70.78%이었다. 통일 이후 정당 회원 수도 점차 줄어드는 경향을 보이고 있다.38)

둘째, 통일 후 독일의 정당체제는 동·서독 지역에 양대 정당인 '기민/기사연합'과 사민당, 그리고 세 개의 작은 정당인 자민당, 좌파연합, 'Bündnis 90/Grünen' 등 5당 체제로 구축되어가고 있다. 좌파연합과 녹색당은 통일 후 한 차례씩 원내 진출에 실패하여 각각 동·서독의 유사한 정책 성향을 보이는 당과 합당을 통해 원내에 진출한 경우이다.

셋째, 양대 국민정당인 '기민/기사 연합'과 사민당이 전체 유권자 중 차지하는 비율도 점차 줄어들고 있다. 양당이 차지하는 점유율은 1960년대 중반부터 1980년대 중반까지 약 87~91%를 보였으나, 통일 후 1990년대에는 평균 77%대로 하락했다. 2002년 77.0%, 2005년 69.4%, 2009년 56.8% 등 2000년대 들어서서는 더욱 급격한 속도로 줄어드는 양상을 보이고 있다. 이와 같은 지지율 감소 원인은 사민당에 대한 지지율 하락에 기인하고 있다.

넷째, 2000년대 중반부터 사민당의 세력이 급격히 약화되고 있다. 통일 후 20년이 경과하는 동안 여섯 차례에 걸쳐 치러진 총선에서 사민당에 대한 평균 지지율은 34.4%이다. 통일 직후 33.5%에서 출발하여 꾸준히 상승하던 지지율은 1998년 40.9%를 정점으로 2002년 38.5%, 2005년

---

38) 1990년 통일 당시와 비교할 때 2008년 현재 각 당의 회원 수 집계는 다음과 같다. 기민당 회원은 약 26만 명이 줄어 52만 9,000여 명, 사민당은 42만 명이 줄어 52만 1,000여 명, 기사당은 2만 3,000여 명이 줄어 16만 2,000여 명, 자민당은 11만 3,000여 명이 줄어 6만 5,000여 명, 좌파연합은 20만 명이 줄어 7만 6,000여 명, 녹색당은 3,800명이 증가하여 4만 5,000여 명의 당원을 보유하고 있다.

34.2%, 2009년 23.0%를 얻으며 창당 이래 최악의 상태로 추락했다. 1990년 이래로 40여만 명의 회원이 탈당한 사민당의 퇴조는 이미 2004년 유럽선거(Europawahl, 2004. 6. 13, 21.5%)에서부터 감지되어, 2005년 5월 노르트라인-베스트팔렌 주에서의 의회선거 패배로 가시화되기 시작했다.

사민당이 퇴조한 가장 큰 원인은 2003년부터 시행된 슈뢰더의 개혁정책(Agenda 2010)과 「하르츠(Hartz IV)법」에 기인하고 있다. 슈뢰더 정부가 독일의 사회보장체계를 개혁하기 위하여 도입한 「하르츠 IV법」에 따라 이제까지 실업자들에게 일정 기간 생존을 보장했던 '실업부조(Arbeitslosenhilfe)'와 '사회부조(Sozialhilfe)'가 폐지되고, 이를 통합하여 '실업급여(Arbeitslosengeld II)'라는 항목이 신설되었으며, 연금수령 연령도 67세로 늘렸다. 이와 같은 조치는 사민당의 주요 지지 세력인 노동자와 실업자에게 큰 타격이 되었다. 전 사민당 총재를 지냈던 라퐁텐과 노조의 입장을 지지해온 당내 좌파 세력들은 슈뢰더의 개혁정책에 반발하며 탈당했고, 'WASG'를 새로 창당했다. WASG는 2007년 동독의 'Linkspartei·PDS'와 합당하여 '좌파연합'으로 개명했다. 사민당은 좌파연합이 사통당의 후계당이며, 표방하는 정책이 나치 정책과 유사하므로 연정 파트너로 전혀 고려될 수 없다고 비난함으로써 독일 내 좌파 세력인 양당 간에 대결이 심화되고 있다.

사민당의 퇴조와 관련된 또 다른 이유로는 당의 정체성 상실을 지적할 수 있다. 통일 전 사민당은 동독 및 동구권 사회주의 진영과의 창구 역할을 수행하며 동서 진영 간 긴장완화에 크게 기여해왔으나, 이러한 당의 역할은 독일 통일과 냉전 종식으로 사라져버렸다. 그간 사민당이 주창해온 이념과 비전으로서의 사회민주주의는 통일 후 더 이상 사민당만의 전유물이 아니라는 사실이 도처에서 나타났다. 사민당이 개혁정책(Agenda 2010)으로 인해 고정 지지자들로부터 배신의 정당으로 낙인찍힌 상황에서, '기민/기사연합'의 메르켈 수상은 사회적 약자들에 대한 배려로 '시민-사회민주주의(bürgerlich-sozialdemokratisch)' 정책들39)을 펼쳐옴으로써 오히려 사민당의 입장을 무색하게 만들고 있다.

또한 노동자와 실업자 등 사회저변 세력들의 요구사항은 '좌파연합'에 의해 대변되고 있는 실정에서 사민당이 설 자리는 점점 좁아지고 있다. 이와 같은 상황에서 2000년대 초부터 사민당은 400여만 명의 지지자를 상실했다고 추정된다. 이 중 190여만 명은 기권층이 되었고, 120여만 명은 좌파연합으로,40) 그리고 90여만 명은 '기민/기사연합'과 녹색당으로 지지를 바꾼 것으로 나타났다.

다섯째, 1960년대 이래로 서독의 양대 정당인 '기민/기사연합'과 사민당은 기존의 당 고유 색깔을 희석시키며 이데올로기적 논쟁을 지양하고, 선거에서 승리할 수 있는 정강정책을 개발하는 데 주력함으로써 양당 간 정강정책이 유사해지는 경향을 보이고 있다. 사민당은 더 이상 노동자만을 대변하는 정당이 아니며, '기민/기사연합'도 기독교 보수정당이라는 이미지가 희석되었다. 반면 유권자들은 정당의 지도자와 정당의 이미지를 연결하는 경향이 생기면서 대중적 정치지도자가 선거에서 영향력이 더욱 커지는 경향을 보여주고 있다. 그러나 자민당과 녹색당은 여전히 특정 사회 계층을 중심으로 하는 노선을 고수하고 있다. 자민당은 자유시장주의의 옹호자로서 자영업자, 기업가, 화이트칼라층을 겨냥하며 친기업적 성향의 정책방향을 공개적으로 설정하고 있으며, 녹색당도 기존의 '4대 원칙'

---

39) 노인층을 위해 '실업급여' 지급 기간을 늘리고, 어린이가 있는 부모에게 최대 14개월간 지급되는 '부모수당'을 도입했다.

40) 2005년 총선에서 기존의 사민당 지지자 중 59만 명이 좌파연합을 지지했는데, 주로 경제적으로 불이익을 받았다는 45~60세 층의 유권자와 좌파 성향의 지성인들이었다. 원래 좌파 성향을 갖고 있던 지성인들은 대부분 녹색당 지지 세력이었으나, 이 중 7% 정도가 좌파연합으로 이동한 것으로 분석되고 있다 (http://de.wikipedia.org/wiki/Bundestagswahl_2005).

을 고수하며 환경운동, 페미니즘, 신좌파 등을 중심으로 한 지지층을 공략하고 있다.

여섯째, 통일 후 동독 유권자의 투표 성향은 계속 유동적이었으며, 어느 정당도 확실하게 동독 지역에 뿌리를 내렸다고 장담할 수 없다. 통일 후 20년이 지난 지금 동독 주민들 중 일부는 차분하고(Ernüchterung), 일부는 통일에 대한 실망감(Enttäuschung)에 차 있으며, 일부는 환상에서 깨어나고 있는(Desillusionierung) 등 복합적인 상황을 보이고 있다. 이러한 유권자들의 분위기는 선거 시 투표 형태로 그대로 표출되고 있다. 1990년과 1994년 두 번에 걸친 총선에서 동독 유권자의 주요 관심은 '통일'이었고, 유권자들은 통일 수상 콜의 기민당을 전폭적으로 지지했다. 그러나 1998년 총선과 2002년 총선에서는 유권자들이 사회정의(Gerechtigkeit)와 복지국가(Wohlfahrtsstaat)를 더욱 강조하면서 사민당으로 기우는 경향을 보였다. 이는 통일에 대한 실망이 커지는 상황에서 기민당보다는 사민당이 사회주의 전통과 동독 주민들의 일반적 좌파정치 성향과 일치하는 정당이라고 인식했기 때문이었다.

그러나 2005년 및 2009년 총선에서는 슈뢰더의 개혁정책에 대한 부작용으로 사민당 지지 세력이 '좌파연합'으로 쏠리는 경향을 보였다. 2009년 총선에서 좌파 연합은 동독 지역에서 27.2%를 획득하여 기민당(CDU)의 29.4%에는 근소한 차이로 뒤졌으나, 사민당의 18.5%는 훨씬 상회함으로써 2위를 차지했다. 이처럼 동독 유권자들의 관심은 계속 변하고 있다. 정당의 역할과 관련하여 최근 동독 주민들의 주된 관심 분야는 여성 문제나 경제 및 노동시장정책으로, 이는 근본적인 가치인 평등 개념에 기인한다고 볼 수 있다. 이런 점에서 적어도 동독 지역에서는 양대 국민정당이 확실한 고정 지지자를 확보하고 있다고 보기는 어렵다.[41]

동독 유권자들의 특정 정당에 대한 지속적인 지지 여부는 여전히 불확실하다. 그들로부터 언제 등을 돌릴지 아무도 모르는 실정이다. 그러나 통일 후 지난 20년간의 통계에 따르면, 동독 내 기민당과 사민당에 대한 유권자들의 지지는 계속 줄어들고 있다. 서독 지역의 2대 국민정당인 기민당과 사민당이 구동독 지역에서 상대적으로 크게 지지를 받지 못하는 이유는 이들 정당이 동독 유권자들에게 걸맞은 사회적 정강정책을 제시하지 못하기 때문이다. 기민당이 구동독 지역 유권자에게 깊은 인상을 주지 못하는 이유로 비록 구동독 지역 주민 중 일부는 개신교 신자이나, 이외의 대부분(60%)이 종교를 갖지 않고 있다는 점도 들 수 있다. 사민당도 구동독 지역의 노동자 전체로부터 인기를 얻지 못하고 있다. 심지어 1990년 총선에서 구동독 지역의 노동자 계급은 사민당보다도 기민당에 거의 두 배가 넘는 지지를 보여주었다. 비록 통일이라는 특수 상황이기는 했으나, 이는 서독 지역과 상이한 유권자 투표 행태를 보여준 예이다. 당시 기민당은 구동독 지역의 소시민으로부터도 큰 폭의 지지를 받았었다. 동독 유권자들의 정치적 이해 및 참여는 상대적으로 낮은 것으로 평가되고 있다. 정당이나 노조 회원에 대한 동독 유권자들의 인식은 서독에 비해 현저히 낮을 뿐만 아니라, 정치적 참여나 투표율(서독 70%, 동독 50%) 또한 낮다.

일곱째, '좌파연합'의 약진이 두드러지고 있다. 통일 후유증이 커짐에 따라 동독인들 간에 '2등 국민'으로서의 동질성이 점차 강화되고 있는 가운데, 좌파연합에 대한 지지도 점차 강화되는 추세이다. 1998년 총선시 좌파연합의 전신인 'Die Linkspartei·PDS'가 동독 지역의 유권자로부터 획득한 득표수는 1990년 총선과 비교할 때 두 배로 증가했으며, 기민당과의 득표율 차이도 6%에 불과했다. 비록 2002년 총선에서 3.99%를 얻음으로써 5% 조항을 넘지 못하여 원내 진출에는 실패했으나, 2005년

---

41) 2009년 총선에서 양대 정당의 지지율은 47.9%로 유권자의 반수를 넘지 못했다.

총선에서는 서독 지역의 'WASG'와의 정당 명부 결합으로 8.7%(총 411만 8,000여 명)를 획득하여 무려 두 배가 넘는 성장을 보였다. 2009년 총선에서는 무려 11.9%(총 515만 5,900여 명)를 획득하여 동독 붕괴 후 최대의 선거 결과를 이끌어냄으로써, 좌파연합은 동독 지역에서 기민당에 이은 제2의 정당으로 부상했다. 작센-안할트(Sachsen-Anhalt) 주와 브란덴부르크(Brandenburg) 주에서는 기민당과 사민당을 제치고 1위를 차지했고, 나머지 세 개 주에서는 기민당에 이어 2위를 했다. 좌파연합은 총선에서뿐만 아니라, 그간 동독 지역 내 주선거에서도 20% 이상을 득표했고, 작센, 작센-안할트, 튀링겐 세 개 주에서 기민당에 이어 2위를 달리고 있어 이미 사민당을 추월한 상태이다. 좌파연합은 메클렌부르크-포어포메른 주정부와 베를린 시정에도 참여하고 있다. 2004년 7월 라퐁텐의 합류로 좌파연합은 동독 유권자들의 이해를 대변하는 지역 정당에서 전 연방주로 세력을 확대하여 국민정당으로 발돋움하려는 노력을 경주하고 있다. 과거 사통당 지지자의 거의 대부분(90%)과 동독 지역의 지성인들이 좌파연합을 지지하고 있다.[42]

여덟째, 통일 후유증으로 고전하고 있는 동독 지역의 분위기에 편승하여 국민정당들이 상대적으로 점차 영향력을 잃고 있는 반면, '독일민족민주당(NPD)'이나 '독일국민연합(DVU)' 등 극우 정당의 인기가 높아지는 실정이다.

---

42) 서독 지역 지성인들은 주로 녹색당이나 자민당을 지지하는 성향을 보인다.

5. 통일 후 의회와 정부소재지를 베를린으로 이전

■ These 13   1871년 독일제국 성립 이후부터 독일의 수도는 베를린이었다. 그러나 제2차 세계대전 패망으로 동·서독이 분단되며 서독은 임시 수도로 본을 선정했고, 통일되기 전까지 지난 40년간 정부 및 의회는 본에 있었다. 통일과 더불어 독일은 베를린이 수도임을 기본법에 명시하고, 본에 소재했던 정부와 의회를 수도 베를린으로 이전하기로 결정했다.

따라서 독일의 경우 본에서 베를린으로의 이전 문제는 수도를 이전시킨 것이 아니라 그간 분단으로 임시 수도에 있던 의회와 정부소재지를 통일 후 정식으로 확정된 수도 베를린으로 옮긴다는 의미를 갖는다. 따라서 "본에서 베를린으로 수도를 이전했다"는 표현은 잘못된 것이다.

그러나 독일 정부는 의회 및 행정 소재지를 베를린으로 이전하는 문제와 관련하여 본 지역을 중심으로 이에 반대하는 여론에 직면했다. 따라서 독일 정부는 지난 40년간 임시 수도였던 본의 이전에 따른 충격을 일부 완화시키고 막대한 이전비용 등을 고려하여 현실적 대안으로 연방부처를 분산 운용하는 방법을 선택했다.

일부 부처들 본에 산류시킴으로써 1990년대 말부터 연방정부는 베를린-본 간의 이원화 체제로 운영되고 있다. 그러나 독일 정부는 업무의 비효율성 증대로 행정부처 및 정부기관들을 가급적 수도인 베를린으로 옮기는 추세이다. 장차 모든 연방부처는 베를린으로 이전될 전망이다.

1) 의회와 정부소재지의 베를린 이전 배경

1871년 독일제국의 성립 이후부터 베를린은[43] 제2차 세계대전 말까지 줄곧 독일의 수도였다. 그러나 제2차 세계대전 패망 후 베를린은 전승

---

43) 1701년 프리드리히 1세(Friedrich I) 즉위 이후부터 베를린은 프로이센 왕국의 수도로 선정되었다.

4개국에 의해 분할되어 국제법적으로 동·서독의 통제를 벗어나는 특수한 상황에 놓이게 되었다. 그럼에도 불구하고 동독은 소련 점령구역인 동베를린을 수도로 결정했다. 1949년 5월 23일 건국된 서독은 베를린의 국제법적 특수 지위와 베를린이 동독 지역 내의 '고도(孤島)'인 점을 들어 공식적으로 베를린을 수도로 선언할 수 없었으나, 정서적으로나 묵시적으로는 베를린을 사실상의 수도로 인정하고 있었다.

분단 상황에서 수도 선정과 관련하여 아데나워 정부는 '정부소재지(Regierungssitz)'라는 개념을 애써 강조하면서 의도적으로 수도 개념을 피하고자 했다. 따라서 1949년 5월 10일 정부와 의회의 소재지로 선정된 본은 어디까지나 임시 수도(provisorische Hauptstadt)의 성격을 띠고 있었다.44) 서독 정부의 인식에 따르면 동·서독 분단은 임시적(vorläufig)인 현상이며, 서독은 1937년 12월 31일 이전의 독일제국과 동일시되었다. 이런 맥락에서 1949년 당시 기본법 23조에는 "동·서 베를린(Groß-Berlin)은 독일연방공화국(서독)의 1개 주(ein Land der Bundesrepublik Deutschland)"라고 명시하고 있었다. 이는 비록 전승 4개국의 특수 지위에 따라 베를린을 수도로 당장 선언하지는 못할지라도, 서독이 최종적으로 베를린에 대한 귀속권을 갖고 있음을 말해주는 것이다.

따라서 분단 상황이 해소되어 통일될 경우 베를린이 수도가 되는 것은 너무나 당연한 일이었다. 1954년과 1956~1957년에도 연방하원은 통일 후 수도는 베를린이 되어야 함을 결의했다. 1990년 8월 31일 동·서독 간 체결된 통일조약 제2조 제1항에서 베를린이 통일 독일의 수도임을 공식적으로 규정했고, 본과 베를린 중 장차 의회와 연방정부의 소재지를

---

44) 임시 수도 선정지로 본을 위시해 프랑크푸르트, 슈투트가르트 및 카셀의 4개 도시가 선정되었으나, 최종적으로 프랑크푸르트와 본이 경합했고, 의회위원회에서 33 대 29로 본이 선택되었다.

〈사진 3-1〉 연방하원(Bundestag)

어디로 결정할지는 통일 이후에 나두기로 했다. 2006년 7월 연방제 개혁이 비준됨에 따라 처음으로 기본법 제22조에 독일연방공화국의 수도가 베를린임이 명시되었다.

이런 맥락에서 "본에서 베를린으로 수도 이전 결정(Hauptstadtbeschluss)"이라는 표현은 잘못된 용어 선정으로 오해를 불러일으킬 수 있다. 독일의 수도는 과거부터 묵시적으로 베를린이었기 때문에 "그간 분단으로 임시수도에 있던 의회와 정부소재지를 통일 후 정식으로 확정된 수도 베를린으로 옮길지 말지의 여부"가 이전과 관련된 정확한 개념이다.

의회와 행정부의 소재지 결정을 위해 의회 내에서 거센 찬반 논란이 있었다. 베를린을 지지하는 그룹은 첫째, 의회와 정부부처를 수도 베를린으로 이전시키는 문제는 지역정치적 차원이나 당파 차원을 떠나 접근해야 하며, 독일과 독일 전체 국민의 미래를 좌우하는 사안이기 때문에 '독일 통일의 완성'이라는 정치적 의미를 부여해야 한다고 주장했다. 둘째, 베를린은 지리적으로 유럽의 중앙으로 횡으로는 런던, 종으로는 나폴리와 만나며, 베를린을 중심으로 파리-바르샤바-모스크바 축과 스톡홀름-프라하-빈-부다페스트 축이 서로 교차되어 장차 유럽의 중심 국가로 부상할 수 있는 발판을 마련하고 있다는 것이다. 셋째, 베를린으로 의회와 정부부처를 이전시킬 경우 분단으로 야기되었던 동·서독 간 발전 격차를 해소하고 국토의 균형 발전을 도모할 수 있다고 설득했다. 베를린 지지 그룹은 독일 통일을 추진한 콜 수상이 이끄는 집권 여당인 '기민/기사연합', 사민당 총재 출신 빌리 브란트 전 수상, 동독 출신 하원 의원들이었다.

이에 반해 본을 지지하는 반대 진영은 본이 속해 있는 노르트라인-베스트팔렌 주[45] 출신 의원들과 본에 생활 기반을 갖춘 정부 관리나 학자 및 중산층, 그리고 남부 독일 다수의 기업인들이었다. 그들의 논리에 따르면 본은 제2차 세계대전 이후 서독이 구축한 '새로운 민주주의 정치체제의 산물'이며,[46] 동시에 지방분권주의의 상징물이라 쉽게 떠날 수 없다는 것이었다. 또한 지난 40년간 구축된 선진화된 산업구조와 네트워크를 결코 포기할 수 없으며, 막대한 통일비용을 부담해야 하는 상황에서 의회와 행정부 이전을 위해 추가 비용을 투입하는 것은 어불성설이고, 이미 발전된 지역에 투자를 집중하여 국가경쟁력을 향상시키는 것이 오히려 바람직하다는 입장이었다.

1991년 6월 20일 통일 이후 새로이 구성된 독일 연방하원에서 의회와 정부소재지의 베를린 이전 결의안이 찬성 338 대 반대 320의 근소한 표차로 채택되었다.[47] '독일 통일의 완성(Vollendung der Einheit Deutschlands)'이라

---

45) 서독 인구의 3분의 1(1,700만 명)을 차지하고 있는 최대 주이다.
46) 나치 정권의 수도였던 베를린 이전에 대한 불안감을 의미.
47) 베를린 이전안 찬반 여부는 당론으로 결정하지 않고 의원 개인의 자유의사에

명명된 총 9개항으로 되어 있는 이 결의안의 주요 내용은 ① 연방의회의 소재지는 베를린이며(1항), ② 연방정부는 늦어도 10~12년 후 베를린시가 연방의회 및 정부소재지로서의 완전한 기능을 담당할 수 있도록 준비하고(2항), ③ 베를린과 본 간의 공정한 업무분담을 통해 의회가 베를린으로 이전한 이후에도 본이 독일의 행정중심지 역할을 계속 담당할 수 있도록 하며, ④ 정부부처나 기관 중 일차적 행정기능을 담당하는 부서와 기관을 본에 잔류시키며(4항), ⑤ 연방대통령의 제1집무실을 베를린으로 이전할 것(8항)과, ⑥ 상원의 연방제 전통을 고려하여 연방상원을 본에 잔류시킬 것(9항) 등이다.

1991년 12월 11일 연방 각의에서 수상실 및 이전 대상 정부부처가 확정되었다. 베를린으로 이전될 부처는 수상실과 공보실을 포함한 모두 10개의 연방부처(외교, 내무, 재정, 법무, 경제·기술, 노동·사회복지, 교통·건설·도시개발, 가정·노인·여성·청소년)였고, 본에 잔류할 부처는 6개 연방부처(국방, 환경, 경제협력, 교육·연구, 농업 소비자 보호, 보선)였다.

1992년 6월 23일 연방정부는 베를린 이전 전체 계획안을 발표했고, 그해 8월 25일 베를린 의회 및 브란덴부르크 주정부와 연방수도 협약을 체결했다. 1993년 10월 12일 연방정부는 이전 추진 기간을 2000년까지로 결정했다. 1994년 4월 26일 연방하원은 10조로 구성된 「베를린-본 법」을 제정하여 이전과 관련된 세부 이행 법안을 준비했다. 이에 따라 연방정부는 각 부처를 베를린과 본에 분리하여 이원화 체제로 지금까지 운영하고 있다. 즉, 베를린 소재 부처는 본에 제2청사 격인 사무소를 두며 본에 소재한 부처는 베를린에 사무소를 설치하여 유기적으로 업무의 연관성을

맡겼다. 베를린 이전안 관련 각 당의 지지율은 '기민/기사연합' 48%, 사민당 47%, 자민당 67%, 민사당 94%, 녹색당 75%였다.

유지하고 있다.[48]

연방상원은 1996년 9월 베를린으로 이전할 것을 결정했다. 1994년 1월부터 연방대통령은 베를린 소재 벨레뷔(Bellevue)궁을 제1 집무실로 사용하고 있고, 1998년 11월 본에 있던 제2집무실도 베를린으로 이전했다. 1999년 4월 연방하원은 베를린 소재 구(舊)제국의회 의사당에서 개관식을 가졌고, 1999년 8월부터 연방수상은 베를린에서 집무를 시작했다.[49] 연방상원은 2000년에 이전을 완료하고 9월 29일 베를린에서 정식 회기를 개시했다.

2000년 12월부로 10개의 이전 대상 부처는 베를린으로의 이전을 완료했고, 총이전비용은 약 102억 유로가 소요되었다. 2009년 현재, 정부인력 총 1만 7,874명 중 본 근무 인원이 약 9,148명(51%), 베를린 근무 인원이 8,726명(49%)에 달한다. 정부기관의 분리 운용에 따른 업무 공백을 방지하기 위하여 1999년부터 베를린-본 간에 정보통신망(IVBB)을 구축하여 운용 중이다.[50]

연방의회와 일부 정부부처의 베를린 이전으로 인해 본 시가 입을 경제적 피해를 보전(補塡)하고 본 지역의 균형발전을 위한 근본적인 대책이 정부와 시 차원에서 강구되었다. 연방정부는 과거 임시 수도로서 독일 내 자유민주주의를 정착시킨 본의 명성을 기리기 위해 본을 '연방시(Bundesstadt)'로 명명했다.

본은 연방 카르텔청과 연방감사원 등 18개의 청 단위 기관과 독일

---

48) 각 부처별로 본에 잔류할 부서와 인력 규모는 해당 장관이 결정한다.
49) 수상은 2001년 5월 2일 베를린에 있는 완공된 새 수상실로 입주했다.
50) 400기가바이트 용량의 디지털 정보처리시설, 화상회의 장비와 제반 서류의 전자화 처리시설망 등이 구축되어 있다. 이를 위해 약 1억 1,200만 유로가 투입되었다.

국제개발재단 등 6개 연구기관을 유치했고, 1999년부터 연방 청 단위 기관 21개소(인력 약 7,000명)[51]가 본으로 새로 이전되었다. 그 외에 본의 국제도시화 전략의 일환으로 유엔 기후변화협정(United Nations Framework Convention on Climate Change: UNFCCC) 기구와 유엔 사막화 방지 협정(United Nations Convention to Combat Desertification: UNCCD) 기구 등 12개의 UN 기구를 유치했다.

2) 이원화 체제에 따른 문제점

정부기관을 분리 운용해온 지도 10년이 경과했다. 분리 운용에 따른 근본적인 문제는 업무의 비효율성이다. 첫째, 베를린-본 간 첨단 정보통신망의 구축에도 불구하고 대부분의 의원 및 관리들의 전자통신 및 서류체계 이용률이 저조하여 업무가 신속하고 유기적으로 이루어지지 않고 있다. 특히 시급한 정치 현안 토의 시 화상회의 등을 이용하고 있음에도 불구하고 완벽한 의사소통에는 한계가 있다는 진단이다.

둘째, 본-베를린 간 잦은 출장 이동으로 업무 소비 시간과 여행 경비가 많이 소요되어 업무의 비효율성이 가중되고 있다. 본 근무 인력들의 베를린 출장 소요는 연평균 6만 6,000여 건으로 총여행비만 900만 유로에 달한다. 매월 약 5,500회 본-베를린 간 왕복 운항이 시행되며, 본에 근무하는 총 인력 중 매일 680명은 비행기 속에서 시간을 보내는 꼴이다. 이 외에 750톤의 우편물이 추가로 소요된다. 연방정부의 집계에 따르면,

---

51) 연방 카르텔청(베를린에서 이전), 연방감사원(프랑크푸르트에서 이전), 독일개발원(DED), 연방은행 감독청, 연방보험 감독청 등과 주요 기업체인 도이체 텔레콤, 도이체 포스트, 도이체 포스트 방크 본부, 도이체 벨레 등이 본으로 이전했다.

이원화 체제 운영으로 인해 추가로 소요되는 총운영경비는 연평균 2,300만 유로에 달한다.

셋째, 대부분의 장관과 고위 관리들이 베를린에 상주하는 비율이 점차 늘어나는 추세여서, 본에 근무하는 인력들의 부처 지휘부와의 접촉 기회가 갈수록 줄어들고 있다. 또한 본 지역에 근무하는 인력들은 베를린에 근무하는 인력에 비해 상대적으로 경력이나 승진에 불리한 여건이어서, 이는 사기 저하와 불만 요인이 되고 있다.[52]

이러한 문제점이 지적되는 가운데, 본 소재 부처들은 일부 인력을 추가적으로 베를린으로 이전시킬 계획을 갖고 있다. 1992년 내각의 결정에 따라 본에 제1청사를 두고 있는 부처는 부처 전체 인력의 10% 이하만을 베를린 소재의 제2청사로 이전시킬 수 있었다. 그러나 수도인 베를린에서의 업무량이 점차 늘어나는 추세에 따라 1999년 각의에서는 이를 25%로 상향 조정했다. 국방부의 경우 2007년 약 500명의 합참 인력을 추가적으로 베를린에 배치했고, '가족·노인·청소년부'의 경우 본 소재 잔류 인력 일체를 베를린으로 이전한다는 계획을 갖고 있다. 내무부 장관은 산하 연방범죄수사청 인력 2,500명을 베를린으로 이전시키길 희망하고 있다. 연방공보청 등 기타 연방기관들도 베를린으로 이전할 것을 기대하고 있다.[53]

정부부처의 이원화 체제 운영으로 인한 업무 비효율성이 크게 논란이 되는 가운데, 2000년도 중반부터 정치인, 연방하원 의원 및 주지사를 중심으로 본에 있는 정부부처를 모두 베를린으로 이전시키려는 움직임이

---

52) 국방부의 경우 대부분은 본에서 근무하나 국방장관, 합참의장, 그리고 국방부의 핵심 부서들은 수상에 대한 정책조언을 위해 전부 베를린에서 근무하고 있는 실정이다. 본에 소재하고 있는 다른 부서들도 같은 상황이다.
53) 연방부처 공무원 전체가 베를린으로 이전하게 될 경우 약 50~90억 유로의 추가 비용이 소요될 것으로 추산하고 있다.

나타나고 있다. 2006년 여야 연방하원 의원들을 중심으로 「베를린-본 법의 폐지 법안(Beendigungsgesetz zum Berlin/Bonn-Gesetz)」이 발의되었다. 이 법안에 따르면 모든 정부부처는 베를린으로 이전되어야 한다. 이에 대한 근거는 본은 「베를린-본 법」의 원래 취지를 성공적으로 달성하여 이미 자족 도시로 거듭났으나, 베를린의 경우 수도로서 장차 완전한 업무 수행을 기대하기 위해서는 추가적으로 기능이 보강되어야 한다는 것이다.

그러나 독일 정부의 공식적인 입장은 아직까지 완전 이전 계획을 갖고 있지 않다는 것이다. 메르켈 수상은 최근 일간지 ≪빌트(Bild)≫의 '정부의 완전 이전 계획' 관련 보도를 일축했다. 이는 현실적으로 추가 이전비용이 50억 유로에 달하는 등 실제 이전에 따른 예산상의 문제뿐만 아니라, 법적·지역정치적 문제라 쉽게 접근할 수 있는 성질이 아님을 시사하고 있다.

3) 시사점 및 전망

본에서 베를린으로의 의회 및 행정부 이전이 지역 경제에 미칠 효과는 좀 더 장기적인 안목에서 관찰되어야 할 것이다. 당장 베를린 중심의 수도권 지역을 살펴볼 때, 이와 같은 이전을 통해 지역 경제가 활성화되었다는 평가는 아직 나오지 않고 있다. 인구 350만의 베를린은 수도기능을 회복한 후에 오히려 인구가 감소했고, 1인당 총생산도 독일 평균의 60%에 불과한 실정이다.[54] 베를린과 주변의 브란덴부르크, 작센-안할트 주 일대의 실업률은 20%에 육박하고 있고, 베를린 지역에 소재하는 대기업체는

---

54) Deutsche Bundesbank, "Die wirtschaftliche Lage in Berlin und Brandenburg," Hauptverwaltung Berlin(4. Quartal 2005).

거의 없다시피 한 실정이다.55) 이는 베를린의 경제기반 시설이 낙후되었고 생산성 저하로 인해 기업들이 투자를 기피하기 때문이다.

반면 베를린으로 수도 기능을 빼앗긴 본 지역은 '제2의 정치 중심 도시', 'UN 도시 및 국제회의 개최 도시', '유럽 및 독일 내 과학기술과 정보통신 중심 도시'로 거듭나고 있다. 본 보전기금 14.3억 유로에 해당되는 정부예산이 본의 교통, 대학, 문화 시설 등과 과학, 정보통신 분야의 개발을 위해 투자되었다. 이 중 60%가 과학기술 및 정보통신 분야에 집중 투자되었다. 경제 중심 도시로 탈바꿈을 시도하고 있는 본의 상주인구는 다소 증가했고,56) 실업률은 약 6%로 독일 평균 실업률(11%)에 비해 5% 정도 낮은 편이다. 의회와 정부소재지를 베를린으로 이전하기로 결정한 후에도 2,000여 개의 새로운 일자리와 1만 8,500여 명의 인구가 새로 유입되었다. 또한 경제성장률은 12%, 구매력은 20%가 증가되었다.

통일 직후 독일 정부가 연방부처를 분산 운용하는 방법을 선택한 이유는 의회 및 행정 소재지의 베를린 이전과 관련하여 본 지역을 중심으로 한 강한 반대 여론과 막대한 이전비용 등을 고려했기 때문이다. 독일 정부는 연방부처의 분산 운용으로 인해 정책조정 및 조직 내부 협조체계 구축에 여전히 어려움을 겪고 있다. 이러한 부작용 등을 고려할 때 장차 모든 연방부처는 베를린으로 이전될 것으로 전망된다. 베를린 이전이 베를린 및 주변 구동독 지역의 경제 활성화에 별다른 기여를 하지 못하고 있다는 사실은 행정기구 이전만으로는 해당 지역의 균형발전을 기대하기 어렵다는 것을 시사하고 있다.

---

55) 유일한 대기업체는 셰링 제약회사이다.
56) 1999년 이전 전의 본 인구는 30만 명에 달했으나 지금은 31만 명으로 다소 늘었다.

6. 동독 사통당의 독재체제 청산

> ▌These 14   분단 이후 독일에는 두 번에 걸친 과거사 청산 작업이 있었다. 첫 번째는 나치 만행에 대한 청산 작업으로 제2차 세계대전 패망 직후 점령통치 기간 중 전승 4개국에 의해 단행되었다. 두 번째는 구동독 독재체제에 대한 청산으로 독일 정부와 국민들에 의해 이루어졌다. 과거사 청산 문제와 관련된 독일 정부의 기본 입장은 과거사로부터 잘못을 밝혀내어 역사 인식을 올바르게 정립함으로써 후세에 똑같은 과오를 되풀이하지 말자는 것이었다. 통일 직전 동·서독은 통일조약에서 사통당 정권을 불법 정권으로 규정했다. 사통당 정권이 행한 구체적 범죄행위는 국경을 탈출하는 동독 주민에 대한 사격 명령과 슈타지 요원들의 반법치국가적 범죄행위이다. 동독 국경 탈주자에 대한 사살 명령 혐의로 구속된 국방위원과 정치국원 등 사통당 고위 인사들에 대해 재판이 열렸으나, 호네커를 비롯한 대부분의 인사들은 병보석으로 기소유예되거나 형 집행 정지로 풀려났다. 일부 기소된 슈타지 요원들도 대부분 증거 불충분으로, 처벌된 사례가 거의 없다.
>
> 이들에 대한 처리가 미흡하다는 여론이 많았음에도 불구하고, 국민적 화해 달성이라는 당면 과제를 앞두고 있던 독일 정부는 법적·정치적 처리에 의한 과거청산을 더 이상 진전시키지 않았다. 그러나 독일 정부는 사통당 불법정권의 피해자들에 대한 복권과 보상 문제에 대해서는 비교적 적극적으로 대응했다.
>
> 이런 점에서 독일의 경우 가해자에 대한 처벌보다는 독재체제에 희생당한 동독 주민들에 대한 복권과 보상이 과거사 청산의 핵심이었다. 독일에서의 이와 같은 과거사 청산 작업은 동독이 흡수통합되었기 때문에 가능했다.

동독 체제가 붕괴되면서 체제의 불법행위에 대한 청산 논의가 뒤따랐다. 청산의 주체는 동독 시민들이었다. 동독 검찰은 다수의 사통당 수뇌부를 검거했고, 인민의회는 사통당 공산체제의 범죄를 청산할 것을 결의했다.

그러나 갑작스럽게 통일이 됨에 따라 불법체제에 대한 청산 작업은 통일 정부로 이관되었다. 이 문제와 관련된 독일 정부의 기본 입장은 먼저 과거 불법행위에 대한 책임을 규명하고 피해자에 대한 피해보상과 복권을 통해 동·서독 주민 간의 사회통합을 촉진한다는 것이었다. 물론 훗날 차세대를 위해 역사적 교훈을 남겨야 한다는 점도 고려되었다.

동·서독은 원칙적으로 통일조약 17조에서 사통당 정권을 '불법정권 (Unrecht-Regime)'으로 규정했고, "사통당 불법정부 치하에 시달린 희생자 (Opfer des SED-Unrechtsregimes)들에 대해 복권 조치와 더불어 적절한 보상 조치가 취해져야 한다"고 합의했다. 독일 정부는 당시 동독에서 유효하던 법에 따라 불법행위를 처리하기로 했다. 그러나 동독법이 인간의 기본권 침해 등 보편적인 가치와 존엄성을 무시한다고 판단되는 경우, 이는 자연법 질서를 위배하기 때문에 인정되지 않았다.

독일 정부는 사통당의 불법행위에 대한 청산 작업의 일환으로 각종 관련법을 제정했다. 1992년 3월 12일 연방하원은 동독 체제의 불법행위를 단죄하고 피해자를 보상하기 위해 '사통당 독재체제 잔재청산 특별위원회 (Enquete-Kommission Aufarbeitung der Geschichte und der Folgen der SED-Diktatur)'를 설치했다. 1992년 5월 8일 첫 회의를 개최하여 2년 정도 운영된 후 1994년 6월 17일 최종 결과보고서를 의회에 제출하고 1994년 10월 활동을 종료했다. 이 특별위원회는 연방하원 의원 32명과 전문가 11명으로 편성되어 주로 슈타지 문제, 구(舊)기득권층의 현재 공공 분야에서의 활동 및 세력 형성 여부, 동독 독재체제의 불법행위에 대한 책임 문제 등을 분석했다. 이 위원회는 정부와 기업체에 구(舊)사통당 간부나 슈타지 관련자들의 인적 및 과거 활동 사항을 통보하며 요직에서 이들을 배제해줄 것을 권고했고, 정부와 대부분의 기업체는 이를 수용했다. 사통당 정권의 불법행위에 대한 책임규명 작업은 일차적으로 각 주의 사법기관인 검찰과 법원이 맡고 있었다. 이에 따라 동독 각 주의 법원에 검찰특수부가 설치되었다. 그러나 체제범죄의 대부분이 베를린에 집중되어 베를린 주 검찰기관이 이를 담당했다. 이를 위해 베를린에는 특별수사부가 창설되었다.

사통당 정권이 행한 구체적 범죄행위는 크게 ① 내독 국경 및 장벽에서의 폭력행위, 즉 동독 주민의 국경 탈출 시 내린 사격 명령과 ② 서독에 대한 간첩행위를 포함한 슈타지 요원들의 반법치국가적 범죄행위로 구분할 수 있다. 연방대법원은 비무장 상태로 국경을 넘는 탈주자를 저격, 살해한 국경수비대 요원의 행위는 "인간의 기본 권리를 침해한 정당화될 수 없는 불법행위"로 판결했다. 이에 따라 호네커 전 수상을 비롯해 다섯 명의 국방위원(Mitglieder des Nationalen Verteidigungsrates), 즉 국방장관 하인츠 케슬러, 국방차관 프리츠 슈트레렛츠(Fritz Streletz), 국방위 부위원장 한스 알브레히트(Hans Albrecht), 전 총리 슈토프, 슈타지 총책임자 밀케 등이 국경 부근 살인 혐의, 즉 농독 탈수자에 대한 사살 명령에 대한 혐의로 구속되었다.

1992년 11월 12일 제1차 호네커 재판(Honecker-Prozess)이 개시되었다. 1992년 11월 13일 베를린 지방법원은 변론 능력이 없다는 이유로 슈토프 전 총리에 대한 재판을 중지했다. 1992년 11월 17일 밀케도 건강상의 이유로 재판에서 배제되었다. 1993년 1월 12일 베를린 지방법원은 베를린 주헌법재판소의 지시에 따라 간암에 걸린 호네커의 재판을 중지했다. 석방된 호네커는 이후 칠레에서 체류하다 1994년 5월 29일 81세로 사망했다.[57]

1993년 9월 16일 재판에서 국경살해 사건과 관련하여 케슬러는 7년 6개월, 스트레렛츠는 5년 6개월, 그리고 알브레히트는 4년 6개월의 자유

---

57) 호네커 석방 조치에 대해서는 서독 주민보다 동독 주민이 더 많은 동정을 보였다.

형을 선고받았다. 이들은 곧바로 연방대법원에 상고했으나 기각되었다. 이후 이들은 헌법소원을 제기했으나 1996년 11월 12일 연방헌법재판소는 탈주자에 대한 사살은 국제적으로 인정되는 인권침해사례이기 때문에 그 책임을 면할 수 없다는 이유로 이를 기각했다. 결국 1997년 5월 30일 국방위원에 대한 재판은 국경 사살 방조 및 사살 시도를 죄명으로 하여 금고형에서부터 3년 3개월까지 자유형을 내리며 마무리되었다.[58]

동독 정권의 불법행위와 관련하여 호네커의 후임이었던 사통당 서기장 크렌츠를 비롯한 정치국원에 대한 재판이 열렸다. 당시 사통당 정치국원은 모두 20명이었으나, 이 중 호네커 외 6명은 사망했고, 5명은 변론 무능력, 고령 및 질병으로 기소되지 않았다. 이외 케슬러, 슈토프 및 밀케는 이미 국경 살해 사건으로 기소된 상태였고, 따라서 나머지 6명, 즉 크렌츠, 샤보브스키, 쿠르트 하거(Kurt Hager), 귄터 클라이버(Günter Kleiber), 에리히 뮈켄베르거(Erich Mückenberger) 및 호르스트 돌루스(Horst Dohlus)에 대한 재판이 1995년 11월 13일 베를린 지방법원에서 시작되었다. 1997년 8월 25일 베를린 지방법원은 크렌츠에게 6년 6개월, 샤보브스키와 클라이버에게는 각기 자유형 3년을 선고했고, 1999년 11월 8일 라이프치히 연방대법원은 이를 확정지었다.[59] 크렌츠는 약 4년간의 수감생활을 마쳤고, 샤보브스키와 클라이버는 사면 조치되었다.

2004년 5월 11일 사통당 정치국원 헤르베르트 헤버(Herbert Häber)는 탈주자 3명에 대한 사살교사죄로 베를린 지방법원으로부터 유죄를 인정받았으나 동독 국경감시체제를 완화시키려 했던 점이 참작되어 형은 언도받지

---

58) http://www.online-Archiv.com(2004. 8. 6).
59) 이 외 1995년 1월 나머지 하리 티쉬(Harry Tisch), 하거, 뮈켄베르거 및 돌루스에 대한 재판이 열렸으나, 티쉬는 그해 사망했고 나머지는 모두 질병을 이유로 재판에서 제외되었다.

않았다. 2004년 8월 6일 사통당 정치국원 지크프리트 로렌츠(Siegfried Lorenz)와 한스-요아힘 뵈메(Hans-Joachim Böhme)는 각각 15개월의 집행유예를 선고받았다. 이로써 국방위원 및 정치국원에 대한 재판은 일단락되었다.[60]

통일 이후 1990년대 중반까지 국경살해 사건과 관련하여 모두 80건의 기소가 있었으나 고위층에게는 금고형이, 그리고 일선 국경수비대 요원에 대해서는 대체로 집행유예가 선고되었다.

1990년 3월 12일 해체된 슈타지에 의해 자행된 불법행위는 살인, 밀고, 도청 등 인륜에 반하는 반법치국가적 범죄행위와 서독에 대한 간첩행위 등이다. 슈타지 문서 폐기를 조속히 처리하기 위해 결성된 시민위원회가 1989년 12월 4일~1990년 1월 15일에 슈타지 본부를 점령하여 그간 슈타지가 저지른 스파이 행위를 확인함으로써 그간의 만행이 폭로되었다. 슈타지는 지난 40년간 600만 명에 대해 편지 개봉 및 도청 등의 수단으로 뒷조사를 해왔다. 슈타지는 야당 및 반체제 인사를 탄압하기 위해 살해 및 납치 등의 방법으로 이들을 위협했고, 일부 서방 테러리스트들을 비호하기도 했다.

반법치국가적 범죄행위는 주로 베를린 사법기관에서 다루어졌다. 그러나 대부분의 경우 무죄 선고를 받거나 집행유예나 벌금형과 같은 경미한 처벌이 내려졌다.[61] 역사학자 게오르크 헤르브스트리트(Georg Herbstritt)는 2007년 그의 저서 『동독을 위해 간첩활동을 한 서독 주민(Bundesbürger im Dienst der DDR-Spionage)』에서 지난 40년간의 동·서독 분단 시절 1만

---

60) 김영탁, 『독일 통일과 동독재건과정』(한울, 1997), 240~242쪽; *Spiegel online* (1999. 11. 8).
61) 슈타지 대외정찰 총국장 마르쿠스 볼프(Markus Wolf)의 인신납치 사건에 대해 자유형 2년에 집행유예 3년, 그리고 5만 마르크의 벌금형을 선고했다 (*Frankfurter Allgemeine Zeitung*, 1997. 5. 28).

2,000여 명의 서독 주민이 슈타지의 간첩으로 활약했다고 주장했다.[62] 그리고 평균 3,000~3,500명의 서독 주민이 슈타지 비공식 요원(inoffizielle Mitarbeiter)으로 암약했고, 이들은 주로 동독 탈출 성공에 관련된 정보, 서독 정세, 산업 기술과 관련된 정보를 제공했다. 또한 이들은 동독에 관한 허위 정보를 서독에 퍼뜨리기도 했다. 간첩혐의자는 원칙적으로 모두 기소되었으나, 1995년 5월 연방헌법재판소는 동독 지역에서 동독인이 서독 또는 서독의 우방국에 대해 간첩활동을 한 경우 더 이상 국가반역 행위 및 간첩활동을 이유로 형사소추할 수 없다고 결정함에 따라 이들에 대한 기소 범위는 크게 제한되었다. 이와 같은 연방헌법재판소의 판결에 따라 동독 슈타지 대외정찰 총국(Hauptverwaltung Aufklärung: HVA) 국장 볼프와 베르너 그로스만(Werner Großmann)의 간첩행위에 대한 재판은 중지되고 말았다.[63] 재판 이후 사통당 간부나 슈타지 관련자들은 대체로 공직이나 기업의 요직에서 배제되었다. 그러나 일반적으로 청산 작업이 미흡했다는 여론도 대두되고 있었다. 사통당 고위직은 대부분 건강상의 이유로 형 집행정지처분을 받았고, 기소된 슈타지 요원들은 대부분 증거 불충분으로 처벌된 사례가 거의 없었을 뿐만 아니라, 심지어 상당수는 아직도 공공 분야에서 근무하고 있다고 지적되고 있다. 그러나 독일 정부는 동독재건과 국민적 화해 달성이라는 당면 과제를 앞둔 상황에서, 과거 청산을 위한 이제까지 노력이 어느 정도 국민들이 수용할 수 있는 수준에는 도달한 것으로 평가했다.

40년간 행해진 사통당의 불법행위를 행위 당시 동독의 형법을 적용하여 처리해야 했기 때문에 법적 대응이 미약할 수밖에 없는 실정이었다. 사실

---

62) Georg Herbstritt, *Bundesbürger im Dienst der DDR-Spionage*(Vandenhoeck & Ruprecht, 2007).

63) 김영탁, 『독일 통일과 동독재건과정』, 246~247쪽.

독일의 사법기관은 동·서독 법체계의 상이성, 준거법, 시효, 입증방법 및 방대한 자료 등으로 인해 사법처리의 한계에 봉착했다.[64] 가해자를 발본색원하여 처벌하라던 통일 초기 동독 주민들의 정서도 시간이 갈수록 반대 방향으로 선회하고 있었다. 심지어 통일의 후유증이 가시화되면서 "가해자들조차도 공산체제의 희생자일 수 있다"는 여론이 동독 사회에 만연하기 시작했다. 이러한 분위기 속에서 독일 사회의 여론은 과거 동독의 기득권 세력들에게 직접적인 처벌보다 그들 삶의 미래를 보장하지 않는 간접적인 청산 방식을 택하게 함으로써 청산 작업이 비교적 평화적으로 진행될 수 있었다.

독일 정부는 체제범죄에 대한 청산은 단지 불법행위자들의 책임을 묻는 것으로 끝나는 것이 아니라 피해자들의 복권 및 보상 문제에 대한 해결까지 포함되어야 한다고 믿고 있었다. 따라서 독일 정부는 법적·정치적 처리에 의한 과거청산은 국민 화합을 도모하는 차원에서 현 수준에서 종결짓고, 피해자의 복권과 보상에 중점을 두는 방향으로 과거사 문제에 접근해왔다. 사통당 독재체제하에서 국가 조치에 의해 형사적·행정적·직업적으로 피해를 입은 당사자들에게는 반드시 도덕적 명예 회복과 함께 현실적 손실에 대한 원상회복이 공평한 방법으로 이루어져야 할 필요가 있었다. 이에 따라 독일 정부가 해야 할 시급한 과제는 내적 통합을 위해 희생자들의 복권을 위한 법적 근거를 마련하는 것이었다. 사통당 불법행위의 청산과 관련한 '형사복권법(Strafrechtliches Rehabilitierungsgesetz)'을 다루고 있는 「제1차 법률안」(1992. 11. 4), 직업 및 행정법상의 복권(Verwaltungsrechtliche, und das Berufliche Rehabilitierungsgesetz)을 다루고 있는 「제2차 법률안」

---

[64] 동독 형법에 따르면 동독 법질서에 대한 반사회적인 개인의 범죄행위에 대해서만 처벌할 수 있도록 되어 있다.

(1994. 7. 1), 그리고 정치적 박해 희생자의 복권과 관련된 법규정 개선 문제를 다루고 있는 「제3차 법률안」(2007. 6. 13)이 각각 발효되었다.

이 외에도 연방하원은 1992년 6월 17일 '공산 폭력 정권하 희생자들에 대한 명예회복 선언'을 의결했다. 「형사복권법」에 따르면 1945년부터 1990년 10월 2일까지 동독 지역에서 동독 법원에 의해 내려진 모든 형사 판결이 복권 대상이다. 이 중 자유법치주의적 기본 질서의 원칙을 위배한 판결에 대해서는 신청에 의해 불법적인 것으로 선고되고 판결은 취소된다. 형사복권법의 핵심은 정치적 핍박으로 구속되었거나 불법적으로 정신병원에 수용되었던 자들에 대한 복권과 보상이다. 이들에게는 부당한 자유 박탈에 대한 보상 차원에서 1개월 단위로 300마르크씩의 보상금이 지급되었다.[65] 제3차 법률안에 따라 정치적 이유로 6개월 이상 동독에서 구금되었을 경우 일명 '사통당 희생자 연금(SED-Opferrente)' 명목으로 매월 250유로를 위로금으로 지급받게 되었다. 2008년 12월 현재 4만 3,000명이 수혜를 받고 있다.

또한 과거사 청산 조치의 일환으로 독일 정부는 동독 시절을 경험하지 않은 젊은 층에게 역사적 교훈을 주기 위해 '사통당 독재평가 연방재단(Bundesstiftung zur Aufarbeitung der SED-Diktatur)'을 설립했다. 또한 연방정부는 슈타지 자료의 보존을 위해 「슈타지 자료 관리법」(1991. 12. 29)을 발효시키고 가우크 목사를 '슈타지 자료 관리 연방 특명관'으로 임명했다. 1992년 1월 2일부터 가우크 예하에 연방 슈타지 자료 관리청이 조직되어 슈타지 자료 취급 업무를 전담하고 있다. 「슈타지 자료 관리법」에 따라 모든 개인은 슈타지 자료에 자신에 관한 정보가 포함되어 있는지 여부에

---

65) 1989년 11월 9일까지 구동독 지역에 거주했던 자에 대해서는 1개월당 250마르크씩 추가 보상금이 지급되었다.

관련하여 문의할 수 있으며, 수집된 정보의 제공을 요구할 권리를 갖고 있다. 또한 정치지도자, 공무원, 교회 협력자, 그리고 지도적인 경제인들에 대해 과거 슈타지와 협력했는지의 여부를 심사할 수도 있다. 1992년부터 2009년까지 약 250만 명이 자신과 관련된 자료를 열람했다.[66] 이 외에도 독일은 과거 동독의 공산주의 잔재를 청산하기 위한 방편으로 2008년 12월 구 동·남구 공산 6개국, 즉 폴란드, 루마니아, 슬로바키아, 헝가리, 체코 및 불가리아와 더불어 과거 공산시절 활동했던 비밀경찰을 상호 인도하는 문제를 다루는 국가기관을 창설했다.

2000년 특별수사부가 해체된 이후 과거청산 업무는 일반 검찰청으로 인계되었다. 그러나 과거청산이 완전히 종결된 것은 아니고 앞으로도 상당 기간 지속될 것이다. 왜냐하면 방대한 비밀문서들을 정리하는 과정에서 새로운 사건들이 계속 밝혀지고 있고, 과거 청산이 가해자에 대한 형사적 처벌에만 집중되는 것이 아니라 피해자의 복권과 피해보상도 동시에 이루어지고 있기 때문이다.

---

66) 슈타지가 통일 전에 해체된 관계로 일부 주요 자료들이 이미 훼손되었거나, 은폐 또는 유출되었다고 한다.

제4장

경제적 시각에서 본 독일 통일 20주년

1. 경제통합: 동독 경제의 사회적 시장경제체제로의 전환

▌**These 15**   중앙통제 계획경제체제의 동독 경제를 사회적 시장경제체제로 전환시키는 데 필요한 핵심 조치는 화폐통합과 국영기업의 사유화 작업이었다. 경제학자들의 논리에 따르면 동독의 실제 경제수준이 서독에 비해 1/4 수준으로 낮고 계획경제의 본질적인 문제점을 안고 있기 때문에 화폐통합은 경제통합 말기 시점에 도입되어야 하고, 교환비율은 2:1을 적용하는 것이 바람직했다.

그러나 대량이주 사태를 사전에 예방하고 조기에 동독 사회의 안정을 통해 사회통합을 이루려는 정치적 고려에 따라 조기통합과 1:1 교환비율이 도입되었다. 1:1 화폐통합으로 동독 주민들의 생활수준은 향상되었으나, 동독의 통화가치가 실제보다 높게 평가됨으로써 동독 기업들은 대내외적으로 가격 경쟁력을 상실하여 줄도산했고, 이에 따라 대량실업이 발생했다. 사유화 작업은 새로 설립된 신탁청을 통해 진행되었다. 대부분의 기업은 서독인에게 매각되었고, 자본이 취약한 중소기업 위주였다.

1) 화폐통합

(1) 조기통합

1989년 국경 개방과 베를린장벽 붕괴로 야기된 동독 주민들의 대량이주 사태는 동·서독 정부 모두에게 정치·경제적 부담으로 작용했다. 이주민의 대부분이 숙련 기술을 보유한 청·장년층이었기 때문에 동독 정부는 고급 노동력 상실에 따른 동독 경제의 붕괴 가능성을 우려했다. 이러한 대량이주는 서독 정부에도 주택 부족과 실업자 보험의 추가 지출, 그리고 제반 사회 문제에 대한 부담으로 작용했다. 따라서 동·서독 정부는 동독 주민들의 대량이주 문제를 근본적으로 해결하기 위해 조속히 화폐통합을 실시하기로 결정했으며, 이를 위해 통화실무위원회를 구성하여 화폐통합 시기와 화폐교환비율 등을 협의했다.

당시 경제학자들은 경제이론적 측면에서 볼 때 화폐통합은 단계적으로 이루어져야 한다고 주장했다. 단계적 화폐통합론자들의 주장에 따르면,[1] 즉각적인 화폐통합은 동독 기업에 대한 평가절상의 효과를 가져와 필연적으로 실업률의 증가를 초래하고, 이는 결국 서독 정부의 부담으로 작용할 것이라는 점을 지적했다. 따라서 화폐통합은 초기 단계에서 시행될 수 없고 개혁 말기 시점에서 추진하는 것이 바람직하다는 견해를 피력했다. 동독이 시장경제체제로의 전환을 통해 인프라와 생산시설을 현대화시키고 서독과의 생산성의 격차를 줄여나가는 것이 무엇보다 시급하다는 것이었다.

이들의 주장에 따르면, 동독 기업들이 거의 경쟁력을 상실할 것으로 예상되기 때문에 일단 자체 통화를 통해 보호되어야 하고, 한편으로 동독

---

[1] 연방 경제부와 경제자문위원회(Sachverständigenrat)가 이 그룹에 속했다.

마르크를 태환이 가능하도록 환율이라는 완충장치를 통해 국제경쟁 시장에서의 적응을 거치게 한 뒤에 서독마르크와 통합되어야 한다는 것이었다. 서독 집권당인 기민당(CDU)의 5단계 화폐통합론(1990. 1)에 따르면, ① 1단계로 동독 총선(1990. 3) 때까지 동독의 생산수단을 포함한 재산을 사유화하고 대외무역 및 투자 활동의 자유화를 도모하며, ② 2단계로 1990년 9월 말까지 동독 국영기업의 민영화를 완료하고, ③ 3단계로 1991년 말까지 동독의 기업 활동에 대한 중앙통제를 철폐하며 가격보조금제를 폐지하고, ④ 4단계로 1992년 상반기까지 서독마르크와의 자유 교환으로 동독마르크화에 대외 교환성을 부여하며, ⑤ 5단계로 1992년 10월 말까지 동독 내에서 서독마르크의 통용을 허용한다는 것이었다.[2]

그러나 당시 정부 내 경제팀은 동·서독 국경 개방과 동시에 동독은 더 이상 생존이 불가능할 것으로 보았기 때문에 단계적 모델은 해결책이 될 수 없다고 판단했다.[3] 당시 경제팀의 진단과 복안에 따르면, ① 국경 개방 후 많은 동독의 전문 인력이 서독으로 이전할 경우 동독 내 생산력은 저하될 것이다. ② 모드로 정권이나 후속 민주 정권이 들어서더라도 경제개혁은 불가능할 것이며, 오로지 서독 측의 지원하에 동독 기업체의 성장이 가능할 것이다. ③ 단일통화는 동독 주민들로 하여금 생활수준의 향상에 대한 기대감을 높이고 서독 지역으로의 이주를 막을 수 있는 유일한 대안이 될 것이다. ④ 동독이 서독의 경제와 사회질서를 수용하고, 서독의 중앙은행과 서독 정부가 동독의 통화 및 재정정책을 통제할 경우 화폐통합에 대한 부작용은 줄일 수 있을 것이다. ⑤ 당시 경제팀이 파악한 동독

---

2) 최규연, 「동서독의 통화통합」, 통일대비정책연수단, 『동서독 통일 과정과 통합실태』(통일원, 1993), 297~300쪽.
3) 콜 수상, 테오도르 바이겔(Theodor Waigel, CSU) 재무장관, 오토 그라프 람스도르프(Otto Graf Lambsdorff, FDP) 전 경제장관이 조기 통합론자들이다.

경제는 서독에 비해 노동생산성은 30~40% 수준이나 임금은 1/3 수준이어서, 1:1로 화폐교환 시에도 동독 기업은 임금 수준 차원에서 서독에 비해 매력적이고 경쟁력을 가질 것이다. ⑥ 경제·화폐통합은 동독 지역을 서독 기업인에게 매력 있게 만들고 서비스 분야의 팽창을 가져올 것이나, 인플레 위협은 크지 않을 것이다. ⑦ 따라서 동독 주민들로 하여금 처음부터 서독마르크를 소유할 수 있도록 계획한다는 것이었다.

이러한 경제팀의 진단을 바탕으로 콜 수상은 당시의 정치적 상황, 즉 대규모 항의 시위와 끊임없는 서독으로의 이주 물결 등을 조속히 차단하기 위하여 동독 주민들의 요구를 수용하며 즉각적으로 화폐통합을 단행했다.

조기 화폐통합 결정으로 콜 수상은 단계적 통합론자이며 서독 지역으로 넘어오는 동독인에게는 노동허가와 서독의 사회보장지원을 거부해야 한다고 주장했던 사민당 수상 후보인 라퐁텐과의 차별성을 크게 부각시킴으로써 그해 12월 2일 전 독일 연방하원 총선에서 압승할 수 있었다.

(2) 교환비율

통화단일화 과정 중 가장 중요한 문제는 화폐교환비율을 결정하는 것이었다. 왜냐하면 교환비율에 따라 통일 후 동독 주민의 생활수준과 독일 경제의 부담 규모가 좌우되기 때문이었다. 그러나 동독의 실물경제 여건이나 금융관계와 관련하여 정확한 분석 자료나 정보가 거의 없는 상황에서 적정한 교환비율을 결정하는 것은 결코 쉬운 일이 아니었다. 통일 전 상업교환비율은 4.3:1이었으며, 시장 환율은 5:1~10:1에서 형성되었다. 독일 연방은행 자문위원회(Zentralbankrat)는 교환비율이 장차 물가, 동독 기업의 국제 경쟁력, 동독 기업이 안고 있는 부채, 장래 임금, 그리고 서독의 재정지원부담 규모 등에 미칠 영향을 입체적으로 고려하여 임금·연금·예금에 대해 2:1로 교환할 것을 추천했다.

그러나 당시 독일 정부와 정치권은 1:1보다 낮은 교환율은 동독 임금 생활자에게 심한 타격을 줄 수 있을 것으로 우려했다. 통일 전 동독의 평균 임금은 1,270마르크로, 2:1의 교환율을 적용할 경우 평균 임금이 635마르크 정도에 불과하게 된다. 이는 당시 서독 정부가 저소득층에 지급하던 사회부조지원금을 밑도는 수준으로, 엄청난 규모의 동독 주민들의 서독 이주 사태를 야기할 것으로 예상케 했다. 따라서 콜 수상은 무엇보다도 정치적인 고려 요인에 따라 1:1의 등가교환을 주요 내용으로 하는 정부안을 확정했다. 동독 주민의 임금·봉급, 보조금, 연금, 집세, 임대료 등 반복적이고 정기적인 지급은 1:1의 교환비율이 적용되었고, 동독마르크화로 표시된 채권이나 채무의 교환비율은 원칙적으로 2:1이었다. 그 외 개인 예금에 대하여 14세 이하의 경우 2,000마르크, 15~59세의 경우 4,000마르크, 그리고 60세 이상의 경우 6,000마르크까지는 1:1의 교환비율이 적용되었고, 이 금액을 초과할 경우 2:1의 비율이 적용되었다. 생명보험 및 민간 연금보험회사의 지급액에 대해서도 2:1의 교환 비율을 적용했다. 비거주자의 경우 1989년 12월 31일 이전 예금은 2:1의, 이후 예금은 3:1의 교환비율이 적용되었고, 화폐교환은 동독 내의 은행계좌를 통해서만 가능하도록 했다. 화폐통합 결과 실제 교환비율은 '1서독마르크＝1.7~1.8동독마르크'로 나타났다.

동·서독은 1990년 5월 18일 체결된 국가조약에 따라 1990년 7월 1일부로 경제·화폐·사회연합을 단행했다. 이에 따라 단일통화로 결정된 서독마르크가 1990년 7월 1일부터 동독 지역에서 법정통화로 통용되었다.

2) 국영기업의 사유화

동독에는 근본적으로 개인 재산권에 대한 개념이 없었고, 주로 인민

재산(Volkseigentum), 협동조합 재산(genossenschaftliches Eigentum), 사회단체 재산(Eigentum gesellschaftlicher Organisationen der Bürger) 등의 사회주의식 재산 개념만이 있을 뿐이었다. 인민재산은 국가나 지방자치단체가 소유권을 가지며, 협동농장, 협동어장, 수공업 조합, 생산 및 건축 분야 협동조합 등의 경우는 협동조합이 집단 재산 소유권을 가지고 있었고, 그 외 당 소속 재산이나 노조 재산 등은 사회단체 재산에 속했다. 통일을 앞두고 가장 어려운 문제 중 하나는 생산성이 떨어지고 경쟁력이 없는 동독의 국유기업을 처리하는 문제였다. 이 중 1972년 국유화된 1만 1,800개의 기업은 소유권을 박탈당한 원소유자에게 되돌려주었다. 나머지 남아 있는 국영기업과 농지 및 부동산 등 동독 정부의 소유 자산은 신탁청(Treuhandanstalt: THA)에 의해 사유화가 추진되었다. 신탁청은 동독의 원탁회의(1990. 2. 12)의 제의에 따라 동독 시절 모드로 총리에 의해 설립되었다. 신탁청을 설립하게 된 배경은 ① 당분간 사회주의는 유지하되 중앙통제를 배제하고, ② 자본주의적 요소를 가미하여 동독 지역에서도 '사회적 시장경제'를 실현하며, ③ 국영기업의 사유화로 계획경제를 시장경제체제로 전환시키기 위한 것이었다. 이를 위해 「국유재산의 사유화 및 재편성을 위한 법」(「신탁법」, 1990. 6. 17)이 제정되었고, 1990년 7월 1일 베를린에 본부를 두며[4] 설립된 신탁청은 동독 기업의 사유화를 주도했다. 통일조약(1990. 8. 31) 제25조에 근거하여 신탁청은 연방 재무부의 업무감독 아래 250억 마르크의 재산을 운용했으나, 이는 연방예산도 아니었으며 의회의 통제도 받지 않았다.[5]

신탁청의 주요 임무는 서독의 사회적 시장경제를 최단시간 내 동독에

---

4) 베를린에 본부를 두고 15개 지부를 가진 신탁청은 4,000여 명의 직원을 보유했다.
5) 연방정부가 보증하는 공채 발행으로 충당했다.

전이·이식시키는 것이었다. 이를 위한 일차적 과업은 동독의 국영기업을 민영화시키고, 이렇게 민영화된 기업의 경쟁력을 유지시키는 동시에 불필요한 기업은 과감히 정리하는 것이었다. 1990년 7월 신탁청은 8,500개의 기업들을 소유하고 있었다. 이에 딸린 근로자 수만 400만 명에 달했고 4만 5,000개의 영업소, 390개의 호텔, 영화관, 전력공급회사, 교통운송회사 등이 포함되어 있었다. 이 외에도 신탁청은 약 385만ha의 농지와 산지, 그리고 공산당, 슈타지 및 인민군이 소유하고 있던 재산도 관리했다. 신탁청은 동독재건을 위한 중심 기구로서 동독 지역 내에서 제2의 정부로 막강한 영향력을 행사했다.

신탁청의 업무 중 가장 중요한 것은 사유화 작업이었다. 이는 소련 점령당국이 몰수한 재산 및 동독 정부가 정당하게 취득한 재산을 일반인에게 매각하는 과정이었다. 또한 불법적으로 재산을 몰수당했던 원 소유주가 반환 대신 보상을 선택할 경우, 이 재산도 매각을 통해 사유화되었다. 기업 매각과 관련하여 신탁청은 일반 투자가에게 매각하는 방식과 해당 기업 경영자나 근로자에게 매각하는 방식(Management-Buy-Out: MBO)을 혼용했다. MBO 방식은 동독 지역에 중산층을 육성하기 위해 채택한 것으로 별도의 절차를 거쳐 사유화되었으며 많은 혜택이 따랐다.6) 그러나 대부분의 동독 국영기업들은 서독 기업들과의 '직접 매각(discrete bargaining)'을 통해 사유화되었고, 약 20% 정도만 MBO 방식으로 매각되었다.

신탁청은 1994년 12월 말까지 동독 국영기업의 98.5%를 민영화한 후7) 동독 지역 주정부의 요청에 따라 해체되었다. 해체되기 직전까지

---

6) Wolfram Fischer & Herbert Hax & H. Karl Schneider, *Treuhandanstalt* (Akademie, 1993). 김영탁, 『독일 통일과 동독재건과정』, 290쪽 재인용.
7) 최초 8,490개의 국유기업은 1998년까지 2만 3,610개의 사유기업으로 재창립되었다(기업 사유화 1만 5,102개, 재사유화 4,358개 등).

신탁청이 처리한 기업 수는 약 1만 4,600개에 달했다. 전체 매각된 기업의 약 80%는 중소기업인에게 돌아갔다. 총매각기업 중 약 80%가 서독인에게, 14%가 외국인에게 매각되었다. 동독 주민들에게 돌아간 기업은 겨우 6%에 그쳤다. 동독 경영인들이나 기업들은 무엇보다도 동독 기업을 인수할 만한 자본 여력을 갖지 못해 불리했고, 동독 구매자들의 경영능력에 대한 신뢰도 높지 않은 편이었다. 게다가 동독 주민들은 통일 후 새로운 법체계의 생소함으로 인해 스스로 창업할 엄두를 낼 수도 없었다.[8] 동독의 전기·가스·항공 등 대규모 국영기업은 자본이 풍부한 서독의 대기업이 주로 인수했기 때문에 독과점 구조가 심화되었다.

신탁청이 국영기업을 매각하여 얻은 총수익은 약 666억 마르크에 달했다. 반면 신탁청은 이보다 약 5배나 많은 3,000억 마르크를 지출했다. 이처럼 사유화에 따른 비용이 크게 증가한 이유는 해당 국영기업의 부채인수에 따른 금융보전과 환경오염 제거비용 등이 포함되었기 때문이다. 2,000억 마르크 이상의 총 부채는 결국 1995년 1월 1일부로 연방은행(Bundesbank)이 출연한 구채무변제기금(Erblastentilgungsfonds)으로 처리되었다.[9] 신탁청이 해체된 후 신탁청과 맺은 각종 협정의 이행 여부를 확인·감독하기 위한 기구들이 설립되었다.[10]

---

8) 서독의 법이나 규정(8만 개 이상)을 동독 주민에게 유예 기간도 없이 적용한 것은 잘못이었고, 따라서 중소기업의 정착을 위해 동독 주민을 위한 15~25년간 규정을 예외적으로 적용할 필요성이 있었다고 지적되고 있다.
9) http://de.wikipedia.org/wiki/Treuhandanstalt
10) Bundesanstalt für vereinigungsbedingte Sonderaufgaben, Treuhandliegenschaftsgesellschaft, Bodenverwertungs- und -verwaltungs GmbH.

2. 통일 후 동독 지역의 경제발전 실태

1) 단계별로 본 동독 지역의 경제발전

▌These 16   통일 후 동독 지역의 경제발전은 다음과 같은 4단계로 진행되어왔다. 제1단계(1990~1993년)는 변혁기로 동독의 중앙계획 경제체제가 자유시장 경제체제로 전환되는 과정을 의미한다. 동·서독 간에 경제 및 화폐통합이 이루어지고 동독 기업의 사유화가 진행되는 단계이다. 제2단계(1994~1997년)는 회복기로 동독 지역 경제가 통일 직전 수준까지 회복되었고, 실업률 증가는 둔화되었으며, 동독 지역의 경제성장률이나 생산성 증가율이 여전히 서독보다 높은 단계이다.
제3단계(1998~2002년)는 정체기로 GDP 성장률이 하락하고 실업률이 증가하기 시작하며, 수입은 정체 상태여서 동독 지역의 재정이 악화되기 시작하는 단계이다.
제4단계(2003년~현재)는 성장회복기로 9·11테러 후 세계 경제가 전반적으로 악화되는 가운데, 독일 경제가 급격한 임금 인상과 창의력 부족으로 변화된 경제환경에 적극적으로 대응하지 못하며 재정 압박을 받고 있는 상황에서 동독 지역 재건과 관련하여 새로운 전략을 구상하여 실천하고 있는 단계이다.

(1) 제1단계(1990~1993): 변혁기

이 기간은 동독 경제가 서독의 사회적 시장경제체제로 전환되는 단계이다. 화폐통합과 국영기업의 사유화가 진행되었으며, 동독 지역의 경제는 전환기적 충격(Transformationsschock) 상태를 경험했다. 통일 당시 동독 기업체들의 영업 규모나 실적은 실제에 비해 지나치게 과대평가되어 있었고, 1:1 화폐통합에 따른 임금 인상 효과로 이미 대내외적인 경쟁력을 거의 상실한 상태였다. 설상가상으로 전통적인 내수 시장과 다름이 없었던 동구 시장이 와해되어 동독 기업체의 파산이 가속화되는 상황에서, 콜 수상은 신탁청을 통해 동독 기업체의 대부분을 서독 자본가에게 매각시켰다. 그러나 가격 전망이 불투명하고 생산요소를 잘못 할당하여 가동 중지 상태였던 많은 동독 기업체를 서독 자본가에게 매각하는 일도 결코 쉬운 일은 아니었다. 열악한 인프라로 인해 선뜻 기업 활동을 추진하는 데에 무리가 있었기 때문이었다. 통일 후 1년 사이에 동독 기업의 경제생산성은 40%가 격감하고, GDP도 30%가 하락했다. 당장 일자리가 900만 개에서 600만 개로 줄어 실업률은 0%에서 16%로 증가했다.[11]

그러나 1991년부터 1993년까지 1인당 GDP와 경제생산성은 가파른 속도로 상승하기 시작했다. 동독 지역 주민들의 1인당 GDP는 서독에 비해 1991년 33% 수준에서 1993년 50% 수준으로 성장했고, 경제생산성은 35%에서 59%로 향상되었다. 그러나 통일 직전부터 파산하기 시작한 기존 동독의 기업들 때문에 1990년의 GDP가 이미 30%나 급감한 상태였고, 그 외에도 서독으로부터의 막대한 재정지원 등의 외적 요인을 고려했을 때 이와 같은 수치상의 결과를 실질 경제성장으로 볼 수는 없을 것이다. 그럼에도 불구하고 이 기간 중 동독 지역의 생산시설은 국가의 지원으로 향상되었고, 국가 인프라도 확대되는 추세였다. 특히 철도와 도로 등 인프라와 주택 분야에 대한 집중 투자로 이 분야는 현저히 개선되었고, 텔레콤 네트망은 광섬유 기술에 힘입어 서독보다 현대화되기 시작했다. 이 기간 중에는 지역을 기반으로 한 소비 산업이 발전되기 시작했다. 동독 소재 기업의 80%는 주로 소기업이나 중소기업으로, 전체 동독 지역 판매액의 30%를 차지했다. 반면 전체 기업의 14.7%를 차지하는 대기업은 전체

---

11) Detlef Pollack, "Wirtschaftlicher, sozialer und mentaler Wandel in Ostdeutschland," *Aus Politik und Zeitgeschichte* B40(2000), p. 13~21.

〈그림 4-1〉 서독 대비 동독의 경제발전 추세

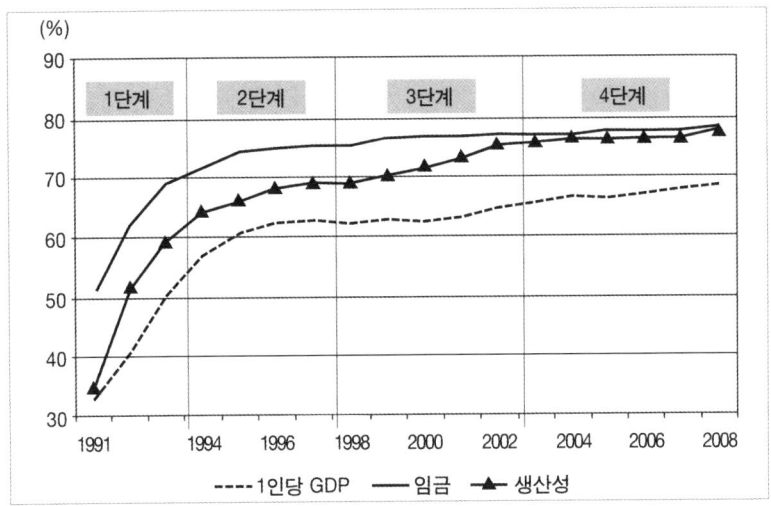

주: 동·서독베를린 제외.
자료: Arbeitskreis VGR der Länder in statistische Ämter des Bundes und der Länder.

판매액의 50%를 점하고 있었고, 소유주는 대부분 서독 주민이었다.

동독 지역의 주택 중 2/3가 이 기간 중에 개량되었고, 주거 면적도 $28m^2$(1989년)에서 $33m^2$(1993년)로 늘어나는 등 삶의 질이 획기적으로 향상되었다. 동독의 산업구조는 통일 후 3년 만에 거의 서독과 같은 수준으로 전환되었다.[12] 그 이유는 통일로 인해 동독 산업이 붕괴되었고 노동시장에 위기가 조성됨으로써 쉽게 서비스 사회로 변모할 수 있었기 때문이었다. 이 기간 중 독일 정부는 서독 기업과 외국인 투자만이 동독의 산업을 활성화시킬 수 있다는 판단하에 대외 홍보를 적극적으로 했다. 동독 지역

---

[12] 1989년 당시 동독 산업의 50%가 제조업(서독의 경우 40%), 40%가 서비스(서독의 경우 55%), 11%가 3대 기초 산업(농업·수산업·임업, 서독의 경우 4%)이었다. 주로 동독에서 서비스 산업으로 분류되는 직업은 무역, 교통, 통신, 행정, 교육, 과학, 자문, 사회보장 및 보건 관련 직종이었다.

<그림 4-2> GDP 성장률

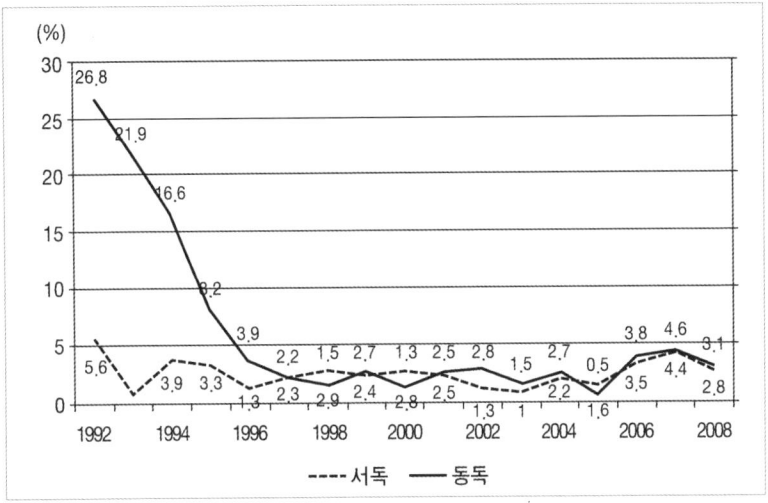

주: 동·서독베를린 제외
자료: Arbeitskreis VGR der Länder in statistische Ämter des Bundes und der Länder.

에 대한 실업수당 등 사회보장 지출은 증가되는 추세였다. 그러나 통일 직후부터 동독 기업들이 사라져 동독 지역 내에는 개인 자본이 형성될 수 없었고, 이는 세입 부족 현상을 초래함으로써 동독 지역에 대한 연방정부의 재정지원을 피할 수 없게 만들었다. 동독 지역 내의 소비 중 40%는 서독 측에서 지원하는 재정이전으로 충당되었다.[13] 그러나 해가 갈수록 동독에 대한 재정지원을 지지하는 서독 주민들의 여론은 하락 추세를 보이고 있다.[14]

---

13) 물품과 서비스 생산 중 2/3는 동독 자체적으로, 1/3은 서독 지역으로부터 공급되었다.

14) Joachim Ragnitz, "Die Wirtschaft in Deutschland Ost und in Deutschland West," http://www.buergerimstaat.de/4_00/ostwest10.htm

(2) 제2단계(1994~1997): 회복기

이 기간 중 동독 경제는 사회적 시장경제체제로의 적응 단계를 거쳐 1993년부터 서서히 회복 기미를 보이기 시작했다. 동독 지역의 GDP는 1994년 들어 1989년 수준을 회복했고, 새로운 기업들이 창설되고 외부 투자를 통한 새로운 생산설비시설이 확충됨에 따라 획기적으로 증가되었다. 1993년 동독 지역 GDP 성장률이 21.9%에 달했고, 1994년 16.6%, 1995년 8.2%에 달하여, 3%대의 서독보다 높은 성장률을 보였다. 1992~1994년 동독 지역의 두 자리 수 성장은 전적으로 동독 지역 내의 교통 인프라 구축과 주택 건립 등 건설경기호황(Bauboom, 1992~1996년)에 기인했다.15) 그러나 1996년 들어 동독의 GDP 성장률은 3.9%로 하락하고 1997년부터는 1~2%대를 유지하며 서독 지역의 평균 성장률인 2%보다 저조한 상태를 나타냈다.

1990~1996년의 고속 성장의 여파로 1991년 서독의 33% 수준에서 머물던 동독의 1인당 GDP는 1997년 63% 수준으로 향상되었으나 1997년 이래 정체 상태를 보이고 있다. 이 기간 중 동독의 경제생산성은 아직도 서독에 비해 68%밖에 되지 않는 수준이었다. 이 기간 중 실업률이 서서히 하락했으나 이는 일시적 현상이었다. 통일 후 1997년까지 약 7,900억 마르크가 자본시장에 투입되었고, 이는 주로 인프라와 주택 분야에 집중 투자되어 전반적으로 동독 경제의 경쟁력을 향상시키는 데 기여했다.

물질적 측면에서 볼 때, 동독 지역의 객관적인 생활여건은 엄청나게 개선되었다. 개인 소득이 증가하여 동·서독 주민 간의 소득 격차도 크게 줄어들었다. 개인 소득의 경우 1991년 월 1,872마르크로 서독의 58%에 그쳤으나, 1998년에는 월 3,089마르크로 증가하여 서독의 85% 수준에

---

15) 건설 투자를 제외할 경우 실질성장률은 3.4%에 달했다.

육박했다. 실제로 동독 지역의 물가가 서비스 분야나 임차료 분야에서 서독 지역보다 훨씬 저렴하다는 것을 고려하면, 실제 소득 측면에서는 거의 92% 수준에 이른 것으로 평가되었다. 그러나 저축액이나 부동산 재산과 관련된 분야에서는 동·서독 간의 격차가 아직도 큰 상태이다.16) 가전제품 소유와 관련해서는 이 기간 중 이미 동·서독 간에 별 차이가 없었다. 또한 같은 기간 중 동독 주민의 연금수령액이 무려 159%로 증가하여 그간 서독과 비교할 때 나타났던 60%의 격차가 13%로 좁혀졌다. 이 때문에 현역 노동자보다도 연금생활자가 오히려 수입이 더 나아졌으며, 연금생활자의 경우 서독보다 오히려 동독 지역의 여건이 더 좋은 상황이 발생했다. 동독 여성의 연금 수혜율은 서독 여성에 비해 오히려 높은 133%에 달했다. 그러나 대부분의 동독 연금수령자의 수입은 동독의 자체적인 산업활동으로 얻어진 재원에 의한 것이라기보다는 서독으로부터의 재정지원에 기인했다.17) 이런 맥락에서 동독 지역의 경제는 시장경제체제로 운용된다기보다는 여전히 '재정지원 경제(Transferokonomie)'에 의존하고 있다고 평가되었다. 이는 동독 경제가 자립하기보다는 점점 더 정부지원에 종속되고 있음을 보여주고 있다.

(3) 제3단계(1998~2002): 정체기

1997년 이래 동독 지역의 경제성장은 1~2%대에서 정체되었다. 이에 대한 주요 원인으로 9·11테러 후 세계 경제가 전반적으로 악화된 것과, 동독 지역 경제가 급격한 임금 인상과 창의력 부족으로 변화된 환경에

---

16) 동독 주민들의 자가보유율은 1993년 19%에서 1998년 26%로 증가했다. 반면 1998년 서독주민들의 자가보유율은 44%에 달했다.

17) Joachim Ragnitz, "Die Wirtschaft in Deutschland Ost und in Deutschland West."

유연하게 적응하지 못했다는 점이 지적되고 있다. 이 기간 중 동독 지역의 GDP 성장률은 서독보다 낮아지기 시작했다. 또한 건설경기가 하락했고, 경제재편 과정에서 산업화에 실패함에 따라 생산 분야에서의 성장 잠재력이 상실되었다.

이 기간 중 경제생산성은 경기침체의 영향으로 서독의 76% 수준에 머물러 있었다. 대량실업도 동독 경제가 살아나지 못하게 하는 이유 중 하나였다. 1989년 900만 개에 달했던 일자리는 2000년 500만 개로 줄어들었고, 2002년 동독 지역의 실업률은 평균 19.2%에 달해 8.5%인 서독 지역의 배가 넘었다.

그러나 열악한 경제상황과 경기침체에도 불구하고, 동독 지역의 경제생산성은 1991~2002년 동안 연평균 10.2%의 성장을 보여주었다. 1991년 이래 해외수출비율은 2배 이상 증가했다. 동독 지역의 산업구조 중에서는 식품산업이 차지하는 비중이 가장 높았으며, 금속제품 제작, 기계, 석유 가공업, 출판인쇄업, 화학 산업, 자동차 산업과 전자 산업이 그 뒤를 이었다. 이 기간 중에는 주택, 환경, 인프라, 무역 면에서도 큰 발전이 있었다. 그러나 1997년 이후 동독 주민의 생활수준은 거의 정체된 상태이다.

(4) 제4단계(2003~현재): 신재건전략 추진 및 성장회복기

통일 이후 10여 년 동안 엄청난 재원을 쏟아 부었음에도 불구하고 (Giesskannenprinzip, 물초롱 원칙) 동독 경제가 기대한 만큼 성장하지 못했다는 비판이 2000년대에 들어서며 대두되기 시작했다. 이와 관련하여 독일 정부는 모든 주에 대한 특성이나 사회적 변화 현상 등을 고려하지 않은 채, 일괄적인 지원을 해옴으로써 무원칙적이고 비효율적으로 재정을 집행해왔다는 비난을 받고 있다.[18] 이와 같은 비난과 자성에 근거하여 2000년대 초부터 독일 정부와 정당들은 ① 동독 지역 경제가 자생력을 갖추어

성장·발전할 수 있는 기반을 구축하고, ② 이를 통해 서독으로부터의 재정이전을 줄이며, ③ 지역 내 대량실업을 감소시키는 동시에, ④ 제한된 예산을 효율적으로 운용하자는 취지에서 기존의 '동독재건(Aufbau Ost)정책'을 다시 검토하기 시작했다.

2003년부터 3년간 동독의 GDP 성장률은 평균 1.6%로 서독과 비슷했다. 사민당의 슈뢰더 정권이 퇴진하고 '기민/기사연합'의 메르켈 수상이 집권한 2005년 말부터 2008년까지 동독 경제는 연평균 3.8% 성장했다. 이와 같은 경제성장에 힘입어 실업률은 급격히 감소되었다. 2005~2007년 동안 동독 내 약 50만 명의 실업자가 구제되었고, 25만 개의 일자리가 새로이 창출되었다. 2005년부터 동독의 실업률은 계속 하향 곡선을 그리며 통일 이래로 매년 최저치를 보여주고 있다.[19] 그러나 <그림 4-1>에서 보는 바와 같이 2003년 이후 서독 대비 동독의 1인당 GDP, 임금, 생산성 모두 정체되어 있다. 동독 지역의 부채는 동독 지역 GDP의 42%에 달했고,[20] 동독 지역 세수입의 평균 17%가 은행 이자로 지불되는 실정이었다. 2008년 동독 주민의 생활수준은 서독의 80% 수준에 머물렀다.

---

18) 예를 들면 통일 직후부터 2003년까지 동독에서 서독으로 이주한 주민 수는 약 123만 명에 달했음에도 불구하고 그간 독일 정부는 이러한 인구 이동을 제대로 고려하지 않은 채 주택, 도로 및 상하수도 시설 등 공공 인프라 시설에 과잉 투자함으로써 공공재정에 부담을 가중시켰다는 것이다(Klaus von Dohnanyi, "planlos und sorglos, Die Zeit-online," http://www.zeit.de/2004/29/Essay_Dohnanyi).

19) 2005년 20.6%에서 2006년 19.2%, 2007년 16.8%, 2008년 14.7%, 2009년 14.5%로 하락했다.

20) 이는 서독 지역보다 배로 많은 실정이었다.

2) 동독 신재건전략

2003년 11월 경제장관 볼프강 클레멘트(Wolfgang Clement)와 교통장관 만프레트 슈톨페(Manfred Stolpe)를 주축으로 13명의 정치·경제·학계 전문가로 구성된 실무그룹은 그간의 동독재건정책을 분석하고 새로운 전략을 담은 최종보고서(2004. 6. 29)를 발표했다. 이를 근거로 발전된 독일 정부의 새로운 동독재건 종합대책을 요약하면 다음과 같다. 첫째, 경제성장 잠재력이 높은 지역에 우선적으로 재원을 지원하며, 주요 산업시설이나 경제성장과 연계된 지역에 우선적으로 인프라를 구축하고 예산을 투입한다. 지역 경제의 성장 잠재력을 강화시키기 위해 중점 경제 분야를 선정하고, 이에 기업 네트워크와 기술혁신 요소를 상호 결합시키고 있다.

둘째, 주마다 개발 능력과 여건이 상이한 점을 고려하여 지역별로 전략적 특화 산업을 발전시키고 있다. 예컨대 주별로 광전자 공학이나 화학, 조선, 컴퓨터공학, 생명공학, 교통공학, 자동차 산업기술 등 특정 분야를 집중 육성, 발전시킨다는 전략이다. 또한 농촌 지역과 변두리 지역에 대해서도 지역 강점과 특성을 개발하는 데 주력하고 있다.[21] 농업이 동독 지역의 중요한 경제 요소임에도 불구하고, 농촌 지역의 노령화 및 이농 현상은 심각한 수준이다. 따라서 인구밀도가 적거나 광활한 지역은 관광지나 농업지로 개발한다.

셋째, 지역 간의 자원을 결합함으로써 동독 내 대기업의 부족과 그에 따른 약점을 보강한다. 앞으로 '저임금 대신 창의력과 혁신(Innovation

---

[21] 도시 및 지역별 특화 산업을 보면, 광학·전자 산업은 예나(Jena), 사진·광학 산업은 에르푸르트, 마이크로 전자산업은 드레스덴, 화학산업은 작센·안할트 주, 풍력발전 산업 마그데부르크(Magdeburg)와 로스토크(Rostock), 의학산업은 베를린, 항공·우주 산업은 베를린과 브란덴부르크 주 등이다.

statt Billiglohn)'으로 승부해야 하고, 이를 위해 무엇보다도 산학 협동이 긴밀하게 이루어져야 한다는 것이다. 동독 지역의 대학과 연구소가 응용 지향적 연구나 기술 발전의 선구적 역할을 할 수 있도록 지속적으로 지원할 것을 계획하고 있다.

넷째, EU의 동구권 확대를 계기로 동독의 지정학적 입지를 새로운 시장 개척 및 경제성장을 위한 추진력으로 활용한다. 2004년 5월 1일 동구권 10개국이 EU에 가입한 이래 동독 지역은 이미 유럽의 중심 지역으로 변모했다. 동독은 과거 동유럽 국가와의 교류 경험을 갖고 있고, 통일 후 계획경제에서 시장경제로의 체제 전환을 경험하고 있기 때문에 서유럽과 동유럽 간 경제적·문화적·학문적인 연결고리 역할을 할 수 있을 뿐만 아니라, 동구 인접국의 체제 개방 및 개혁과 관련된 노하우를 전할 수도 있을 것이다. 물론 동구권이 강세를 보이는 섬유, 건축, 환경미화 서비스 등 저임금의 노동집약산업 분야에서 경쟁이 심화될 수 있고, 저임금 인력의 대규모 이동으로 노동시장이 불안정해질 수 있다는 부정적인 측면도 고려해야 할 것이다. EU는 1991년부터 동독 지역과 동베를린의 경제재건을 위해 구조지원금을 지원해왔다.[22]

다섯째, 독일 연방군 부대를 동독 지역에 배치시킴으로써 지역 경제를 활성화시킨다. 현재 동독 지역에는 103곳에 4만 1,000여 명의 군인들과 2만 1,000명의 군무원이 근무하고 있다. 연방군은 동독 지역에서 가장 큰 고용주로 중요한 경제 요소이다. 이들은 일자리를 창출할 뿐만 아니라

---

22) EU의 구조지원금은 1인당 GNP가 유럽 평균의 75% 수준 이하의 낙후 지역에 지원되는 것으로, 중소기업의 경쟁력 제고, 인프라 시설 구축, 환경보호 및 개선, 근로자 능력 향상 및 기회균등, 농촌 지역 개발 및 수산업 분야에 지원되는데 동독 지역의 브란덴부르크, 메클렌부르크-포어포메른, 작센, 작센-안할트, 튀링겐 지역에 집중적으로 지원되어왔다.

현지 기업들에게 일자리를 제공하기도 한다.[23] 동독 지역 발전을 위해 서독 지역에 있던 주요 군 관련 시설들이 이미 이전되었다.[24]

여섯째, 동독 지역 개발에 참여할 외국 투자자에 대한 홍보 및 유치 활동을 강화한다. 이를 위해 1996년 산업투자위원회(IIC)를 설치하여 2008년까지 운용해왔다.

마지막으로, 동독 지역에서 도시 재건축 프로그램을 추진한다. 이 프로그램의 목적은 초과 공급된 주택의 수를 줄이고 매력적인 도시 환경을 조성하는 데 있다. 통일 직후 독일 정부와 기업체들은 상황 판단 오류로 동독 지역의 사무실과 주택을 건설하거나 개축하는 데 엄청난 재정을 투자해왔다. 1990년대 전반기에 이미 사무실 및 주택의 초과 공급 현상이 나타났고, 무입주 상태가 발생하기 시작했다. 이는 동독 주민들이 대거 서독으로 이주하여 동독 지역의 거주자가 감소했고, 도시 외곽 지역에 새로 건설된 주택으로 많은 인구가 이전된 결과이다. 2003년 약 130만 호의 주택이 비어 있는 것으로 집계되었다. 이는 동독 지역 내 일곱 가구 중 하나가 빈집으로 남아 있었다는 뜻이다. 이와 같은 동독재건 신전략은 광범위한 노동 및 사회정책개혁이 동시에 이루어질 때 비로소 작동될 수 있을 것이다.

---

23) 연방군은 1991~2003년 동독 지역에서 약 40억 5,000만 유로 상당의 사업(서비스·조선·경비·석유생산)을 현지 기업에 배분했다.
24) 연방군 사회학연구소(SWInstBw)가 1994년 뮌헨에서 슈트라우스베르크(Strausberg)로, 군사역사학 연구청(MGFA)이 1994년 프라이부르크에서 포츠담으로 이전했다. 연방군 의료·보건연구소는 동베를린에 설립되었다.

3) 통일비용과 재정이전

(1) 통일비용

통일 당시 콜 수상은 세금 인상이나 해외자본의 차입 없이도 동독 경제를 재건할 수 있다고 장담하면서 신속하게 1:1 화폐교환 조치를 취했고, 빠른 시일 내에 동·서독 주민들 간의 생활수준을 일치시키겠다고 공약했다. 이는 당시 서독 정부의 공공재정이 건실한 상태였고, 동독의 국유재산을 매각한 수익과 EU의 재정지원과 민간투자 등으로 통일비용을 해결할 수 있을 것으로 낙관했기 때문이었다. 따라서 통일 직전 정치적 대변혁기(1989~1990)에는 통일비용에 관한 논의가 활발하지 않았다. 1990년 2월 '기민/기사연합'의 경제정책 대변인인 마티아스 비스만(Matthias Wissmann)은 통일비용으로 4,550억 유로가 필요할 것으로 추정했다.[25]

그러나 현실은 달랐다. 1:1 화폐통합으로 300~400% 정도 과대평가된 동독의 기업들은 국제 경쟁력을 상실했고, 동독의 산업은 실제로 몰락하기 시작했다. 구동독의 자산은 신탁청의 사유화 작업 결과로 대부분이 서독 자본가의 수중으로 넘어갔다. 노후화된 생산장비와 불충분한 인프라 등으로 동독 기업의 경제생산성은 서독 지역의 1/3 수준에 머물고 있었고, 세수는 줄어들어 지방자치단체의 재정적자가 늘어나고 있었다.[26] 자본형성이 전혀 되어 있지 않는 상황에서 동독 스스로의 경제성장능력은 기대하기 어려운 실정이었다. 따라서 독일 정부는 동독 주민들의 생활을 보장하고, 낙후된 인프라를 확충하며 열악한 산업생산시설을 개선하기 위해

---

[25] "Die Kosten der deutsch-deutschen Währungsunion," *Frankfurter Allgemeine Zeitung*, Nr. 41(1990. 2. 17), p. 11.

[26] 동독 5개 주 중에서 재정이 취약한 주는 브란덴부르크, 메클렌부르크-포어포메른, 작센-안할트, 튀링겐이었다.

통일비용을 마련해야 했다.

통일비용(Kosten der Deutschen Einheit)이란 통일 후 동독의 체제 전환을 지원하기 위해 동독 주에 투입되는 공공부문의 재정이전(Transferleistungen) 금액을 의미한다. 재정이전의 주체는 독일 연방정부, 구서독 주정부와 사회보장기관이며, 여기에 EU가 포함되기도 한다. 독일 연방정부는 통일비용을 1999년까지만 발표하고 이후에는 공식적으로 발표하지 않고 있으나, 최근 들어 민간 연구기관인 할레 경제연구소(Institut für Wirtschaftsforschung Halle: IWH)나 ≪슈피겔(Spiegel)≫지에서 독일의 통일비용을 추계하여 발표했다.

할레 경제연구소는 1990년부터 2003년까지의 순이전액 총액은 약 9,500억 유로에 달하고, 2003년 이후부터는 매년 750억 유로씩 산정하여 2009년 말까지 약 1조 4,000억 유로가 동독으로 재정이전된 것으로 파악하고 있다. 2009년 8월 발표된 베를린 자유대학교(Freie Universität Berlin)의 자료에 따르면,[27] 1990년 통일 직후부터 2009년 말까지 19년간 '순이전액(Nettotransfer)'은 약 1조 6,000억 유로(현행 환율 1:1,500원을 적용할 경우 약 2,400조 원)이며, 심지어 총이전액(Bruttotransfer)은 2조 유로(3,000조 원)에 달하는 것으로 추정된다.

여기서 '총이전액'이란 연방과 서독의 주로부터 동독의 주로 지출된 모든 금액(동독 근무 공무원 월급 포함)과 동독 주민들의 사회보장비용(연금 및 실업급여)을 포함한 금액을 의미한다. '순이전액'이란 총이전액에서 동독 지역으로부터 걷는 연방 세수입과 사회보장 관련 분담금을 제한 액수를 말한다.

순이전액은 독일 GDP의 4%, 동독 지역 GDP의 30%에 해당된다.

---

27) *Frankfurter Allgemeine Zeitung*(2009. 8. 21).

이는 매년 평균 약 1,000억 유로가 동독으로 흘러들어 갔다는 것을 뜻하며, 이 액수는 독일 국방예산의 약 세 배와 맞먹는 금액이다.[28]

(2) 통일 비용 종류와 재정 확보

① 일회성 통일비용과 관련 기금

가. 화폐통합 시 동독 금융기관의 차변(Aktiva)과 대변(Passiva)에 각각 상이한 교환율을 적용함으로써 대차대조에서 불균형이 발생했고, 이에 따른 결손금 645억 마르크를 보전하기 위해 국가조약에 따라 '화폐교환 차액보전기금(Ausgleichsfonds Währungsumstellungen)'이 마련되었다.

나. 동독의 국가부채(280억 마르크)와 대외채무(300억 마르크)를 청산하기 위해 '채무청산기금(Kreditabwicklungsfonds)'이 설치되었다. 이 기금은 1991년 1월 1일부터 1994년 12월 31일까지 존속되었다. 1992년 '화폐교환 차액보전기금'이 이 기금에 통합되었다. 채무청산기금은 1,400억 마르크에 달했다.

다. 신탁청에 의한 국유기업의 사유화 과정에서 발생된 적자(2,054억 마르크)[29]와 채무청산기금의 부채(1,400억 마르크)를 보전하기 위해 1995년 1월 1일부로 '구채무변제기금'을 설치했다. 이 기금에는 1994년 말까지 구체화된 동독의 모든 재정적 유산에서 생긴 부채(약 4,000억 마르크)가

---

[28] Uwe Müller, "100 Milliarden Euro fließen pro Jahr in den Osten, eine Studie der FU Berlin,"(2009. 8. 21), http://www.welt.de/wirtschaft/article4363237/100-Milliarden-Eurofliessen-pro-Jahr-in-den-Osten.html

[29] 최초의 신탁청 계산에 따르면 동독 기업의 매각 시 대략 6,000억 마르크 정도의 이익이 생길 것으로 추정했으나 실제로는 이와 같은 적자가 초래되었다. 지출 내역은 소속 기업의 구(舊)채무 인수, 환경정화비용, 투자보조금, 기업자본금, 손실보조금, 사회보장지출 및 은행대부 보증(2,720억 마르크)이었고, 수입 내역은 매각대금 및 임대료(666억 마르크)였다.

총망라되었다. 이 기금은 연방정부와 각 주가 각각 반반씩 부담하기로 했다.

라. 동독에 주둔하던 소련군의 철수비용으로 총 125억 마르크가 소요되었다.

마. 우라늄탄광 정화에 51억~64억 유로, 갈탄탄광 정화에 80~90억 유로, 원자로 폐기에 25억~32억 유로가 소요될 전망이다. 환경정화비용은 연방이 60~75%, 주가 25~40%를 담당하도록 되어 있다.

② 독일 통일기금(Fonds Deutsche Einheit)

'국가조약'의 합의에 따라 연방정부는 동독 인프라 촉진과 동독 주에 대한 재정보전을 위해 특별 자산 1,150억 마르크[30]로 이 기금을 설립했다.[31] 연방정부와 서독 주정부가 조달을 담당한 이 기금은 3개월 뒤 1,463억 마르크로, 1994년 말에는 다시 1,620억 마르크로 증가되었다. 총 1,620억 마르크 중 500억 마르크는 연방예산의 절감을 통해, 160억 마르크는 서독 주로부터 조달되었다. 연방과 서독 주정부는 나머지 950억 마르크를 자본시장에서 반반씩 조달했고, 20년에 걸쳐 이를 상환했으며 이에 대한 이자도 각각 반씩 부담했다.

1990~1994년 총 822억 마르크를 동독재건을 위해 투입했다. 이 기금은 동독 주정부를 위한 재정균형(Finanzausgleich)과 재정적자, 그리고 지방자치단체의 재원을 보전하기 위해 사용된 후 1994년 말 종료되었다. 독일연방은행(Deutsche Bundesbank)에 따르면 2004년 말 이 기금은 383억 유로(750억 마르크)의 부채를 안고 있었고, 연방정부가 2005년 1월 1일부터

---

30) 이 중 200억 마르크는 연방정부예산으로, 950억 마르크는 채권으로 충당되었다.
31) 3개월 뒤 1,463억 마르크로, 1993년 3월에는 다시 1,607억 마르크로 증가되었다.

이를 모두 인수했다.

③ 사회연대특별세(Solidaritätszuschlag)

1991년 9월 1일 콜 수상은 통일 독일의 재원 보충을 위해 '사회연대특별세'를 도입했다. 이 세금은 자유의지로 기여금을 내는 성격으로 포장되어 동·서독 주민 모두가 지금까지 내고 있다. 이 세금은 1991년 7월 1일부터 1992년 6월 30일까지 1년간 시행되다가 1993년과 1994년에는 중지되었고,32) 1995년 1월 1일부로 다시 도입되었다. '사회연대특별세'는 연방세(Bundessteuer)로서 근로소득, 기타 소득, 그리고 법인에 부가되는 직접세의 성격을 띠고 있다. 1998년까지 소득세나 법인세의 7.5%를 적용했으나 이후 자민당의 압력으로 5.5%로 인하했고, 매년 평균 약 100~110억 유로가 징수되고 있다. '사회연대특별세'는 어떤 특별 목적으로 징수되는 성격의 세금이 아니다. 따라서 독일 통일 관련 비용뿐만 아니라, 걸프전쟁(Operation Desert Storm, 1990. 8. 2~1991. 2. 28)33)과 중·동·남구 국가의 민주화를 지원하는 비용으로도 사용되어왔다. 이 세금의 목적이 이처럼 불분명해짐에 따라 오래전부터 위헌성의 여부가 제기되어왔으나,34) 2008년 2월 연방헌법재판소에 의해 합헌판결을 받으면서 지금까지 징수되어오고 있다.35) 최근의 여론조사(Statista 2010)에 따르면 독일 유권자의 80%가 이 세금 징수가 시의적절하지 않다고 응답했다.36)

---

32) 대신 통일 재정을 위해 1993년 1월 1일부로 부가가치세를 14%에서 15%로 인상했고, 1993년 340억 마르크의 채권을 발행했다.
33) 이 작전에 독일과 일본은 병력을 직접 파견하지 않은 대신 재정적인 지원만을 담당했을 뿐이었다. 독일은 66억 달러를, 일본은 100억 달러를 각각 지원했다.
34) 2006년 세무자연대(Bund der Steuerzahler)가 위헌 소송을 제기했다.
35) 4인 가족 기준 월수입이 3,480유로 이상부터 이 세금이 부여된다.

④ 연대협약기금 I(Solidarpakt I)

1993년 3월 13일 수상, 연방정부 관계자 및 16개 주지사가 참석한 회의에서 재정적자가 미치는 경제적 파장을 최소화하고 경제의 악순환을 끊기 위한 방안의 하나로 '사회연대특별세'와는 별도로, 1995년부터 '연대협약기금(Solidarpakt)'을 도입하기로 결정했다. 1993년 6월 23일 「연방재정 건실화 프로그램 실현법(Gesetz zur Umsetzung des Foederalen Konsolidierungs-programms)」에 따라 동독의 5개주는 재정적으로 완전히 연방에 통합되었고 이로써 동독 재건의 법적 기반이 확정되었다. 연방정부는 1995~2004년 이 기금으로부터 945억 유로를 주별 재정균형(Länderfinanzausgleich)을 보전하는 차원에서 동독 주에 지원했다. 이 기금은 주로 경제활성화와 '분단으로 야기된 특별부담(teilungsbedingte Sonderlasten)'을 제거하고 환경·생태 분야의 미흡한 부분을 해결하는 데 지원되어왔고, 핵심 산업과 주택 건설에도 지원됨으로써 내적 통합에 크게 기여했다는 평가를 받고 있다.

⑤ 연대협약기금 II(Solidarpakt II)

2004년까지 동독 지역의 경제수준을 서독 수준으로 끌어올린다는 목적으로 '연대협약기금 I'을 구상했으나 실현되지 못했다. 따라서 2001년 6월 23일 연방정부와 주정부는 2004년 만료되는 '연대협약기금 I'을 계승하게 될 '연대협약기금 II'에 합의했다. '연대협약기금 II'는 연방정부가 2005년 1월 1일부터 2019년까지 총 1,565억 유로를 동독 재건 비용으로 동독 주정부에 지원한다는 계획이다. 이 중 1,053억 유로(바구니 I)는 분단으로 야기된 부담을 제거하기 위한 비용으로, 주로 인프라 확충이나 동독

---

36) YouGov 12nach12.

지방자치단체의 재정난을 해결하기 위해 지원되고 있다. 아울러 연방정부는 동독 지역의 경제활성화를 위해 2005년부터 2019년까지 총 512억 유로를 추가로 투입하기로 결정했다. 바구니 I에 해당되는 금액 1,053억 유로는 각 주별로 할당되도록 계획되어 있다.[37] 2010년까지 총 599억 유로가 지원되었고, 각 주는 매년 동독 재건과 관련하여 진전 사항과 사업예산과 관련된 현황을 보고하고 있다.

⑥ 통일비용 사용분야 및 기타 재정 조달

이제까지 지원된 금액의 약 50%가 동독 주민들의 연금 및 실업보험 등 사회보장기금으로, 12%가 인프라 구축으로, 7% 정도가 경제활성화 수단으로 쓰였다. 그리고 23%는 주별 재정균형, 즉 세수 부족으로 어려움을 겪는 동독 주에 대한 연방정부의 할당금으로, 그리고 8%는 기타 분야(국방비)에 사용되어왔다. 이처럼 천문학적인 자금이 동독 지역으로 유입되고 있었지만, 성삭 산업 기반의 확충과 경제성장에 동력을 몰고 올 분야에는 집중 투자되지 않은 채 재정이전액의 약 2/3는 사회보장 및 주별 재정균형이나 기타 분야에 지출되는 실정이었다.[38] 이제까지 연방정부는 동독 지역 재건을 위한 재정확보를 위해 ① 국채 발행(40%), ② 세금 인상 조치(25%), ③ 사회보장기여금 인상(25%), ④ 기존 예산항목의 지출 절감 및 정부자산

---

[37] 작센 주 26.1%, 베를린 19%, 작센-안할트 15.7%, 튀링겐 14.3%, 브란덴부르크 14.3%, 메클렌부르크-포어포메른 10.5%.

[38] 통일비용과 관련하여, 정부나 기관이 각기 다른 방식으로 이전비용을 산정해 정확한 통일비용을 산정하기가 어렵다. 예를 들면 독일 정부의 경우, 국방비 지출, 공무원급여 지급, 실업급여, 연금급여 등은 국가로서 당연히 해야 하는 과제이고 동·서독에 균등하게 적용되는 것이어서 통일비용에서 제외할 것을 주장해왔다. 그러나 이전비용이 주로 어떤 분야에 사용되고 있는지 큰 흐름을 파악하는 것은 의미가 있을 것이다.

〈그림 4-3〉 재정전이 사용 분야

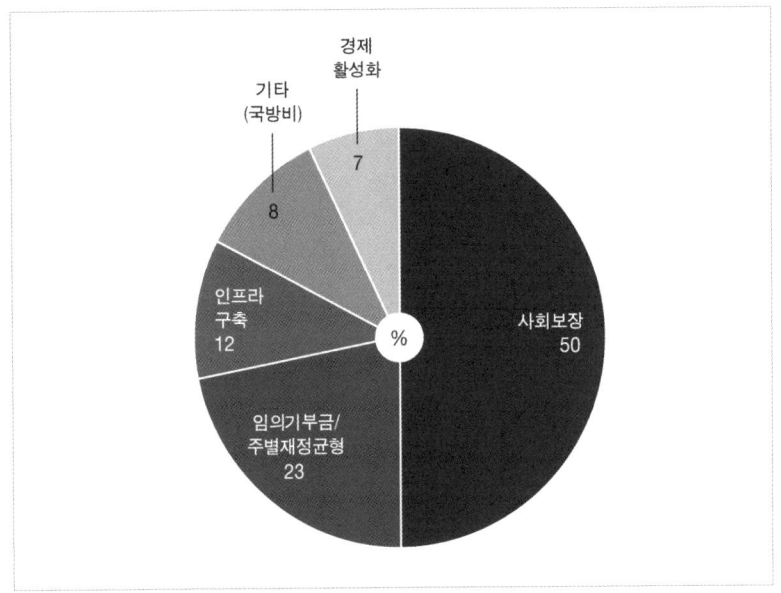

매각 등의 방안을 강구했다. 이 외에도 동독 재건을 위한 EU로부터의 지원금도 통일비용에 포함된다.[39]

독일 정부는 늘어나는 통일비용을 조달하기 위해 1991년 이후 유류세, 담배세, 부가가치세[40]를 인상하는 등 증세 조치를 수차례 단행했다. 또한 1991년 4월 실업자 구제를 위한 재정지원을 위해 실업보험료를 2.5% 인상했다. 1991~1995년 동안 실업 및 연금보험료 인상분 370억 마르크가 서독 지역에서 동독 지역으로 이전되었다.

---

[39] EU는 동독 주의 개발을 촉진시키기 위해 1991년부터 1993년까지 매년 20억 마르크를 지원했다.

[40] 1987년 14%에서 1993년 15%, 2007년 19%로 증가했다.

(3) 통일로 얻는 이익

독일 통일로 인해 독일 정부가 통일비용만 지출한 것은 결코 아니다. 통일로 인해 독일이 얻게 된 경제적 이득을 꼽아보면 다음과 같다. 첫째, 동독의 재산과 13억 마르크 상당의 동독 소유 해외 부동산이 연방정부로 이관되었다. 둘째, 통일로 인해 독일 정부는 분단비용을 더 이상 지불하지 않아도 되었다. 여기에 포함되는 사항들은 ① 분단 시절 내독 국경 지역 도시들에 대한 개발 및 경제활성화를 위해 세금을 완화하고 지원금을 제공하였던 각종 조치들(Zonenrandförderung), ② 1951~1989년 동안 서베를린의 경제활성화를 위한 서독 정부의 지원금 1,050억 유로 및 740억 유로의 세제 혜택(Berlinförderung/Berlinzulage), ③ 동독 주민들의 서독 방문 시 지급되었던 환영금(Begrüßungsgeld)[41], ④ 서독으로 귀환하던 이주민과 정주민을 위한 수용소(Notaufnahmelager) 운영과 이들에 대한 정착지원 조치들(Eingliederungsleistungen), ⑤ 1989년까지 30억 마르크가 소요되었던 정치범 석방을 위한 지불(Freikauf politischer Gefangener), ⑥ 비사말납비 및 도로이용비 등의 국경통과비용(Transitpauschale)[42], ⑦ 내독 거래 시의 무이자차관 제공 등이다.

셋째, 통일 후 독일은 평화배당금(Friedensdividende: peace dividend)[43]을 챙기고 있다. 통일 전 동·서독 병력은 66만 5,000명(동독 17만 명, 서독 49만 5,000명)에 달했으나 2010년 연방군은 25만 명으로 축소되었다. 냉전 당시 서독의 국방비는 전체 예산 중 20%에 달했으나 통일 후 10%로 감소되었다. 또한 통일 후 독일은 전승국에 대한 주둔비를 더 이상 지원할

---

41) 1988년에는 2억 8,000만 마르크, 1989에는 20~40억 마르크였다.
42) 1989년에 5억 2,400만 마르크였다.
43) 군비통제 및 군축으로 국방예산 중 일부를 경제발전과 복지 등에 돌릴 수 있게 된 사회적 비용을 말한다.

필요가 없어졌고, 슈타지나 동독 국경경찰의 운용에 따른 비용 지불도 불필요하게 되었다.

(4) 재정이전 평가

재정이전에 대한 평가는 엇갈리고 있다. 긍정적인 평가를 내리는 측에 따르면, 통일 직후 동독은 서독 기업의 주요 시장이 되었고, 동독 재건을 위해 이전된 재정은 동독 내에서 소비와 투자재에 대한 추가적인 수요를 발생시켜 동독인의 구매력을 신장시킴으로써[44] 결과적으로 서독 경제 활성화에 기여했다는 것이다. 1990~1992년 서독 지역의 GDP 성장률은 연 5% 이상이었는데, 만약 동독으로의 재정이전이 없었을 경우 서독 지역의 경제성장률은 더 낮았을 것이다. 또한 코메콘 소속 국가들에 대한 동독의 수출이 서독 기업의 수출로 대체된 것도 1990년대 초 독일 경제성장에 크게 기여할 수 있었다는 것이다. 서독 지역으로 재유입된 재정은 100만 명 이상의 일자리와 연 400억 유로 정도의 추가 세입을 창출하는 효과를 갖는다는 주장이 제기되기도 했다. 또한 재정이전에 의해 유지되고 있는 동독 지역의 일자리 수는 약 80만 개인 것으로 추산되고 있어, 만약 재정이전이 이루어지지 않았을 경우 동독 지역의 실업률은 약 30% 대로 증가했을 것으로 예측되었다.[45]

반대로 재정이전에 대한 부정적 평가는, 이전된 재정이 동독의 경제성장과는 전혀 무관하게 쓰였으며 오히려 독일 경제에 부담이 되었다는 주장이

---

[44] 통일 초기 동독 주민들의 구매력은 1950년대 서독 주민들의 평균 구매력과 비슷한 수준이었으나, 1990년대 중반에 이미 1992년 서독 수준으로 향상되었다. 불과 수년 만에 30년간의 복지상승('Wohlstandssprung')을 달성한 것이다.

[45] Klaus Steinitz, "Transfers - Ist der Osten Schuld an der wirtschaftlichen Situation in Deutschland?," http://www.memo.uni-bremen.de/docs/n1504.pcl9

다. 실제로 동독에 이전된 재정지원은 동독 지역의 인프라 현대화와 주택 개량 분야에 사용되었으나, 이 중 2/3는 주로 동독 주민들의 사회보장 분야, 즉 연금, 실업자 구제, 영세민보조금, 자녀양육보조금 등의 소비활동에 쓰였고 이는 투자 분야와 직접적인 상관이 없다는 것이다. 즉, 독일 정부가 지원한 재정금의 대부분은 동독 주민에 대한 소득 지원에 할당되었다. 동독 주민 수입의 1/3 이상과 동독 주정부 예산의 1/2은 독일 정부의 재정지원에 의존하고 있고, 사회체제나 인프라, 기업 창업, 공공재정 등은 연방정부로부터 이전된 재정으로 유지되는 실정이다. 동독 지역 내 물품이나 서비스의 2/3는 구동독 지역에서 자체적으로 공급되나, 동독 경제활동의 1/3은 서독 지역으로부터 이전된 재정에 의존하고 있다.46) 이런 맥락에서 경제학자 한스-베르너 진(Hans-Werner Sinn)과 울리히 부쉬(Ulrich Busch)는 재정이전이 동독의 경제기반을 구축하는 데 실패했다고 평가하고 "동독 지역의 경제를 의존경제"라고 부른다.47)

재정이전에 대해 부정적으로 평가하는 또 다른 입장은 재정이전으로 인해 독일 전체의 경제가 침체되어왔다는 것이다. 할레 경제연구소는 독일 경제성장률 저하의 2/3가 직간접적으로 동독으로의 재정전이에서 기인한다고 주장한다.

독일 정부는 통일비용을 조달하는 데 급급하여 성장 잠재력을 끌어올리

---

46) Klaus Steinitz, "Transfers - Ist der Osten Schuld an der wirtschaftlichen Situation in Deutschland?".

47) 진과 부쉬에 따르면 동독 지역은 의존 비율이 무려 45%에 이르는 세계 최고의 의존경제를 보이고 있으며, 제조업 분야의 취약성에 기인하여 자급자족 능력 면에서 과거 동독 시절보다 못하다고 지적되고 있다[Hans Werner Sinn, "Zehn Jahre deutsche Wiedervereinigung-Ein Komentar zur Lage der neuen Länder," (*ifo Schnelldienst*, 2000), p. 10~22; Ulrich Busch, *Am Tropf: Die Ostdeutsche Transfergesellschaft*(trafo, 2002), p. 41].

는 데 필수적인 사회간접자본에 투자할 여력을 상실했다. 또한 통일비용의 증가로 대규모 통화증발이 이루어짐에 따라 인플레이션 압력이 가중되어 독일 연방은행은 초긴축 통화정책을 추진할 수밖에 없었다. 결국 과도한 통일비용의 지출에 따른 후유증은 그대로 기업들에 전가되어 투자부진과 생산성저하를 초래함으로써 기업경쟁력의 약화를 가져왔다. 또한 동독의 각 주가 재정균형에 포함되기 시작한 1995년 이래 서독 주에 대한 재정균형 배당액이 줄어들었고, 덩달아 세제개혁과 'Agenda 2010' 개혁 등으로 주 수입원이 감소되어 독일의 전반적인 경기하락을 주도했다는 것이다. 경기악화로 인해 사회보장 분야의 지출(Sozialausgaben)이 늘어나면서 정부의 재정부채는 증가되고, 이는 세금 인상과 국채 발행을 유발했다. 독일 정부의 입장에서는 발행된 국채의 이자가 증가함으로써 투자 분야에 대한 재정지원 여력을 상실했다. 1991~2009년 동독 지역으로 이전된 1조 6,000억 유로는 2005년 국가 채무액 1조 5,000억 유로와도 맥을 같이한다. 동독에 대한 재정이전 금액을 충당하기 위해서는 독일이 연간 4%의 성장을 이룩해야 하나, 그간 평균 1% 정도로 성장해옴으로써 국가채무를 키워온 꼴이 되었다. 독일 정부는 '사회연대특별세', 부가가치세 인상 등의 증세 조치와 국채 발행 등으로 통일비용을 조달했고, 이로 인해 국가부채(Staatsverschuldung)가 급증했다.[48] 독일의 GDP 대비 부채비율은 1990년 통일 당시 40% 정도였으나, 2005년에는 무려 68%로 급증함으로

---

[48] 아데나워에서 브란트 수상 집권 시기까지 20여 년 동안 국가부채가 GDP에서 차지하는 비율은 20% 전후였으나, 슈미트 정부하에서 8년여 동안 두 차례의 오일 위기를 겪으면서 40%까지 상승했다. 콜 수상이 집권한 1982년부터 통일 직전인 1990년까지 이러한 국가부채비율은 그대로 유지되고 있었는데, 통일 이후 급격히 증가하여 2000년대 중반 60%를 넘어 2010년 3월에는 무려 71%에 달하고 있다. 2009년 EU 27개국의 평균 국가부채는 GDP의 74%였다 (http://de.wikipedia.org/wiki/Staatsverschuldung).

써 결국 빚을 내 동독 지역 살림을 유지하는 형국이 되었다.

이와 같은 찬·반 견해를 종합하여 보면 재정이전은 통일 직후부터 1992년까지는 동독 주민의 구매력을 향상시켜 독일 전체의 경제활성화에 기여했으나, 1993~1994년 이래로 독일의 경제성장 촉진요인으로 작용되지 않고 있다는 것이 일반적인 평가이다. 그러나 재정이전이 줄어들 경우에도 마찬가지로 동독의 경제상황은 악화될 것으로 평가하고 있다. 재정이전을 줄일 경우 단기적으로는 연방정부의 부담이 줄어들지는 모르나, 중·장기적으로는 분단으로 야기된 저개발 상태가 지속될 경우 결국 정부의 공공재정에 부담 요인이 될 것이고, 이는 장차 경제성장의 저해 요인으로 작용할 것이라는 분석이다.

베를린 자유대학교의 클라우스 슈뢰더(Klaus Schroeder) 교수는 동독이 앞으로 20년 정도 더 연방정부의 재정이전에 의존해야 할 것으로 전망하고 있다. 왜냐하면 동독은 자체적으로 경제성장을 끌어갈 동력원이 없는 상태이고, 사회보장을 전적으로 정부의 지원에 의존해야 하기 때문이다. 만약 동독 주민들이 정부의 재정지원에 의존하지 않고 연금, 실업지원, 의료보험 등 현재의 사회보장 수준을 유지하려면 그들은 현재 각자 임금의 45%를 사회보장비로 지출해야 할 형편이라는 것이다.

3. 통일 20년 경과 후 독일 경제의 실태와 전망

These 17   유럽연합의 집행위원회(Europäische Kommission)의 보고서에 따르면, 현재 전반적인 독일 경제가 겪고 있는 어려움의 2/3는 독일 통일에서 기인하고 있다고 평가되었다.[49] 독일의 경제성장은 1990년대 중반부터 하락하기 시작했다. 통일 이전 1980~1990년까지 서독의 평균 경제성장률은 2.5%인 데 비해, 1991~2009년까지 독일 전체의 평균 경제성장률은 1.3%로 줄어들었다. 독일 경제성장 둔화의 주요 원인은 한마디로 통일 후유증의 결과이며, 동독 경제의 침체에서 그 이유를 찾을 수 있을 것이다.[50] 화폐통합은 동독 기업의 과대평가를 촉진하여 대내외 경쟁력을 상실하게 하고, 동독 내 실업률 상승을 초래함으로써 결국 서독 정부의 부담으로 되돌아오게 만든 요인이 되었다. 통일 전 동·서독 간 실제적 경제력 격차가 컸음에도 불구하고 시행된 1:1 화폐교환은 설상가상으로 동독 산업 기반 자체를 붕괴시키는 결과를 초래했고, 과대평가된 동독 기업들은 결국 경쟁력을 상실한 채 도산했다. 이로 인해 대량실업이 발생했고, 이는 결국 통일비용 증가로 이어져 독일 경제에 부메랑 효과로 나타났다.

양독 지역 간 생산성의 불균형에도 불구하고 동독 기업의 노조와 노동자들의 급격한 임금 인상과 임금 균형 요구는 동독 기업으로 하여금 국제 경쟁력 상실과 생산성의 저하를 가져왔고, 동시에 서독 및 서방 기업가로 하여금 동독 지역에 대한 투자를 기피하게 만드는 요인으로 작용했다. 이로써 신규 고용창출은커녕 기업 도산으로 인한 대량실업을 자초하며 전반적인 동독 지역의 경제활력을 저하시키는 요인이 되고 있다. 또한 동독 통화의 가치 절상과 임금 인상 요구는 동독 경제의 성장 잠재력을 약화시키는 주요 원인이 되었고, 이는 결국 연방정부로부터 동독에 대한 재정이전을 필수적으로 만들었다.

장차 독일 경제의 활성화 여부는 여전히 동독 경제의 앞날과 직결되어 있을 것이며, 동·서독이 완전한 경제통합에 이를 때까지는 앞으로도 많은 시간이 필요할 것이다. 그럼에도 불구하고 독일은 정치적 안정을 바탕으로 지속적인 개혁을 통해 통일의 후유증을 극복하면서 세계적인 경제 대국의 위상을 계속 지켜나갈 수 있을 것으로 전망된다.

---

49) 2002년 EU 집행위원회 평가.

50) 통독 후유증이 독일 경제 침체의 주요 원인이라는 주장에 대해 반박하는 일부 주장도 있다. 독일 경제 자체의 문제점에 기인한 경기둔화가 독일 경제성장 침체의 장애 요인이라는 것이다. 1980년대 중반부터 이미 서독의 경제성장은 둔화되는 추세였고, 실업률은 상승했으며 투자율도 하강하는 추세를 보였기 때문에 지속적인 개혁을 필요로 했었다고 주장한다. 반면 서독은 통일로 인해

1) 침체된 독일 경제

서독은 1950~1973년 연평균 5.9%의 높은 성장률을 기록하는 등 '라인 강의 기적'을 이룩하면서 경제성장, 고용, 물가, 재정 등 모든 면에서 모범적인 국가로 발전했다.[51] 그러나 1970년대 석유파동 이후 성장이 둔화되기 시작한 독일 경제는 경직된 노동시장, 방만하게 운영되는 사회복지제도, 높은 조세부담 등 이른바 '시스템 피로 현상'의 누적으로 성장 신화에 제동이 걸리면서 경제성장률이 1970년대에는 3.1%, 1980년대에는 2.3%로 다소 위축되고 있었다.

통일 이후 동독재건을 위해 막대한 통일비용이 투입되었고, EU 통합으로 독자적인 거시경제정책의 운용이 제약을 받으면서 독일의 경제성장은 급격히 하락했다. 현재까지 연평균 1% 전후의 저성장 기조를 유지하고 있으며, 이는 유럽 국가들의 평균 경제성장률에도 미치지 못하는 수준이다.[52]

그럼에도 불구하고 독일은 현재 GDP를 기준으로 볼 때 미국, 일본, 중국에 이어서 세계 제4위의 경제 대국이고, 세계 최대 상품수출국이자 세계 2위의 교역국으로서 세계 경제에서 중요한 위상을 차지하고 있다. 독일은 또한 유럽 최대의 경제 대국이다.[53] 2004년 5월 중·동구 유럽

1,600만 명의 시장과 훈련이 잘된 인력을 구비하고 있는 동독 지역으로부터 큰 이득을 보고 있다는 것이다. 이들은 재정이전 중 큰 부분을 차지하는 것은 소비재·서비스 분야로 이는 투자 분야가 아니며, 또 다른 큰 부분은 사회보장 분야로서 이 분야의 지출이 늘어나는 이유는 독일 경기가 나쁘기 때문이라는 논리를 펴고 있다.

51) 연평균 실질성장률이 1950년대에는 10.7%, 1960년대에는 5.5%에 달했다.
52) 1991~2009년 평균 1.5%였고, 같은 시기 EU는 1.84%였다.
53) 2008년 독일의 교역 규모는 1만 2,150억 유로(수출 6,730억 유로, 수입 5,420억

10개국이, 그리고 2007년 1월 불가리아와 루마니아가 EU에 각각 가입함으로써 EU는 세계 최대 단일경제권을 형성하고 있고, 독일은 EU 회원국 중 인구 16.8%, GDP 20.5%를 차지함으로써 EU 내에서 가장 막강한 경제 대국으로 자리잡고 있다.

그러나 그동안 유럽의 경제성장을 이끌어왔던 독일은 1990년대 이후부터 "유럽의 병자(a sick man in Europe)"라고 불릴 만큼 장기간에 걸쳐 경제활력을 회복하지 못하고 있는 실정이다. 독일은 1995년 이래로 경제성장률이 지속적으로 하락했고, 실업이 크게 증가하는 등 경기 부진에서 벗어나지 못하고 있다. 이는 근본적으로 경기순환적 요인보다는 독일 경제구조의 취약성에 기인한다는 평가가 지배적이다.

2001~2006년 유로존(Euro-Zone) 국가들의 평균 경제성장률을 비교해 볼 때, 독일은 이탈리아 및 포르투갈과 함께 저성장 그룹으로 분류되고 있다.[54] 2006년부터는 세계 경제의 호황, 독일 산업의 경쟁력 회복과 정부의 과감한 구조개혁정책 등에 힘입어, 독일 경제는 2006년 3.5%, 2007년 4.4%의 GDP 성장률을 보이며 다소 호전되었다. 그러나 2008년에 들어서 세계적인 경제위기의 여파로 다시 2.9%의 저성장 모드로 되돌아섰으며, 2009년도 GDP 성장률은 -3.5%로 마이너스 성장을 기록했다.

독일의 1인당 GDP는 2009년 현재 2만 9,406유로에 달하고 있다. 통일 전 당시 독일의 1인당 국민소득은 EU 내 3위에서 10년 뒤에는 EU 15개국

유로)로서 미국 1만 7,270억 유로에 이어 세계 2위를 차지하고 있고, 수출 규모 측면에서는 2009년도에 약 7,310억 유로(세계 시장의 10%를 차지)의 상품을 수출하는 세계 최대의 수출국이다.

54) 고성장 그룹: 그리스, 아일랜드, 스페인, 핀란드
중간 그룹: 프랑스, 벨기에, 네덜란드, 오스트리아
동구 EU 가입국: 4~5% 성장

중 11위로 추락했고,[55] 2010년 현재는 EU 27개국 중 11위이다.

독일의 실업률은 통일로 인해 두 배로 늘어났다. 1990년대 초 유럽 국가들 중 최저 수준이었던 독일의 실업률은 2005년 13.0%에 이르러 최고 수준으로 반전되었다.[56] 2005년 독일 전체의 실업자 수는 처음으로 500만 명을 돌파하여 실업 해소가 정부의 최대 과제로 부상했다. 한때 520만 명에 달했던 실업자는 2005년 2월 이후로 지속적으로 감소되는 경향을 보이고 있다. 이는 수출 호조에 따른 경기상승과 그간 추진해온 개혁정책(Agenda 2010)의 효과가 노동시장에 긍정적인 영향을 미쳤기 때문인 것으로 분석되고 있다. 2009년에는 세계적인 경기불황의 여파로 고용 상황이 악화되어 실업률은 9.1%로 다소 상승되었다.

2) 독일 경제의 침체 원인

(1) 통일 후유증
① 체제 전환에 따른 동독 경제의 침체

동독 경제 침체의 주요 원인은 먼저 그간 중앙계획 경제체제로 운영되어 왔던 동독 경제가 통일 직후 서독의 사회적 시장경제체제로 전환되는 과정에서 파생되는 부작용에서 찾을 수 있을 것이다.

1:1 화폐통합이 이루어지고 국영기업이 사유화되기 시작하면서 동독 경제는 급속히 악화되었다. 1:1 화폐통합으로 동독의 통화가치가 실제보다 높게 평가되어 인플레가 발생했고, 대내외 경쟁력을 상실한 동독 기업

---

55) 독일 뒤로 처져 있는 국가들은 이탈리아, 스페인, 그리스 및 포르투갈이었다.
56) 1991년의 실업률은 4.2%(유로 평균은 7.9%)에서 2004년 11.7%(유로 평균 8.9%), 2005년 13.0%로 바뀌어왔다. 참고로 2004년 주요 국가의 실업률은 스페인 10.9%, 프랑스 9.7%, 이탈리아 8.0%, 스웨덴 6.4%, 영국 5.5%였다.

들의 줄도산으로 동독의 GDP가 갑작스럽게 급락하며[57] 대량실업이 발생했다.[58]

동독 지역의 경제는 서독에 의해 완전히 장악되었다. 민영화된 동독 지역 기업들은 자본이 취약한 중소기업 위주였고, 그나마 기업 수도 적었다. 상대적으로 동독 기업들은 경제적 혁신 잠재력이 부족했고, 환경과 노동보호, 그리고 사회보장과 관련된 규정이나 법체계에 적응하지 못하여 경쟁력이 떨어지는 경우가 많았다. 파산율은 서독 기업에 비해 세 배나 높은 실정이었다. 이러한 상황에서 동독 지역의 경제기반은 급격하게 와해되기 시작했다.

② 동독 지역 경제의 자체 문제점: 생산성 저하와 낮은 경제성장률

40년간 지속되어왔던 계획경제 자체의 구조적인 취약점들은 쉽게 청산되지 않은 채 독일 경제성장의 발목을 잡아왔다. 무엇보다 본질적인 문제는 동독 지역 기업의 경제생산성이 서독에 비해 80% 수준(2010년)으로 아직도 낮다는 사실이다. 특히 생산 분야나 부가가치 창조 분야의 산업비중이 서독 기업에 비해 현저히 낮은 실정이다. 그간 동독 지역의 경제성장에 대한 장애 요인으로 대기업의 부재, 외부 자금 조달의 어려움, 연구개

---

[57] 동독 지역의 기업들은 상대적으로 낮은 생산성에도 불구하고 통일 직후 국제경쟁 상태로 돌입했다. 코메콘 체제의 붕괴로 대외 수출 시장을 상실한 상태에서 동독 주민들조차도 서독 제품을 선호함으로써 동독 기업의 상품은 경쟁력을 상실하게 되었고, 이는 결국 대규모 도산으로 이어졌다. 1990년 4/4분기 동독의 GDP는 1989년의 71.5% 수준으로, 1991년 2/4 분기에는 전년 대비 55.5%로 급락했다.

[58] 동독 주민들은 이와 같은 갑작스러운 대량실업이 모두 신탁청 때문이라는 인식을 갖게 되었고, 급기야 1991년 4월에는 당시 신탁청장이었던 데틀레프 카르스텐 로베더(Detlev Karsten Rohwedder)가 피살당하는 일이 발생했다.

발(R&D) 저조 및 취약한 클러스터 구축(Clusterbildung)[59] 등이 거론되고 있다. 이제까지 동독 지역 경제가 주로 건설, 은행, 보험 분야를 중심으로 발전되어왔고, 연구개발 분야나 첨단기술 분야의 발전은 저조했다(동독 지역 27%, 서독 지역 46%). 건설경기의 지속적인 침체도 동독 지역의 경제성장률을 낮추게 한 주요 원인 중 하나로 손꼽히고 있다. 그러나 무엇보다 심각한 것은 동독 지역 경제가 자체적으로 경기를 끌어올릴 만한 능력을 구비하지 못했다는 점과, 대내외로부터의 투자 감소로 인해 동독 지역 경제의 성장잠재력 또한 크지 않다는 것이다.

③ 동독 근로자의 임금 동일화 요구

동독 지역 기업이 안고 있는 또 다른 본질적인 문제는 임금 인상이 경제성장을 앞섰다는 것이다. 통일 직후 동독의 경제성장과 노동시장 상황을 고려할 때 동독의 임금 상승은 억제되었어야 함에도 불구하고 정치적인 이유로 과도한 임금 인상이 이루어졌다.

통일 전 서독에 비해 1/3 수준이었던 동독 노동자의 임금은 경제·화폐통합 이후 동독 내 근로자 간에 자율적인 단체협약이 이루어지면서 급속하게 인상되었다.

급속한 임금 상승의 주요 원인은, 첫째, 연방정부와 정치권은 동독 주민들의 이주를 막는다는 명분으로 빠른 시일 내에 생활수준을 향상시켜 줄 것을 약속했고, 서독 노조도 신규 인력 유입에 따른 임금 하락을 우려하여 이에 동조했다.

둘째, 통일 직후 서독 노조들은 동독 지역에 곧바로 노조를 결성했으나,

---

[59] 클러스터는 상호 작용을 통해 새로운 지식과 기술을 창출할 수 있도록 기업, 대학, 연구소 따위를 모아놓은 지역을 말한다.

사업주들은 기업의 감량 경영으로 인해 사업자 연합체 형성이 늦어져 노조의 강력한 협상 파트너가 될 수 없는 상황이었다. 이에 따라 노조 측의 요구를 중심으로 임금 협상이 진행될 수밖에 없었다.

셋째, 임금 협상이 산업 및 지역별로 이루어졌기 때문에 기업의 경영 상태와 상관없이 임금 인상의 폭이 커졌다. 통일 후 동독의 임금 및 근로 조건은 사용자 단체와 근로자 단체 간의 자유로운 협상에 의해서 결정되도록 했다. 그러나 동독 국영기업의 민영화 과정에서 동독 기업이 채 탄생되기도 전에 동·서독은 서독 노조와 노동자 연맹의 압력으로 임금 동일화 원칙에 합의했고, 이후 임금 단체협상의 결과 임금 수준을 1994년까지 서독 수준에 맞추도록 했다.[60] 통일 당시 서독 근로자 임금의 1/3 수준[61]이던 동독 노동자들의 임금은 1994~1995년까지 근 5년 사이에 무려 47% 가량 상승하여 1995년에 이미 서독의 75% 수준에 도달했다.[62] 이후 동독의 임금 수준은 경제 침체로 인해 2009년까지 거의 15년간 정체 상태에 놓여 있다(<그림 4-1>의 임금과 생산성 참조).

④ 서독 체제를 그대로 동독 지역에 이식

서독의 경제구조, 특히 임금 및 사회복지제도가 동독에 그대로 적용된 것도 동독 지역의 경제 침체를 가져온 또 다른 원인 중 하나이다. 기존

---

60) 1993년 단체협약은 사실상 파기되었으나, 동독의 임금 상승률은 1990년대 내내 생산성 증가율을 상회했다.
61) 통일 전의 실질 환율을 적용하여 동독의 임금을 계산하면, 통일 당시 서독의 7% 수준이었던 동독의 임금이 1:1의 환율 적용으로 통일 당시 이미 통일 전에 비해 4.3배 상승했다.
62) 1991년 51.0%, 1992년 61.7%, 1993년 69.0%, 1994년 72.1% 수준에 달하게 되었다. 동독의 임금은 1993년 아일랜드를 추월하고 1995년 프랑스 수준에 육박한 이후부터 프랑스 수준을 유지하고 있다.

서독의 사회보장제도, 노동법, 노사관계 등 노동정책을 그대로 동독 지역에 적용함으로써 국가재정악화와 동독 지역 내 임금 인상을 유발시켰다.

⑤ 동독 지역 내 높은 실업률과 노동시장의 불안정

동독 경제와 관련하여 최대 난제 중 하나는 실업률이 높다는 점이다. 취업 인구 중 1/2은 통일 직후 실업을 경험했다. 동독 사회는 흔히 '1/3 사회(1/3 Gesellschaft)'라고 일컬어진다. 동독 주민 중 1/3만 고용을 유지하고, 2/3는 취업이 불투명하기 때문이다. 2010년 6월 현재 동독의 실업자 수는 97만 8,000명(남자 53만 1,000명, 여자 44만 7,000명)[63]에 달한다. 실업률은 11.6%(서독 6.5%)로 서독에 비해 1.8배 정도 높다.

한편 동독 지역의 인구는 점차 감소 추세를 보이고 있다. 2008년 10월 인구 분포에 따르면, 유능한 젊은 인력, 특히 젊은 여성인력은 배움의 기회와 시간당 임금이 높은 일자리를 찾아 서독 지역으로 많이 이주하는 추세서 동독 지역에는 교육받은 전문 인력, 의사 및 간호사 부족 현상을 겪고 있다. 젊은 노동자는 적고, 기존의 노동인력은 대부분 정년퇴임한 상태이나 신규 노동인력이 이를 대체해주지 못하고 있는 실정이다. 또한 노령화 사회가 가속화되고 있다. 이런 현상은 노동시장의 악화로 직접 연결된다. 인구 감소는 투자 약화를 초래하고 동시에 세수원 감소를 유발한다. 세수원 하락은 구매력 감소를 유발하고, 대량 구매력 감소는 지자체의 재정적자를 유발하는 악순환이 반복되고 있다.

⑥ 재정이전 의존 경제

상대적으로 높은 실업률, 자체적인 자본형성의 미흡, 지자체의 재정적

---

[63] 독일 연방노동청(Bundesagentur für Arbeit)의 통계자료.

자 및 인구 이전 등은 연방정부로 하여금 동독에 대해 지속적으로 재정적인 지원을 해야 하는 요인이 되고 있다. 동독 지역 내 물품이나 서비스의 2/3는 동독 자체적으로 공급되고 있으나, 1/3은 여전히 서독 지역에 의존하고 있다. 이는 동독 경제활동의 1/3이 서독 지역으로부터 이전된 재정에 의존하고 있음을 의미한다. 사회보장, 인프라, 공공재정 등은 거의 모두 이전된 재정으로 버티는 실정이다.

⑦ 대외환경 악화에 따른 동독 지역 경제악화

통일 전 동독은 수출지향체제를 유지했고, 특히 동독 수출의 70% 이상이 소련 등 동구권 국가에 집중되었다. 그러나 1990년대 초 폴란드, 체코슬로바키아, 헝가리 등 동구 3국의 경제악화로 인해, 동독마르크화의 평가절상으로 수출 가격이 인상된 동독 상품에 대한 수요는 급감했다. 이와 같은 배경으로 인해 동독 기업은 경쟁력을 상실하며 빠른 속도로 파산하게 되었다.[64]

(2) 기타 독일 경제의 침체 요인

① 방만한 사회복지제도 운영

서독은 제2차 세계대전 이후 라인 강의 기적을 통해 이룬 경제성장을 바탕으로 사회복지체계를 구축해왔다. 세계 제1위의 복지국가인 독일은 국가가 사회보장제도를 직접 운영하며 정부예산의 54.6%(2010)를 사회복지비로 지출하고 있다.

통일 후 사회복지제도가 '통일의 원칙'에 따라 동독 지역에도 그대로

---

[64] 대신 서독 시장은 동독 특수로 경제 붐을 구가함으로써, 독일 정부는 딜레마 상황에 놓이게 되었다.

적용되면서 정부의 사회보장비 지출은 급증했고, 이는 경제 침체의 주요 원인 중 하나가 되었다. 또한 과도한 사회보장체계는 국가의 재정을 악화시켜 교육 및 연구개발 등에 대한 투자 여력도 소진시키고 있다.

독일의 경우 사회보장체제와 관련된 재원은 사회보장분담금과 세금의 형태로 고용주와 근로자들이 각각 반씩 부담하고, 부족분은 정부 지원액으로 보조된다. 따라서 순수 임금 이외에 사회보장분담금이 추가로 포함되어 있는 독일 기업들의 임금은 세계 최고 수준이다. 이 때문에 사회복지예산의 높은 비율과 이에 따른 지출 부담은 독일기업의 경쟁력 저하와 고용 확대에도 큰 부담으로 작용하고 있다. 이는 또한 기업의 투자 기피를 유도함으로써 독일 경제의 활력을 상실하게 하는 요인이 되고 있다.

또한 방만하게 운영되는 독일의 사회복지제도는 독일 근로자의 근면성을 감퇴시키고, 동시에 일반 주민들의 세금 부담을 늘리는 요인이 되고 있다.

② 노동시장의 경직성

독일 경제의 또 다른 침체 요인은 노동시장이 유연하지 못하다는 점이다. 정부는 해고금지 규정을 엄격하게 적용하고 있고, 노조는 여전히 막강한 영향력을 행사하고 있다. 또한 노사 간의 '공동의사결정제도'도 신속한 의사결정과 기업의 구조조정을 어렵게 하고 있어 비난의 대상이 되고 있다. 그 외에도 노동자의 근로시간 단축, 많은 휴가일수, 은퇴 연령의 조기화 등이 독일의 경제성장을 제약하는 주요 요인으로 지적되고 있다.

한편 통일 후 서독의 노동법규를 동독에 그대로 적용함으로써 동독 경제의 경쟁력을 약화시켰다고 비난하는 목소리도 높다. 시장경제체제로의 전환단계에서 연방정부는 동독 지역의 노동시장에 대한 규제를 완화하고 절차를 간소화할 필요가 있었다는 지적이 대두되었다.

③ 고임금 구조

독일은 노르웨이와 스위스 다음으로 높은 임금 구조를 갖고 있는 국가이다. 생산성 약화와 자본 축적의 둔화, 그리고 실업 증가 등으로 요약되는 독일의 경제 현실에서 고임금 구조가 고수될 경우 필연적으로 실업이 발생하고 자본은 해외로 유출될 것이다. 1990년대 초 독일의 수출은 전 세계의 10%를 차지했으나, 2010년 8%대로 떨어졌다. 이는 독일 기업들이 임금 상승 및 세금 인상으로 투자를 통한 일자리 창출에 실패했고, 점차 국제 경쟁력을 상실해가고 있다는 것을 암시한다.

3) 경제 침체를 타개하기 위한 노력: 슈뢰더의 'Agenda 2010'

1998년 슈뢰더 수상이 집권할 당시 EU 내 13개국에서 규제완화와 사회복지 삭감을 주도하던 보수당 정권이 몰락하고 일제히 사민당 정권이 출범했다. 슈뢰더와 영국의 토니 블레어(Tony Blair) 총리는 '장차 유럽 사회민주주의가 나아갈 방향(Der Weg nach vorne für Europas Sozialdemokraten, 1999. 6. 8)'을 문서로 제시했다. 개혁 용어와 관련하여 독일은 '신중도(Neue Mitte)', 영국은 '제3의 길'이라는 용어를 사용했다.[65]

주요 내용은 ① 좌·우 이데올로기를 탈피하되 공평, 사회정의, 자유, 기회균등 등 기존의 사회적 가치는 존중하고, ② 시장경제는 지지하되 시장의 조정 기능은 정치를 통해 개선하며, ③ 장차 유럽 국가의 공통적 과제인 일자리 창출, 복지 확대, 기술 발전, 환경 및 마약 범죄 등은 공동으로 대응한다는 것이었다. 슈뢰더가 제시하는 '신중도'는 케인스식 국가

---

[65] 독일의 경우 양차 대전에 대한 원죄로 '제3의 길'이라는 용어의 사용을 의도적으로 배제했다.

개입주의와 무제한적인 자본주의의 중간 노선이라고 볼 수 있다. 슈뢰더는 구체적으로 기존의 서민들, 즉 노동자, 회사원, 연금수혜자, 사회보장 수혜자들 중심에서 탈피하여 새로운 중산층인 고자격 전문인, 매니저, 기업가, 자가 영업자, 기술자, 의사, 지식인 등을 대상으로 한 정책을 개발하고자 했다. 독일 경제가 장기 부진에서 벗어나지 못하는 근본적인 이유로 경제구조 자체가 취약하다는 판단 아래, 2003년 3월 슈뢰더 수상은 전후 최대의 개혁정책으로 평가되는 'Agenda 2010'을 발표했다.[66]

'Agenda 2010'의 등장 배경을 살펴보면, ① 독일은 이미 고령화 사회로 진입하여 기존의 사회보장제도는 더 이상 기능을 못하는 실정이며, ② 의료보험 및 연금제도는 모두 적자 상태이고, ③ 경기침체로 실업자는 늘고, 이로 인해 세수는 줄어드는 등 경제상황은 더욱 악화되고 있으며, ④ 정부가 막대한 재정지출 조달을 위해 세금과 사회보장보험료를 인상하나, 이는 노동비용을 높여 실업을 유발하고 경제 침체를 야기하는 악순환이 반복되고 있다는 것이다. 따라서 개혁정책의 주요 목표는 일자리를 창출하고, 임금비용을 절감하며, 장기적으로 지속 가능한 사회보장제도를 구축하는 것이다.

개혁정책의 핵심 내용은 ① 개별 기업 단위의 임금교섭을 허용하는 등 경직된 노동법을 완화하여 노동시장의 유연성을 높이고, ② 사회보장제도를 재정비하며, ③ 소득세율을 인하하는 등 세제를 개혁하고, ④ 관료주

---

[66] 사민당 내 일각에서는 'Agenda 2010'이 사회적 시장경제의 원칙을 버린 우경화된 정책이라는 비난이 지속되고 있다. 당내 좌파인 라퐁텐은 슈뢰더의 개혁정책에 반발하며 2005년 5월 탈당하여 WASG에 가입했고, 1,000여 명의 사민당 지지 성향의 노조 간부들도 이에 동조했다. 개혁으로 인해 직접적인 피해를 받는 노동자 계층과 노조의 불만은 「하르츠 IV법」 반대 데모로 이어졌고, 이는 사민당의 39년 아성이었던 노르트라인-베스트팔렌 주 선거의 참패와 동독 지역의 '좌파연합'의 급부상을 가져왔다.

의적 규제를 철폐함으로써 경기부양을 통해 경제를 활성화시킨다는 것이다. 2005년 총선(9. 18) 결과 탄생한 '기민/기사연합'-사민당 간에 수립된 대연정의 메르켈 수상도 'Agenda 2010'의 기조를 유지하며 분야별 구조개혁을 적극 추진하고 있다.

(1) 노동시장 개혁과 실업대책: 노동시장 유연화정책 추진

통일 전인 1985년 이미 연방하원은 해고보호를 제한적으로 운용하고 조기 명예퇴직제도를 도입하는 등 노동시장의 규제를 개혁하기 위한 조치를 취한 바 있으나 본격적인 노동시장 및 노동 관련법에 대한 개혁은 슈뢰더 수상 취임 후 단행되었다.

주요 내용 중 하나는 4차 노동시장 개혁안(「하르츠 IV법」)[67]을 시행한 것이었다. 「하르츠 IV법」은 기존의 '실업부조'와 '사회부조'를 새로운 '실업급여 II'로 통합하고, 실업자의 구직 노력을 촉진하기 위해 '실업급여 I'[68]의 수령 기간도 최장 32개월에서 12~18개월(55세 이상)로 단축한다는 내용을 담고 있다.

부당해고금지 규정의 적용도 완화했는데, 적용 범위를 5인에서 10인

---

67) 하르츠 I~IV는 2002년 2월 구성된 하르츠 위원회(위원장은 페터 하르츠(Peter Hartz) 폴크스바겐 사 인사담당이사)가 동년 8월 제시한 4단계 노동시장 개혁 방안으로, 하르츠 I(임시직 고용 증진을 위한 규제 완화)과 II(취업 알선 시스템의 효율성 제고 및 저소득 일자리(월평균 400유로 이하의 임금을 받는 일자리를 말하며, 연금과 상관이 없다) 등 신규 일자리 창출 대책)는 2002년 12월 법제화되어 2003년부터 시행되었고, 하르츠 III(연방노동청을 연방고용공사로 개편)은 2004년부터 시행되었다.
68) 실업보험 가입자가 실업자가 될 경우 보험료 납입 기간과 금액에 따라 수령하는 고유 의미의 실업급여로서, 새로 도입된 '실업급여 II'와 구분하기 위해 '실업급여 I'로 지칭된다.

초과 사업장으로 확대했고, 창업 후 4년까지는 고용계약기간의 신축적인 조정을 허용하고 있다. 이 외에도 잡 센터(Job Center)를 설립하여 '저소득 일자리(Mini-Job)'에 대한 취업을 촉진시키고, '자영업(Ich-AG)'에 대한 인센티브를 도입했다.[69]

메르켈 수상의 대연정 정부가 들어서고 나서도 노동시장에 대한 개혁은 지속되고 있다. 「하르츠 IV 지속 발전법」을 통해 「하르츠 IV법」 시행과정에서 나타난 문제점을 보완하고 있다.

(2) 사회보장제도 재정비

사회보장제도와 관련된 개혁 대상은 크게 연금보험과 의료보험이다. 연금보험의 경우 퇴직연금보험의 정년을 현행 65세에서 2011년부터 매년 1개월씩 연장하여 2035년까지 67세로 상향 조정한다는 것이다. 또한 2007년부터 연금보험분담률을 기존의 19.5%에서 19.9%로 인상하되, 향후 수년간은 연금액을 동결하고 연금보험분담률을 2020년까지 20% 이하, 2030년까지 22% 이하로 억제한다는 내용이다. 의료보험의 경우 의료재정의 건실화를 위해 2007년부터 보험분담률을 0.5%포인트 인상하여 의료보험에 대한 자기부담률을 높이고, 2009년 1월 1일부터 건강기금제(Gesundheitsfonds)를 도입하는 등 사회보장제도를 개혁하여 기업의 사회보장비 부담을 경감시키려 하고 있다.

(3) 세제개혁

독일 정부는 재정의 건전화를 위해 부가세 인상을 통한 세수 증대 노력

---

[69] 실업자가 창업을 하는 경우 연방고용청이 3년간 보조금을 지원(1년차 월 600유로, 2년차 월 360유로, 3년차 월 240유로)하고, 연금보험료를 면제하며, 의료보험료와 간병보험료 감면 혜택을 부여했다.

과 함께 소득세와 기업세(법인세)를 지속적으로 개혁했다. 경기부양을 위해 소득세율을 평균 10% 인하했고, 기업의 세 부담률을 줄이고 기업 간의 인수합병(M&A)을 원활하게 추진하기 위해 법인세율을 25%에서 15%로 대폭 인하했으며, 기업에게 양도세에 대한 비과세 조치를 추진했다. 대신 재정 건실화를 위해 부가가치세율을 2007년부터 16%에서 19%로 인상했고 일명 '부유세'[70]를 도입했다.

(4) 기타

이 외에도 독일 정부는 경제성장과 일자리 창출을 위해 연구개발에 대한 투자를 확대하고 중소기업을 활성화시키며, 도로, 철도, 내륙 수운 등 교통 인프라를 확충하고 있다. 또한 저출산·고령화 사회에 대비하여 유자녀 가정에 대한 지원책과 출산장려책을 강화하고 있다. 2007년 1월 1일부터 부모수당(Elterngeld)[71]제가 도입되었다. 가정과 직업의 조화를 강화하기 위한 보육시설과 전일제 학교도 확충하고 있다.

2000년대 이래로 독일은 65세 이상 인구가 총인구에 차지하는 비율이 17.1%여서 이미 오래전에 고령화 사회에 진입했다. 앞으로도 낮은 출산율과 수명의 연장으로 고령화가 더욱 심화될 것이며, 고령화로 인한 전문인력 부족이 독일 경제에 직접적인 영향을 미칠 것으로 예측되고 있다. 2002년 독일의 고령자(55~64세) 취업률은 38.4%로 스위스 65%, 스웨덴

---

70) 연소득 25만 유로(부부일 경우 50만 유로) 이상의 고소득자에 대해 42%의 최고 소득세율을 45%로 인상했다.
71) 양육수당(Erziehungsgeld) 대신 도입된 제도로, 자녀 출산 이후 12~14개월 간 지급되며 금액은 부모 수입에 따라 다르다. 원칙적으로 출산 직전 월급에서 세금이 공제된 액수의 67%까지 수령할 수 있으나, 최저 월 300유로부터 최대 1,800유로를 넘지 못한다.

68%, 미국 59.5%에 비하여 현저히 낮을 뿐 아니라, EU 평균 39.2%에도 못 미치는 실정이다. 특히 통일 후 동독 출신 고령자들은 대부분 실업자로 남아 있다. 고령화의 급속한 진전으로 연금, 건강보험 및 장기요양보험에 대한 부담이 증가하여 재정적자 확대 요인으로 작용하고 있고, 이들에 대한 사회보장지출 규모는 2008년 GDP 대비 29%에 달했다.[72]

내수경기활성화와 경제개혁 차원에서 이제까지 법으로 제한되었던 상점 영업시간[73]도 주정부의 결정에 따라 상당히 자유화될 것으로 전망되고 있다.

4) 독일 경제 전망

통일과 동시에 독일 경제는 1990년대 초부터 불어닥친 세계화, EU통합, 유로화 도입, EU의 동구 확대 등과 같은 엄청난 변화와 충격 속에 그대로 노출되었다. 그러나 독일 경제는 통일 후유증과 과도한 사회복지제도, 고임금, 노동시장의 경직성 등 구조적 요인으로 인해 이러한 충격에 제대로 대응하지 못한 채 저성장, 고실업, 재정적자의 위기를 겪어오고 있다. 통일 후유증으로 그간 침체가 지속되어오던 독일 경제는 2000년대 초 슈뢰더 수상의 개혁정책과 메르켈 수상의 성장 위주의 경제정책으로 2000년대 중반부터 서서히 살아나는 추세이나, 2000년대 후반 국제금융위기를

---

72) "Statistisches Bundesamt Deutschland, Sozialbudget"(http://www.destatis.de).
73) 1956년에 상점 노동자의 휴식 권리를 보호하기 위하여 영업시간을 평일에는 오후 6시, 토요일에는 오후 1시까지로 제한하는 법이 제정되었다. 이에 대해 상점 영업시간 제한은 독일의 산업경쟁력 약화, 소비자의 구매 권리 제한, 내수 활성화에 지장을 초래한다는 지적이 끊임없이 제기됨에 따라 1996년 이후 상점 영업시간 규정이 점차 완화되어 평일과 토요일 오후 8시까지 연장되었다.

맞아 다시 일시적으로 경기침체를 경험하고 있다.

장차 독일 경제의 활성화 여부는 여전히 동독 경제의 앞날과 직결되어 있다고 할 수 있을 것이다.

그러나 유감스럽게도 많은 독일 관련 전문가들은 동독 지역 전체 경제에 대한 여건과 전망을 다음과 같은 이유로 그리 밝게 보는 편은 아니다.[74]

첫째, 중·장기적으로 동독의 경제성장률은 동독 경제가 안고 있는 본질적인 어려움으로 인해 그리 높지 않을 전망이다.

둘째, 장차 대내외로부터의 동독 지역 기업에 대한 투자와 직접 관련이 있는 생산 잠재력과 부가가치 생산비율은 미흡한 투자로 인해 그리 높지 않을 전망이다.

셋째, 노동시장은 국가기관, 서비스 분야, 지방자치단체로부터의 퇴직자들이 늘어남으로써 더욱 타격을 받을 전망이고, 동독 주민의 서독 이주는 지속될 전망이다. 또한 인구 변동 추세를 볼 때, 2008~2010년부터는 은퇴하는 노령층보다 취업을 시작하는 젊은 층의 인구수가 더 적어 전문 인력의 부족 현상을 겪을 것이다.

넷째, 젊은 가임 여성 부족으로 자연 노령화가 촉진될 것이고, 2020년부터 동독 지역의 인구수는 더욱 감소할 것이다.[75]

다섯째, 인구 감소는 지역 내 세수 감소와 상품 및 서비스 수요 감소를 촉발하고, 이는 지방자치단체 내 투자력의 감소를 가져와 결국 지역 경제의 기반을 무너뜨릴 가능성이 높다. 이럴 경우 이미 구축된 인프라 시설들

---

74) Institut für Wirtschaftsforschung Halle, "20 Jahre Deutsche Einheit-Teil 1-Wirtschaft im Wandel,"(2009).

75) 1989년부터 동독 지역의 주민 수는 14% 감소했다. 2020년까지 서독 이주와 출산율 저하로 또다시 10% 정도의 인구 감소가 예상된다("Ostdeutschland ist ein Notstandsgebiet"(2008. 8. 22), http://www.T-online.de].

을 전부 소화하지 못할 것이며, 비어 있는 가옥과 사무실 등을 관리하는 데 더 많은 재정이 소요될 것이다.

여섯째, 주민들의 조세력(Steuerkraft)과 구매력도 높아지지 않을 전망이다.

일곱째, 지자체와 각 주의 부채, 주민 감소, EU 촉진지원금의 축소, 연대협약기금(Solidarpaktmittel)의 축소로 인해 전반적으로 재정적인 어려움이 예상되는 가운데 이자 상환은 점차 늘어날 전망이다. 이런 맥락에서 동독이 서독과의 1인당 노동생산성의 격차를 따라 잡기 위해서는 앞으로도 수십 년이 소요될 전망이다.[76]

그러나 독일 경제의 근본적인 기반은 아직도 건실하다. 독일은 전통적으로 높은 생산성 및 탁월한 기술 수준을 바탕으로 자동차, 전기·전자, 기계, 화학산업 등의 제조업 분야에서 국제적 경쟁력을 보유하고 있는 세계 최대의 수출국이다. 또한 독일은 금융이나 부동산 부문에 거품이 없고, 서비스 부문에 치중된 미국이나 영국에 비해 기계, 화학 및 발전 설비 등 생산 부문을 꾸준히 확장해오는 등 건실한 경제구조를 갖고 있다. 축적된 사회간접자본과 우수한 전문 인력을 배출하는 직업학교, 그리고 견실한 중소기업들이 체계적으로 조화를 이루면서 독일 경제의 근간을 이루고 있다.

이와 같은 건실한 경제기반에 힘입어 독일은 지속적인 경제성장을 보이고 있다. 세계 경제위기의 여파로 유럽 국가들의 경제성장이 둔화되고 있는 가운데, 독일의 2010년 GDP 성장률은 3%에 달할 것으로 전망된다. 2010년 실업자는 319만 명으로 14개월째 감소 추세를 보이고 있다. '유럽의 병자'에서 '유럽의 엔진'이 되고 있는 것이다.[77]

---

76) 동독재건을 담당하고 있는 연방 내무장관 데 메지에르는 2019년이 되어야 양독 간의 생활수준이 동등해질 것으로 전망하고 있다(*Berliner Zeitung*, 2009. 11. 7).
77) *The Economist*(2010. 3. 11).

그러나 동·서독이 완전한 경제통합에 이를 때까지는 앞으로도 많은 기간을 필요로 할 것이다. 그럼에도 불구하고 독일은 무엇보다도 정치적 안정을 바탕으로 지속적인 개혁을 통해 통일의 후유증을 극복하면서 세계적인 경제 대국의 위상을 계속 지켜나갈 수 있을 것으로 전망된다.

제5장
대외 정치적 시각에서 본 독일 통일 20주년

1. 유럽 안보 구도와 최근 유럽 안보 정세

> **These 18** 동서냉전의 산물로 탄생한 유럽공동체와 나토는 그간 동서 진영의 대결에서 서방 체제를 지키며 동서냉전을 종식시키는 데 구심적인 역할을 해왔다. 동서냉전 종식 후 EU는 '정치·경제 연합'에서 '안보·국방 연합'의 방향으로 발전되는 중이다. 나토는 집단방어체제로서의 성격이 약화되고 오히려 유럽의 안정화를 위한 정치적 도구로 인식되어왔다. 그러나 발칸 반도 내전[1] 이후 나토는 기존의 동맹국에 대한 집단방위임무 이외에도 국제 위기·갈등 관리임무를, 그리고 2001년 9·11테러 이후에는 전 세계를 대상으로 한 대테러전을 수행해옴으로써 여전히 국제분쟁을 해결할 수 있는 유일한 군사기구임을 대외에 과시하고 있다.
> 1990년대 초반 이래 EU와 나토는 평화유지를 위한 역외 파병 작전을 수행하고 있다. 원칙적으로 EU와 나토의 기능은 상호 보완적 성격으로 양 기구는 이와 같은 임무수행 시 중복과 갈등을 사전에 막기 위해 역할분담을 하고 있다. EU는 원칙적으로 나토가 전적으로 관여하지 않고 EU의 독자적인 군사능력으로 작전수행이 가능한 경우에 한하여 EU 작전을 전개한

다. 주로 저강도 분쟁 지역의 군사안정화 작전은 EU가 맡고, 고강도 분쟁 지역 군사 작전은 나토가 수행하고 있다.

EU가 비록 '공동안보방위정책(Common Security and Defense Policy: CSDP)'을 추진하고는 있으나, 여전히 나토의 군사지휘조직, 군사기획능력, 기동수단 및 전략정찰수단을 필요로 하고 있다는 점에서 나토의 기능을 대체할 수 있는 수준으로 발전될 가능성은 당분간 없을 것이다. EU와 나토는 앞으로도 국제적 분쟁 예방과 위기극복임무를 수행하는 데에서 군사적 참여 여부, 지휘 구조 및 군사적 수단의 사용과 관련하여 상호간에 긴밀히 협의할 것이고, 양 기구 간의 전략적 파트너 관계는 지속될 것이다.

현재 유럽 안보 체제는 크게 '유럽연합', '나토', 그리고 '유럽 안보협력기구(Organization for Security and Cooperation in Europe: OSCE)'로 구성되어 있다.2)

1) EU 확대와 유럽통합

유럽은 EU를 중심으로 통합되어가고 있다. 현재 EU는 27개 회원국으

---

1) 발칸 반도 내전 시발은 1991년 6월 슬로베니아와 크로아티아가 유고 공화국으로부터 분리·독립을 선언하자 유고군이 슬로베니아에 진입하면서부터 시작되었다. 슬로베니아 내전은 한 달도 채 못 되어 70명의 사망자를 내며 종식되었고(7.18), 크로아티아 내전은 1만여 명의 사망자를 내며 6개월간 지속되다가 1992년 1월 휴전되었다. 또한 1992년 4월 보스니아의 독립선언에 보스니아 세르비아계가 이에 반대하며 항전하여 약 20만 명의 사망자를 냈다. 유고 내전은 1995년 11월까지 지속되었다. 이후 유고 공화국은 세르비아와 몬테네그로로 구성되고 있었으나, 2006년 6월 3일 몬테네그로도 국민투표로 독립을 결정함으로써 구유고슬라비아는 완전히 해체되었다.
2) EU와 나토 회원국의 총인구는 전 세계의 약 13%에 달하며, 세계 GDP의 63%, 세계 국방비 총지출의 77%, 그리고 세계 석유 총 소비량의 1/2을 차지한다.

〈그림 5-1〉 유럽 안보체제

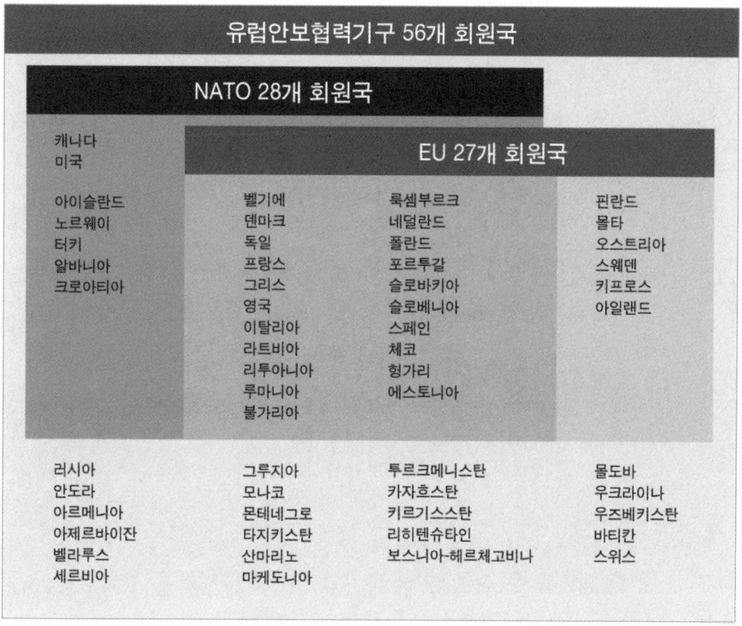

유럽안보협력기구 56개 회원국			
	NATO 28개 회원국		
캐나다 미국		EU 27개 회원국	
아이슬란드 노르웨이 터키 알바니아 크로아티아	벨기에 덴마크 독일 프랑스 그리스 영국 이탈리아 라트비아 리투아니아 루마니아 불가리아	룩셈부르크 네덜란드 폴란드 포르투갈 슬로바키아 슬로베니아 스페인 체코 헝가리 에스토니아	핀란드 몰타 오스트리아 스웨덴 키프로스 아일랜드
러시아 안도라 아르메니아 아제르바이잔 벨라루스 세르비아	그루지아 모나코 몬테네그로 타지키스탄 산마리노 마케도니아	투르크메니스탄 카자흐스탄 키르기스스탄 리히텐슈타인 보스니아-헤르체고비나	몰도바 우크라이나 우즈베키스탄 바티칸 스위스

로 구성되어 있는 인구 5억의 세계 최대 단일 시장이다. 동서냉전 종식과 독일 통일이 이루어진 1990년대 초부터 유럽통합 움직임은 더욱 가속화되었다. '마스트리히트 조약(Maastricht Treaty)'(1992. 2. 7)에 따라 1993년 11월 1일 EU가 정식으로 출범했다. 이 조약에 따르면 EU는 장차 '경제·통화연합'으로 유로를 도입하며, 외교안보정책을 긴밀하게 협의하는 국가연합의 성격으로 발전하도록 계획되어 있었다.

마스트리히트 조약에 따라 EU는 공동 통화로 유로(Euro)를 도입했다. 유로화는 1999년부터 각국 중앙은행과 일부 은행에서, 2002년부터는 회원국의 일반인들 사이에서 지불수단으로 통용되고 있다.[3]

EU 회원국들은 EU협정에 근거하여 '공동외교안보정책(Common Foreign

Affairs and Security Policy: CFSP)'을 추진하고 있다. EU의 '공동외교안보정책'과 관련하여 가장 핵심적인 사항은 EU 회원국이 '공동안보방위정책'을 추진해나가고 있는 것을 들 수 있다. 이 정책에 따라 EU는 인도적 지원과 구조작전, 평화유지임무 및 위기극복작전에 EU의 군사력을 투입하고 있다.[4]

EU 내에는 ① 정부 수뇌들로 구성되어 주요 외교안보정책을 결정하는 'EU 이사회(Europäischer Rat)', ② EU의 법안 및 예산안을 발의하고 행정부 기능을 하고 있는 'EU 집행위원회', 그리고 ③ 736명의 의원들로 구성되어 있는 'EU 의회(Europäisches Parlament)'가 있다.

EU 회원국은 2007년 12월 '리스본(Lisbon) 조약'을 채택하여 서명했고, 이는 2009년 12월 1일부로 발효되었다. '리스본 조약'의 주요 내용은 ① 6개월마다 순번제로 운영되는 현행 EU 지도체제를 상설 대통령제(President of European Council)로 대체하고, ② 외교정책을 총괄 지휘하는 외교장관 직을 신설하며, ③ EU의 집행기구인 집행위원회 권한을 대폭 강화하고, ④ 회원국들의 거부권을 축소시키기 위해 의사결정방법을 다수결로 정한다는 것을 명시하고 있다.

2009년도 EU의 총예산은 1,332억 유로에 달한다. 각 회원국은 자국 국내 총생산의 1.24%를 EU 분담금으로 지출한다.

'EU의회 선거'는 EU 회원국 국민에 의한 직접 및 보통선거로, 1979년 이래 5년마다 실시되고 있다. 2009년 6월 총 27개국에서 실시된 제 8대 EU의회 선거의 총 의석수는 736석으로, 이 중 독일이 99석을 얻어 가장

---

3) 27개 EU 회원국 중 '유로존에 가담하고 있는 나라는 2010년 현재 모두 16개국이다.
4) 이를 위해 유럽이사회의 승인이 필요하고, EU 각국은 자발적으로 자국의 해외파병 승인을 거친 후에 참여할 수 있다. 독일의 경우는 연방하원의 승인을 거쳐야 한다.

많은 의석을 보유하고 있고, 이어서 프랑스, 영국, 이탈리아가 각각 72석을 차지한다. 선출된 의원들은 EU 의회 내에서 정치 노선에 따라 초국가적인 정당연합을 결성하여 활동한다.

2) 냉전 종식 후 나토의 변화와 확대

1990년대 들어 동서냉전 종식과 바르샤바 조약기구의 해체로 나토의 주적이 사라지면서 집단방어체제로서의 나토의 성격은 약화되었다. 그러나 유럽에서는 1990년대 초 발칸 반도의 내전에서 보듯, 종족 및 종교 간의 분쟁, 그리고 영토 및 분리·독립전쟁 등으로 인해 지역 내 불안정성이 지속되었다. 이후 나토의 목적, 성격, 임무 등에 대한 재평가 작업이 뒤따랐다.

동서냉전 종식 이후 나토의 주요 임무는 코소보 전쟁과 유고 공습(1999. 3)에서 보듯, 분쟁 지역에 군사력을 파병하여 국제 위기·갈등 관리임무를 수행함은 물론 대량살상무기 확신에 대한 통제, 국제 내테러 소선, 소식범죄와의 전쟁 및 해상 공급로를 감시하는 것 등이었다. 1999년 4월 24일 워싱턴에서 열린 나토 정상회담에서는 나토의 역외 파병이 정당화되었다.[5]

동서냉전이 종식되기 전까지 나토 회원국은 모두 16개국이었다.[6] 1999년 3월 12일 나토 창설 50주년을 맞아 과거 바르샤바 조약 회원국이던

---

[5] 나토는 갈등 예방, 위기극복 그리고 위기를 사전 예방하는 차원에서 나토 역외 지역에 파병할 수 있으며, 1999년 코소보 사태에서처럼 비록 나토 회원국이 직접적으로 간여되지 않고 유엔의 권한위임이 없는 상태에서도 나토 역외 갈등 지역에서 작전을 수행할 수 있다.

[6] 12개 창설 회원국(영국, 프랑스, 이탈리아, 벨기에, 룩셈부르크, 네덜란드, 미국, 캐나다, 포르투갈, 노르웨이, 덴마크, 아이슬란드) 외에, 1952년 2월 18일 그리스와 터키가, 1955년 5월 9일 독일이, 그리고 1982년 5월 30일 스페인이 각각 나토에 가입했다.

폴란드, 체코 및 헝가리가 동구권에서 최초로 나토에 가입했다. 2004년 3월 29일 불가리아, 루마니아, 슬로베니아, 슬로바키아, 라트비아,[7] 리투아니아 및 에스토니아 등 7개국이 추가로 나토에 가입했다. 부카레스트 나토 정상회담(2008. 4)의 결정에 따라 2009년 4월 9일 나토 창설 60주년 기념 정상회담에서 알바니아와 크로아티아가 나토에 공식 가입함으로써 과거 바르샤바 조약기구 회원국 중 러시아만 빼고 모두 나토 회원국이 되었다. 2010년 현재 나토 회원국은 모두 28개국에 달한다.

1966년 7월 1일부로 나토 군사동맹으로부터 탈퇴를 선언하고, 그간 나토의 정치동맹에만 가입해왔던 프랑스는 2009년 봄 니콜라 사르코지 (Nicolas Sarkozy) 대통령의 나토 군사동맹 복귀 선언과 2009년 3월 18일 프랑스 의회의 승인을 통해 43년 만에 다시 완전한 나토 회원국으로 복귀했다.[8]

냉전 종식 후 EU와 나토는 국제 평화유지작전에 참여해오고 있다.

---

[7] 2006년 구소련의 공화국 중에서는 처음으로 라트비아의 수도 리가(Riga)에서 나토 정상회담이 개최되었다.

[8] 1960년 핵실험을 통해 프랑스는 제4대 핵보유국이 되었다. 1965년 12월 집권에 성공한 샤를 드골(Charles De Gaulle) 프랑스 대통령은 나토 내 미국의 지속적인 주도권을 거부하며, 프랑스 주둔 미군과 캐나다 군을 프랑스 지휘체계로 예속시킬 것을 주장했고, 이에 미국이 반대하자, 1966년 2월 동맹국과 나토 본부를 프랑스 영토로부터 철수시킬 것과 1966년 7월 1일부로 프랑스의 나토 군사동맹으로부터 탈퇴를 선언했다. 3만 명의 나토 군인들은 프랑스에서 철수했고, 나토 최고유럽연합사령부(Supreme Headquarters Allied Powers Europe: SHAPE)는 카스토(Casteau, 벨기에), 미 유럽사령부(EUCOM)는 슈투트가르트, 합동군사령부(Joint Force Command)는 브룬섬(Brunssum, 네덜란드)으로 각각 이전했다. 1990년대 중반 유고 사태 이후 프랑스 정부의 나토 전략이 변화되기 시작했다. 1995년 말부터 프랑스는 방어계획위원회(Defence Planning Committee: DPC)에 줄곧 참여해왔다.

국제 반테러, 국제 위기관리, 대량살상무기 확산 방지, 재난 구호 등과 관련된 작전에서 EU와 나토 간의 협력은 더욱 강화되고 있으며, 임무수행 시 양 기구 간에 적절한 역할 분담이 이루어지고 있다. 저강도 분쟁 지역의 군사안정화 작전은 EU가 맡고, 아프가니스탄과 같은 고강도 분쟁 지역 군사 작전은 나토가 수행하고 있다.

3) 유럽 안보협력기구(1994년까지는 CSCE, 이후 OSCE)

CSCE는 동서냉전 당시 양 진영을 초월하는 유일한 국제회의로서 동서 간 긴장완화와 회원국 간의 교류·협력 증진에 크게 기여했다. 그러나 동서냉전 종식으로 CSCE는 이제까지의 고유의 기능을 상실했고, 이후 주로 중·동구 국가들의 민주화 진행 과정에 간여하고 있다. CSCE는 1995년 1월 1일부로 OSCE로 개명되었다.

OSCE의 주요 임무는 ① 중·동 남구의 민주화를 정착시키고, ② 민주화 과정에서 선거와 인권탄압 사례에 대한 감시 활동을 하며, ③ 분쟁 지역의 조기 경보, 분쟁 예방, 위기 극복, 소수민족 문제, 환경 문제 등을 다루는 일이다. OSCE는 재래무기 감축과 군사적 투명성 그리고 신뢰구축 조치 등 유럽 내에서 군축 및 군비통제를 정착시키는 데 큰 역할을 했다.

현재 정식 회원국은 56개국으로 유럽, 중앙아시아, 그리고 북아메리카를 포괄한다.[9]

---

9) 유럽 39개국, 독립국가연합 12개국, 기타 5개국으로 구성되어 있다.

4) 유럽 안보질서의 변화 동향

첫째, 동서냉전 종식 후 유럽에서는 서구가 주도하는 안보질서가 확립되었다. 1991년 7월 바르샤바 조약기구가 해체되었고, 12월 소련이 해체되어 12개 '독립국가연합(Commonwealth Independent States: CIS)'으로 분리되었다. 1991년 11월 7~8일에 개최된 로마 나토 정상회담에서 드디어 동서냉전이 공식적으로 종식되었음을 선언했다. 러시아를 제외한 모든 바르샤바 조약기구의 회원국들이 모두 나토와 EU의 회원국이 되었다.[10] 게다가 과거 구소련 공화국이었던 발틱 3국을 위시하여 구유고 연방 중 일부 국가들도 서방 체제에 편입되었다. 이 외에도 우크라이나, 그루지야, 마케도니아, 보스니아-헤르체고비나, 그리고 몬테네그로가 나토 가입을 희망하고 있다. 이처럼 과거 공산·사회주의 진영에 속해 있던 국가들은 스스로 구체제로부터 해방되어 서방 체제로의 편입을 추구했다.

현재 유럽에서는 서구 민주주의와 시장경제체제가 전역으로 확산되며 정착되어가고 있고, 과거 양 진영 간의 이념적·군사적 대결은 거의 찾아볼 수 없게 되었다. 발칸 반도의 일부 지역에서는 아직도 군사안정화작전(보스니아: SFOR, 코소보: KFOR, 마케도니아: FOX)이 진행되고 있으나, 대부분의 지역 국가들은 민주정권을 수립함으로써 지역 내 안보불안요인은 현저히 줄어든 상태이다.

둘째, 1992년 마스트리히트 조약 체결 이래 유럽통합은 가속화되고 있다. 동서냉전 종식 이후 이제까지 15개국이 새로 EU에 가입했고, 이 중 10개국은 과거 사회주의 진영에 속해 있던 국가들이다. EU는 이미

---

10) 1968년 9월 13일까지 바르샤바 조약기구의 회원국이었던 알바니아는 EU에는 가입신청서만 제출해놓은 상태이다.

경제·통화 연합을 실현했고, 최근에는 공동으로 외교·안보·방위정책을 추진하면서 장차 정치·군사연합으로의 도약을 꿈꾸고 있다. 2003년 최초로 마케도니아에서 EU 차원의 군사작전을 실시한 이래 현재 발칸 반도에서 군사안정화 작전을 수행하고 있으며, 2007년부터 EU 기동타격대를 구성하여 항시 작전소요에 대비하고 있다. 최근 EU 헌법인 리스본 조약이 발효되어 EU는 '초국가연합(supranational union)'의 형태로 발전되고 있다.

셋째, 2003년 부시 대통령의 이라크전 수행과 관련하여 EU와 나토 회원국들은 전쟁지지와 반대 입장으로 분열되어 '범대서양 관계(transatlantic relationship)'가 일시적으로 악화되었다.[11] 독일의 슈뢰더 수상과 프랑스의 자크 시라크(Jacques Chirac) 대통령은 미국의 이라크 침공 계획에 반대하며 자국군의 참전을 거부했다. 그뿐만 아니라 독일과 프랑스를 비롯한 일부 나토 회원국들은 2003년 4월 나토와는 별도로 EU의 독자적인 군사작전을 지휘할 유럽방위군 사령부 창설을 제의하기도 했다.

미국은 이와 같은 유럽의 일부 국가늘이 EU의 군사력을 점진적으로 강화시킨 뒤 나토에서 탈퇴할 것으로 의심했고, EU의 독자적인 방위계획이 유럽 내 나토의 영향력 축소로 이어져 결국 미국의 영향력이 약화될 것으로 우려했다. 그러나 이후 미국과 유럽의 나토회원국 간의 관계는 비교적 순조로운 편이다.

일부 동·남부 유럽 국가들은 미국의 새로운 동맹으로 부상했다. 이 국가들은 미국의 중동 및 아프리카 군사작전 시 중간 기지로서의 전략적 가치를 갖기 때문이다.

넷째, 동서냉전 종식 후 동구권 국가의 서방 체제 편입으로 악화되었던

---

[11] 지지국: 영국, 스페인, 이탈리아, 포르투갈, 폴란드, 체코, 헝가리, 네덜란드.
반대국: 프랑스, 독일, 오스트리아, 그리스, 벨기에, 스웨덴, 핀란드, 룩셈부르크

러시아와 서방 국가들과의 관계는 나토와 EU의 적극적인 대처로 정상화되었다. '나토-러시아 기본협정'(1997. 5)에 따라, 나토 사무총장의 주관 아래 외무장관과 국방장관이 연 2회 회동하여 국제 현안 문제를 협의하고 있고, 「EU-러시아 간 동반자 협력 협정(Partnerschafts- und Kooperationsabkommen)」(1997년 12월)[12]에 따라 EU-러시아 간 정상회담이 수시로 열리고 있다. 러시아와 '독립국가연합' 소속 국가들은 친서방 법치국가로의 전환을 모색 중이고, 특히 9·11테러 이후 러시아는 EU와 나토의 실질적 안보 파트너로 변신했다.

다섯째, 동서냉전 종식으로 군축 및 군비통제에 대한 열정과 관심이 사라졌다. 지난 20년간 세계적, 혹은 유럽 차원에서의 군축 시도는 없었다.

냉전 당시 나토와 바르샤바 조약기구 간에, 혹은 미국과 소련 간에 군비통제 협상으로 동서 양 진영의 군사적 안정과 상호 신뢰구축이 조성되었고, 이는 결국 동서냉전을 종식시키는 데 크게 기여했다.

그러나 냉전 종식 후 과거 바르샤바 조약기구 회원국들이 대거 나토에 가입함으로써 양 진영 간에 동수로 무기를 보유한다는 개념 자체가 의미를 상실하게 되었다. 서방측은 아직도 러시아 국경 지역의 무기와 장비의 수에 다소 관심이 있을지는 몰라도, 근본적으로 러시아와 나토 간에 '균형적인 제한'이란 개념으로 유럽 재래식무기감축협정(CFE)을 추진하는 것에 대해서는 전혀 관심을 보이지 않고 있는 상태이다. 주적이 사라진 상태에서 유일한 슈퍼 파워인 미국은 군사적 독점 지위를 포기하는 것을 원하지 않기 때문에 군축에 대해서는 근본적으로 큰 관심이 없었다. 미국은 9·11 테러 이후 미국에 대한 제3국의 공격이 언제든지 벌어질 수 있다는 우려에서 2002년 6월 13일 일방적으로 '탄도탄요격미사일 협정(Antiballistic

---

[12] 2007년 협정이 만료되었으나, 이후 1년 단위로 자동 연장이 되고 있다.

Missile: ABM)'[13])을 탈퇴하고, 자체적인 '미사일 방어체제(Missile Defense: MD)'를 발전시켜오고 있다.

그뿐만 아니라 미국은 소형 전술 핵무기의 개발도 필요하다는 입장이며 '포괄적 핵실험 금지조약(Comprehensive Nuclear Test-Ban Treaty: CTBT)'도 비준하지 않음으로써, 핵보유국의 군축의무를 규정하고 있는 '핵확산 금지조약' 6조를 무시했다는 국제 사회의 비난을 받고 있다. 2001년 9·11테러 이후, 국제적인 군축 및 군비통제 대신 '국제 대테러(fight against terrorism)'가 유럽의 주요 안보 현안으로 대두되자 유럽 국가들은 국제 대테러 작전에 적극 참여해오면서 테러 관련 각종 정보를 교환하고 있다. 그러나 오바마 정부 출범 이후 미·러 간에 전략무기감축협정(START-1)을 대체하는 새로운 협정(New START) (2010. 4)이 체결되어 핵비확산체제 구축에 대한 중요성이 다시금 강조되는 실정이다.

2. 통일 후 독일의 국제정치적 위상 변화

> **These 19** 대외정치적 시각에서 보았을 때, 통일된 독일의 위상은 괄목할 만하게 신장되었다. 통일 전 독일은 세계 제3위 경제 대국이었으나, 과거 역사적 과오와 분단으로 인해 국제 무대에서의 정치적 역할은 이에 걸맞지 못한 채 크게 제한 받고 있었다. 그러나 통일 후 독일은 과거에 비해 훨씬 독립적인 외교정책을 수행해오고 있다. 통일 독일은 막강한 경제력을 배경으로 미국과 프랑스의 중심에서 벗어나 세계무대에서 독일

---

13) 1972년 미·소 간에 체결되어 1974년 수정되었다. 양국은 각기 핵·화생 무기 탑재 탄도미사일을 방어하기 위해 한 개의 기지를 설치하며(워싱턴과 모스크바 근교), 이 기지를 보호하기 위해 쌍방은 100기의 요격 미사일(interceptor)을 보유할 수 있었다.

고유의 목소리를 내고 있다. 독일은 프랑스와 함께 EU 통합을 주도해오고 있으며, 제일 많은 분담금을 지불하며 EU 재정에 기여하고 있다. 독일은 또한 미국 다음으로 많은 병력을 해외파병 작전에 투입하며 미국과 더불어 나토의 역외 파병을 주도하고 있고, 미국 다음으로 많이 나토의 재정에 기여하고 있다.

독일은 유럽과 미국을 잇는 대서양의 교량 역할을 해오며 EU와 나토 간의 상충될 수 있는 분야들을 조정·해결하고 있다. 또한 독일은 EU와 나토의 중·동·남구 확대를 주도하며, 이들 지역으로 자유민주주의와 시장경제의 가치를 확대시킴으로써 결국 유럽의 안정과 평화를 공고히 하는 데 크게 기여하고 있다.

독일은 유럽의 분단을 궁극적으로 극복하기 위해 러시아를 유럽 및 세계 경제권으로 편입시키고, 러시아의 국내 인권을 개선시켜 민주주의를 정착시키고자 노력하고 있다. 러시아의 G8 참여와 러시아-EU 및 러시아-나토 간의 협력체제를 구축하는 데 가장 적극적인 나라는 독일이었다.

독일은 또한 근본적으로 군사적 긴장과 갈등을 제거하기 위한 국제 군비통제 분야에서의 노력을 적극 지지하고 있다. 장차 독일은 먼저 강력하고 통합된 유럽을 구축한 후, 이를 통해 국제 무대에서 영향력을 행사하고 유엔을 비롯한 국제 사회를 상대로 유럽과 독일의 이해를 대변하리라 예상된다.

1) EU와 나토 내에서 독일의 위상

(1) 독일과 EU

독일은 지리적으로 유럽의 중심부에 위치하고 있고 인접하고 있는 거의 모든 국가가 EU 회원국이다. 독일은 EU 내에서 가장 많은 인구를 보유하고 있으며 가장 큰 경제규모를 갖고 있다. 오래전부터 독일은 프랑스와 함께 EU 통합을 주도해오고 있다. 독일은 2009년 9월 25일 실질적으로 EU 헌법인 '리스본 조약'을 비준했다. 또한 독일 통일에 기여했던 기본법

23조를 개정하여 '유럽통합의 실현을 새로운 국가목표'로 설정함으로써 주권을 EU에 이전할 수 있음을 대외적으로 밝히고 있다.

독일은 EU 총재정의 20.9%를 담당하며 제일 많은 분담금을 지불하고 있다. 프랑스는 제2위 분담국으로 EU 전체 예산의 16.6%를 담당하고, 이어서 이탈리아가 13.7%, 영국이 12.1%, 스페인이 8.7% 순으로 EU 재정에 기여하고 있다.[14)]

통일 후 독일의 외교정책목표 중 하나는 중·동구 국가들을 서방 체제에 편입시킴으로써 유럽 대륙의 분단을 극복하고 독일의 안보환경을 안정적으로 변화시키는 것이었다. 독일은 지정학적 위치로 인해 중·동구 국가들의 EU와 나토 가입에 가장 적극적인 편이다.

지금까지 독일은 제2차 세계대전 당시의 역사적 과오로 인해 악화되었던 동구 국가들과의 관계를 개선하기 위해 노력해왔다. 또한 동구 인접국가의 변혁과 민주화 과정이 큰 위기 없이 발전될 수 있도록 지원해왔다. 특히 독일은 1989년 어름 '칠의 장막'을 제거해줌으로써 독일 통일을 가능하게 해준 헝가리와 폴란드에 대해 역사적인 부채를 안고 있다고 느끼고, 이들 국가의 서방 체제 편입을 그 어떤 나라보다도 적극적으로 지지했다.[15)] 이들 국가의 서방 체제 편입은 자유민주주의와 시장경제의 가치가 동쪽으로 확대됨을 의미했고, 이는 당장 소련 해체 이후 중부 유럽에 생긴 안보 공백을 메우고 궁극적으로 유럽의 안정과 평화를 보장하

---

14) EU 재정은 회원국 분담금(73%), 관세(11.6%), 부가가치세(14.4%)로 구성된다. 독일의 경우 2005년 220억 유로를 분담금으로 지불했으나, 이 중 97억 유로는 지원금 성격으로 되돌려받아 실제 지출금은 123억 정도였다. 연구보고서에 따르면 2013년 독일의 EU 분담금은 160억 유로에 이를 전망이다.

15) Wolf-Rüdiger Größl, "Die Rolle Deutschlands in der Außenpolitik: zwischen Kontinuität und Neubestimmung," http://www.deutschlandundeuropa.de/40 _00/rolledeutschlands.html

는 수단으로 간주되었다. 또한 독일은 EU의 중·동구 확대를 이 지역에 대한 경제협력 기반을 확장하는 계기로 삼았다. EU 확대 이후 이 지역에 대한 독일 기업들의 투자는 늘어났고 동구 국가에 대한 독일의 전체 수출량도 10%나 증가했다. 이는 독일의 미국에 대한 수출량과 거의 동일한 수준이다. 독일 정부는 EU 확대가 독일에게 위기가 아니라 기회이며 장기적으로 독일의 경제성장을 촉진시키는 요인이 될 것으로 인식하고 있다. 그러나 일부에서는 여전히 신규 가입국의 낮은 경제수준으로 인해 EU 전체의 대외 경쟁력이 약화될 것을 우려하고 있는 것도 사실이다. 이제까지 EU 확대 과정이 너무 빠르게 진행되어왔다는 비판에 따라 당분간 추가적인 EU 확대는 어려울 것으로 전망된다. 독일 연방군은 2007년 상반기 및 2008년 하반기에 'EU 기동타격대' 임무를 담당했고, 2010년 상반기에 다시 이 임무를 수행하고 있다.

(2) 독일과 나토

한국전쟁이 발발한 이후 서유럽 국가들은 유럽에 주둔하던 미군의 철수를 우려했고, 동시에 소련으로부터의 침공 위협을 현실적으로 인식했다. 이들은 이에 대비해 국방비를 증액하고 1954년까지 병력을 증강했다. 1951년 9월 10~14일간 미국, 영국 및 프랑스 3국 외무장관은 서독군을 창설하여 차후 유럽군에 포함시키기로 계획했고, 1955년 5월 9일 파리 나토정상회담에서는 서독의 나토 가입이 결정되었다. 1955년 서독 연방군은 창설되자마자 나토에 통합되어 '나토군(NATO-Armee)'으로 인식되어 왔다. 동서냉전 당시 연방군은 나토의 동맹군(Bündnisarmee)으로 동구 진영으로부터의 위협에 대해 강력한 억지력을 발휘했다.

나토 가입 후 서독의 안보정책은 항상 나토의 틀 내에서 동맹국과의 긴밀한 협력하에 추진되었다. 당시 서독에는 연방군을 이끌 국가지휘구조가 존재하지 않았고, 연방군은 나토 작전 시 나토 사령관 예하에서 통제를 받도록 되어 있었다. 유사시 연방군은 나토 사령관의 명령체계 속에서 작전을 수행해야 했으며, 서독 공군이나 해군의 일부 부대는 평시에도 직접 나토 사령관 예하에 편입되어 언제든지 나토 작전에 투입되는 상황이었다. 방공부대는 주로 동구권 접경 지역에 배비되어 있었다. 통일 전까지 연방군의 임무는 전적으로 독일 영토방위와 동맹국 방어임무에 국한되어 있었다. 동서냉전 당시 나토의 틀 내에서 서독과 프랑스는 서로 화해할 수 있었다.

그동안 나토 내에서 서독의 군사적 기여는 결국 동서냉전을 종식시키고 독일의 통일로 귀결되었다는 점에서, 이는 독일 입장에서 볼 때 매우 값진 투자였다. 냉전 종식 후 중·동구 국가들의 나토 가입 요구가 커질 당시 독일은 '나토의 동구 확대(NATO-Osterweiterung)'를 가장 적극적으로 지지했다. 독일의 근본적인 입장은, 전체 유럽은 정치 경제적으로 함께 성장해야 한다는 것이나. 유럽이 폴란드와의 국경인 오데르-나이세 강을 국경으로 끝나는 것이 아니라 구소련의 유럽 공화국 모두를 유럽이라는 큰 테두리 속으로 끌어들여야 하며, 이를 위해 OSCE, EU와 나토가 핵심적인 역할을 해야 한다는 입장이었다. 냉전 당시 나토 내에서 프랑스와의 화해를 다진 것처럼 통일 후 독일은 나토의 틀 내에서 동구 국가들과의 화해와 협력을 기대하고 있었다.

나토의 동구 개방과 관련하여 독일이 취한 첫 번째 조치는 나토-협력위원회를 설치한 것이다. 미 국무장관 제임스 베이커(James Baker)와 독일 외상 겐셔의 제의로 설립된 이 위원회에서 나토 회원국과 중·동구 국가들 간에 정치·군사적 협력이 논의되었다. 두 번째 조치는 중·동구 국가들과 독립국가연합의 국가들을 상대로 한 나토의 'PfP(Partnership for Peace)' 프로그램을 마련한 것이다. 이 프로그램에 따라 장교들의 상호 방문, 훈련

참관교육 지원 등이 이루어져 신뢰구축 조치가 확대될 수 있었다. 초기의 러시아의 반발에도 불구하고 이 프로그램은 전 유럽으로 확대되어 유럽의 안정을 가져오는 데 크게 기여했다.

이러한 배경 속에서 1993년 초 독일 국방장관 폴커 뤼에(Volker Rühe)는 나토권 내에서 처음으로 동구 확대 문제를 제기했다. 당시 미 국방장관 레스 아스핀(Les Aspin)은 이에 대해 별 관심을 기울이지 않았고, 동구 국가들에는 나토의 PfP 프로그램이면 충분하다는 입장이었다. 나토의 다른 회원국들도 마찬가지로 별 관심이 없었다. 그러나 뤼에 장관의 지속적인 설득으로 미국은 입장을 바꾸어 1994년 추계 나토회의에서 나토의 문호 개방을 선언했다.16) 그 결과 1999년 폴란드, 체코 그리고 헝가리가 나토에 가입하게 되었다.

나토의 동구 확대는 러시아의 즉각적인 반발을 초래했고, 서방 진영과 러시아의 관계는 급랭했다. 나토 회원국 중 러시아를 집중적으로 설득한 국가는 독일이었다. 구소련의 와해 이후 독일은 지속적으로 러시아와의 경제협력 관계를 돈독히 했다. 독일은 통일 직후 차관, 보상금, 기타 지원금 명목으로 약 500억 달러에 달하는 금액을 러시아에 제공했고, 1990년대 내내 경제적 어려움을 겪고 있던 러시아의 유일한 지원 세력으로 남아 있었다. 독일은 나토의 동구 확대를 추진함과 동시에 나토와 러시아와의 특수 관계를 정립시키는 데도 큰 기여를 했다. 나토-러시아 간에 기본협정이 체결되었고, 이는 결국 유럽의 분단을 극복하는 데 큰 역할을 했다. 냉전 종식 후 독일은 유럽의 영구적인 평화 달성은 러시아와의 긴밀한 협력의 토대 위에서 가능하다는 것을 주장하며, 나토 내에서 '반러시아

---

16) 1994년 여름 본에서 미 대사로 있던 리처드 홀부룩(Richard C. Holbrooke)이 국무부 유럽 문제 차관보로 영전하면서 상황은 급반전했다.

정책'을 포기할 것을 줄곧 설득해왔다.

통일 후 주권을 완전히 회복한 독일은 나토의 충실한 동맹국으로 국제평화유지활동을 위한 해외파병에도 적극 참여하고 있다. 독일은 나토의 발칸 반도 작전(1999)과 대테러 작전에서도 중심적인 역할을 해오고 있다. 나토 신속대응군(NATO Response Force: NRF)의 임무를 수행하기 위해 독일은 5,000명을 항상 대기시켜놓고 있다.

2010년 나토의 총예산은 약 25억 유로에 달했다. 이는 전년에 비해 무려 40%가 늘어난 액수이다. 이 중 미국이 나토 재정의 23%를 분담하고, 이어서 독일이 16%로 미국 다음으로 많은 분담금을 내고 있다.[17] 영국은 13%를 담당함으로써, 이상 세 나라가 나토 총 예산의 약 1/2을 담당하고 있다. 나토 예산이 이처럼 늘어나는 이유는 아프가니스탄 임무수행으로 전비가 늘어나고 있기 때문이다.[18]

나토재정과 관련하여 독일이 분담하는 예산은 크게 나토 군사부문, 민간부문, 수눈비용으로 나눠진다. 이 중 가장 크게 자지하는 부분은 군사부문 예산으로, 주로 나토 안전투자 비용, 나토 군사부문 예산분담금, 나토 송유관 및 각종 공동 장비(AWACS 등)의 운용경비 등으로 사용되고 있으며, 이는 전체 예산의 82% 정도에 달하고 국방부가 재원을 조달한다. 나토 민간부문의 예산은 주로 나토 예하 민간기구 분담금으로 지불되는 예산으로 재원조달 부처는 외무부이며 전체 예산의 약 3%에 달한다. 나토 주둔비용은 주둔군 철수 후 군무원 사회보장비용, 주둔군 토지관리 및 행정비용, 주둔군 투자비용 보상비 등에 쓰이는 예산으로 약 15%에

---

17) 오스트리아에서 발행되는 신문인 *Der Standard*(2010. 2. 5) 참조.
18) 원칙적으로 나토 회원국은 해외파병임무 수행 시 자체적으로 전비를 부담하고 있다. 그러나 아프가니스탄의 경우 인프라가 워낙 열악하여, 통신시설이나 비행장 건설 등 전투 준비를 위한 기반시설의 건설은 나토가 부담하는 실정이다.

달하며 재원조달 부처는 재무부이다.

현재 독일에 주둔하고 있는 나토군은 미군 약 6만 명과 영국군 2만 명에 달하고, 캐나다와 벨기에는 독일 통일 후 모두 철수했다. 그리고 프랑스 육군 일부가 '독프 여단'에, 네덜란드 군인이 '독네 군단'에서 근무하고 있다. 독일 영토 내에 있는 나토 군사지휘조직은 중부 지역사령부(하이델베르크)와 북부 공군사령부(람슈타인)이다.

2) 통일 후 독일의 대외정책

(1) 유럽통합

통일 후 독일의 대외정책은 유럽통합의 완성, 미국을 비롯한 '범대서양관계'의 공고화, 러시아와 우호관계 유지, 국제 사회에서의 적극적인 역할과 책임의 완수, 그리고 세계평화 유지를 위한 유엔의 역할강화로 대별하여 설명할 수 있다. 이 중 독일이 가장 우선시하는 대외정책은 유럽통합이다. 독일은 유럽통합을 건국 이래로 최우선시되는 국가이익(Staatsräson) 중 하나로 삼아 이를 실현시키기 위해 외교적 노력을 기울이고 있다.

서독의 유럽통합정책은 1949년 유럽공동체에 가입하면서 시작되었다. 아데나워 수상은 서독을 유럽공동체와 나토에 결속시킴으로써 경제번영과 평화를 보장받고, 동시에 주변국으로부터 독일인에 대한 신뢰를 되찾게 했다. 당시 경제번영 및 통일과 같은 서독의 주요 국가 이해들은 모두 서구통합 과정과 직결되었다는 점에서 서구통합은 서독에게는 통일로 가는 일종의 중간 과정이었다. 독일인에게 독일 문제와 유럽통합은 동전의 양면과도 같은 것이었다.

서독이 더 큰 목소리로 유럽통합을 강조하기 시작한 것은 콜 수상이 집권하고 나서부터이다. 1980년대부터 콜 수상은 프랑스의 미테랑 대통령과 함께 유럽통합의 견인차 역할을 해왔다.[19] 이들은 유럽의 단일시장화를 이룩했고, 독일을 유럽의 틀 내로 완전히 정착시켰다는 평가를 받고 있다. 독일 통일 후 유럽통합은 더욱 가속화되고 있다. 마스트리히트 조약(1992) 체결로 EC(훗날의 EU) 회원국 간의 협력은 더욱 심화되었다. '경제·통화연합'이 달성되었고, 세계 무역에서 EU 회원국들의 경쟁력이 강화되고 있다. 2004년 10개국이 EU에 가입함으로써 중·동·남부 유럽이 유럽권으로 통합되었다. EU는 정치·군사연합으로의 통합을 추진하고 있으며 이러한 통합 과정에서 독일은 주도적인 역할을 하고 있다.

(2) 독일-프랑스 관계 강화: 유럽통합의 핵심 축

과거 역사적으로 항상 적대 관계를 유지해왔던 독일과 프랑스는 '유럽 석탄·철강공동체'(1952)와 '유럽경제공동체'(1958)의 출범을 계기로 상호 우호관계를 발전시켜왔고, 독일-프랑스 화해 협력 조약, 일명 '엘리제 조약(Elysée-Verrrag)'(1963. 1. 22)[20]을 체결함으로써 양국 관계를 제도화했다. 이 조약의 주요 내용은 ① 연 2회 정상회담 개최, ② 외교 문제 조율, ③ 국방방산 분야에서 협력 및 공동 전략 추진, ④ 국방인사 상호 교류, ⑤ 청소년 교류이다.[21]

아데나워 수상과 드골 대통령 간의 관계는 협력적이었으나, 이후 1970년

---

19) 1980년대 유럽통합의 4인방으로 프랑스 미테랑 대통령, 유럽 공동체 집행위원장 자크 들로르(Jacques Delors), 콜 수상과 겐셔 외상을 꼽는다.
20) 프랑스는 독일이 소련의 영향력 속으로 편입되는 것을 우려한 반면, 독일은 프랑스의 긴장완화정책으로 독일이 희생될지도 모른다는 우려를 가졌다.
21) 양국 청소년 프로그램은 1963년에 구축되어 현재 700만 명 이상의 양국 청소년이 문화교류, 직업교육, 시민교육 강화 및 언어 교육 분야에서 지원 혜택을 받고 있다.

대 중반까지 양국 간의 협력은 주로 교육 분야에 국한되었다. 슈미트 수상(1974~1982)과 발레리 지스카르 데스탱(Valery Giscard d'Estaing, 1974~1981) 대통령 간에 다시 협력 관계가 활성화되어 양국은 1979년에 유럽 단일 통화체계와 유럽의회에 직접선거제도를 도입하는 데 기여했다. 콜 수상(1982~1998)과 미테랑 대통령(1981~1995) 시절 양국은 '독일-프랑스 안보방위위원회'와 '독일-프랑스 경제·재정위원회'를 창설했고, 유럽 공동외교안보정책을 수행할 것을 주창했다. 양국 정상은 1986년 유럽 단일시장과 1993년 EU 창설에 중요한 역할을 했다. 유로군단(프랑스 스트라스브르 소재)과 '독일-프랑스 여단'(독일 남서부 일대)은 이때 양국의 주도로 창설된 부대이다.22) 슈뢰더 수상(1998~2005)과 시라크 대통령(1995~2007) 간의 협력도 긴밀했다. 2001년 이래로 수시로 양국 정상 간 비공식 회담이 개최되었고 유럽통합 관련 현안 문제들이 협의되었다. 메르켈 수상(2005~현재)과 사르코지 대통령(2007~현재) 간의 협력도 긴밀하게 이어지고 있다. 양국의 초등학교에서는 각각 독일어와 프랑스어를 외국어로 선정하여 가르치고 있다.

독일과 프랑스 양국은 정부 차원의 협력을 강화하기 위해 각기 외교부에 양국 문제를 다루는 특별 차관을 두고 있다(독일 외교부는 '독프 협력 특명차관', 프랑스 외교부는 '유럽 문제 담당차관'). 엘리제 조약 체결 40주년 공동성명(2003. 1. 22)을 통해 양국은 정부 간 정책협력강화를 위해 연 2회씩 정기적으로 양국 합동 국무회의를 개최하는 데에 합의했다. 양국 정상 이외에 20여 명의 양국 장관이 참여하여 외교안보, 국방정책 및 경제정책

---

22) 프랑스가 나토의 군사동맹을 탈퇴하여 독일과 프랑스가 모두 갈망했던 독일-프랑스 간의 상호 군사 공조가 불가능하게 되자 창설된 것이 독일-프랑스 여단과 유로군단이다. 이후 양국은 이 부대를 나토 혹은 유럽이 주도하는 작전에 투입할 수 있었다.

등 모든 분야에서 협력을 추구하며, 이를 통해 양국의 국익 및 국제적 영향력 확대를 모색하고 있다.

양국은 의회 차원에서도 협력을 강화하고 있다. 독일 연방하원과 프랑스 국가회의 간에, 또한 양국 상원 간의 협력도 원활하게 이루어지고 있다. 양국 의원 간 주요 협력 내용은 ① 양국 외교위원회·유럽위원회의 합동회의, ② 연 1회 의원 합동세미나, ③ 독일-프랑스 정당 간 주기적 의견교환, ④ 독일 연방하원 위원장-프랑스 국가회의 위원장 회동, ⑤ 양국의 의원끼리 친교모임 결성 ⑥ 의회 보좌관 교류계획, ⑦ 상호 근무지를 교대하여 짧은 기간 체류 근무, ⑧ 연 1회 양국 관계를 주제로 한 논문 공모 학술상 시상 등이다.

이 외에도 20년 이상 동안 연 수차례씩 독일-프랑스 국방안보위원회가 개최되고 있다. 양국은 주(州) 간에도 협력 프로그램을 발전시키고 있다. 언어·문화 교류 프로그램이 이미 시행되고 있으며 기업·대학·연구기관 간의 교류도 활발히 이루어지고 있다.

독일과 프랑스는 2006년 9월부터 양국 학자들에 의해 공동 집필된 인문계 고등학교용 역사교과서『Histoire』·『Geschichte(역사)』를 같이 사용하고 있다. 같은 내용과 같은 형식으로 된 공동 역사교과서를 가르치는 나라는 전 세계에서 독일과 프랑스가 유일하다. 이와 같은 발상은 2003년 1월 21일 엘리제 조약 체결 40주년을 맞아 베를린에서 개최된 '양국 청소년 의회(Franco-German Youth Parliament)'에 참석한 500명의 학생들의 공동 제의에서 나온 것이다.[23] 같은 내용의 역사교과서로 학습하면서

---

[23] 이 외에도 양국 청소년들이 채택한 결의안에는 상호 교류를 촉진시키기 위해 독프 청소년을 위한 철도요금 할인카드, 양국이 인정하는 의료보험 카드, 대체에너지 촉진을 위한 양국 청소년들의 노력, 유전자 연구 시 적용될 윤리적 규범 등의 내용이 포함되어 있다.

상호 불신과 무지로 인해 파생되는 부정적인 편견을 피하고, 동시대인으로서 같은 역사 인식을 바탕으로 미래를 열어가려는 청소년들의 꿈이 현실화된 것이다. 역사교과서는 모두 세 권으로 구성되어 있고, 제1권은 '유럽과 1945년 이후 세계'(2006. 7), 제2권은 '빈 체제부터 제2차 세계대전까지'(2008. 4), 제3권은 '고대부터 나폴레옹까지'(2010)이다. 독일과 프랑스에는 양국이 합작한 ARTE TV방송국이 운영되고 있다. ARTE는 양국 문화와 예술 분야의 프로그램 질을 향상시킬 목적으로 1992년부터 방송하고 있으며, 모든 내용은 독일어와 프랑스어로 동시에 방영된다.[24]

EU 통합의 견인차 역할을 하고 있는 독일과 프랑스는 영국, 이탈리아, 벨기에, 스페인, 폴란드, 또는 러시아를 초청하여 3자 혹은 4자 회담 등을 개최하며 유럽통합과 관련된 현안을 토의하고 EU와 러시아 간의 관계를 조율해오고 있다.

(3) 범대서양 관계 강화

범대서양 관계를 강화하는 것은 유럽통합 외에 또 다른 독일 외교정책의 목표이다. 미국은 독일의 유럽 역외의 가장 중요한 동맹이다. 때문에 독일은 한편으로는 유럽통합의 엔진, 그리고 다른 한편으로는 유럽과 미국을 잇는 대서양에서의 교량 역할을 해왔다. 서독은 제2차 세계대전 종식 후 미국의 마셜플랜으로 전후 복구가 가능했고, 나토 체제에 편입됨으로써 체제 안정과 민주주의를 구가할 수 있었다. 미국의 적극적인 지지 없이는 독일 통일이 어려웠을 것이다. 대부분의 유럽인들도 그간 유럽의 안보질서가 미국의 적극적인 서유럽 보호정책에 힘입어 안정적으로 유지될 수

---

[24] 독일어와 프랑스어를 같이 써서 이중 제목(double-titling)이나 자막(subtitling)을 만들거나 더빙(dubbing)한다.

있었음을 인정하고 있다.

　동서냉전 당시 독일은 나토 내에서 항상 미국의 충실한 우방이었다. 그러나 범대서양 관계가 항상 순조로웠던 것만은 아니다. 동서냉전 종식 후 세계 정세는 급변했다. 공동의 적은 더 이상 존재하지 않았고 독일과 유럽, 그리고 미국은 변화된 안보환경에서 국가이익을 새로이 규정해야 했다. 미국의 일방주의(unilateral)정책과 유럽인들의 다자주의적(multilateral) 접근은 유엔에서나 기타 국제기구에서 수시로 마찰을 일으키며 문제점으로 부상했다. 특히 독일과 프랑스가 근본적으로 반대했던 이라크 전쟁에서 미국과 유럽 간의 갈등은 첨예하게 대립되어 나타났다. 2002년 8월 총선 선거전에서 슈뢰더 수상은 이라크 전쟁에의 불참 입장을 표명하면서 이를 선거 이슈화하여 총선 승리를 기도했다. 2003년 초 독일-프랑스, 독일-러시아 정상회담을 통해 슈뢰더 수상은 프랑스 및 러시아와 함께 반전 공동전선을 구축함으로써 미국과의 갈등이 심화되었고,[25] 나토 및 EU 회원국들은 이라크 전쟁을 둘러싸고 찬반 세력으로 분열되었다. 2003년 3월 20일 전쟁 발발 후 슈뢰더 정부는 조속한 전쟁 종결과 전후 질서와 관련하여 유엔의 중심적 역할을 호소했다. 전쟁을 막지 못한 슈뢰더 수상은 현실적 힘의 한계를 인식하고, 유럽통합이라는 카드로 이를 극복하려 했다.

　한편 미국은 독일과 프랑스 중심의 서유럽과 러시아의 밀착 관계를 분리시키기 위한 전략으로 동구와의 관계를 강화하기 시작했다. 중동지역과 인접한 동구의 전략적 가치가 증대되고 있는 가운데, 중·동구 7개국은 나토 가입이 확정되어 미국에 안보를 의존하게 되었고, 서유럽

---

[25] 럼스펠드 미 국방장관은 독일과 프랑스 등 전쟁 반대 세력을 '늙은 유럽'이라 비하했다.

주둔 미군의 일부를 동구로 이전하는 방안이 검토되었다.

이 외에도 동서냉전 종식 이후 범대서양 관계를 악화시켰던 사안들은 ① 전 유럽 국가들이 지지하나 미국이 반대하고 있는 '교토 의정서'를 둘러싼 논쟁, ② 전 유럽 국가들이 모두 비준한 '포괄적 핵실험 금지조약'을 미국 상원이 아직도 비준하지 않고 있는 문제 등이다.

그러나 근본적으로 유럽과 미국은 위에서 언급한 갈등 사안들보다는 공유하고 있는 가치가 훨씬 더 많다. 안보, 자유 민주주의, 인권, 시장경제 등의 가치를 지키기 위해 양 진영은 계속해서 협력을 강화할 것이다. 또한 양 진영은 장차 세계적인 차원에서 공동으로 풀어나가야 할 새로운 도전들에 직면하고 있다. 국제 대테러 작전, 대량살상무기 확산 저지와 핵 비확산 문제, 지구온난화 대책, 환경, 에너지보존 문제, 제3세계의 기아와 질병퇴치 문제 등은 양 진영의 협력 없이 결코 해결할 수 없는 사안들이다. EU와 북미 대륙 간의 경제 관계도 양 진영을 더욱 밀착시키는 요인이 될 것이다.

2008년 EU와 북미 간의 교역은 양쪽 모두 상호 대외 교역의 20% 이상을 차지한다. 2008년 통계에 따르면 EU의 대미 수출은 2,490억 유로에 달하고, 미국으로부터의 수입은 1,680억 유로에 이른다. EU의 해외투자 중 50% 이상이 미국에 집중되어 있고, 미국의 해외투자 중 60% 이상이 EU 지역에서 이루어지고 있다.[26]

(4) 러시아와 관계 강화

군사 대국 러시아는 나토와 EU 입장에서 보면 대단히 중요한 파트너이

---

26) 2009년 12월 독일 외교부 통계(http://www.auswaertiges-amt.de/diplo/de/Aussenpolitik/Weltwirtschaft/Uebersicht.html).

다. 독일은 유럽의 분단을 궁극적으로 극복하기 위해서는 러시아를 유럽 및 세계 경제권으로 편입시키고 러시아의 국내 인권을 개선시켜 민주주의를 정착시켜야 한다고 보고 있다. 이를 위해 독일은 러시아의 G8 참여를 이끌어내고, 러시아-EU 및 러시아-나토 간의 협력체제를 구축하는 데 가장 적극적이었다. 1997년 나토와 러시아 간에는 기본협정이 체결되었고, 2002년 설치된 나토-러시아 이사회를 통해 양 진영이 긴밀히 협력하고 있다. 아직도 일부 분야, 즉 나토 확대나 CFE 레짐 분야에서 이견이 있으나, 러시아는 나토와 함께 'Operation Active Endeavour' 작전에 참여했고 아프가니스탄으로 향하는 나토군의 수송 문제를 위한 주둔군 지위협정(Status of Forces Agreement: SOFA) 협정에도 서명했다.

2005년 5월 10일에는 EU-러시아 간 포괄협력협정이 체결되었다. EU의 석유 및 천연가스 수요 중 20%가량이 러시아로부터 공급되고, 러시아 수출량의 50%를 EU가 차지하는 현실 속에서, EU와 러시아는 상호 관계 실징이 무엇보나노 설실한 상태였다.

동서냉전 당시 서로 적대 관계였던 독일과 러시아는 이제 '전략적 동반자 관계'를 유지하고 있다.[27] 러시아 입장에서도 독일은 유럽으로 진출하기 위한 교량 역할을 하는 중요한 국가이다. 1990년대 이후 양국 수뇌부 간의 관계도 전반적으로 우호적으로 발전되어왔다. 콜 수상의 고르바초프와 옐친 대통령과의 관계는 독일 통일과 그 후속 조치와 관련된 분야에서 대단히 긴밀했다. 슈뢰더 수상과 블라디미르 푸틴(Vladimir Putin) 대통령 간의 관계도 이라크 반전 연합을 계기로 특별히 각별했다. 메르켈 수상과 드미트리 메드베데프(Dmitry Medvedev) 대통령은 과거 전임자들에 비해

---

27) 2005년 4월 11일 독일과 러시아 간에 'Joint Declaration on a Strategic Partnership in Education, Research and Innovation'이 체결되어, 교육 분야에서 상호 교류가 활성화되고 있다.

다소 친밀도가 떨어지고 거리감을 두고 있다는 평가를 받으나,[28] 양국의 전략적 동반자 관계는 유지되고 있다.

무엇보다도 독일은 유엔 안보리 상임위 진출 문제와 관련하여 러시아의 절대적인 지지를 필요로 하고 있다. 그 반대급부로 독일은 프랑스와 함께 러시아의 입장을 배려하여 우크라이나와 그루지야의 나토 가입을 반대한다는 입장을 견지해오고 있다.[29] 양국 간 경제적 이해관계는 독일의 중공업과 러시아의 천연자원이 상호 보완적인 성격을 띠고 있다. 독일은 러시아로부터 안정적인 원유와 천연가스의 공급망을 구축하는 등 양국의 경제협력 관계를 활성화시키려 하고 있다.

독일은 전체 천연가스 수입의 37%를, 전체 원유 수입의 34%를 러시아에 의존하고 있다. 러시아는 독일의 최대 에너지 공급국인 것이다. 독일과 러시아는 2005년 12월 '발트 해를 경유한 천연가스-파이프라인' 건설 협약을 체결했다. 이는 시베리아[가스 매장지 유즈노-루스코예(Juschno- Russkoje)]에서 산출된 천연가스를 제3국(우크라이나, 벨라루스, 폴란드, 슬로바키아 등)의 육지를 경유하지 않고 발트 해를 통해 독일 및 서유럽으로 직접 공급한다는 프로젝트이다.[30] 독일과 러시아의 경제협력 활성화는 러시아를 서방 체제

---

[28] 이는 메르켈 수상이 동독 출신으로서 당시 소련에 대한 부정적인 인식을 갖고 있었고, 2008년 러시아 의회가 그루지야로부터 남(南)오세티아와 압하스의 독립을 인정하는 결정(8.26)을 한 것에 대한 메르켈의 반발도 영향을 미친 것으로 평가된다.

[29] 러시아는 독일 등 EU 핵심 국가들로부터 체첸이 러시아 영토라는 사실과, 이에 대한 러시아의 영향력과 지배력을 인정받고자 한다.

[30] 양국 합작으로 '북유럽 가스 파이프라인 회사(North European Gas Company)'가 설립되었고, 파이프라인 노선은 Wyborg(페테르부르크 부근 항구도시)에서 발트 해/동해를 거쳐 그라이프스발트(Greifswald: 독일 북부 해안)로 연결된다. 파이프라인의 총길이는 약 1,200km에 달하고, 천연가스 공급량은 연간 약

에 묶어놓는 결과를 가져올 것이다.

(5) 국제 사회에서의 위상 강화로 유엔 안보리 상임위 진출

독일은 통일 후 국제적으로 신장된 위상에 걸맞게 국제 재난지원활동에도 적극적이다. 2004년 12월 동남아 일대의 쓰나미 사태를 지원하기 위해 독일 정부는 5억 유로의 기부금을 제공했다.[31] 또한 선진국들에 피해지역 국가들의 외채 상환을 동결시킬 것을 설득하여 G8의 동의를 이끌어내었고, 연방군을 재난 지역에 급파하여 긴급구호활동과 복구 작업에 적극 참여했다.[32]

독일이 막대한 구호기금을 지원하기로 결정한 것과 피해 지역 복구 작업에 대규모로 참여하고 있는 배경에는 독일인들의 국제 사회에 대한 책임의식이 내재하고 있음을 간과해서는 안 될 것이다. 많은 독일인들은 제2차 세계대전 전범국으로서의 과오를 사죄하는 방법 중 하나로서 이와 같은 인도주의적 활동에 적극 동참하여 국제 사회에 대한 책임을 다해야 한다고 믿고 있다. 독일은 1999년부터 재난구호 등 언제든지 UN 요청에 따라 파병할 수 있는 UN 상비군(stand-by) 요원으로 1,000명을 확보해놓고 있다. UN 및 국제기구에 대한 재정분담률은 약 9%로 미국과 일본에 이어 세계 3위를 유지하고 있다.

550억 m³로 예상하고 있다. 독일 내에서 기존 주택이나 건물의 1/2, 신축 주택이나 건물의 3/4이 천연가스를 사용하고 있는 추세이다. 독일에서 소비되는 천연가스의 37%가 러시아에서 공급되고 있다.

31) 최고 기부국 순위는 호주 5억 8,000만 유로, 일본 3억 7,800만 유로, 미국 2억 6,500만 유로 등의 순이다.

32) 항공의무수송기(MedEvac-Airbus) 1대 투입, 수송보급선(Berlin) 투입, 의무병 120여 명 파병, 군병원 건립 등의 활동을 벌였다.

전 유엔 사무총장 코피 아난(Kofi Annan)은 자문팀에 2004년 말까지 유엔 개혁안과 관련한 건의안을 제시할 것을 요구했다. 건의안 중 하나가 유엔 안보리 상임위의 의석을 현행 5개국 이외에 독일, 일본, 브라질, 인도의 4석(일명 G4 nations)과 아프리카 1석, 혹은 아랍 제국 중 1석을 추가하자는 것이었다.[33] 2004년 9월 21일 G4 국가들과 아프리카 2개국은 안보리 상임위 자격신청을 했다. 이 안은 유엔 총회에서 회원국의 2/3(128석)의 동의를 받고 상임위 5개국의 승인을 받아야 효력이 발생한다.

그러나 G4국가들은 각기 복병이 있다. 한국은 일본의 상임위 진출에 대해 반대하는 입장이고, 파키스탄은 인도의 진출을 거부하고 있다. 멕시코와 아르헨티나는 중남미 대다수의 스페인어 사용국이 아닌 포르투갈어를 사용하는 브라질의 진출에 대해 반대하고 있다. 독일의 상임위 진출에 대해서 프랑스, 영국 및 러시아는 지지를 보내고 있다. 그러나 유럽 내 이탈리아와 네덜란드는 독일 대신 EU 몫으로 1석을 선호하고 있다. 독일의 상임위 진출 문제는 EU 회원국인 프랑스와 영국이 이미 상임위 이사국으로 있다는 점과, 상임위 확대와 관련된 미국의 부정적 입장으로 인해 당분간 기대하기 어려울 전망이다.

(6) 국제 군비통제 활동에 적극 참여

독일은 국제군비통제 분야에서도 국제여론을 주도하고 있다. 군축과 군비통제 문제를 과거의 일이 아닌, 냉전 종식 후에도 여전히 중요한 오늘의 과제로 인식하고 서방측이 선도적인 역할을 해야 한다고 역설하고 있다. 군축 및 군비통제 분야는 오래전부터 독일의 대외정책목표 중 하나

---

[33] 일본과 독일은 UN의 제2, 제3번째 분담금 지불국이다. 브라질은 남미의 최대 국가이고, 인도는 세계 최대 민주국가이자 세계 제2위 인구보유국이다.

〈사진 5-1〉 독일 수상실 앞에 설치되어 있는 조형물 〈Non Violence〉(베를린 소재)

였다. 독일은 양차 대전에 대한 책임으로 전후 이후부터 서방 유럽 동맹체제 내에서 '협력적 다자 외교안보' 정책을 수행해왔다. 게다가 대외경제 의존도가 높기 때문에 안정적인 전략환경을 조성하는 것이 무엇보다도 독일 안보에 필수적이었다.

이에 독일은 군축 및 군비통제 분야에 적극성을 보이고 있다. 독일 정부의 군비통제 정책을 요약하면 다음과 같다.

첫째, 핵비확산체제(NPT-Regime)의 성공적인 구축을 위해서는 ① 핵무기 및 핵개발 기술의 비확산, ② 핵무기 보유국의 핵무기 감축(nuclear disarmament), ③ 핵물질의 평화적 이용(peaceful use of nuclear materials)이라는 NPT의 3박자가 유기적으로 기능해야 한다.

둘째, 이런 맥락에서 핵무기 비확산에 크게 기여할 포괄적 핵실험 금지조약은 빠른 시일 내 발효가 되어야 하고, 아직도 이 협정에 비준하지

않은 CTBT Annex-II 9개국의 조속한 비준을 촉구한다.34)

셋째, 그 외에도 핵무기 제조에 사용될 핵물질 생산중지 조약(Fissile Materials Cut-off Treaty: FMCT)을 위한 협상을 재개해야 한다.

넷째, 핵무기 확산을 막기 위해 이란, 북한, 시리아 등의 핵개발 프로그램이 제거되어야 한다.35)

다섯째, 핵물질의 군사적 전용을 막고, 핵테러(nuclear terrorism)로부터 핵물질을 보호하기 위해 국제원자력기구(International Atomic Energy Agency: IAEA)의 감시·감독 체제가 강화되어야 하고, 모든 국가가 'IAEA 안전협정 추가 의정서(additional protocol)'에 서명해야 한다.

여섯째, 화생 무기 통제대책이 강구되어야 한다.

일곱째, 대량살상무기 탑재수단에 대한 통제대책이 강구되어야 한다.

여덟째, 재래무기 분야에서 전 유럽 국가 간의 신뢰구축이 중요하고, CFE를 폐기하기보다는 새로운 상황에 맞게 재조정하는 것이 바람직하다.

아홉째, 소형 무기 이전 통제, 잉여무기 폐기 및 각종 지뢰금지 및 산탄금지협정은 준수되어야 한다. 독일은 유엔 차원의 군비통제 노력에 적극 참여하고 있다. 핵심 재래무기의 수출입과 관련된 유엔 무기등록 및 국방비 내역을 성실히 보고하여 재래무기 분야에서 투명성을 기함으로

---

34) CTBT Annex-II에 속한 국가는 핵무기를 보유하고 있거나 핵시설을 보유하여 장차 핵무기 제조에 필요한 핵물질을 추출할 수 있는 국가를 모두 망라하며, 44개국이 선정되어 있다. 이상 44개국이 모두 CTBT를 비준해야 이 조약이 발효하게 되어 있다. 이 중 35개국은 비준을 모두 마쳤으며, 남은 국가들이 미국, 중국, 이란, 이스라엘, 이집트, 인도, 파키스탄, 인도네시아, 북한이다.
35) 5대 핵보유국 외 1998년 인도와 파키스탄, 그리고 2006년과 2009년 북한이 핵실험을 단행했다. 이스라엘은 약 200개의 핵탄두를 보유하고 있으며, 20여 개국 이상이 장차 핵개발 잠재력을 보유한 것으로 추정되고 있다. 이처럼 핵확산은 전 세계를 위협하고 있다.

써 신뢰구축에 기여하고 있다.

통일 이후 독일은 나토와 EU 내에서 군비통제와 관련하여 핵심적 기여를 해오고 있다. 2003년 12월 EU에서 비준된 '대량살상무기 확산에 대한 EU 전략'의 수립 시 주도적인 역할을 했고, 그 외에도 소위 EU-3(독일, 프랑스, 영국)의 일원으로 2003년 9월부터 이란 핵문제 해결을 위해 국제 무대에서 활약하고 있다. 2005년 11월 독일은 미국 주도의 대량살상무기 확산방지구상(Proliferation Security Initiative: PSI) 회의를 개최했고, 독일의 주도로 EU가 공식적으로 PSI에 참여했다.

2009년 1월에는 그간 독일을 이끌어왔던 '4인의 현자' 즉 슈미트 전 수상, 리하르트 폰 바이츠제커(Richard von Weizsäcker) 전 대통령, 에곤 바 전 사민당 전략가, 겐셔 전 외상이 공동으로 전 세계 여론을 대상으로 '핵무기 없는 세계(für eine atomwaffenfreie Welt)'를 위해 노력할 것을 촉구했다.[36] 이는 2007년 1월 미국의 '4인의 현자'인 헨리 키신저(Henry Kissinger), 조지 슐츠(George Schultz) 전 국무장관, 윌리엄 페리(William Perry) 전 국방장관, 그리고 샘 넌(Sam Nunn) 상원 의원이 공동으로 전 세계 여론을 대상으로 촉구했던 '핵무기 없는 세계(A World Free of Nuclear Weapons)'[37]에 대한 응답이었다. 이들은 동서냉전 종식으로 핵무기는 더 이상 국제 안보유지를 위한 억제수단이 아니며, 최근 북한과 이란의 핵개발에서 보듯 전 세계는 이미 위험한 핵시대에 도달했고, 핵무기가 테러리스트의 수중에 들어갈 경우 국제 사회의 안정과 평화는 보장되지 않을 것임을 지적했다.

따라서 이들은 미국과 러시아를 포함하여 모든 핵보유국들의 핵무기

---

36) *Frankfurter Allgemeine Zeitung*(2009. 1. 9), p. 10.
37) *The Wall Street Journal*(2007. 1. 4), p. 15.

감축 노력과 핵확산을 저지시키기 위한 긴급대책의 수립을 촉구했다. 이처럼 통일 이후 독일은 EU와 나토 차원을 떠나, 이제는 전 세계를 대상으로 세계적 차원에서 군축 및 군비통제 현안들을 주도적으로 이끌며 국가의 위상을 높이고 있다.

제6장

국방정책적 시각에서 본 독일 통일 20주년

1. 동·서독 군사통합

▎These 20   동·서독군 간의 군사통합에 대한 정확한 개념은 먼저 ① 동독군이 해체되는 것을 기정사실화한 상태에서, ② 동독군을 통째로 연방군에 흡수한 후, ③ 서독 연방군이 통일 이후에도 꼭 필요하다고 판단되는 동독군의 일부 인력, 물자·장비, 시설들만 선택하여 연방군 속으로 편입시키는 과정으로 해석할 수 있다.
1990년 8월 동독 인민의회는 서독 기본법 23조에 따른 통일 방식을 결정했고, 이에 따라 동독 정부는 군사 분야를 비롯한 모든 분야에서 재량권을 상실한 채 동독 인민군을 포함한 동독의 모든 국가체제와 기관들을 통일 전에 해체할 수밖에 없었다. 동독 군 지도부가 동독군의 이해를 전혀 대변하지 못하는 상황에서 통일 전에 모두 제거되었고, 동독 인민군은 일방적으로 무장해제를 당했다. 이러한 상황에서 통일 후 양군 간의 군사통합 과정은 어떠한 무력 충돌도 없이 서독 연방군의 일방적인 계획에 따라 일사천리로 진행되었다.
1990년대 초반부터 이미 군사통합은 외형적으로 완성되었고, 연방군에 흡수된 구동독 인민군 출신들이 비교적 빨리 연방군에 잘 적응하고 있다고 평가되고 있다. 동독군 출신들이 워낙 소수이고 계급이나 직책 면에서 큰 영향을 미치지 못하고 있기 때문에 연방군 내 내적 통합 문제가 크게 부각되고 있지는 않지만, 다른 분야와 마찬가지로 이 문제는 여전히 해결해야 할 과제로 남아 있다. 내적 통합 문제는 결국 군대 내에서도 한 세대가 지나야 해결될 전망이라는 것이 일반적인 평가이다.

일반적으로 연방군 통합은 다른 분야의 통합보다 더 신속하고 무리 없이 추진되었다고 평가되었다. 이는 '임무형 전술'로 무장된 연방군 직업군인들의 우수한 능력에 기인한다.

1) 통일 전 군사통합 과정

1989년 정치적 대변혁이 일어난 후 통일되기까지 동독 인민군은 동독군의 장래 문제와 관련하여 많은 혼동을 경험했다. 1989년 10월부터 동독 인민의회선거(1990. 3)가 끝나고 민주정부(1990. 4. 12)가 들어서기 전까지 동독의 정치·군사지도부는 완전히 마비 상태였고, 인민군 내부에서는 군 개혁에 대한 요구가 높았다. 1985년부터 국방장관을 해오던 케슬러는 장벽 붕괴 후 1989 11월 17일 퇴임했고, 후임으로 테오도어 호프만(Theodor Hoffmann) 제독이 1989년 11월 18일부터 1990년 4월 23일까지 장관 직을 수행하며 동독 인민군 개혁에 착수했다. 주요 개혁 내용은 ① 당으로부터 군의 분리, ② 군 내 모든 정치조직 해체, ③ 군에 대한 의회 통제와 군사재판의 폐지, ④ 군과 국경부대를 감시하던 슈타지 조직 해체 등이었다.

1990년 1월 1일부터 인민군 병사들도 개혁시위를 했는데, 이들의 주요 요구사항은 ① 복무기간 단축, ② 대체복무 허용, ③ 고향 근처에서 복무,

④ 외출 확대, ⑤ 휴가조건 개선, ⑥ 주 5일 복무, ⑦ 사병 대표단 구성, ⑧ 봉급 인상, ⑨ 숙영지 개선, ⑩ 농장이나 산업체에서의 사역 금지 등이었다. 이에 호프만 장관은 이러한 병사들의 요구를 즉각 수용하여 복무기간을 18개월에서 12개월로 단축했고, 고향 근처에서 복무가 가능하도록 했다. 또한 군인들이 더 이상 산업요원으로 투입되지 않도록 했고, 주당 근무 시간도 45시간으로 제한했다. 1990년 1월 19일부터 병사 대표단을 구성하여 그들의 이익을 대변할 수 있도록 했다.

1990년 4월 데 메지에르 민주정부가 출범한 이후 6월 중순까지 인민군 내 최대 관심사는 과연 동독군이 독자성을 유지하며 존속될 수 있을지, 아니면 통일과 동시에 연방군에 편입되어 사라지게 될지의 여부였다. 통일에 대한 기대가 높아지는 가운데 일반적으로 군 내 정서는 비교적 안정적이었고, 설사 통일이 되더라도 동독군이 존속할 수 있을 것이라는 희망이 남아 있었다. 당시 동독 국방장관 라이너 에펠만(Rainer Eppelmann)이 바르샤바 조약기구가 존속되는 상황을 가정하여 통일 후에도 당분간 2개 군이 존속되어야 한다는 이른바 '1국가 2개 군(Ein Staat und zwei Armeen)'을 주장하고 있었기 때문이었다.

그러나 1990년 6월 중순 양독 수뇌부가 기본법 제23조에 따라 독일 통일을 이루기로 사실상 합의한 이후부터 동독군의 장래와 관련된 모든 것이 더욱 명확해졌다.[1] 서독 국방장관 게르하르트 슈톨텐베르크(Gerhard

---

1) 1990년 3월 5~6일 서독 연립정부는 기본법 제23조에 의해 동독이 연방주로 편입되는 통일 방식에 합의했고, 1990년 3월 18일 동독 의회선거에서 서독 집권당이 지원하는 독일연맹이 압승을 거둠으로써 이미 제23조에 의한 통일 방식은 결정된 것이나 다름없었다. 1990년 4월 19일 데 메지에르 신임 동독 총리는 제23조에 의한 통일을 피력했고, 1990년 6월 13일 동독 인민의회는 기본법 제23조에 의한 통일 방식을 제청했으나 마지막 순간 일부 서명자가 철회함으로써 무산되었다. 이후 1990년 8월 22~23일 동독은 제23조에 따라 10월

Stoltenberg)는 1990년 6월 13일 연방군 지휘관 회의에서 "통일 후 연방군을 중심으로 하는 하나의 군대만이 존재할 것"임을 천명했다.[2] 더군다나 1990년 7월 15일 콜과 고르바초프의 코카서스 회동에서 소련은 독일 통일을 인정했고, 집단체제귀속 문제는 독일 재량에 맡김으로써 통일 후 독일의 나토 잔류가 사실상 확정되었다. 이로써 통일 후 독일에는 오직 '1개 군'이 있을 것임이 자명해졌다. 이에 따라 이 기간 중 동독군 수뇌부는 바르샤바 조약 탈퇴 협상과 동독군 해체 작업을 준비했다. 1990년 8월 슈톨텐베르크는 국방부 정책결정문서에서 동독군의 장래에 대해 더욱 상세하게 언급했다. 이에 따르면 연방군에 편입된 동독군은 단계적으로 해체되어 새로운 부대로 창설되고, 장교 2만 명 정도는 일단 단기복무자로 연방군에 편입된 후 2년간의 시험복무기간을 거친 다음 연방군에서 계속 근무할지의 여부가 결정될 예정이었다.

서독 입장에서 동독군을 합병하지 않고 해체할 수밖에 없었던 이유는 다음과 같이 설명될 수 있을 것이다. ① '2+4 협정'에 따라 장차 독일군 규모를 37만 명으로 감축해야 했다. ② 공산주의 불법정부와 공산당의 군대인 동독군에게는 '군에 대한 의회·문민통제'라는 개념이 없어 서독 연방군과 서로 양립할 수 없었다. ③ 동독군 장교 및 부사관들은 96%가 사통당 소속이었고, 정치·사상적 세뇌교육을 받아 서방측을 '계급의 적(Klassenfeind)'으로 여기는 전투중심적인 집단이었다.[3] ④ 서독군 영내에서는 공개성과 투명성이 보편적으로 보장되는 데 반해, 동독군은 외부

3일부로 연방에 편입되기로 의결했다(찬성 294, 반대 62).
2) 1990년 7월까지 통일 후 독일 군대의 뚜렷한 성격이 나오질 않아 독일 국방부는 뚜렷하고 구체적인 군사통합 관련 계획을 세울 수 없었다.
3) 동독군의 85%는 항시 전투준비 태세가 되어 있었다. 반면 서독군은 쿠바 위기 때 이외에는 그와 같은 고도의 전투태세를 갖춘 적이 없었다.

세계와 단절되고 개인의 자유시간이 거의 허용되지 않는 병영문화에 길들여져 있었다. ⑤ 동독군 내 장교와 병과의 관계를 보면 병사는 장교들의 명령에 무조건적으로 복종해야 했고, 구타 등 군기사고에 시달리고 있었다. ⑥ 서독군에서는 임무형 전술(Auftragstaktik)에 따라 개인에게 많은 권한과 책임이 부여되어 있는 반면, 동독군에서는 부하들에게 책임이 따르지 않았으며 슈타지의 감시로 인해 동료 간에도 신뢰가 결여되어 있었다.

콜과 고르바초프 간의 코카서스 정상회담을 통해 통일 독일의 집단체제귀속 문제[4]를 독일 스스로가 결정한다고 합의하고, 국방장관이 동독군을 해체하기로 결정한 이후부터 독일 정부의 군사통합 준비는 본격적으로 진행되었다.

(1) 슈톨텐베르크 국방장관은 동독군 인수 및 해체 작업을 원활하게 수행하기 위해 과도적으로 '연방군 동부지역사령부(Bundeswehrkommando Ost)'[5]를 10월 3일부로 창설하고, 외르크 쇤봄(Jörg Schönbohm, 육군 중장 및 국방부 기획실장) 장군을 사령관으로 임명했다.

(2) 동시에 국방부는 각 부서별로 군사통합 실무작업반을 편성하여 수행할 과제를 염출했고, 인수 작업 준비를 위해 1990년 8월 17일 '연락반(Verbindungsgruppe)'[6]을 '동독 국방부(Ministerium für Abrüstung und Verteidigung)'

---

[4] 미국, 영국, 프랑스 및 서방 국가들은 통일 후 독일이 나토와 EU에 속해야 한다는 입장이었다. 반면 소련은 최초 바르샤바 외상회담에서의 독일의 중립 요구(1990. 3. 18) → 나토 잔류 반대(1990. 4. 6) → 과도기간 설정, 나토와 바르샤바 조약기구에 동시 가입 → 전 유럽 안보체제 구축 시 가입하라는 셰바르드나제 외무장관의 제안(1990. 4. 11) → 콜-고르바초프 코카서스 회담에서 독일 스스로 집단체제 귀속 문제를 결정하는 데 합의(1990. 7. 16) → 동독의 바르샤바 조약기구 탈퇴 선언(1990. 9. 24)으로 발전되었다.

[5] 베를린 근교 슈트라우스베르크의 동독 국방부에 설치했다.

로 파견했다. 8월 28일 업무를 개시한 연락반의 임무는 동독 국방부와 접촉을 유지하며 병력, 물자, 예산, 사회복지, 통신망과 위생시설 등 동독군의 현황을 파악하여, 빠른 시일 내 동독군을 해체시키고 일부 병력과 장비 및 시설을 연방군에 통합시키는 일이었다.

(3) 본에 위치한 독일 국방부는 통합업무의 효율성을 높이기 위해 동독 슈트라우스베르크에 '국방부 외청(Aussenstelle des Bundesministeriums der Verteidigung)'을 임시로 설치하고 동독의 전 국방차관(Staatssekretär) 베르너 아브라스(Werner Ablaß)를 외청의 책임자로 임명했다.

(4) 9월 1일부터 동독군 의무복무병들은 서독 연방군 병사에 의해 교육훈련을 받았다. 동독 지역에 연방군 신규 사단이 창설되었으나, 이 사단은 소련군이 완전히 동독 지역으로부터 철수하기 전까지는 나토에 예속될 수가 없었다. 국방부는 또한 1990년 8월 말에서 9월 사이에 동독군 각급 부대에 현장확인팀(전체 150명 규모로 1개 팀은 5명으로 구성)을 파견하여 작전, 인프라, 행정, 탄약 및 보안 분야에서 군사통합과 관련된 자료를 수집하고, 동독군의 해체와 연방군으로의 편입을 돕도록 했다.

(5) 1990년 9월 10일 슈톨텐베르크 국방장관은 앞으로 동독 지역에 약 5만 명의 연방군이 근무하게 될 것임을 발표했다. 이 중 의무복무병 2만 5,000명과 직업군인 5,000명은 서독 출신으로, 나머지 2만 명은 동독 출신 직업군인으로 구성될 것임을 밝혔다.[7]

---

6) 육군 준장 외 20명(군인, 민간인 행정전문 인력)으로 구성되어 국방부 외청이 설치(1990.10.3)될 때까지 임무를 수행했다.
7) 동독군 인력을 인수할 것인지에 대한 논란이 있었다. 슈톨텐베르크는 1990년 3월 연방군은 동독군을 필요로 하지 않는다는 견해를 피력했다. 이와 같은 언급 배경은 적 개념으로 세뇌교육을 받아온 동독군들이 민주적인 군대에 쉽게 적응할 수 없으리라는 판단 때문이었다. 오히려 위험 요인이 될 수도 있었다. 또한 일부에서는 동독군이 인수될 경우 서독군이 제대해야 할 상황을 우려하기도 했다.

(6) 동독은 9월 24일 바르샤바 조약기구에서 탈퇴했고, 9월 30일부로 국경수비대를 해체했다. 마지막까지 남아 있던 동독군 10만 3,000명은 1990년 10월 2일 공식적으로 해산되었고, 다음 날 전원 연방군으로 편입되었다.8)

군사통합과 관련하여 사전에 준비된 계획이 전혀 없었음에도 불구하고, 독일 국방부는 1990년 7월 코카서스 합의로부터 10월 3일 통일이 될 때까지 채 3개월도 안 되는 기간 동안 많은 과업을 성공적으로 완수했다. 군 감축과 새로운 군 구조에 따른 군사력의 배치도 계획대로 진행되었고, 병무행정 분야도 새로 구축되었으며, 동독군의 해산 과정도 아무런 군사적 저항 없이 순조롭게 마무리되었다. 막대한 양의 무기체계와 탄약들도 안전하게 보관되었고, 동독 내에 주둔하고 있었던 러시아 군과도 원활하게 교류했다. 급변하는 상황에서 성공적으로 통합이 이루어질 수 있었던 것은 독일군의 전통적 지휘 철학인 '임무형 전술'로 훈련된 독일군 간부들의 임기응변능력에 힘입은 바가 크다고 분석되고 있다.

동독군이 아무런 저항 없이 평화롭게 해체되어 연방군에 편입될 수 있었던 이유는 다음과 같은 배경에서 설명될 수 있을 것이다. ① 1980년대 초부터 이미 동독군 내에서는 체제 불안에 대한 긴장감이 대두되고 있었다.9) 1985년 이후부터는 경제사정 악화로 약 5만 5,000명의 인민군이

결국 동독군의 일부만 인수하기로 했다. 무기와 장비감시를 위해 동독 전문가를 필요로 했고, 최소한 서독군이 점령군으로 동독에 왔다는 인상을 피하기 위해 동·서독 통합 개념에서도 동독군을 일부 인수할 필요가 있었다. 통일조약에는 국방부가 재량에 따라 동독군을 인수하도록 규정하고 있다.

8) 장교 2만 4,600명, 부사관 2만 4,500명, 병 4만 3,900명, 군무원 4만 8,300명이다.
9) 1980년대 초 서방 진영의 군비강화로 동서 진영 간에 핵전쟁이 일어날 경우 패배할지도 모른다는 우려감이 당시 동독 사회를 지배하고 있었다.

경제 분야에 투입되어 전반적으로 군사임무에 대한 동기를 상실함으로써 인민군의 전투준비태세가 약화되어 있었다. ② 1987년 이후 서방과의 접촉 강화로 인해 병사들의 적 개념이 희박해졌다. ③ 소련의 개혁·개방정책과 1989년 여름 동독 주민들의 대규모 탈출로 지도부에 대한 신뢰는 이미 사라졌다. ④ 1989년 가을에는 이미 인민군 내에서 자체 개혁이 단행되어 주 5일 근무제, 민주적 의사결정, 경제 분야에 군 투입 반대 등이 이루어졌다. ⑤ 군 지도부가 서방 텔레비전 시청과 해외여행을 허용했다. ⑥ 1990년 1월 16일 인민군 내 당 기구가 모두 해체되었다.

이와 아울러 서독군도 인민군으로부터의 저항이 가능한 한 없도록 다음과 같은 행동원칙에 따라 처신했다. ① 동독군을 공정하게 대우했고, 퇴역자는 돈으로 보상했다. ② 전우애(Kameradschaft)를 발휘하여 "적 또는 정복자로서가 아니라, 같은 독일인으로서 또는 친구로서" 동독 군인을 상대했다. ③ 특히 서독군의 성공적인 정신교육기법인 '내적 지휘(Innere Führung)'를 동독군에 적용하여 조기에 서독군의 정신을 이해시키고 민주적이며 인간 위주의 부대를 지휘하도록 간부들을 교육했다. ④ 동독군은 하나의 조직체로서 서독군과 통합된 것이 아니라, 동독군이 완전히 해체된 상황에서 개인의 자격으로 서독군에 편입된 것임을 인식시켰다. 그러나 통합과정에서 동독군이 저항하지 않고 순순히 응했던 가장 근본적인 이유는 동독 주민 대부분이 서독에 흡수되는 통일을 원했기 때문이다.

2) 통일 후 군사통합의 진행 과정

(1) 부대 인수 및 개편

1990년 10월 3일 통일과 동시에 독일 국방부는 약 2,000명의 서독 연방군 간부(장교 1,200명, 하사관 800명)를 새로 연방군에 편입된 동독 지역 부대의 지휘관과 참모로 배치했다. 동독 지역 사단급 이상 부대의 모든 지휘관과 참모는 서독 출신 장교로 보직되었고, 연대 및 대대 급의 지휘관도 대부분 서독출신 장교로 보직되었으나, 동독 출신 지휘관일 경우에는 서독 출신 고문이 배치되었다.[10] 통일을 기해 연방군 동부지역 사령부는 구동독군 소속 장기·직업군인 약 5만 명, 의무복무군인 4만 4,000명을 인수했고, 구동독군 부대에 대한 지휘권을 행사했다. 이 외에도 연방군 동부지역 사령부는 구동독군의 해체와 개편을 주관하고 구동독 지역의 군 행정을 관할하며, 구동독군의 장비, 탄약, 물자, 시설 등을 관리하고 평가했다. 독일 내 주둔 중인 소련군의 철수지원업무도 연방군 동부지역 사령부가 담당했다.

1991년 1월에서 6월 사이에 CFE에 따라 폐기할 무기와 장비, 약 3만 대의 궤도 일반 차량, 전투기, 전함 등이 중앙저장고에 집결되었다. 개편 기간 중 연방군 동부지역 사령부는 구동독군의 합참의장과 각 군의 총장을 고문으로 활용했다. 공산주의 군대의 일반적인 특징처럼 구동독군의 최상급 지휘관들은 모든 정보를 독점해왔고, 이들의 정보가 동독군의 해체 과정에서 큰 도움이 되었다.

통일과 동시에 국방부는 1,460개의 구동독군 부대를 인수하여 '군구조 계획 2000'을 기초로 개편 작업을 시작했다. 구동독군 중 이 계획에 포함되어 있지 않은 부대는 1991년 3월까지 모두 해체되었고, 계획에 포함된 나머지 부대는 연방군에 편입되었다.

동독군 부대 중 우선적으로 해체 대상이 된 부대는 ① 동독 국방부 및 국방부 대외국, ② 5개의 고급 사령부와 8개의 야전병원, ③ 중앙부대 및 국방부 직할 16개 부대(장교학교 및 군사정치대학 등), ④ 동독 국경수비대

---

10) 1994년까지 총 5만 8,000명의 서독 출신 군인들이 동독 지역에 배치되었다.

의 사령부 및 신병훈련소, ⑤ 동독 민방위 사령부 등이었다.

연방군 동부지역 사령부는 동독 인민군으로부터 인수한 육군 2개의 군사구역을 2개 방어지역사령부 및 사단으로, 6개 사단을 6개 여단으로, 해군 3개 전단을 3개 전대로, 공군 2개 비행사단을 1개 비행사단으로 개편하여 각각 약 1/3 규모로 축소된 개편을 완료하고 1991년 6월 30일 해체되었다. 이에 따라 동독 지역 부대의 지휘권은 해당되는 각 군으로 환원되었다. 1991년 6월 말까지 350개 이상의 동독 인민군 부대가 해체되었고, 1991~1992년에 군수, 의무, 통신시설 부대를 포함한 200여 개의 부대가 인수·개편되었다. 통일 후 3년 만인 1993년 말에 이미 '동독 지역 과도기 군 구조(Übergangsstruktur Ost)'에 따른 군부대의 창설이 완료되었다.

동·서독 통합 과정을 촉진시키기 위해 국방부는 의무복무병들의 기초군사훈련을 동·서독 지역을 바꾸어 실시하고 있고, 육군 장교학교의 드레스덴 이전을 포함하여 13개의 서독 지역 연방군 행정부서를 2000년까지 동독 지역으로 이전시키기로 계획했다.

(2) 인사·병력

구동독군의 연방군 편입은 통일조약을 근거로 한다.[11] 이에 따라 동독 국방장관 에펠만은 통일 이전까지 자체적으로 동독군을 정리했다. 1988년 약 17만 명에 달하던 동독군 병력은 통일 직전까지 자체 개혁과 자진 감축으로 1990년 9월 중순 경에는 이미 10만 3,000명으로 줄어 있었다. 에펠만은 모든 장군과 55세 이상의 직업군인과 정치장교, 군 사법 요원 그리고 슈타지(국가보위부) 관련 요원들을 통일 전에 모두 전역시켰다.

---

11) 통일조약(Einigungsvertrag) 부칙 1(Anlage I), 19장(Kapitel XIX), 2절(Abschnitt II) 2항 동독군 흡수 규정(*Bulletin des Presse- und Informationsamtes der Bundesregierung*, Nr. 104(1990.9.6) p. 877).

과거 인권 유린활동을 한 전력이 있거나 그러한 의혹이 있는 자들은 즉각 전역되었다. 공군 조종사는 전부 예편 조치되었고, 해군은 총 8,500명 중 7,000명이 전역했다. 통일 직전 7,000여 명의 직업장교는 자진해서 인민군을 떠났다.

1990년 10월 3일 연방군에 편입된 동독 인민군 출신은 약 9만 명이었다.[12] 이는 다시 1990년 연말까지 자진 전역자로 인해 6만 9,000명으로 줄어들었다.[13] 통일 후 연방군에 인수된 동독 출신 장기·직업군인은 총 5만 명에 달했고, 이 중 2년간의 시험복무기간이 끝난 후(1993. 9. 30) 최종적으로 연방군에 선발된 인원은 총 1만 1,000명에 불과했다.[14] 이는 통일로 인해 동독 인민군의 직업군인 중 90%를 상실했다는 것을 의미한다. 반면 서독 연방군은 90%를 유지하고 있었다.

약 6,000명에 달하는 국경부대와 민방위 소속 직업군인들은 군무원으로 신분이 전환되어 내독 국경 철거와 국경 지역 지뢰를 제거하는 임무를 부여받아 일정 기간을 근무했다.[15] 로켓연료 처리기술자와 같이 특수기술 분야 종사자 약 1,000명은 이러한 정상적인 선발 절차를 거치지

---

12) 이 중 장기·직업군인(장교 및 부사관)이 5만 명(이 중 장교는 2만 3,155명), 의무복무병이 3만 9,000명, 전역대기자가 1,000명이었다.
13) 약 70%의 직업군인(장기복무자 포함)이 연방정부가 설정한 1990년 10월 3일부터 1991년 1월 말까지 4개월 동안에 7,500 마르크를 전역비로 받고 자발적으로 전역했다. 자발적으로 전역하지 않을 경우, 연방군에 편입되거나 혹은 보상금 없이 전역해야만 했다. 대부분의 동독군 장교들은 자신이 연방군에 편입될 가능성에 대해 확신을 갖고 있지 못했기 때문에 보상금이라도 받자는 심리로 자발적으로 전역하고 새로운 일자리를 찾아 나섰다.
14) 동독 인민군 장교의 1/4, 부사관의 1/2이 결국 연방군에 편입되었다(장교 3,200명, 부사관 7,650명, 병사 15명).
15) Bundeswehr, "Fünf Jahre Armee der Einheit"(1995. 10. 3).

않고 민간인 신분으로 계속 군에 남아 4년간 자기 분야의 무기체계나 장비를 해체하는 작업에 종사했다. 이로써 외형적인 병력통합은 통일 후 3년 만에 완결되었다.

통일조약 부칙 1의 제20장에 의거하여 의무복무병은 서독군과 동등한 대우를 받으나, 장기·직업군인들은 1992년 9월 30일까지 봉급, 의료보험 및 사회보장에 있어 연방군과는 별도로 구동독법의 적용을 받았다. 통일 전 동독군의 장교 및 부사관은 서독 연방군에 비해 상대적으로 진급이 빨랐다. 따라서 독일연방군에 인수된 구동독 장교 및 부사관들은 복무기간에 따른 계급 균형을 고려하여 1~2계급씩 강등 조치되었다. 연방군에 편입된 후 전역하는 구동독군인들은 민간으로의 직업 전환을 위해 「고용촉진법」에 따라 직업교육과 재정적 지원을 받았고, 전역 시 구동독 지역에 신설된 병무청에 우선 채용되었다.

(3) 교육훈련

연방군에 편입된 동독 군인에 대한 재교육의 필요성이 대두되었다. 상관들의 독재적 리더십, 병사들의 법적 권리에 대한 무지, 정치이념화된 의식구조, 그리고 책임감의 결여 등이 동독군의 대표적인 특성이었다. 따라서 이들에 대한 교육 프로그램은 '내적 지휘'의 원칙과 '임무형 전술'에 중점을 두고 진행되었다. 그 외에도 국제 안보정책, 민주군대 내에서의 지휘통솔, 자유민주주의 기본원리와 군법에 기초한 군인의 권리와 의무 등이 교육되었다. 통일 직후부터 동독 출신 직업군인들을 대상으로 3주 코스의 내적 지휘 관련 교육 과정을 편성했고, 서독 지역에 있는 부대에서 1~3개월 코스의 부대 실습을 실시했다. 통일 후 동부사령부 예하 부대의 중대장 급 지휘관과 중대 선임하사관의 약 3/4은 동독 출신이었다. 이들은 주로 군법에 대해 교육을 받았다. 동독군의 교육훈련을 위해 동·서독

부대 간 서로 자매결연을 했고, 이를 통해 부사관들의 상호 부대 방문이 이루어졌다.

(4) 장비 물자

통일과 동시에 연방군은 170만 개의 병기, 2,300대의 전차, 7,850대의 장갑차, 3,400문의 화포, 10,600기의 지대공 미사일, 440대의 전투기 및 헬기, 70척의 함정과 30만 톤의 탄약을 경계·기록·등재하는 과정에서 차후 사용 또는 폐기 여부를 결정해야 했다. 이 무기들은 대부분 폐기되었고, 나머지는 '유럽 재래식무기감축협정'에 따라 유럽 지역 밖의 국가에 증여되거나 이전되었다.

통일 당시 독일은 '2+4 조약'의 합의에 따라 연방군의 병력 규모를 1994년 말까지 37만 명으로 감축해야 했기 때문에 잉여 무기와 잉여 장비가 발생될 상황이었다. 또한 독일은 CFE에 따라 5대 공격형 무기, 즉 전차, 장갑차, 화포, 항공기 및 공격형 헬기와 관련하여 녹일에 할당된 보유 상한선을 준수해야 하는 상황이었기 때문에 동독군의 장비를 추가적으로 유지해야 할 필요성이 없었다. 더군다나 동독군의 장비는 대부분 러시아제로 서독군의 무기체계와 맞지 않았을 뿐만 아니라, 운영 유지비도 많이 소요되었고 운영 요원 확보에도 어려움이 있었다. 그리고 장비 운용 시 새로운 군수지원 체제를 구축해야 하기 때문에, 이는 국방예산 삭감 추세하에서 결코 수용할 수 없는 대안이었다.

따라서 연방군은 단일 무기체계를 보유한다는 원칙과 경제적 효율성, 후속 군수지원 및 환경 문제 등을 입체적으로 고려하여 대부분의 동독군 장비를 폐기하거나,[16] 제3국에 판매[17] 또는 무상 증여하기로 결정했다.

---

[16] 통일 후 연방군의 감축 추세에 따라 동독군으로부터 인수한 대부분의 무기와

구동독군의 무기체계 중 CFE에 따라 감축해야 할 무기의 숫자는 모두 약 1만 개에 달했으며, 1995년 5월에 인민군의 마지막 전차를 파기하는 것으로 장비 물자 관련 군사통합은 완결되었다. 장비를 폐기하는 데 연간 소요되는 비용은 4억 4,000만 마르크에 달해, 장비를 폐기하는 방법은 다른 방법보다 더 많은 경비가 소요되었다. 따라서 독일 정부는 가급적 폐기하기보다는 많은 양의 장비와 탄약을 제3국에 증여하거나 판매하려 했다.

일부 동독군 장비와 물자는 다음과 같은 범주에서 활용되었다: ① 국경수비대나 재난구조기관 등 연방군 혹은 내무부 관련 부서나, ② 동독 지역 재건을 위해 지원되었고, ③ 나토 회원국 및 우방국에 증여되거나 또는 판매되었다(그리스, 터키, 포르투갈 등 40여 개 나라). 그 외에도 ④ 제3세계 우방국의 군 및 경찰에 공병·의무장비가 지원되었고, ⑤ 적십자사 등 민간 지원조직이나 ⑥ 인도적 차원에서 지원되었다.

그 이외에도 걸프전을 수행하던 미국에 약 12억 마르크 상당의 트럭, 공병장비, 화생방 보호장비 및 탄약을 지원했고, UN 평화유지군 활동을 위해 의복 등 각종 동독군 비축물자를 지원했다. 동독군 장비 중 일부는 민간 분야로 전환되거나, 교육훈련, 박물관 전시 또는 훈련 시 목표용 등으로 용도가 변경되어 사용되기도 했다.

장비는 연방군에 불필요하게 되어 원칙적으로 폐기 대상이 되었다. 인수된 무기와 장비 중 80%는 이미 1995년 5월까지 폐기되었거나 제3국에 무상으로 증여(전투기 MiG-21/23, SU-22, T-72 등) 혹은 판매되었고, 3% 정도는 국경수비대 등에서 임시 활용된 후 도태되었다(전투헬기, MiG-24 등). 나머지 17%는 성능이 비교적 우수하여 연방군의 작전 소요가 제기되었고, 잠정적으로 활용되다가 폐기된 장비들로 주요 품목은 BMP-1 장갑차와 MiG-29 전투기였다.
17) 전차, 장갑차 헬기 등을 스웨덴, 터키, 카자흐스탄, 키르기스스탄, 몽고 등에 판매했다.

'현장확인팀'을 통해 동독군의 장비와 물자를 파악하는 데에는 약 1년의 기간이 소요되었다. 독일 국방부는 장비와 물자를 효율적으로 처리하기 위해 1990년 10월 18일 국방부 내에 '동독 물자처리위원회'를 구성했고, 동독 지역에 장비 물자 처리창고[18]를 설치했다. 처리창고를 관리 통제하고 장비 물자를 처리하는 데 많은 전문 인력과 수송수단 및 보안시설이 필요했다.

동독군으로부터 인수한 탄약의 규모는 약 30만 톤이었고, 이 중 90% 이상은 기술적 이유로 연방군에서 사용하기에 부적합했다. 탄약 처리와 관련하여 연방군이 겪은 어려움은 부족한 탄약 처리시설,[19] 높은 탄약 처리 비용[20], 환경 문제, 처리 시 안전대책, 그리고 폐기될 탄약의 경계 문제 등이었다.[21] 탄약고 경계를 위해 인수 초기에 약 1만 1,000명의 경계 인력이 필요했다.

(5) 시설

통일 후 인수된 동독군의 병영, 훈련장, 창고, 항만, 비행장 등 부동산과 시설물 2,300건 중 일부는 연방군에 편입되었고, 70%는 연방군이 더 이상 필요로 하지 않아 매각과 민간전용을 위해 '신탁청' 또는 지방정부에

---

18) 육군 관련 처리창고 49개소, 공군 32개소, 해군 9개소.
19) 통일 전 동독의 탄약처리 능력은 연간 1,000~2,000톤이었으며 통일 후 서독의 탄약 처리기업이 진출하자 1991년 여름 이후 연간 처리능력은 3만 4,000톤으로 증가했다.
20) 탄약 1톤의 처리비용이 1,000~1만 5,000마르크로 총 탄약 처리비용은 최소 15억 마르크에 달했다.
21) 폐기될 탄약은 구동독 지역 탄약고 약 800개에 저장되어 있었고, 탄약고 경계를 위해 연간 6,000만~10억 마르크가 소요되었다. 통일 후 6개월 동안 탄약고 침입사고가 45건, 병기탄약 분실 사고가 54건에 이를 정도로 탄약고 경계에 많은 어려움을 겪었다.

넘겨졌다. 연방군은 동독군이 쓰던 6만 4,000개의 관사 중 9,000개를 인수했으나 주택 개선 및 기반시설 구축에 많은 비용이 소요되었다. 군용시설을 민간용도로 전환하는 과정에서 군사시설물의 환경오염 처리[22]와 동독 시절 강제로 몰수당한 시설에 대한 원 소유주와의 소유권 갈등 등의 문제가 파생되었다. 구동독의 군수산업체는 신탁청에 맡겨져 민수용으로 전환되었다.

동독 지역에는 훈련장을 포함하여 군사 및 준군사용의 토지가 있었는데, 소련군을 위해 24만 3,000ha, 구동독군을 위해 24만ha의 토지가 확보되어 있었다. 이는 동독 지역 전체 토지의 5%를 상회하는 것이었다. 서독 지역에서 병력 수에 비해 훈련장이 적은 문제를 안고 있던 연방군은 통일 후 동독 지역에서 가급적 많은 훈련장을 확보하려 했으나 결국 62개의 훈련장 중 9개를 확보하는 데 그쳤다.

통일 후 연방군은 철조망 1,455km, 콘크리트 장벽 136km, 감시탑 818개, 지뢰 130만 발 이상 등의 국경 장애물을 처리했다. 국경의 장애물 제거 작업은 1993년에 종결되었다. 1961년 이후로 내독 국경에는 약 1,300만 개 이상의 지뢰가 매설되었다. 1985년 이래로 동독 국경수비대가 지뢰를 제거해왔으나, 통일 당시 약 3만 4,000개의 지뢰가 남아 있었으며 이는 주로 플라스틱 지뢰였다. 1990년 10월 3일부터 1991년 9월 30일까지 연방군의 지휘하에 동독 국경수비대원 6,000명은 지뢰 제거 작업에 투입되었고, 1991년 9월 31일부터 1995년 초까지는 대부분 동독 국경수비대로 구성된 민간기업체(GRV)에 위탁하여 제거 작업을 완료했다.

---

[22] 동독 지역에 있던 군사시설물의 환경 개선을 위하여 약 200억 마르크가 소요될 것으로 판단했다. 그러나 부동산의 매각을 통해서 확보할 수 있는 금액은 겨우 25억 마르크에 불과했다.

(6) 환경보호 문제

동독군으로부터 인수한 일부 부동산, 난방시설, 노후한 탱크 시설, 그리고 하수 처리시설 등은 환경을 오염시키는 주요 원인이 되었다. 동독의 일부 무기체계는 강한 독성의 액체로켓 연료와 위험물질을 함유하고 있었다. 이에 따라 연방군은 무기체계나 탄약을 조속히 폐기하고, 장기적으로 이용할 부동산의 환경을 정비하며, 훈련장을 친 환경적으로 개발하고, 연방군 소속 인원에 대한 환경 교육을 강화하는 정책을 추진해왔다.

(7) 소련군 철수

통일 전 소련군이 동독 지역에 주둔할 수 있었던 법적 근거는 1957년 3월 12일 양국 간에 체결된 주둔조약[23]이다. 냉전 당시 동독 지역에 주둔하고 있던 소련군은 1개 집단군[24]으로, 군인 34만 명과 민간군속 21만 명 등 모두 55만 명의 소련인이 동독에서 거주하고 있었다. 소련군은 동독 지역의 총면적 중 35만ha[25]를 사용했다. 이 중 70%는 훈련장, 비행장, 그리고 미사일 기지였다. 소련군의 주둔비용으로 동독 정부는 1970년부터 1984년까지 매년 6~8억 마르크에 달하는 금액을 지불했다. 병영주거 상태는 비교적 열악했다.

1953년 6월 17일 동독 주민봉기를 무력진압했던 소련군은 이후 동독 시내에서 활보하는 것을 가급적 자제했으나, 서베를린에 있는 소련군

---

[23] 「소련군의 동독 영토에 일시적 주둔과 관련된 문제에 관한 동독과 소련 간의 조약(Abkommen zwischen der DDR und der UdSSR über Fragen, die mit der zeitweiligen Stationierung sowjetischer Streitkräfte auf dem Territorium der DDR zusammenhängen)」
[24] 19개 사단으로 구성되어 있는 5개 군.
[25] 서독의 자를란트 주에 해당되는 크기의 면적(2,568km^2)이다.

기념비에서의 위병근무와 1987년까지 서베를린 슈판다우(Spandau)에 있는 연합군 감옥소에 대한 감시 활동은 게을리하지 않았다. 동베를린에 소재한 소련 총영사관, 무역대표부, 관광공사, 러시아항공(Aeroflot) 및 노보스티(Nowosti) 통신사 등에 대해서는 정기적으로 순찰했다. '2+4 조약'에 따라 소련군은 1994년 연말까지 동독 지역에서 철수해야 했다. '소련군의 독일 주둔조건 및 철군방법에 관한 조약'(1990. 10. 12)에 따라 독일과 소련은 소련군의 훈련활동을 조정하고, 소련군 주둔지의 환경 및 부동산 문제, 병력수송 및 주택 건설 문제 등을 합의했다. 이어서 콜-옐친 공동 성명(1992. 12. 16)에서 소련군은 1994년 8월 31일까지 철군을 완료하고, 독일은 철수하는 소련군의 정착 기금으로 5.5억 마르크를 추가로 지원하기로 했다. 소련군 철군 비용은 4년간 총 125억 마르크에 달했다.

3) 군사통합 과정의 문제점과 교훈

(1) 동·서독 간 군사통합은 서독 연방군의 일방적인 계획에 따라 일사천리로 진행되었다. 통일 1주 전인 1990년 9월 24일 연방군 합참의장 디터 벨러스호프(Dieter Wellershoff) 제독은 '동독 인민군의 서독 연방군으로의 통합'이라는 개념에 대해 다음과 같은 이유로 강한 거부 반응을 보였다: ① 동독 인민군은 베를린장벽이 무너지기 전까지 '당의 군대이며 독재자의 도구(Armee der Partei und Instrument einer Diktatur)'였다. ② 연방군은 동독 인민군의 상징물, 제복 및 전통은 결코 인수하지 않을 것이다. ③ 동독 인민군이 연방군에 통합된다는 개념은 없다(Es gibt keine Integration der NVA in die Bundeswehr). 통일 즉시 동독 인민군은 국방장관의 결정에 따라 그대로 연방군이 될 뿐이다. ④ 1990년 10월 3일부터 독일 국방장관은 동독 지역의 독일군 부대에 대해서도 '지휘명령권(Befehls- und Kommando-

gewalt)'을 갖는다.

이를 종합해볼 때, 동·서독 간 군사통합은 1:1의 대등한 국가 간 통합 개념이 아닌 서독 연방군 주도의 일방적 흡수통합의 성격을 띤다. 통일된 독일의 국방체계는 기존 연방군의 군제, 군사전략 및 전술, 무기체계를 그대로 계승하고 있다. 통일되는 순간 동독군은 더 이상 존재하지 않았고, 동독군 부대, 병력, 장비들은 연방군에 편입되어 연방군의 일방적인 결정에 따라 인수되거나 도태되었다.

(2) 독일 정부는 가급적 최소한의 경비로 군사통합을 달성한다는 원칙을 세웠다. 동독재건을 위해 엄청난 통일비용을 확보해야 할 상황에서 독일 정부는 분야별로 최대한 예산을 줄여야 할 입장이었다. 통일 당시 연방군이 처한 입장에서 볼 때, ① 동서냉전 종식과 독일 통일로 주적이 사라지고 군축과 긴장완화 분위기가 유럽을 지배하여 대규모의 군사적 충돌은 상상하기조차 어려웠고, ② 따라서 나토 내에서의 동맹국 방위나 영토 방위에 대한 중요성이 과거에 비해 약화되었으며, ③ '2+4 조약'에 따라 1994년 말까지 통일 당시 58만 명인 연방군을 37만 명으로 줄여나가야 하고, ④ 유럽 재래식무기감축협정에 따라 공격형 재래무기를 감축시켜야 할 상황이었다. 따라서 연방군은 전반적으로 규모를 줄이며 병력과 장비를 축소하고 예산을 삭감해야 했다.

이런 맥락에서 볼 때 통일 당시 동서냉전 종식과 유럽 내 군비통제 및 감축 추세는 동독군을 해체하고 군사통합을 이루는 데 긍정적인 요인으로 작용했다. 독일 정부는 일단 동독군을 전부 해체시킨 후 필요한 부분만 선정하여 연방군에 편입시키는 방법이 군사통합 비용을 가장 줄일 수 있는 방법이라고 판단했다.

(3) 군사통합 추진 시 동독군에 대한 상세 정보가 미흡했기 때문에 동독 출신 전문가를 최대한 활용해야 했다. 독일 통일 과정의 급격한

진전으로 국방부는 타 부서와 마찬가지로 사전 준비된 계획 없이 통일을 맞았고, 많은 시행착오를 겪으며 군사통합을 추진했다. 통일 직전 국방부는 동독 군대의 현황을 파악하기 위해 현지답사팀을 운용했고, 동독군의 해체와 인수 작업 과정에서 최고의 정보를 갖고 있던 전 동독 합참의장과 육·해·공군 참모총장을 고문으로 활용했다. 특수기술 분야에서는 해당 분야 전문가를 계속 활용했다. 정확한 현황을 파악하는 데도 많은 시간이 소요되었다. 장비 및 물자의 현황 파악과 분류 작업은 통일 후 약 1년 반이 지난 1992년 3월이 되어서야 겨우 완료될 수 있었다.

(4) 동독군에 대한 연방군 인수단의 진지한 자세가 대단히 중요했다. 원활한 군사통합을 위해 필요했던 중요한 요인 중 하나는 서독 출신 연방군 간부들과 동독군 출신 군인들과의 상호 신뢰를 조성하는 일이었다. 동독군 해체가 결정된 후 동독 출신 군인들은 정신적으로나 사회적으로 큰 문제에 봉착해 있었다. 그들은 과거에 적으로 간주되었던 서독군의 군복을 착용하고 갑자기 바뀌진 상황에서 자괴감을 느꼈다. 서독 연방군 간부들은 동독 출신 군인들의 이러한 감정을 이해해야 했고, '심판관으로서가 아니라 동반자로서(nicht als Richter, sondern als Partner)' 처신하려 했다. 연방군 동부지역 사령관인 쉔봄 장군은 서독 간부들에 대한 훈시에서 "우리는 승자로서 패자에게 온 것이 아니라, 독일인으로서 독일인에게 왔다. 과거를 통찰하며 미래를 함께 만들어가자"[26]며, 동독 출신 군인들에 대해 신의를 바탕으로 처신해줄 것을 요구했다.[27]

(5) 동독 지역 연방군 부대는 구동독군 부대 중심으로 편성되었다. '2+4

---

[26] "Wir kommen nicht als Sieger zu Besiegten, sondern als Deutsche zu Deutschen. Wir wollen gemeinsam die Zukunft gestalten in Kenntnis der Vergangenheit."

[27] Jörg Schönbohm, "Deutsche kommen zu Deutschen," Dieter Farwick, *Ein Staat-Eine Armee*(Report Verlag, 1992), p. 33.

조약' 제5조, 즉 소련군이 동독 지역으로부터 완전 철수할 때까지 "나토 소속의 독일 연방군은 동독 지역에 주둔할 수 없고, 오로지 향토방어를 위한 독일부대(deutsche Verbände der Territorialverteidigung, 동독군 부대를 의미)만이 동독 지역에 주둔할 수 있다"는 규정에 따라, 동독 지역 내에서는 연방군 부대편성이 통일 전 동독군 부대를 모체로 하여 이루어질 수밖에 없었다. 연방군은 최소한의 지휘 요원만을 파견하여 지휘권을 장악했고, 구동독군의 조직을 최대한 활용했다.

통일과 동시에 동독군 자체는 존재하지 않았지만, 완전히 해체되는 일부 부대를 제외하고 동독 지역에는 여전히 대다수 동독 군인들을 중심으로 한 기존의 부대가 그대로 존재함으로써 연방군에 편입된 동독 출신 군인들에게는 그나마 심리적 안정요인이 되었다. 이런 맥락에서 '2+4 조약'의 제5조는 소련이 동독이 해체되기 전 동독 군인들에게 줄 수 있는 마지막 선물이었는지도 모른다.[28] 독일 정부가 동독 지역에 부대배치를 할 경우에는 '2+4 조약'의 제5조를 이행하기 위해서(비록 해체 이후 연방군에 재편입되는 성격을 띠기는 했지만) 동독군 부대를 어떤 형태로든 유지해놓아야 했다. 그렇지 않을 경우 독일 정부는 1994년 말까지 동독 지역에는 어떤 부대도 배치하지 않는 상태로 두어야 할 형편이었다.

(6) 군 주둔지를 해체하거나 창설할 때는 군사전략적인 관점 외에 지역의 경제적 측면도 고려되어야 할 것이다. 부득이 군 주둔지를 해체해야 할 경우는 지역 내 실업 문제를 해결할 수 있도록 다른 부서와의 협의를 통해 다양한 경제적 방안이 강구되어야 한다. 경제적 대안 없이 주둔지를

---

[28] 실제로 1990년 3월 당시만 해도 서독 국방장관 슈톨텐베르크는 "연방군에는 동독군 장교에 대한 수요도, 그리고 자리도 없다(in der Bundeswehr sei kein Bedarf und kein Platz für NVA-Offiziere)"는 입장을 밝혔으나, 구체적 통합 개념은 '2+4 조약' 협상이 진행된 후 언급되었다.

폐쇄할 경우 실업 문제가 야기되고, 이는 정치사회적 불안요인으로 발전한다. 실업률이 높은 동독 지역에서 구동독 공산당의 후신인 민사당(이후 좌파연합)의 지지율이 상대적으로 높은 현상을 보이는 것은 결코 우연이 아니었다. 구동독 직업군인 중 연방군에 편입되지 못한 자들은 대부분 구동독 공산당의 후신인 민사당의 지지자가 되었다.

(7) 동독 제대 군인에 대한 사회보장제도와 직업전환교육에 대한 지원이 절실했다. 통일 전 동독은 전체 인구 대비 군 관련 종사자의 비율이 10%로 다른 나라에 비해 높은 편이었다. 통일 후에는 이들 중 1/10만이 현재 군 관련 업무에 종사하고 있다. 전역 군인들의 재취업 상태는 대단히 낮은 편이다.

(8) 병력통합은 가급적 빠른 시일 내에 완성해야 한다. 1990년 10월 3일부터 1991년 1월 말까지 4개월 동안 동독군 장기 직업군인의 약 70%가 자발적으로 전역했다. 이와 같은 자진 전역은 새로운 독일 연방군을 신속하게 창설하는 데 도움이 되었다. 만약 군사통합을 장기간에 걸쳐 단계적으로 추진했다면 군사통합 자체가 어려워졌을지도 모른다는 평가도 있었다. 인적자원과 관련된 자료들을 사전에 확보하는 것이 중요하다. 2년제 시한부 단기 장교로 선발되었음에도 불구하고, 근무 도중 슈타지 전력이 드러난 경우에는 지체 없이 전역 조치되었다.

(9) 동독군은 연방군과 전혀 다른 전략 개념과 무기체계를 갖고 있었고, 대부분의 장비와 물자들은 주로 소련의 인가로 생산되고 있었다. 따라서 독일 국방부는 장차 장비의 통합운용 시 파생될 정비 지원과 후속 군수지원 문제 등을 고려하여 초기 단계부터 동독군 무기체계의 인수를 단념했다.

통일 후 독일 국방부에서 가장 관심을 기울인 분야 중의 하나는 탄약 및 화기의 안전한 관리였다. 그럼에도 불구하고 통일 후 6개월 동안 탄약고 침입 사건과 병기·탄약분실사건 등의 사고가 있었다. 탄약 경계 및 폐기에는 많은 인력과 시간, 그리고 비용이 소요되었다. 그러나 일반적으로 구동독군 군인들의 경계근무 태도는 성실한 편이었고, 이들은 탄약 및 화기의 안전한 관리에 크게 기여했다고 평가되었다.

전투장비 폐기 시의 어려움으로 CFE에 따른 장비 폐기를 위한 시설 투자와 기술, 폐기 인력, 환경 문제, 그리고 예산 부족 등을 들 수 있다. 또한 전차를 기중기로 전환하는 등 일부 전투장비를 민수용으로 전환하기 위한 시도가 있었으나, 안전규정이나 기술적인 문제, 비용과 환경 문제 등으로 적합하지 못하다는 평가를 받았다. 장비의 폐기는 예상보다 많은 비용이 들었기 때문에 독일 정부는 동독군 장비를 폐기하기보다는 판매 또는 증여하는 방식을 더 선호했다. 그러나 분쟁 지역에 대한 전투장비의 증여나 판매를 엄격히 금지하고 있는 대외수출통제법에 따라 이 방법도 제약을 받았다. 인도적 차원의 장비 및 물자 지원이 많았고, 걸프전에도 많은 양의 장비와 탄약을 지원했다.

장비 및 물자, 탄약의 처리에는 많은 인력과 예산, 시간이 소요되었고 국방, 경제, 과학, 연구개발, 환경, 외무, 재무부와의 긴밀한 협조가 필요했다. 최초 예상했던 것보다 장비 및 물자의 현황을 파악하는 데 긴 시간이 소요되었고, 또한 처리해야 할 물량이 많아 국방부는 추가적인 조직을 편성해야 했으며, 전문기술을 보유한 동독 군인을 계속 활용할 수밖에 없었다. 국방부는 연방군이 통일 이후 통합업무에 집중할 수 있도록 장비 및 탄약 처리를 점차적으로 민간기업에 인계했다.

(10) 통일 후 연방군은 동독군으로부터 24대의 MiG-29 전투기를 인수하여 2003년까지 운용했고, 2003년 6월 24일 20대를 폴란드에 대당 1유로에 매각했다.[29] 연방군은 인수 직후 MiG-29를 나토 기준에 맞도록

---

29) 인수 후 1996년 6월 조종사 실수로 1대가 추락했고, 2대는 공군학교에 교보재용

성능을 개조하고 실제 운용하는 과정에서 많은 문제점을 경험했다. 첫째, MiG-29는 '국제민간항공기구(International Civil Aviation Organization: ICAO)'의 항법 기준에 부합하지 않아 TACAN 항법장치, 충돌예방(Anti-Collision Beacon)장치, 피아식별장치(IFF/SIF) 등을 추가로 설치해야만 했다. 둘째, 독일은 MiG-29를 인수하기로 결정한 후 신속하게 기체 및 엔진정비, 그리고 후속 군수지원과 관련하여 독일-러시아 간 MOU를 체결(1992. 12)했다. 그러나 러시아의 부품 제공사가 계속 바뀌고 국가규제가 상황에 따라 수시로 변경되는 등 러시아의 군수체계가 서방측과 달라 협력에 많은 어려움을 겪었다. 셋째, 독일은 MiG-29에 성능개조를 위해 추가 장비를 장착하고, 추가적인 정비시설을 설치하는 등 추가 군수체계를 구축하는 데 막대한 예산을 소요했다. 이는 당시 연방군의 국방예산 삭감 추세에 역행하는 조치였다. 연방군의 MiG-29 인수는 상호 이질적인 무기체계를 통합했을 경우 어떤 문제점이 파생되는지를 극명하게 보여주는 사례가 되었다.

(11) 지금까지 공산국가의 정치이념으로 세뇌되어 있던 구동독군 출신 장병들을 하루아침에 서독군의 군대윤리와 정치이념으로 재무장시키는 것은 결코 쉬운 과제가 아니었다. 아직도 많은 동독 출신 군인들은 사회주의 체제로부터의 사고 전환에 어려움을 겪고 있다. '명령형 전술'(항상 위로부터의 명령)에 익숙해 있던 동독군이 '임무형 전술'을 강조하는 연방군 내에서 적응하는 데에는 좀 더 시간이 걸릴 것이다.

통일 직후 동독 출신 군인들은 연방군에 편입되는 과정에서 상대적 비교로 인해 많은 자괴감을 경험해야 했다. 통일 전 동독 군인들은 동독 사회에서 최고의 엘리트 집단에 속했다. 다른 계급에 비해 봉급 수준도

으로, 1대는 공군박물관에 전시용으로 기증되었다.

높았고, 주택 규모도 큰 편이었다. 그러나 통일 직후 이들은 얼마 전까지 적이라 교육받았던 서독군에 편입되면서 이제까지 누렸던 사회적 신분을 포기해야 할 뿐만 아니라 패배의식에 휩싸이게 되었다. 동독 지역 부대의 주요 지휘관과 참모는 거의 전부 서독군이 독점하고 있는 상황에서 동독군은 심리적으로 상당히 위축되어 있었다. 군사통합 간 동독군의 대령급 이상 전 장교와 모든 계급의 정치군인이 강제 예편되었으며, 연방군에 편입되는 장교도 1~2계급씩 강등되는 등 자존심이 손상되었다.[30] 동독 군인들은 서독 군인들이 하는 업무방식과 행동지침은 항상 올바른 방향이고, 심지어 서독 군인들은 동독 군인들의 정신적인 스승(mentor)이라고까지 인식하는 등 서독 출신에 대해 자격지심을 갖고 있었다.[31] 개인 생활수준 차도 매우 커서, 독일 연방군에 편입된 구동독 장병들의 봉급수준은 통일 후 6년이 지난 뒤에도 서독군 봉급의 평균 85% 수준에 머무르고 있었다. 이들은 통일된 지 18년 뒤인 2008년에서야 겨우 동등한 봉급을 받을 수 있었다. 서독군 연방군에 편입된 구동독 장교 중 가장 진출이 빠른 장교의 경우, 1997년 초에 처음으로 중령으로 진급했다. 이와 같은 현실적 차이로 인해 동독 출신 군인들은 아직도 스스로를 '2등 군인(Soldaten zweiter Klasse)'으로 인식한다.

국방부는 연방군 내 동·서독 출신간의 이질감을 해소하고 동질감을 향상시키기 위해 다양한 내적 통합대책을 강구해왔다. 통일 직후부터

---

30) 연방군의 경우 부사관 대 병사의 비율이 1:3인데 비해 동독군은 1:1이었다. 동독군 장교가 수행하는 임무 중 50% 정도는 연방군의 경우 하사관이 수행할 수 있는 일이었다. 따라서 임무, 능력, 경력 등을 입체적으로 고려했을 때 대부분의 동독군 장교의 계급은 강등되는 것이 옳다고 평가되었다.
31) 서독 중사가 동독군 출신 소위에게 심한 말로 질책해도 동독 장교는 해고되는 것이 두려워 참고 견딘 사례가 있었다.

입대하는 병사들은 서로 다른 출신 지역에서 신병교육을 받고 있다. 통일 초기에는 동독 출신 간부의 서독 배치를 가급적 자제했다. 왜냐하면 서독 병사들이 동독 출신 간부의 명령에 따르기를 거부하는 일이 종종 발생했기 때문이었다. 그러나 통일 후 약 3년 뒤인 1993년부터 본격적으로 동독 출신 간부들의 서독 배치가 시작되었다. 1993년 여름 232명, 1996년도에는 6,000명의 서독 출신 간부들이 동독 지역에, 7,000명의 동독 출신 간부들이 서독 지역에서 각각 근무 했다. 또한 서독 지역의 군 교육기관을 동독 지역으로 이전했다.

(12) 40년간 서로 적대 관계를 유지하며 대치해오던 동·서독군이 하나의 연방군으로 무리 없이 통합됨으로써 독일 통일의 큰 난제 중 하나가 해결되었다. 연방군은 구동독 사회에서 군에 대한 새로운 인식을 심어주고 있다. 동독 사회에서 연방군은 과거 동독군처럼 국민들 위에 군림하는 군이 아니라 단지 '제복을 입은 시민들(Staatsbürger in Uniform)', 즉 시민들 속에서 시민들과 함께하며 시민들을 위해 봉사하는 군이라는 이미지로 각인되고 있는 것이다. 연방군은 시민들에게 좀 더 다가가기 위한 하나의 방편으로 신병입대식도 군부대 연병장 대신에 시청 광장에서 수많은 시민들의 축하를 받으며 거행한다.

1990년 4월 여론조사에 따르면, 동독 시민들의 동독군에 대한 신뢰는 겨우 13%에 달했다. 그러나 통일 직후 1991년 4월 실시된 연방군에 대한 신뢰조사에서는 30%를 기록했고, 1996년에는 78%로 높아졌으며, 2010년에는 무려 90%에 이르렀다. 이는 통일 후 연방군이 동독 사회에 완전히 신뢰할 수 있는 집단으로 뿌리를 내렸고, 독일의 민군관계가 이상적으로 발전하고 있음을 시사한다.[32]

---

32) "Das Sozialwissenschaftliche Institut der Bundeswehr", *Sächsische Zeitung*(2010. 2. 18).

연방군은 동독 내 지역 경제 활성화에도 크게 기여하고 있다. 연방군과 병무행정 조직으로 인해 약 2만 5천 개의 일자리가 창출되었고, 통일 직후부터 추진되고 있는 연방군의 병영 개선 사업이나 무기 폐기, 그리고 군 부동산 재개발 사업 등은 지역 경제를 촉진시키는 동인이 되었다.

2. 연방군의 특성

▌**These 21** 독일 연방군 55년사를 내외적 통합 측면에서 조명할 때, 연방군의 발전과 관련된 특징은 다음과 같이 요약될 수 있을 것이다. 연방군은 처음부터 '나토 동맹군'으로 창설되었다. 연방군은 '내적 지휘'의 개념과 '제복을 입은 시민'이라는 이상을 구현함으로써 국가와 시민사회에 통합된 '민주군대'로 성장했다. 독일을 중심으로 한 유럽 지역은 세계 유일의 안정 지역이다. 동서냉전이 종식된 후 주적(主敵) 개념은 오래전에 사라졌고, 과거 동구권 소속 국가들은 이제 거의 나토와 EU 회원국으로 편입되어 서방제국의 일원이 되었다. 서구 제국과 러시아의 관계도 날로 개선되고 있다.

이러한 안보환경 변화로 독일의 국방 개념과 국방정책의 핵심 기조가 변하고 있다. 냉전시기 영토방위라는 전통적 국방 개념의 중요성이 점점 퇴색되는 가운데 국제 테러리즘, 대량살상무기 확산 및 국지적 분쟁[33] 등이 독일 및 유럽의 새로운 위협 요인으로 부각됨에 따라 국제분쟁 예방과 위기극복을 위한 해외파병임무가 연방군의 가장 중요한 임무로 새롭게 부상했다. 연방군의 해외파병이 일상적인 임무가 되면서 국가 및 동맹방위의 임무는 뒷자리로 밀려났다. 전략 환경 변화에 따라 연방군의 구조와 전력은 해외파병임무를 중심으로 재편되었고, 연방군은 기존의 육해공 3군 체제의 작전구조를 탈피하여 전군 통합운영체제의 새로운 작전모델을 수립했다.

---

[33] 유럽 남부와 남동부 지역은 민족주의적 동기에 의한 무력분쟁 가능성이 많으며,

1) 연방군 창설 배경

1945년 5월 8일 독일의 무조건 항복 이후 '나치 독일군(Wehrmacht)'은 해체되었고, 독일의 안보는 전승 4개국에 종속되었다.34) 독일은 완전히 탈군사화되었고, 군비계획 자체가 엄격히 금지되었다.

동서냉전 기간 동안 서방 정치인들은 서독의 방위분담이 절실하게 필요함을 인식했다. 한국전쟁의 발발 및 동서냉전의 첨예화로 미국을 위시한 서방 진영 국가들은 드디어 서유럽 방어를 위한 서독의 기여를 공식적으로 요구하기 시작했다. 이에 1950년부터 서독 국방부의 전신인 '블랑크 암트(Blank Amt)'에서는 다국적군으로 편성되는 유럽방위공동체와 연계하여 서독군의 창설을 준비했다.

미국은 브뤼셀 협약에 의해 결성된 유럽 방위공동체 회원국들에게 서독의 나토 가입을 허용하도록 압력을 행사했다. 그 결과 서독은 1954년 10월 23일 '서구연합(WEU)'에, 그리고 1955년 5월 5일 나토에 각각 가입했다. 1955년 11월 12일 게르하르트 폰 샤른호르스트(Gerhard von Scharnhorst)35) 장군의 탄생 200주년 기념일을 기해 서독 연방군이 공식적으로 창설되었고,36) 1957년 4월 1일 최초로 1만 명의 의무복무병이 육군

   특히 발칸 반도의 안보 상황은 유럽 국가의 각별한 관심이 요구되고 있다.
34) 제2차 세계대전 종전 후 독일 군대는 존재하지 않았지만, 일부 조직들은 점령군인 미군과 영국군으로부터 위임을 받거나 통제를 받으면서 부분적으로 군사보조임무를 수행했다. 예를 들면 종전 후부터 서독군 창설 전까지 미군과 영국군의 통제 아래 독일 승무원들은 소해정을 타고 독일 연안 지역에 설치된 기뢰들을 제거했다.
35) 나폴레옹 해방전쟁 당시 프로이센 육군 개혁을 주도한 장군으로 '장군참모(general staff)' 제도를 도입했다.
36) 1954년 10월 서독은 파리조약을 기초로 최고 50만 명의 서독군을 건군할 수

에 소집되었다. 냉전 당시 연방군은 49만 5,000명의 병력을 유지했다.

2) 통일 후 독일 연방군의 특성

(1) 나토 동맹군으로서의 연방군

서독 연방군은 처음부터 서독의 이익만을 위한 독자적인 군대로 발전할 수 없는 상황에서 태동되었다. 연방군은 중부 유럽에 대한 공동방위와 전쟁 억제를 위한 나토 집단방위체제의 일부로 창설되었다. 연방군은 나토의 전력을 보완·강화하기 위한 군대였고 나토의 작전통제 아래에 놓여 있었다. 연방군은 기본법 제87a조에 따른 "방어를 위한 군대(Streitkräfte zur Verteidigung)"로 창설되었다. 동서냉전 시기(1955~1989)에는 나토의 '전방방위 전략'에 따라 독일 영토 내에서 바르샤바 조약기구의 침공에 대한 방어와 억제임무를 수행하며 동맹국을 방호했다. 기본법 26조와 '2+4 조약' 2조에서는 연방군의 침략전쟁을 금지하고 있으며, 집단안보체제 내에서 다국적군의 일원으로 연방군을 운용토록 규정하고 있다.

따라서 독일 연방군의 특성 중 하나는 다국적군으로 편성되어 있다는 점이다. 1990년대 초 동서냉전 종식에 따라 나토 회원국들은 자국의 전력을 감축하기 시작했고, 동시에 나토 내에서는 회원국 간에 '다국적성(multinationality)' 원칙에 따른 군사적 통합이 시도되었다. 통일 후 독일 연방군은 모두 4개의 군단(1~4군단)과 1개의 '독일-덴마크 군단(LANDJUT)'을 보유하고 있었다.

1995년에 창설된 독일-네덜란드 군단은 과거 독일 제1군단의 후속

있었다. 1956년 4월 1일에 독일 군법의 효력 발생을 기하여 '연방군(Bundeswehr)'이라는 명칭이 최초로 도입되었다.

군단으로, 사령부는 독일 뮌스터(Münster)에 위치하고 있으며 병력은 약 3만 9,000명으로 구성되어 있다. 이 군단은 나토가 가장 신속하게 작전지역에 투입시킬 수 있는 군단 중 하나로, 아프가니스탄의 국제안보지원군(International Security Assistance Force: ISAF) 임무와 같은 다국적 임무를 수행하고 있다. 그러나 양국 간의 특정 고유 임무, 즉 재정이나 군수 등은 자국의 책임 아래 수행된다.

과거 독일의 제2군단은 1993년부터 '독일-미국 군단(GE/US Korps)'으로 개칭되어 운영되어오다가 2005년 10월 해체되었다.[37] 과거 독일-미국 군단이 운영될 당시, 미국은 평시에는 연락사령부에 약간의 참모들만 파견했고 독일이 군단 운영을 전적으로 주도했다.

독일-미국 군단과 마찬가지로 주독 미 제5군단을 모체로 '미국-독일 군단(US/GE Korps)'도 창설되었다. 군단 본부는 하이델베르크에 위치하고 있고 미군이 주도하여 군단을 지휘한다. 평시에는 독자적인 참모부를 구성하며 별도의 연락사령부를 통해 업무조정이 이루어진다. 유사시 미국과 독일의 1개 전차사단이 이 군단에 배속된다.

이 밖에 독일 연방군이 사령부를 구성하고 장차 참여할 부대가 항시 대기하고 있는 군단은 1999년 9월 창설된 독일-덴마크-폴란드 3국의 '동북 다국적군단(Multinationales Korps Nord-Ost)'으로 본부는 폴란드 슈체친(Stettin)에 위치하고 있다.

이 외에도 독일 연방군은 '유로군단'과 '나토 유럽 신속대응군단(Alllied Command Europe Rapid Reaction Corps: ARRC)'에 파병할 병력을 상시 대기시켜놓고 있다.

---

37) '투입군 작전지휘사령부(Kommando Operative Führung Eingreifkräfte: KdoOp FüEingrKr)'로 바뀌어 임무를 수행하는 중이다.

연방군 공군과 해군은 다국적군으로 편성되어 있지는 않으나 육군에 비해 평시에도 나토의 지휘구조와 긴밀하게 결합되어 있다. 양군은 필요시 '나토 즉각대응군(Immediate Reaction Forces: IRF)'에 참여할 태세를 갖추고 있어야 한다.

(2) 의회민주주의를 신봉하는 연방군

연방군은 과거 나치의 역사적 교훈에서 탄생했다. '군사력의 정치 도구화'가 유럽 전체에 재앙을 불러왔기 때문에 장차 독일군은 또다시 '국가 속의 국가(Staat im Staate)'가 되어서는 안 되며, 반드시 민주주의 헌정질서 내로 통합되어야 한다는 것이었다. 이를 위해 마련된 것이 '군에 대한 문민 통제와 의회통제'라는 제도적 장치로 이는 독일군 역사상 처음으로 도입된 개념이었다.

군 통수권은 민간정치가가 행사해야만 했다. 평시에는 민간인 국방장관이, 전시에는 수상이 군에 대한 '지휘 명령권(Befehls- und Kommandorecht)'을 행사하고 이에 대하여 연방의회에 책임을 진다. '군에 대한 정치의 우위'를 규정하고 있는 기본법에 따라 연방군은 연방정부와 의회로부터 통제를 받고 있다. 따라서 독일 연방군은 '의회의 통제를 받는 군대(Parlamentsarmee)'라 불린다. 연방의회가 연방군의 임무, 구조, 조달 및 예산 등을 결정하며, 연방군의 해외파병은 연방하원의 승인 없이는 불가능하다.

연방군에 대한 의회통제의 또 다른 수단 중 하나는 '군특명관(Wehrbeauftragte)'제도이다. 1957년 연방하원 내에 설치된 군특명관은 일종의 '옴부즈맨(Ombudsmann)'으로서 연방군이 민주군대로 계속 발전되고 있는지, 부대지휘 시 '내적 지휘'라는 기본 원칙을 준수하고 있는지, 그리고 군인의 기본권이 보장되고 있는지 여부 등을 감독한다. 계급에 상관없이 모든 군인은 직접 군특명관에게 애로사항을 진정할 권리를 가지며, 군특명관은 군에 대해 자료를 요청할 수 있고, 필요시 언제든지 부대를 방문할 수 있다. 군특명관은 해마다 연방군 실태보고서를 연방하원에 제출한다.

군 내부에서도 '분할 후 통제(divide et impera)'라는 원칙에 따라 군과 국방행정을 구분하고, 군 수뇌부(합참의장과 각 군 참모총장)의 권한도 분산시키고 있다. 그러나 의회가 연방군을 통제한다는 것이 군의 작전지휘까지도 간섭하고 통제한다는 것을 의미하는 것은 아니다. 국방장관 또는 국방장관의 위임을 받은 고위 장교가 책임지고 군을 지휘해야 하며, 군의 작전지휘가 어떠한 정치 세력의 집단적인 의사결정에 종속되어서도 안 된다.

(3) 연방군 지휘통솔의 근간: '내적 지휘'

내적 지휘라는 개념은 양차 대전의 부정적인 경험을 반복하지 않기 위해, 그리고 독일 헌법 제1조 1항을 실현하기 위해 1953년 연방군 창설 당시 지휘통솔 개념으로 도입되었다.[38] 민주국가의 군대인 연방군 내에서는 민주·법치국가의 자유와 인간의 존엄성이 존중되어야 하고, 동시에 국가와 사회를 지키기 위해 필요한 군 본연의 질서와 규율 개념도 존재해야 한다.[39] 즉 시민으로서의 개인적인 권리와 군인으로서의 의무라는 상충될

---

38) 이 개념은 연방군 창군 과정에서 볼프 그라프 폰 바우디신(Wolf Graf von Baudissin: 1907~1993) 장군에 의해 도출되었다.

39) 헌법 내 군 관련 조항과 군 관련법은 명확한 원칙을 규정하고 있다. 인간의 존엄성 수호는 군을 포함한 모든 국가권력이 지향해야 할 최고의 지침이다. 기본법의 기본권 관련 규정은 원칙적으로 군에도 적용된다. 군에 대한 정치의 우위 원칙은 군인이 법률 및 정치·군사 지휘체계 내에서 복종해야 함을 규정하고 있다. 범죄행위에 해당하는 명령은 이행하지 말아야 하며, 임무수행목적을 벗어

수 있는 두 가지 요소를 균형적으로 잘 조화시킬 수 있어야 한다는 것이다.

따라서 연방군의 바람직한 군인상은 국가를 방위하기 위해 항상 전투준비를 갖춘 군인인 동시에, 자유와 인간의 존엄성을 지키기 위해 공동의 책임을 다하며, 자신이 행한 군사행동의 원인과 결과를 분명히 인식할 줄 아는 시민이다. 군인은 근본적으로 일반 시민들과 동일하나 단지 군복만을 착용하고 있을 뿐이라는 이른바 '제복을 입은 시민'의 개념이 여기서 도출되었다.

내적 지휘란 군복을 입은 시민상을 연방군 내에 정착시키기 위한 연방군의 지휘철학으로 연방군 부대 통솔과 군사교육의 근간이 되고 있으며, 평시 및 해외파병 시 그 진가가 발휘되고 있다. 내적 지휘를 통해 교육된 독일 장병들은 군인으로서의 정당성(Legitimität des Soldaten), 즉 군복을 입고 있는 의미를 이해하고 있으며 군인 스스로가 독일 사회의 민주적 틀 속에 통합되어야 한다고 인식하고 있다. 연방군이 대외적으로 가장 자랑스럽게 내세우는 가치인 내적 지휘는 정치권이나 여론으로부터 연방군에 대한 신뢰를 획득하게 하는 데 큰 기여를 해왔다.

독일 기본법 제1조는 인간의 존엄성을 존중하고 보호하는 것이 모든 국가권력의 의무임을 천명하고 있다. 군인은 다른 모든 시민들과 마찬가지로 기본권을 보유하고 있으며 그들과 똑같이 행사할 권리를 갖는다. 그러나 군의 특성상 이를 그대로 적용하는 데는 무리가 따를 수 있다. 독일 기본법 제17a조의 "국민의 기본권은 국가방위를 위해서 제한될 수 있다"는 규정에 따라, 군인에 대한 기본권은 군 복무상 필요성이 인정되고 합법적인 경우에 한하여 일부 제한될 수 있는 것이다. 그러나 연방군은

난 명령은 수행해야 하지만, 소원 제기의 사유가 된다. 군인의 기본권은 가능한 한 최소로 제한되어야 한다.

근본적으로 민주군대를 지향하고 있다. 연방군은 군인들의 법적 권리를 보장하기 위해 제도적 장치를 마련해왔고, 이를 실제 적용하기 위해 여러 가지 군 관련 법들을 제정했다. 연방군은 군인 개인의 권리와 의무를 구체적으로 규정하기 위해 군인법을 제정했고, 그 외에도 소원수리제도와 계급별 장병들의 대변인제도를 통해 군인들의 기본권을 보장해왔다. 군인들은 기본권을 침해받았을 경우 '병역불만(Wehrbeschwerdeordnung)' 청원을 제기할 수 있다. 또한 독일은 군사법원을 철폐했고 군특명관을 통한 군에 대한 의회의 통제를 보장함으로써 군인의 기본권을 보호하고 있다.

(4) 청년장교(Jugendoffizier)제도

연방군은 국방과 안보 문제와 관련하여 민-군 간에 인식을 같이하고 민-군관계가 우호적으로 발전될 수 있도록 1958년부터 청년장교제도를 도입하여 운용하고 있다. 청년장교는 전국적으로 지역별로 나눠져 선발되고 약 100여 명으로 구성된다. 주로 각 군의 대위급인 청년장교들이 수행하는 가장 중요한 임무는 장차 연방군에 입대할 청소년들에게 국가안보정책 및 국방정책을 소개하고 연방군에 대해 홍보하는 것이다.

이들은 또한 지역 내 학교, 대학교, 청년단체 등에서 교사와 학생들, 그리고 일반 대중을 대상으로 안보정책 이외에도 사회 문제, 환경 문제, 개발 문제 등에 관한 강의와 세미나를 개최하고 무료로 관련 책자들을 배포한다. 이들은 필요한 경우 지역 내에서 여론형성에 영향력을 행사할 수 있는 지역 유지인사들(multiplier)을 모아 안보 관련 해외시찰도 계획한다. 청년 장교들은 초정당적이어야 하고 객관적으로 안보 관련 홍보활동을 해야 한다. 군 지원자를 모집하는 행위 등은 철저하게 금지되어 있다.

(5) 양심적 병역 거부와 민간복무제도 허용

독일은 1949년 기본법을 제정하면서 "어느 누구도 양심이 반대하는 전투행위를 위한 병역을 강요받아서는 안 된다"(제4조 3항)며 양심적 병역 거부권을 명시적으로 인정했다. 독일 연방군이 창설된 해가 1955년이었음을 고려하면 병역의무보다 병역 거부권이 먼저 명문화된 셈이다. 이는 독일의 특수한 역사적 배경과 불가분의 관계에 있다는 사실을 간과해서는 안 된다. 양차 세계대전에 대해 직접적인 책임이 있는 독일이 패전 후 나치 정권의 만행을 되풀이하지 않도록 제도적 장치를 마련한 것이 바로 양심적 병역 거부권이다. 따라서 독일은 연방군 창설 직후 기본법 개정 (1956)을 통해 의무병제도와 함께 대체복무제도(제12조 2항)를 도입했다.[40] 「병역의무법」(1956)은 좀 더 구체적으로 "무기를 사용하는 병역을 양심상의 이유로 거부하는 자는 병역 대신 공공복지에 기여할 민간대체복무를 수행해야 한다"(제25조)고 규정하고 있다. 이에 따라 1960년 4월 처음으로 공인된 병역 거부자 340명이 대체복무를 시작했다. 나아가 1973년에는 이들을 위한 전담기관인 연방 '민간복무청'이 신설되었고 현역 복무 중인 자도 병역 거부자로 인정될 경우 민간복무자로 전환할 수 있도록 하는 법적 근거가 마련되었다.

독일의 양심적 병역 거부자 인정절차는 체계화되어 있고 또한 비교적 간단하다. 먼저 당사자는 언제든지 이력서와 함께 병역을 거부하기로 한 도덕적 결심의 이유를 기술한 신청서를 제출할 수 있다.[41] 신청서가

---

[40] 이후 1960년 1월 20일 「민간대체복무에 관한 법률(Gesetz über den zivilen Ersatzdienst)」이 발효되었다. 1973년 '민간대체복무(ziviler Ersatzdienst)'란 용어는 '민간복무(Zivildienst)'로 개명되었고, 1973년 10월 쾰른에 '연방 민간복무청(Bundesamt für Zivildienst)'이 신설되었다.

[41] 이때 병역 미필자의 경우 국방부와의 마찰을 피하기 위해 '연방 가정·노인·여성·

접수되면 담당기관은 ① 신청서류 완비 여부, ② 병역 거부 이유의 건전성 여부, ③ 기술된 사실의 진위 여부 등을 기준으로 최대한 신속하게 심사한다. 여기서 적격판정을 받은 자는 병원, 양로원, 사회봉사단체와 같은 공인 민간기관에서 사회봉사, 환경 및 자연보호 등의 분야에서 복무해야 한다. 최근 추세에 따르면 양심적 병역 거부 신청자의 경우 거의 90%가 적격판정을 받았다.[42] 이제까지 민간복무 근무자와 군복무자의 비율이 거의 비슷했으나, 최근 수년 사이에 민간복무자가 증가하는 추세이다. 실례로 1982년생 징집 대상자는 총 44만 명이다. 이 중 군 복무자가 13만 7,500명(31.25%), 민간복무자가 15만 2,000명(34.54%), 그리고 복무 면제자가 15만 500명(34.2%)이다.[43]

연방군은 민간복무자의 증가 추세를 바람직한 현상으로 보고 있다. 동서냉전 종식과 통일로 인해 변화된 안보환경에 능동적으로 대처하기 위해 연방군은 병력 감축과 복무기간의 단축을 포함한 대대적인 개혁을 추진해오고 있다. 통일 전 약 23만 명에 달했던 의무병 규모는 1/3 정도인 8만 명 정도로 축소되었으며, 복무기간은 통일 전 18개월에서 2002년 이미 절반인 9개월로 줄어든 상태이다. 아울러 해외파병에 적합한 정예 병력을 중심으로 한 구조개편도 진행되고 있다.

따라서 의무병제도를 유지하고 있는 독일로서는 징병 대상자들에게

청소년부' 예하의 민간복무청이, 그리고 군인으로 인정된 자(현역복무 중인 자, 예비군, 소집영장 수령자 포함)는 국방부 소속의 '병역거부자 위원회'가 이 신청서를 다루게 된다.

[42] 신청자의 95% 정도가 '양심'상의 이유보다는 개인적인 신상 문제로 양심적 병역 거부를 신청하고 있다.

[43] 법적으로 병역 의무에서 제외된 자에는 목사, 신부, 신학생, 나치 희생자 후손, 기혼자 등이 있다.

양심적 병역 거부와 민간대체복무를 관대하게 허용하는 것이 불가피한 실정이다. 통일 전에는 민간복무가 5개월 더 길었으나 2004년 10월부터는 똑같이 9개월로 단축되었다.

독일이 분단국가였으면서도 양심적 병역 거부를 인정하고 개인의 도덕적 결정을 중시했던 것은 과거 동·서독이 동족상잔의 비극을 겪지 않았고 큰 적대감 없이 대치했으며, 따라서 분단에 따른 안보책임보다도 인류에 대한 범죄행위를 저지른 전범으로서의 책임이 더욱 컸던 역사적 배경이 자리 잡고 있었기 때문이다.

(6) 의무복무제를 고집하는 연방군

독일은 오랜 의무복무제의 역사를 가지고 있다.[44] 서독 건국 후 1956년 7월 21일 연방군 창건과 동시에 「의무복무법(Wehrpflichtgesetz)」이 발효되었다. 이후 의무복무제는 1968년 기본법에 정착되었다. 만 18세 이상의 남자들은 의무적으로 군이나 국경수비대 혹은 민간복무기관에서 병역을 수행해야 한다. 2010년 현재 의무복무기간 9개월 중 3개월은 기초 군사훈련 기간이고 나머지 6개월이 부대근무기간이다.

---

[44] 1806년 10월 프로이센 군대는 예나와 아우어슈테트(Auerstedt) 전투에서 나폴레옹에게 패배했다. 이후 프로이센은 해방전쟁(1813~1815)을 앞두고 나폴레옹을 모방하여 1813년 의무복무제도를 도입함으로써 군의 위상을 상승시켰다. 비스마르크는 '군복무를 명예근무(Militärdienst als Ehrendienst)'로 여기게 하기 위해 병사에 대한 체벌을 엄격히 금지했고, 강훈을 통해 강군을 양성함으로써 프랑스와의 전쟁에서 승리했다. 바이마르 공화국 때는 베르사유 조약(1919)에 따라 의무복무제가 폐지되었고 10만 명의 직업군제가 도입되었다. 이때 군대는 '국가 속의 국가(Staat im Staate)'로 불리며, 반정부적이고 반유대적인 불법행위를 일삼아 완전히 통제불능인 상태였다. 히틀러가 1935년 3월 16일 다시 의무복무제를 도입했다. 1938년 합병된 오스트리아, 수데텐, 그단스크(단치히), 엘자스 등의 점령지 주민들도 나치 당시 모두 징집 대상이었다.

의무복무병제와 관련하여 통일 이후 나타난 현상 중 하나는 의무병들의 복무기간이 계속 단축되고 있다는 점이다. 통일 직전까지 15개월(1973~1990)이던 복무기간이 통일이 되자마자 3개월이 줄었고, 이후 계속 줄어들어 지금은 9개월이다. 현재 메르켈 정부는 2011년 1월 1일부터 다시 6개월로 단축시킨다는 복안을 갖고 있다.

또 다른 현상은 현재 시행 중인 의무복무제를 폐지하고 직업군인제를 도입하자는 논란이 커지고 있다는 것이다. 직업군인제 도입을 주장하는 당은 사민당을[45] 주축으로 좌파연합, 그리고 녹색당(Bündnis 90/Die Grünen)[46]과 자민당 일부이고, 현재의 의무복무제를 유지하자는 쪽은 '기민·기사연합'이다. 메르켈 수상하의 현 연정은 의무복무제를 지지하고 있다. 독일의 의무복무제를 폐지하자는 논란은 동서냉전 종식 이후 유럽 국가들 사이에서 일기 시작한 전반적인 국방개혁 논의와 거의 같은 시기에 대두되었다.

안보환경의 근본적 변화에 따라 국방비 지출을 최소화하라는 국내 압력에 직면한 대부분의 유럽 국가들은 군 개혁을 단행했고, 대규모 병력 감축과 함께 의무복무제를 폐지하고 직업군인제를 도입했다. 1990년 이후 이제까지 의무복무제를 폐지한 나토 국가는 모두 17개에 달하고, 나토 회원국 28개국 중 아직도 의무복무제를 고수하는 국가는 그리스와 터키, 그리고 독일뿐이다. EU 27개국 중 직업군인제를 채택하고 있는 국가는 모두 21개에 달한다. 그간 독일에서는 정치권, 군 그리고 학계를 중심으로 의무복무제 폐지 문제와 관련하여 경제적 효용성, 병역의 정당성 및 사회정치적 시각에서 다각적인 분석과 토의를 진행해왔다.

---

45) 2007년 10월 사민당의 정강정책으로 확정되었다.
46) 녹색당은 15만 명으로 연방군을 감축하고, 직업군인제를 시행하자고 제안했다.

그러나 독일이 아직도 의무복무제를 강력하게 고수하고 있는 가장 근본적인 이유는 프로이센 시대부터 내려오는 전통적인 군사철학, 즉 "국민들의 권리와 자유를 지키는 국방 문제는 전 국민이 참여해야 한다"는 정신을 결코 포기하지 못하기 때문이다. 국방은 모든 시민의 공동 책무이며 군대를 결코 '국방을 위한 서비스 센터(Dienstleistungsagentur für Verteidigung)'[47]로 전락시킬 수 없다는 인식이 아직도 독일 사회를 지배하고 있다.

의무복무제를 유지해야 할 또 다른 이유는, 비록 국제 환경의 변화로 재래식 공격에 대비한 전통적 영토방위임무에 대한 비중이 낮아진 상태이기는 하나 언제든지 재래무기 공격에 대한 영토방위를 수행할 수 있는 능력을 구비하고 있어야 하며, 법의 테두리 내에서 비대칭적 공격으로부터 독일을 보호할 능력을 보유하고 있어야 하기 때문이다.

그럼에도 불구하고 연방군의 입장에서 변화된 안보환경 속에서 전반적인 사회적인 대세를 거역해가며 전통을 고수하는 것은 그렇게 쉬워 보이지는 않는다. 입대 대상자인 젊은 세대들이 인식하는 복무 정당성(Wehrgerechtigkeit)은 점차 약화되는 추세이다.[48] 이런 상황에서 최근 연방하원의 군특명관은 '5+1'이라는 안을 제시했다. 군 복무기간을 6개월로 하되, 3개월은 기초군사훈련, 2개월은 국가재난구조 활동과 의무 분야를 포함한 특수훈련, 그리고 1개월은 직업촉진훈련을 실시한다는 것이다. 이는 의무복무라는 근본적인 전통을 계승하는 가운데 현실적인 사회정치적 추세를 접목시킨 안으로 평가된다.

---

47) 1996년 7월 16일 당시 합참의장(Generalinspekteur) 하르트무트 바거(Hartmut Bagger)가 행한 의무복무병제를 고수해야 하는 이유를 설명하는 연설 중에서 언급되었다.

48) 1982년생의 총 병역 대상자 44만 5,564명 중 10만 7,047명(24%)만 연방군에 입대했다.

(7) 환경군

연방군은 환경 문제를 반드시 해결해야 할 과제 중 하나로 인식하고 있다. 따라서 환경 문제는 모든 연방군의 활동계획과 진행 단계에서 항상 고려되고 있다. 연방군은 1998년 11월 18일 연방군의 환경보호 관련 지침을 작성했다. 이에 따라 각 부대는 환경보호를 고려한 부대 운영방안을 마련했다.

첫째, 연방군은 부대 주둔지에서 쓰레기 처리, 배수 및 하수 처리, 세차장 처리 등 시설물에 대한 환경 관련 조치를 시행하고 있으며, 건축물의 기초 설비계획단계부터 반드시 환경보호 적합성을 심사한다.

둘째, 연방군은 기후변화를 막기 위해 에너지 소비를 줄이고 자원을 절약하는 환경보호책을 추진하고 있다. 이를 위해 주로 건물이나 난방시설을 현대화하고 유해 연료를 대체하여 사용하고 있다. 그 결과 1991년부터 CO_2 가스 배출량을 70% 정도 줄일 수 있었으며, 난방에너지 소비도 현격하게 감소시킬 수 있었다. 각급 부대에서는 전등과 라디에이터 사용을 가급적 줄이는 등 에너지 절약캠페인을 생활화하고 있다.

셋째, 비행기의 소음이나 사격 훈련 시의 총성, 그리고 중장비 차량 이동시의 대지 손상 등으로 인하여 다소간의 환경 파괴는 불가피하다. 그럼에도 불구하고 소음과 유해물질 방출을 최대한 줄이기 위해 연방군은 시뮬레이션에 의한 훈련과 소음방지책을 도입했다. 비행기 조종사나 장갑차 운전자는 유해물질의 방출과 소음 발생을 억제하고 줄일 수 있도록 훈련받고 있다.

넷째, 연방군은 훈련장에서도 적극적인 환경보호대책을 강구하고 있다. 연방군은 훈련장의 환경보호에 관한 지침을 마련했다. 연방군이 사용하는 훈련장과 시설물 지역의 95%는 숲과 야지로 구성되어 있다. 또한 연방군 훈련장의 반 이상이 유럽 전역에서 통용되는 환경 네트워크인 'Natura

2000'에 속해 있다. 따라서 연방군은 훈련장의 생태보호지역(Biotope)을 보존하고 관리해야 할 책임을 진다. 기계화 장비를 수반하는 군사훈련은 이를 위해 특별히 마련된 훈련장에서만 실시해야 한다.

이 외에도 연방군이 사용하는 무기와 장비들은 연방군의 환경지침에 일치하도록 개발되어야 한다. 또한 연방군은 자연재해 및 타부서의 자연보호대책에도 적극 참여하고 있다. 교통부장관 및 해안 연안 주들의 의뢰에 근거하여 연안의 기름오염을 방지하고 그 오염도를 측정하기 위해 해군비행전단은 매년 1,000시간 이상 비행하고 있다.

또한 해외파병 지역에서도 연방군은 환경 문제를 고려하며 작전에 임하고 있다. 연방군은 군사교육 시 환경보호교육을 강화했다. 연방군 환경보호를 촉진하기 위해 이를 전담하는 환경보호 장교 및 환경보호 기사를 각 부대에 배치하여 이들에게 자문을 구하고 있다. 500명 이상의 인원이 연방군의 환경보호를 전담하고 있다.

(8) 동독 출신 간부 증가 추세

전체 연방군 직업간부 중에서 동독 출신이 차지하는 비율이 갈수록 높아지는 실정이다. 전체 의무병의 40%, 직업군인의 30%가 동독 지역 출신이다. 장교후보생의 경우 60%, 부사관의 경우 80%가 동독 출신이다. 이처럼 연방군에 동독 출신들이 많아지는 이유는 무엇보다도 동독 지역의 실업률이 높기 때문이다.

3) 독일 연방군 현황과 국방정책 기조

연방군은 육군, 공군, 해군, 군 조직 측면에서 구성된 합동지원군, 의무군 등 모두 5개 군으로 구성되어 있다. 독일 통일과 연방군 개혁 이후 인력은 계속 감소 추세를 보여왔고, 2010년 2월 현재 병력은 25만 3,800명에 달한다.[49] 이 중 직업군인 및 장기복무군인이 차지하는 비율이 74%이고 나머지는 의무복무병이다. 직업군인 및 장기복무군인 중 9%는 여군이다. '군구조 계획 2010'에 따르면, 연방군 병력은 25만 명으로 계획되어 있다. 그러나 국제법적으로 효력을 갖는 '2+4 조약'에 따라 37만 명까지 보유가 가능하다.

통일 후 1997년까지 독일의 국방비는 매년 삭감하는 추세였다. 1997년부터 2000년까지 거의 평균 467억 마르크였으나, 이는 인플레 고려 시 실제로는 삭감된 액수였다. 2001과 2002년에는 238억 유로를 유지했고, 2003년부터 2006년까지는 연간 국방예산을 244억 유로(2003년 GDP 대비 1.6% 선)로 동결했다.[50] 메르켈 정권 출범과 동시에 2006년부터 국방비는 278.7억 유로로 상승하기 시작하여 2007년 283.8억 유로, 2008년 293억 유로로 소폭씩 상승하고 있다. 2009년 국방예산은 311억 유로에 달하는데, 이는 GDP의 1.2%에 해당된다. 국방예산 중 약 50%가 인건비이다. 메르켈 정부 기간 중 국방비 상승은 주로 해외파병 및 대테러 작전수행에 따른 예산 증가에 기인한다.

국방부는 국방장관 예하 두 명의 정무차관과 두 명의 사무차관 등 모두 네 명의 차관으로 편성되어 있다. 합참의장은 군사 조언자로서 장관을 보좌하고, 연방군 최고위 계급자로서 군을 대표하며, 총체적 군사방어와 발전계획을 수립하여 시행하고, 각 군 총장에 대한 지시권과 각 군에 대한 감독권을 갖고 있으나 직속상관은 아니다. 각 군 총장은 각 군의 최고 상관으로 장관의 직접 통제를 받으며, 군사력 운용 및 장비 물자

---

49) 육군 41%, 공군 18%, 해군 7%, 합동지원군 22%, 의무군 7%의 비율로 구성되어 있다.
50) 2001~2006년에 세계적으로 국방비가 30% 증가했으나 독일은 9%가 줄었다.

유지 등 인력 및 군수 분야와 관련하여 장관에 대해 직접 책임을 진다.
국방부 장관과 합참의장은 기획참모진과 합참군사정책 핵심 부서만을 거느리고 연방정부 소재지인 베를린에서 근무하며, 나머지 대부분은 아직도 본에 있다.
작전통제권은 전시에는 수상이, 평시에는 국방장관이 수행한다. 해외파병 작전 시 명령은 합참의장으로부터 해외파병사령부를 통해 작전 지역 해당 사령관에게 전달된다. 이보다 소규모의 작전은 각 군 작전사령관을 통해 수행된다.

4) 독일 국방정책의 기조

독일 국방정책의 핵심적 기조는 다음과 같다. 첫째, 나토 및 EU 등 동맹국들과의 포괄적 집단안보방위를 추구한다. 독일 안보의 근간인 범대서양(transatlantic) 협력 관계를 강조히면시, 유립 인보에서 미국의 역할을 중시한다. 다른 한편으로 유럽의 안정과 세계의 평화를 위해 유럽의 역할과 기여가 더욱 확대되어야 한다는 입장이다. 이를 위해 유럽 '공동안보방위정책'의 강화를 지지하나 이는 반드시 나토와의 전략적 협력 관계를 기반으로 하여 추진되어야 한다는 입장이다. 다시 말해, 나토의 영역이 못 미치는 곳에서만 유럽이 독자적인 군사행동을 해야 바람직하다고 본다. 독일은 나토의 신속대응군에 적극 참여하고, 유럽 신속대응군 창설도 주도하고 있으며, 나토의 변혁 과정과 EU의 군사적 행동능력 확대에도 적극 참여하고 있다. 이런 맥락에서 연방군의 구성을 다국적화하고 있다.
둘째, 전략환경의 변화에 따라 연방군 개혁을 지속적으로 추진한다. 연방군의 구조와 전력은 해외파병임무를 중심으로 재편되었고, 연방군은 기존의 육·해·공 3군 체제의 작전구조를 탈피하여, 전군 통합운영체제의 새로운 작전모델을 수립했다. 즉, 임무의 우선순위를 고려하여 연방군을 '투입군(Eingreifkräfte)', '안정화군(Stabilisierungskräfte)', '지원군(Unterstützungskräfte)' 체제로 재편하여 운영한다. 연방군의 해외파병 작전수행능력을 높이기 위해 국방부와 각 군은 조직을 개편했고, 해외파병사령부(Einsatzführungskommando)와 합동지원군을 창설했으며, 각 군 규모를 축소하고, 2008년 6월 합참 내 '파병지휘국(Einsatzführungsstab)'을 신설했다.

셋째, 연방군의 관리와 운영과 관련하여 효율성과 경제성을 높이려 하고 있다. 이를 위해 '현대화 사업국(Abteilung Modernisierung)'을 신설(2006. 5)했고 연방군의 민영화와 정보화 사업을 지속적으로 추진하고 있다. 유럽 공동 방산정책에도 적극 동참함으로써 중복 투자를 방지하고, 또한 민간경제와의 협력을 강화하여 국방예산의 효율적인 운용을 꾀하고 있다.

3. 연방군의 변혁

> ▎These 22 동서냉전 종식 후 유럽·대서양 지역은 세계 유일의 안정지역으로 변화되었고, 독일은 우방국으로만 둘러싸여 있다. 독일 영토에 대한 재래식 전력에 의한 위협은 거의 사라졌다. 오히려 국제 테러리즘, 국제 조직 범죄, 대량살상무기 확산 및 국지적 분쟁 증가 등이 독일과 유럽 안보의 새로운 위협 요인으로 부각되면서 연방군의 임무도 기존의 영토방위에서 해외파병임무로 전환되었다. 통일 후 동·서독군 간 군사통합을 성공적으로 마친 연방군은 해외파병임무를 수행하기 위하여 군 구조와 전력을 개혁하고 있다. 연방군은 제한된 국방예산의 틀 속에서 다국적 연합작전수행과 장기적 해외파병 활동에 필요한 전력을 우선적으로 보강하고 있다.

1) 연방군 변혁 배경

연방군의 변혁을 역사적으로 고찰하기 위해서는 먼저 지난 55년 동안 연방군의 임무가 시기별로 어떻게 변화되어왔는지를 살펴볼 필요가 있다.

첫 번째 단계는 지난 35년간의 동서냉전 시기(1955~1989)로 연방군의 임무는 나토의 틀 내에서 영토를 방위하고 '전방방위(Vorneverteidigung)' 전략으로 동맹국을 방호하는 것이었다.

두 번째 단계는 통일 후 동·서독군 간 군사통합과 연방군의 감축이 이루어지는 과도기(1989~1999)이다. 동서냉전 종식 후 국방예산이 삭감되는 추세 속에서 연방군의 해외파병임무가 증대하고, 발칸 반도와 코소보 전쟁 참여로 연방군의 해외파병 관련 문제점이 노출되었다. 1998년 사민당 정권의 출범을 계기로 루돌프 샤르핑(Rudolf Scharping) 국방장관 밑에서 연방군 개혁이 시동되었다. 1999년 5월 바이츠제커 전 대통령을 중심으로 '연방군 개혁위원회'[소위 '바이츠제커 위원회(Weizsäcker Kommission)']가 구성되었다.

세 번째 단계는 2000년 이후 본격적으로 연방군의 변혁이 이루어지는 기간이다. 2000년 5월 '바이츠제커 위원회'는 연방군 변혁과 관련된 연구 결과를 슈뢰더 수상과 페터 슈트루크(Peter Struck) 국방장관에게 보고했고, 2001년 2/4분기부터 연방군의 개편이 시작되었다. 연방군 개편 완료 목표시점은 2010년이었다.

2002년부터 연방군은 개혁(Reform) 대신 '변혁(Transformation)'이라는 새로운 개념을 사용하고 있다. 기존의 개혁은 시한을 설정하여 지정된 기간 내에 추진하는 것으로, 급변하는 안보정세에서는 적합하지 않은 개념이다. 안보정세, 사회 및 기술 등이 급변하는 오늘날의 환경에 지속적이며 미래지향적으로 대응하기 위해서는 개혁 대신 변혁이라는 개념이 적합하다. 2004년 국방부는 250명 규모의 '연방군 변혁 센터(Zentrum für Transformation der Bundeswehr: ZTransfBw, 슈트라우스베르크 소재)'를 설립하여 운영하고 있다.

통일 후 연방군의 주요 임무는 기존의 '영토방위'에서 '국제분쟁의 예방 및 위기극복 등의 해외파병임무'로 변화되었다. 따라서 연방군의 구조와 전력도 해외파병 위주로 재편할 필요성이 대두되었다. 연방군은 다양한 해외파병 작전수행에 필요한 기동성과 지속능력 등을 갖춘 전력을 상시 구비해야 하며, 신속하고 효과적인 다국적 연합작전수행을 위해 각 군 전력의 통합편성운영과 장비의 호환성도 요구되는 실정이다.

그러나 통일 후 국방예산이 제한되어 있는 상황에서 일부 노후 장비의 고장률은 늘어나고 있고 높은 운영유지비로 인해 신형 장비에 대한 투자에 제약을 받는 등 군 장비 운영상의 문제뿐만 아니라 군 인력구조나 운영에도 어려움이 제기되어왔다.

2) 연방군 변혁의 내용

첫째, 연방군 변혁의 핵심적인 내용은 2010년까지 25만 명의 연방군을 전부 통합하여 이를 ① 투입군, ② 안정화군, ③ 지원군의 세 가지 작전모델 범주로 재편했다는 것이다.[51]

투입군은 3만 5,000명 규모로 고강도(high intensity) 다국적 연합작전에 합동군 형태로 투입되며, 최첨단 장비로 무장된 신속 대응군의 성격을 띤다. 나토나 EU 그리고 UN이 시행하는 작전이나 재난구조 작전에 투입될 예정으로, 나토 신속대응군에 1만 5,000명, EU 작전(European Headline

---

51) 2004년 1월 13일 발표.

Goals 및 EU Battle Groups)에 1만 8,000명, UN Standby Arrangement System에 1,000명, 그리고 국내 재난구조 작전에 1,000명이 배정되어 있다. 2006년 말 다국적 작전지휘를 위해 '투입군 작전지휘사령부'가 설치되었다.

안정화군은 7만 명 규모로 중·저강도(low and middle intensity) 및 장기 평화유지작전 등에 투입될 예정이다. 주로 분쟁 지역 내 갈등 세력 분리, 정전협정감시, 평화방해 세력 제거, 금수 조치 이행, 정규·비정규전 대비, 해외파병 작전지역 내 아군 방호, 재건임무지원 그리고 본토방호임무를 수행한다.[52] 1만 4,000명 규모의 해외파병 작전 5개 정도를 동시에 수행할 수 있는 규모이고, 필요시 투입군과 안정화군 간에 상호 작전 교체도 가능하다.

지원군은 14만 7,500명 규모로 본토에서 교육 및 군수지원임무를 수행한다. 이상의 세 개의 작전모델로 재편하는 과정에서 연방군은 각 군 부대를 대폭 감축했다.

둘째, 연방군 내의 IT 분야를 강화시키기 위해 2002년 3월 '연방군 IT청 (IT-AmtBw, Bundesamt für Informationsmanagement und Informationstechnik der Bundeswehr)'을 설립했다. 또한 2006년 5월 국방부 내에 '현대화 사업국'을 신설했다.

셋째, 국방부는 연방군 내에 민간경영을 도입하여 국방예산의 효율성을 높이고 있다. ① 탄약 해체 및 오염물질제거 회사(Gesellschaft zur Entsorgung chemischer Kampfstoffe und RüstungsAltlasten: GEKA)를 1997년 12월 설립하여, 연방군의 폐탄과 화생방 전투물자, 그리고 관련 오염물자를 폐기하고 있다. ② 국방부와 민간기업 간에 체결된 기본협정(1999. 12. 15)에 따라

---

52) 현재 발칸 반도와 아프가니스탄 지역에서 '투입군'이 작전을 수행하고 있다.

연방군의 서비스 기능을 민영화하기 위해 '국방개발획득 운용회사(GEBB: Gesellschaft für Entwicklung, Beschaffung und Betrieb)'가 2001년 9월 설립되었다. ③ 2005년 2월 육군 물자정비회사(HeeresInstandsetzungsLogistik: HIL)를 설립하여 육군 물자정비체계를 통합하여 운영하고 있다. ④ 군민(軍民) 합작 건설회사(Bauprojektgesellschaft)를 2005년에 설립하여 폐쇄된 군사시설을 개발하고 상품화하여 매각하거나 군사시설의 임대, 재건축 및 재개발 사업을 하고 있다. ⑤ 연방군 정보기술회사(Bundeswehr Informationstechik: BWI)를 2006년 12월에 설립하여 IT 영역을 첨단화하고 첨단 정보통신망을 구축하고 있다. ⑥ 장병식당 민영화를 위해 일부 장병식당을 선정하여 시범운영 중이다.

넷째, 연방군의 변혁 개념에 따라 2000년 10월 '합동지원군(Streitkräftebasis)'이 창설되었다. 이를 통해 각 군 내 군수, 교육훈련, 의무지원 등의 공통 업무는 통합하여 중앙집권화하고, 각 군 수뇌부는 작전임무에만 전념할 수 있도록 보장했다.

다섯째, 연방군의 변혁과 관련하여 국방부는 일부 국방정책과 제도도 바꾸고 있다. 2002년부터 연방군의 의무복무기간을 9개월로 단축했고,[53] 기혼자 및 23세 이상의 남성인 경우 의무복무가 면제된다. 가정이나 직업 등 개인 사정에 따라 입대 시기가 조정된다.

여섯째, 여성들에 대한 연방군의 문호를 완전히 개방했다. 그간 연방군은 '의무'와 '군악' 분야에만 여성들에게 문호를 개방해왔으나, 2001년 1월부터 전투병과를 포함한 전 병과에 진출할 수 있게 했다. 1955년 연방군 창설 당시 여성들의 군 복무의무는 전적으로 배제되었다. 당시

---

[53] 분할복무제도도 도입했다. 이에 '6+3'개월로 분할하여 복무가 가능하며, 희망에 따라 23개월까지 복무연장이 가능하다.

기본법 12조는 "여성들은 어떠한 경우에도 무기를 소지한 근무를 할 수 없다[Sie(Frauen) dürfen auf keinen Fall Dienst mit der Waffe leisten]"고 규정하고 있었다. 이는 전적으로 나치 제3제국의 경험을 바탕으로 한 것이다.[54] 1975년 2월 19일 슈미트 정부 당시 처음으로 여성전문의, 치과의사, 수의사 및 약사에 한해 연방군 의무군 장교로 채용될 수 있게 문호가 개방되었다. 예외적으로 의무 분야에 한해 여성들에게 문호가 개방된 배경은 의무 분야 군인들은 전투군인들과 달리 취급되어 전투 시 공격을 받아서는 안 된다는 국제법에 근거하고 있었다.

1988년 6월 국방장관 루퍼트 숄츠(Rupert Scholz)의 결정에 따라 1991년 1월부터 여성들의 진출이 군악 분야로 확대되었다. 2001년부터 여성들에게 연방군의 모든 전투병과에 대해 문호를 개방하게 된 배경은 여성들의 무기소지근무를 배제하고 있는 독일의 기본법이 남녀동등원칙에 근본적으로 배치된다는 2000년 1월 11일 유럽 재판소의 판결에 근거한다.[55] 이후 독일의 기본법 12조 a항은 여성들에게 어떠한 경우라도 무기소지근무를 의무화해서는 안 된다[Sie(Frauen) dürfen auf keinen Fall zum Dienst mit der Waffe verpflichtet werden]"로 변경되었다. 또한 2005년 1월 1일부로 발효된 「남녀군인 평등대우조치법(Gesetz zur Durchsetzung der Gleichstellung von Soldatinnen und Soldaten der Bundeswehr)」에 따라 전 병과에 여군선발의무가 부과되었다.[56] 2010년 2월 1만 6,900명의 여군이

---

54) 비록 나치 이념이 여성들의 징집을 배제하고 있었으나, 실제로 제2차 세계대전 중 수십만 명의 소녀들이 강제로 징집되어 대공화기 조수(Flakhelferinnen)로 활동했다.
55) 독일 여성(Tanja Kreil)의 위헌 소송에 대해 "여성들의 무기소지근무를 배제하고 있는 독일 법 규정은 국제 사회의 남녀양성 평등원칙을 위배하고 있다"고 판결했다.
56) 의무 병과는 50%, 기타 병과는 15%이다.

근무 중이며, 이는 연방군 총병력 25만 3,800명의 약 9%, 직업군인 및 장기 복무군인의 9%에 해당된다. 장차 여성이 연방군 내에서 차지하는 비율은 15%까지 증가할 전망이다.

일곱째, 이 외에도 연방군 변혁에 따라 2010년까지 105개 군 기지가 폐쇄되었다. 연방군 변혁의 특징은 군 구조를 전체적으로 간편화하고 지휘조직을 집약화했다는 것이다. 핵심 임무수행에 불필요한 조직과 시설은 과감히 정리하고, 연방군 산하 각종 학교와 교육훈련시설, 그리고 기지는 통폐합하거나 축소 조정했다. 인력도 정예화·전문화시키는 추세이다.

4. 연방군의 해외파병 작전

▎**These 23** 통일 이래 독일 연방군은 평화건설(peace building)과 평화유지(peace keeping)임무를 수행하기 위해 30개 이상의 해외 군사 작전에 참여해왔고, 2010년 현재 약 7,000명의 연방군이 아프가니스탄과 코소보 등지에서 작전을 수행하고 있는 중이다. 독일은 미국 다음으로 많은 병력을 해외파병 작전에 투입하고 있다.
시간이 갈수록 연방군의 해외파병 작전의 성격과 양상이 변하고 있다. 작전 강도가 저강도에서 고강도로 높아지고 있고, 파병 규모와 능력이 확대되고 있으며, 연방군에 대한 국제 사회의 요구사항도 다양해지고 있다. 연방군은 해외파병 작전에 필요한 장비나 교육 분야에 우선적으로 투자하고 있다.

1) 통일 전 연방군 해외파병임무 성격

통일 직전까지 독일은 과거 양차 대전의 주역이었다는 원죄에 대한 피해의식으로 인해 군사 문제와 관련해서는 항상 소극적인 태도를 보여왔다. 당시 서독 연방정부는 국토방위와 동맹방위 차원에서만 연방군을 투입한다는 입장을 고수했고, 가급적 국제적인 군사활동은 회피하려 했다. 그러나 유엔 가입과 동시에 서독은 유엔 평화유지활동에 동참할 의무를 부여받았고, 주로 자연재해 지역의 인도주의적 지원 임무를 수행하기 위해 연방군을 파병했다.57) 그러나 1990년 독일 통일과 동시에 이와 같은 상황은 서서히 바뀌기 시작했다. 소련이 해체되고 바르샤바 조약기구가 붕괴된 이후 국제 사회는 완전한 주권을 가진 독일이 더 많은 국제정치적 책임을 분담해줄 것을 요구했다. 통일 직후 초기 단계에는 주로 캄보디아, 르완다, 소말리아, 체첸, 그루지야 등지에서 인도주의적 성격을 띤 임무와 유엔 평화유지활동을 했고, 1차 걸프전 때에도 재정적으로만 참여했다.

그러나 발칸 반도의 갈등이 시작되면서 연방군은 점차 해외파병임무에 적극성을 띠기 시작했다. 당시 독일 국내에서는 해외파병의 법적 근거와 관련해 많은 찬반 논란이 있었다.58) 통일 후 연방군의 '나토 역외 파병(NATO-out-of-area operation)' 작전과 관련하여 정당 간에 열띤 토의를 거쳐 국론이 통일되었고,59) 1994년 7월 12일 연방헌법재판소는 평화유지확보

---

57) 1960년 모로코와 앙골라의 지진피해복구를 지원하기 위해 파병된 후, 이와 같은 인도주의적 차원의 해외파병은 실질적으로 전 세계를 대상으로 실시되었다. 독일 연방군은 홍수와 같은 자연재난(1963년 알제리, 1970년 나이지리아, 터키, 페루 및 2000년 모잠비크), 지진(1966년 터키, 1968년 이란, 1975년 파키스탄, 1988년 소련), 가뭄재해(1973/74년 에티오피아, 말리, 니제르, 차드 및 1989년 수단과 우간다) 혹은 산불재난 등을 계기로 파병되었다.
58) 독일 기본법은 독일 연방군의 해외파병에 관한 사항을 규정하고 있지 않다. 또한 별도의 해외파병 관련 법이 없는 실정이었다. 독일 의회와 연방정부는 '독일 군대가 유엔 평화유지활동과 나토의 역외 파병임무 혹은 다른 안보기구 내에서 해외파병임무를 수행할 수 있는가'를 놓고 장기간 논쟁했다.

와 국제법을 준수하기 위해 수행되는 연방군 해외파병[60]이 기본법에 합치한다고 판결함으로써 논쟁은 종결되었다.[61] 2004년 12월 3일 연방하원은 「연방군 해외파병법」을 제정했다. 주요 내용은 다음과 같다. 연방의회의 사전 동의 없이는 연방군의 해외파병은 허용되지 않으며, 긴급구호활동의 경우 연방의회의 사후승인을 받아야 한다. 또한 연방의회는 해외파병부대의 철수를 결정할 권한을 보유하고 있다. 이에 따라 연방군은 의회가 승인하는 한 나토 역외의 국제평화임무에 조건 없이 참여하여 전투작전도 수행할 수 있게 되었다.[62]

2001년 7월 국방부는 '해외파병사령부'를 창설하여 전 군의 통합적 해외파병계획을 수립하고 지휘임무를 수행해오고 있다. 2008년 6월에는 국방부 및 합참 내에 '파병지휘국'이 신설되어 파병계획을 수립했다. 이 국은 파병지휘의 효율성을 극대화하기 위해 파병계획단계에서부터 파병 후 후속 조치를 강구하는 단계에 이르기까지 외교부, 내무부, 경제협력개발부 등 정부 유관 부처와 원활한 협력을 도모하고 있다.

---

[59] 기민당과 자민당은 유엔의 권한위임(mandate)이 있을 경우 연방군의 해외파병 작전을 지지했으나, 사민당과 녹색당은 반대했다. 1992년 사민당은 입장을 바꾸었고, 1998년 사민·녹색 연정은 연방군의 나토 역외 파병 작전을 지지했다.
[60] 당시 발칸 분쟁과 관련하여, 나토의 AWACS(조기경보체계)의 전개에 따른 정찰비행단 파병의 위헌 여부에 대한 판결이다.
[61] 기본법 제26조에 의거하여 동맹국 방어에 기여할 경우 전투행위가 포함된 해외파병이 허용되고, 유엔 평화유지 임무수행을 위한 파병도 가능하다.
[62] UN 평화유지군 임무 성격의 연방군 해외파병은 독일 기본법 제24조 제2항(평화유지를 위해 집단체제에 통합될 수 있고 필요시 주권을 제약할 수 있다는 규정)에 의거하여 전통적으로 인정되고 있다.

〈표 6-1〉 연방군 파병 일지

연도	파병 내용
1990.8 ~1991.9.	2차 걸프전(1991) 당시 나토 동맹국으로서의 연대감을 과시하기 위해 지중해에서 해상무력시위(Operation Südflanke: 인원 500명, 7척 소해함, 항공기 및 헬기)
1991.1.	걸프전 때 이라크 공격에 대비하여 18대의 Alpha-Jet(212명 공군)를 터키에 배치, AWACS 정찰기를 남부 터키에 파견, 걸프전 당시 이라크로부터 스커드 미사일 공격을 당한 이스라엘을 지원하기 위해 제한된 물자수송임무를 담당
1991.4.	쿠르드 족 난민구호를 위해 의료진 및 수송헬기(육군항공 CH-53) 파견
1991.6 ~1996	이라크 유엔사찰지원(UNSCOM-Mission)을 위해 헬기 2대 및 Transall 수송기를 지원(1991~1996, 사찰관 수송)
1991.11.	프놈펜 UN PKO(UN Advanced Mission in Cambodia: UNAMIC)에 의무단을 파견하고 야전병원을 지원(1992.4~1993), 유엔 캄보디아 잠정기구(United Nations Transitional Authority in Cambodia: UNTAC)에 의무병 지원
1992. 2~11.	걸프전 후 기뢰 제거를 위해 소해함 지원
1992.7 ~1996	세르비아와 몬테네그로에 대한 경제제재 및 무기금수(arms embargo)를 위해 나토와 서유럽연합(WEU)의 일원으로 아드리아 해에 연방군 함대를 파견(Operation Sharp Guard, 구유고슬라비아에서 최초의 나토 군사작전, 순양함과 구축함 파견)
1992.7.	사라예보 물자공급을 위한 수송기 지원
1992.12.	소말리아 UN PKO(United Nations Operation in Somalia II: 육군 1,700명)에 참여
1992.4 ~1996	보스니아-헤르체고비나의 비행금지구역 감시를 위한 AWACS 정찰기 투입, 보스니아 지원부대에 참여(Operation Deny Flight: Tornado)
1994	루안다 난민 생필품공수작전(UNAMIR-Mission) 수행
1995	보스니아-헤르체고비나 UNPROFOR 보호작전(Operation Deliberate Force) 수행
1995.12 ~현재	데이턴(Dayton) 협정에 따른 보스니아 국제평화유지군(Implementation Force in Bosnia and Herzegovina: IFOR)에 4,000명을 파병[연방군의 최초의 나토 역외 작전(Operation Joint Endeavour) 참여]. 이 작전은 1996년 12월부터 2004년에 보스니아 평화유지군(Stabilisation Force in Bosnia and Herzegovina: SFOR)으로 대체되었음. 이때 연방군은 나토 작전(Operation Joint Guard and Joint Forge)에 3,000명을 파견했음. 2004년 12월 이후 이 작전은 EUFOR로 대체되었으며 주체는 나토에서 EU로 전환되었음(최대 2,400명까지 파병 가능했으나 120명의 연방군이 이 작전에 투입됨).
1997	알바니아 민간인 소개 작전(Operation Libelle) 수행

1998.8.	수단에 수송기 지원
1999.3.	연방하원 참전결의에 따라 유고에 대한 나토 공습('코소보 전쟁': Operation Allied Force)에 참여(토네이도 전투기 14대, 500소티)
1999 ~현재	나토 지휘하에 코소보의 평화 유지를 위해 실시되고 있는 KFOR(Kosovo Force) 작전에 연방군 약 1,500명이 참가(독일군은 최대 8,500명까지 참전)
1999 ~2000	동티모르 의료 및 수송기를 지원(UN-Mission INTERFET)
2001	마케도니아에서 알바니아 과격분자 무장해제 작전에 연방군 600명 참여(Essential Harvest), 이 작전 종료(2001.9.26) 이후 2003년 마케도니아 내 EU 및 OSCE의 관찰단 보호(Operation Concordia) 작전수행
2001 ~현재	지중해에서 수행하고 있는 국제 반테러전, 해상 검문 작전(Active Endeavour)에 연방군의 순양함, 고속정 및 잠수함이 참여(2004년 이래로 나토군이 지휘)
2001. 12.22. ~현재	아프가니스탄에서 국제안보지원군(ISAF)으로 참전.64) ISAF로부터 권한위임을 부여 받은 독일 연방군의 작전지역은 쿤두스(Kunduz)로 확대. 2007년 4월 6대의 토네이도 정찰기를 파견하여 전 ISAF 참가국에 영상자료를 전파. 2008년 7월 이래로 ISAF에 205명의 '신속투입군(Quick Reaction Force: QRF)'을 운용,65) 2010 현재 3,280명의 연방군이 이 작전에 투입. 최대 4,500명까지 증강될 수 있음.
2002.1. ~현재	미국의 주도로 수행되고 있는 국제 대테러 작전에 연방군 해군이 약 240~450명 규모로 참가(Operation Enduring Freedom-Horn of Africa)
2002 ~2003	쿠웨이트 및 UAE에서 이라크 경찰 및 민병대 교육 훈련 지원
2002 ~2003	쿠웨이트 주민을 대상으로 화생방 보호(Operation Enduring Freedom) 작전 수행
2003 ~현재	지중해에서 반테러 해상 검문 작전에 순양함 및 쾌속정 지원(Operation Active Endeavour)
2003	콩고 민주공화국 지원(Operation Artemis)
2005.1 ~3.	동남아 쓰나미 난민 지원
2005.4.	UNMIS(United Nations Mission in Sudan) 임무에 40명 파견

2) 통일 후 연방군 해외파병 작전일지

통일 이후 독일 연방군이 수행하고 있는 해외파병 작전을 살펴보면

<표 6-1>과 같다.

통일 후 2009년 4월 말까지 해외파병 작전으로 희생된 연방군 장병의 수는 모두 76명에 달한다. 희생이 발생한 작전 지역에는 독일 연방군 추모비가 건립되었고(보스니아, 코소보 및 아프가니스탄에 각각 희생장병 기념비가 마련되어 있다), 이와는 별도로 2009년 9월 8일 베를린에 '연방군 중앙추모관(Ehrenmal der Bundeswehr)'이 건립되었다.[63]

3) 연방군 해외파병 작전양상의 변화

연방군의 해외파병임무와 관련된 주요 변화 내용은 다음과 같다.

첫째, 통일 후 연방군의 해외파병 작전양상이 크게 변하고 있다. 시간이 갈수록 작전 강도가 저강도에서 고강도로 높아지고 있고, 파병규모와

---

[63] 독일에는 국립묘지 개념이 없다. 그간 각 군별 전몰장병 추모기념관은 있었으나 육·해·공 등 전 군의 희생자를 위한 기념관은 없었다.

[64] 유엔 결의안 1386호(2001.12. 20)에 따라 출범하여 2002년 1월부터 수행되고 있는 ISAF 작전의 목적은 아프가니스탄의 재건, 민주주의의 정착, 그리고 자유선거를 통한 중앙정부의 설립이다. 2003년 8월 나토가 작전지휘권을 인수했다. 2009년 6월 미국 2만 9,000명, 영국 8,300명 등 42개국에서 6만 1,100명이 참가한 이 작전은 평화유지가 아닌 평화강제(peace enforcement)의 성격을 띠고 있다.

[65] 신속투입군은 ISAF 지역사령관의 예비대 개념으로 운영되며 정찰, 순찰, 호송 경호, 군중통제, 소개작전, 탈레반과의 교전임무 등을 수행할 수 있어야 한다. 이 부대는 장갑차, 지뢰제거 전문가, 헬기 운용, 전투기 통제 등 다양한 전문 분야의 구성요원으로 이루어지며, 연방군의 경우 2개 경 보병소대, 1개 기계화소대, 1개 화력지원소대, 1개 군수소대, 그리고 1개 의무소대 등 총 6개 소대 205명으로 편성되어 있다. 필요할 경우 정찰, 공병, 헌병, 민-군 협력 관련 전문요원으로 강화될 수 있다. 연방군의 연간 ISAF 작전소요비용은 13억 유로에 달한다.

⟨그림 6-1⟩ 2009년 연방군 해외파병 현황(괄호 안은 파병 인원)

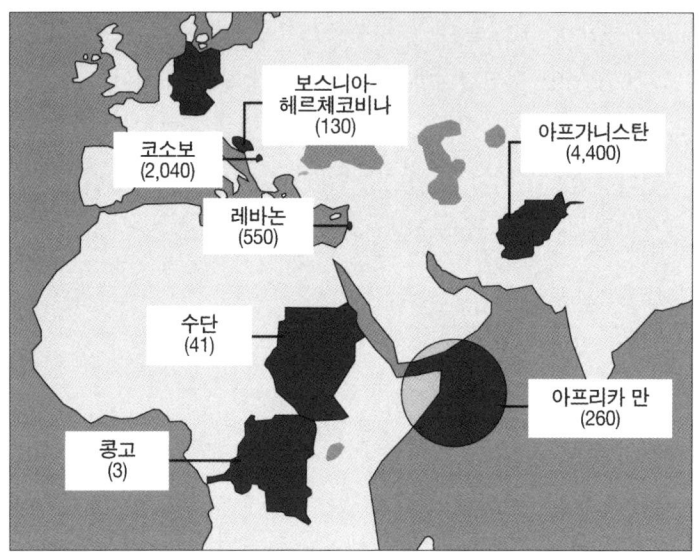

자료: 독일연방군 군사연구청.

능력이 확대되고 있으며, 또한 연방군에 대한 요구사항도 다양해지고 있다. 통일 직후까지 연방군은 재난 지역에서 주민 소개와 물자지원 등 주로 인도적 지원 성격의 임무를 수행해왔다.

그러나 발칸 반도의 갈등이 첨예화되면서 연방군은 나토 동맹국과 더불어 위기 지역에서 주로 협정이행여부를 감시하고 치안을 담당하는 경찰임무 성격의 저강도 군사안정화 작전을 수행하면서 갈등 예방과 평화정착에 기여해왔다. 1999년 3월 연방군은 제2차 세계대전 후 처음으로 나토의 일원으로 유고 공습에 가담했다. 14대의 전투기를 동원하여 총 500여 회의 공습을 단행하면서 실제 전투에 참여했다. 또한 9·11테러 이후 국제 반테러 작전이 시행되면서 연방군은 전 세계를 대상으로 다양한 지역에서 고강도 군사작전을 수행하고 있다.

둘째, 다국적군과의 작전 시 연방군이 지휘권을 행사하는 사례가 늘어나는 등, 나토 동맹국 내에서 연방군의 군사적 입지가 갈수록 커지고 있다. 장차 연방군의 해외파병에 대한 국제 사회의 요구는 더욱 많아질 것이고 작전 규모나 형태도 다양화될 전망이다. 장차 연방군은 유엔 임무뿐만 아니라 인권침해를 방지하기 위한 인도주의적 개입이나, 유엔 헌장 제51조에 의한 집단적 자기방어를 위한 임무도 수행해야 할지 모른다. 이와 같은 미래의 환경을 예상하여 연방군은 변혁을 추진하고 있다. 이미 언급한 대로 부대 개편은 물론, 영토방어와 동맹국 방위를 위해 개발·편재되어 있는 기존의 무기체계와 장비도 국제 대테러전과 같은 새로운 임무수행에 적합하도록 재편성되고 있다. 영토방위보다 해외파병임무가 더 우선시됨에 따라 관련 교육도 병행하고 있다.

셋째, 독일은 연방군의 해외파병과 관련된 모든 정보의 수집을 일원화하기 위하여 정부 내 관련 기관들을 통폐합했다. 지금까지 연방군 해외파병을 위한 사전 준비와 정세 분석은 국방부 산하 '군사정보청(Zentrale für Nachrichtenwesen der Bundeswehr: ZNBw)'에서 담당했다. 그러나 독일 국방부는 연방수상실과 협의를 거쳐 해외파병을 위한 해외정보수집과 국제정세분석 임무를 국방부 산하 군사정보청에서 연방수상실 산하 '연방정보부(Bundesnachrichtendienst: BND, 독일의 국정원)'로 이전했다.66) 해외정보수집 관련 임무가 통합됨으로써 국방부는 해외파병임무와 관련하여 더욱 상세하고 포괄적인 정보를 획득할 수 있을 뿐만 아니라, 해외파병 작전을 더욱 안전하게 수행할 수 있게 되었다.

---

66) 군사적 목적의 해외정보수집과 국제 정세 분석을 위해 연방정보부에 270개 신규 보직이 마련되어 연방군 장교가 파견근무를 하고 있다.

5. 통일 후 주독 미군 변화

> **These 24** 미군은 제2차 세계대전 이후부터 줄곧 독일에 주둔해오고 있다. 냉전 당시 25만 명에 달하던 주독 미군은 현재는 줄어들어 약 6만여 명이 주둔하고 있다. 주독 미군의 법적 주둔 근거는 나토군과 독일과 체결한 주둔협정이다. 독일과 미국 간에 쌍무적 SOFA 협정은 존재하지 않는다. 주독 미군은 과거 바르샤바 조약기구의 침공을 방위하는 임무를 띠고 있었으나, 동서냉전 종식 후 현재는 주로 이라크와 아프가니스탄 작전에 투입되고 있는 실정이다.
> 2000년대 중반 미국의 해외주둔 미군 재배치 검토(Global Defense Posture Review: GPR) 계획에 따라 주독 미군의 일부가 철수했으나, 최근 안보 상황 변화로 인해 주독 미군의 추가적인 철수 규모나 대상은 여전히 불투명하다.

1) 주독 미군 현황과 주둔 관련 법적 근거

2010년 2월 현재 약 9만 6,000명의 미군이 유럽사령부(EUCOM) 예하에 소속되어 유럽 내에 주둔하고 있다.[67] 냉전 당시 유럽 주둔 미군 수는 30만 명에 달했으나 냉전 종식 후 1990년대 이래 지속적으로 감축되어왔다. 이 중 60% 정도인 6만여 명이 독일에 주둔하고 있고,[68] 그 외 국가로 지중해 6함대(1만 4,000명), 영국(1만 500명), 이탈리아(1만 500명), 터키(1,594명), 스페인(1,286명)이 있으며, 노르웨이, 네덜란드, 벨기에, 룩셈부르크, 포르투갈, 그리스 등지에도 소수 주둔하고 있다. 유럽 내 미군 기지는 499개소이다.

---

67) http://de.wikipedia.org/wiki/Streitkr%C3%A4fte_der_Vereinigten_Staaten
68) 그 외 군 가족이 9만 4,690명, 민간군무원이 1만 4,836명에 이른다.

독일 내 주둔 중인 미군 1개 기갑사단(Wiesbaden)과 1개 보병사단(Würzburg)은 2003년 4월 이래 이라크 작전에 교대로 투입되고 있다. 냉전 당시 독일 내 미군기지는 총 73개로 310개의 부대가 주둔했고 지상군 규모가 커 1,000명 이상의 대규모 기지도 20여 개에 달했으나, 독일 통일 후 계속 폐쇄되어 현재는 30개의 군 기지만을 유지하고 있다.

통일 전 주독 미군의 임무는 나토군의 일원으로 바르샤바 조약기구의 침공을 전방 방어 지역인 독일영토에서 방위하는 것이었다. 바르샤바 조약기구 해체와 독일 통일 후에는 주독 미군의 이와 같은 역할이 실질적으로 사라진 상태이다. 이라크 전쟁에서 보듯, 현재 주독 미군은 역외 지역에 파병되어 미국과 나토가 주도하는 국제 반테러 임무를 수행하고 있고, 독일은 미국의 동맹국으로서 주독 미군의 원활한 역외작전수행을 위해 적극 협조하고 있다. 이라크 전쟁의 경우 비록 나토 차원의 파병이 아니고 독일 또한 이 전쟁에 반대하기는 했으나, 독일은 동맹국으로서 주독 미군의 독일 영공 통과권을 보장하는 등 간접적으로 미군의 작전을 지원했다.

미군의 핵무기 중 20개가 독일 내 라인란트-팔츠 주 뷔헬 공군기지(Luftwaffen-Fliegerhorst Büchel in Rheinland-Pfalz)에 배비되어 있다. 투입 핵탄두는 미군기지 내 미군의 책임하에 보관되어 있고, 뷔헬/코헴(Büchel/Cochem)에는 유사시 핵무기 투하가 가능한 토네이도 전투기 편대가 소재하고 있다. 냉전 시대부터 람슈타인 미 공군기지에 있던 130여 개의 핵무기는 2005년에 철수되었다. 독일 공군은 수시로 토네이도 전투기로 핵 투하훈련을 실시하고 있으며,[69] 핵무기는 미군 자산으로 전시 미국 대통령의 승인 후에 사용될 수 있다.[70]

---

69) 연방군 내에서 핵 투발(投發)이 가능한 토네이도 전투기는 2009년부터 핵 투발을 할 수 없는 유로파이터(Eurofighter)로 교체되는 추세이다.
70) 냉전 당시 유럽 내 미군 핵무기는 약 1,400기에 달했다. 그러나 1991년 이후

주독 미군 주둔의 법적 근거는 외국군의 독일 주둔을 허용한 ① '주둔협정'(1954. 10. 23), ② 일명 '나토-SOFA'로 불려지는 '나토군 지위협정'(1951. 6. 19), ③ '나토군 지위협정에 대한 보충협정(주둔군의 지위에 관한 북대서양조약 체약국 간의 협정)'(1959. 8. 3) 등 세 가지 협정이다.[71]

전승 4개국의 독일 점령 체제는 1955년 5월 5일 발효된 '파리 조약'에 따라 종식되었다. 이후 미국, 영국, 프랑스는 나토의 일원으로서 독일에 자국 군대를 주둔시킬 필요성이 대두되어, 3국은 1954년 10월 23일 공동으로 독일과 '독일 내 외국군 주둔에 관한 협정', 이른바 '주둔협정(Aufenthaltsvertrag)'을 체결했다.[72]

미국을 비롯한 외국 군대의 주둔지에서의 권리는 '나토군 지위협정'과 '나토군 지위협정에 대한 보충협정'에 명시되어 있다. 따라서 독일과 미국 간에는 한국과 미국 간에 체결된 것과 같은 쌍무적 '주둔군 지위협정(SOFA)'은 없다.

나토-SOFA는 민사, 행정, 형사, 사회보장, 관세 및 세금 분야에서 주둔군의 특권과 면책사유를 규정하고 있다. 나토-SOFA 협정은 통일 후 1993년 3월 18일 전체적으로 수정되었는데, 주로 외국군에게 더 많은 제약사항이 부여되었다.[73] 통일 후 나토-SOFA 협정에 대한 독일 국민들의 여론은

꾸준히 감축되어 현재는 약 240기의 전폭기 투하용(B-61-3 und B-61-4) 핵무기가 배비되어 있다. 이 핵무기는 전적으로 전시 나토 작전에만 투입될 것이다. 나토 핵무기 작전에 참여할 국가는 벨기에, 독일, 네덜란드, 이탈리아, 터키이다.
71) 주둔협정은 소위 '주둔을 위한 법(ius ad praesentiam)'이며, 나토군 지위협정과 독일보충협정(SOFA)은 '주둔 기간 동안의 법(ius in praesentia)'이다.
72) '나토조약'(1949.4.4 워싱턴 서명, 동년 8.24일 발효) 제3조에 따르면 회원국은 외부 침입에 대한 대항력을 공동으로 갖추기 위해 상호 지원하도록 되어 있다. 주둔조약의 당사국은 총 8개국으로 벨기에, 덴마크, 프랑스, 캐나다, 룩셈부르크, 네덜란드, 영국, 미국이었다.

주독 미군의 대폭 감축과 대규모 군사훈련의 해외 이전, 그리고 나토-SOFA 보충협정 3차 개정을 통해 상당히 호전되었다.

미군을 포함한 주독 외국군은 독일 내에 병력을 증강할 경우에만 독일 정부와 협의할 법적의무를 갖는다. 반면 철군 또는 한시적으로 국외로 이전될 경우에는 이러한 법적의무가 없다. 그러나 미국은 철군이나 병력의 한시적 국외 이동 시에도 정치·안보·경제적 파장 등을 고려하여 항상 독일 정부와 협의해왔다.

미군의 주둔비용만 연 70억 달러에 이르고, 이 중 독일 정부가 10억 달러 정도를 지원하고 있다. 주독 미군 방위비 분담금과 관련하여 미국·독일 양국 간의 쌍무적 협정이나 협상체계는 전혀 없다. 주독 미군은 나토군의 일원으로 독일에 주둔하고 있기 때문에 주둔비용과 관련된 일체 사항은 나토군 지위협정 및 나토-SOFA 보충협정에 의거하여 처리된다. 독일 국방부 등 각 기관의 예산편성 시 주독 미군만을 위한 별도의 예산항목은 없는 실정이다.

2) 주독 미군기지 이전 사례

독일 내 미군기지 이전 중 대표적인 사례는 1990년대 말 프랑크푸르트 공항에 있던 미 공군기지(US-Air Base Rhein/Main)를 람슈타인과 슈팡달렘(Spangdahlem)으로 이전한 사업이다. 미국은 과거 60년간 이 기지를 유럽 내 미군의 나토 작전의 거점으로 이용해왔으나, 미국은 군사적 차원에서 공군기지 이전에 관심을 표명했고,[74] 독일 정부도 경제적 이유로 이 사업

---

73) 3차 개정으로 형사관할권 및 민사청구권과 관련된 규정이 구체화되었고, 환경관련 조항(제54조A, 제54조B)이 신설되었다.
74) 람슈타인 공항은 미국의 해외기지 중에서 가장 규모가 큰 군사공항으로 미

에 관심을 가졌다.[75] 기지 이전을 위해 1999년 독일과 미국 정부, 프랑크푸르트·마인 공항 관리 공단(현재는 프랑크푸르트 공항), 헤센(프랑크푸르트가 속한 연방주), 라인란트-팔츠(람슈타인이 속한 연방주)의 대표 간에 협정이 체결되었다. 협정은 2005년 12월 31일까지 미군 공군기지와 176개의 부속 건물을 프랑크푸르트 공항과 그 운영자인 (주)프라포트에 이양하고, 람슈타인과 슈팡달렘 군사공항을 확장하여 미 공군기지를 이전한다는 내용을 담고 있었다. 나토 측과 관련 당사측이 이전비용을 분담했다.[76]

이후 기지 이전은 나토군 지위협정과 부속협정에서 규정하고 있는 절차에 따라[77] 진행되었다. 항공법상 독일 정부로부터 공사 허가를 받아야 하고, 이를 위해서는 먼저 공사계획이 대지 이용, 자연보호, 자연경관

유럽 공군본부(United States Air Forces in Europe: USAFE)와 나토 공군사령부(Allied Air Component Command Headquarters: CC-Air HQ)가 소재하고 있는 군사적 요충지이다. 따라서 모든 미군의 물류 및 인원 수송작전이 이곳에서 시작되고 인근 란트슈툴(Landstuhl)에는 미군 최대 군 병원이 소재하고 있어 유사시 소개비행작전을 수행하기에도 적합하다. 람슈타인에는 각각 2개의 이륙로와 착륙로가 있다. 2004년 현재 3만 5,000여 명의 군 관련자와 6,000여 명의 민간인이 근무하고 있다.

75) 미군의 모든 군사 목적 항공기의 이륙 및 착륙 수수료를 독일 정부가 공항관리 공단에 대납해야 했다. 그러나 미 공군기지가 람슈타인과 슈팡달렘으로 이전될 경우 더 이상의 수수료 비용은 발생하지 않았다.

76) 독일국방부가 제공한 자료(2003)에 따르면 총 이전비는 6.3억 유로로, 독일 측 계약당사자가 미국 측에 3억 7,200만 유로를 지급하며, 미국 측은 람슈타인과 슈팡달렘 비행장 확장 공사를 위해 2억 5,700만 유로를 투입했다. 구체적 분담 내용은 관리공단이 1억 3,000만 유로, 프랑크푸르트 시가 4,600만 유로, 독일 재무부가 6,300만 유로, 헤센 주가 3,600만 유로, 라인란트-팔츠 주가 1,700만 유로, 그리고 나토가 8,000만 유로(활주로 공사는 나토의 군사적 목적)이다.

77) 나토 지위협정[NATO-Truppenstatut(1951: Artikel 21c)]와 나토 지위협정 보충협정[Zusatzabkommen zum NATO- Truppenstatut(1959: Artikel 53A)].

보존, 도시건설, 공항소음 방지 등에 관한 기존의 규정에 저촉되지 않는가 여부를 심사받아야 했다. 이어서 독일 관청뿐만 아니라 공항 확장으로 직접 영향을 받는 주민들이 참여하는 공청회가 열리고, 건설허가 신청서류를 일반인도 열람할 수 있도록 공개하여 해당 주민들과 소유자들의 입장이 서면으로 취합되었다. 여론수렴 결과 공항확장공사 사업 자체에 대한 반대는 없었으나, 비행기 소음과 환경 파괴에 대한 우려가 제기되었다. 이러한 주민들의 이의 제기에 따라 독일의 허가담당관청은 비행 소음 방지 및 자연보호를 위한 일련의 추가 조치를 취할 것을 요구했고, 이에 따라 손해배상이나 방음벽 설치를 위한 비용을 제공했다. 확장에 필요한 추가 부지(람슈타인은 약 220ha, 슈팡달렘은 50ha) 중 상당 부분은 연방자산청이 개인 소유자로부터 매입했다. 2005년 8월 연방군 소속 비행안전청이 신축 건물과 설비에 대한 사용승인서를 발부했고, 미군은 신공항을 이용할 수 있게 되었다.

3) 주독 미군 철수 문제

주독 미군의 철수 문제가 수시로 제기되기 시작한 것은 슈뢰더 정부의 이라크 전쟁 반대로 대미관계가 악화되기 시작한 2003년 중반부터이다. 2003년 12월 이미 독일과 미국은 주독 미군기지의 이전 및 개편과 관련하여 공식적으로 협상을 진행했다.

2004년 8월 16일 부시 대통령의 '해외주둔 미군 재배치 검토'가 발표되면서 주독 미군의 철수 규모나 시기 등이 더욱 구체적으로 언급되기 시작했다. GPR은 동서냉전 종식과 9·11테러 후 미국이 인식하는 안보환경이 근본적으로 변화했다고 인식함에 따라 등장했다. '동맹국이나 주둔국의 방위'보다는 반테러, 대량살상무기 확산, 본토방위 문제가 미국의 주요 안보현안으로 대두되어 더 많은 지상군을 국내에 주둔시킬 필요성이 제기되었다. 이러한 안보환경의 변화에 따라 군사전략도 기존의 '고정기지작전'에서 '전략적 작전 기동(Operational Manoeuvre from Strategic Distance)'으로 변화했다. 이를 위해 군의 기동화, 수송수단의 개선 및 해상전력의 부대기지화가 요구되고 있다.

안보전략 변화에 따라 해외주둔 개념도 변화되고 있다. 기존의 동맹국 기지는 분쟁 지역에 신속한 투입을 위한 중간기지(spring board) 개념으로 활용하고, 현지 주둔 지역에는 소규모 병력으로 구성된 신속기동부대와 군사장비 및 물자만 배치한다는 것이다. 따라서 냉전 당시의 '해외 장기 주둔' 개념을 폐기하고, '가족 동반 없이 군인만 파견하여 6개월 단위로 교체'라는 개념으로 대체되었다. 따라서 일부 대형 인프라를 보유한 기지는 축소할 필요가 있었다. 해외주둔 미군을 위한 최소한의 조건은 신속기동군의 전개가 가능한 항구 및 공항과 훈련장이 확보되어야 한다는 것이었다.

또한 정치적 여건 변화로 해외주둔 기지를 다양화할 필요성이 대두되었다. 일부 동맹국의 대 이라크 전쟁에 대한 반발로 군사력 운용에 어려움이 초래된 반면, 친미정책을 적극 표방하는 동구권 국가의 전략적 가치는 높아졌다. 부시 대통령은 GPR에 따라 유럽과 아시아 지역으로부터 10년에 걸쳐 약 7만 명의 미군을 본토로 철수시킬 계획임을 밝혔다.

당시 미국 및 독일 정부 관리들의 발언을 종합해본 주독 미군 감축계획[78]에 따르면, 주독 미군 2개 사단, 즉 제1기갑사단(Wiesbaden)과 제1보병사단(Würzburg)은 이라크전 참전 후 미 본토로 철수시키고, 대신 각기

---

78) 구체적인 계획은 한 번도 밝혀진 바가 없었고, 단지 2003년부터 2004년 사이에 주요 언론에서만 거론된 내용이다.

스트라이커(Stryker) 장갑차 여단과 중무장 여단으로 대체한다는 것이었다. 프랑크푸르트 라인-마인 미군 공군기지는 확정적으로 폐쇄하고, 이와 함께 기센(Giessen) 등에 주둔하는 약 12개의 특수부대, 지원부대와 기지도 폐쇄할 예정이었다. 또한 주독 미군의 경우 약 40%인 3만 명 정도가 감축될 계획이었다.

그러나 이라크와 아프가니스탄에서 보듯, 안보상황이 여전히 불안정하고 유동적임에 따라 기존의 감축계획에도 변화가 감지되고 있다. 향후 GPR이 계획대로 추진될지의 여부도 현재로서는 불투명하다.[79] 2003년 독일 하이델베르크에 머물던 미 5군단이 이라크 작전을 수행했다. 예하 사단인 제1기갑사단과 제1보병사단의 여단들은 차례로 이라크전에 투입되어왔다. 제1기갑사단의 경우 소속 여단들이 2003년부터 지금까지 계속 교대로 이라크전에 투입되고 있다. 그러나 제1기갑사단은 늦어도 2012년까지 미 본토로 복귀하고, 대신에 제2스트라이커(Stryke) 여단이 독일로 배치되도록 계획되어 있다. 제1보병사단의 소속 여단도 이라크전에 교대로 투입되어오다가 2006년 7월 사단은 독일에서 철수했고, 제12공정여단으로 대체되었다. 2007년부터 지금까지 제1보병사단의 소속 여단은 이라크전과 아프가니스탄에 투입되고 있다.

그러나 최근 유럽의 안보상황 변화로 인해 현재까지 대부분 GPR 관련 사항이 유동적이고, 따라서 주독 미군의 철수 규모나 대상도 여전히 불투

---

79) 2007년 11월 21일자 ≪인터내셔널 헤럴드 트리뷴(International Herald Tribune)≫ 지가 미 국방부 고위 관리 및 미군 소식통을 인용하여 로버트 게이츠(Robert Gates) 미 국방장관이 유럽에 주둔한 미 육군 병력의 감축계획을 중단할 것임을 시사했다고 보도한 바 있다. 당시 유럽 주둔 미군 사령관 존 크래덕(John Craddock)과 유럽주둔 미 육군사령관 데이비드 매키어넌(David McKiernan)은 이라크 내 미군 주둔 기간의 불예측성과 유럽 동맹국에 대한 신뢰감 부여를 이유로 유럽 주둔 지상군 감축을 중단해줄 것을 건의했다.

명한 실정이다. ① 여전히 러시아에 대한 견제 필요성이 상존하고, ② 이라크 및 아프가니스탄 전쟁의 장기화로 독일의 군사 인프라를 활용해야 할 필요성이 증가했으며, ③ 루마니아와 불가리아 등 동유럽 지역에 기지 조성을 위해서는 예상보다 많은 시간이 소요될 것이란 판단과 더불어, ④ 독일이 미군에게 심리적으로나 주거환경 측면에서 안전하고 편리한 주거환경을 제공하고 있음을 감안할 때, 향후 주독 미군의 철군 계획은 재조정되고 미군기지 반환 및 이전은 지연될 것으로 전망된다.

4) 미군 철수와 관련된 독일 정부 입장

독일의 정치권이나 대부분의 국민들은 미군 주둔을 적극 지지하고 있다. 유일하게 독일 하원에서 '좌파연합'만이 외국 군대의 철수를 주장하고 있으나, 대부분은 이에 동조하지 않는다. 독일에는 전국 규모로 벌어지는 미군이나 기타 외국군 철수에 대한 캠페인이 없으며, 몇몇 주둔지에서 종종 시민단체들이 지자체의 이해관계에 따른 평화운동을 벌이고 있을 따름이다.

독일 국민들 및 대부분의 정치인들은 미군 철수와 미군기지 축소가 가져올 일자리 상실, 소비투자 위축, 부동산 가격 하락 등 지역 경제에 미치는 부정적인 영향을 우려하여 이에 반대하거나 철수 규모를 최소화하려는 노력을 강구해왔다. 특히 미군 기지가 위치한 라인란트-팔츠, 바이에른, 헤센, 바덴-뷔르템베르크 주정부들은 미군이 잔류할 경우 행정적 지원과 인센티브를 제공하기로 약속하며 미 국무부, 국방부 및 정치계 인사들에 대해 치열한 로비전을 전개해왔다. 구체적인 활동을 소개하면 다음과 같다.

(1) 라인란트팔츠 주: 6만 명 이상의 미군 장병과 가족 주둔

네 명의 시장으로 구성된 주 대표단이 2003년 6월 미 국무부, 국방부 및 의회 인사들을 방문하여 미군 철수계획을 청취한 후 미군 철수 반대 의사를 반영시켰다. 람슈타인 및 슈팡달렘 공군기지와 바움홀더(Baumholder) 훈련장은 계획상 모두 존속시키기로 되어 있음을 확인했다. 향후 독미간 문제 협의를 위해 'German Host-Nation Council(GHNC)' 창설을 합의했다. 2003년 9월에는 주 내무장관이 미국을 방문하여 미군 주택 개선사업(Housing-Programm)을 제시하면서 미군이 계속 잔류할 수 있도록 설득했다.

슈팡달렘 공군기지를 지키기 위해 지역 여야 국회의원, 현지 미군, 정치인 및 기업인으로 구성된 35명의 대표단이 2003년 9월 슈트룩 독일 국방장관 및 국방위 소속 의원들과 면담하여, 50년간 지속된 마독 간의 우정과 협력을 강조하고 미군기지의 중요성을 피력하며 주 소재 미군기지가 철수 대상에서 제외될 수 있도록 지원을 당부했다.

또한 2003년 9월 독일 및 미국 정부를 대상으로 주독 미군 철수 저지를 설득하기 위하여 현지 국회의원과 기업가가 포함된 대미 로비단(Host Nation Council Spangdahlem)이 구성되었다.

이 외에도 현지 주민과 미군과의 유대강화행사를 수시로 실시하며, 현지 국회의원들도 미군 초청행사를 수시로 개최했다.

(2) 바이에른 주: 2만 5,000명의 미군 장병 및 가족 주둔

2003년 9월 에드문트 슈토이버(Edmund Stoiber) 주지사는 제임스 존스(James Jones) 유럽사령관과의 초청간담회를 갖고 "미군은 신뢰할 수 있는 파트너이고, 주내 미군 기지가 계속 유지될 수 있기를 희망하며 인프라를 적극 개선하겠다"고 약속했다. 이에 대해 존스 사령관은 "이라크에 파병

중인 미군들을 임무수행 후 다시 바이에른 주로 복귀시키겠다"고 답했다.

독일 정부와 해당 주들이 단지 지역경제적인 이유만으로 미군이나 나토 회원국의 주둔을 희망하는 것은 결코 아니다. 다수의 독일인들은 독일군이 나토나 EU, 그리고 유엔의 범주 내에서 공동으로 안보방위정책을 추구하고 다국적 군사구조의 틀 속에서 우방국들과의 군사협력 강화를 적극 지지하고 있다.

이들은 통일된 독일을 다자간의 틀 속에 묶어두는 것이 통일 후 '제3의 길'을 갈지도 모른다는 주변국들의 우려를 불식시킬 수 있는 유일한 수단이고, 동시에 독일로 하여금 또다시 역사적 과오를 되풀이할 수 없게 만드는 안전장치라고 믿기 때문이다. 이런 점에서 앞으로도 미군을 포함한 나토 회원국 군대의 주둔은 계속 지지를 받을 것이다.[80]

6. 통일 후 방위산업계 변화

> ▌**These 25**　동서냉전 종식과 독일 통일로 인해 연방군의 규모는 감축되었고, 임무도 기존의 영토방위에서 해외파병으로 변화되었다. 따라서 기존의 무기체계에 대한 연방군의 소요가 급감함에 따라 방위산업체들은 대규모 구조조정과 개혁으로 위기를 극복하기 위해 노력 중이다. 이와 같은 위기는 유럽 전체에 해당되는 현상으로 분야별 유럽 업체 간 인수합병(M&A)이 활발하게 진행되고 있다.

동서냉전 종식과 독일 통일로 인해 독일 방위산업계는 엄청난 변화를 경험했다. 과거 냉전 시대와 비교할 때 연방군의 규모는 거의 반으로

---

80) Uwe Stehr, *US-Streitkräfte in Deutschland 2008*(Friedrich-Ebert-Stiftung), p. 8.

줄었고, 통일로 인해 국방예산도 삭감되었다. 연방군의 임무와 관련하여 우선순위도 기존의 영토방위에서 해외파병으로 바뀌었다. 영토방위 시 필요했던 기존의 무기체계, 즉 전차나 화포 등에 대한 연방군의 소요는 급감했고, 대신 해외파병에 필요한 신규 장비에 대한 소요가 늘어났다.

연방군은 유럽통합이라는 새로운 안보환경에 적응하기 위해 변혁을 추진하고 있고, 이에 따라 미래지향적 무기체계 획득계획을 수립하고 있다.

또한 동서냉전 종식으로 독일뿐만 아니라 유럽 각국이 공통적으로 군 개혁을 단행하고 있고, 이에 따른 군의 소요감축과 무기개발능력의 제한으로 유럽의 방위산업계 전부가 근본적인 체질개선을 요구받고 있다. 이런 상황에서 자체적인 구조조정과 각국 업체 간의 합병이 거듭되고 있다. 독일 방위산업계는 이처럼 변화된 안보환경에 대응하기 위해 그간 구조조정과 체질 개선을 단행해왔다. 독일 방위산업계의 종사 인력은 그간 업계 구조조정으로 인해 1989년 40만 명(동독 12만 명, 서독 28만 명)에서 2006년 8만 명으로 약 80%가 감소했다. 2006년 독일 방위산업체는 200여 개로 매출액은 연간 약 155억 유로에 달한다.[81]

1) 육군

동서냉전 종식 및 통일 이후 독일의 육군 분야 방위산업은 해군과 공군의 방위산업 분야에 비해 훨씬 더 큰 타격을 받았다. Leopard-1, Leopard-2 전차나 Panzerhaubitz 2000 자주포에서 보듯 독일의 전차 및 장갑차의

---

[81] BDI, "Sicherheit und Verteidigung für Deutschland: Herausforderungen für Politik und Industrie"(2006).

성능은 세계적으로 인정을 받아왔다. 그러나 통일 후 장갑차량에 대한 소요가 급격히 줄어들면서 독일의 전차업계 역시 합병 과정을 거쳐 7개의 대형업체가 2개의 업체(Kraus-Maffei Wegmann과 Rheinmetall: KMW)로 줄어들었다. 이로 인해 1989년 4만 4,000명의 종사 인력이 2006년 3,650명으로 감소했다. 특히 무기탄약 분야도 1990년 13.29억 유로에서 2002년 2.3억 유로로 매출액이 83%나 감소했다.[82]

2) 공군

1980년대 말까지만 해도 당시 민간항공기 산업과 비슷한 매출을 기록했던 공군 분야 방위산업은 1990년대 후반까지 지속된 경기후퇴로 인하여 최근에는 매출액이 민간항공기 산업의 50% 정도로 줄었다. 그러나 최근 해외파병임무가 증가되고 이에 따른 수송능력을 확충해야 할 필요성에 따라 대형 군수송기 A400M 개발사업이 공군의 주요 획득사업으로 등장했다.[83] 또한 냉전 당시부터 진행되어온 전투기(Eurofighter) 사업도 A400M 사업과 더불어 독일 공군의 2대 역점사업으로 추진되고 있다. 이 외에도 전투헬기(Tiger)와 수송헬기(NH90)사업 등으로 공군 분야 방위산업계는 당분간 지속적인 호황을 유지할 전망이다.

유럽은 그간 공군 방위산업 분야에서 미국과 달리 유사한 성능을 갖춘 무기체계를 국가별로 동시에 개발해왔고, 이에 다른 예산낭비 문제를 극복

---

82) Arbeitskreis, "Wehrtechnik und Arbeitsplätze in der IG Metall", *Kasseler Erklärung: zur Lage der heerestechnischen Industrie in Deutschland*(2006), p. 6.
83) A400M(수송기)은 10개국에 195대가 제공될 예정이다(납기가 2009년 10월에서 2010년 4월로 지연되었다). 주요 고객은 독일(60기), 프랑스(50기), 스페인(27기), 영국(25기) 등이다.

하기 위해 업체 간 합병을 시도해왔다. 2000년 독일의 DASA(Daimler-Benz Aerospace)와 프랑스의 Aerospatiale Matra가 합병하여 EADS(European Aeronautic, Defence & Space Company)를 설립했고, 이후 스페인 CASA(Construcciones Aeronauticas) 사도 이에 합류했다.[84]

3) 해군

통일 후 해군 분야의 방위산업체들도 다른 분야의 방위산업체와 마찬가지로 고용인력을 축소하는 대대적인 구조조정을 단행했다. 2005년 현재 2만 3,000여 명이 해군 분야 방위산업계에 종사하고 있으며 이 중 8,500여 명이 해군함정 건조 분야에서 근무하고 있다. 독일은 재래식(비핵) 잠수함, 프리깃함, 코르벳함, 고속정, 기뢰함 건조에서 세계적인 우위를 점하고 있으며, 특히 비핵 잠수함 분야에서 다른 나라에 비해 10년 이상 앞선 핵심기술을 보유하고 있다. 독일은 전 세계 잠수함 생산량의 90%를 차지하고 있고, 2012년까지 매출액이 10% 증가할 전망이다.

전반적으로 독일 해군의 방위산업계는 지속적인 성장세를 유지할 것으로 예상된다. 현재 유럽의 함정사업은 DCN 사(프랑스), Finmeccanica 사(이탈리아), TKMS(ThyssenKrupp Marine Systems) 사(독일)로 분화되어 있다. 방위산업계 합병이라는 세계적인 흐름 속에서 프랑스 DCN 사가 국가후원을 통한 생존의 길을 선택한 반면, 독일의 TKMS 사는 자체 구조조정을 거쳐 생존한 경우로 기술력과 경제성을 동시에 갖춘 경쟁력 있는 기업이라는 평가를 받고 있다.[85]

---

84) Arbeitskreis, "Wehrtechnik und Arbeitsplätze in der IG Metall," *Ottobrunner Erklärung: Zur Lage der militärischen Luft-und Raumfahrtindustrie in Deutschland*(2006), p. 10.

7. 통일 독일의 군사 대국화 가능성

┃**These 26** 통일 전 독일은 과거 양차 대전의 원죄에 대한 피해의식으로 군사 문제와 관련해서는 항상 소극적인 태도를 보여왔다. 그러나 통일 이후 완전한 주권을 회복한 독일은 점차 해외파병 작전에 참여하는 규모와 강도를 늘리고 있다. 또한 EU 확대로 독일의 EU 내 영향력이 확대되고 있다.
지난 20년간을 되돌아보면 독일은 정치·군사적으로 모든 과거의 멍에를 벗어 버린 것처럼 보인다. 일부 주변국들은 이와 맞물려 통일된 독일이 나치의 망령을 되살리며 과거 전통대로 군사 대국화의 길을 갈지도 모른다고 우려하고 있다. 그러나 전반적인 안보환경과 독일 내 관련 상황들을 입체적으로 분석해볼 때 이는 일종의 기우에 불과할 것이다.

다음과 같은 이유에서 통일된 독일이 장차 과거와 같은 군사 대국화의 길을 걷는 것은 불가능할 것이다.

① 독일 연방군은 나토 집단방위체제의 일부로 창설되었고, 독일의 군사작전은 전적으로 나토의 틀 속에서 이루어지고 있다. 연방군의 독자적인 군사적 돌출행위는 근본적으로 불가능하다.
② '2+4 조약'에 따라 연방군은 집단안보체제 내에서 다국적군의 일원으로 운용되고 있다. 독일의 군단은 모두 다국적 군단(독일-네덜란드, 미국-독일, 독일-덴마크-폴란드)으로 구성되어 있다.
③ EU 회원국들이 이미 경제통합뿐만 아니라 '공동안보방위정책'을

---

85) Arbeitskreis, "Wehrtechnik und Arbeitsplätze in der IG Metall," *Erklärung zur Lage des Marineschiffbaus in Deutschlan*(2005), p. 2.

수행해오는 상황에서, 과거와 같이 군사력을 바탕으로 한 민족국가 간의 패권쟁탈은 더 이상 불가능한 실정이다.

④ 연방군은 '2+4 조약'에 따라 핵 및 화생 무기 보유가 금지되어 있고, 병력 규모도 최대 37만을 넘지 못하도록 제한받고 있다.

⑤ '군에 대한 문민통제와 의회통제'라는 제도적 장치로 인해 연방의회가 연방군의 임무, 군구조, 예산 및 조달 등을 결정하며, 연방군의 해외파병은 연방하원의 승인 없이는 불가능하다.

⑥ 연방군은 군특명관제도에 따라 제2의 나치 군대가 되지 않도록 의회 차원에서 통제를 받고 있다.

⑦ 군대가 어느 특정인에 의해 오용될 가능성을 근본적으로 차단하기 위해 군 내부에서도 군령권과 군정권을 구분하고 이에 따라 군 수뇌부(합참의장과 각 군 참모총장)의 권한도 분산시키고 있다.

⑧ 연방군은 양차 대전으로부터의 부정적인 경험을 반복하지 않기 위해 근본적으로 민주군대를 지향해오고 있다. 연방군은 민주주의와 개인의 자유 및 인권을 존중하는 군대로 거듭나기 위해 '내적 지휘'라는 지휘통솔 개념을 도입했다.

⑨ 독일은 과거 불편을 끼쳤던 프랑스, 폴란드, 체코 등의 인접국과의 관계를 개선했고, 유럽통합의 견인차 역할을 하고 있다. 나토와 EU의 동구 확대 과정에서 보듯, 독일은 이들 동구 국가의 서방 편입을 통해 민주주의와 시장경제체제를 확산시키려 노력하고 있다.

⑩ 독일은 군축과 군비통제 분야에서도 적극적으로 국제여론을 주도하고 있다. 독일은 냉전 종식 후에도 이러한 일을 여전히 중요한 '오늘의 과제'로 인식하며 서방측이 선도적인 역할을 해야 한다고 역설하고 있다. 통일 이후 독일은 EU와 나토 차원을 떠나, 이제는 전 세계를 대상으로 글로벌 차원의 군축 및 군비통제 현안들을 주도적으로 이끌고 있다.

⑪ 전통적으로 독일은 재래무기 분야에서 뛰어난 기술을 갖고 있다. 그럼에도 불구하고 독일은 수출금지법을 제정하여 공격형 무기들을 분쟁 지역이나 분쟁 예상 지역에 절대로 팔지 않는다. 이는 독일의 무기가 세계 평화를 위협하는 수단으로 쓰여서는 안 된다는 철학이 반영된 것으로 볼 수 있다.

장차 연방군의 해외파병에 대한 국제 사회의 요구는 더욱 많아지고 작전 규모나 형태도 다양화될 전망이다. 다국적군과의 작전 시 연방군이 지휘권을 행사하는 사례도 늘고 있는 등, 나토 동맹국 내에서의 연방군의 군사적 입지가 갈수록 커지고 있다. 유엔 임무뿐만 아니라 인권침해를 방지하기 위한 인도주의적인 개입이나, 혹은 유엔 헌장 제51조에 의한 집단적인 자기방어를 위한 임무도 수행해야 할지도 모르는 상황이다.

그러나 이상에서 지적한 이유와 상황에 따라 독일은 과거와 같은 군사 대국화의 길을 걷지 않을 것이고, 또한 걸을 수도 없을 것이다. 앞으로 독일 정부는 통일된 독일의 군사 대국화에 대한 주변국의 우려를 불식시켜야 한다는 근원적인 대전제 아래, 경제 대국에 걸맞게 정치·군사적으로 더 큰 역할을 기대하는 국제 사회의 요구에 부응하고, 또한 좀 더 '독립적이고, 독자적인 그리고 국익에 걸맞은' 대외정책을 추진할 것을 요구하는 국내의 목소리를 함께 수용하는 정책을 추진해야 할 상황에 직면해 있다.

이에 대한 유일한 현실적인 대안은 유럽통합정책에 적극 참여하는 것이다. 따라서 장차 독일은 먼저 강력하고 통합된 유럽을 구축하는 데 대외정책의 최우선을 둘 것이며, 이를 통해 국제 무대에서 영향력을 행사하고 유엔을 비롯한 국제 사회를 상대로 유럽과 독일의 이해를 대변하고자 할 것이다.

제7장

사회 · 노동 · 기타 분야에서 본 독일 통일 20주년

1. 통일 후 동·서독의 사회보장통합

▌**These 27**   독일의 사회복지정책은 오랜 전통을 갖고 있다. 독일은 다른 나라들에 비해 철저한 사회보장제도를 운영하며 사회통합을 유지해 왔다. 초대 수상인 아데나워는 1950년대의 경제 기적을 바탕으로 독일 사회복지제도의 큰 틀을 마련했고, 1960~1970년대 복지우호적 시대를 맞아 독일의 사회복지혜택은 크게 확대되어 노동자나 자영업자들의 삶의 질이 향상되었다. 그러나 독일은 이후 경제성장이 복지 확대 수준을 따라잡지 못해 많은 부작용이 파생되고 있던 상황에서 통일을 맞게 되었다.

통일 이후 독일 정부는 기존의 사회보장정책을 동독으로 확대했고 아무런 재정적 대책이 없는 동독 주민들의 사회보장을 책임져야 했다. 이를 위해 동독에 대한 재정전이는 필수적이었고 이는 결국 통일의 후유증으로 나타나게 되었다. 그러나 처음부터 사회보장제도를 동독 지역에 그대로 적용하기로 한 결정은 통일 초기에 나타날 수 있는 사회 불안을 최소화하고, 동·서독 지역 주민 간의 사회통합을 촉진함으로써 정치뿐만 아니라 사회 안정에도 크게 기여했다는 평가를 받고 있다.

1) 통일 전 서독의 사회보장제도

독일은 국가 차원의 사회보장제도를 구축하는 데 역사적으로 선구자적 역할을 해왔다. 독일제국의 빌헬름(Wilhelm I) 황제는 당시 사회주의가 확산되는 상황에서 노동자에 대한 사회안전망을 확충하지 않고서는 체제 유지가 어렵다는 것을 인식하고, 비스마르크 수상으로 하여금 노동자를 질병, 사고, 부상 및 노령화로부터 보호하라는 칙령을 하달했다. 이에 따라 비스마르크는 1884년부터 각종 보험제도를 도입했다.[1] 건국 이후 독일은 기본법에서 규정하고 있는 사회적 연방국가(sozialer Bundesstaat 20조)와 사회적 법치국가(sozialer Rechtsstaat 28조)의 개념에 입각하여 사회보장제도를 발전시켜왔다.

(1) 건설단계(1949~1966년)

독일 사회복지제도의 큰 틀을 설계한 인물은 초대 수상인 아데나워이다. 그는 1950년대의 경제 기적을 바탕으로 복지 기적을 함께 이루고자 했다. 아데나워 정부는 「희생자복지법(Bundesversorgungsgesetz)」(1950), 「사회보장법(Sozialversicherungsgesetz)」(1956), 「모성보호법(Mutterschutzgesetz)」(1952), 「자녀수당법(Kindergeldgesetz)」(1954) 등 사회복지 관련 법들을 제정했다. 아데나워 정부의 사회복지정책의 핵심은 이른바 '세대 간의 계약(Generationenvertrag)'이라고 불리는 「신연금법」(1957)[2]이다. 이는 현재의

---

1) 의료보험(1884.12.1), 사고보험(1885.10.1), 연금보험(1881.1.1, 70세부터 수령) 및 실업보험(1927).
2) 비스마르크 이래(1881.1.1) 시행되어오던 독일의 연금기금은 1921년 초(超)인플레로 인해, 또한 연금 재원인 부동산은 제2차 세계대전 중 공습으로 인해 대부분 가치를 상실했다. 따라서 아데나워 정부는 연금생활자들의 경제적 곤궁을 덜어주

취업 세대가 퇴역 세대를 위해 자기 봉급의 일정 부분을 국가의 연금기금으로 지불하는 제도이다.[3] 이 제도가 시행되기 시작한 1957년의 독점적 수혜자는 700만 명의 은퇴자들이었다.[4]

아데나워 정부는 연방예산의 40% 이상을 사회보장비용으로 지출했고, 노동자와 노조의 사회적 여건을 개선하는 데 앞장섰다. 이에 힘입어 1950년대 중반부터 노동자의 임금은 획기적으로 개선되었고, 근로시간은 단축되었으며 휴가는 늘어났다. 그러나 1950~1964년간 독일의 경제 규모는 4배로 증가한 데에 비해, 사회보장비는 170억 마르크에서 1,150억 마르크로 6배 이상 증가했다. GDP에서 차지하는 사회보장비의 비중도 17%에서 23%로 증가했다. 복지혜택은 경제성장보다 훨씬 빠른 속도로 진행되었다. 이런 맥락에서 아데나워의 사회복지정책은 미래의 도전을 예측하지 못했다는 비난을 받았다.

(2) 발전단계(1966~1975년)

1960년대 말 브란트 사민당 정부의 출범으로 복지국가로의 이행은 더욱 빨라졌다. 이 기간 중 사회복지혜택은 더욱 확대되어 노동자나 자영업자들의 삶의 질이 크게 향상되었다. 실업보조금은 퇴직 직전 마지막 봉급의 70%까지 육박하게 되었다. 1965년 월 117마르크였던 복지 지원

기 위해 이를 보전하고 충당할 수 있는 재정적인 방안을 신속히 마련해야만 했다.

3) 빌프레드 슈라이버(Wilfred Schreiber) 교수는 연금과 봉급을 연계하면, 소득이 증가하고 경제가 번성하는 한 자동적으로 은퇴자들의 수혜는 늘어나게 된다는 논리로 아데나워를 설득했다.

4) 이들의 적극적인 지지로 정치적인 퇴장 위험에 처해 있던 아데나워는 제3대 연방하원 총선(1957.9)에서 총 497석 중 270석을 차지하며 절대 과반수를 확보할 수 있었다.

금은 10년 후 254마르크로 인상되었고, 급기야 최저 임금 수준으로까지 증가하게 되었다. 복지지원금은 블루 및 화이트칼라 노동자 모두에게 제공되었다. 1950년 GDP의 17%에 달했던 사회보장비 지출이 1975년에는 27.5%로 늘어났다. 이처럼 사회보장비 지출이 빠른 속도로 증가됨에 따라 1970년대에 들어서는 이를 세금, 차입금 및 국채 발행 등으로 보전하기 시작했다. 독일은 노조 국가로 전락했고, 브란트와 슈미트 수상은 독일을 채무국으로 전락시킨 장본인이라고 비난받았다.

(3) 압박단계(1975~1990년)

1970년대 초 석유 위기와 1980년대 인구 변동에 의한 노령화 사회로의 진입으로 이제까지의 독일의 사회복지정책은 획기적 변화를 맞게 되었다. 집권 초기에 오일 쇼크의 결과로 경기침체와 인플레가 동시에 발생하는 스태그플레이션을 경험했던 슈미트 정부는 사회복지지출을 축소하는 등 긴축정책을 실시했다. 'Operation 82'로 명명된 이 정책의 주요 내용은 실업보험과 관련하여 자기부담금을 인상하고, 정부가 지급하는 실업부조금은 감축하며, 자녀 수당을 삭감하고, 의료보험에서 처음으로 보험자의 자기부담의무를 부과하는 것 등이었다. 1982년 출범한 콜 정부도 사회보장 지출을 억제했고 국가지원 보조금 등 공적자금을 삭감하는 정책을 실시했다. 노동자와 회사원의 법정 연금보험 기여금을 현상 유지하거나 삭감했고, 의료보험 기여금도 12%에서 13%로, 실업보험분담률도 4%에서 4.6%로 각각 인상했다. 콜 정부는 1975년에 도입된 임산부보조금(Mutterschaftsgeld)도 축소했고, 자녀수당도 수입에 따라 축소하는 등 복지혜택을 과감하게 줄여나갔다.

2) 통일 후 사회보장제도의 통합 실태

동·서독의 사회보험은 모두 독일제국의 사회보험제도에 그 연원을 두고 있었으나 분단 이후 상이한 체제 속에서 각각 다르게 발전되어왔다. 서독과는 달리 동독의 사회보장제도는 의료·연금·상해보험이 단일보험(Einheitsversicherung)으로 통합되어 있었고, 실업보험은 폐지되어 있는 상태였다. 약 85%의 동독 취업자가 양대 사회보험 담당기관인 '생산근로자 보험'과 '사무근로자 보험'에 가입했고, 협동농장이나 자영업자들은 국영보험기관에 의무적으로 가입해야 했다. 사회보험의 재원은 가입자의 기여금과 세금으로 조달했다.

각기 상이한 동·서독 간 사회보장체제는 3단계를 거쳐 통합되었다. 첫째, 국가조약('경제·화폐·사회연합', 1990. 5. 18) 1조 4항에 따라 동·서독은 통일된 사회보장제도를 공유하는 사회연합을 이루어야 했다. 이러한 사회연합의 핵심은 동·서독이 사회적 시장경제의 틀 속에서 노동법 규정과 사회보장제도를 공평하게 적용받는다는 것이다. 따라서 동독은 서독 사회보장체제에 맞도록 자체 법률 체계를 정비하는 일이 시급했다. 이 기간 중 공포된 법은 동독「사회보장법(Gesetz über die Sozialversicherung: SVG-DDR)」과「임금동일화법(Rentenangleichungsgesetz: RanglG-DDR)」이었다.

둘째, 서독의 사회보장제도를 동독 지역으로 확대하는 절차를 구체적으로 다루고 있는 '통일조약'(1990. 8. 31) 7장에 따라 각종 사회보장 체제를 서독 수준과 동일화시키는 작업이 진행되었다. 통일조약의 발효(1990. 9. 29)로 기본법의 효력이 동독 지역으로 확대되었고 각종 연방법의 효력이 발생했다.

셋째, 동독「연금이전법(Rentenüberleitungsgesetz)」(1991. 7. 25)이 제정되

었다.[5] 국가조약 및 통일조약은 일정한 과도기를 거쳐 동독의 단일 사회보험 체계가 서독의 보험체계로 편입될 수 있도록 했다. 동독의 단일보험기관을 일정 기간 존속시켜 부작용을 최소화한 후 통합되도록 했다. 동시에 동독 지역에는 새로운 사회보험 담당기관들이 설립되었고, 1991년 말경에는 이미 실업보험을 포함한 개별 보험체계가 광범위하게 구축되었다.[6]

독일의 5대 사회보험은 연금, 의료, 실업, 산재 및 간병보험이다. 보험료는 산재보험의 경우에만 고용주가 전액 납부하고, 나머지 보험은 고용주와 가입자가 절반씩 부담한다. 2009년 7월 보험가입자의 자기 수입에서 차지하는 보험부담률은 총 31.65%이다.[7]

(1) 연금보험제도

독일 사회보장체계의 핵심은 법정 연금보험이다. 구동독의 연금은 최저 연금규정에 따라 평준화되어 있었다. 당시 동독에서는 1949년 이래 월 600동독마르크가 기여금 산정 상한선으로 책정되어 있었다. 1988년 동독 주민들의 월 평균 수입인 1,300동독마르크를 기준으로 할 때, 자기 소득의 반에 해당하는 금액에 대해서만 보험에 가입했기 때문에 일반 연금보험 수령액만으로는 노후생활이 보장되지 않았다. 따라서 대부분의 동독 주민들은 600동독마르크를 넘는 소득분에 대해서도 '자율적 추가 연금보험(Freiwillige Zusatzrentenversicherung)'에 가입하여 추가 연금을 수령했다. 1971년 3월 1일 도입된 이 제도로 동독 주민들은 월 최대 1,200동독마르크까지 보험에 가입할 수 있었다. 1990년 7월 1일 발효된 국가 조약에

---

5) Volker Meinhardt, Der Prozess der Angleichung im Bereich der sozialen Sicherung, Vierteljahrshefte zur Wirtschaftsforschung 69.Jahrgang, Heft 2/2000, S.234.
6) 주독 대사관, 『독일 통일 6년, 동독재건 6년』(통일원, 1996), 414~415쪽.
7) 연금보험 19.9%, 의료보험 7%, 실업보험 2.8%, 간병보험 1.95%.

따른 화폐교환으로 동독의 연금은 서독의 연금법에 따라 조정되었고, 독일 정부는 동·서독 간에 소득 수준이 어느 정도 균형을 이룰 때까지 동독 지역에 특별 규정을 적용했다.

독일의 연금제도는 1991년 7월 25일 제정된 「연금이전법」[8])에 의해 최종적으로 통합되었다. 이에 따라 1992년 1월 1일부터 단일 연금법이 적용되었다. 동독 연금수령자들의 그간의 근로기간, 보험가입기간, 그리고 기간 중 받은 소득을 종합적으로 계산하여 연금이 산정되었다. 이처럼 조정된 연금은 동독 주민들에게는 일생 동안의 근로 실적에 대한 노후 보상의 개념으로 대부분 기존의 연금수령액보다 높아 생활수준 향상에도 기여했다.[9]) 만약 이 연금계산방법이 변경되어 연금액이 줄어들 경우 이전의 연금액이 그대로 지급되었다. 국가조약이 시행되기 전 동독의 연금소득은 서독의 30% 수준에 머물렀으나, <그림 7-1>에서 보듯, 1992년에 이미 동독 여성의 평균 연금이 서독 여성의 평균 연금보다 높아졌으며, 1997년에는 남성의 연금도 동독이 서독을 능가했다.

독일은 근무기한과 임금수령액 등을 고려하여 부여되는 보상점수(Entgeltpunkte)에 현행 연금평가지수(Rentenwert)를 곱하여 연금을 산정한다. 2009년 7월 1일 경우 서독 지역 가입자의 연금평가지수는 27.20유로, 동독 지역 가입자는 24.13유로이다. 예를 들어 서독 지역에서 평균 수입에 해당하는 기여금을 낸 45년 근무자가 보상점수 45점을 챙겼을 경우 45×27.20=1,224유로를 월 연금으로 수령한다. 같은 조건일 경우 동독 연금수령자는 서독 연금수령자에 비해 138유로 정도를 덜 받는다.

연금보험과 관련하여 지난 20년간 나타난 주요 특징은 다음과 같다.

---

[8]) 이 법은 동독 주민의 연금을 서독 기준으로 환산하는 작업이었다.
[9]) 동독 지역의 연금생활자 중에서 80%가 더 많은 연금을 수령할 수 있게 되었다.

〈그림 7-1〉 동·서독 주민 간 연금수령 비교(1989~2007년)

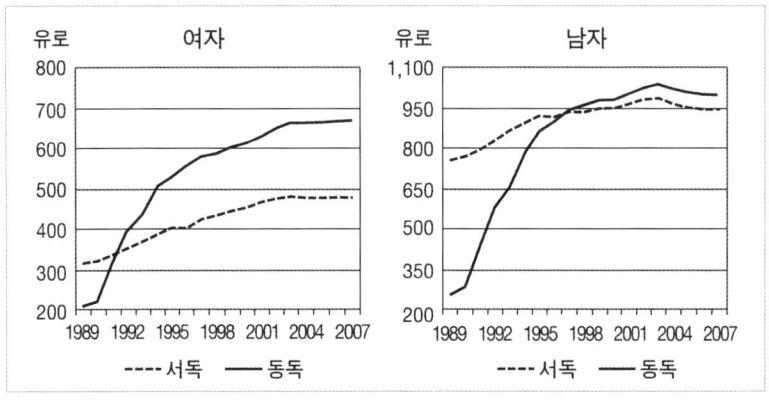

자료: Bundesministerium für Arbeit und Sozialordnung(Rentenbestandsbericht), Winkler, *Frauenreport '90*(VDR). Klaus Schroeder, "20 Jahre Nach Dem Mauerfall," p. 44에서 재인용.

첫째, 동독의 연금 수혜자들이 통일로 인해 가장 혜택 받은 층이라는 평가를 받고 있다.

둘째, 2007년 통계에 따르면 동독 연금수령자가 서독 연금수령자보다 많은 연금을 수령하고 있다. 평균적으로 동독 남성의 연금수령 액수가 1,001유로, 여성이 675유로에 달하는 반면, 서독 남성은 967유로, 서독 여성은 491유로에 그쳤다. 이는 동독 주민들의 경우 교육기간이 짧아 일찍 취업 일선에 투입되었고 실업이 거의 없어 근무기간이 길었기 때문이다. 동독 여성의 경우 취업률과 근무기간이 서독 여성에 비해 훨씬 높고 길었기 때문에 서독 여성보다 1/3 정도 많은 금액을 수령하고 있다.

셋째, 통일 후 20년이 지났음에도 불구하고 아직도 양독 간에 연금 평가지수가 달리 적용되고, 동·서독 간 생활비 산정이나 성취 실적도 다르게 평가되고 있다.

넷째, 과거 서독의 연금제도에 전혀 기여하지 않았던 동독 주민들에게 서독과 똑같은 원칙을 적용하는 것에 대해 비판이 뒤따르고 있다. 통일 20주년이 지난 오늘날의 동독은 서독에 비해 "실업자는 두 배로 많고 연금 기여금은 훨씬 적게 납부했으면서도 더 많은 연금을 챙기고 있다"는 것이다.

(2) 실업보험

통일 직전 국가조약 및 통일조약에 의거하여 동독 지역에는 서독의 모델대로 노동관청과 지소들이 설치되었다. 이는 통일과 동시에 모두 연방고용청의 지청이 되었다. 또한 서독의 「고용촉진법」이 동독 지역에 확대·적용됨으로써 실업보험제도가 도입되었다. 이에 따라 동독 근로자들은 그간의 근무기간을 인정받게 되었고, 그동안 동독 지역 근로자들도 「고용촉진법」에 의한 분담금을 납부한 것으로 간주되어 실업자들에게는 실업급여(Arbeitlosengeld)가 지급되었다. 급부 수준은 자녀가 있을 경우 순소득의 68%, 그 외에는 63%였으며, 이는 1994년 1월 개정된 「고용촉진법」에 따라 67%와 60%로 하향 조정되었다. 지급기간은 보험료 납부기간 및 연령에 따라 156일에서 832일까지이다. 실업급여 지급기간이 만료되거나 실업급여를 청구할 자격요건이 아직 안 된 실업자들에게는 실업부조금을 지급했다. 실업부조금은 고용보험료에 의해 지급하는 실업급여와는 달리 연방정부예산에서 지급하는 생활 보조적 성격으로, 과거에는 무기한으로 지급되었으나 1994년 「고용촉진법」 개정으로 지급 기간이 1년으로 한정되었으며 재심사에 의해 계속 지급 여부가 결정된다. 순소득의 56~58%가 지급되었으나 1994년 「고용촉진법」 개정 이후 3%씩 하향 조정되었다.

생활을 유지하기 어려운 자들에게는 사회부조금이라는 생계비가 주정부예산으로 지급되었다. 독신자와 가장의 경우 월 400~500마르크가 지급되고, 환자, 임산부, 장애인이나 수입이 빈약한 노동자에 대해서는 20%가 추가로 지급되며 임차료는 별도로 지원되었다.

통일 후 동독으로 이전된 재정 중 2/3가 동독 주민들의 연금, 실업자 구제, 영세민보조금, 자녀양육보조금 등 사회보장 명목으로 사용되었다. 2005년 1월 1일부터 장기 실업자에게 지급하던 실업부조금과 사회부조금을 '실업급여 II'로 통합하여 지급하고 있다. 기존의 실업급여는 '실업급여 I'로 개칭되었다.

(3) 기타 보험: 의료, 산재, 간병(看病)보험

1991년 1월 1일부터 법정 의료보험제도가 동독 지역에서 시행되었다. 동·서독 지역 간의 소득 차에 따라 동독 지역의 경우 보험가입 의무한도액을 낮게 책정했다. 그러나 처음부터 동독 보험가입자들도 서독 지역에서와 같은 의료 서비스를 요구할 수 있었다. 보험가입자가 지불해야 할 자기부담금은 단계적으로 도입되었으며, 1993년 1월 1일부로 동·서독 지역 모두 동일하게 적용되고 있다. 다만 동독 지역의 경우 상대적으로 낮은 소득으로 인해 자기부담금을 완전히 면제받을 수 있는 '극빈 한도액(Härtefallgrenze)'이 서독보다 낮게 책정되었다. 보험분담률의 경우 모든 의료기관들에 대해 단일 분담률이 적용되었다. 동독 지역의 병원에 대한 투자를 확대하기 위해 연방정부, 주정부 및 의료보험기관들이 공동으로 참여하는 프로그램을 마련했다.

1991년 1월 1일부터 서독의 산재보험체제가 동독 지역에서도 그대로 시행되었다. 서독의 모델에 따라 고용주가 위험 정도에 따라 정해진 보험료를 전액 납부하도록 했다. 1992년 1월 1일부터 「산재보험법」이 발효되어 독일 전역에 적용되었고, 여기에는 사고로 인한 보상뿐만 아니라 사고 예방도 포함되어 있다.

1995년 1월 1일부터 「간병보험법」이 발효되어 모든 간병활동은 의료보험으로 보장되고 있다. 그간 동독 지역의 주정부와 사회단체들은 간병활동을 위해 많은 사회복지시설을 설립했고, 양로원의 간병시설을 확충했다.

3) 사회보장통합으로 나타난 문제점과 의미

통일 이후 독일 정부는 기존의 사회보장정책을 동독으로 확대했고 이에 따라 아무런 재정적인 대책이 없는 동독 주민들의 사회보장을 책임져야 했다. 40%가 사회보장으로 생계를 유지할 정도로 동독 주민의 정부에 대한 의존도는 높은 실정이었다. 연금액 증가로 발생되는 모든 적자를 포함하여 연금 재원의 1/3은 이미 연방정부의 예산에서 지원되고 있다. 이와 같은 정부의 재정이전은 독일 전체의 경제 침체의 한 원인이 되었다. 사회보장 분야에서의 지출(Sozialausgaben)이 늘어나면서 정부의 재정부채가 증가하고, 이는 투자 분야에 대한 재정지원 여력을 상실하게 함으로써 경제 침체를 유발했다는 것이다. 2008년 총예산의 약 60%가 사회복지예산으로 책정되어 있다. 사회복지예산의 높은 비율과 이에 따른 지출 부담은 독일 기업의 경쟁력을 저하시키고 고용 확대에 부담으로 작용하고 있다. 적절한 대응 조치 없이는 연금보험금을 인상할 수밖에 없고 이는 피고용인의 보험금을 일부 부담해야 하는 기업으로 하여금 임금 부수 지출액과 이에 따른 노동비용을 증가시켜 결국 기업의 경쟁력을 약화시키는 악순환을 가져오고 있다.

독일 정부는 그간 동·서독 간 연금평준화로 인해 야기된 연금재정적자를 기여금 인상과 정부보조를 통해 충당해왔으나, 현재 법정 연금보험제도는 재정적 문제에 봉착해 있다. 이를 일시적으로나마 개선하기 위해 동·서독 지역 연금평준화정책을 2004년 한 해 동안 동결시키기도 했다. 또한 연금수령연령을 현행 65세에서 2035년까지 67세로 상향시키기로 결정했다. 그러나 동독 지역의 연금상승률은 그 지역 노동자의 실제 임금 및 소득상승률과 연동된다는 원칙에는 변함이 없다.

독일 사회복지제도의 위기를 부추기는 또 다른 요인은 인구 고령화와 저출산이다. 1960년대 중반 이래 독일의 출산율은 절반으로 떨어진 반면, 평균 기대수명은 10년 가까이 늘어났다. 그 결과 연금납입자와 연금수혜자 간 비율에 불균형이 발생하여 점점 더 많은 재정이 소요되고 있다.

1950~1960년대에는 지속적인 경제성장이 가능할 것이라는 전제하에 사회복지국가 형성을 국가목표로 삼았으나, 세계화, 인구 노령화, 출산율 저하 등의 현상이 나타난 오늘날에는 이를 지속적으로 추진하기가 어려운 실정이다. 1960년대 당시 서독 정부는 출산율 저하와 수명 연장에 따른 인구 구성의 변화를 예상하지 못했으며 그 중요성과 심각성을 간과했다. 그 결과 연금 수급기간은 1960년에 비해 60% 이상 늘어났다. 또한 당시 1인당 평균 연금 수급기간은 9.9년이었지만, 현재는 16.6년으로 증가했다.

현재 독일의 연금수령 노인 수는 약 1,350만 명이지만, 2030년이 되면 약 850만 명 이상이 늘어나 총 2,200만 명에 이를 것으로 예상된다. 그에 반해 이들을 부양해야 할 근로연령층(15~64세)은 오히려 700만 명 이상이 줄어들 전망이다.

이처럼 사회보장제도가 현실적으로 많은 문제에 봉착해 있음에도 불구하고 통일 후 독일 정부는 동·서독 간의 신속한 통합을 이루기 위해 사회보장제도를 그대로 동독 지역에 확대하여 적용했다. 이는 통일로 야기될 수 있는 다른 방면의 문제점들을 사전에 방지하기 위한 정치·사회적 고려에 따른 결정이라고 할 수 있다.

사회보장제도의 유입은 동독 주민들로 하여금 통일과 시장경제체제를 수용하는 데 따른 동독 주민들의 초기 불안을 해소하는 데 크게 기여했다.

먼저 통일 초기 단계에서 매년 10% 이상의 연금 상승을 통해 동독 주민들의 생활수준은 급격히 향상되었고, 이는 동독 주민들이 서독 지역으로 대량이주하는 사태를 막아주는 역할을 했다. 이로써 서독 지역의 주택부족 문제를 포함한 다양한 경제·사회적 문제가 사전에 예방될 수 있었다.

2. 통일 후 노동시장의 통합과 실업

> ▎**These 28** 통일 후 동·서독 간 노동시장이 통합되면서 나타나는 가장 큰 문제 중 하나는 동독 지역의 실업 문제였다. 통일 전 완전고용상태에 있던 동독 주민들 중 1/3이 통일이 되자마자 2년 내에 실직 상태에 놓였다. 이처럼 사회주의 계획경제가 자본주의 시장경제체제로 전환될 경우 대규모의 구조적 실업자는 필연적으로 발생한다. 이는 국영기업의 민영화 과정에서 대규모 기업들이 도산하게 되고, 사회주의 경제의 완전고용정책으로 인해 생겨나는 불안전고용과 위장실업구조가 일시에 해제되면서 대량실업이 뒤따르기 때문이다.
>
> 이와 같은 대량실업은 사회적 불안요인이 되어 사회통합의 큰 장애요인이 된다. 국가조약과 통일조약을 통해 서독의 노동정책(Arbeitspolitik)[10]이 동독 지역에 그대로 적용되었다. 연방정부의 단축조업, 조기퇴직 및 고용창출 조치 등 적극적인 노동시장정책(Arbeitsmarktpolitik)은 대규모 실업을 일시적으로 억제하는 데에는 기여했으나, 실업 퇴치를 위한 근본적인 대책은 아니었다. 실업 문제의 진정한 해결은 동독 지역의 경제 활성화를 통해서만 가능할 것이다.

---

10) 노동정책은 노동관계(Arbeitsbeziehungen)와 노동시장정책(Arbeitsmarktpolitik)으로 대별된다. 노동관계란 주로 임금협약과 경영 분야에서 노조와 고용주 단체 간에 이루어지는 양측 간의 관계를 의미한다. 노동시장정책이란 ① 고용자의 근무 여건을 개선하고, ② 고용자의 일자리를 지켜주며, ③ 구직자들에게 일자리를 창출하는 등 고용의 기회를 확대하는 모든 국가적 차원의 정책을

1) 통일 이후 실업률 변동 추이

통일 직전 서독의 실업자는 170만 명이었고 실업률은 7.2%였다. 반면 동독은 거의 완전고용상태였다. 체제 전환이 진행된 1989년 중반부터 1992년 말까지 동독 지역에서 무려 360만 명이 일자리를 잃었다. 이는 화폐·경제통합이 이루어진 후 불과 2년 만에 동독 지역 전체 노동력의 1/3이 실직 상태에 빠졌음을 의미한다. 그러나 이들이 모두 실업자가 된 것은 아니었다. 이 중 약 100만 명은 서독으로 이주했거나 서독 지역으로 통근 노동을 했다. 또한 1990년 7월 1일 국가조약과 동시에 발효된 「고용촉진법」의 시행으로 적극적인 노동시장 정책수단들이 동독 지역에 도입되어 100만 명 이상이 실업을 모면할 수 있었다. 일자리를 보존하고 새로운 노동을 창출하기 위해 단축조업자 수당을 도입했고, 환경보호 및 인프라 부문에서 고용창출조치(Arbeitsbeschaffungsmaßnahmen: ABM)를 취했으며, 또한 조기퇴직규정과 직업훈련조치 등을 강구했다. 이와 같은 조치로 1991년과 1992년에 각각 연평균 190만 명 내지 200만 명, 1993년 160만 명, 1994년 160만 명의 실업자들이 고용되어 동독 지역의 노동시장 환경이 크게 개선되었다.[11]

1994년에서 1995년까지의 기간 중에는 건설과 서비스 분야의 경기 호조에 힘입어 일시적으로 취업률이 상승하여 동독의 실업자 수가 약

일컫는다. 이 정책은 독일의 경우 연방노동·사회부(Ministerium für Arbeit und Soziales), 연방고용청(Bundesagentur für Arbeit) 그리고 주와 지자체의 노동 관련 부서에서 추진된다. 근본적으로 노동시장정책은 소극적인 조치와 적극적인 조치로 나눠진다. 소극적 조치란 실업자와 그 가족에 대한 물질적 손해를 완화시켜주는 방법을 말하며, 적극적 조치란 실업자로 하여금 노동시장에 재진입할 수 있게 하는 모든 지원을 의미한다.

11) 주독 한국대사관, 『독일 통일 6년, 동독재건 6년』, 411~413쪽.

〈그림 7-2〉 동·서독 실업률

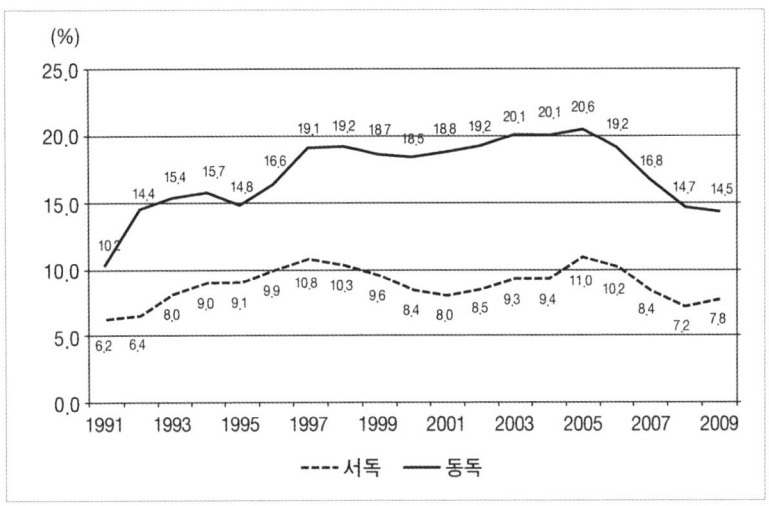

주: 서독은 베를린 제외, 동독은 베를린 포함.
자료: Bundesagentur für Arbeit.

118만 명으로 감소했다. 그러나 이후 농업, 임업, 그리고 수산업 분야에서 취업이 감소했고, 1995년까지 상승했던 건설경기가 1996년부터 퇴조했다. 1997년까지 급격한 하강곡선을 보이던 제조업이 1998년부터 되살아났고, 금융, 임대업, 그리고 기업 서비스 분야에서 확장 추세를 보였으나 전반적으로 동독의 노동시장은 악화되는 상황이었다. 2003년 동독 지역의 실업자는 160만 명으로 최악의 수준을 기록했고, 독일 전체의 실업 인구는 430만 명에 이르렀다.

2005년 슈뢰더 수상의 개혁정책 중 「하르츠 IV법」을 시행하는 과정에서 신규 실업자의 등록이 늘어나 2005년 초 독일 전체의 실업 인구는 전후 최고인 520만 명을 기록했다.

그러나 메르켈 정권 출범 후 독일의 경제가 회복되기 시작하면서 실업자는 급격하게 감소하기 시작했다. 2006년과 2007년 경기상승에 힘입어

110만 명의 실업자가 구제됨에 따라 2007년 전체 실업자 수는 380만 명으로 줄었다. 이는 1950년 이래 최대 폭으로 실업자가 감소했음을 의미한다. 이후 경기회복과 지속적으로 추진해온 개혁정책과 노동시장정책의 확대에 따라 실업 인구가 지속적으로 감소하고 있다. 동독 지역의 실업률도 2005년 20.6%를 정점으로 계속 하강곡선을 그리고 있다(<그림 7-2>). 2010년 현재 독일 전체의 실업자 수는 약 310만 명이며 실업률은 7.4%이다. 이 중 서독 지역 실업자 수가 205만 명(실업률 6.2%), 동독 지역이 100만 명(실업률 11.8%)이다.

2) 통일 후 실업의 특징과 정치·사회적 의미

통일 이후 실업과 관련하여 나타난 특징은 다음과 같다.

(1) 통일 이후 동독 지역의 실업률은 서독 지역에 비해 항상 두 배 높은 수준을 보이고 있다. 동독 지역 실업률이 높은 이유는 첫째, 동독의 사회주의 계획경제체제의 한계에 기인한다. 사회주의 경제가 지향하는 완전고용정책으로 인하여 초과 고용이 발생했다. 그 결과 불완전고용과 위장실업이 존재했다. 즉 '사회주의 국가에는 실업자가 없다'는 논리에 따라 모든 공장에서 2~3배의 초과 인원을 운영했다. 따라서 통일 이후에도 전체 인구 중 근로희망자의 비율이 높은 편이다. 둘째, 1:1 화폐교환율은 구동독 기업의 생산비용을 일시에 상승시켜 기업들이 산업경쟁력을 상실했다. 이는 대규모 도산과 조업단축을 유발했고, 결국 대량실업을 초래하게 되었다. 셋째, 대부분의 실업자가 재취업 과정에서 경쟁력을 상실했다. 이제까지의 자격증은 무용지물이었고, 통일 전 주로 콤비나트에서 취득한 경력은 서방 기업의 관심 대상이 아니었다. 넷째, 청년실업이 전체 실업자 중 12.6%로 심각한 수준이었다. 동독 지역의 실업은 통일

이후 독일 사회가 직면한 가장 심각한 문제 중 하나로 남아 있다.

(2) 동독 지역 실업자의 다수가 압도적으로 여성인력이다. 통일 전 동독 여성들은 거의 90%가 취업 상태였다. 이들은 통일 이후에도 취업을 희망했으나, 통일 후 전통적으로 여성고용비율이 높은 업종들은 모두 구조조정을 겪었고, 대부분의 일자리는 높은 자격요건을 요구하는 실정이었다. 동독 여성의 실업률이 남성보다 더 높은 이유는 여성의 경우 가정을 지켜야 하기에 취업을 위해 타 지역으로 떠나기가 쉽지 않기 때문이다.

(3) 동독 실업자 중 61.5%는 육체노동자이며 12.6%는 25세 미만의 청년실업자, 24.6%는 50세 이상의 나이 든 사람들이다. 또 다른 특징은 실업자의 42.5%가 1년 이상의 장기 실업자라는 점이다.

(4) 통일 이후 일시적으로 서독 지역의 실업률이 8%에서 6%대로 하락했다. 이는 동독 지역의 가파른 경제성장에 따른 결과이고, 1990년대 중반 이후 동독 경제의 침체와 동시에 다시 실업률은 원래 상태인 9%대로 되돌아갔다.

(5) 1990년대 중반부터 2000년대 중반 사이에 유럽 인접국들은 경기활성화로 자국의 실업률을 절반으로 감소시켰다. 네덜란드의 경우 7.1%(1994)에서 3.8%(2003), 영국의 경우 10%(1993)에서 4.9%(2004), 스페인의 경우 24.1%(1994)에서 11.1%(2004)로 줄어들었다. 반면, 이 기간 중 독일의 실업률은 오히려 8.9%(1993)에서 10.5%(2004)로 다소 증가했다. 이는 한마디로 독일이 통일 후유증을 겪고 있었다는 의미이며 이는 독일 정부로 하여금 새로운 동독재건전략을 수립하게 만든 계기가 되었다.[12]

통일로 인한 동독 산업체의 몰락과 일자리 상실은 동독 사회와 노동시장

---

12) Jürgen Kühl, "Arbeitslosigkeit in der vereinten BRDeutschland," *Aus Politik und Zeitgeschichte*, B35(1993), p. 3~15.

의 구조를 붕괴시켜 동독 사회를 소위 '2/3사회(Zweidrittel-Gesellschaft)'로 변모시켰다. '2/3사회'란 통일 후 동독의 취업 대상자 중 1/3은 일자리를 확보하고 있는 반면, 나머지 2/3는 노동시장에서 불안정하거나 혹은 장기 실업 상태에 놓여 있다는 뜻이다.[13] 이와 같은 갑작스러운 대량실업은 동독 사회의 '잠재적 변란(Turbulenzpotential)'의 핵심 요인이 될 것으로 진단되었다. 실업을 경험한 동독 주민들이 이를 사회적 불균형과 불평등으로 인식하게 됨에 따라 실업 문제가 사회 문제로 비화되고 있기 때문이다.

실업률이 높은 동독 지역에서는 구동독 공산당의 후신인 민사당(현 '좌파연합')의 지지율이 높은 것을 발견할 수 있다. 동독 주민들은 스스로의 의지와 상관없이 지난 40년간 사회주의 체제 속에서 살아왔으나, 체제 붕괴 이후 어느 날 스스로가 "무자격의, 경쟁력을 상실한, 생산성이 낮은, 서독의 재정지원으로 살아가는 2등 국민"으로 전락했고, 기업으로부터 정리해고 대상이 되고 말았다는 사실에 허탈해하고 있다. 동독 주민들은 스스로를 사회주의 체제의 희생자로 인식하고 있음에도 불구하고, 일부 서독 주민들이 자신들을 무능한 '오씨(Ossie)'라고 업신여긴다고 느낀다. 특히 청년실업으로 좌절하고 있는 동독 지역의 일부 젊은 세대들은 모든 화살을 독일 내 거주하는 외국인에게 돌리며 극우주의에 빠져들고 있다. 이와 같은 단편적인 예는 통일 후 실업 문제가 동·서독 간의 사회통합에 큰 걸림돌이 되고 있음을 여실히 보여주고 있다.

---

[13] Berthold Vogel, "Arbeitslosigkeit in Ostdeutschland," *SOFI-Mitteilungen*, Nr. 27(1999), p. 15.

3) 통일 후 독일 정부의 노동정책

통일 전 동독에는 단결권, 단체교섭권, 단체행동권이 없었다. 노동조합들은 국가행정의 일부였고 독립적이고 자율적인 노동자들의 이익단체가 아니었다. 모든 생산수단의 국유화로 인해 국가가 임금을 결정했다. 서독에서 제도적으로 보장되어 있는 노동쟁의도 동독에는 없었다. 통일 후 사회적 시장경제체제로 전환되면서 동독의 노동 관련 제도도 근본적으로 변했다. 이 단계에서 임금, 봉급, 기타 노동조건을 국가의 간섭 없이 협약을 통해 확정할 수 있는 결사단체들을 구축하는 것이 중요해졌다. 통일 과정이 진행되면서 동독의 국가기관이었던 '자유독일노조연합(Free German Trade Union Federation: FDGB)'을 비롯하여 모든 노동조합들이 해체되었다. 동시에 16개 산업별 노조로 구성되어 있는 서독의 '독일노총(Deutscher Gewerkschaftsbund: DGB)'이 조직 범위를 동독 지역으로 확대하여 동독의 산업별 노조들을 통합하기 시작했다. 독일노총이 동독의 각 주에 지부를 결성함으로써 노조통합은 마무리되었다.14) 통일 후 1년이 지난 1991년 독일노총 소속 조합원은 1,180여만 명으로, 1990년 서독 내 기존의 조합원 790여만 명에 동독 지역에서 400여만 명이 추가되었다. 현재 독일에는 독일노총 소속 노조 이외에도 독일사무노조(Deutsche Angestellten Gewerkschaft: DAG, 제조업 내 사무직 노조) 53만 명, 독일공무원노조(Deutscher Beamtenbund: DBB) 80만 명, 독일기독노조연맹(Der Christliche Gewerkschaftsbund: CGB) 24만 5,000명 등 모두 150만 명 정도의 별도 노동조합들이 있다.

국가조약이 시행되면서 사용자 단체들, 개별 고용주들 그리고 노조

---

14) 김영탁, 『독일 통일과 동독재건과정』, 349쪽; 주독 한국대사관, 『독일 통일 6년, 동독재건 6년』, 399~402쪽.

간에 임금협약체결이 진행되었다. 동·서독의 단체협약임금 수준을 평준화시키려는 노력도 병행되었다. 동독 지역 근로자들에 대한 기본 보수는 1991년 말 서독 협약임금의 60%, 1992년 말에는 73%, 1993년 말 80%, 그리고 1994년 말에는 84% 수준으로 향상되었다. 그러나 실질임금(Effektivlohn)은 임금협약에서 정해진 것과 차이가 있다.[15] 이는 휴가비나 연말상여금 등이 서독 수준으로 조정될 수 없었기 때문이다. 따라서 동독 근로자의 실질소득은 서독보다 낮은 편이다. 통일된 지 20년이 흘렀으나 아직도 동·서독 근로자들의 실질임금 간에는 큰 격차가 존재한다. 동독 근로자의 평균 실질 임금은 서독 근로자에 비해 약 82% 수준이다. 이는 전적으로 동독 지역의 생산성이 아직도 서독 지역에 비해 79% 수준이기 때문이다. 산업 분야별로 차이가 있으나 기계·전기 분야의 동독 근로자는 아직도 서독 근로자에 비해 25~30% 정도를 덜 받는다.

사회주의 계획경제체제에서 노동은 원칙적으로 권리인 동시에 의무였으므로 해고는 사실상 금지되었다. 그러나 통일 과정이 시작되면서 해고금지제도는 서독의「해고보호법(Kündigungsschutzrecht)」으로 대체되었다. 따라서 사용자 측은 작업장에 긴급한 사정이 생기거나 근로자의 인격 또는 태도에 문제가 있을 경우 근로자를 해고할 수 있게 되었다.

노동시장의 통합도 국가조약에 의거하여 동독 경제가 서독 경제에 편입하는 형식에 따라 이루어졌다. 통일 이후 동독 지역의 노동시장은 급격하게 변화했다. 동독 지역의 취업 인구가 1989년의 976만여 명에서 1994년 600만 명 남짓으로 감소되어 1989년의 61.5% 수준에 불과했고, 결국 대략 370만 개의 일자리가 없어진 것으로 나타났다.[16] 특히 제조업 부문에

---

15) 주독 한국대사관,『독일 통일 6년, 동독재건 6년』, 401쪽.
16) Klaus Semlinger, *Arbeitsmarktpolitik für Existentzgründer*(WZB, 1995), p. 17.

서의 취업 인구가 1/3 수준으로 줄어들었고, 농업에서도 현저히 감소했다. 반면 건설업 분야에서는 동독 지역의 주택 및 사회간접자본 시설의 확충 등으로 고용이 증대되었고, 서비스업 분야도 동독 주민들의 소자본에 의한 자영업의 증가에 힘입어 확대되었다. 동독 노동시장의 특징은 다음과 같다. 첫째, 직업교육과 취업전선으로 투입되기를 희망하는 신규 근로대기자들이 많은 반면, 은퇴하는 취업자들의 수는 연 8~9만 명 정도로 적다. 그러나 경제 침체로 신규 근로자에 대한 수요가 미흡한 실정이어서, 동독 출신 학생들은 졸업과 직업교육을 이수한 후 서독으로 이전하는 경향이 높은 편이다. 둘째, 1991~1992년에는 체제 변환에 따른 구조조정 여파로 고용이 크게 줄었으나, 1995년 이후에는 해고율이 낮아지고 있다. 동독 지역에서 대량실업을 억제하기 위해 독일 정부가 시행한 노동시장정책은 다음과 같다.

(1) 단축조업제도

단축조업제도는 대량실업을 방지하고 기업의 구조조정과 생산시설의 현대화를 꾀하며, 근로자의 재훈련 또는 재취업의 기회로 활용하기 위해 도입되었다. 이 제도를 통해 통합 초기 단계에서 고용감축을 지연시킬 수 있었다. 이 제도는 이미 서독에서 시행해오던 것으로, 경기침체나 산업의 구조조정으로 인해 조업을 단축해야 할 경우 해당 기업이 노동자의 취업을 보장해주는 대신 연방고용청은 그 기업에 대해 실업급여에 해당하는 단축조업수당을 지급하는 것을 말한다. 연방고용청은 1991년 말까지 한시적으로 단축조업에 관한 특별 규정을 마련하여 해당 근로자의 일자리가 보장되지 않더라도 단축조업수당을 지불했다. 단축조업수당의 수혜자가 통일 직후 약 200만 명에 달했다는 사실은 이 제도가 통일 초기 단계에서 고용감축을 억제하는 데 크게 기여했음을 보여준다.[17]

(2) 조기퇴직제도

조기퇴직제도는 55세 이상의 근로자가 일자리를 잃을 경우 연금을 신청할 수 있도록 하여 중·고령 노동인력을 노동시장 밖으로 퇴출시킴으로써 실업자를 줄이려는 제도이다. 동독 지역에만 적용되었던 이 제도는 동독 지역의 어려운 노동시장 상황을 해소하는 데 큰 기여를 했다. 이 제도는 1990년 2월부터 구동독 지역에서 시행되던 조기퇴직규정(Vorruhestand)이 통일조약에 따라 '고령과도기연금(Altersübergangsgeld)'으로 대체된 것으로 1992년 말까지 연장하여 시행되었다. 조기퇴직자들은 이 제도가 기업의 해고수단으로 남용되었다고 비난했다.

(3) 고용창출 조치

실업자를 대상으로 실시된 고용창출 조치도 노동시장의 부담을 덜어주고 동독 경제의 구조를 전환시키는 데 기여했다. 고용창출 조치란 지방자치단체나 공익기관 등이 환경보호나 사회복지에 부합하는 사업을 할 경우 정부가 일부 또는 전부의 임금을 보조하여 실업자를 취업시키는 실업보험 차원의 구제 조치를 말한다. 실업자들은 주로 주택, 도로, 운하, 교통, 통신, 사회, 복지시설 등 사회간접자본시설의 복구와 확장 사업에 투입되었다. 동독 지역에는 원래 고용창출 조치의 기준을 완화하여 적용했으나, 이는 항구적인 고용창출수단이 되지 못했다. 그러나 고용창출 조치는 임금보조정책으로 다른 정책수단들보다는 긍정적인 효과가 컸다는 평가를 받고 있다.

---

17) 김영탁, 『독일 통일과 동독재건과정』, 358쪽; 주독 한국대사관, 『독일 통일 6년, 동독재건 6년』, 410~411쪽.

(4) 직업교육

정부는 고용촉진을 위한 또 다른 수단으로 새로운 기술과 자질을 갖추기 위한 기술향상훈련과 재훈련을 시행하는 등 직업훈련기회를 확대했다. 연방고용청은 직업훈련생들에게 훈련보조금 등을 지급했다. 통일 직후 수년간은 매년 90만 명 정도가 직업훈련에 참여하여 노동시장의 부담을 줄였다. 그러나 직업훈련은 단축조업이나 고용창출 조치 등 다른 노동시장 정책수단과 연계되어 실시되지 않음으로써 고용을 창출하는 데는 미흡하다는 평가를 받았다. 또한 통일 직후 동독 경제의 불확실성으로 직종별 인력 수요에 대한 정확한 예측을 하지 못해 훈련의 실효성에 한계가 있었다. 직업훈련의 핵심은 기업 내 훈련임에도 불구하고 동독 지역의 주요 기업들은 조업을 중단하거나 감축하고 있는 상태여서 실질적인 훈련 기회를 제공할 수 있는 형편이 아니었다. 무엇보다도 직업훈련을 이수한 뒤에도 취업률이 저조하여 젊은 취업 희망자들은 훈련에 대한 기대감과 의욕을 상실했다.

(5) 수당 신설

적극적인 노동시장정책을 통해 고용감축이 지연되고 상당수의 실업자가 구제되었으나, 동독 경제의 근본적인 와해로 야기되는 대량실업을 막기에는 역부족이었다. 통일 후 동독 지역에는 평균 100만 명 이상의 실업자가 존재했고, 정부는 이들을 위해 단축조업수당, 건설업의 겨울조업수당, 악천후로 인한 조업단축수당, 실업자에 대한 실업급여 및 실업부조금 등 각종 수당을 신설했다.

1991년 이후 지금까지 직업훈련, 고용창출 조치, 단축조업 등 적극적 노동시장정책에 투입한 비용과 실업급여 등 금전적 지급에 의한 소극적 노동시장정책에 투입한 비용을 비교하면 후자의 비용이 훨씬 많았다.

4) 노동시장 개혁: 슈뢰더 수상의 'Agenda 2010'

그간 연방정부의 노동시장정책은 실업 문제를 근본적으로 해결할 수 있는 대책이 되지 못했다. 통일 후 경제기반이 송두리째 와해되어 발생하는 대량실업을 미리 예측하기도 어려웠고, 이에 따른 종합적인 대책을 수립하는 데에도 한계가 있었다. 적극적인 고용정책이 실업 문제 해결에 얼마나 실질적으로 기여하는지에 대한 근본적인 통찰보다는 계속 쏟아져 나오는 실업자의 숫자를 줄이는 데 급급한 임기응변식의 대책만 강구되었다.

근본적으로 실업을 해결하는 유일한 방법은 민간기업의 고용창출을 통해 가능하다는 판단 아래, 슈뢰더 정부는 본격적인 노동시장개혁을 주도했다.

슈뢰더 정부는 새로운 고용창출과 사회복지제도의 개혁을 위해 'Agenda 2010'을 추진했다. 'Agenda 2010'의 핵심 과제는 노동시장의 유연성을 높이는 것과 사회복지제도와 관련하여 국가와 국민이 복지비를 분담하여 새로운 균형을 맞추는 일이었다. 슈뢰더 정부는 2003년 12월 「노동시장개혁법」[18]을 제정하여 소규모 사업장의 해고 제한 규정을 완화했고 중소기업의 창업에 대해 인센티브를 도입했다. 이 법에 따라 해고제한 규정의 적용 범위를 5명 이상 고용기업에서 10명 이상 고용기업으로 상향 조정했다. 또한 신규 기업은 창업 후 처음 4년 동안 계약직으로 고용된 근무자에게 계약기간 만료 후 특별한 결격사유 없이도 해약을 선고할 수 있게 했다. 이를 통해 동독 지역의 창업주들이 창업 후 비교적 장기간 유리한 사업조건하에서 기업을 운영할 수 있게 했다.

슈뢰더 정부는 노동시장정책을 더욱 효율적으로 수행하여 실업률을

---

18) 이 법안은 2004년 1월 1일부터 효력이 발생되었다.

해소하고 국가의 노동중재방안을 개혁하기 위해 「하르츠 IV법」을 마련했다. 이 법의 핵심은 '실업부조금'과 최저생계지원비 성격의 사회부조금을 '실업급여 II'로 통합한 것이다. 이제까지 독일에서는 직장을 다니다가 실업자가 될 경우, 해당 실업자는 먼저 근무기간을 고려하여 마지막 봉급의 60%가 일정 기간 지급되는 '실업급여'를 수령했다. 이후 계속 실업자로 남을 경우 '실업부조금'을 수령할 수 있었다. 이때 정부는 노동이 가능한 실업자에게도 무기한 실업부조금을 지급해왔다.

또한 독일에서는 과거에 전혀 일을 안 한 자들, 장기간 실업자와 장애인들에 대해서는 국가가 최저생계보장비 성격의 '사회부조금'을 지급했으며, 여기에 포함되는 항목은 월 340유로, 주택 수당, 전기료, 의복보조금, 의료보험 및 가구수당 등이었다. 그러나 2005년 1월 1일부터는 장기 실업자에게 지급되던 실업부조금과 사회부조금 제도를 '실업급여 II'로 통합했다. 또한 구직기간 동안만 생계비 개념으로 지급하도록 함으로써 노동능력을 갖춘 사에게 취업기회가 왔을 경우 만느시 취업을 하노록 권장하고 있다. 실업급여 II는 월 345유로와 주택수당, 의료보험, 의복 및 가구수당을 포함한다. 부부가 모두 실업급여 II를 수령할 경우 각자 금액의 90%만이 지급된다.

장기 실업자의 경우 알선되는 모든 일자리에 대해 수락해야 하고, 만약 거부한다면 실업급여 II에서 30%를 삭감 당한다. 기존의 실업급여는 '실업급여 I'로 명칭이 바뀌었고, 마지막 봉급과 연계되는 것은 동일하나 수령기간은 단축되었다.

메르켈 정부는 실업자 대책을 취업 알선 위주 쪽으로 전환했다. 청소년 직업훈련 프로그램을 확대하고, 50세 이상 고령 실업자의 취업을 촉진하기 위해 '이니셔티브 50플러스(Initiative 50plus)' 프로그램을 마련하여 이들의 재교육을 강화하고 있다.

3. 통일 후 인구 이동과 이주민 대책

> ▌These 29   1945년부터 통일 직전까지 약 1,600만 명 이상의 독일계 정주민과 이주민이 자유와 일자리를 찾아 서독 지역으로 이주했다. 통일 이후에도 서독 지역의 인구는 계속 늘어나고 있다. 반면 동독 주민들이 더 나은 일자리를 찾아 서독으로 이주하기 때문에 동독 지역의 인구는 지속적으로 감소하는 추세이다. 통일 직전 동독 주민들의 서독 이주를 근본적으로 억제시키기 위한 조치로 당시 서독 정부는 '경제·화폐·사회연합'을 단행했고, 1:1의 화폐통합을 통해 생산인력의 대량이주를 방지하는 데 성공했다. 또한 통일 후 1990년대 중반까지 동독의 경제성장이 활발할 당시 동독 주민들의 서독 이주는 급격히 줄었다. 따라서 동독 지역의 인구 손실을 막는 동시에 동독 지역으로 인구를 유입하기 위한 근본적인 대책은 동독 지역 내의 경제를 활성화하는 것이다.
> 2000년대 초반부터 연방정부는 동독 주의 인구를 안정시키고 경제를 활성화하기 위해 '신동독재건정책'을 추진하고 있다. 연방정부와 동독 주정부는 각 도시마다 특화된 산업 특성에 맞추어 산·학·연 콤플렉스를 구성하고 있다. 서독 이주, 출산율 저하에 따른 인구 감소, 젊은 층의 동독 지역 이탈로 동독 지역은 서독보다 인구 변화가 더 빠르게 진행되고 있으며, 이는 동독 사회의 고령화를 가속화시키고 있다.

1) 통일 전 서독 지역으로의 인구 이동

서독 지역으로 유입된 이주자들은 크게 두 집단으로 구분된다. 과거 구소련 및 중·동구로 추방당한 후 귀환하는 독일계 '정주민(Aussiedler)'들과, 분단 이후 동독에서 서독으로의 탈출과 이주를 결행했던 '이주민(Übersiedler)'들이다. 이들은 1937년 12월 31일 당시 독일제국의 시민인 경우 독일 국적을 소유한다는 서독 기본법에 따라 독일인으로 간주되어 별도의 국적 취득 절차가 필요 없이 서독에 정착할 수 있었고, 정부로부터 많은 정착 지원금을 받았다.

1944~1950년에 1,430만 명에 달하는 독일 민족이 주로 중·동구지역과 소련으로부터 독일로 귀환했다.[19] 이들 중 800만 명은 서독에, 400만 명은 동독에 거주했고, 230만 명은 전쟁 중에 혹은 기아와 질병 및 노쇠 등으로 사망했다. 1950년에서 1999년 사이에 추가로 400만 명의 독일 민족이 동·남구로부터 독일로 이주했다. 이 중 260만 명은 고르바초프의 개혁·개방정책에 영향을 받아 1988년에서 1999년 사이에 이주했다. 1950년 서독의 실업자 중 1/3은 귀환한 독일인들이었고 이는 서독의 사회 문제로 대두되었으나, 1960년대에 와서 이들은 서독 사회에 동화될 수 있었다.

1945~1990년에는 약 460만 명의 동독인이 서독으로 이주했다.[20] 1945년 이후 1961년 베를린장벽이 설치되고 내독 국경이 강화되기 전까지 약 300만 명 이상의 동독 주민이 서독으로 이주했다. 동독 주민은 분단 후 당국의 국유화 및 집단화(1952), 강제 농업집단화(1960) 등 혁명적 개혁조치와 1952~1961년의 국경차단조치에 불안을 느끼며 체제 탈출을

---

[19] 과거 동프로이센 지역에서 거주하던 독일 민족이 제2차 세계대전 당시 소련군의 핍박을 피하기 위해 1944년과 1945년 사이에 독일로 탈출했다(Flüchtlinge, 피난민). 또한 구소련의 볼가(Wolga) 지역에 정착했다가 제2차 세계대전 당시 시베리아나 카자흐스탄 등지로 추방당했던 독일 민족이 1945~1948년에 독일로 복귀했다(Vertriebene, 추방인). 폴란드의 슐레지엔, 체코슬로바키아의 수데텐 지방에 정착했던 독일 민족들도 제2차 세계대전 패망 후 현지에서 추방당하여 주로 1957년부터 1992년 사이에 독일로 귀환했다(정주민). 피난민, 추방인 그리고 정주민을 모두 합쳐 고향을 떠나 추방당한 사람이란 뜻의 '고향 추방인(Heimatvertriebene)'라고 한다.

[20] 반면 1945~1990년에 약 120만 명이 서독 지역에서 동독 지역으로 이주했다.

시도했다. 동독 탈출 주민 중에는 고학력 전문 인력이 많이 포함되어 있었고 이들의 탈출은 동독 경제에 악영향을 미쳤다. 반면 서독은 동독의 전문 인력을 경제부흥에 투입함으로써 반사이익을 얻을 수 있었다.

동독 주민들의 탈출을 방지하기 위해 동독 총리 울브리히트는 1961년 베를린장벽 설치와 내독 국경 강화를 결심했다. 1961년 베를린장벽 설치 이후 서독으로의 이주는 엄격히 통제되었다. 국경이 봉쇄된 후에는 수만 명의 동독인이 아래와 같은 다양한 방법으로 서독으로 이주했다. 첫째, 정식 절차를 밟아 합법적으로 이주할 수 있는 방법은 '동독으로부터의 영원한 출국을 위한 신청서(Antrag zur ständigen Ausreise aus der DDR)'를 제출하고 동독 당국의 허락을 받는 것으로, 주로 연금수령자나 '이산가족 합류자'들이 이 방법을 택했다. 신청서를 제기할 법적 근거는 CSCE 헬싱키 최종의정서(1975)의 '누구나 자국 내 자유로운 이동과 체류지를 임의로 정할 권리를 소지한다'는 자유이전에 대한 권리와, '누구나 어떤 나라든지 떠날 수 있고 복귀할 권리를 소지한다'는 유엔 인권 일반합의서(1948) 13조이다. 연금수혜자의 해외이주 신청은 거의 문제없이 승인되었으나, 일반인이 신청할 경우 수년 동안 기다려야 했다. 이 과정에서 주무기관인 슈타지에 의해 불이익과 압박을 받았고, 심지어 직장과 각종 교육의 기회를 모두 포기해야 했다. 1988년 이후 영구 해외여행 신청자는 여러 도시에서 시위를 주도했고 당국에 의해 체포·구금되었다. 1961년 8월부터 1988년 말까지 38만 3,000명이 동독 정부로부터 정식 허가를 받아 서독으로 이주했다.

둘째, 생명의 위협을 무릅쓰고 피난민이 되어 제3국이나 내독 국경을 통과하기도 했다.

셋째, 서독 정부는 1977년부터 1989년까지 약 34억 마르크를 동독에 지불하고 3만 4,000명의 동독 정치범들을 석방시켜 서독으로 데리고 왔다.

넷째, 가족의 경조사에 참석하기 위해 합법적으로 서독에 여행을 온 후 동독에 귀환하지 않고 서독에 머무르기도 했다.

다섯째, 동독 주재 서독 상주대표부나 헝가리나 체코슬로바키아 주재 서독 대사관을 통해 서독으로 귀환했다.[21]

1984년 동독 당국의 여행허가제 완화 조치로 인해 이주기회가 모든 계층으로 확대되어 동독 이주민의 규모가 연평균 1만여 명에서 3만 5,000여 명으로 급증했다. 과거에는 주로 노령층이 이주 대상으로 당국의 허가를 받았으나, 이 조치 이후부터는 젊은 층의 직업을 가진 자들도 상당수(60%) 포함되었고, 이에 따라 전체 이주민 중 탈출자의 비율도 현저히 줄어들었다. 이 기간 중 동독 주민의 서독 이주 동기는 정치적 이유와 경제적 이유가 결합된 것이었다. ① 의사표현의 자유 결핍(71%), ② 정치적 박해와 압력(66%), ③ 여행자유 제한(56%), ④ 경제적 궁핍(46%), 그리고 ⑤ 미래에 대한 희망 부재(45%) 등이 이주 동기로 작용했다.

1961년 이후부터 1989년 11월 9일 베를린장벽과 국경이 무너질 때까지 동독에서 서독 지역으로 넘어온 이주민은 약 62만 명 정도이다. 이들은 동독 당국의 허가를 받고 정식 법적 절차를 거쳐 이주했거나, 동독 정부의 허가 없이 탈출한 자들이다. 탈출자가 전체 동독 이주민의 1/3에 해당했다.

1989년 5월 헝가리의 대(對)오스트리아 국경 개방을 계기로 인근 국가를 경유한 동독 탈출이 시작되었다. 1989~1990년 정치적 변혁 기간 중 서독 지역으로 이주한 동독 주민의 수만 무려 80만 명에 달했다.

통일 후에도 분단 시절과 마찬가지로 동독 인구(베를린 제외)는 지속적으로 줄고 있다. 분단 당시 2,000만 명에 달하던 인구가 통일 직전에는 1,450만 명으로, 2008년 1,300만 명으로 감소했다.

---

21) 주독 한국대사관, 『동서독 교류협력 사례집』, 300쪽.

〈그림 7-3〉 동·서독 인구 변화

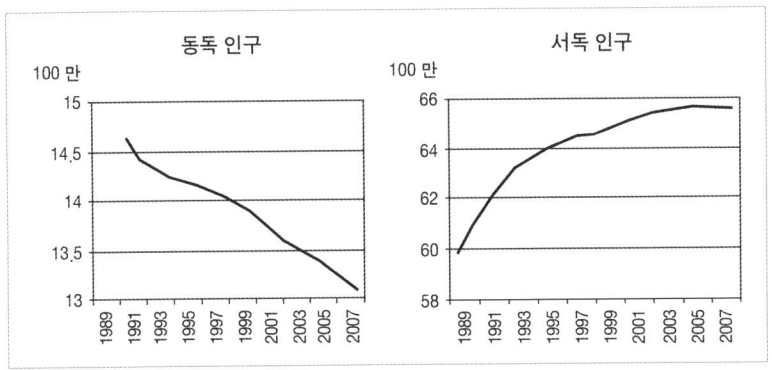

주: 동·서독 베를린 제외.
자료: VGR der Länder in statistische Ämter des Bundes und der Länder.

비록 서독이 동독 지역 내에서 주권을 행사할 수는 없었지만 기본법 제11조(거주이전의 자유)와 116조(국적 조항)에 따라 동독 주민이 일단 서독 지역으로 넘어온 경우 서독 정부는 이들을 보호할 법적·도덕적 의무를 지니고 있었다. 외국에서 서독 대사관을 통한 동독 주민의 망명신청이나 보호요청이 있을 경우 주재국 정부의 양해하에 이를 수용했다.

독일 정부가 추구하는 이주민 수용의 기본 원칙은 다음과 같다. 첫째, 민족주의정책의 일환으로 동독이나 동구에 있는 독일인들에 대해 서독 이주를 유인하지 않는다. 둘째, 다만 동독이나 외국에 있는 독일인이 전적으로 개인적인 결정에 따라 독일로의 이주를 희망할 경우 어떠한 제한도 없이 이를 존중하고 인권보호에 기초하여 이주가 실현될 수 있도록 최대한 노력한다. 셋째, 이주한 독일인이 독일의 생활환경에 적응하여 통합될 수 있도록 주와 지방자치단체, 교회, 사회봉사단체, 시민 등이 협조 체제를 구축한다.

통일 전 서독 정부는 「긴급수용법(Notaufnahmegesetz)」(1950. 8)[22])을 제

정하여 이에 의해 동독 이주민과 정주민을 수용했다. 연방정부는 주정부와 협의하에 동독 이주민들의 희망과 각 주정부별 쿼터를 고려하여 각 주별로 난민을 적절히 배분·수용했다. 각 주의 수용시설로 보내진 동독 이주민들은 다시 각 지방자치단체별로 분산 수용되었고, 분산된 이주민들은 일자리와 집을 구할 수 있을 때까지 최고 2년 동안 마을의 기숙사나 임시 숙소에 머무를 수 있었다. 연방정부는 동독 이주민의 유입으로 야기될 서독의 주택시장 및 노동시장에 대한 충격 등을 감안하여 정치적 이유에 의한 탈출이 아닌 한 난민의 유입을 적절히 줄이고자 했으나 현실적으로는 실현되지 않았다.

2) 통일 후 인구 이동 동향

1990년 이후 정주민들의 독일로의 이주는 독일 정부가 승인한 후에야 가능하게 되었다. 연방정부는 1991년부터 매년 22만 명으로 입국을 제한했고, 1996년 이래 독일어 실력이 부족할 경우 신청서가 반환되어 1999년에 정주민들의 수는 10만 5,000명으로 감소되었다.

정주민들의 독일 귀환 사유는 다음과 같다. ① 항상 독일인의 정체성을 잃지 않으려 노력하면서 박해 속에서도 독일 문화와 신앙을 간직해왔으나, ② 해당 거주국의 경제상황이 악화되었고, ③ 구소련 붕괴 후 독립국가연합 국가들의 정체성을 찾으려는 분위기 속에서 소수 민족으로서의 박해를 피하고자 했으며, ④ 무엇보다도 독일로의 귀환만이 자녀들의 장래를 위하고 교육 및 취업기회를 줄 수 있는 유일한 선택이기 때문이었다.

통일 이후 동독 지역의 인구는 지속적으로 줄고 있는 반면 서독 지역의

---

22) Gesetz über die Notaufnahme von Deutschen in das Bundesgebiet.

인구는 늘어나는 추세이다. 동독 지역 인구 감소의 주된 원인은 동독 주민의 서독으로의 이주와 동독 지역 내의 출산율 저하 때문이었다. 1990년 7월 1일부터 시행된 '경제·화폐·사회연합' 조치는 이주민 발생을 근본적으로 억제시킨 급진적 조치로 평가되었고, 1990년을 정점으로 동독 주민의 서독 이주는 감소하기 시작했다.[23]

1991년 약 17만 명이 동독을 떠난 후, 5~6년에 걸친 동독의 경제성장에 힘입어 서독 이주율은 급격히 줄어들었으나 1990년대 말부터 경기침체를 계기로 다시 상승하여 2000년대 초에는 10만 명에 이르렀다. 그러나 신(新)동독재건계획이 추진되기 시작한 2003년부터 서독 이주율은 다시 하락하여 최근에는 연평균 약 5만 명이 서독으로 이주하고 있다. 그럼에도 불구하고 이는 10분에 한 명꼴로, 매일 대략 140명의 동독 주민이 서독으로 이주하고 있음을 의미한다. 이런 추세가 지속될 경우 현재 1,250만 명에 달하는 바이에른 주 인구가 구동독 전체 주 인구보다 많아질 수 있다. 통일 전 서독 지역과 가장 광범위한 국경을 갖고 있었던 작센-안할트 주의 주민 감소율이 12.2%로 다른 주들의 평균 9%보다 높은 실정이다.

서독에서 동독으로의 이주는 1989년에 5,000명 정도였으나, 통일 후 급격하게 늘어 1991년에 8만 명, 1997년에 15만 7,000명이었다. 1999년에는 정부소재지의 베를린 이전으로 인해 14만 명으로 증가했으나, 이후 지속적으로 감소 추세를 보이고 있다. 동독 모든 주의 인구가 감소하고 있는 데 비해 베를린은 매년 1만 3,000명 정도의 인구가 증가하고 있다. 그러나 여전히 동독에서 서독으로의 이주가 많은 실정이다. 1991년부터 2008년까지 서독으로 이주한 동독 주민 수는 약 340만 명에 달하지만

---

[23] 통일 후에는 이주민 발생 규모가 점차 낮아져 순수 이전이 1991년의 경우 16만 9,000명, 1992년 8만 7,000명, 1993년 8만 7,000명 수준이었다.

이 기간 중 서독에서 동독으로 이주한 주민 수는 약 230만 명으로, 동독으로부터 약 110만 명이 더 서독으로 이주했다. 정치적 변혁기간인 1989년부터 계산하면 약 190만 명이 더 서독으로 이주한 결과가 되며, 이는 동독 전체 인구의 9~10%에 해당된다. 1990~2008년에 서독 인구는 약 400만이 증가했고,[24] 이 중 45% 정도가 동독 이주민으로 인한 결과이다. 서독 주간의 인구 이동도 진행되고 있으나 거의 전출과 전입이 비슷한 경향을 보인다.

최근 동독 내 경제성장에도 불구하고 아직도 젊은 층은 교육이수 후 더 나은 교육과 취업의 기회를 꿈꾸며 서독으로 이주하고 있다. 독일경제연구소(DIW)에 따르면, 서독 지역으로의 이주민들은 연령별로 16~40세가 70%를 점유하고 있고 학력은 중등교육을 받은 자들이 65%를 차지하고 있으며, 79%가 직업훈련을 이수한 기능 인력들이다. 여성 이주율도 63.6%에 달하는데 이 중 30세 이하 여성이 많다. 그 결과 동독 지역 여성의 평균 연령이 1991년 37.9세에서 2005년 44.1세로 높아졌다. 이는 현재 서독 지역 여성 평균 연령 41.8세보다 높은 수치이다.

그러나 젊은 층이 서독으로 이주하는 것보다 더 심각한 문제는 이들 중 다시 동독 지역으로 복귀하는 인력이 적다는 점이다.[25] 서독으로 떠나는 동독 주민의 공통적인 특성은 다음과 같다. 첫째, 성별과 무관하며 젊은 연령층일수록 이주 빈도수가 높다. 둘째, 직업교육을 받았거나 고학력일수록 이주율이 높다. 서독 지역의 임금구조는 학력 수준에 따라 차이가 나는 반면, 동독 지역에서는 학력 수준에 따른 임금 차이가 적고 상대적

---

[24] 베를린을 제외한 서독 인구는 1990년에는 6,156만 명, 2008년에는 6,554만 명이었다.

[25] Barbara Hans, "Abwanderung Ost, weiblich, ledig, jung gesucht,"(2007. 9. 18) http://www.spiegel.de

으로 균등화되어 있기 때문이다. 셋째, 저소득층일수록 이주 빈도수가 높다. 넷째, 취업을 하고 있는 층은 이주 빈도수에서 평균보다 낮고, 실업자도 체념적 성향으로 인해 이주 가능성이 낮다. 새로 창설한 기업의 경우 신탁청이 운영하는 기업보다 소득도 높고 안정적이기 때문에 이주 빈도수가 낮다. 이는 동독 지역 내 신규 기업에 대한 투자가 이주 억제에 매우 효과적임을 의미한다. 다섯째, 서독에 친척이 있을 경우 이주 빈도수가 높으나, 집이나 토지 등 재산의 소유 상태는 이주를 꺼리는 요인으로 작용했다.[26]

서독으로의 이주 외에 동독 인구가 감소하고 있는 또 다른 이유는 동독 지역 출생률이 서독 지역보다 낮기 때문이다. 1989년에서 1992년 사이 동독 지역 내에서 혼인신고는 63%가 줄었고, 출산율도 56% 감소했다. 이는 근본적으로 체제 붕괴에 따른 불안정 요인에 기인한다. 통일 후 전개되는 체제 변화 속에서 새로운 인생을 설계하는 데에는 결혼보다도 안정된 일자리를 찾는 것이 더 시급했고, 과거 동독 시절의 가족 장려 정책이 사라짐에 따라 독신 가정이나 출산 기피가 빠르게 늘어났다. 1995년 이래 동독 지역의 출산율이 서서히 증가하는 추세이나 서독에 비해 아직도 낮은 수준이다.[27] 서독 이주와 출산율 저하에 따른 인구 감소와 젊은 층의 동독 지역 이탈로 동독 지역은 구서독보다 인구 변화가 더 빠르게 진행되고 있으며, 이는 동독 사회의 고령화를 부채질하고 있다.

전문가들에 따르면 장차 동독 지역의 인구는 더욱 줄어들 전망이다. 2002년부터 2020년까지 동독 인구는 약 11.3%, 2002년부터 2050년까지는 약 25~28%가 감소될 것으로 전망된다. 이 기간 중 서독 인구는

---

26) 구동독에서 서독으로 이전(1989~2000). Nikolaus Werz, *Abwanderung aus den neuen Bundesländern von 1989 bis 2000*(bpb, 2001), p. 1~11.

27) 1996년 동독의 출산율은 0.93명, 서독은 1.4명이었다.

약 6%가 줄어들 것으로 예측된다. 2050년 동독 지역의 취업 인구는 55%가, 서독은 25%가 상실될 전망이다. 동독 지역 내의 후진 세력을 양성하는 문제도 심각하게 대두되고 있다. 2020년경이 되면 15~20세의 청년들은 지금의 1/2로, 20세에서 40세의 중견 취업자들은 1/3이 줄어들 전망이다.

3) 이주민 대책

1989년 여름부터 1990년 통일까지 약 80만 명에 달하는 동독 주민이 서독으로 이주했다. 1989년 동독을 떠난 자들은 주로 젊은 층으로 이주자 중 46%가 25세 미만의 청년들이었다. 서독 지역의 지방자치단체가 중심이 되어 독일적십자 등의 민간단체와 함께 이들의 정착을 지원했다.[28] 1990년 6월「이주민 수용법」이 폐지되어 이주민이라는 법적 용어가 사라지고 지역 간 이농(Binnenwanderung)이라는 개념으로 대체되었다. 이주민의 사회통합을 지원하기 위해 정부는 특별주택을 공급하고 교육 프로그램을 시행해왔으며, 이주민 정착과 관련된 법규를 정비했다.

서독 정부는 1990년 이후 동독 주민들의 대량이주 가능성이 점증하자 통일에 앞서 경제·화폐·사회연합을 단행함으로써 대량이주 사태를 방지할 수 있었다. 특히 임금 등에 대해서는 1:1의 교환율을 적용함으로써 생산인력의 대량이주를 방지하는 데 성공했다.

통일을 전후하여 늘어난 동독 지역 이주민과 정주민은 통일 직후 경제부흥기간 중에는 서독의 노동시장에 모두 흡수되었다. 당시 이들은 생산기능

---

28) 체육관, 공공건물, 학교 등의 빈 공간을 이용하여 이들을 긴급 수용하는 한편 주택보조금, 영세민보조금 등을 지급했다.

인력의 부족 현상을 겪고 있던 일부 지역에 충분한 노동력을 제공하는 역할을 했으나 1993~1994년 경기쇠퇴기에는 실업률을 높이는 결과를 초래하여 서독 지역 내의 실업부담을 증가시키는 원인이 되었다.

「고용촉진법」 62조에는 서독으로의 이주민 및 정주민을 위한 특별지원 규정을 두고 있다. 이들은 그간 실업보험의 기여금을 납부하지 않았기 때문에 실업급여를 받을 수 없는 실정이어서 특별히 이주민 정착수당(Eingliederungsgeld)을 지급해왔다. 연금보험에 가입해 있는 서독 근로자 평균 임금의 70%를 이주민 및 정주민들의 가상 임금으로 간주하여 그중에서 세금과 사회보험에 대한 기여금으로 7%를 제외하고 나머지 금액을 지급했다.

동·서독 간에 경제·화폐·사회 연합이 이루어진 다음부터는 동독으로부터의 이주민 개념이 성립하지 않기 때문에 그 이후 이주자들에 대해서는 정착수당을 지급하지 않았다. 기타 동구 국가들에서 온 정주민들이 정착수당을 받는 문제에 대해서는 노사단체들이 계속해서 항의했다. 1992년 말 법 개정을 통해 정착수당 지급기간을 6개월로 줄이고 명칭도 정착부조(Eingliederungshilfe)로 바꾸었으며, 관할 부서도 연방고용청에서 연방노동·사회부로 변경했다. 그 외에도 이주민들에게는 의료보험 및 산재보험의 경우 서독의 규정에 따라 적용되었고, 연금보험의 경우 서독에서 적용되는 연금법에 따라 혜택을 받는 동시에 구동독 및 동구권에서의 근무연수가 고려되었다. 「연방사회부조법(Bundessozialhilfegesetz)」에 따라 생계비, 주택임대료, 난방보조비 및 의복과 가구에 대한 보조금이 지급되었다.

4) 동독 지역으로의 인구 유입 대책

동독 지역으로 인구를 유입하기 위한 대책은 근본적으로 지역 내의 경제활성화 여부와 직결되어 있다. 2000년대 초반부터 연방정부는 동독 주의 인구를 안정시키고 경제를 활성화하기 위해 '신동독재건정책'을 추진하고 있다. 정부는 이를 위해 특별히 1,568억 유로의 '제2의 연대협약' 재원을 마련해놓고 있으며, 이 재원은 주로 투자 및 혁신촉진비용으로 사용된다.

연방정부와 동독 주정부는 각 도시마다 특화된 산업 특성에 맞추어 '산·학·연 콤플렉스'를 구성하고 있다. '연방 교육 및 연구부'는 국제적 경쟁력을 갖춘 연구소를 창설하여 젊은 전문 인력을 동독 지역으로 유입하려하고 있다. 연방정부와 주정부는 2020년을 겨냥하여 27만 5,000명의 학생을 추가적으로 더 유치하려는 목표를 갖고 있으며, 이에 따르는 대학재정을 확보하기 위해 노력 중이다. 동독 주정부는 매년 연방정부의 교육 관련 가용 예산 중 15%를 지원받고 있다. 동독 주정부는 대학 유치를 통해 학생을 유입시켜 도시를 젊은 도시로 변모시키려 하고 있다. 2007년부터 서독 지역 학생들(18~25세)은 수학을 위해 동독 지역으로 이주하는 성향을 보이고 있다. 라이프치히 같은 도시의 경우 그간 계속되던 주민 이탈로 2000년에는 인구가 최저 상태에 이르렀으나, 도시를 경제·교육·문화·과학 단지로 변모시킨 결과 1만 7,000명 정도의 인구가 늘어난 상태이다.

더 나아가 연방정부와 동독 주정부는 주민 유입을 위한 대책으로 대학을 국제화하고 동독 경제가 국제적 경쟁력을 갖출 수 있도록 정책을 수립하고 있다. 독일 정부는 이를 위한 전제조건으로 먼저 동독 사회가 과거의 사회주의적인 색채를 말끔히 씻고 다국적 주민들이 쉽게 동화될 수 있는 '개방된 이주사회(Einwanderungsgesellschaft)'로 변모되어야 한다는 점을 인식하고 있다.

이런 맥락에서 EU의 동구 확대가 동독 지역의 국제화를 신장시키는 데 새로운 기회로 작용하고 있다. 독일 정부는 동독 지역의 국제화를 촉진하기 위해서 사회구성원들이 먼저 다양한 시각에서 다양성과 소수성을 인정하고 정부의 혁신 프로그램에 적극적으로 참여할 수 있어야 한다는 점을 강조하고 있다. 주정부들은 이런 방향으로 주민들을 계도하기 위해 각종 교육 프로그램을 발전시키고 있다.

5) 독일 사회: 노령화 사회 진입

최근 20년간 독일 인구 문제와 관련된 일반적인 변화 현상으로 출생률의 하락과 기대수명의 증가로 독일이 노령화 사회에 진입했다는 것을 들 수 있다. 출생률이 하락한 이유로 ① 가족의 기능과 구조 변화, 즉 가족형 기업의 소멸로 자녀의 경제적 의미 감소, ② 여성 해방, ③ 개인주의적 가치관의 확대 등이 꼽히고 있다. 출생률의 저하로 약 1:1인 신생아와 60세 노인의 인구비가 2050년에는 1:2로 변화되고, 80세 이상 인구도 약 400만 명에서 1,000만 명으로 증가될 것으로 예상된다.

2050년경의 인구 분포는 현재의 출산율 추이를 볼 때 20세 이하의 인구는 현재 21%에서 16%로 감소할 것이고, 60세 이상은 현재 22%에서 37%로 증가할 것으로 예상된다. 2007년 통계에 따르면 서독 지역의 기대수명은 남성의 경우 76.9세, 여성은 82.1세이다. 반면 동독 지역의 남성은 75.5세, 여성은 81.8세이다.[29] 동·서독 수명을 비교하면, 서독이 남성 1.4세, 여성 0.3세가 높다. 동독의 경우 통일 전 기대수명이 서독보다 여성은 2.9세, 남성은 2.5세가량 낮았었다. 통일 전 동독의 기대수명이 낮았던 이유는 한마디로 사회주의 유산에 기인했다. 동독은 생활 방식, 근로작업의 조건이나 환경, 영양 공급 및 의료 서비스 등에서 서독과

---

29) http://de.wikipedia.org/wiki/Lebenserwartung

차이를 보였다. 독일인들의 기대수명이 지속적으로 느는 이유로 ① 평화롭고 여유로운 시간 활용, ② 늘어난 소득, ③ 높은 삶의 질, ④ 좋은 영양상태, 그리고 ⑤ 질 높은 의료혜택 등을 꼽고 있다.

노령화 사회는 전체 인구 분포 중 젊은 층이 차지하는 비중이 줄어들고 노인층이 늘어남으로써 당장 의료 및 간병의 요구가 늘어나는 등 사회보장체제에 직접적인 영향을 미친다. 또한 젊은 근로자들이 자신의 연금과 노령자의 연금까지 해결해야 할 상황이 도래할 것이다. 독일의 경우 1950년대에는 60세 이상 정년 인구는 20세에서 60세 사이의 전체 근로자 중 4명당 1명이었으나, 1990년대에 들어와 3명당 1명으로 바뀌었고, 2020년경에는 2명당 1명꼴로 변화될 전망이다.

사회가 점차 노령화됨에 따라 외국인 소요 현상이 높아질 것이고 이는 사회통합 문제를 야기하며 독일의 전반적인 사회안전체계에 영향을 미칠 것이다. 1961년 이래로 약 670만 명 이상의 외국인 근로자(Gastarbeiter)가 독일 내에 거주하고 있다. 이 중 인구가 많은 순서로 나열하면 2008년 현재 터키(169만 명), 구유고 공화국(95만 명), 이탈리아(52만 명), 폴란드(39만 명), 그리스(29만 명), 러시아(19만 명) 순이다. 1980년대 중반 이래로 약 120만 명의 외국인이 정치적 망명신청을 했다. 주로 1993년에서 1995년 사이 발칸 반도 전쟁의 여파로 구유고공화국으로부터의 망명신청자가 많았고(1993년 51만 3,561명, 1994년 2만 5,578명), 그 이후에는 크게 줄어들었다. 유고, 터키, 루마니아, 불가리아 등 중·동구 국가에서 오는 외국인들이 신청자의 주류를 이루고 있다.[30]

---

30) Statistisches Bundesamt(2009).

4. 통일 후 주택정책

▎These 30   통일 경기로 인해 동·서독 지역의 주택경기는 호황을 누렸다. 전반적으로 통일 후 동독의 주택은 노후하여 개·보수를 필요로 했고, 신규 주택 건설도 이루어졌다. 동독 지역에 주택을 건설할 경우 국가재원에 의한 금융 보조를 받을 수 있었고, 임대주택을 건설할 경우 세제 혜택을 받았다. 서독 지역도 동구권 붕괴와 독일 통일을 기해 몰려드는 이주민과 정착민들로 인해 주택 부족 현상을 겪으며 건설경기가 촉진되었다.
그러나 동독 지역의 경우 1990년대 정부의 과도한 건설경기촉진책에 힘입어 기업들이 많은 주택을 건설했으나, 수요 판단 착오로 2010년 현재 공실화된 주택이 약 120만 호에 이르고 있으며 이는 전체 주택 중 13%에 해당된다. 이처럼 공실화된 주택이 늘어난 이유는 서독 이주로 인해 주민수가 크게 감소했기 때문이다. 공실률은 건설업체에 재정부담을 주는 등 주택시장에 부정적인 영향을 미칠 뿐만 아니라, 도시 자체의 주거 및 경제기능을 상실하게 하여 심각한 경제·사회적 문제를 야기하고 있다.

1) 통일 전 동독 내 주택환경

구동독 정부는 분단 이전에 건설되었던 기존의 주택을 강제로 수용하지 않았다. 따라서 통일 전 약 700여만 채의 전체 주택 중 41.2%가 개인 소유, 17.6%가 협동조합 소유(Genossenschaftliche Eigentum), 그리고 41.3%가 전체 인민 소유(Volkseigentum) 형태를 띠고 있었다.

분단 이래로 동독의 인구는 지속적으로 감소되어왔다. 1945년부터 1990년 기간 중 약 460만 명의 동독 주민이 서독으로 이주했다. 또한 1939년 이전에는 주택 밀도가 낮아 제2차 세계대전 당시 파괴 정도도 서독 지역에 비해 덜 했다. 따라서 주택 공간이나 공급률은 1960년대까지 서독보다 양적으로는 유리한 상황이었다. 그러나 동독 지역 주택의 질적

구조는 서독 지역에 비해 훨씬 뒤떨어져 전반적으로 서독의 1930년대 수준에 머물고 있었다. 욕실·샤워실이 미비된 주택이 전체주택의 17%에 이르렀으며, 실내 화장실이 없는 주택은 23%, 현대적인 난방시설 미비 주택도 53%, 전화시설을 갖추지 못한 주택이 전체의 84%에 해당될 정도로 서독 지역의 주거 상황에 비하여 매우 열악해, 아무도 거주하지 않은 채 방치되어 있는 주택이 많았다.

1971년 집권한 호네커는 주택 공급을 최우선 사회정책 가운데 하나로 삼았다. 1970~1980년대 동독에서는 '1인 거주(Einpersonenhaushalte)'와 비혼인가정 비율이 높아졌고, 이들의 주택 수요가 증가함에 따라 대규모의 조립식 고층 아파트를 양산했다. 그러나 국가가 건축경제 분야를 중앙통제 형태로 계획함에 따라[31] 경쟁과 혁신이 사라져 주택의 질도 떨어질 뿐만 아니라 자원도 비효율적으로 사용되었다.

2) 통일 후 독일 정부의 주택정책

동구권 붕괴와 독일 통일을 기해 몰려드는 이주민과 정착민들로 인해 서독 지역에는 주택부족 현상이 나타났다. 독일 정부는 주택 공급량 확대를 위해 임대주택과 사회주택(Sozialwohnung) 건설에 대한 지원을 강화했다.

<그림 7-4>에서 보듯 2007년 조사에 따르면 동·서독 주민 간 주거환경에 대한 만족도는 거의 차이가 없다. 동독 주민들의 자가보유율은 통일 당시 25.9%에서 2007년 32.7%로 크게 향상되었으나, 여전히 서독

---

31) 구동독은 1950년대 초반 주택의 중앙집중화 정책을 추진했다. 1950년대 당시 4만 6,000개의 개인 수공업체가 1만 5,000개로 감소되었고, 당시 4,000개에 달하던 건설 관련 업체가 통일 직전에는 500개로 줄었다(CDU-Bundesgeschäftsstelle, Wohnen und Wohnungseigentum in den neuen Bundesländern).

〈그림 7-4〉 주거환경에 대한 만족도

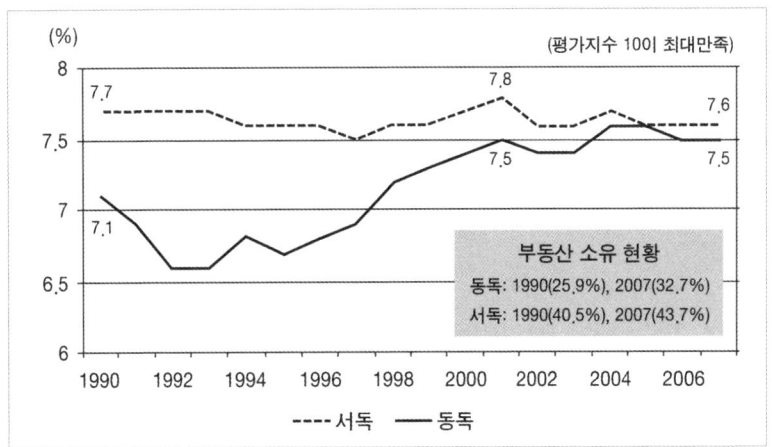

자료: die Welt Infografik, INSM/Schroeder/Ragnitz; Uwe Müller, "100 Milliarden Euro Fließen Pro Jahr in Den Osten," Welt Online(2009. 8. 21), Axel Springer AG, p. 4.

주민들의 자가보유율인 43.7%와는 큰 격차를 보이고 있다.

동독에서는 1980년대 말부터 벌써 주택 문제가 심각한 사회 문제로 대두되었다. 동독 내 700만 호 중 150만 호는 개선을 필요로 했다. 19세기에 지어진 건물들은 자본주의의 잔재로 치부되어 이용되지 못했고, 개축을 위한 자재와 기술도 거의 없는 상태였다. 동독 지역의 주택은 서독에 비해 상대적으로 노후했고,[32] 아파트를 포함한 다세대 주택의 비중이 높은 편이었다.[33] 주택의 규모도 작은 편이어서 서독이 평균 4.4개 방에 86m²인 데 반해, 동독의 경우는 평균 2.9개 방에 65m²에 불과했다.[34]

---

[32] 1948년 이후 건설된 주택이 서독의 경우 전체 주택의 70%인 반면 동독은 45%에 달했다.

[33] 서독은 50%인 반면 동독은 70%에 달하여 1991년 당시 구동독 지역 주민의 약 20%가 아파트나 다세대 주택에 거주하고 있었으나 서독 지역의 경우는 2.5~3%에 불과했다.

독일 정부의 주택 관련 기본 입장은 주택 및 주거 공간이 투기의 대상이 되어서는 안 되며, 공공보조금 지원을 통해 중·저 소득층을 위한 사회주택을 많이 건설해야 한다는 것이었다. 통일 후 동독 지역 주택 문제와 관련하여 독일 정부는 통일조약 제22조 4항에 따라 전체 인민 소유 형태(Volkseigentum)의 주택 소유권을 기존의 채무(Altschulden)와 함께 지방자치단체로 이전시켰다. 연방정부는 지방자치단체의 채무 부담을 덜어주기 위하여 300억 마르크에 달하는 주택기금(Wohnungsfond)을 마련했다.[35]

동독 지역 전체 700만 호의 주택 가운데 약 46%에 해당하는 322만 호의 공공주택 중 대부분이 노후화되었거나 상당수가 과거 부채 및 소유권 분쟁 등에 얽혀 있어 당장 매각될 수 없는 형편이었다. 동독 지역 주택과 관련된 또 다른 특징은 원소유주의 주택 반환을 요청했다는 것이다. 통일조약에 따르면 부동산의 소유 관계는 1933년 이전 구조로 복원되어야 했다. 이에 따라 약 180만 건의 반환신청이 접수되었고, 이 중 15%가 주택 관련 소송이었다.[36] 반환신청권이 있는 이해관계인은 주택을 직접 반환받거나 보상을 받았다. 협동조합 소유의 주택과 지방자치단체 소유 주택은 각각의 공공주택이 소속한 주택업체(Wohnungsgesellschaft)가 사유화를 담당했다. 사유화는 원칙적으로 해당 주택의 임차인, 임차인의 가족, 임금노동자의 순으로 매각했다.

---

34) 1990년 당시 서독인이 1인당 36.5m²을 소유했던 반면 동독인은 28.1m²를 소유했다.
35) 1992년 당시 구동독 지역 주택의 소유 상황을 보면 자기 소유 및 임대인 소유가 42%, 지방자치단체 주택업체 소유가 32%, 주택조합 소유가 16% 그리고 주택 반환청구 및 재산권 미해결 부분이 약 10%로 나타났다.
36) 동일 건물에 대해 수 명의 신청 사례가 있었고, 국가재정절약 차원에서 가급적 소유주를 찾으려 했다.

통일 직후 동독 지역에서의 주택 문제와 관련하여 나타난 특징은 주민들이 기거할 만한 주택은 상당수 부족한 편이나, 노후화되어 남아도는 주택이 전체 가옥의 13%가 넘었다는 점이다.[37]

연방정부는 동독 지역의 이러한 문제점을 타개하기 위해 주택 건설 및 개량을 장려했다. 동독 지역에 주택을 건설할 경우 국가재원에 의한 금융 보조를 받을 수 있었고, 임대주택을 건설할 경우 세제 혜택을 받았다. 독일 정부는 동독 지역의 주거환경을 서독 수준으로 향상시키기 위해 서독의 주택 관련 규정을 동독 지역에도 그대로 적용시키고 있다. 다만 일반 주택 건설에 대한 국가의 투자는 최대한으로 억제하고 있는 반면, 사회복지 주택 건설은 확대하고 임대료 억제 조치를 통해 사회적 주택정책을 실현하고 있다. 주택 시설 개선 작업도 병행했다. 이와 같은 통일 경기로 인해 동·서독 지역의 주택경기는 호황을 누렸다.

그러나 1990년대 정부의 과도한 건설경기촉진책과 주택 건설과 관련하여 기업들의 판단 착오로 동독 지역에는 빈집이 수없이 생겨났다. 2010년 현재 약 120만 개에 이른다.[38] 이는 전체 주택의 13%에 해당되고, 동독 내 7내지 8개의 가옥 중 1개 가옥이 비어 있다는 것을 의미한다. 이처럼 공실화된 주택이 늘어난 것은 서독 이주로 인해 주민수가 감소하고, 주택을 신축하거나 타지역 혹은 시 외곽으로 이사했기 때문이다.

1990년대 말에 들어서면서 건설 투자는 지속적으로 감소하기 시작했다. 연방정부는 동독 지역의 주택경기와 도시건축 문제를 동시에 해결하기

---

[37] 1989년 이미 20만 가옥에 달하던 빈집이 1990년에는 동독 주민들의 서독 이주로 인해 42만 가구로 늘어났다. 그리고 1998년경에는 전체 가옥 중 13.2%가 비어 있는 실정이었다.

[38] 이 중 약 40만 가구는 1990년 통일 당시 이미 폐가 상태였다. 통일 이후에는 주택 약 80만 호를 신축했다.

위해, 동독 지역 '도시재건 프로그램(Stadtumbau Ost)'을 마련하여 향후 건설 규모를 축소하고, 장기적인 수요에 따른 건설계획을 세워 추진해왔다.

동독 지역 도시재건 프로그램은 2002년부터 2009년까지 8년 동안 시행되었으며, 프로그램의 핵심은 도시 내의 인구, 주택, 교통체계와 서비스, 상업, 건강, 학교 및 문화 시설 등 공공 인프라를 균형 있게 발전시킨다는 것이었다. 이를 통해 도시의 매력을 높이고 주거 공간에 대한 이제까지의 공급 과잉을 줄이려고 시도했다. 지방자치단체나 주택 건설업자들은 기존 건물의 가치를 높이기 위해 보수를 하거나 공실화된 주택 혹은 장기간 사용하지 않은 주거 건물을 재건축 할 때 정부가 재정지원을 했다. 이 프로그램에 따라 약 35만여 채의 주택이 재건축되었다. 독일 정부는 재건축을 위해 재정의 50% 이상을 사용할 수 있도록 각 주정부에 권한을 부여했고, 주택 건설업체나 주택 조합의 부채상환 보조금을 동독 지역 도시재건 프로그램과 연계시켰다.

5. 통일 후 교통정책

▮**These 31** 비록 1970년대 초 동·서독 간 국경통과협정과 교통협정에 따라 양독 간에는 일부 교통망이 연결되어 있었으나, 통일과 동시에 그간 폐쇄되었던 200여 개에 달하는 양독 간의 교통로와 서베를린과 주변 도시 사이의 교통로를 연결하는 것이 독일 정부에게는 급선무였다. 동독의 교통 인프라 시설은 열악했고, 대중교통수단들은 비효율적으로 운영되고 있었다. 교통 인프라 시설 구축은 많은 재원이 소요되고 시일을 요하는 과제이기는 하나 일회성 투자의 성격을 갖기 때문에 가능하다면 선행투자하는 것이 바람직하다.

통일 당시 약 1,400km에 이르는 동·서독 국경을 따라 7개의 철도 노선, 9개의 도로, 2개의 내륙 수로가 연결되어 있었고, 동-서베를린 간에도 8개의 연결지점이 있었다. 그러나 동독의 교통 인프라 시설은 서독의 전문가들이 추측했던 것보다도 훨씬 더 노후한 상태였다. 통일 직전 1989년 동독과 서독을 연결하는 도로는 서독-서베를린 구간을 제외하고 전부 폐쇄된 상태였고, 철도나 도로 등 동독 내의 교통사정은 예상외로 열악했다.

동독 교통정책의 핵심은 개인 교통수단보다 대중교통수단을 위한 교통 인프라를 우선적으로 구축하고, 이에 집중 투자한다는 것이었다. 따라서 자가용을 위한 도로 상태는 서독에 비해 열악한 상태로 남아 있었다.

또한 교통운영 상태도 서독 측 시각에서 볼 때 상당히 비합리적인 분야가 많았다. 대중교통수단인 버스나 전철의 경우, 수리나 정비를 이유로 필요한 수에 비해 두 배 정도나 많이 보유하고 있었으며, 이에 따라 정비인원이나 근로자의 수도 실제 필요한 인원보다 훨씬 많았다. 동독 교통성 직원이 3,000명이었던 데 비해, 서독은 약 1,000명에 불과했다. 또한 통일 후 동독의 교통 인프라를 새롭게 구축하기 위해 동독 현지 교통 상황과 통일 이전에 입안된 기존의 교통계획 등을 상세히 아는 전문가가 필요했으나, 해당 인력이 절대적으로 부족한 상태여서 연방정부는 교통정책 결정에 많은 어려움을 겪었다.

통일 후 연방정부가 가장 시급하게 해결했던 과제는 분단 이후 폐쇄되었던 200여 개에 달하는 양독 간의 교통로와 서베를린과 주변 도시 사이의 교통로를 연결하는 것이었다. 동·서독 간 국경이 개방된 직후인 1990년 1월 서독은 동독과 공동으로 '교통망위원회(Deutsch-Deutsche Verkehrswege-kommission)'를 출범시켜 단절된 도로와 철도의 연결과 복구를 위한 '국경연결 프로그램(Lückenschlussprogram)'을 구상했다. 이 프로그램에 따라 1차선에 불과하던 동독 도로는 차선이 넓어지고, 서독의 수준에 맞게 개선되었으며 전철화된 열차가 동독 지역까지 연결되었다.

장벽 붕괴 후 동·서독 주민 간의 교류가 급증하는 데 비해 동독 지역 내의 교통 인프라는 미흡했다. 이를 개선하기 위해 연방정부는 1991년 4월 '독일 통일 교통 프로젝트(Verkehrsprojekte Deutsche Einheit)'를 수립했다. 이는 동·서독을 잇는 대규모 교통망 연결사업으로 기존의 동·서독 간 또는 동독 내의 교통로를 확장하고 현대화하는 데 중점을 두고 있으나, 장차 동유럽으로의 진출까지도 고려하고 있다. 모두 17개 프로젝트로 구성되어 있고,[39] 과거 동·서독 간 국경 지역의 인프라를 구축하는 데에도 기여하고 있다. 총공사비는 380억 유로이며, 프로젝트 중 일부는 이미 완공되었고 나머지는 아직 공사 중이다. 독일 연방정부는 고속도로, 철로, 수운 등의 신설이나 보수를 위해 5년마다 교통 인프라 투자계획인 '연방교통망계획(Bundesverkehrwegeplan)'을 작성하고 있다. 2001~2015년의 기간에 철로, 도로 및 수로의 개·보수를 위해 1,500억 유로를 산정해놓고 있다. 최근 몇 년간의 교통 인프라 확충을 위해 투자된 금액은 연간 1,100만 유로 선이었으며 이 예산의 1/3이 동독 지역에 투입되고 있다. 동독 지역의 교통 인프라 확충을 위한 투자재원은 주로 연방정부, 주정부의 유류세, 화물차량통행세[40], 그리고 EU 구조기금인 유럽지역발전기금(EFRE) 등으로 마련된다. 그러나 통일 직후에는 동독 지역의 도시들이 자체적으로 재정을 부담할 여력이 없었기 때문에 연방정부에서 재원을 100% 지원했고, 현재는 「지방자치단체 교통재원조달법(Gemeindeverkehrsfinanzierungsgesetz)」에 따

---

39) 9개 프로젝트 중 1개는 철도, 7개는 도로, 그리고 1개는 내륙 수운과 관련된다.
40) 통행세 징수를 위한 톨·콜렉트(Toll-Collect) 연합과의 협상을 통해 2004년 2월 29일 계약을 체결했으며 이로써 '독일 화물차량통행세 징수' 프로젝트를 실행하기 위한 토대가 마련되었다. 화물차량통행세 징수 프로그램은 2005년과 2006년 1월 2단계에 걸쳐 도입되었다.

라 연방정부에서 소요 재원의 60%를 부담하고 있다.

교통 분야 통합을 통해 나타난 주요 특징을 살펴보면 다음과 같다.

첫째, 1970년대 초 동·서독 간 통행협정과 교통협정에 따른 교통망의 연결은 양독 간의 인적 교류, 무역거래, 우편·전신·전화 분야의 협력, 여행, 문화, 과학기술, 교회, 청소년, 스포츠 및 언론·정보 분야 등 사회 전반에 걸친 교류협력을 증진시키는 데 크게 기여했다. 이러한 교류를 토대로 동·서독은 민족동질성을 유지할 수 있었고, 이는 결국 통일의 밑거름이 되었다. 분단 시절 서독 정부의 동독 교통 인프라에 대한 지원 문제가 당시 서독 내에서 비판을 받기도 했지만, 막대한 건설비용과 장기간 소요되는 건설 기간을 고려할 때 통일 후 동독 지역의 재건을 앞당기는 선행투자의 성격을 띠고 있다는 점을 간과해서는 안 될 것이다.

둘째, 서독 정부는 교통 인프라가 통일되어야 독일의 실질적 통일이 실현된다는 인식을 바탕으로, 처음부터 동·서독 교통망 연결계획인 '독일 통일 교통 프로젝트'를 수립했고, 초기(1990~1995)부터 교통 인프라 복구에 집중적으로 재원을 투입하여 다른 분야의 통합이 가속화되도록 했다.

셋째, 동독 지역의 도시 내 교통시설 재건을 위하여 연방정부 또는 서독의 자매 주정부 차원에서 2~3인으로 구성된 전문가 그룹이 파견되었다. 이들은 기존 동독의 교통계획을 검토하여 그 계획의 선택, 중단, 투자 우선 여부를 결정했다.

넷째, 서독 정부는 통일 당시 통일의 시간과 비용을 지나치게 낙관적으로 예측했다. 또 사회적 시장경제를 표방하는 독일의 전통상 사회간접자본인 교통 인프라의 구축은 전적으로 국가가 담당해야 한다는 인식을 갖고 있었기 때문에 통일 후 교통망 복구 및 신설을 위한 재정조달 역시 국가가 전담하면서 정부의 재정적자가 확대되는 등 상당한 비효율이 초래되었다.

다섯째, 소유권의 보상 대신 반환 원칙을 채택함으로써 수많은 토지소유권 분쟁이 야기되었고, 이는 교통 인프라 구축을 지연시키는 요인으로 작용했다.

제8장

독일 통일 20주년 종합 평가

1. 독일 통일의 성격

(1) 독일 통일은 분단 이후 이제까지 추진되어온 서독 정부의 통일 정책의 종합된 산물이다. 이는 프리드리히 헤겔(Friedrich Hegel)의 '正·反·合'의 역사적 변증법(Dialektik)으로 다음과 같이 분석될 수 있을 것이다. 정(正, These)으로 아데나워의 '친서방 결속' 및 '힘의 우위 정책'을 들 수 있다. 서독은 분단 이후 시작된 동서냉전 상황에서 서방과의 관계를 강화함으로써 서독 정부의 권한, 능력 및 주권을 단계적으로 확대하려 했고, 자유민주주의와 시장경제체제를 구축하는 것을 통일보다 더 시급한 목표로 삼았다. 서방 체제로의 편입을 위해 아데나워 정부는 먼저 나토와 유럽공동체(당시는 '유럽석탄·철강공동체')에 가입했다. 또한 아데나워 수상은 '사회적 시장경제'의 도입으로 지속적인 경제성장을 도모했다. 이를 통해 서독은 1950년대 '라인 강의 기적'을 이룩하여 세계 제3위 경제 대국으로 부상했으며, 동독과 국력 격차를 확대시켜 나갈 수 있었다.

아데나워의 친서방정책과 힘의 우위 정책에 대한 반(反, Antithese)으로 브란트의 동방정책(Ostpolitik)을 들 수 있다. 이 정책은 동독의 실체를 인정하고 포용하며, 소련을 위시한 동구권과의 관계도 정상화시키자는 것이었다. 이 정책은 동독과의 국력 격차에서 얻은 자신감을 바탕으로 하고 있었다. 서독은 동방정책에 힘입어 통일 전까지 동독에 대해 꾸준하게 '접촉을 통한 변화'와 '작은 걸음 정책(Politik der kleinen Schritte)'을 추진할 수 있었고, 동구 진영 세력들과의 향후 협력 틀도 구축할 수 있었다. 동독 주민들이 서독 주민들의 생활을 동경해왔던 것은 그간 서독의 적극적인 동방정책과 CSCE의 헬싱키 최종의정서에 따른 동·서 진영 간 인적·물적 교류 증진에 힘입은 바 크다.[1]

그간 아데나워와 브란트의 정책을 바탕으로 양독 간의 교류·협력이 강화(合, Synthese)되면서 결국 콜은 통일을 이루었다. 독일 통일은 양 체제 간의 이질감 극복과 동질성 회복을 위해 이제까지 동·서독 간에 행해진 최대 교류 협력 노력의 산물이며, 또한 통일 독일에 대한 우려를 해소하고 동서냉전을 종식시키기 위해 전승 4개국 및 국제 사회를 대상으로 서독 정부가 그간 펼쳐온 외교적 노력의 결과이기도 하다. 따라서 독일 통일의 역사과정을 반추해볼 때 아데나워의 친서방정책이 있었기 때문에 브란트의 동방정책의 추진이 가능했고, 브란트의 동독 및 동구권과의 교류·협력이 제도화되어 활성화될 수 있었기 때문에 콜 시대의 독일 통일이 가능했다고 볼 수 있다.

(2) 독일 통일은 양차 대전, 나치 만행, 분단과 공산화된 동독 체제 등으로 점철되었던 20세기 독일 역사 중 가장 훌륭한 역사적 사건으로

---

[1] 주민의 72%가 동독의 TV를 거의 보지 않고 서독 TV를 시청함으로써 서독의 부유한 경제생활과 자유스러운 선거행위 등을 동독과 직접 비교할 수 있었다.

평가받고 있다. 이번 통일은 1871년 비스마르크가 독일을 통일시킨 이래 두 번째 독일 통일에 해당된다.

(3) 독일은 그간 전승 4개국에 의해 분할되어 국제법적으로 완전한 주권국가의 지위를 갖지 못했다. 따라서 독일 통일과 관련된 모든 법적 규정을 마무리하는 '2+4 조약'이 서명된 후에야 비로소 동독이 공식적으로 해체되고 독일 통일이 성립되었다. 또한 이 조약 7조에 따라 전승 4개국의 '베를린과 독일 전체(Berlin und Deutschland als Ganzes)'에 대한 그간의 권리와 책임(관할권, jurisdiction)이 종료됨으로써 통일된 독일은 완전한 주권을 회복하게 되었다. 1990년 10월 2일 서방 3개국의 군 지휘부는 전승국으로서의 임무가 종료되었음을 선언했고, 그간 동독 지역에 주둔해오던 구소련군 34만 명도 1994년 8월 31일부로 완전히 철수했다.

(4) '2+4 조약' 1조에 따라 통일된 독일의 동쪽 국경선은 오데르-나이세 강으로 최종 확정되었고, 독일은 다른 나라를 상대로 더 이상 영토반환 요구를 할 수 없게 되었다. 통일된 독일은 이 협정에 서명함으로써 1937년 12월 31일 이전 오데르-나이세 강 동쪽의 독일제국의 영토, 즉 제2차 세계대전 패망 후 독일로부터 분리되어 폴란드와 소련에 할양된 '독일제국의 동부 영토'에 대한 영토주권을 완전히 포기했음을 국제 사회에 공표했다.

(5) 독일 통일은 동독이 일방적으로 서독 체제에 흡수당한 형태를 보여주고 있다. 이는 물론 동독 인민의회가 기본법 제23조에 따라 동독의 각 주가 서독의 1개 주로 각각 편입되는 형태의 통일 방식을 결정한 결과이기는 하나, 양독 간의 근본적인 불균형으로 인해 동독은 사실상 서독의 정치·사회·경제질서를 그대로 수용하며 흡수당할 수밖에 없었던 상황이었다. 동독은 전 국민의 1%밖에 안 되는 슈타지가 전 국민을 감시하는, 국경총살명령이 허용되었던 공산국가였다. 동시에 동독은 합법적인 야당도, 독립적인 사법체제도, 그리고 비판적인 언론도 모두 허용되지

〈그림 8-1〉 독일 통일을 가능하게 한 역사적 사건에 대한 독일 주민들의 인식(1995)

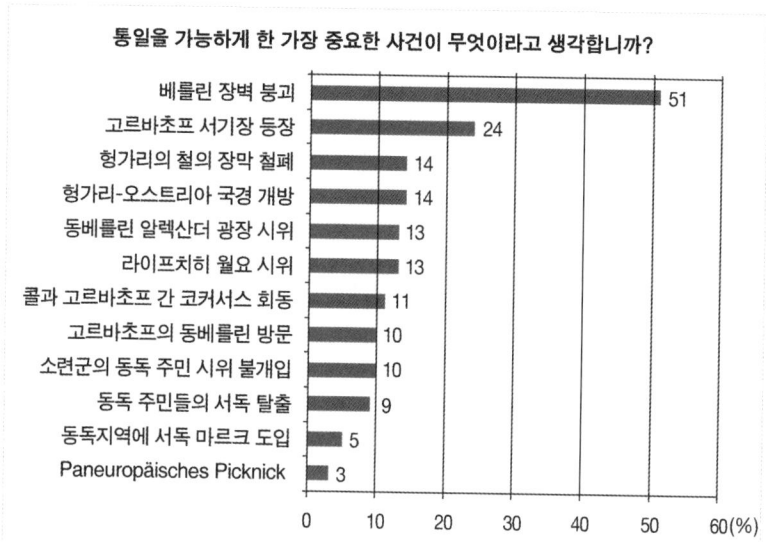

주: Paneuripäisches Picknick은 1989년 8월 19일 오스트리아-헝가리 국경에서 행해진 NGO 단체의 평화운동으로 쇼프론 국경도시에서 상징적으로 세 시간씩 국경을 개방한 행사이다.
자료: Statista 2010, dimap.

않았던 불법국가였다. 수뇌부의 실정으로 국가재정이 파탄 나 해체 직전에 놓여 있던 동독이 안정된 서독으로 흡수되는 것은 너무나 자연스러운 역사적 귀결이었다. 동독은 인구·영토·경제규모 등 거의 모든 면에서 서독의 1/5밖에 되지 않았다. 따라서 1/5(동독)이 4/5(서독)로 다가가야 되며, 다가간 1/5이 나머지 4/5에 맞추어 변화해야 한다는 것은 지극히 당연한 이치였다.

(6) 독일 통일은 전승 4개국의 승인 없이는 불가능했다. 전승 4개국 중에서도 독일 통일과 관련하여 결정적인 역할을 한 국가는 미국과 소련이었다. 독일 통일로 유럽 내 세력균형의 변화를 원하지 않았던 영국과 프랑스는 미국의 설득으로 통일 지지 대열에 동참했고, 소련은 고르바초프

와 콜 간의 코카서스 회동(1990. 7)에서 독일 통일을 승인했다.

1989년 동독의 평화혁명을 주도하며 사통당 정권 퇴진을 가져오게 한 동독 시민들도 독일 통일에 혁혁한 기여를 했다. 또한 동서냉전을 종식시키는 주역으로 평가받고 있는 동구 평화혁명을 주도한 폴란드의 자유노조, 이들의 정신적인 후원자인 바오로(Johannes Paul II) 교황과 고르바초프도 독일 통일에 직간접적으로 크게 기여를 했다. <그림 8-1>은 독일 통일을 결정적으로 가능하게 한 역사적 사건들에 대한 독일인들의 인식을 보여주고 있다.

(7) 동서 긴장완화가 독일 통일을 가능하게 했고, 독일 통일이 동서냉전 종식을 더욱 앞당기며 유럽 분단은 극복될 수 있었다. 유럽 분단의 가장 핵심은 독일 분단이었으나 독일 통일로 이 문제가 해결되었고, 1989~1990년 동구 국가들의 민주화운동으로 동구 진영은 자연스럽게 몰락했다. 1991년 7월 1일부로 바르샤바 조약기구가 스스로 해체되었고, 그해 12월 21일 동구 진영의 중심국인 소련이 스스로 해체되었다. 통일된 독일은 이후 인접 동구 국가들의 정치·경제변혁과 이들의 서방 체제 편입 과정에 큰 역할을 했다. 통일된 독일은 러시아와 서방 진영 간의 안보·경제협력 파트너 관계를 강화시키기 위해 노력함으로써 동서 진영 간의 화해와 통합에도 큰 기여를 했다.

2. 통일 달성 후 20년에 걸쳐 나타난 현상들

베를린장벽 붕괴 이후부터 통일을 거쳐 20년이 경과한 현재까지 동독 주민들의 통일에 대한 기대의 변화, 통일 후유증이 국내정치와 연계되는 상황, 동독 지역을 중심으로 나타난 주요 정치사회적 현상들을 간략히 소개하면 다음과 같다.

1989년 여름 동독 주민들의 서방 대탈출에 이어서 베를린장벽이 무너진 후 사통당 지도부는 모두 퇴진했고, 동독 인민의회선거를 통해 등장한 기존의 반체제 인사들이 동독의 혁신을 주도했다. 이 기간 중 동독 주민들이 요구했던 사항은 민주화,[2] 국민의 기본권과 자유,[3] 정권 교체,[4] 국민탄압기관인 슈타지 해체[5] 등이었다. 이 모든 요구사항은 통일과 즉시 모두 실현되었다. 당시 동독 내 야기되었던 모든 문제는 사통당 수뇌부와 슈타지에 책임을 돌리는 분위기였다. 이 기간 중에 창설되었던 동독의 정치단체들은 서독 정치단체에 통합되어 순식간에 모두 사라졌다. 동독 주민들은 베를린장벽이 무너지면서 처음으로 동·서독 간의 차이를 목격했다. 그들은 동독 화폐가 더 이상 가치가 없는 것임을 인식했다. 장벽 붕괴 후 통일 직전까지 1년이 채 안 되는 기간 중 무려 80만 명의 동독 주민들이 서독으로 이주했다. 그 수가 폭발적으로 늘어나자 서독 주민들의 이주민들에 대한 태도에도 변화가 나타났다. 장벽 개방 전에는 서독 주민 중 2/3 정도가 동독 이주민을 환영하는 분위기였으나, 1990년 1월 1/3 수준으로

---

2) 동독 주민들이 외쳤던 구호는 다음과 같다. "민주주의, 지금 아니면 영원히 불가능(Demokratie, jetzt oder nie)", "우리도 같은 독일 국민(Wir sind das Volk)".
3) "언론자유(Pressefreiheit)", "대체복무 허용과 인권존중(Zivildienst Menschenrecht)", "모두를 위한 여행자유화(Reisefreiheit für alle)", "하와이까지 비자 면제(Visafrei bis Hawaii)".
4) "호네커가 떠나도 우린 아무렇지도 않아(Erich gehe, uns tut's nicht weh)", "새로운 인재를 필요로 하는 동독(Neue Männer braucht das Land)", "정권 퇴진! 책임자 처벌(Regierung zurücktreten! Verantwortliche bestrafen)".
5) "더 이상 필요 없는 슈타지 해체(Stasi weg, hat kein Zweck)", "슈타지는 국민경제 속으로(Stasi in die Volkswirtschaft)", "슈타지, 너의 시간은 끝났어(Stasi, deine Zeit ist um)".

줄었고, 1990년 4월에는 10% 정도로 격감했다.

한편, 이 기간 중 동독 사회 전체는 통일에 대한 환희와 미래에 대한 희망으로 가득 차 있었다. 곧 동독도 서독처럼 번영하여 모든 시민들이 자유를 만끽하는 가운데 일자리와 교육기회를 부여받고 사회보장에 대한 권리를 행사하게 될 것으로 기대했다. 1990년 동독 인민의회선거(3. 18)와 동독 5개 주의회선거(10. 14)에서도 이와 같은 희망과 신뢰의 약속들이 공약으로 제기되어 동독 유권자들의 표심을 유혹했다. 동독 사회 전체가 콜 수상의 통일 정책에 완전히 매료되어 있었다.

실제로 통일 후 연방정부로부터의 엄청난 재정지원에 힘입어 동독 주의 경제상황은 급격히 호전되기 시작했고 이는 1990년대 중반까지 지속되었다. 또한 '통일조약'(1990. 8. 31)에 따라 1992년 1월 1일부터 서독의 「사회보장법」이 동독에서도 확대·시행되었고, 이로써 동·서독이 동일한 사회보장제도를 갖추게 되었다. 이에 따라 동독 주민들의 삶의 질도 획기적으로 향상되었고, 1:1 화폐교환으로 가계수입도 늘어났다. 1990년에서 1993년 사이에 동독 주민들의 대부분은 일제히 서독제 자동차와 가전제품을 구매했다. 동독 지역 젊은이들은 서독제 자동차로 과속 운전하는 것을 새롭게 만끽할 수 있게 된 자유의 상징으로 여기기도 했다. 이로 인해 심지어 1990년에는 동독 지역 도로의 교통사고 사망 건수가 1989년보다 무려 배로 증가했다(인구 100만 명당 동독은 193명, 서독은 126명).

통일이 되자마자 동독 지역에서는 그동안 가질 수 없었던 재화에 대한 소비충동을 절도로 해결하려는 소위 '복지범죄(Wohlstandskriminalität)' 행위가 일시적으로 늘어나기도 했다. 이 기간 중 동독 지역 내에서는 국영기업의 민영화 과정에서 기업체의 줄도산이 이어져 이제까지 동독 사회가 전혀 경험하지 못했던 대량실업이 발생했다.

또한 정치적 대변혁이 시작된 1989년부터 1993년 사이에 동독의 기존

체제는 전부 와해되어 서독의 정치·행정체제로 모두 대체되는 등 '외형적 통일(äußere Einheit)'이 완수되었다. 경제, 사회, 문화, 교육 등 사회 전 분야에 걸쳐 기존의 체제와 각종 시설이 사라지는 등 사회적 네트워크가 와해되어 동독 주민들은 불안해했다. 또한 동독 내에서 기존의 시장이 사라졌다. 이와 함께 생산품과 서비스, 더 나아가 이제까지 쌓아온 동독 주민들의 사회적·직업적 경험과 성과, 그리고 자격증 등이 모두 무용지물이 되었다. 지금까지 동독 사회에서 통용되어왔던 모든 법 규정과 가치들은 사라져 동독 주민들은 서독의 법질서와 가치에 새롭게 적응해야 했다.

1990년대 중반 이후부터 동독 주민들의 통일에 대한 황홀감은 사라지고 사회체제에 대한 비판은 끊임없이 지속되어왔다. 통일 직후 동독 주민들은 바나나를 먹을 수 있는 것만으로도 만족스러웠고, 서독제 중고차나 가전제품을 소지할 수 있는 것만으로도 행복해했으나, 이처럼 눈에 보이는 생활환경의 개선 문제는 통일 후 초기 몇 년 동안만 동독 주민들의 관심사였을 뿐이다. 처음으로 대량실업을 경험한 동독 주민들의 통일에 대한 실망과 체념이 순식간에 커지기 시작했다. 이는 불과 얼마 전까지만 해도 통일을 위해 길거리에서 시위에 가담했던 전문직 종사자, 노동자, 직원, 중산층 등 동독 주민 모두에게 해당되었다. "통일이 이럴 줄 몰랐다"는 푸념들이 동독 사회를 서서히 지배하기 시작했다. 동독 주민들은 통일로부터 야기되는 모든 문제점과 위기의 본질이 과거 동독 체제의 유산이라고 인정은 했으나, 서독의 신탁청이나 동독 지역에 파견된 서독의 관료 엘리트 집단이 문제를 더욱 심각하게 만들었다고 생각했다. 동독 주민들은 이른바 '전환기 스트레스(Wende-Stress)' 속에서 '변혁과 통일의 충격(Transformations- und Einheitsschock)'을 경험하며 동독의 번영이 생각했던 것처럼 빨리 찾아오지 않을 것임을 서서히 인지하기 시작했다.

통일 직후 동독 주민들이 체험한 긍정적인 분야는 ① 여행 자유화,

② 서독마르크 소유 및 모든 것이 구매 가능한 점, ③ 주택 및 도시 개선, ④ 성취도 향상, ⑤ 의사표현의 자유, ⑥ 사유재산의 인정, ⑦ 강요받지 않고 스스로 결정, ⑧ 동독 체제(사통당 및 슈타지) 붕괴 등이었다.

동시에 동독 시민들이 체험한 부정적인 분야는 ① 동독 산업체의 붕괴와 일자리 부족, ② 범죄 증가, ③ 물질만능, ④ 정치가의 약속 불이행, ⑤ 지난 동독 시절 40년간을 모두 잘못된 것으로 치부하는 풍조, ⑥ 사회적 신분 차이의 심화, ⑦ 동독 시절의 직업과 근무경험에 대한 불인정, ⑧ 집 소유에 대한 걱정 등이었다. 하지만 이와 같은 동독 주민들의 실망은 대규모 반대 시위로 이어지지는 않았다. 동독 주민들은 오히려 완전히 다른 체제에 적응하기 위해 모든 개인적 자원을 동원하는 등 자체적인 노력으로 통일의 후유증을 극복하려고 했다.

이런 점에서 볼 때 1990년대 전반기는 동독 시민들에게 급격한 사회 변환에 따른 적응 준비를 위해 필요한 일종의 학습 기간이었던 셈이다. 비록 일부에서 불만이 제기되기는 했으나 그래도 통일의 감격은 1994년 총선(10. 16)까지도 이어져 콜 수상은 계속 집권할 수 있었다.

그러나 1990년대 중반 이후 통일 후유증이 서서히 가시화되기 시작했다. 전반적으로 경제성장이 둔화되고 실업률이 증가했다. 이때 이미 분야별 기관들이 동독 지역으로 모두 이전되어 시스템 통합은 완료되었으나, 사회통합은 아직도 미완성인 상태였다. 동독 주민들은 이제 서독식 민주주의와 사회적 시장경제, 그리고 정치집단에 대해 막연한 추종이 아닌 비판적 시각을 갖고 대응하기 시작했다. 동독 시민들 중 상당수는 스스로를 '2등 국민'으로 인식했고, 만약 기본법 146조에 의해 동·서독이 대등한 개념에서 통일의회를 구성하고 통일 헌법을 제정하여 통일을 이루는 방법을 택했더라면 지금과 같은 굴욕적인 상황을 피할 수 있었을 것이라고 믿었다. 1990년대 중반 이후로 동·서독 지역에서 모두 통일에 대한 피로증

후군이 나타나기 시작했다. 통일로 인해 이전보다 더 많은 세금을 내야 하는 서독 주민들은 통일에 대해 불만을 토로하는 동독 주민들에 대해 실망했고, 동독 주민들은 그들대로 서독이 일방적으로 주도하는 통일의 희생양이라는 생각 때문에 서운해했다. 1990년대 중반에 들어서면서 빠른 시일 내에 서독인과 같은 복지를 누릴 수 있을 것으로 믿었던 동독 주민들의 희망은 점차 사라지는 대신, 2등 국민으로 전락한 '우리'라는 동질감은 점차 커져갔다. 이 무렵 동독 주민들은 자기들의 의견이 정치권에 충분히 반영되지 못했다고 인식하며 체제 변화에 따른 그들의 불안과 불만을 대변하고 해결해줄 수 있는 정치 세력을 찾기 시작했다.

통일 후 독일의 경제정책 및 복지국가 수준에 대한 종합 평가의 성격을 띤 1998년 총선(9. 27)에서 새로운 현상들이 목격되었다. 동독 주민들은 민주주의보다는 평등사회와 복지국가를 더 중시하고, 서서히 맹목적인 통일지상주의에서 벗어나 사회정의와 실업 문제의 해결에 더욱 관심을 보이며 콜 대신 슈뢰더를 지지했다. 이는 그간 '통일에 대한 열기'로 가려져 왔던 실업과 같은 현실적인 문제들이 1990년대 후반부터 사회 전반에 걸쳐 핵심적인 사회 문제로 부상되었음을 알려주는 것이었다. 동독 주민들은 동·서독 간의 임금과 연금불균형 문제를 경제적 사안이 아닌 정치적 사안으로 해석하고 집단적으로 해결책이 모색되어야 할 문제로 인식했다.

2000년대에 접어들면서 독일 사회를 지배했던 최대의 현안은 전 분야에 걸친 개혁이었다. 10년간 동독재건과 양독 생활수준 평등화를 위해 엄청난 재원을 쏟아부었음에도 불구하고 동독 경제가 기대한 만큼 성장하지 못했다는 인식을 바탕으로, 제한된 예산을 효율적으로 운용하자는 취지에서 이제까지의 동독재건정책을 다시 검토하기 시작했다. 엄청난 통일비용을 충당하기 위해서는 정부의 다른 분야 예산도 효율적으로 사용할 필요성이 대두되어 모든 부서가 변혁을 시도했다. 슈뢰더 수상은 독일 통일의 후유증인 '저성장·고실업·재정적자 증가' 문제를 해결하기 위하여 노동시장의 개혁, 세제개혁, 사회보장제도의 개혁을 구상하고 마침내 2003년 3월 'Agenda 2010' 프로그램을 제시했다.

슈뢰더의 개혁은 복지혜택 축소와 해고규정 완화에 대한 일반 국민들의 우려와 맞물려 광범위한 저항에 직면했다. 'Agenda 2010'에 대한 유권자들의 부정적인 반응은 주의회선거에서 그대로 표출되었다. 2002년 9월 슈뢰더의 재집권 후 실시된 11차례 주의회선거에서 사민당은 9개 주에서 패배했다. 이는 슈뢰더 수상으로 하여금 예정된 차기 총선(2006. 9)을 1년 앞당겨 2005년 9월 18일 실시하도록 유도하는 계기가 되었다.

슈뢰더의 개혁에 실망한 동독 지역 유권자들은 2005년 이후 총선에서 사민당으로부터 탈피하여 민사당의 후신인 '좌파연합'을 고정적으로 지지하는 경향을 보이고 있다. 상당수의 동독 유권자들은 통일 후 과거 자신들의 경력을 제대로 인정받지 못한 채 하룻밤 사이에 실업자나 연금대상자로 전락했다. 스스로를 독일 사회의 이방인으로 인식하며 자괴감에 빠져 있던 이들은 자신의 과거 시절을 사통당체제의 운명과 동일시하는 경향을 보여준다. 이들은 사통당 체제에 대한 비판을 곧 자신에 대한 비판으로 간주하고, 분단 시절 그토록 혐오하고 저항했던 사통당 정권을 감싸며 과거 정권에 대해 애정을 보인다. 이 점을 좌파연합이 이용하는 것이다. 이들은 사통당 정권이 통치하던 시절의 또 다른 단면인 독재, 불법국가 및 민주주의 결여 등에 대해서는 침묵하고 있다. 왜냐하면 이러한 사항들은 이미 통일 초기에 다루어진 주제들이고, 지금은 동독 주민들 누구나 자유와 평등, 그리고 정의의 사회에서 살고 있기 때문에 이미 그 시절의 고통이 모두 사라진 지 오래여서 이들에게는 더 이상 절실하게 기억되지 않기 때문이다.

통일 이후 나타난 주요 변화사항 중 또 다른 하나는 동독 지역 인구가 서독 지역으로 급격히 이동함으로써 여러 면에서 문제를 야기하고 있다는 점이다. 1991년부터 2008년까지 약 340만 명 이상의 동독 주민들이 서독으로 이주했다. 이는 동독인구의 1/5에 해당된다. 2000년 이후부터 매년 평균 5만 명이 서독으로 이주하고 있다. 1996년 이후 동독 지역 청소년층의 인구는 점점 감소하는 추세이고, 1999년부터 노년층의 인구 증가율은 서독을 앞지르고 있다.[6] 또한 동독 지역의 중간 연령층(16~64세)은 해마다 감소하여 경제활동 인구가 줄어들고 있고 출산율 하락으로 고령화가 진행되는 실정이다.

이와 같은 인구 이동을 고려하지 않은 채 독일 정부는 상·하수도 시설과 도로 등 공공 인프라 및 주택 개축 등에 과잉 투자하여 공공재정에 부담을 가중시켰다는 비판을 받고 있다. 수요가 없어 문을 닫아야 하는 유치원이나 학교가 속출하고 있고, 이용승객이 뜸해 열차 노선을 폐지해야 할 위기에 처해 있다. 많은 예산을 투입하여 고속도로를 건설했으나 평소 차량 운행이 적어 한산하고,[7] 대단지 쇼핑센터를 조성했으나 이용하는 주민이 제한되어 있는 경우도 많은 실정이다. 세입자를 찾지 못한 거주 지역은 철거하도록 계획되어 있다.[8] 주택의 경우 120만 호 이상이 비어 있고 이는 전체 주택의 약 13%에 해당된다.

이주 인구 중 특히 고학력의 젊은 층과 여성의 집중적인 유출로 인해 동독 사회 내에서 젊은 노동인력과 전문 인력 부족현상으로 기업이 들어서

---

6) 우베 뮐러, 『대재앙 통일(Supergau Deutsche Einheit)』, 이봉기 옮김(문학세계사, 2006), 131쪽.

7) 예를 들면 뮌헨-베를린(A9) 고속도로에서 라이프치히-베를린 구간은 넓고 한산하여 시속 200km 이상으로 달리는 차량을 많이 볼 수 있다.

8) 2009년까지 약 35만 세대 주택에 대한 철거 비용으로 27억 유로가 책정되어 있었다(우베 뮐러, 『대재앙 통일』, 138쪽).

지 못하는 악순환도 발생하고 있다. 그리고 동독 내에서도 농촌으로부터 도시로의 인구 유입이 확대되는 추세이다. 통일 후 동독 지역 가정의 기능에도 많은 변화가 있었다. 통일 전 동독 정부는 여성들에게 조기결혼을 독려했고, 조기출산할 경우 주택과 융자 혜택을 주었다. 그러나 통일 후 이러한 조치가 모두 사라져 동독 지역도 서독 지역과 비슷한 현상을 보이고 있다. 여성들의 출산율은 낮아지고 결혼 연령도 통일 전에 비해 4년 정도 늦어졌다. 2007년 통계에 따르면 동독 지역의 모자 가정은 25%(서독은 15%), 가정 해체율은 21%(서독은 6.3%)에 달한다.[9] 이는 통일 후 취업 문제 등 불안정한 사회적 현상과 깊은 관련이 있다고 볼 수 있다.

1990년 동독 지역의 자살률은 독일 전체의 40%에 달했으나 2007년에는 21%로 줄어들었다. 이는 동독 주민들이 통일 전보다 통일 후 생활을 훨씬 안정적으로 영위하고 있다는 의미이다. 동독 붕괴 후 사통당 체제 관련자들을 포함하여 자살률이 증가하리라 예상했으나 실상은 반대였다. 독일 정부는 동독 사통당 정권의 불법행위 가해자들에 대해 통합 차원에서 비교적 관대하게 처리했기 때문이다. 이것은 나치 청산 과정에서의 경험과 정서가 동독 해체 과정에서도 그대로 재현된 것으로 해석될 수 있다. 나치 때와 마찬가지로 구동독 체제에서도 핵심 집단 중 일부에게만 책임을 물었고, 거의 나머지는 모두 체제의 희생양으로 간주하여 관대하게 처리되었기 때문이다.

---

[9] Bundesinstitut für Bevölkerungsforschung, *Die demographische Lage in Deutschland* (BiB, 2008), p. 8.

3. 통일 후 성과

앞서 통일과 관련하여 많은 문제점과 후유증을 지적했으나, 이는 상이한 양 체제가 통합될 때 파생되는 문제점과 후유증을 분석하기 위한 작업이었다. 통일된 지 20년이 지난 현재 동독 지역은 많은 분야에서 괄목할 만한 성과를 보여주고 있음을 간과해서는 안 된다.

통일 후 교통망이 개선·확충되었고, 새로운 통신망이 구축되는 등 동독 지역 내 전반적인 인프라가 개선되었다. 도로, 철도, 공항이나 운하 등이 개선되거나 새로 건설되어 거의 서독 수준을 유지하고 있다.[10] 과거 동독 시절에는 전화를 신청할 경우 10년이나 걸릴 정도로 열악했던 통신망은 유럽 내 최첨단 시스템으로 탈바꿈했다.

역사적인 옛 도시들도 폐허 직전에서 모두 구제되었고, 많은 문화재도 복원되었다. 많은 도시의 주택들도 개선되었고, 통일 전 주택난은 모두 해소되었다. 구시내의 잔재인 환경오염이 제거되었고 생태계가 고려된 경제발전이 추진되고 있다. 동독 지역의 우라늄 광산과 갈탄 탄광에 대한 환경정화 작업도 진행 중이다. 환경정화 관련 예산은 연방에서 60~75%, 해당 주에서 25~40%를 분담한다.

교육은 서독과 같은 수준으로 발전되었다. 누구에게나 적성·능력·성과에 따라 평등하게 교육기회가 주어진다. 동독 주민들은 과거 유치원에서부터 대학까지 시행되었던 정치이념화 교육에서 해방되었고, 요즘은 자신의 정치적 신념으로 인해 교육으로부터 배제되는 경우가 결코 없다. 동독 지역의 대학들은 서독 학생들에게 인기가 높은 편이다.

---

10) 분단 시절 40년 동안 동독은 자체적으로는 고속도로의 1km도 건설하지 않았다. 베를린과 함부르크 간의 고속도로는 서독의 지원으로 건설되었다.

동독 주민들의 생활환경도 획기적으로 개선되었다. 자동차나 가전제품 보유율은 거의 서독과 같은 수준이 되었고 주민들의 문화생활 분야에서도 많은 진전이 있었다. 병원 등 의료기관이 최신식으로 모두 개축되거나 신축되었고 현재 의료 혜택과 관련하여 동·서독 간의 차이는 전혀 없다. 동독 주민들의 기대 수명도 통일 전과 비교하여 평균 2.5년(남자 2.4세, 여자 2.7세씩)이나 늘어났고, 동·서독 간의 차이는 거의 없다.

서독 지역 수준과 비교한 동독 지역의 현재 경제 실상은 다음과 같다.

(1) 통일 후 1991년부터 2008년 기간 중 동독 지역의 GDP 증가율(171%)은 서독 지역의 GDP 증가율(55%)을 훨씬 상회했다. 1991년 동독 지역 GDP가 독일 전체 GDP에 차지하는 비율은 7%(서독 대비 8%)에 달했으나, 2008년 12%(서독 대비 14%)로 증가했다. 동독 지역의 GDP 성장률은 1994년까지 두 자리 수의 고도성장을 이룩한 것에 힘입어 평균 21.8%로 서독 지역 평균 3.5%보다 높았다. 그러나 이것은 초기 재정이전에 의한 것이었고, 1997년 이후부터는 2% 전후로 서독과 비슷한 성장률을 보였으며, 2006년부터 동·서독 지역 모두 3% 대로 호전되었다.

(2) 1인당 GDP는 1991년 서독의 33% 수준에서 2008년 69% 수준으로 증가했다. 1991~2008년 기간 중 서독 지역의 국민 1인당 GDP 증가율이 46%인 데 비해 동독 지역은 202%에 달하여 서독에 비해 거의 4배 이상의 상승률을 보여주었다.

(3) 동독의 경제생산성은 1991년 서독의 35% 수준에 불과했으나 2008년 서독의 78% 수준으로 증가했다. 1991~2008년에 서독의 경제생산성 증가율은 약 42%에 달했으나, 동독은 무려 217%나 신장했다.

(4) 법정 연금수혜 수준은 동독이 서독보다 21%나 높은 수준이다. 아이러니하게도 통일 전까지 서독 연금보험에 전혀 기여한 바가 없는 400만 명의 동독 지역 연금수혜자의 평균 연금수령액이 정부의 이전된

〈표 8-1〉 동·서독 주요 경제지표(동·서독 베를린 제외)

구분	단위	서독			동독			서독 대비	
		1991	2008	증감률(%)	1991	2008	증감률(%)	1991	2008
국내 총생산(GDP)	10억 유로	1,364	2,115	55	107	290	171	8	14
국민 1인당 GDP	유로	22,030	32,231	46	7,330	22,130	202	33	69
경제생산성	유로	45,235	64,273	42	15,785	50,040	217	35	78
국민 1인당 가계수입	유로	16,695	22,918	37	6,903	15,144	119	41	66
근로자 임금	유로	21,763	28,701	32	11,097	22,489	103	51	78
국민 1인당 부가가치생산	유로	41,018	57,648	41	14,464	44,882	210	35	78
국민 1인당 보유재산액	유로	114,000	145,000	28	51,000	110,000	98	45	76
인구	천 명	61,914	65,618	6.0	14,631	13,084	-10.6	24	20
취업자 수	천 명	30,153	32,905	9.1	6,794	5,786	-14.8	23	18
실업자 수*	천 명	1,596	2,145		1,006	1,123			
	백분율(%)	6.2	6.9**		10.2	12.7**			

주: * 동독 베를린 포함, 서독 베를린 제외.
  ** 2009년 4월 자료.
자료: Arbeitskreis VGR der Länder, Bundesagentur für Arbeit 자료를 토대로 자체 계산.

재정지원에 힘입어 서독 지역 연금생활자의 수령액을 상회하고 있다.

(5) 동독 주민들의 1인당 가계 수입은 1991년 서독 주민의 41%였으나, 2008년 66%로 향상되었다. 그러나 동독 지역의 낮은 주거비용 및 생활비 등을 고려할 때, 동독 주민들의 삶의 질은 이보다 훨씬 높은 수준이 되었다고 볼 수 있다.

(6) 동독 근로자의 임금 수준은 1991년 서독에 비해 51%에 머물렀으나, 2008년 78% 수준으로 상승했다. 1990년대 중반까지 동독 지역의 임금은

57%가 증가했으나 1996년 이후부터 연 1.5% 대의 완만한 증가 속도를 보였다. 그러나 분야별로 많은 차이가 있다. 1990년대 이후부터 인쇄, 철도, 철강, 은행, 보험 등의 분야에서는 동독 지역이 이미 서독 지역과 똑같은 수준의 임금을 받고 있는 반면, 요식업, 섬유직 등의 노동집약적 산업 분야의 임금은 아직도 서독의 65~80% 수준에 머물고 있다.

(7) 부가가치생산(Bruttowertschöpfung)은 1991년 서독의 35% 수준이었으나 2004년부터 2007년까지 77% 수준에서 정체되고 있다. 그러나 동독 지역의 제조업이 역동적으로 성장하여 2008년 총부가가치 생산액에서 제조업이 차지하는 비율이 19.6%에 달함으로써 대부분 선진국들의 수치를 넘어섰다.

(8) 1991년 동독 주민들의 1인당 보유재산액은 서독 주민의 45% 수준이었으나, 2008년에 서독의 76% 수준까지 도달했다. 동독 주민의 생활수준은 1990년대 중반까지 획기적으로 향상되었다가 이후 지금까지 정체되고 있는 실정이다. 생활수준을 반영하는 예로 자동차 구매와 여행비 지출을 비교해보면, 1991년 서독 주민이 자동차 구매를 위해 평균적으로 지출한 액수가 3만 2,000마르크이었던 것에 비하여 동독 주민들은 2만 500마르크였다. 그러나 2008년 양 지역 간의 차이는 사라졌다. 여행비 지출과 관련하여 2008년 서독 주민은 연평균 836유로, 동독 주민은 827유로를 지출했다. 동독 주민들의 여행비 지출은 서독과 비교하여 1991년 71% 수준에서 2008년 99% 수준으로 상승했다. 서독 주민들의 휴가지는 주로 이탈리아나 스페인 등지인 데 반해 동독 주민들은 동구권 국가들이나 동독 지역의 동해안(DDR-Ostseeküste)이다.

(9) 2010년 4월 현재 동독 지역 내 실업률은 12.7%로 아직도 서독의 6.9%보다 배로 높은 실정이나, 갈수록 그 격차는 줄어들고 있다.

(10) 조세력은 서독의 45% 수준이다.

(11) 동독 경제가 독일 경제 전체에서 차지하는 비중은 여전히 미미하다. 동독 지역은 독일 총인구의 16%, 독일 전체 GDP의 12%, 총수출액의 8%, 경제 분야 연구개발인력의 9.7%를 차지하고 있다. 동독 기업의 해외 수출 비중은 여전히 낮은 실정이다.[11]

(12) 폐수 처리, 국도, 기차역 등 공공 인프라 시설은 서독보다 아직도 약간 못 미치는 수준이나, 2019년까지 지원되는 '연대협약기금 II'로 인해 점차 개선될 전망이다.

(13) 동독 지역의 의료지원 수준은 통일 후 획기적으로 개선되었다. 2007년 동독 지역에는 인구 10만 명당 341명의 의사를 보유하고 있는 반면, 서독 지역은 391명 수준이다. 그럼에도 불구하고 최근 여론조사 (Allensbach-Umfrage)에 따르면 통일 후 의료지원 수준이 향상되었다는 응답자는 세 명중 한 명꼴이고, 두 명 중 한 명은 오히려 과거보다 못하다고 평가했다.

현재의 의료체제에 대한 동독 시민들의 불만은 진료비와 의약품의 일부를 자기가 부담해야 한다는 점과 법정 의료보험과 사적 의료보험을 구분하는 제도에 대한 것이다. 과거 동독 시절의 열악했던 의료시설과 의약품 공급체계, 그리고 장시간 진료실 대기 등 동독 의료체계의 단점들이 모두 망각 속으로 사라졌기 때문이다.

---

11) 「독일 통일 2009 연례보고서(Jahresbericht 2009 zum Stand der Deutschen Einheit)」를 종합한 수치이다.

4. 독일 통일에 대한 종합 인식 및 평가

1) 통일에 대한 종합 인식과 전반적인 평가

통일 전 서독 주민들은 1950년대에서 1960년대 중반까지 통일은 실현되어야 하나 이에 대한 전제조건은 자유민주주의와 안보를 희생하지 않는 선에서 이루어져야 한다는 것이었다. 1961년 베를린장벽 건설 이후에는 통일을 당장 실현하기가 불가능하다는 인식이 지배적이었다. 1985년 여론조사에 의하면 서독 주민의 83%는 차후 30년 이내에 통일이 실현되지 않을 것으로 전망했다. 1989년 여름 정치적 대변혁이 시작될 무렵조차도 여전히 서독 주민의 56%가 조만간 통일은 불가능할 것으로 보았다. 그러나 베를린장벽이 무너지고 정치적 변화가 진행되면서 분단 극복 가능성이 점차 커지기 시작했다. 1990년 봄이 되면서 동·서독 주민 80% 이상이 통일이 가능할 것으로 예견했다.

1990년 이래 동독 주민의 절대다수가 통일을 기쁜 일로 환영했다. 통일이 자신의 일생에 전환점이 되어 엄청난 신상변화를 가져다줄 것이라는 낙관주의가 동독 사회를 지배했다.[12] 그러나 서독 주민들의 경우 통일 초기에 58% 정도가 통일을 기쁜 일로 여겼고, 1990년대 중반에는 41%로 하락했다. 2008년에 가서야 45%로 다소 상승했다. 이처럼 서독 주민들이 동독 주민들처럼 통일에 대해 열광하지 않았던 이유는 통일로 인해 야기되는 경제·사회적 부담과 순식간에 진행된 통일의 속도와 방법에 기인했다. 서독 주민들은 동독재건을 위한 재원 마련 대책으로 각종 세금과 공과금을 추가로 지불해야 하는 등 경제·사회적 부담을 직접 체험했다.

---

12) Infas 여론조사 종합.

대부분의 서독 주민들은 통일부담금이 정부 차원의 일이라고 인식하고 있었고, 서독 주민들의 2/3가 본인이 통일을 위해 개인적으로 희생할 준비가 되어 있지 않음을 표명하기도 했다. 또한 1990년 6월 서독 주민의 85%는 굳이 통일이 안 되더라도 서독 체제 자체에 만족하고 있었고, 이 중 1/2은 통일 과정이 너무 빨리 진행되어 서독의 기존 정치질서가 변화될지 모른다고 우려했다. 동독 주민들의 상당수도 갑작스러운 체제 변화에 대해 우려하며 통일 후 독일의 국가이념으로 '독자적 제3의 길'인 '민주사회주의'를 제시하기도 했다.

통일된 지 불과 6개월 만에 동독 주민의 2/3는 통일이 생각했던 것보다 만족스럽지 못하다고 인식했다. 동독 주민들이 통일이라는 단어를 '실업', '기회균등 상실', '2등 국민', '국가재정악화 및 세금 인상' 등의 부정적인 현상들로 연상하기 시작했다. 이 시기에 동독 주민들은 이미 '불안, 분노, 절망, 시기' 등을 체험했고, 동독 주민들의 78%가 앞으로 오랜 기간에 걸쳐 2등 시민으로 살아갈 운명임을 직감했다.[13]

독일 분단은 인위적이어서 동·서독 주민 모두에게 불만족스러운 것이었다. 독일 주민들은 과거 동독 사통당 정권은 제거되었어야 하며(73%), 동독은 정의롭지 못한 불법국가였으며 허점투성이의 독재국가였다(64.7%)는 견해를 갖고 있다.

하지만 이처럼 통일에 따른 다양한 문제점이 제기되고 있음에도 불구하고 현재 동·서독 주민들의 90% 이상이 장벽 개방과 통일 자체에 대해 긍정적으로 평가하고 있다. 독일 국민들이 통일로 인한 장점으로 내세우는 것은 먼저 자유를 향유하는 가운데 개인적·직업적·가정적 측면에서 많은 성취감을 누릴 수 있고, 이산가족의 분단을 종식시켰다는 점 등이다. 동·서

---

[13] 통일 직후 Emnid 여론조사 종합.

〈그림 8-2〉 통일에 대한 평가

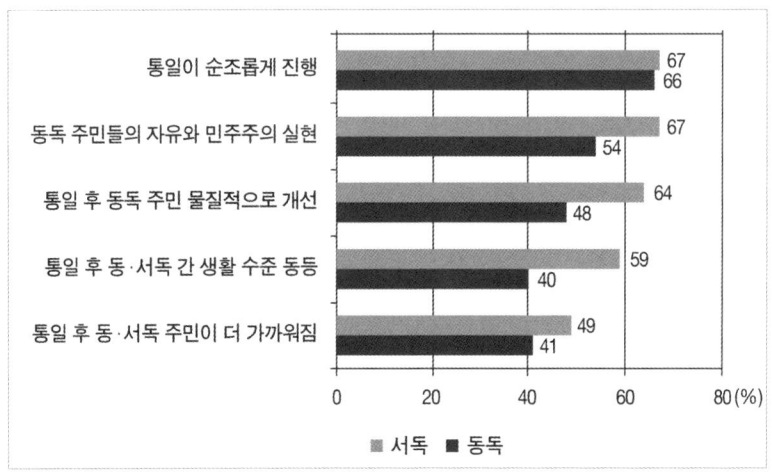

자료: Statista 2010, dimap.

독 주민들 중 2/3는 지난 20년간 통일 과정이 성공적으로 진행되어왔다고 인식하고 있다(<그림 8-2>).

20년이 지난 지금 동독 주민 중 2/3는 통일을 머릿속에 떠올릴 때마다 기쁜 일로 인식하고 있다. 특히 동독 주민들 중 54%는 통일로 그들의 자유와 민주주의에 대한 희망이 달성되었다고 느끼며, 3/4은 통일 후 동독 지역이 크게 발전했다고 평가하고 있다. 동독 주민들 중 48%는 통일 후 생활이 물질적으로 개선되었다고 느끼고 있다.[14]

---

14) 통일 이후 동독재건 문제를 다루는 주무부서인 연방교통·건설·도시개발부(das Bundesministerium für Verkehr, Bauen und Stadtentwicklung: BMVBS)는 2009년 1월 9일부터 2월 9일까지 독일 통일에 대한 국민들의 인식과 평가를 분석하기 위해 인터넷을 이용하여 대중과 접촉했다. 1929년생부터 1990년생까지 망라된 동·서독 출신 7,000명(2/3가 남성)의 독일인이 이 행사(Online-Dialog)에 참여했다. 이 행사에서는 400편의 논문이 공개되었고 세 가지 문항에 대한 설문조사가

〈그림 8-3〉 사회적 시장경제체제에 대한 동·서독 주민들 호응도

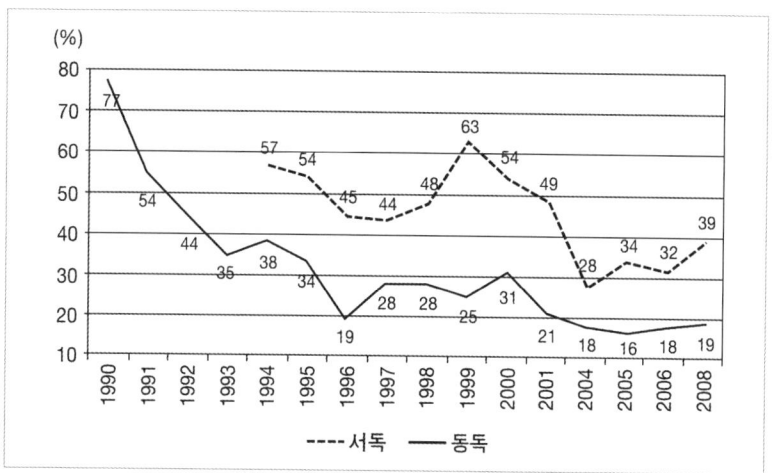

자료: Die Welt Infografik, INSM/Schroeder/Ragnitz. Klaus Schroeder, "20 Jahre Nach Dem Mauerfall".

일반적으로 동독 주민들이 통일 전보다 개선되었다고 느끼는 분야는 ① 소비재 구매(72%), ② 주택(62%), ③ 여행(61%), ④ 자유(56%), ⑤ 생계유지(52%), ⑥ 자유시간(51%), ⑦ 다양한 문화생활(47%), ⑧ 환경보호(33%), ⑨ 교육(33%) 및 ⑩ 단체기구·클럽 가입(34%) 등이다.

이처럼 대부분의 동·서독 주민들이 통일 자체에 대해 긍정적으로 인식하고 있음에도 불구하고, 동·서독 주민들 간에는 통일 후 독일의 정치·경제·사회체제에 대한 인식에서 아직도 차이가 보인다. 일반적으로 서독 주민들은 통일 독일의 정치·경제체제에 대해 긍정적인 평가를 내리는

이루어졌는데, 이것은 첫째, 20년 전 독일 통일에 대한 평가(어제), 둘째, 지금 경험하고 인식하고 있는 독일 통일에 대한 평가(오늘), 그리고 마지막으로 독일 통일 완성을 위해 준비해야 될 과제(내일)이다. 이것은 통일 20주년에 대한 정부 차원의 연구평가이다.

편이다. 서독 주민 중 78%는 독일이 법치국가라고 평가하며, 과반수가 현실 정치에 참여하고 있다고 느낀다. 반면 동독 주민들 중 단지 56%만이 현재 독일이 법치국가이며 전 국민이 법 앞에 평등하다고 믿고 있다. 동독 주민 중 37%만 자신들이 정치에 참여하여 영향력을 미치고 있다고 인식한다.

또한 일반적으로 동독 주민들은 민주주의가 실천되는 과정에서 일부 정책, 즉 사회보장정책, 교육정책, 가정정책, 임금정책 및 연금정책들에 대해 아직도 서독 지역에 비해 더 많은 불만을 표시하고 있다. 동독 주민들 중에서는 독일 경제가 통일 전보다 악화(35%)되기보다는 개선(46%)되었다고 응답하는 층이 더 많은 반면, 서독 주민들 쪽은 개선(29%)보다 악화(55%)되었다는 응답이 훨씬 많다. <그림 8-3>이 이러한 추세를 반영하듯이 사회적 시장경제체제에 대한 호응도는 시간이 갈수록 줄어들고 있다.

이제까지 동독 지역에 대한 재정지원에 대해 동독 주민 31%는 부족하다는 평가인 데 비해 서독 주민 중 37%는 너무 많았다는 입장이다. 통일된 지 20년이 지난 지금 동독 주민들이 통일 전과 비교해 상대적으로 상황이 더 나빠졌거나 기대가 충족되지 않았다고 느끼는 분야는 주로 ① 서독과의 동등한 생활수준(54%가 기대가 사라졌다고 응답), ② 동·서독 주민 간의 연대감(46%가 기대를 포기), ③ 사회보장(50%가 통일 전보다 못하다고 응답), ④ 보건(44%가 통일 전보다 못하다고 응답), ⑤ 서독 주민과의 공존공영(40%가 어려울 것으로 응답), ⑥ 공동 결정 참여(34%가 부정적으로 답변), 그리고 ⑦ 일자리(37%가 통일 전보다 악화되었다고 응답) 등이었다. 일부 동독 주민들은 지난 20년간 새로운 체제로부터의 부정적인 경험과 심리적 좌절감으로 인해 과거 동독 체제에 대한 인식과 평가를 달리하는 경향을 보여주었다.

통일 직후 동독 주민들은 사통당 정권은 제거되었어야 하며(73%), 과거

〈그림 8-4〉 동독 시절에 대한 평가

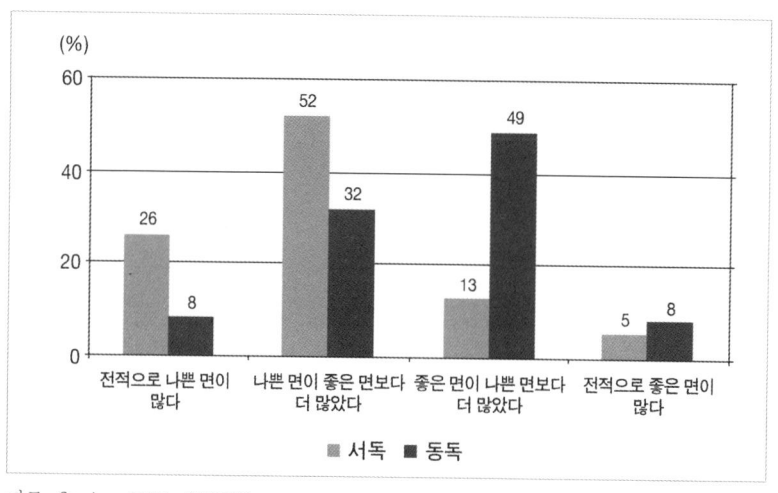

자료: Statista 2009, BMVBS.

동독은 정의롭지 못한 국가였다(65%)는 견해를 갖고 있었다. 그러나 <그림 8-4>에서 보듯, 통일된 지 20년이 흐른 지금 동독 주민의 49%는 과거 동독이 나쁜 면보다 좋은 면이 더 많았다고 인식하고 있다.[15] 심지어 동독 주민 중 8%는 사통당 시절이 지금보다 행복했고 생활여건이 더 좋았다고 인식하고 있다.

그러나 이상에서 언급된 동독 주민들의 통일 이후 불만은 통일 후유증에 대한 부정적인 반응일 뿐, 통일 자체를 반대하는 것으로 해석되어서는 안 될 것이다. 동독 주민들은 단지 더 많은 일자리와 복지 및 분배를 희망하고 있다고 볼 수 있다. 앞으로도 동·서독 간 차이는 부분적으로 지속될 전망이다. 그러나 동·서독을 분할하는 결정적인 경계선은 더 이상 존재하지 않는다. 통일 독일의 장래는 전적으로 동독 지역의 재개발과

---

15) *Berliner Zeitung*(2009. 6. 26).

부흥에 달려 있다 해도 과언이 아니다. 독일 정부는 '연대협약기금 II'가 종료되는 2019년까지 동독 지역의 경제력을 서독의 취약지역 수준으로 끌어올림으로써 동·서독 간의 생활수준을 평준화하는 것을 목표로 하고 있다. 이를 위하여 기업의 투자와 혁신역량을 강화하고 우수 대학을 육성하며, 미래산업 분야인 청정기술과 생명공학에 대한 지원을 강화해나가고 있다.

   2) 문제점과 과제

통일된 지 20년이 흐른 현재까지도 여전히 동·서독 간의 논쟁거리 중 하나는 아직도 불균형을 이루고 있는 동·서독 간의 정체성과 관련된 문제이다. 최근 여론조사에 따르면 동·서독이 완전한 통합을 이룩했다고 응답한 주민들은 29%에 그쳤을 뿐, 70%는 아직도 통합이 진행되고 있다고 믿는다.[16] <그림 8-5>에서 보듯, 아직도 과반수의 동·서독 주민들은 동·서독 간에 근본적인 차이가 존재한다고 느끼고 있으며, 심지어 이러한 차이가 점점 더 커지거나(8%), 50년 후에도 여전히 차이가 존재할 것이라고 믿고 있다(21%).

지난 20년간 사회문화적 통합 분야에서 많은 진전이 있었으나, 아직도 양독 주민 간에는 이질감과 불균형이 뿌리 깊게 박혀 있는 것이 현실이다. <그림 8-6>에서 보듯 동독 주민들의 약 2/3는 독일연방공화국 소속이라는 동질감을 아직도 못 느끼고 있다고 응답했다. 서독 주민들의 40% 정도도 동독 주민들에 대해 이질감을 느끼는 실정이다. 대신 통일 이래 동독 주민들 간의 동질감은 점차 강화되는 추세이다.

---

16) Statista 2010; You Gov 12nach12.

〈그림 8-5〉 동·서독 통합 실태에 대한 평가

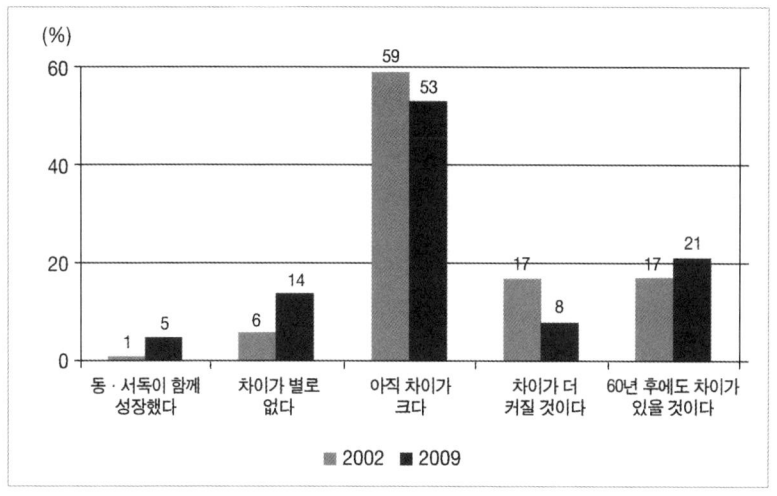

자료: Statista 2009, Volkssolidaritaet Bundesverband e.V.

이질감을 느끼는 이유와 관련하여 동독 주민의 3/4은 서독 주민들에 비해 정당한 대우를 받지 못한다고 인식한다는 점을 지적할 수 있을 것이다. 이것은 주로 장년층에서 더 극명하게 나타나는 현상이다. 아직도 동·서독 간 사회통합 차원에서 풀지 못하고 있는 것은 물질적인 정의(materielle Gerechtigkeit)와 관련된 문제이다.

동독 주민들은 과거 그들의 경력과 자격을 제대로 보상받지 못했고, 임금과 연금에서도 서독 주민들과 불균형을 이룬다고 느끼고 있다. 동독 지역의 경우 5명 중 1명이 아직도 자신이 가난하다고 여기는 반면, 서독 지역은 8명 중 1명꼴로 빈곤과 싸우고 있다고 느낀다. 동독 주민의 1/2은 스스로 통일로 인해 피해를 보고 있다고 느끼는 반면, 1/3은 통일로 서독 주민이 이득을 보고 있다고 인식한다. 반대로 서독 주민의 3/4은 스스로 통일로 인해 불이익을 당해왔다고 느끼는 반면, 서독 주민의 60%는 통일

〈그림 8-6〉 동·서독인에 대한 이질감

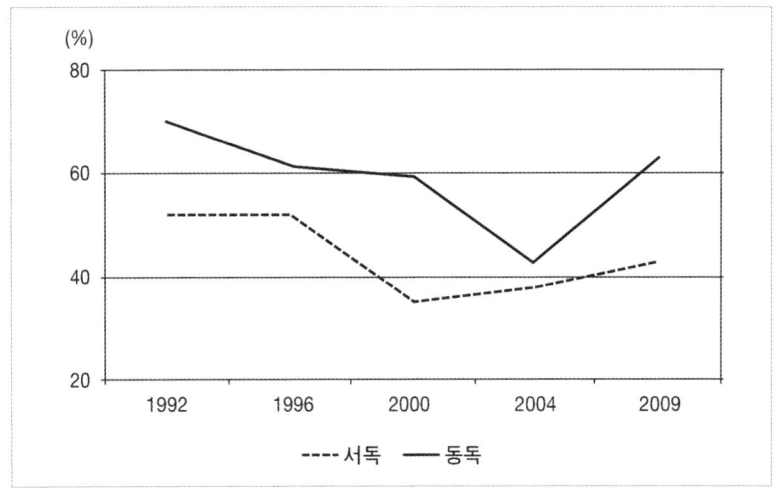

자료: Allensbacher Bericht Nr. 7/2009. IfD.

로 인해 동독 주민이 이득을 보고 있다고 인식한다.

비록 1990년대 초 80%가 넘던 통계와 비교할 때 20% 정도가 줄어들기는 했으나, 아직도 동독 주민의 2/3 정도는 자신들이 서독 주민들로부터 2등 국민으로 취급되고 있다고 인식한다. 이는 지도상에서의 국경은 사라졌으나, 독일 국민의 머릿속에는 여전히 두 개의 국가가 장벽('Mauer in den Köpfen')으로 분단되어 있음을 보여주는 것이다. 동독 주민 중 일부는 전제주의적 강요로부터 해방되었다고 느끼기는커녕, 오히려 서독의 경제력과 정치적 수단에 의해 점령당하거나 식민지가 되었다고 인식하는 실정이다. 동독 주민의 3/4은 과거 동독 시절이 지금보다 훨씬 단합도 잘 되었고, 사람들과의 관계도 인간적이었다고 느낀다.

30세 이하의 젊은 동독 주민들 중 54%도 뚜렷한 개인적인 경험이 없었음에도 불구하고 이에 동조하는 실정이다. 약 76%의 동독 주민들은 과거 동독 시절에 지금보다 더 나은 점들이 분명히 있었다는 입장이다. 과거가 더 좋았던 구체적인 예로서 완전고용(32%), 교육정책(26%), 탁아정책(25%), 그리고 사회보장정책과 기아로부터의 해방(21%) 등을 꼽고 있다.

이런 관점에서 볼 때, 경제 분야에서의 통일은 여전히 진행 중이고, 아직도 양독 주민들 간의 정신적 통일에는 간극이 남아 있다고 보아야 할 것이다. 제도적인 통합은 완성되었으나 주로 정신적·문화적 차원뿐만 아니라 공동 성장이나 사회정의 등 사회적 차원의 통합을 의미하는 '내적 통일(innere Einheit)'은 아직도 완전하게 달성되지 않았다는 것이 일반적인 평가이다.

지난 20년간 연방정부와 민간단체들은 도시 간 자매결연이나 학생들 간의 교류 프로그램 등 다각적인 방법으로 양독 주민 간의 동질성을 회복하고 내적 통합을 촉진시키기 위해 노력해왔다. 이를 통해 동·서독 간 상호 인식이 증대되었고 '전체 독일인'이라는 정체성이 높아져 양독 간 내적 통합에도 큰 진전을 가져왔다. 통일 조기 양독 주민들은 서로에 대한 경멸의 개념으로 서로를 오씨(Ossi, 동독 사람), 베씨(Wessi, 서독 사람)로 구분했고, 2000년대 초의 오스탈기(Ostalgie, 구동독에 대한 향수) 현상을 넘어 얼마 전까지 동독 민족(Ost-Ethnologen)이라는 용어까지 등장했다. 2000년대 중반 이후 이러한 용어들은 서서히 자취를 감추고, 지금은 동·서독 주민들의 정체성을 통합하자는 차원에서 모두를 일컫는 보씨(Wossi, Wessi+Ossi)라는 용어가 사회 일각에서 쓰이고 있다.

20년이 지난 오늘, 독일 통일이 시사하는 것은 제도적 통합뿐만 아니라 내적 통합이 완성될 때 비로소 완전한 통일이 이룩된다는 사실이다. 독일 정부 입장에서 내적 통합을 달성하기 위해 시급한 과제는 동독 경제의 활성화를 통해 동독 주민들에게 확실한 일자리를 보장하며 실업률 격차를 줄이고 그들의 내면세계를 동시에 만족시켜줄 수 있는 환경을 조성하는

<그림 8-7> 완전 통합 달성에 소요될 기간

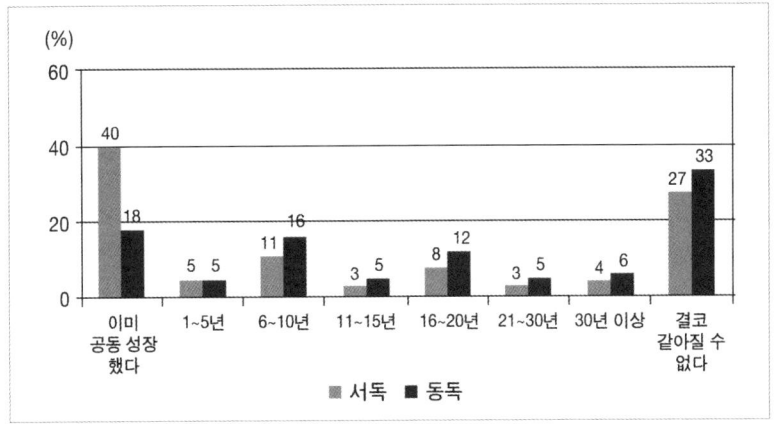

자료: Brähler, Universität Leipzig.

일이다. 동·서독 간 임금이나 연금 등에서 실질적 차이 등이 해결될 때 동독 주민들의 '2등 국민'이라는 감정도 사라지게 될 것이다. 내적인 통일 과정은 이처럼 다양한 측면을 포함하고 있어 예상보다 진전이 훨씬 더디다. 분단 민족이 통합될 때 마지막으로 등장하는 과제가 바로 내적 통합이다. 이는 40년간의 분단 격차를 20년 만에 치유하기가 어렵다는 것을 시사하며, 분단이 길어질수록 치유 기간도 더욱더 늘어날 수 있다는 것을 암시한다. 이런 맥락에서 독일인들은 양독 간의 내적 통합의 근원적인 해결은 통일 이전 세대(Vorwende-Generationen)에서는 불가능하고, 통일 이후 세대(Nachwende-Generationen)에 가서야 가능하리라고 전망한다.

통일 당시와 비교할 때, 시간이 갈수록 차이점보다는 공통점이 더 많아지는 추세이다.17) <그림 8-7>에서 보듯 여론조사 응답자의 1/3은 앞으로

---

17) Solms, Von Franz, "Ost- und Westdeutsche entfernen sich voneinander," http://www.Welt-online.de(2009. 5. 20).

도 결코 같아질 수 없을 것이라 전망하고 있으나, 전문가들은 동·서독이 동일한 공동체로 발전하기까지 소요될 기간은 앞으로 대략 20년 정도가 될 것으로 분석하고 있다.

제 3 부
독일 통일과 한반도의 통일

제9장 독일 통일이 한반도 통일에 주는 시사점
제10장 현행 한반도 안보 구도 실태와 통일 여건
제11장 통일을 지향한 남북분단관리 방안

제9장

독일 통일이 한반도 통일에 주는 시사점

1. 독일과 한반도의 분단 비교(1945~1989)

▮**These 32** 독일과 한반도는 제2차 세계대전 이후 강대국에 의해 분할된 후 고착된 분단으로 이어졌다는 공통점을 갖고 있다. 그러나 독일이 분할된 배경은 한반도의 분할과 성격이 판이하게 다르다. 독일은 주변국을 위협하고 유럽의 안정을 해칠 정도로 너무 강하여 분할된 반면, 남북한은 너무 약하여 일제로부터 식민통치를 당했고, 한반도는 일본의 패망 이후 일본군의 무장해제를 이유로 미-소에 의해 38선을 경계로 분할되었다. 따라서 분할의 일차적인 책임이 독일의 경우 히틀러 나치 정권에 있다면, 한반도의 경우는 38선을 기준으로 편의적으로 지리적 분할을 감행한 미국과 소련, 그리고 식민통치를 해오다 패전 후 무장해제라는 원인을 제공한 일본에 있을 것이다.

1) 독일과 한반도의 분할 과정과 그 책임

독일과 한반도는 지정학적으로 제2차 세계대전 이후 강대국의 전략적인 이해가 상호 교차하는 곳이었다는 공통점을 갖고 있다. 독일은 유럽의 중앙에 위치하여 동서냉전의 중심 무대였고, 한반도는 냉전 당시 강대국들의 각축장이었다. 미국을 위시한 서방 진영의 독일과 한반도에 대한 지정학적인 이해는 소련 공산주의의 팽창을 저지하는 것이었다. 독일은 나토와 바르샤바 조약기구 간의 대결의 장이었고, 한반도는 남북한을 가운데 두고 미국과 일본을 축으로 하는 자유 진영과 소련과 중국을 축으로 하는 공산 진영 두 개의 하부구조(subsystem)로 나뉘어 있었다. 미국과 소련은 독일과 한반도에 대한 자국의 이익을 확대·유지하면서 상대방의 일방적 지배를 봉쇄하고자 했다. 독일은 전승 4개국으로 분할된 후 미-소 양 진영의 이해가 첨예하게 대립하자 결국 동·서독 분단 형태로 발전했다. 미국과 소련은 한반도가 최소한 상대진영이 세력권에 편입되는 것을 막기 위해 소극적인 개입정책을 취하면서 한반도의 분단을 통해 세력을 양분했다. 1945년 이후 전후 질서 재편 과정에서 독일과 한반도는 이처럼 동서 진영의 세력균형의 장으로 변모했던 것이다.

미국과 소련은 독일과 한반도 내에서 세력균형을 유지하기 위해 개입(intervention)하고, 분할통치(divide and rule)한 후, 군비를 증강(armaments)하고 동맹(alliance)을 맺은 뒤 자신의 영향권(sphere of influence)을 형성했다.

그러나 미-소 간의 세력균형을 형성하는 과정에서 동·서독은 동서냉전 질서를 저항 없이 그대로 수용했던 반면, 한반도의 경우 38선으로 분할된 후 토착 세력들이 강대국에 의해 형성되려는 세력균형 질서에 대해 강하게 저항했다. 북한 토착 세력들은 무력을 동원해서라도 통일을 이루고자 했고, 이는 결국 6·25 기습 남침으로 나타났다. 미국은 공산 측의 한반도 독점 기도를 봉쇄하기 위하여 한국전 발발 직후 전쟁에 참여했고, 유엔군이 반격에 성공하여 한·만 국경으로 진격하자, 중국은 서방측의 한반도 독점을 봉쇄하기 위해 군대를 파견했다. 결국 군사적 방법에 의한 전쟁 종결에 한계를 느낀 양측은 정치적 종결을 모색하며 휴전협정을 체결했다. 휴전협정을 통해 양대 진영은 한반도에서 다시금 세력균형을 이룩했다.

독일과 한반도의 경우 분단에 대한 책임과 원인은 차후 분단 극복과 통일 문제로까지 직결되기 때문에 정확한 개념을 파악하는 것이 대단히 중요하다. 독일과 한반도의 분단 상황을 정확하게 이해하기 위해서 '분할(Aufteilung, division and sharing out)'과 '분단(Teilung, division)'의 개념을 구분해서 이해할 할 필요가 있을 것이다. 분할은 분리하여 할당한다는 개념으로 사물의 큰 부분을 작게 쪼개어 나누어주는 행위이고,[1] 분단은 두 개 이상으로 나누어진 사물이 단절된 상태로 오랜 기간 남아 있는 것을 말한다. 따라서 제2차 세계대전 말기부터 1945년에 점령구역 간 경계가 설정될 때까지 강대국들이 독일과 한반도 문제를 처리하던 상황은 '분단보다는 분할'의 개념으로 설명이 가능할 것이다.

과거 19세기와 20세기를 통해본 통일된 독일은 주변국에 대한 침략으로 항상 유럽의 평화와 안정을 해쳐왔다는 사실에 입각하여 주변 강대국들은 '분할을 통한 독일의 약화'를 추구해왔다. 제2차 세계대전 중 '반히틀러 연합'을 구축했던 미·영·소 3국은 1941년 12월 이래 수차례에 걸쳐 종전 후 독일의 분할 문제를 제기하고 논의했다. 테헤란 3국 정상회담을 거쳐 얄타회담에서 미·영·소 3국 정상은 유럽자문위원회의 건의에 따라 독일과 베를린을 4개의 점령 지역으로 분리하고, 이를 각각 미국, 소련, 영국

---

[1] 분할은 영토를 갈라서 농부에게 나눠주는 행위나 초콜릿을 갈라서 아이들에게 나눠주는 행위이며, 분단은 영토나 공간을 부분으로 나누는 행위나 나눠진 상태를 의미한다.

및 프랑스에 분할하여 통치하기로 합의했다. 따라서 제2차 세계대전 이후 독일의 분할에 대한 근본적인 원인은 히틀러의 제3제국의 세계정복 야욕에 기인하고 있다고 볼 수 있다.

반면 한반도의 분할은 독일과 완전히 다른 상황에서 이루어졌다. 과거 한민족은 단 한 번도 이웃 나라를 먼저 침략한 적이 없었고, 오히려 수많은 외침을 받아왔다. 러일전쟁(1904. 2~1905. 9)에서 일본의 승리로 만주와 한반도에 대한 통제권을 러시아로부터 넘겨받은(포츠머스 조약, 1905. 8. 9~9. 5) 일본은 그때부터 사실상 한일합방의 길로 접어들었고, 1910년부터 해방될 때까지 36년간 한반도를 식민통치 했다. 1943년 12월 연합국의 승리가 가시화되고 있을 무렵 미·영·중 3국 정상은 카이로 선언[2]을 통해 "적당한 절차를 통해 장차 한국을 '자유·독립국가'로 만들기(in due course Korea shall become free and independent)"로 약속했다. 그러나 당시 아시아·태평양 지역에서 연합국의 주된 관심은 조속한 시일 내에 일본을 패망시키는 것이었고, 한반도의 독립 문제는 뒷전에 놓여 있었다. 미국은 독일이 패망한 뒤에도 일본과의 전쟁이 수년간 더 지속되리라 예상하여 소련을 이 전쟁에 끌어들이려 했다. 그간 독일과의 전쟁으로 여력이 없었던 소련은 미국의 대(對)일본전 참여 제의를 거절해왔다. 그러나 1944년 후반 독일과의 전쟁에서 승산이 가시화된 이후부터 소련은 일본에 대한 전쟁 참여를 시사했고, 이에 대한 전제조건으로 러일전쟁 시 일본에 빼앗긴 남부 사할린과 쿠릴 열도를 반환받는 것을 제시했다. 미·소 간의 이와 같은 이해는 1945년 2월 11일부터 개최된 얄타회담에서 이루어진 양국 간의 비밀협정[3] 속에 그대로 나타나 있다. 즉 소련은 독일이 항복한 후 2~3개월 이내로

---

[2] 이 선언에서는 한국과 관련된 조항 이외에도 침략전쟁에서 획득한 모든 영토를 포기하고 무조건 항복할 것을 일본에 요구했다.

[3] 소련은 1946년 2월 11일 발표, 미국은 1954년 3월 16일 발표.

대일본전쟁에 참여한다고 약속했다.4) 이처럼 당시 연합국의 주된 관심은 일본에 대한 전쟁 승리였을 뿐이며 1945년 8월이 되어서도 한반도의 운명에 관해서 연합국 간 어떠한 뚜렷한 합의도 이루어지지 않은 상태였다.

이런 상황에서 미국의 한반도 정책은 지극히 혼란스러웠으며, 정책결정은 종종 불완전하며 우왕좌왕했고 하루가 다르게 급변하는 전시 정세에 급하게 대응하는 데 그쳤다. 1943년까지 루스벨트는 미국의 필리핀 통치 경험으로부터 한국 스스로 자체 정부 운영이 불가능하다고 판단하여 국제적 신탁통치를 선호했다. 신탁통치의 목적은 임시정부를 설립하고 당분간 이를 후견하는 것이었다. 그러나 루스벨트는 근본적으로 한반도의 전략적 중요성을 크게 인식하지 않았고, 심지어 미-소 연합을 유지하기 위해 한국을 소련의 완충 지역으로 양보할 준비까지 갖추고 있었다. 루스벨트의 후임 대통령인 트루먼의 한반도 관련 인식도 루스벨트와 크게 다르지 않았다. 트루먼은 소련의 홋카이도 관할권에 대해서는 완강히 거부했으나 한반도 문제에 대해서는 단호한 입장을 보이지 않아, 소련은 미국의 대한반도 인식이 크지 않음을 인식하게 되었다. 심지어 당시 육군 참모총장(Army Chief of Staff) 마셜 장군은 일본군의 항복을 받아내기 위해 소련군의 만주 지역과 한반도로의 진군을 지지하기도 했다.

1945년 8월 초까지도 미국의 한반도에 대한 전략은 불투명했다. 그러나 7월 16일 미국은 역사상 처음으로 핵무기를 개발하는 데 성공했다. 미국의 히로시마(8. 6)와 나가사키(8. 9)에 대한 원폭 투하로 한반도 상황은 급변하기 시작했다. 일본의 패망이 임박해진 상황에서 미국은 소련의 대일본 참전이 불필요하다고 믿었으나, 원폭 투하 직후 소련군은 이미 만주와

---

4) 1945년 4월 5일 소련 외무장관은 일본 대사에게 4년 전 체결한 양국 간 중립협정을 파기한다는 공한을 보냈고, 1945년 8월 8일에는 선전포고문을 전달했다. 이로써 소련과 일본은 1945년 8월 9일부터 전쟁 상태에 돌입했다.

한반도 국경으로 병력을 집결하는 중이었고 8월 8일 일본에 선전포고를 내린 상태였다. 소련은 독일 항복 후 2~3개월 내로 대일본전에 참여하겠다던 얄타 비밀협정을 준수하고야 말았다. 8월 11일 소련 태평양 함대의 수륙 양용 부대는 웅기와 나진에 상륙했고, 8월 14일에는 청진에 이미 진출했다. 소련군이 미군보다 먼저 한반도에 진입하여 작전 중일 때 미군들은 한반도에서 600마일이나 떨어진 오키나와나 그보다 훨씬 더 먼 필리핀에 주둔하고 있었다. 미 국무장관 제임스 번스(James F. Byrnes)는 한반도에서 패전한 일본군의 항복을 미국이 접수해야 한다고 주장했으나, 한반도에는 실제로 미군 병력이 없는 실정이었다. 이에 트루먼은 급하게 '3개 부처(국무부-육군청-해군청) 조율위원회'를 구성하여 무리 없이 한반도의 일부를 점령할 수 있는 방안을 강구하라는 지시를 하달했다. 이에 따라 8월 10일 찰스 본스틸(Charles H. Bonesteel)[5] 대령과 딘 러스크(Dean Rusk)[6] 대령이 38도선을 미-소 분할선으로 선정했고, 트루먼(8. 14)과 스탈린(8. 16)이 이를 각각 승인함으로써 9월 2일부터 38선을 경계로 남북한은 분할되었다.

   이처럼 한반도 분할은 미-소 양국이 한반도를 정복하기 위해 세운 사전 계획에 따른 것은 아니었다. 오히려 일본의 항복을 받아내고 한반도 내에서 일본군의 무장해제를 위해 미-소 양국군이 일시적으로 남북한에 주둔하며 차후 통일을 준비할 임시정부를 지원하기 위한 임시방편의 목적으로 단행된 조치였다. 미국과 소련은 적당한 시기가 지난 후 양국군을 한반도로부터 철수하고 남북 분할을 종식시키며 한반도에 자유·독립 국가를 세우기로 묵시적으로 합의했다.[7]

---

5) 1966~1969년 주한 미군사령관 겸 연합군 사령관을 역임했다.
6) 1961~1969년 케네디와 존슨 정부에서 국무장관(United States Secretary of State)을 역임했다.

그러나 36년간의 식민통치로 인해 국력이 쇠진해진 한국은 국제 무대에서 아무런 영향력도 행사할 수 없었고, 단지 미국과 소련의 결정에 속수무책으로 끌려갈 수밖에 없는 실정이었다. 이런 맥락에서 독일과 한반도의 전후 분할을 비교해볼 때, 독일의 분할은 독일이 주변국을 위협하고 유럽의 안정을 해칠 정도로 너무 강하여 생긴 자업자득의 성격을 띠고 있었던 반면, 한반도의 분할은 한국의 국력이 너무 약하여 생긴 결과로 정의할 수 있을 것이다.

한반도의 신탁통치는 미국의 구상에서 출발했다. 얄타회담 후 소련의 동구 팽창을 목격한 미국은 한반도에 대한 신탁통치를 한다는 것이 공식 입장이었고, 이런 이유로 1945년 4~6월 간 샌프란시스코에서 개최된 유엔회의에 한국 대표단의 참가를 거부했다. 이런 맥락에서 미국은 한반도 분할에 대한 일차적 책임으로부터 자유롭지 못할 것이다.

2) 독일과 한반도의 분할에서 분단으로의 발전 과정(1945~1948/1949)

▌**These 33** 1945년 분할 이후부터 동·서독 및 남북한이 건국될 때까지의 분단으로 이어지는 기간을 살펴볼 때, 독일은 역사적 과오로 최초 분할되었으나 점차 미-소를 중심으로 한 동서냉전 때문에 분단으로 고착화되었다. 이 과정에서 동·서독 정부는 양 진영의 전략이나 이해를 대변하기는 했으나, 양독 간에는 남북한과 같은 상호 갈등과 반목은 없었다. 따라서 고착된 독일 분단을 극복하기 위한 전제조건은 동서 진영 간의 긴장이 완화되는 것이었다. 따라서 독일 통일 문제는 다분히 처음부터 국제 문제의 성격을 띠고 출발했다.
반면 한반도는 미-소 강대국에 의해 어이없게 분할되었으나, 한반도의 분

---

7) 한반도 내 자유·독립국가 수립과 관련하여 미소 간에 공식적인 합의는 없었으나, 스탈린은 미국 측이 건의한 3~4년간의 신탁통치 기간이 너무 길다는 입장이었다.

> 단 책임은 비록 미-소 간의 냉전 분위기에 일부 영향을 받기는 했을지라도 남북한 공동정부 수립에 실패한 남북한 지배 세력들에게 있다고 해도 과언이 아닐 것이다. 남북한 지도 세력들은 정파로 갈려 일부는 해방공간에서 통일운동의 좌절을 맛보아야 했고, 또 다른 일부는 미국과 소련의 전략과 이해를 추종하기에 급급했다. 해방 직후 남한 지배층은 정파 싸움에 골몰하여 미군정에 신뢰를 주지 못했고, 북한 지배층은 혁명투쟁에 여념이 없었다. 결국 남북한은 각각 독자 정부를 수립하게 되었다.
> 한반도의 분단은 소련의 팽창주의와 소련의 이해를 대리한 김일성에 의해 발발된 한국전쟁으로 인해 완전히 고착화되었다. 이후 남북 간 상호 적대감은 더욱 커졌고 분단의 골은 독일에 비해 훨씬 깊어졌다. 이런 맥락에서 한반도 분단 고착화의 상당 부분은 김일성으로부터 연유되었다고 할 것이다. 따라서 한반도의 분단 극복을 위한 핵심적인 선결 조건은 남북한 간의 화해를 통한 긴장완화이다. 한반도 통일 문제가 국제 문제보다도 남북한 간의 성격이 더 강조되는 이유가 바로 여기에서 기인한다.

1945년 강대국에 의해 강제로 분할된 독일과 한반도의 운명은 동서 진영 간의 이해 대립이 심화되고 1947~1948년 냉전이 가속화되면서 고착된 분단으로 발전했다. 따라서 한국과 독일의 분할은 비록 배경은 판이하게 달랐으나 모두 제2차 세계대전의 직접적인 결과로 볼 수 있다.

그러나 분할 이후 진행되는 과정을 살펴볼 때 독일과 한반도의 분단은 동서냉전의 산물이지 결코 강대국에 의해 처음부터 의도된 것은 아니었다.

이와 같은 사실을 뒷받침하는 역사적 근거는 얄타회담에서 미·영·소 3국이 독일과 한국의 영토를 포함한 정치적 분단을 결코 계획하거나 희망하지 않았다는 점과, 전후 독일 문제를 집중적으로 다루었던 포츠담회담에서조차 독일이 비록 4개국으로 분할되기는 했으나 독일을 '하나의 정치·경제 단위'로 간주했던 점에서 확연하게 드러난다. 독일의 경우 일시적인 강대국 점령구도가 냉전으로 인해 미국·영국·프랑스 대 소련의 양대 정치·

경제·군사체제로 발전되면서 두 개의 분단국가로 변형되었다. 즉 미국과 영국은 서독 지역을 소련의 공산주의 팽창을 저지하는 마지막 보루로 인식하여 1947년 1월부터 자기 점령 지역을 하나로 통합했고[Bizone], 1949년 4월부터 프랑스까지 가담함으로써 서방 3개국의 점령 지역이 하나로 통합된 것이다[Trizone]. 냉전이 격화되었지만 소련은 최종적으로 독일을 중립화하는 조건으로 통일시키고 통일된 독일과 강화조약을 체결하고자 했다. 그러나 당시 이와 같은 소련의 입장은 서구 분열을 노리는 선전공세로 간주되어 서방측에 의해 수용되지 않았다.

1947년 미국은 소련의 공산주의 팽창을 저지하기 위해 트루먼 독트린을 선언했고 전후 유럽재건이라는 목표로 마셜플랜을 발표했다. 이에 대응하여 소련은 동구 공산당연맹인 코민포름과 동유럽 국가상호 경제원조기구인 코메콘을 창설했다. 이어서 나토와 바르샤바 조약기구의 창설로 양 진영 간의 대립은 고착되었다.

한반도의 경우도 미-소에 의한 장기적인 분단계획은 없었다. 카이로 선언에서 보듯 강대국은 일본의 항복을 받아내고 3~4년에 걸친 국제신탁통치를 거친 후 한반도에 자유·독립 국가를 세우기로 합의했으나, 이를 위한 뚜렷한 추진전략이 결여되어 있었기 때문에 이행 과정이 막연한 상태였다. 해방 이후 38선을 경계로 미국과 소련의 한반도 진주와 동시에 군정이 실시되었다. 미군은 맥아더의 칙령에 따라 1945년 9월 8일부터 하지(John Hodge) 중장을 중심으로 남한 지역에 대해 군정을 실시했다.[8] 미군정은 내부적으로 분열되어 당파 간의 정쟁에 빠져 있던 남한 지역의 정치지도자들이나 정파를 근본적으로 불신했으며, 심지어 1946년까지

---

[8] 9월 7일 연합국 총사령관(Supreme Commander of the Allied Powers in Japan: SCAP) 맥아더는 38선 이남에 대한 군정 통치 실시와 관련된 칙령을 발표했다.

일본 관리를 보직시킨다거나 친일 인사를 등용함으로써 한국인의 분노를 자극했다. 한국 사람의 독립에 대한 열망에 따라 1946년 12월 미군정의 지원 아래 45명의 민선의원과 45명의 관선의원, 총 90명으로 구성된 '입법의원'이 설치되어 여러 법령이 제정되었고 1947년 2월 미군정은 과도정부에 행정권을 이양했다.

38선 이북 지역에서도 소련군이 1945년 8월에 군정청(Soviet Civil Authority)을 설립하여 친소 북한 정부의 수립을 지원했다. 일제 식민지로부터 해방된 후 북한 지역의 최대 현안은 일본 제국주의 잔재와 봉건적 요소를 척결하는 일이었다. 이와 같은 혁명으로 인해 북한도 남한 지역 못지않게 정치·사회적으로 불안정했다. 중앙 무대에서는 권력 투쟁으로 혁명 세력들 간에 갈등이 심했고, 지방 무대에서는 지주와 일제 결탁자들에 대한 공격이 빈번했다. 1946년 2월 북한의 혁명 세력들은 북한 지역 전체를 통치할 기구로서 '북조선 임시 인민위원회(North Korean Provisional People's Committee)'를 설립했고 주요 보직에 공산주의자들을 임명했다. 이는 다시 1947년 2월 '북조선 인민위원회'로 개칭되어 차후 북한 지역 내에서 프롤레타리아 혁명을 주도했다.

1945년 12월 모스크바에서 개최된 미·영·소 3국 외상회담에서 미·소에 의한 신탁통치가 결정되었다. 소련의 사주를 받은 좌익·공산계열은 신탁통치를 찬성했고, 자유 진영은 반대했다. 이처럼 좌·우·중간파 간의 대립과 일제잔재처리 문제로 한반도의 정치적 상황은 대단히 혼란스러웠다.

신탁통치 실행을 위한 의견조정과 한국 사람의 의견청취를 목적으로 1946년 3월 '미·소 공동위원회'가 개최되었으나 소련이 반탁운동을 한 정치단체의 참여를 반대함으로써 무산되고 말았다. 1947년 5월 2차 '미·소 공동위원회'도 미·소 간의 의견 대립이 심화됨으로써 결렬되었다. 이처럼 미·소 간의 불신이 심화되는 상황에서 남북 정치지도자들의 상호 불신과 반목이 심해지고, 남한 내 공산당의 준동이 격화되는 등 한반도의 정세마저 불안해져 통일된 정부 수립은 점차 기대하기 어려워졌다.

이와 같은 상황에서 1947년 가을 미국은 한반도 문제를 유엔에 상정했다. 이는 유엔 감시하에 자유 총선을 실시하고 한반도에 독립국가를 수립하기 위한 조치였다. 유엔 총회는 자유선거 실시, 외국군의 한반도 철수, '유엔한국위원단'의 설치 등을 골자로 하는 결의안(1947. 11. 14)을 채택했다. 그러나 소련의 반대로 유엔한국위원단의 북한 지역 입국이 거부되자 남한 지역에서만 총선(1948. 5. 10)이 이루어졌다. 이 선거에 따라 1948년 8월 15일 이승만 대통령을 중심으로 한 대한민국 정부가 수립되었고, 대한민국 정부는 1948년 12월 유엔 총회에서 한반도의 유일한 합법정부로 인정받게 되었다. 남한 지역에서 단독정부를 수립하려는 움직임에 맞추어 결국 북한 지도부도 1948년 9월 9일 북한 정권을 출범시켰다. 남북한 정부의 출범에 따라 미군과 소련군은 한반도에서 철수했고, 이후 38선은 사실상의 남북한을 가르는 국경선이 되고 말았다.

건국을 기해 남북한은 직접 주권을 행사해왔지만, 동·서독은 1955년에서야 부분적인 주권을 회복했다. 베를린을 포함한 완전한 주권 회복은 '2+4 조약'이 발효된 1991년 이후이다.

점령국의 정치·경제체제에 직접 영향을 받을 수밖에 없는 상황에 놓여 있던 독일과 한반도는 동서냉전이 깊어짐에 따라 자연스럽게 각기 동서양 진영으로 통합되었다. 서독처럼 한국은 자본주의 시장경제를 도입한 반면, 소련에 점령당한 동독과 북한은 1945년부터 시장경제와 생산수단의 사유화를 폐지하는 것을 골자로 하는 사회주의 중앙통제 계획경제를 도입했다. 서독이 자유민주주의체제를 표방하며 서방 진영의 나토에 결속된 것처럼 한국은 미국과의 동맹체제를 구축하며 서방 진영의 가치를 따랐다. 동독이 사회주의를 표방하며 안보를 소련을 중심으로 한 바르샤바 조약기구에 의존한 것처럼 북한도 소련 및 중국과의 동맹조약을 바탕으로 안보를 유지했다.

특히 동독과 북한은 1945년 소련군에 점령당한 이래 많은 부분에서 유사성을 보였다. 동독과 북한은 소련을 모델로 국가체제를 건설했다. 소련군의 압력으로 모든 좌파는 하나의 사회주의당으로 통합되었다. 동독의 '사회주의통일당(SED)'과 북한의 '조선노동당'[9]은 공산주의 간부당으로 국정운영을 선도했다. 정치국 내 당 서기장이 국가 일인자이며, 기타 정당과 기관들은 모두 허수아비였다. 동독과 북한은 마르크스-레닌주의에 따라 사회주의 건설을 국가목표로 삼았다. 또한 야당은 모두 제거되었고 사법체계는 하위 개념으로 전락되어 당이 모든 것을 선도했다.

1945~1946년 동독이 토지개혁을 단행한 것처럼 북한도 1946년 3월 '무상몰수+무상분배'의 원칙에 따라 토지개혁을 실시했다. 동독은 토지개혁 초기 단계에서 토지를 일단 영세농들에게 분할했다가 1950년대에 들이시며 농업생산 협동조합으로 다시 통합했고, 1960년에서야 개혁을 완결했다. 이처럼 북한도 개혁 초기에 일본인 지주나 일제와 결탁한 자들로부터 빼앗은 농토를 균등하게 농민들에게 분배했고, 이 과정에서 상당수의 지주들을 포함하여 약 40만 명에 달하는 북한 지역 주민들이 친일파 숙청 분위기를 피해 남한으로 이주했다. 이후 1950년대에 들어 북한은 농업 부문과 일부 개인 상공업 부문을 완전히 사회화하기 위해 협동화정책을 추진했고, 1958년에서야 사회주의 개혁을 마무리 지었다. 동독에서 에너지, 철강, 화학 공업 분야의 산업체 및 대기업들이 모두 국유화되거나 소련주식회사로 전환되었던 것처럼, 북한 지역에서도 1946년 8월 중요

---

9) 1945년 10월 김일성에 의해 조선 공산당 북조선 분국이 결성되었고 이는 이듬해 8월 조선노동당으로 개칭되었다.

산업시설이 국유화되었다. 북한 지역은 일제의 만주침략기지로 이용되면서 중공업 지대로 육성되어 많은 산업시설들이 있었던 반면, 남한 지역은 농업 지대로 남아 있었다.

3) 국가 성립 이후 분단 시절 동·서독 관계와 남북한 관계의 전개 과정 비교(1949~1989)

▌These 34 분단 직후부터 동·서독은 거의 전 분야에 걸쳐 왕래와 교류가 있었고, 양독 건국 후에도 이는 꾸준하게 지속·확대되었다. 서독 지도부는 분단으로 인한 주민들의 고통을 완화하고 동족 간의 이질성을 막아야 한다는 강한 철학과 의지를 갖고 양국 간 교류·협력을 제도화하기 위해 노력했다. 1972년에는 기본조약을 체결함으로써 이후 양독 간의 교류·협력이 확대되고 가속화되었다. 또한 동·서독 간의 교류·협력이 순조롭게 진행될 수 있었던 이유는 안보 문제가 양독 간의 교류·협력에 큰 걸림돌이 되지 않았기 때문이다. 동·서독은 국제 사회의 이해와 안정을 해치는 행위를 일절 하지 않음으로써 양독 관계는 국제 사회로부터 어떠한 제약도 받지 않고 마찰 없이 발전될 수 있었다.
남북한도 1992년 기본합의서를 체결했으나 북한 핵문제 등으로 전혀 이행되지 못한 채 사문화된 상태로 남아 있고, 김대중 정부의 대북포용정책추진으로 교류와 협력이 이루어졌으나 분단 시절의 동·서독과는 질이나 규모 면에서 비교할 수 없는 수준이다. 북한의 핵무기 개발로 인해 남북 교류·협력 관계가 거의 전 분야에 걸쳐 경색되어 있듯이, 한반도의 안보 문제는 남북 교류·협력 관계와 직결되어 영향을 미치고 있다. 이런 점을 종합해볼 때 이제까지 발전되어온 남북 간의 교류·협력 수준은 1945년 분단 당시의 동·서독 간의 교류·협력 수준보다도 전반적으로 질적으로나 양적인 면에서 훨씬 뒤떨어진 실정이다.

건국 후 동·서독과 남북한은 서로 각기 합법적 정부라고 주장하며 체제

경쟁을 벌였다. 서독은 동독이 주민의 자유의사에 따라 수립된 것이 아니기 때문에 불법정권이며, '주민의 자유선거로 수립된 서독만이 독일을 대표하는 유일한 합법적 국가이고, 독일제국의 후속 국가실체로서 독일 국민을 대변할 권한이 있다'라는 이른바 '단독대표권'을 주장해왔다. 서독에 따르면 동독은 소련에 의해 점령되어 자치력을 상실한 체제이기 때문에 국제법적으로 절대로 인정되어서는 안 된다는 것이었다. 아데나워 정부는 더 나아가 동독과 수교하거나 동독을 주권국가로 인정하는 제3의 국가와는 외교적 관계를 단절하는 이른바 '할슈타인 독트린'을 채택했다.

반면 동독은 서독 정부가 파시즘을 계승한 정부로서 정통성이 없으며 '반파쇼 민주국가'인 동독이야 말로 합법적인 국가라는 주장을 펴왔다. 동독의 최초 헌법(1949. 10. 7)에는 '독일은 분리할 수 없는 하나의 국가이며, 유일한 하나의 독일 국적만이 존재하고, 동독이 전체 독일을 대표하는 공화국'으로 규정되어 있었다. 그러나 갈수록 국력 격차가 커지고 국제 사회로부터 유일한 합법정부로 인정을 받는 것이 현실적으로 어려워지자 동독 지도부는 서독의 단독대표권과 할슈타인 독트린을 비난하며 국제 사회를 상대로 '독일에 2개의 국가가 존재한다'는 이른바 '2국가론'을 주장했다.

동·서독과 마찬가지로 한반도에서도 체제의 정통성을 놓고 남북 간에 체제 경쟁이 치열했다. 한국 정부는 '한국이 유엔으로부터 인정받은 한반도의 유일한 합법국가이며 북한은 소련의 세계 적화전략의 산물로서 불법 괴뢰국가이기 때문에 타도 대상'이라는 입장이었다. 반면 북한은 남한 정부를 미 제국주의의 식민지 괴뢰정권으로 간주하고 민족 해방을 달성하기 위해 무력에 의한 통일을 획책했다. 북한에 의해 자행된 6·25 남침 전쟁은 경제 파탄과 500만 명이 넘는 인명 피해를 가져왔고, 상대의 체제와 이념은 서로 적대시되어 반공과 반미 이념이 전체 남·북한 주민들에게 내면화되었다. 한국전쟁은 양 체제 내에서 군부의 정치적 영향력을 증대시켰고, 이후 권위주의 정치체제가 지속되면서 남북한 분단구조는 더욱 고착화되어갔다.

분단 상태의 지속으로 남북 주민 간의 이질성은 갈수록 심화되었고, 전 분야에 걸친 남북 간의 교류는 원천적으로 차단되었다. 한국전쟁 이후 북한은 전후 복구와 '남조선혁명'을 동시에 추진하고 있었다. 1960년 4·19 혁명 이후 북한은 '반외세 자주통일'을 강조해왔고, 1960년 8월 14일 김일성은 남북연방제통일을 처음으로 제의했다.

1960년대 들어서며 동·서독 관계는 동서냉전의 직접적인 영향을 받았다. 1960년대 초 베를린장벽 구축과 쿠바 위기로 동서 긴장이 최고조에 이르자, 미국과 소련은 양 진영 간 긴장완화를 위해 노력했다. 1963년 에곤 바는 서독 정치인으로서는 처음으로 '접근을 통한 변화'라는 개념을 주장했고, 대연정(1966~1969) 당시 외무장관이었던 빌리 브란트는 분단으로 인한 양독 주민들 간의 고통을 덜어주기 위해 처음으로 '작은 걸음 정책'을 도입했다. 1963년 12월 동·서독은 '통과사증협정'을 체결하여 베를린장벽 구축 후 처음으로 서베를린 주민들로 하여금 동베를린의 친지 방문을 가능하게 했다. 서독 정부는 1960년대 후반 소련을 위시한 동구 국가들과의 관계 개선을 위해 노력했다. 1960년대에 들어서면서 동독 정부는 베를린장벽을 설치함으로써 대내적 안정을 찾기 시작했고 이미 동구권에서는 소련 다음가는 경제 강국으로 부상했다. 서독 정부가 단독대표권을 계속 주장하는 가운데 동독 인민의회는 1967년 2월 「동독국적법」을 신설하여 동독 주민이 독립적인 독일 국민임을 강조했고, 1968년에는 동독 헌법을 개정하여 동독이 독자적인 국가임을 규정했다. 그럼에도 불구하고 서독 정부는 동독국적법과 개정된 헌법을 무시했고, 동독을 국가적 실체로 인정하지 않았다.

1960년대 동·서독이 긴장완화 노력을 강화하고 있을 즈음 한반도에서의 남북 대결은 더욱 강화되고 있었다. 1961년 5·16 군사혁명으로 집권한 남한의 군사정권은 강력한 반공정책을 국시로 삼았고, 북한은 '폭력혁명 통일론'에 따른 적화통일을 추진했다. 북한은 대남혁명전략의 기조로 소위 '3대 혁명역량'[10] 강화를 내세우며, 월남전이 격화되기 시작한 1967년 이후 청와대 무장공비 침투사건(1968. 1) 및 울진·삼척 무장공비 침투사건(1968. 11) 등 대남 무력 도발을 감행하여 남북 관계를 긴장시켰다.

1970년대에 들어서며 동서 양 진영 간에는 긴장이 현저하게 완화되었다. 1972년 미국과 소련은 SALT 협정을 체결했고 1975년 CSCE 헬싱키 최종의정서 타결로 동서 진영 간의 교류와 협력의 기본 틀이 마련되었다. 브란트에 의해 추진된 동방정책은 독일 분단 이후 동·서독 관계를 획기적으로 개선시키는 역할을 했다. 동방정책의 핵심은 미소 간의 긴장완화와 소련을 위시한 동구권과의 관계 개선을 통해 동서냉전을 극복하고, 양독 간이 물적·인적 교류와 협력을 통해 분단으로 인한 부정적인 면들을 제서해나간다는 것이었다. 동방정책의 일환으로 서독은 1972년 동독과 기본조약을 체결했다. 이 조약으로 서독 정부는 동독 정부를 공식적으로 인정했고, 그간 주장해온 단독대표권과 할슈타인 독트린을 포기했다. 1973년 동·서독은 동시에 유엔에 가입했고, 1974년 5월 2일부터 본과 동베를린에 각기 상주대표부를 설치하여 운영했다. 기본조약 체결 후 동·서독은 다양한 후속 협정을 체결함으로써 전 분야에 걸친 교류·협력이 더욱 활성화되었다. 기본조약은 많은 비판에도 불구하고 동·서독의 공존과 협력을 제도화한 기본 틀로 간주되어왔다. 또한 서독 정부는 동방정책에 따라 1970년

---

10) 남조선혁명을 달성하기 위해 북한의 혁명기지 역량, 남한의 혁명 역량, 그리고 국제적 혁명지원역량을 강화한다는 전략이다.

대 초 소련을 위시한 동구 국가들과 우호조약을 체결했다.

1970년대 동서 긴장완화 분위기는 동북아에도 영향을 미쳐 미-중 및 일-중 화해를 가져왔고, 이와 같은 국제질서의 변화는 한반도에도 그 효과가 파급되었다. 1970년 남한 정부는 '평화통일구상 선언(8·15 선언)'을 통해 남북 간 대화와 교류·협력이 중요함을 강조했고, 이어서 '남북적십자회담'(1971. 9)과 '7·4 남북공동성명'(1972) 등이 이루어져 분단 26년 만에 처음으로 남북 간에 공식 대화가 시작되었다. 남한 정부는 북한을 독립적인 주권국가로 인정하지 않았으나 현실적인 정치적 실체로는 인정했다. 이런 맥락에서 북한에 대한 남한 정부의 입장은 동독을 취급하던 서독 정부의 입장과 동일했다고 볼 수 있다.

한편으로 북한은 휴전선 일대에 땅굴을 파고, 박정희 대통령 저격미수사건(1974. 8) 및 8·18 판문점도끼만행 사건(1976)을 일으키며 대남 도발도 병행했다. 이는 북한이 '7·4 남북공동성명'에 동의했음에도 불구하고 결코 그들의 '통일전선전략'을 포기한 것이 아님을 말해주는 것이었다. 이처럼 1970년대는 동·서독이 동방정책으로 양독 간의 관계를 실질적으로 개선하며 분단 극복을 위해 서서히 다가가고 있었던 반면, 남북한은 상호 관계 개선과 관련하여 어떠한 진정성도 보여주지 못한 채 대결로 치닫고 있었다.

1979년 12월 나토의 '이중결정(Doppelbeschluss)'과 소련의 아프가니스탄 침공으로 인해 동서 진영 간 신냉전이 다시 시작되었다. 로널드 레이건(Ronald Reagan)의 SDI 발표와 독일 영토 내 미국의 Pershing II 중거리 미사일 배비를 허용하는 서독 하원의 결정 등으로 동서 관계는 악화일로를 걷고 있었다.

이처럼 미-소 간의 대립이 격화일로에 있는 가운데에 개최된 슈미트와 호네커 간의 정상회담(1981)에서 양독 정상은 비록 냉전이 도래했더라도 양독 간에는 전 분야에서 협력을 유지하는 것이 중요함을 인식하고 양독 관계를 외부의 영향으로부터 손상받지 않도록 함께 노력했다. 1982년 슈미트 후임으로 수상에 오른 콜은 동독과 관련하여 사민당의 정책을 계승했고 양독 간의 교류·협력을 점차 확대·심화시켰다. 이러한 동서냉전 관계는 1985년 고르바초프의 등장으로 반전되기 시작했다. 1987년 미·소 간에 중거리 미사일 감축협상(Intermediate-Range Nuclear Forces Treaty: INF)이 타결되었고, 동서 진영 간의 군축과 군비통제 논의가 활발하게 전개되었다. 동독을 비롯한 동구 국가들은 고르바초프로부터 내부 개혁을 강요받았다. 동구 진영의 와해는 급격히 빠른 속도로 진행되고 있었다.

1980년대 북한은 아웅산 묘소 테러사건을 일으켜 전 세계적으로 테러국가로 낙인이 찍혔다. 하지만 이후 북한은 체육·경제·적십자·이산가족 및 예술 교환단 방문 등 각종 대화와 교류에 적극성을 보이면서 제2의 남북 대화기가 도래했다. 남한 정부는 북한을 정치적 실체로 인정하며 적대의 대상이 아닌 민족의 일부로 포용했고, 화해와 협력을 바탕으로 한 '민족공동체 통일방안' 등을 마련했다.[11] 북한도 '고려민주연방공화국'(1980) 창설 방안을 제시했다.

1990년대 독일 통일과 소련의 와해 및 바르샤바 조약기구의 해체로 동서냉전이 종식되었다. 45년간 지속되어오던 서방 자유 진영과의 체제 경쟁에서 동구 사회진영은 스스로 몰락하며 붕괴되었다.

1990년대 초 동서냉전 종식을 계기로 한반도에서도 일시적 탈냉전 분위기가 지배했다. 그간 북한을 지지해왔던 소련의 붕괴와 한-중 및 한-러 수교 등으로 한반도 문제가 민족 내부 문제의 성격으로 바뀌면서

---

11) 민족화합 민주통일 방안(1982), 민족자존과 통일번영을 위한 대통령 특별선언(7·7 선언, 1988), 민족공동체 통일방안(1989).

남북 당사자의 결정이 더욱 중시되었다. 이와 같은 분위기에 편승하여 1992년 남북한은 기본합의서와 비핵화 공동선언을 채택했고, 1991년 9월 동시에 유엔에 가입했다. 그러나 이때 이루어진 모든 합의는 북한의 일방적인 파기로 지켜지지 않은 채 지금까지 문서상으로만 남아 있다.

1990년대 이래로 통일된 독일이 동독의 재건을 통해 새로운 국가로 거듭나고 있고 동구권 국가들이 서방 민주진영에 편입되어 개혁을 통해 국가를 번영시키는 동안, 남북한은 북한의 핵무기 개발로 인해 긴장과 대립관계를 유지했다. 남북한은 남북경협에 관해서 지속적인 관심을 갖고 교류·협력을 병행했고, 2000년 최초의 남북 정상회담 이후 남북 간 비군사적인 분야에서 많은 교류와 협력이 이루어졌으나, 군사 분야에서는 전혀 진전이 없는 상태로 긴장이 지속되고 있다. 특히 북한의 핵실험을 비롯한 대량살상무기 개발로 남북 관계는 더욱 악화되고 있다.

4) 동·서독과 남북한의 분단 시절 통일 정책 비교

분단 시절 서독은 기본법 전문에서 '전체로서의 독일'로 통일시키는 과업이 서독의 주요 임무 중의 하나임을 명시하고 있었다. [12] 이처럼 통일 문제가 서독의 헌법에서 최우선 목표로 규정되고 있었기 때문에 서독 정부는 분단 시절 통일을 방해하거나 법적 지위를 포기하는 어떠한 행위나 협약도 금지해왔다. 그러나 서독 정부는 본질적으로 독일 통일이 전승 4개국의 승인 없이는 불가능하다는 것을 잘 인식하고 있었기 때문에 통일 문제를 공개적으로 거론해가면서 4개국을 자극하지는 않았다. 따라서 한국

---

12) "독일 국민은 자유롭게, 자결로 독일의 통일과 자유를 성취했다(Die Deutschen ······ in freier Selbstbestimmung die Einheit und Freiheit Deutschlands vollendet)"로 통일 후 변경되었다.

처럼 시대별, 혹은 매 정권마다 발표된 통일 정책은 없는 실정이었다.

아데나워 정부의 경우 주권 회복이 무엇보다 중요했고 통일은 차후 문제였다. 따라서 아데나워의 최우선 정책목표는 서구와의 결속과 동독에 대한 힘의 우위를 유지함으로써 독일 문제를 주도하는 것이었다. 또한 분단 당시 서독은 독일 통일 문제를 거론하지 않음으로써 주변국으로 하여금 다시금 '통일된 막강한 독일'에 대해 경계심을 갖지 않도록 세심한 배려를 했다. 이에 대한 구체적인 예가 바로 동·서독 간 통일 문제를 다루던 연방부서의 명칭을 바꾼 것이다. 건국 직후 설립된 '연방 전 독일 문제부(Bundesministerium für gesamtdeutsche Fragen)'는 1969년 '연방 내독 관계부(Bundesministerium für innerdeutsche Beziehungen)'로 변경되었다. 왜냐하면 '전 독일 문제(gesamtdeutsche Fragen)'가 영어로는 'all German'으로 번역되어 또다시 민족주의가 부활하는 것이 아닌가 하는 우려를 주변국으로부터 야기할 수 있었기 때문이었다.

서독과는 달리 동독은 분단 초기부터 빠른 시일 내에 통일을 이룩하고자 노력했고, 1956년부터 동·서독 각자 군사동맹으로부터의 탈퇴와 군비 축소, 그리고 독일 영토로부터 외국군대의 철수를 주장해왔다. 1957~1958년 울브리히트 수상은 통일 전 단계로 동·서독 동수의 의원들로 구성되는 전 독일 의회를 구성하여 동·서독 간의 국가연합 창설을 주장했다. 그러나 이후 체제 경쟁에서의 열세로 인해 더 이상 정부 차원에서 통일 정책에 대한 발표는 없었다.

독일과는 달리 분단 이후의 남북한은 통일에 대한 강한 집념을 보이며 이제까지 통일 정책과 방안을 시대 상황에 따라 발전시켜왔다. 남한 정부의 통일 정책은 분단 직후에는 영토적·제도적·정치적 통일로의 접근이었으나,[13] 분단 속에 대립이 장기화됨에 따라 민족공동체의 회복을 더 우선시하는 점진적이고 단계적인 통일 방식으로 변화되어왔다.

1970년대 이후부터 남한은 북한의 정치적 실체를 인정하기 시작했고, 1980년대를 거쳐 지금까지 남북 간의 화해와 협력을 통해 공존공영하며 민족화합을 이룬 후 정치적·제도적 통일을 실현하는 방향으로 지금까지 통일 정책을 발전시켜왔다. 남한의 공식적인 통일방안은 김영삼 정부 이래 기조를 이어오고 있는 '민족공동체 통일방안'(1994. 8. 15)이다. 이는 먼저 민족통합을 이룬 후 국가통일을 이룩하자는 개념이다. 이 방안은 통일 기본 원칙으로 '자주·평화·민주'를 제시하고 있고, 통일 과정으로는 ① 남북한은 상호 체제를 인정하고 화해·협력단계를 거쳐 상호 적대와 불신을 청산하고, ② 이어서 통일을 앞둔 잠정적인 과도적 통일 체제로 민족 공동 생활권을 형성하는 단계인 '남북연합(confederation)'을 이룩한 후,14) ③ 남북 두 체제를 정치적·제도적으로 통합하여 '1민족 1국가' 통일을 완성시킨다는 것이다.

북한의 통일 정책 기저에 깔려 있는 전략은 분단 이후 줄곧 주장해온 '남조선혁명론'이다. 즉 조국 통일은 남조선혁명이 수행되는 조건하에서만 달성될 수 있다는 것으로, 이는 주한 미군이 남한에 주둔하고 있는 한 어떤 형태의 통일도 불가능하다는 인식에서 출발했다. 1960년대 북한은 '남조선혁명론'에 기초하여 남한 내 혁명 세력을 지원하고 국지적 군사적 모험을 감행했으나 실패했다. 북한은 1960년 처음으로 연방제 통일방안을 공식적으로 제안했다. 이 방안은 1980년 10월 조선노동당 제6차 대회에서 '고려연방제 통일방안'으로 구체화되었다.

이 방안의 주요 핵심은 남과 북이 ① 현존하는 서로 상이한 사상과 제도를 그대로 인정하고, ② 동등하게 참가하는 민족통일정부를 수립하며,

---

13) 유엔감시하 남북 자유총선거.
14) 남북한이 각기 대외적으로 주권을 행사하며, 남북 정상회의와 남북 각료회의가 상설화되어 있고 남북의회 대표들이 함께 통일에 따른 법 절차를 준비하는 단계이다.

③ 같은 권한과 의무를 지니고 각각 지역 자치제를 실시하는 연방공화국을 창립하여 통일을 달성하자는 것이었다. 고려연방제 통일방안은 남한이 주장하는 통일로 가는 과도기적 성격의 남북연합 개념과는 상이한, 완성된 통일국가로서의 연방제(federalism)를 의미하는 것으로, '1민족 1국가 2제도 2정부'의 구상을 제시한 것이다. 즉 북한은 남북의 상이한 사상과 제도가 항구적으로 공존할 수 있다고 보며, 정치적 통일을 이룩한 후 민족통일을 달성하자는 것이다. 북한은 이 방안의 전제조건으로 ① 남한에서의 군사통치 청산과 사회의 민주화(국보법 철폐), ② 미국과의 평화협정 체결과 주한미군 철수를 통한 긴장상태 완화 및 전쟁 위험 제거, ③ 미국의 두 개의 한국 조작 책동 저지와 남조선 내정간섭 종식을 내세웠다.[15]

그러나 시간이 흐르면서 북한은 체제 대결에서 절대 약세를 보이기 시작하자 기존의 고려연방제 방안을 수정하여 국가연합적 방안을 선호하는 방향으로 서서히 선회하는 것으로 보인다.[16] 독일보다 통일에 대한 더 강력한 의지를 갖고 있음에도 불구하고, 역설적으로 한반도의 통일은 아직도 요원한 상태이다. 이에 대한 근본적인 원인은 남북한이 한반도 주변의 냉전구조와 남북 대결구조를 변화시킬 내적 역량을 구비하지 못한 채 소모적인 대치 관계를 벗어나지 못하고 있기 때문이다.

5) 분단 시절 동·서독과 남북한의 분야별 교류·협력 비교(1945~1989)

동·서독은 정치적 대립 상황으로 인해 일부 제약사항이 따르기는 했지만 분단 직후부터 거의 전 분야에 걸쳐 실질적인 교류와 접촉을 유지했다.

---

[15] 이종석, 『새로 쓴 현대북한의 이해』(역사비평사, 2000), 384쪽.
[16] 이종석, 『새로 쓴 현대북한의 이해』, 388~389쪽.

특히 1972년 기본조약 체결 이후 양독 간의 교류·협력은 획기적으로 확대·심화되었고, 1972년부터 통일 직전까지 30개 이상의 후속 협정들이 체결되었다. 이로써 분단으로 인해 야기되는 양독 주민들 간의 고통이 완화되었고, 같은 민족으로서의 결속감이 줄곧 유지될 수 있었다.

한반도 상황과 확연히 비교되는 양독 간 교류·협력 분야를 요약하면 다음과 같다.

(1) 인적 교류 및 이산가족 상호 방문

남북한과는 달리 분단된 이후에도 동·서독 주민 간의 왕래는 꾸준히 지속되었다. 1952년 5월 동독의 동·서독 국경차단과 1961년 베를린장벽 설치 이후 동독 주민들에게는 공공 목적의 여행만이 허용되었지만, 1953년부터 연금수령자에 한해 제한된 범위에서 서독 방문이 가능하게 되었다. 1964년부터 다양한 사유에 대해서 서독 방문이 허락되었고, 방문기간도 연 4주로 늘어났다. 1962년 처음으로 동독은 서독으로의 합법적 이주를 허용했다.

1971년 '베를린 지위 관련 전승 4개국 협정'(9. 3)을 시발로, '동·서독 국경통과협정'(1971), '교통조약'(1972. 5. 26), 그리고 '기본조약'(1972)이 체결되어 동독이 여행 규정을 대폭 완화함으로써 동·서독 간의 인적 교류는 획기적으로 늘어났다. 1984년부터 동독 정부는 서독인의 동독 방문에 대한 규제를 완화하여 친척뿐만 아니라 지인에 대해서까지도 방문을 허용했고, 이때부터 단체관광도 가능하게 되었다. 또한 동독 정부는 비록 연금수령자가 아니더라도 긴급한 가사 사유를 가진 자들에 대해 당국의 허가를 받을 경우 60일 내에서 서독 방문을 허용했다. 이때 방문 대상은 친척뿐만 아니라 지인들까지 확대되었다.

이미 1982년부터 서독의 독일 연방청소년회와 동독의 독일자유청소년회 간의 협정 체결로 청소년 상호 교류가 시작되었고, 1986년에는 긴급가사 사유로 인한 서독 방문이 젊은 층까지 확대되어 동독인의 서독 방문은 급증했다.

분단 시절 서독 정부는 인도적 차원의 관계 개선을 위해 이산가족 재결합 정책에도 큰 관심을 기울여, 1961년부터 1988년 말까지 55만 5,000여 명의 동독 주민을 받아들였다. 이 외에도 서독 정부는 동독 정부에 물품을 지원하는 조건으로 통일 직전까지 약 25만 명의 동독 주민을 서독으로 이주할 수 있게 했다. 1963~1989년 서독 정부는 약 34억 마르크를 지불하여 총 3만 4,000여 명의 동독 정치범을 석방시켰다.

한반도의 경우 1985년 9월 분단 이후 처음으로 남북 이산가족의 고향방문과 예술공연단 교환행사가 있었고, 본격적인 남북 간의 인적 교류는 1989년 '남북 교류협력에 관한 지침'이 제정된 이후부터 시행되어오고 있다. 남북 왕래는 주로 남한 주민의 북한 방문이 대세를 이루고 있다. 1998년 11월 이후 시행되어오던 금강산 관광사업에 따라 많은 남한 주민들이 북측을 방문했다. 이후 6·15 남북 공동선언에 따라 2000년 8월과 2000년 11월 이산가족 상봉이 성사되었다. 영상을 통한 이산가족 상봉도 추진되었다.

그러나 남북한의 경우 분단 당시 동·서독처럼 인적 교류가 제도화되어 있지 않고 대부분 정치적 이벤트에 따른 일회적인 행사로 그치고 있다. 따라서 남북한 간의 인적 교류는 동·서독 간의 인적 교류와 질적·양적으로 달라 비교 자체가 불가능하다.

(2) 경제교류

1951년 9월 양독 간의 교역협정인 '베를린 협정'이 체결된 이후 본격적인 동·서독 간의 교역이 '외국과의 무역이 아닌 내독 간의 무역'의 성격으로 시행되었다. 베를린 협정 이후 양독 간의 교역 규모는 지속적으로 확대되어 1950년 8억 마르크에서 1988년도에 160억 마르크로 약 20배나 증가했다. 양독 경제교류의 경제적 의미는 서독의 경우 미미했으나, 동독의 경우 상당했다고 볼 수 있다. 계획경제를 추진했던 대부분의 동구권 국가와 마찬가지로 생필품 및 소비재 물품의 부족 현상을 겪고 있던 동독에 서독으로부터의 물자 공급은 체제 안정을 도모하는 데 큰 도움이 되었다. 서독 지도부는 근본적으로 양독 간의 교류와 협력을 통해 상호 체제 간의 이질성을 극복하고 동독 내부에서의 점진적인 변화를 도모할 수 있다는 인식을 갖고 있었다.

한반도의 경우 남북 간 물자교류는 1988년 '7·7선언'과 그 후속 조치인 대북한 경제개방조치에 따라 시작되었으나 본격적인 남북 교역은 1990년 8월 「남북 교류협력에 관한 법률」과 동법의 시행령이 제정되면서부터이다. 1989년부터 2008년까지 남북 간 교역액은 총 110억 달러에 이른다. 서독의 동독에 대한 지원 규모나 양독 간의 교역 방식 및 규모 면에서 볼 때 남북한의 경우 동·서독 상황에 비해 매우 미미한 초기 단계 수준이다.

(3) 교통·통행

분단 직후부터 양독 간 교류와 통행 채널은 전승 4개국에 의해 허용되어 동·서독 간의 교통 왕래는 한반도 상황과 근본적으로 달랐다. 분단 후 동·서독 주민들은 소련군 점령사령관이 허용한 철도, 도로, 항공에서 각각 1개 노선을 통해 서로 왕래할 수 있었다. 1952년 5월 소련 통제위원회의 명령에 따라 안전 및 통제 조치가 강화되면서부터 동·서독 간 왕래는 급격히 감소되었지만, 1970년대에 들어서면서 동·서독 간의 교통 교류는 서독 브란트 수상의 동방정책과 동서 진영 간의 긴장완화 추세에 힘입어 급진전을 맞이하게 되었다. 1971년 '베를린 지위 관련 전승 4개국 협정',

'동·서독 국경통과협정', 1972년 양독 간 '교통조약' 체결로 교통교류가 급증했다. 이에 따라 동·서독은 인적 교류, 무역거래, 우편 전신 및 전화 분야의 협력, 여행, 문화, 과학기술, 교회, 청소년, 스포츠 및 언론정보 분야 등 사회 전반에 걸쳐 교류·협력을 증진시킬 수 있었다. 분단 당시 서독 정부는 주로 통행 장애의 완화나 접경 지역의 무기제거 등을 조건부로 동독의 교통 인프라에 적극 투자했다.[17]

한반도의 경우 남북한 간의 교통 및 통행은 일절 이루어지지 않고 있다.

(4) 우편·통신

비록 정치적 영향을 받아 많은 우여곡절을 겪긴 했지만 분단 후 동·서독 지역 간 우편과 통신은 일관되게 유지되어왔다. 1948년 베를린 봉쇄 당시 양 진영 간의 소포 교환이 일시 중단되었고, 1952년 5월 동독은 서베를린과의 전화선을 단절함으로써 서베를린과 서독 간의 직통전화가 불통되기도 했다. 그러나 1970년대 초부터 합의된 일련의 협약들로 인해 동·서독 간 우편 및 통신 교류는 획기적으로 개선되었고, 특히 1976년 우편·통신협정 체결 이후 이 분야 교류는 다른 분야보다 순조롭게 진행되었다. 내독 간 서신 교류는 일부 서신검열과 같은 정부의 개입 사례를 제외하고 동독 측에 의해 완전히 단절된 적은 한 번도 없었고, 통일 직전 동·서독 전 지역이 자동 전화권에 속해 있었다. 이는 한반도와는 확연히 다른 상황이다.

(5) 정상회담 및 정당 교류

1970년부터 1989년 11월 9일 베를린장벽이 무너지기 전까지 동·서독

---

[17] 서독은 기본조약에서의 합의에 따라 베를린-함부르크 간의 고속도로를 건설했고, 마리엔본(Marienborn)-베를린 외곽도로 간 고속도로 보수를 재정지원 했다.

간에는 모두 네 차례의 정상회담과 수차례의 비공식적인 정상 간의 만남이 이루어졌다. 분단 이후 동독에는 집권당인 사통당 이외에 4개의 위성정당이 존재했다. 사통당을 제외한 네 개의 정당은 특정 계층별 주민들을 정치적으로 동원하고, 사회적 통합을 위해 통제할 목적으로 사통당에 의해 조종되었다. 그럼에도 불구하고 네 개의 위성정당은 분단 시절 내내 동독 내 지지 세력들을 관리했고 서독의 자매정당과의 교류를 유지하면서 동독 체제가 급격히 이질화되는 것을 막아주는 역할을 했다.

한반도의 경우 2000년에 처음으로 남북 정상회담이 이루어졌고, 2007년 두 번째 정상회담이 성사되었다. 북한 지도자의 은둔적 통치 행태로 인해 제3의 국제회의장에서 남북 정상이 회동할 기회는 전혀 없었다. 북한의 정당체제도 동독과 유사한 집권당과 위성정당체제로 되어 있다. 지배정당인 조선노동당과 위성정당인 북조선사회민주당과 천도교 청우당이 있으나, 남북한 간의 정당 교류는 상상할 수도 없는 실정이다.

(6) 도시 간 자매 교류

1986년부터 동·서독 도시 간에는 자매결연이 이루어졌다. 1989년 12월 말까지 모두 62개의 도시가 상호 자매결연을 했다. 자매도시들은 도시계획, 교통계획, 주택 문제 및 환경오염 등과 관련된 경험과 정보를 상호 교환하기도 했고, 청소년 교류나 문화행사 등을 개최했다. 남북한 간에는 도시 간 자매 교류가 아직도 실현되지 않고 있다.

(7) 문화·학문 교류

1986년 5월 양독 간 음악, 연극, 예술, 문학, 영화, 도서관, 박물관 및 기념비 관리 등과 관련된 분야의 문화협정이 체결되었다. 1987년 양독 간에는 학문·기술 분야 협력, 환경 분야 협력, 그리고 방사능 보호 분야와 관련된 정보교환협정이 체결되었다. 동·서독 대학 간 자매결연도 뒤따랐다. 남북 간에는 1998년 김대중 정부가 출범한 이후 남북합동음악회, 공동전시회 등 문화·예술 분야의 남북 교류가 활발하게 추진되기 시작했으나 남북 관계가 경색되면서 점차 건수가 줄어들고 있다. 2008년에는 '윤이상 평양음악회'와 ≪통일문학≫ 공동 발간 등이 성사되었으나, 근본적으로 남북 간에는 문화·학문 교류와 관련 제도적 장치가 없는 실정이다.

(8) 스포츠 교류

국제올림픽위원회(IOC)의 '1국 1개 국가올림픽위원회(NOC)'라는 정신에 따라 동·서독은 1956년 1월 제7회 동계올림픽, 1956년 제16회 멜버른, 1960년 제17회 로마, 그리고 1964년 제18회 동경 하계올림픽 등 네 차례에 걸쳐 단일팀을 구성하여 출전했다. 그러나 1965년 10월 마드리드 IOC 총회에서 동·서독 2개의 NOC를 공식 인정함에 따라, 양독은 1968년 제19회 멕시코 올림픽부터 개별적으로 출전했다.

베를린장벽 설치 후 1961~1966년 동·서독 간 스포츠 교류는 거의 단절되었으나, 동·서독 기본조약 체결에 따라 스포츠 분야 교류가 재개되었다. 1974년 스포츠 의정서 체결에 따라 양독의 체육단체인 서독의 DSB와 동독의 DTSB는 연간 내독 간 스포츠 교류계획을 수립하고, 국경지방 도시 주민들과 청소년의 스포츠 교류를 포함하여 더 많은 종목의 교류 확대를 위해 노력했다.

남북한은 분단 이후 처음으로 1990년 10월 서울과 평양을 오가며 남북통일 축구대회를 개최하여 남북한 간 스포츠 교류의 막을 열었다. 이후 세계 탁구선수권 대회와 세계 청소년축구선수권 대회에 단일팀으로 참가했다. 이후 별다른 진전이 없다가 1999년 통일 농구경기대회를 서울과 평양에서 개최했고, 2000년 시드니 올림픽에서 남북한 선수들이 동시 입장했다. 그러나 이러한 교류 형태는 전부 일회성 이벤트 성격을 띠었고, 남북한 간 독일과 같은 스포츠 의정서 체결에 따른 제도적 교류는 없는 실정이다.

(9) 언론·방송

1950년대부터 동독 언론인들은 서독에서 서독 언론인들과 똑같은 여건 아래서 자유롭게 취재활동을 할 수 있었으나, 동독 내 서독 언론인들은 1972년까지 취재 보도가 자유롭지 못했다. 1972년 기본협정 체결로 양독 간 언론·방송 분야의 협력도 활발해졌다. 이후 서독 언론들의 동독 취재 기사는 훨씬 다양하고 한층 깊어졌다는 평가를 받았다. 심지어 동독 주민들은 서독 방송에서 보도하는 동독 관련 기사들로 동독 내 실정을 파악할 수 있었다. 서독 언론의 비판적 시각을 접하면서 동독 주민들은 안목을 넓힐 수 있었고, 이들의 민주화 의식이 고양되어 차후 평화혁명을 수행하는 원동력이 되었다.

남북한 간 방송교류사업은 1999년부터 이루어졌다. 이후 2000년 6·15 남북정상회담을 통해 남한의 방송사들은 일방적으로 방북 취재를 하거나 시사다큐멘터리, 공연, 영화와 드라마 분야에서 북한과 공동 제작을 했다.

2000년 8월 남측 언론사 사장단이 북한을 방문했고, 남한 방송위원회는 6·15 공동선언을 계기로 2002년 8월 북한의 조선중앙방송위원회와 「남북 간 방송협력에 관한 기본합의서」를 채택하기로 합의했으나 실현되지 않고 있다. 남북한 간에는 아직까지 방송과 관련된 정례화된 행사나 특파원 활동은 없는 상태이다.

(10) 종교

동독의 헌법에서는 신앙의 자유를 보장하고 있었고, 대부분 개신교 신도였던 동독 주민들은 서독 교회와의 접촉을 유지해왔다. 그러나 동독 지도부는 1950년대와 1960년대에 걸쳐 교회탈퇴운동을 장려하는 등 교회에 대한 탄압 조치를 단행했고, 동·서독 간 교회단체를 분리시키려 했으며, 동독 교회를 사회주의 체제를 대변하는 기관으로 변모시키려 노력했다. 그러나 1970년대 호네커가 집권한 이후로 교회 세력에 대한 탄압이 줄어들었고, 기독교인들에 대한 차별 조치가 점차 완화되었다. 동독 교회는 반체제 시민단체들인 평화·환경·인권보호단체들을 보호하며 활동의 근거지를 제공했고 이들의 민주화운동을 지원했으며 1989년 여름 정치 변혁기에는 동독 시민들의 시위가 폭력화되는 것을 막는 데 큰 기여를 했다.

동독과 마찬가지로 북한에도 '신앙의 자유'는 헌법에 명기되어 있다. 그러나 북한에 종교가 있는지의 여부는 보는 시각에 따라 다르다. 체제 유지를 위해 급조된 위장 종교단체인지 실제 종교단체인지는 명확하지 않으나, 북한의 종교단체들은 1970년대부터 국제적인 종교기구 및 외국의 종교단체들과 접촉해왔다. 1970년대 중반 무렵부터 북한의 종교단체들은 세계교회협의회(World Council of Churches: WCC), 기독교평화회의(Christian Peace Conference: CPC), 그리고 아시아불교도평화회의(Asian Buddhist Conference for Peace: ABCP) 같은 국제 종교기구들과 관계를 맺어나갔다. 그리고 이러한 경험과 관계를 통해 1980년대부터는 남북 종교 교류에 나서게 되었다. 한국 천주교회는 1988년 6월 북한에 조선천주교인협회가 결성된 후 북측의 천주교회와 교류할 수 있었다. 남한의 정의구현사제단은 종교적인 문제보다는 민족통일을 더 앞세우고 북한과 접촉했다. 북측 종교단체들은 수시로 통일 문제나 남한의 종교탄압과 인권 문제에 개입했다. 1990년대에 들어서면서 남북 종교 간 접촉은 「남북 교류협력에 관한 법률」(1990. 8. 1)의 제정을 통해 촉진되었다. 1990년대 이후 종교 교류의 폭은 기독교, 불교 외에도 천도교, 대종교, 원불교, 통일교 같은 신종교로까지 확대되었다. 교류 내용도 인도적 지원부터 통일 문제까지 다양화되었다. 남북 종교 교류가 남과 북이 각기 목표를 달리하고 진행되고 있다는 점에서 '동상이몽적인 교류'로 평가되기도 한다. 그러나 분명한 것은 남한 주민들이 누리는 차원의 종교의 자유가 북한 사회에 만연한 것은 아니라는 점이다.

(11) 군비통제

분단 시절 동·서독 간 직접적인 군비통제와 군축 관련 협상은 없었다. 단지 1973년 10월 빈에서 시작된 나토와 바르샤바 조약기구 19개 회원국 간에 개최된 '유럽 상호 균형 병력 및 무기 감축(MBFR)' 협상의 틀 속에서 양독의 군비 문제가 다뤄졌을 뿐이었다. 이 협상의 목표는 나토 동맹국인 독일, 네덜란드, 벨기에, 룩셈부르크와 바르샤바 동맹국인 동독, 체코슬로바키아, 폴란드 간 재래무기 및 병력을 감축하기 위한 협정을 체결하는 것이었다. 나토는 서방측에 유리하게 비대칭적 감축을 주장했고, [18] 바르샤바 측은 동수 감축을 고집했다. 이 협상은 16년 만에 종결되었고 1989년 3월 유럽 재래식무기감축협정으로 대체되었다.

남북한은 정치·군사적 대결 상태를 해소하고 다각적 교류·협력 문제를 논의하기 위해 1990년 9월부터 1992년 9월까지 8차에 걸쳐 남북 고위급 회담을 개최한 바 있다. 1992년 2월 남북 기본합의서가 채택되었고, 이에 따라 남북한은 불가침 부속 합의서를 발효시켰다. 주로 남북 간에 ① 무력 불사용, ② 분쟁의 평화적 해결 및 우발적 무력 충돌 방지, ③ 불가침 경계선 및 구역, ④ 군사직통전화 설치 운영, ⑤ 대규모 부대 이동과 군사연습의

---

[18] 바르샤바 측은 나토 측보다 많은 수의 재래무기를 보유하고 있었기 때문에 나토 측은 많이 보유한 측이 많이 감축해야 한다(wer mehr hat, muss mehr abrüsten)는 입장이었다.

사전 통보 및 통제 문제, ⑥ 비무장지대의 평화적 이용 문제, ⑦ 군인사 교류 문제, ⑧ 정보교환 문제, ⑨ 대량살상무기와 공격능력제거를 비롯한 단계적 군축실현 문제, ⑩ 검증 문제, ⑪ 군사분계선 일대의 무력증강중지 문제, ⑫ 정찰활동정지 문제, ⑬ 영공·영해 봉쇄중지 문제, ⑭ 수도권 지역 안전보장 문제 등을 협의하기로 했다.

그러나 북한은 남한의 팀스피리트 훈련과 화랑훈련 실시 문제를 핑계로 모든 남북 군사회담을 중지함으로써 남북 간의 군비통제에 관한 협상은 전혀 진전되지 않고 있는 실정이다. 북한 핵문제를 해결하기 위하여 2003년 8월부터 6자회담이 열려왔으나 2008년 12월 11일을 마지막으로 아직까지 재개되지 못하고 있다.

(12) 국방 및 국경관리

동·서독과 남북한이 분단된 후 양대 점령 지역 간 경계선이 설정되었을 때의 초기 상황은 유사했다. 해방 후 미·소군이 한반도에 진주한 이후에도 한동안 주민들이 여러 가지 목적에서 서로 38선을 넘어 남북을 왕래할 수 있었던 것처럼, 1946년부터 소련 점령군에 의해 국경이 통제되기는 했으나 동·서독 주민 간의 왕래는 가능했다. 내독 국경은 1946년부터 차단되어 1949년 동·서독이 창건되고 동서냉전이 심화되면서 동·서독 간의 군사분계선으로 변했다.

한반도의 경우 미·소로부터 각기 후원을 받은 남과 북이 각기 체제를 강화하는 과정에서 38선 접경 지역을 중심으로 군사적인 대립 양상을 보인 반면,[19] 동·서독 간에는 이와 같은 군사적 갈등이 없었다. 한반도와

---

19) 1948년 정부수립을 전후하여 38선 접경 지역에서는 약탈, 납치 보복 등 국지적인 분쟁이 빈발했는데, 이는 주로 미·소군, 미군·북한경비대, 혹은 남·북 청년단체 대원들 간의 충돌로서 총격전의 양상을 띠었다. 이와 같은 무력 충돌은 1949년

달리 독일의 경우 군사분계선의 철책과 철책 후방 차단시설은 동독 지역에만 설치되어 있었고, 동·서독은 군인 대신 특수경찰이 국경감시임무를 수행했다. 동독의 경우 국경경찰은 최초 슈타지에 소속되었다가 1961년부터 국방부로 편입되었다.

동·서독 국경이 본격적으로 군사분계선으로 차단되기 시작한 것은 1952년 5월부터이다. 1960년 최초로 국경 지역에 차단시설과 지뢰가 매설되었고 군견 기지를 설치하는 등 동·서독 간의 국경통제가 강화되자, 많은 동독인은 서베를린을 통해 서독으로 탈출했다. 이에 동독 지도부는 소련과 바르샤바 조약 동맹국과의 협의를 거쳐 1961년 8월 13일 베를린장벽을 설치하기 시작했고, 이 외에도 내독 국경선의 철책을 강화했으며, 탈출방지 장애물 및 감시탑 등을 설치했다. 1961년 9월 15일 동독 국경경찰은 일시적으로 국방부 소속으로 편입되어 편제도 '인민군 국경부대 사령부'로 바뀌었고, 국경군인으로 신분이 변경되면서 전차(T-34), 장갑차(BTR-152), 유탄발사기 등으로 무장했다. 1972년 양독 관계가 정상화되고 교류·협력이 시작되었음에도 불구하고 체제 불안을 느낀 동독 지도부는 국경차단조치를 더욱 강화했다. 1971년 차단 지역 내에 자동 발사기가 설치되기 시작했고, 1975년에는 더 많은 지뢰가 매설되었다. 1982년 국경법의 제정으로 국경 탈출자에 대한 총기 사용 명령이 법제화되었다. 1983년 바이에른 주지사인 슈트라우스가 동독에 20억 마르크의 차관을 제공하는 조건으로 동독은 1983년부터 1985년까지 철책에 장착된 SM 70 자동발사 기관총과 지뢰를 제거했다.

한반도의 휴전선은 1953년 이래로 중무장한 남북한 군인들이 대치해오

3월 중순에 접어들면서부터 격화되기 시작했다. 대부분은 경비대 간에 발생한 소규모 충돌이었지만 어떤 경우에는 개성 지역 전투에서처럼 정규군 보병대대 규모로 확대된 경우도 있었다.

고 있다.

(13) 동·서독과 비교한 남북한 간의 교류·협력 수준

구체적으로 교류·협력과 관련하여 현재의 남북 관계는 통일 전 동·서독 관계와 비교할 때 다음과 같은 시각에서 진단될 수 있을 것이다.

첫째, 분단 직후부터 동·서독은 거의 전 분야에 걸쳐 교류와 왕래가 있었고, 양독 건국 후에도 이는 꾸준하게 지속·확대되었다. 이에 비해 이제까지 발전되어온 남북 간의 교류·협력 수준은 전반적으로 1949년 동·서독 건국 당시 양독 간의 교류·협력 수준보다 질적으로나 양적인 면에서 훨씬 뒤떨어져 있는 실정이다.

둘째, 1972년 동·서독은 이후 양국 간 교류·협력을 제도화하기 위해 기본조약을 체결했고, 이후 양독 간의 교류·협력이 확대되고 가속화되었다. 외형상으로 보면 남북한도 1992년 기본합의서를 체결하여 교류·협력의 기반을 닦는 듯 보였다. 특히 1990년대 말 출범한 김대중 정부는 최초로 정상회담을 성사시키며 대북포용정책을 추진했고, 이에 따라 교류와 협력이 확대되면서 2000년대 중반의 남북 관계는 1970년대 초 독일의 브란트 정부 초기 때와 유사한 듯했다. 그러나 남북 기본합의서는 발효되고 나서도 북한 핵문제 등으로 전혀 이행되지 못한 채 사문화된 상태이다.

셋째, 독일의 경우 양독 지도부는 분단으로 인한 주민들의 고통을 완화하고 동족 간의 이질성을 막아야 한다는 강한 철학과 의지를 갖고 기본조약을 추진했다. 또한 동·서독 간의 교류·협력이 순조롭게 진행될 수 있었던 이유는 안보 문제가 양독 간의 교류·협력에 큰 걸림돌이 되지 않았기 때문이다. 동·서독은 국제 사회의 이해와 안정을 해치는 행위를 일절 하지 않음으로써 양독 관계가 국제 사회로부터 어떠한 제약도 받지 않고 마찰 없이 확대·추진될 수 있었다.

반면 한반도의 안보 문제는 남북 교류·협력 관계에 그대로 직결되어 영향을 미치고 있다. 분단 이후 남북한 지도부는 여전히 상호 불신을 갖고 있으며, 특히 북한 지도부는 핵무기 개발에서 보듯 국제 사회의 이해나 가치가 존중되고 준수되어야 한다는 개념을 갖고 있지 않은 상태에서 아직도 국제관계를 '제국주의 타도'라는 혁명적 이념에서만 인식하고 있다. 따라서 남북 관계는 어떠한 미사여구를 쓴 합의가 있더라도 언제든지 최악의 상태인 원점으로 돌아갈 수 있는 위험 소지를 안고 있다. 현재 남북 교류·협력 관계는 북한의 핵무기 개발로 인해 거의 전 분야에 걸쳐 경색되어 있다. 결론적으로 현 남북 관계는 외양적으로 1970년대 초 동방정책을 추진할 때의 상황과 유사한 면이 다소 있어 보이기는 하나, 교류·협력의 질적인 면과 북한 지도부의 정책결정 과정에서 보여주는 의외성을 고려할 때 근본적으로 동·서독의 분단 초기 상황보다도 훨씬 뒤떨어져 있는 실정이다.

6) 독일의 분단이 한반도에 주는 시사점

독일과 한반도의 분단이 동서냉전의 틀 속에서 장기간 고착되어왔던 것은 동일하다. 그러나 동·서독과 남북한이 똑같은 동서냉전 속에서도 상호 관계를 발전시키는 방식과 태도에는 근본적으로 차이가 있다.

서독은 엄청난 국력을 바탕으로 자신을 둘러싸고 있는 동서냉전 자체를 극복하기 위해 양 진영 간에서 주도적인 역할을 수행했다. 서독은 전승 4개국을 포함하여 동구 주변국과의 관계 개선을 위해 전(全)방위적인 외교적 노력과 경제지원을 병행했고, 유럽 내 평화와 안정을 정착시키기 위해 군비통제나 CSCE의 활동에도 적극적이었다. 결국 이러한 서독 정부의 외교적 노력은 동서냉전 해체에 크게 기여했다. 그뿐만 아니라 서독 지도부는 동서 진영 간의 대립이 양독 관계를 해치지 않도록 유념하는 가운데, 냉전의 영향으로 인해 동·서독 간의 체제나 이념이 이질적인 방향으로 발전되는 것을 인식하고, 이를 해소하기 위해 무엇보다도 양독 간의 교류와 협력을 중시했다. 이러한 노력의 결과로 동서 진영이 독일 영토를 중심으로 첨예하게 대립하고 있었을 때조차도 정작 동·서독은 서로 왕래하며 국경을 초월하여 소통했다.

한반도의 경우와 달리 전승 4개국은 분단 직후부터 사람과 물자의 통로를 위해 내독 간의 국경을 제한적으로 개방하여 기본 교류와 왕래의 틀을 구축했다. 동독 주민들은 서독의 방송을 청취하며 독일 고유의 문화와 언어, 그리고 역사적 공통성을 보존할 수 있었다. 국제적 동의 없이는 통일이 불가능하다는 것을 잘 인식하고 있던 서독 지도부는 분단 후 40년간 독일 문제를 둘러싸고 있던 동서냉전을 해소하고, 동시에 양독 관계 개선을 위한 노력을 병행해옴으로써 독일 통일의 기반을 구축했다.

반면 남북한은 국력의 한계로 주변 4개 강대국을 상대로 한반도의 이해를 주도적으로 조율하지 못했고, 더군다나 남북한의 분단은 한국전쟁 이후 완전 고착된 상태이며, 남북 관계는 상호 체제 경쟁으로 인해 대결 상태를 벗어나 본 적이 없는 실정이다. 남북한 간에는 상호 불신과 미움, 적대적인 선전과 상호 비난이 일상사가 되고 말았다.

독일과 한반도가 동서냉전의 영향으로 분단된 사실은 같았으나, 양국을 둘러싸고 있던 냉전구조의 틀은 서로 상이했다. 독일은 주로 미소 중심의 나토와 바르샤바 조약기구를 중심으로 한 집단적 성격의 갈등 구조에 편입되어 있었고, 동·서독 간의 최악의 냉전 양상은 1948년 베를린 봉쇄와 1961년 베를린장벽 구축에서 나타났던 갈등 정도였다. 양독 간의 군사적 갈등은 나토와 바르샤바 조약기구 간에 관리되었기 때문에 동·서독이 직접적으로 충돌할 가능성은 희박했다. 또한 동·서독 간에 전쟁이 없었던 관계로 양독 간에 적대의식은 전혀 없었다.

그러나 한반도에는 남북한을 중심으로 두 개의 하부구조, 즉 '미국-남한-일본'의 남방 체제와 '소련-북한-중국'의 북방 체제가 대립구도를 보이고 있었다. 이 두 개의 하부구조는 남북한을 중심으로 맺은 직간접적인 동맹 조약을 중심으로 한 편의상의 구도이기 때문에 집단적인 성격을 띠고 있지는 않았다.

독일의 경우와 비교할 때 또 다른 특징은 남북한이 한국전쟁 이후 지금까지 체제 경쟁 속에 적대 관계를 유지하며 스스로 냉전구도를 형성하고 있다는 점이다. 한반도의 경우 동서냉전의 큰 구도 속에 남북한 간의 또 다른 냉전이 똬리를 틀고 있다. 1990년대 초 동서냉전이 해체되고 한반도 주변 강대국 간의 이념적 대결이 사라졌음에도 불구하고, 불행하게도 남북한 간의 냉전은 여전히 남아 지속되고 있는 이유가 바로 이 때문이다. 1990년대 초 남북한 간의 기본합의서와 한반도 비핵화 공동선언이 체결될 때만 해도 모두들 동서냉전 종식의 여파가 한반도에도 영향을 미치는 것으로 이해했으나, 북한의 핵개발 문제로 모든 합의 내용은 물거품이 되고 말았다.

이런 맥락에서 볼 때, 한반도에서 아직까지 냉전이 종식되지 않고 있는 것은 주변국의 방해 때문이 아니라 남북한이 분단 이후 스스로 만들어 놓고 아직도 이를 고집스럽게 유지하고 있는 남북 대결구도 때문이다. 남북한이 긴장완화에 합의하지 못하고 냉전을 지속할 경우 주변국들은 '한반도의 분단을 즐기며 남북한을 상대로 따로 가지고 놀 수' 있을 것이다. 주변 4개국의 이해가 상충되고 있기 때문에 남북 간에 냉전과 분단이 지속되고 있다는 논리는 이제 더 이상 통용될 수 없는 상황이다. 이러한 논리는 동서냉전 당시 일정 부분 유효했을지언정 동서냉전이 종식된 이후에는 통용되지 않는다는 점에서, 이제 더 이상 주변 4개국에게 분단의 책임을 돌려서는 안 될 것이다.

분단을 극복하지 못한 일차적 책임은 남북한에 있다. 따라서 한반도에는 남북 간의 냉전이 해소되지 않고는 결코 통일을 달성할 수 없는 상황이다. 독일 통일을 달성하기 위한 관건은 전승 4개국의 승인이었으나, 한반도의 통일에서는 남북한 간의 긴장완화가 핵심이다. 따라서 남북한 지도부는 독일의 경우를 거울삼아 남북 관계를 긴장완화 방향으로 이끌 수 있도록 노력해야 하며, 필요한 경우 이를 위해 주변국들의 지원을 요청해야 할 것이다. 주변국은 어디까지나 남북한의 긴장완화를 지원하는 보조수단의 역할을 수행해야 하고 또한 그럴 수밖에 없을 것이다. 이 점이 독일의 경우와 다른 점이다. 남북한 간에 긴장완화가 이루어지지 않은 상태에서 합의되지 않은 통일은 결코 바람직하지 않으며, 남북한 모두는 이를 피해야 할 것이다.

2. 동·서독 통일 과정에서 본 한반도 통일 관련 시사점(1989~1990)

■ These 35   독일 통일은 '흡수통일'의 형태로 이루어졌다. 그러나 한반도에서는 독일과 같은 패턴대로의 흡수통일을 기대하기는 어려울 것이다. 동독에서 발생한 것처럼 민주화된 의식으로 무장된 주민들에 의한 아래로부터의 혁명을 북한에 대해서는 거의 상상할 수 없기 때문이다. 동독 붕괴는 갑자기 일어난 사건이 아니다. 이는 서독 정부가 40년 이상의 접촉과 교류를 통해 오래전부터 동독의 '체제 변화'를 유도해왔기 때문에 가능했다.
독일의 흡수통일이 현시점에서 우리에게 시사하는 것은 첫째, 한국이 먼저 자유민주주의와 시장경제체제를 착실하게 정착시키고 사회 안정을 다지며 북한을 수용할 수 있을 정도로 막강한 경제력을 키워야 한다는 것이다. 둘째, 꾸준한 접촉과 교류·협력을 통해 '북한 체제의 와해보다는 북한 체제의 변화'를 도모하는 정책을 대북정책의 최우선으로 삼아야 한다는 것이다. 셋째, 남북한 간의 교류와 협력을 통해 북한에 민주주의와 자유사상을 지속적으로 전파하여 이질적인 요소를 줄여나가고, 북한 주민들의 의식을 자본주의 시장경제에 맞게 적응시키며, 남한과 북한의 경제격차를 최대한 줄여나갈 수 있도록 경제협력을 강화하는 정책을 펴야 한다. 넷째, 비록 통일이 남북 당사자 간의 문제이기는 하나 국제 사회에 반하는 요소들을 책임 있게 제거하려는 의지와 노력을 과시하여 '통일 한국'의 위상에 대해 주변국으로부터의 신뢰를 쌓아가야 할 것이다. 통일 한국이 국제 사회의 보편적인 가치를 존중하고 이를 지키기 위해 적극 기여할 수 있는, '품위 있는 국격'을 갖춘 국가'라는 인식을 심어줄 수 있도록 처신해야 할 것이다.

1) 독일 통일과 한반도 통일의 성격

한반도는 제2차 세계대전 종전 후 독일과 똑같이 분할되었고, 동서냉전의 산물로 분단되었다. 그러나 한반도의 통일 문제는 독일과 근본적으로 상이하다. 독일의 경우 통일 주체는 동·서독이나 전승 4개국의 승인을 반드시 필요로 했다. 반면 한반도의 경우 통일의 주체는 건국 이후 완전한 주권을 누리고 있는 남북한이며, 독일의 경우처럼 구속력이 있는 어떤 협정의 효력을 중지시켜야 한다거나, 특정 국가로부터의 국제법적 승인 절차를 필요로 하지 않는다.

한반도의 그 어느 주변국들도 독일에 대해 전승 4개국이 갖고 있던 '유보권한' 같은 것을 보유하고 있지 않다. 한반도의 정전협정은 한국전쟁의 중단을 위해 마련된 국제협정으로, 분단 상태에 있는 남북한의 대결구도를 안정적으로 관리하는 기능을 가질 뿐이며 한반도의 통일을 방해하거나 통일에 대해 구속력을 행사하는 성격의 협정은 결코 아니다. 남북한이 정전협정을 잘 준수하고 화해와 협력을 바탕으로 한반도의 평화체제를 구축해나갈 경우 정전협정은 언제든지 유엔의 결의로 폐기되거나 다른 형태의 평화협정으로 변모될 수 있을 것이다.

독일의 경우에서 나타난 국경선 확정 문제나 영토 문제, 그리고 군사체제(나토)귀속 문제 등은 전승 4개국의 이해관계와 직결되기 때문에 독일 통일 문제에 그대로 영향을 미칠 수 있었으나, 한반도의 경우는 상황이 다르다. 예를 들어 통일 후 미국과의 동맹을 유지하는 문제나 북측 지역에 미군과 핵무기를 배비하는 문제들은 통일을 앞두고 일차적으로 북한과 상의해야 할 문제들이다.

이와 관련하여 주변국과 상의는 할 수 있을지 모르나 이는 한반도 통일을 위한 필요조건이 아니며, 또한 주변국의 견해가 남북한의 결정을 강요하지도 못할 것이다. 남북한이 각기 맺고 있는 우호·동맹조약들도 남북한이 희망할 경우 언제든지 변경이 가능할 것이다. 한반도의 통일은 진직으로 남북 당사자의 결정에 달렸다는 사실이 독일 통일 문제와 본질적으로 다른 점이다.

독일 통일은 '흡수통일'로 규정할 수 있다. 여기서 흡수통일이란 서독이 강제로 동독을 흡수한 것이 아니라, 동독이 자발적으로 서독에 흡수당한 통일을 의미한다. 독일 통일을 흡수통일이라 하는 이유는 동독 체제가 동독 주민들의 아래로부터의 혁명에 의해 스스로 붕괴된 상황에서 동독 인민의회가 기본법 23조에 의한 통일 방식을 결정했기 때문이다. 이 방식은 동독의 분단 전 5개 주의회가 서독으로 편입될 의사를 결정하는 경우 간단히 통일이 되는 절차이다. 기본법 23조를 선택했다는 뜻은 동독이 기존의 국가이념과 체제를 완전히 포기하고 서독의 자유민주주의와 시장경제체제를 전적으로 수용하겠다는 의미로, '기본법 146조'에 따라 동독의 입장을 반영시킬 수도 있었던 통일 헌법 제정을 스스로 포기한다는 것을 밝힌 것이었다.

과연 한반도 통일도 독일식 흡수통일의 전례를 따를 것인지에 대한 여부는 여전히 불투명하다. 한국인들은 독일과 한반도의 분단 상황에 많은 공통점이 있는 것으로 인식하는 경향을 보이고 있다. 한국인들은 똑같은 시기에 동서냉전의 산물로 분단된 서독과 동병상련의 정을 느끼며, 내독 국경과 베를린장벽을 종종 휴전선 철책과 동일시하기도 했다. 게다가 한국인들은 동·서독과 남북한 간의 이념과 정치·경제체제 면에서의 유사성으로 인해 남한은 서독과 같고 동독은 북한과 같다고 은연중에 인식해온 경향이 있었다. 그러나 양국 분단의 성격은 근본적으로 다르고, 분단관리 기간 중 양독 교류·협력에서 이미 보았듯이 독일과 한반도의 상황은 비교가 안 될 정도로 확연한 차이를 보여준다. 독일 통일 직후 많은 한국인들은 독일의 흡수통일에 고무되어 장차 한반도에서도 똑같은 양상이 벌어질 것으로 예상했고, 정부 차원에서도 이에 대비하는 차원에서 독일식 모델을 참조하여 급변사태계획을 발전시켜왔다. 그러나 한반도 통일이 조만간 독일의 패턴대로 흡수통일로 귀결될 것이라는 가정은 아래와 같은 측면에서 동독과 북한을 비교해볼 때 거의 오류에 가깝다고 볼 수 있다.

첫째, 북한과 동독 사회의 정치문화에는 큰 차이가 있다. 1989년 동독의 와해는 동독 주민들에 의한 아래로부터의 평화혁명에 기인했다. 당시 기득권 세력의 저항이 완강하여 위로부터의 혁명은 기대하기 어려웠다. 일찍부터 동독 주민들이나 시민단체들은 체제에 저항했던 경험을 갖고 있었고, 동독 사회는 비록 공산사회라고는 하나 북한과는 전혀 다른 성격의 시민사회였다. 동독 시민들은 북한 주민들과 달리 정당 창설 등 정치적 수단으로 체제 변화를 주도할 수 있는 능력을 구비하고 있었다.

그러나 북한 주민들은 동독 주민들과 같은 민주화 의식을 갖고 있지 못한 실정이다. 북한에는 주민들의 민주화 의식을 일깨워 줄 동독의 반체제 단체나 교회와 같은 종교 세력이 없는 실정이고, 또한 동구권 내 인권 문제나 자유화를 촉진시켰던 CSCE와 같은 국제 단체로부터의 압력도 기대하기가 힘들다. 따라서 민주화된 의식으로 무장된 북한 주민들에 의한 아래로부터의 혁명은 거의 상상할 수가 없는 실정이다.

둘째, 과거 동독 지도부는 서방의 지도자와 비교할 때 이념만 달랐지 사고나 행동 수준이 국제 사회에서 통용되는 일반 상식선을 크게 벗어나지 않았다. 또한 이들의 정치적 결정은 전적으로 소련에 의해 영향을 받아 막무가내식의 독자적 행동은 없는 편이었다.

반면 북한 지도부의 사고의식이나 행동 패턴은 동독의 지도부와 비교할 때 훨씬 비이성적이다. 또한 이들의 리더십은 지극히 폐쇄적이고 공격적인 성향을 보이고 있으며 상식을 초월하기가 일쑤다. '주체사상'으로 무장된 획일화된 북한 사회의 핵심 기관들인 노동당, 북한 정부 및 최고인민회의가 모두 와해되어 남한에 백기 투항하며 무조건 남한에 편입되기를 희망하는 상황은 상상하기조차 어렵다.

셋째, 동독 인민군은 바르샤바 조약기구의 군대로 성장·관리되어왔기 때문에 국내 치안을 위해 투입된 적은 거의 없었고,[20] 통일 직전 변혁기와 같은 위기 상황을 독자적으로 통제할 수 있는 능력도 갖추지 못했다. 따라서 국내정치에 대한 군부의 영향력은 거의 없었다고 보아도 무방했다. 반면에 북한 인민군은 북한에서 가장 강력한 국가기관 중 하나이다. 북한 지도부가 '선군정치'를 강조하는 것은 체제 유지의 유일한 수단은 이제 군밖에 없다는 위기의식의 발로일 것이다. 만약 북한에서 1989년 가을

---

[20] 비록 1989년 가을 평화적 시위를 진압하기 위해 기동타격대가 투입되었으나 곧 철수했다.

동독에서와 같은 대규모 시위가 일어날 경우 이는 같은 해 중국의 천안문 사태(6. 4)에서처럼 북한 인민군에 의해 무자비하게 진압될 것이다.

넷째, 설사 김정일 정권이 몰락하더라도 그 후속 체제로 여전히 공산 정권이 들어설 것이다. 김일성 사망 후에도 북한 정권이 여전히 존속되고 있듯이 김정일 사후에도 다른 정권에 의해 국가로서의 북한은 망하지 않고 존속될 것이다. 여기서 정권과 국가 자체를 구분해야 할 필요성이 대두된다. 북한 내에 어떤 정권이 들어서든 간에, 설사 그 정권이 붕괴된다 할지라도 국가로서의 북한은 여전히 존속될 것이기 때문에, 한국 정부로 하여금 북한 사태에 무력 개입을 할 수 있는 여지는 지극히 제한되어 있을 것이다. 위에서 보듯 현재 북한에는 동독의 와해 직전과 같은 상황이 전혀 조성되어 있지 않다. 따라서 북한이 동독처럼 갑자기 무너져 남한에 흡수통일을 당할 것이라는 가설은 당분간 성립되기 어려울 것이다.

다섯째, 한국인들이 눈여겨보아야 할 부분은 분단 직후부터 서독의 지도자들은 처음부터 동독의 '체제 교체(Systemwechsel)'를 염두에 두고 대 동독정책을 추진한 것이 아니라는 사실이다. 여기서 '체제 교체'란 동독의 공산주의와 계획경제체제를 민주주의와 시장경제체제로 전환시키는 것을 의미한다. 이들은 오로지 꾸준한 접촉과 교류·협력을 통해 분단으로 야기되는 양 체제 간의 이질성을 막는 데 주력했고, '접근을 통한 변화'와 '작은 걸음 정책'으로 동독의 '체제 변화(Systemwandel)'를 가져오게 하는 데 모든 역량을 기울였다. 여기서 '체제 변화'란 기존의 동독 체제를 유지하는 가운데 주민들의 인권을 개선시키고, 동독 사회의 민주화와 자본주의적 시장경제 요소를 확대시키는 것을 말한다. 그러나 1989년 여름 대규모 난민 탈출과 그해 가을 대규모 시위를 계기로 처음으로 '체제 교체'와 통일 문제가 정치적 의제가 되었다. 이는 불과 몇 달 후 동독 주민들에 의한 아래로부터의 무혈·평화혁명을 발생시켜 '체제 붕괴

(Systemzusammenbruch)'로 이어졌다. 여기서 동독의 '체제 붕괴'는 동독공산체제의 붕괴와 사통당 정권의 붕괴를 모두 포함하는 개념이다. 이 패턴을 도식화해보면 서독이 동독의 '체제 변화'를 위해 본격적으로 접촉과 교류·협력을 추진한 기간은 길게는 40년, 짧게는 20여 년에 달했던 반면,[21] 동독 내 '체제 교체'와 '체제 붕괴'까지 이어지는 데는 불과 1년밖에 걸리지 않았다는 것을 알 수 있다.

여기서 많은 한국인들은 지난 40여 년간 중단 없이 이어져온 동·서독 간의 접촉과 교류·협력의 역사를 기억하지 않고, 오로지 1989~1990년 기간 중 발생한 정치적 대변혁에만 초점을 맞추어 "동독이 무너진 것처럼 북한도 곧 무너져" 한반도에 조만간 흡수통일이 도래할 것이라고 착각하고 있다. 그러나 독일의 흡수통일이 현시점에서 우리에게 시사하는 것은 꾸준한 접촉과 교류·협력을 통해 '북한 체제의 변화'를 도모하는 정책을 대북정책의 최우선으로 삼아야 한다는 것이다.

북한에 정치적 내변혁이 발생하여 북한을 흡수통일 할 수 있는 경우로는 크게 두 가지의 상황을 고려해볼 수 있을 것이다. 첫째, 동독과 같은 경우로, 북한 지도부가 북한 주민들에 대한 통제력을 완전히 상실한 상태에서 주민들의 개혁·개방요구에 굴복하여 자발적으로 남한에 흡수당하길 원하는 상황이다. 이는 인민군을 포함한 북한의 권력집단의 이해와 동떨어진 것으로 당분간 상상하기 어려운 시나리오일 것이다. 둘째, 남한 정부가 북한의 내부적 붕괴를 틈타 군사적 제압을 위해 북침을 하는 경우이든지, 아니면 북한 지도부가 내부적 위기에 직면하여 이를 돌파할 목적으로 남침 공격을 자행하고 남한이 이를 격퇴하여 한반도를 평정하는 경우이다.

---

21) 동·서독은 분단 직후부터 전 분야에 걸쳐 교류와 협력을 해왔고, 특히 브란트의 사민당 정부가 출범한 1969년부터 양독 간의 교류·협력이 크게 확대되었다.

그러나 두 번째 시나리오는 한반도의 제2의 전쟁을 의미하는 것으로 남북한 모두 엄청난 피해를 감수해야 할 것이다.

이는 남북한 주민 모두의 공통 이해와도 합치되지 않을뿐더러, 한국 정부의 대북정책 개념과도 일치하지 않기 때문에 반드시 피해야 할 선택이다. 이런 맥락에서 이제까지 흡수통일을 가정하여 세운 모든 대북정책의 기획물들은 실현성 여부에 의문을 갖고 재정립될 필요가 있을 것이다.

2) 독일 통일 과정이 한반도 통일에 주는 시사점

서독 정부와 국민들은 통일을 사전에 전혀 예상하지 못했고, 실제로 준비계획도 마련하지 못한 상태에서 임기응변식으로 통일에 대처했음을 종종 언급하고 있다. 1989년 여름까지만 해도 호네커는 베를린장벽(동·서독 국경)이 100년 이상 지속될 것이라고 장담했고 서독 주민 누구도 당장 통일되리라고는 예측하지 못했다. 1989년 여론조사에 따르면 서독 주민 중 56%는 독일 통일이 향후 30년 이내에도 불가능하리라 예상할 정도였다. 서독 정부도 동독이 대내 경제상황의 악화로 붕괴 직전에 놓여 있었다는 상황을 전혀 눈치채지 못했다.

그럼에도 불구하고 서독 정부는 시간이 촉박한 가운데서도 분야별 제도적 통합준비와 대외정치적 난제들을 성공적으로 수행했다. 비록 서독이 사전 준비 없이 통일을 맞아 독일 통일을 '임기응변의 통일(improvisierte Vereinigung)'이라고는 하나, 이는 어디까지나 동독의 갑작스러운 와해로 인해 분야별 통합계획을 사전에 준비할 수 없었다는 의미일 뿐 사실상 통일과 관련된 본질적인 사항들은 이미 건국 이후부터 착실하게 준비되어 왔다고 해도 과언이 아니다. 독일 통일 문제는 전승 4개국의 승인 없이는 불가능했기 때문에 서독 정부는 4개국이 독일 통일을 승인할 수 있는 대외적 여건이 조성될 때까지 조용히 내실을 기하며 기다려왔다고 볼 수 있다. 한편으로 서독은 대내외적으로 통일 문제를 요란하게 떠들지 않았던 대신 전승 4개국과의 관계를 우호적으로 관리해왔으며, 주변국과 국제 사회를 대상으로 과거사를 속죄하며 신뢰를 구축해왔다. 또 다른 한편으로 서독은 자유민주주의와 사회적 시장경제체제를 굳건하게 다져 옴으로써 동독을 수용할 수 있는 국력을 키워왔다. 그리고 서독 정부는 막강한 국력을 바탕으로 양독 교류와 협력을 주도해옴으로써 분단으로 인한 민족 간의 이질감 해소를 위해 노력해왔고, 결과적으로 동독 주민들로 하여금 서독 사회를 이상향으로 인식하게 만들었다.

따라서 이 부분은 한국인들에게 한반도 통일과 관련하여 무엇을 사전에 대비해야 하고, 장차 남북 관계를 어떻게 관리해나가야 하는가를 알려주는 좋은 교훈일 것이다. 통일을 대비하는 차원에서 한국에게 중요한 과제는 자유민주주의와 시장경제체제를 착실하게 정착시키고 사회 안정을 다지며 북한을 수용할 수 있을 정도의 막강한 경제력을 키워야 한다는 것이다. 1989년 동독의 GDP는 서독의 15%에 달한 반면 2008년 북한의 국민총소득(GNI)은 남한의 2.7%에 불과했다.[22] 이처럼 남북한 간의 경제력 격차는 통일 전 동·서독 간의 격차에 비해 훨씬 크다. 하물며 남북 통합을 주도해야 하는 남한의 경제력이 서독에 비해 훨씬 열세인 점을 고려할 때 장차 통일비용을 조달하기 위해 얼마나 국력을 신장시켜야 하는지는 자명해진다.

분단 기간 중에 해야 할 한국 정부의 또 다른 과제는 남북한 간의 교류와 협력을 통해 북한에 민주주의와 자유사상을 지속적으로 전파하여

---

22) Gerhard Heske, "Die gesamtwirtschaftliche Entwicklung in Ostdeutschland 1970 bis 2000," *Historical Social Research*, Vol. 30(2005), p. 295; 한국은행 통계 자료. GNI는 GDP + 해외수취 요소소득 - 해외지급 요소소득.

이질적인 요소를 줄여나가고, 북한 주민들의 의식을 자본주의 시장경제에 맞게 적응시키며, 남한과 북한의 경제 격차를 최대한 줄여갈 수 있도록 경제협력을 강화하는 정책을 펴는 일이다. 통일이 임박할 경우 북으로부터 남으로 이주할 유인 요소가 훨씬 클 것이고, 이는 독일 통일에서 보듯 또 다른 사회 문제를 야기한다는 점에 주목하여 남북 간의 경제력 차이를 최대한 줄여나갈 수 있도록 분단 기간을 잘 관리해야 할 것이다.

또한 한국 정부는 비록 통일이 남북 당사자 간의 문제이기는 하나 국제 사회를 대상으로 국제 사회에 반하는 요소들을 책임 있게 제거하려는 의지와 노력을 과시하여 '통일 한국'의 위상에 대해 주변국으로부터의 신뢰를 쌓아가야 할 것이다. 통일 한국은 주변국에 우호적일 것이며, 위협 요인이 되지 않을 것임을 대변할 필요가 있다. 통일 한국은 '핵무기 보유국＋테러 지원국＋핵·미사일기술 수출국＋인권탄압국'이라는 북한이 가진 '오명의 딱지'를 계속 붙이고 다녀서는 안 될 것이다.

또한 해외시장에서 무기나 팔아 보려고 혈안이 되어 있는 무기수출국으로 비쳐서도 안 될 것이다. 국가로서 품위 없는 이러한 행태는 통일되기 전에 반드시 수정되어야 할 것이다. 따라서 이는 대북정책의 원칙 중 하나로 남한 내 어떤 정부가 들어서더라도 일관되게 추진되어야 한다. 통일 한국은 국제 사회의 보편적인 가치를 존중하고 이를 지키기 위해 적극 기여할 수 있는, '품위 있는 국격을 갖춘 국가'로 거듭나야 할 것이다.

이와 같은 차이가 있음에도 불구하고, 일정 부분에 있어서는 분단 이후 한반도의 경우도 독일의 패턴과 일정 부분 유사한 발전 양상을 보여왔다. 과연 현재 한반도의 남북 상황은 동·서독 상황과 비교할 때 어디쯤 와 있고, 또 어떤 성격으로 대비되는 것일까?

40년간의 독일 분단사는 헤겔의 역사적 변증법에 따라 해석이 가능하다고 앞서 언급했다. 독일 통일은 아데나워의 '친서방 결속' 및 '힘의 우위

정책'[正], 브란트의 '동방정책'[反], 그리고 콜의 교류·협력강화정책[合]의 종합 산물이었다. 이는 독일 통일의 주체인 서독을 기준으로 본 분석이다. 독일 통일에서 보듯, 통일은 어느 한순간에 갑자기 이룩되는 것이 아니라 시대적 상황에 따라 필요한 여건들이 꾸준히 마련되고 결정적인 호기가 왔을 때 비로소 이루어지는 긴 과정으로 이해되어야 할 것이다.

분단 이후 북한에 비해 경제력 규모에서 열세를 보이던 남한은 박정희 대통령의 굳건한 한미 안보동맹정책을 바탕으로 경제력 건설에 매진하여 산업 근대화 기반을 구축한 결과 1972년을 전환점으로 북한을 따돌리고 현재 엄청난 국력 격차를 보이며 경제 대국으로 성장하고 있다. 이런 점에서 한국의 박정희 대통령은 장차 독일 통일을 감당해낼 수 있도록 이미 서독의 경제적 기반을 구축해놓았던 아데나워 수상과 비견될 수 있을 것이다.

엄청난 남북 간의 국력 격차와 체제 경쟁에서의 우월성에 기인한 자신감을 바탕으로 한국은 1980년대 말부터 북한을 생생과 내실, 그리고 적대의 대상으로서가 아닌 민족의 일부로 포용하여 상호 신뢰·화해·협력을 바탕으로 공동번영을 추구하는 민족공동체의 일원으로 인식하게 되었다.[23] 이후 '남북 교류협력에 관한 지침'(1989. 6. 12)에 따라 분야별 남북 교류가 시행되기 시작했고, 1990년대 초 동서냉전 종식과 국제적 긴장완화 추세에 힘입어 동·서독 간 기본조약과 유사한 성격의 '남북 기본합의서'(1991. 12. 13)가 체결되었으나 북한의 핵개발 문제로 이행되지 못했고, 이후 남북 관계는 줄곧 경색되어왔다.

본격적으로 북한을 끌어안은 정책은 김대중 정부가 들어서면서부터

---

23) 1988년 7월 7일 노태우 대통령의 '민족자존과 통일번영을 위한 대통령 특별선언 (7·7선언)'이 결정적인 변화의 계기가 되었다.

추진되었다. 이른바 '대북포용정책'은 한반도에서 전쟁을 방지하고 분단 상황을 안정적으로 관리하며 이제까지의 남북 적대 관계를 상호 화해·협력 관계로 전환시키고, 북한의 경제발전을 지원하여 개혁·개방을 유도하며 궁극적으로 민족공동체를 형성하는 것을 목표로 하고 있다. 김대중 정부와 노무현 정부에 의해 발전되어온 대북포용정책으로 남북한 간에는 비군사적인 분야에 있어서 교류와 협력을 통해 많은 진전이 있었다. 비록 동·서독 간의 교류·협력과 비교할 때 규모나 질적인 면에서 비교가 되지 않는 미미한 성과이기는 하나, 경제 분야에서의 교류, 정상회담, 인적 왕래, 이산가족 상봉, 금강산 관광, 개성 공단, 그리고 남북 철도·도로 연결 등은 과거와 비교해볼 때 큰 진전이 아닐 수 없다. 이런 맥락에서 장기적으로 북한의 변화를 끌어내기 위해 대북포용정책을 처음으로 체계화하고 남북 교류·협력관계를 제도화시키려 노력한 김대중 대통령은 동방정책으로 동·서독 간의 교류와 협력을 제도화시킨 브란트 수상과 비견될 수 있을 것이다.

  동방정책을 추진한 후 근 20년이 넘게 동·서독은 교류와 협력을 지속적으로 강화·확대함으로써 통일에 이를 수 있었다. 그러나 동·서독의 경우 이보다 훨씬 전부터 교류와 협력을 해왔고, 사회적·문화적 동질성을 유지해왔다. 반면 남북한은 지속적인 반목과 대결로 민족 간의 이질성이 독일인들보다 훨씬 더 심화되어 있는 실정이다. 따라서 한반도의 통일 과정에서는 독일보다 '훨씬 더 많은 교류'와 '훨씬 더 많은 협력', 그리고 '훨씬 더 많은 접촉'을 통해 분단의 이질성을 극복하고 민족의 동질성을 회복하는 데 주력해야 할 것이다.

3. 독일 통일 20주년 분야별 통합 실태를 통해 본 한반도 관련 시사점(1990~2010)

1) 동·서독 정치통합과 한반도 관련 시사점

(1) 통일방안과 정치체제 통합

독일의 경우 40년간의 화해·협력단계에서 직접적인 흡수통일 형태로 통일이 진행되었다. 서독은 통일지상주의에서 벗어나 분단 이후 지속적인 교류·협력을 통해 동독 주민들로 하여금 마지막 순간까지 개혁과 통일에 저항하던 동독 내 기득권 세력들을 무너뜨리게 했다.

독일 통일이 한반도에 시사하는 것은 그간 분단 이후 상이하게 발전되어 온 양 체제 간의 간격을 줄이기 위해 적극적인 남북 간 화해와 교류·협력을 통해 이질감을 해소하고 공존·공영하여 민족공동체의 기반을 넓혀나가는 일이 중요하다는 것이다. 이런 면에서 '화해·협력단계'를 남북통일의 1단계로 강조하고 있는 한국 정부의 통일방안은 상당히 설득력을 갖는다.

반면 연방 형식의 통일 국가를 지향하고 있는 북한의 고려연방제는 극도로 이질화되어 있는 남북한 간의 현실을 도외시한 채 어떤 예비적 단계도 없이 곧바로 2체제, 즉 '1민족 1국가 2체제 2지역 자치정부'가 공존하는 연방으로 진입하자고 주장하고 있다. 1990년대 초 북한은 고려연방제를 남북연합 형식으로 다소 완화하여 해석하는 경향을 보였다고는 하나, 어쨌든 '화해·협력단계' 없이 당장 남북한 대표 및 해외동포 대표로 '최고민족 연방회의'를 구성하고, 그 밑에 '연방상설위원회'를 설치하여 남과 북의 자치 지역 정부들을 지도하고 정치·국방·대외 문제 등을 관할하도록 하자고 주장하고 있다. 이 방식을 택할 경우 해방 직후 많은 애국지사들이 통일방법과 관련하여 다양한 입장을 갖고 남북협상을 했으나 결국

공산주의자들의 책동에 말려 실패했던 전철이 그대로 재연될 가능성이 농후할 것이다.[24]

또한 6·15 공동선언 중 "남측의 연합제 안과 북측의 낮은 단계의 연방제 안이 서로 공통성이 있다고 인정하고 앞으로 이 방향에서 통일을 지향시켜 나가기로" 한 합의도 '화해·협력단계'를 전혀 고려하지 않고 있다. '남측의 연합제 안'이라는 표현은 문구 자체만으로는 한국 정부의 통일안 중 제2단계인 '남북연합단계'를 의미하는지, 아니면 김대중의 '3단계 통일론' 중 제1단계인 '남북연합단계'인지 불분명하다. 그러나 '북측의 낮은 단계 연방제'와 서로 공통성이 있다는 표현을 중심으로 의미상 유추하면 한국 정부안의 2단계라기보다는 김대중의 '3단계 통일론' 중 제1단계인 '남북연합단계'일 가능성이 훨씬 높다.[25] 김대중의 3단계 통일론은 '남북연합단계 → 연방단계 → 완전통일단계'로 구성되어 있다. 이와 관련하여 북측은 고려연방제를 김대중의 통일방안 중 제2단계인 연방단계와 동일시했을 것이다. 따라서 김대중 통일론 중 제1단계인 '남북연합단계'는 북측 연방제로 볼 때 바로 '낮은 단계'에 해당되는 것이다. 김대중의 3단계 통일론에 따르면, 한국 정부의 통일방안이 화해·협력의 심화를 남북연합의 전제조건으로 설정하는 것과는 달리, 화해·협력을 끌어내기 위한 장치로서 남북

---

24) 이승만의 독립촉성회, 김성수의 한민당은 남한만의 총선거를 주장했고, 김구 중심의 한독당은 남북협상을 통한 통일을 주장했다. 남한에서 공산당 준동이 격화되고, 소련의 지지를 받은 북한 공산당의 방해 책동으로 통일 정부 수립이 어려워지자 김구·김규식 등의 합작파가 월북하여 남북협상을 벌였으나 결국 공산주의자들의 책동으로 실패했다.
25) 김대중 전 대통령은 서울대 통일연구소 초청 강연(2006.10.19)에서 "제1단계 남쪽의 '남북연합'과 북쪽의 '낮은 단계의 연방제'가 같다는 것이 합의가 되었다"고 언급함으로써 남북연합단계가 자신의 3단계 통일론에 입각한 것이었음을 직접 밝힌 바 있다(아태평화재단 공개 자료, http://cafe.naver.com/djlibrary).

연합을 상정하고 있다.

김대중에 따르면, 북한 핵문제의 해결을 포함하여 남북 간 '최소한의 정치적 신뢰'만 조성되면 곧바로 '남북연합단계'로 진입하여 남북협력을 제도화하고 이를 통해 화해·협력을 끌어낼 수 있다고 보고 있다. 따라서 남북 간 정치적 신뢰조성, 군사적 신뢰구축, 긴장완화조치 등은 남북연합단계에 진입하기 위한 필요전제조건이 아닌, 단지 남북연합의 시기를 앞당기는 촉진 요인일 뿐이라는 것이다. 김대중의 '남북연합단계'는 남북 교류·협력의 결과가 아닌, 남북 당국의 정치적 결단의 결과이며 동시에 남북 간의 화해와 협력을 심화시키는 촉진제라는 것이다.[26]

이런 맥락에서 북한의 고려연방제와 6·15 공동선언 중 통일 관련 합의는 한국 정부의 공식적인 민족공동체 통일방안 중 '화해·협력단계'를 별도로 상정하지 않고 있다는 공통점을 갖는다. 이는 상호 불신과 대립, 북한 지도부의 예측 불가능성, 반세기 이상의 분단으로 인한 체제의 상이성으로 인해 이질성이 극도로 심화되어 있는 남북 간의 현실에 비추어볼 때 대단히 비현실적이고 위험한 발상으로 평가될 수 있을 것이다. 분단 이후 남북한은 국가 형태로 공화국을 택했으나, 북한은 사실상 1인 독재국가로 발전되었다. 남한 통치자의 지배 형태는 민주주의에 근거하고 있으나 북한은 공산당 일당 독재이다. 이 외에도 엄청난 경제력의 차이, 첨예한 군사적 대치, 사상과 이념의 차이로 인한 이질성이 엄연히 존재하는 남북한에 당장 시급한 것은 화해와 교류·협력을 활성화하여 산적한 이질성을 하나씩 차례로 해소하는 일일 것이다. 남북 간에 합의된 내용들조차도 제대로 지켜지지 않는 상태에서 이 문제들을 촉진시키기 위해 남북연합단계로 막바로 진입하자는 것은 어불성설이다.

---

26) 아태평화재단, 『김대중의 3단계 통일론』(한울, 2000), 30~58쪽.

남북한은 거창한 통일방안에 대한 논의는 차후로 미루고, 쉬운 문제부터 차근차근 하나씩 풀어나갔던 독일 통일로부터 지혜를 배워야 할 것이다. 우리보다 훨씬 더 많은 교류협력을 해왔음에도 불구하고 아직도 동·서독 간에는 이질적인 요소들이 많이 남아 있어 '내적 통합'에 어려움을 겪고 있다. 따라서 과거 동·서독보다 훨씬 더 많은 이질성을 갖고 있는 남북한은 역설적으로 동·서독보다 훨씬 더 많은 교류와 협력이 필요하다 할 것이다. 남북 간 적대 관계의 해소, 남북 군비통제의 실현으로 긴장완화, 북한 핵문제를 포함하여 대량살상무기 문제의 해결 및 북한의 주변국과의 관계 개선 등의 문제들이 교류·협력 기간 중에 근본적으로 해결되어야 할 과제들일 것이다.

독일 통일은 동독이 스스로 붕괴함으로써 이루어졌다. 따라서 독일 통일의 주역은 1989년 정치적 대변혁을 맞아 체제에 직접 저항하면서 지도부의 퇴진을 가져왔던 동독 시민들이라 할 수 있다. 특히 동독의 재야·시민운동단체와 교회단체들은 스스로 사회주의와의 결별을 시도하며 체제 개혁의 시동을 걸었고, 정치세력화하여 결정적으로 사통당 체제의 붕괴를 주도했다. 또한 서독의 정당들도 정치적 대변혁을 맞아 동독 내 자매정당을 창당하여 지원함으로써, 동·서독은 의회민주주의의 개념을 서로 공유할 수 있었다. 이와 같은 배경에서 콜 수상이 지원했던 동독의 '독일동맹'은 동독 인민의회에서 '기본법 23조에 의한 통일' 방식을 주도하여 순식간에 통일을 앞당길 수 있었다.

즉 짧은 기간 내에 통일을 끌어낼 수 있었던 요인으로 ① 스스로 사회주의 체제로부터 해방되고자 했던 동독의 시민 세력들, ② 비록 급조되었음에도 불구하고 빠른 시간 내에 정치세력화되어 의회민주주의를 표방했던 정당단체들, ③ 서독 정부와 정당단체들의 동독에 대한 물밑 지원을 들 수 있을 것이다.

아직도 북한에는 이와 같은 정치세력화된 시민단체나 정당들이 없는 상태이고, 남북한 정당 간의 교류도 상상할 수 없는 상황이다. 그러나 통일 한국은 자유민주주의 가치를 향유하는 국가이어야 하기 때문에 이러한 개념은 하루라도 빨리 북한 주민들에게 전파되는 것이 바람직할 것이다. 기존의 공식 체제로 불가능할 경우 종교단체 등 비공식 채널을 활용하는 등 유연한 방법으로 북한 사회의 민주화를 촉진시킬 수 있어야 할 것이다.

독일의 경우 정치체제[27] 통합은 비교적 순조롭게 진행되었다. 동독 인민의회가 서독 기본법 23조에 의한 통일 방식을 결정함에 따라, 통일 후에도 서독의 국가 형태와 정부 형태인 연방제와 의원내각제, 그리고 기본법 체제가 그대로 유지될 수 있었다. 당시 동독 주민들은 한시라도 빨리 통일을 원했으며 새로운 통일 헌법을 제정할 필요성을 느끼지 못했다. 대신 동·서독 간 상호 이해관계 조정과 통일 절차를 규정하기 위해 체결된 '통일조약'(1990. 8. 31) 제2장 5조[28])에 따라 새로운 통일 헌법 제정과 관련된 논의가 있었다. 1991년 11월 연방상원 및 하원 의원 64명으로 구성된 '공동헌법위원회(Gemeinsame Verfassungskommission: GVK)'는 새로운 통일 헌법을 제정하기보다는 기존의 기본법을 개정하기로 하고, 1994년 42차 기본법 개정을 이룸으로써 통일 헌법 관련 논의를 일단락 지었다.

그러나 남북한의 경우는 앞서 분석한 대로 북한이 '동독이 바랐던 식으로' 흡수통일될 가능성이 불투명하다. 따라서 남북한의 경우 통일 헌법과 국가나 정부 형태에 대해서도 새롭게 검토할 필요성이 대두된다. 통일 헌법은 통일 직전 남북한 의회대표들로 제정될 성격을 띠나, 최종 국가

---

27) 정치체제란 넓은 의미로 헌법, 정부 형태, 권력분산의 실현, 선거제도, 정당제도, 정치단체, 정치문화 등을 포함한다.

28) 통일과 관련된 문제를 해결하기 위해 통일 이후 2년 내 기본법을 개정하던지 또는 보완하라는 내용이다.

형태로서 '자유민주주의' 국가이념을 신봉하는 '공화국'과 '시장경제'의 가치 등은 반드시 통일 헌법에 포함되어야 할 것이다. 또한 이제까지의 분단으로 인한 이질성에도 불구하고 남북한이 '똑같은 가치를 띤 생활환경(Gleichwertigkeit der Lebensverhältnisse)' 속에서 양립할 수 있어야 하며 공동 성장해야 한다는 조항도 포함되어야 할 것이다.[29] 독일의 경우 일방적으로 흡수통일 당한 동독 주민들이 그나마 큰 동요와 마찰 없이 서독 체제로 편입될 수 있었던 요인으로 독일이 실시하고 있는 연방제와 의원내각제를 지적할 수 있을 것이다.

동독을 중심으로 고찰해볼 때 통일 후 독일 연방제는 다음과 같은 순기능적인 역할을 하고 있다. 첫째, 수직적인 권력배분(vertikale Gewaltenteilung)을 통해 5개 동독 주 및 지방자치단체가 직접 정치에 참여하여 영향력을 행사하고, 다양한 형태의 정치적 임무를 수행하고 있다. 이는 과거 분단 시절 사통당 통치하에서는 상상할 수도 없는 일이었다. 둘째, 동독 시민들은 연방제를 통해 주 및 지방자치단체의 정치에 직접 참여함으로써 민주주의 의식을 고양시킬 수 있었다. 이를 통해 연방 차원에서 정치적 통합을 촉진시키는 계기가 되었다. 셋째, 동독 5개 주 및 지방자치단체가 아직도 어려움을 겪고 있는 재정독립 문제는 연방의 재정지원으로 극복되고 있다. 넷째, 서독 지역과 비교해 현실적으로 아직도 모든 면에서 조금씩 뒤처져 있는 동독 지역 주정부의 자체 독립성과 행정기능은 연방정부에 의해 보호되고 있다. 다섯째, 동독 주는 고유의 문화정책을 추진함으로써 지역문화를 창달하고 보존할 수 있게 되었다. 여섯째, 연방제하에서는 같은 문제점이라도 연방주 간에 해결 방식이 상이할 수 있다. 따라서 각 연방주는 문제 해결을 위해 끊임없는 경쟁과 창의성을 요구 받고 있다.

---

[29] 독일 기본법 2조 72항에서 각 주간의 균형 발전을 강조하고 있는 조항이다.

또한 동독 주민들의 고유의 이해와 정서는 의원내각제라는 틀 속에서 반영될 수 있었다. 동독 주민들은 통일 직후 주로 콜 수상의 '기민/기사 연합'을 지지했고, 1990년대 중반 이후 통일에 대한 실망감이 커지면서 다른 대안으로 사민당을 지지하기도 했다. 그러나 2000년대 중반부터는 동독 주민들의 이해와 정서를 대변하는 사통당의 후신인 좌파연합을 적극 지지하고 있다.

한반도의 경우 반세기가 훨씬 넘는 분단으로 인해 정치·경제·사회체제 등이 완전히 다르게 발전되어 북한 주민들의 의식구조, 가치관 및 일반 생활 영역이 크게 남한과 달라졌음을 인정해야 할 것이다. 따라서 국가통합 차원에서 당분간 이들에 대한 특별한 배려가 뒤따라야 할 것이다. 남북통일 후에도 어떤 형태로든 북한 주민들의 의사가 국정에 반영될 수 있게 하기 위해서는 연방제나 의원내각제 중에서 최소한 어느 하나는 반드시 도입될 필요가 있을 것이다.

통일 후 북한 지역 정서의 이해를 대변할 정당체제를 구축할 필요가 있을 것이다. 또한 북한 지역의 특수성을 고려하고 북한 주민들의 의사가 국정에 반영될 수 있게 하기 위해서는 독일의 선거제도인 비례대표제를 참고할 필요가 있을 것이다. 독일식 선거제도는 '의회는 사회 전체 구성원이 참여하는 토의의 장'이라는 맥락에서 원칙적으로 각 정당이 유권자의 제2표를 통해 획득한 득표수의 비율대로 의회 내 의석을 배분받는다. 독일의 선거제도는 지역구와 비례대표를 50 대 50으로 적용하고 있다.

동·서독 통일은 독일 정당체제에 근본적인 변화를 가져왔다기보다는 동독 정당이 서독 정당으로 편입되거나 또는 연합함으로써 서독의 정당제도가 동독으로 확대되었다고 평가할 수 있다. 독일 통일이 동·서독 모두 사전 준비가 전혀 없었던 상태에서 진행되었기 때문에 통일 초기 단계에서 서독의 정당체제가 동독을 지배할 수밖에 없는 상황이었다.

남북연합 기간이 도래하면 남한 내의 정당들도 북한에 자매정당을 창당하는 노력이 필요할 것이다. 또한 분단 시절 서독의 사민당은 동독 및 동구권 사회주의 진영과의 창구 역할을 수행하며 동서 진영 간 긴장완화에 크게 기여했듯이 남북한의 경우도 정당 간의 접촉 채널을 유지하는 것이 바람직할 것이다.

(2) 수도 베를린으로의 정부부처 이전

베를린으로 정부부처를 이전하는 문제는 통일이라는 역사적 대사건을 맞아 제기되었다. 독일 정부는 비록 과거 분단에 따른 부득이한 상황으로 인해 정부를 이원화 체제로 운영하고 있으나 업무 비효율성의 증대로 행정부처 및 정부기관들을 가급적 수도인 베를린으로 몰아가는 추세이다.

반대로 한국의 경우 역사적 대사건도 없는 상태에서 단지 한 대통령 후보의 검증되지 않은 선거공약을 억지로 추진하는 과정에서 수도 이전 문제가 야기되었다. 한국의 경우 정부소재지와 수도가 동일한데도 일부 정부부처를 수도에서 분리시켜 세종시로 이전하여 이원화 체제로 운영하려 하고 있다. 독일은 이원화 체제의 문제점 때문에 이를 탈피하려고 하는데, 한국은 의도적으로 이원화 체제를 조성하려 하고 있다. 이원화 체제 운영과 관련하여 독일과 한국은 서로 상반된 배경을 갖고 있다.

독일의 경우 베를린이 1871년 독일제국 성립 이후부터 제2차 세계대전 말까지 줄곧 독일의 수도였으나 제2차 세계대전 패망과 동시에 승전 4개국에 의해 분할됨으로써 국제법적으로 동·서독의 통제를 벗어나는 특수 상황에 놓이게 되었다. 따라서 서독 정부는 정부와 의회의 소재지로 본을 선정했으나, 이는 어디까지나 임시 수도의 성격을 띠었다. 통일이 되자 독일은 베를린이 수도임을 기본법에 명시했다. 따라서 독일의 경우 본에서 베를린으로의 이전 문제는 수도 이전이 아니라 그간 분단으로 임시 수도에 있던 의회와 정부소재지를 통일 후 정식으로 확정된 수도 베를린으로 옮긴다는 의미를 갖는다. "독일도 본에서 베를린으로 수도를 이전했다"는 표현은 잘못된 것이다.

한국의 경우 노무현 대통령의 대선 공약이었던 수도이전공약이 헌법재판소의 위헌 결정을 받으면서 폐기되었다. 그러나 2005년 여야는 이 공약을 행정부처의 분산을 통한 행정중심도시 계획으로 변형시켰다. 일부 정부부처를 이전해야 하는 이유로 지방균형발전과 수도권 인구 과밀 해소 등을 꼽고 있다.

독일 정부는 연방부처의 분산 운용으로 인해 정책조정 및 조직 내부 협조체계 구축에 여전히 어려움을 겪고 있다. 만약 일부 정부부처가 세종시로 이전될 경우 독일이 지난 10년간 이원화 체제로 겪고 있는 다음과 같은 문제점들이 그대로 재현될 가능성이 짙다. 즉, ① 장거리 이격에 따른 업무협조의 어려움, ② 서울-세종시 간 잦은 출장 이동으로 많은 업무소비시간과 여행경비소요, ③ 대부분의 장관과 고위 관리들은 각종 회의와 의회 일정으로 거의 서울에 상주 ④ 세종시 근무 직원의 사기 저하 등의 문제점들이 나타날 것이다.

수도인 베를린에서의 업무량이 점차 늘어나는 추세에 따라 본 소재 부처들은 일부 인력을 추가적으로 베를린으로 이전시킬 계획을 갖고 있고, 사실상 모든 정부부처가 베를린에 소재하는 것과 마찬가지인 상황이 전개되고 있다. 독일 정부는 행정부처의 분할을 극복하기 위해 노력 중인데 비해 한국은 스스로 행정부처의 분할을 꾀하며 국가적 행정 비효율을 초래하려 한다.

정부부처의 이원화 체제 운영으로 인한 행정업무의 비효율성이 크게 논란이 되고 있는 가운데, 2000년도 중반부터 정치인, 연방하원 의원 및 주지사를 중심으로 본에 있는 정부부처를 모두 베를린으로 이전시키려는 움직임이 나타나고 있다. 2006년 여·야 하원 의원들을 중심으로 「베를린-본 법의 폐지 법안」이 발의되었다. 이 법안에 따르면 모든 정부부처는 베를린으로 이전되어야 하며, 이에 대한 근거로 본은 「베를린-본 법」의 원래 취지를 성공적으로 달성하여 이미 자족 도시로 거듭났으나 베를린의 경우 수도로서 장차 완전한 업무 수행을 기대하기 위해서는 추가적으로 기능이 보강되어야 한다는 것이다. 이는 모든 정부의 행정기능을 언젠가는 베를린으로 통합해야 한다는 여론을 뒷받침하고 있다.

장차 모든 연방부처는 베를린으로 이전될 것으로 전망된다. 베를린 이전이 베를린 및 주변 구동독 지역의 경제활성화에 별다른 기여를 하지 못하고 있다는 사실은 행정기구 이전만으로는 해당 지역의 균형발전을 기대하기 어렵다는 것을 시사해주고 있다.

이상에서 보듯 독일의 경우가 한국에 주는 교훈은 첫째, 수도와 정부소재지는 같아야 하며, 분리될 경우 많은 국가적 비효율이 발생한다는 점이다. 둘째, 독일의 이원화 체제 운용은 최상의 정책적 대안이라 추진된 것이 아니고, 당시 피할 수 없는 상황에서 내려진 고육지책의 정책이었다. 따라서 한국의 경우 수도소재지에서 제대로 기능하고 있는 정부부처를 뚜렷한 역사적 이유와 배경 없이 지방으로 분산 배치하는 어처구니없는 정책은 결코 추진되어서는 안 될 것이다. 셋째, 한반도가 통일될 경우 수도이전 문제가 제기될 가능성에 대비해야 할 것이다. 이때 통일 한국의 국력 신장과 동아시아 내에서의 위상, 북한과의 정치·사회적 통합 측면, 그리고 북한 지역의 재건 문제 등을 입체적으로 고려하여 이 문제를 분석해야 할 것이다.

(3) 과거사 청산

분단 이후 독일에서는 두 번에 걸친 과거사 청산 작업이 있었다. 첫 번째는 나치에 대한 청산 작업으로 제2차 세계대전 패망 직후 점령통치 기간 중 전승 4개국에 의해 단행되었다. 두 번째는 구동독 독재체제에 대한 청산으로 독일 정부와 국민들에 의해 이루어졌으며, 이는 독일 국민 스스로에 의한 '역사에 대한 재평가'라는 의미를 갖고 있다.

과거사 청산 문제와 관련된 독일 정부의 기본 입장은 과거사로부터 잘못을 밝혀내어 역사 인식을 올바르게 정립함으로써, 후세에 똑같은 과오를 되풀이하지 말자는 것이다. 이러한 역사평가작업은 동독 주민들로 하여금 민주주의에 대한 신뢰를 갖게 함으로써 통일 초기 단계에서 동·서독 간 내적 통합에도 크게 기여하리라 판단되었다.

구동독 체제 비리의 근원이라고 할 수 있는 슈타지의 해체는 통일 이전 과도체제인 모드로 정부와 데 메지에르 정부 시대에 완료되었고, 일부 기소된 슈타지 요원들은 대부분 증거 불충분으로 처벌된 사례가 거의 없었다. 비록 독일 정부가 동독 정권을 불법정권으로 규정하고 동독 국경 탈주자에 대한 사살명령혐의로 고위 책임자들을 비록 법정에 세웠으나, 고위 당직자들은 특별법이 아닌 기존의 동독 일반 형법에 따라 처리되었고, 이들은 대부분 병보석으로 기소유예되거나 형 집행정지로 풀려났다. 이들에 대한 처리가 미흡하다는 여론이 많았음에도 불구하고, 국민적 화해 달성이라는 당면 과제를 앞두고 있던 독일 정부는 법적·정치적 처리에 의한 과거청산을 더 이상 진전시키지 않았다.

그러나 독일 정부는 사통당 불법정권의 피해자들에 대한 복권과 보상 문제에 대해서는 비교적 적극적으로 대응했다. 이런 점에서 독일의 경우 가해자에 대한 처벌보다는 독재체제에 희생당한 동독 주민들에 대한 복권과 보상이 과거사 청산의 핵심이었다. 독일의 이와 같은 과거사 청산 작업은 동독이 흡수통합되었기 때문에 가능했다.

그러나 남북한 간의 과거사 청산은 독일의 경우와 근본적으로 차원이

다른 양상을 보일 것이다. 북한의 남침으로 야기된 한국전쟁에서 약 500만 명의 희생자가 발생했고, 이후에도 북한은 잦은 군사도발과 납치 및 테러 행위로 수많은 남한 주민들을 희생시켰다. 이 문제는 통일 전이든 통일 후든 간에 어떤 형태로든지 확실하게 북한에 대해 책임을 추궁함으로써 역사적·도덕적 청산을 마무리해야 할 것이다. 만약 북한이 동독처럼 갑자기 붕괴되고 한국에 흡수통일 당할 경우 한국 정부는 서독 정부가 했던 대로 북한 지도부를 법정에 세우고 그간 북한 정권이 자행해온 한국전쟁, 대남 군사도발, 북한 주민 탄압 및 인권 유린 등 모든 불법행위에 대해 단죄할 수 있을 것이다.

그러나 앞서 분석한 대로 북한이 동독의 전철을 밟을 가능성은 적어 보인다. 이럴 경우 남북한 간의 대치가 지속되는 가운데 북한의 불법행위 가해자들이 사망함으로써 현존하지 않을 경우 가해자에 대한 사법처리는 불가능해질 것이다. 북한 내부의 권력교체가 수차 이루어진 후 남북 관계가 우호적으로 발전될 경우, 남북한은 공동으로 과거사 관련 진상조사위원회를 가동하여 역사적 진실을 파악하는 수준에서 만족해야 할지도 모른다. 이때는 처벌보다는 사면이나 화해가 더 강조될 것이다.

과거사 청산과 관련하여 독일로부터 참고할 만한 사항은 다음과 같다. 첫째, 의회 내에 '사통당 독재체제 잔재청산 특별위원회'를 설치하여 불법행위에 대한 정치·도덕적 평가와 함께 책임소재를 규명하고 청산 작업에 대한 전반적인 국민적 공감대를 형성하고자 했다. 둘째, 40년간 행해진 사통당의 불법행위를 행위 당시의 동독의 형법을 적용하여 처리해야 했기 때문에 법적 대응이 미약할 수밖에 없었다. 독일의 사법기관은 동·서독 법체계의 상이성, 준거법, 시효, 입증방법 및 방대한 자료 등으로 인해 사법처리의 한계에 봉착했다. 만약 한반도의 통일이 독일식으로 전개될 경우 특별법을 제정하여 이 문제를 처리하는 것이 바람직할 것이다. 셋째,

서독은 1961년부터 동독 체제의 비행 및 범죄와 관련하여 모든 기록을 수집·보관하기 위하여 '주 사법행정 자료기록보관소[잘츠기터(Salzgitter) 보관소]'를 운영했다. 넷째, 분단을 경험하지 못한 젊은 세대들의 교육을 돕기 위해 '사통당 독재평가 연방재단'을 설립하여 운영 중이다.

(4) 엘리트 충원

북한도 만약 동독처럼 흡수통일을 당할 경우, 정치이념적으로 동질성을 띤 북한의 기존 독점 엘리트들은 일제히 물러날 것이다. 북한보다 훨씬 발전되어 있는 남한의 모델대로 북한 사회의 모든 구조가 바뀔 것이고, 남한 측의 분야별 엘리트들이 북한 사회를 점령할 것이다. 이때 동독 주민들이 느꼈던 것처럼 북한 주민들도 남한에 의해 식민지화되었다는 감정을 느낄 것이다.

정치적 변혁 후 동독에는 새로운 정치 엘리트들이 기존의 정치 세력들을 대체했다. 이들은 수로 과거에 반사회주의석 성향을 띠녀 반체제 시민운동을 하던 인사들이었다. 그러나 북한에는 이와 같은 자생적 반체제 단체나 인사들이 형성되어 있지 못한 실정이기 때문에 남한 측 인사들로 충원되어야 할 것이다. 또한 비정치 분야에서도 주요 핵심 직위는 대부분 남한 측 엘리트로 대체될 것이다.

그러나 남북 관계가 오랜 기간 화해·협력단계와 남북연합단계를 거칠 경우 독일의 모델은 한반도에 재현되지 않을 것이다. 남북한은 통일에 이를 때까지 교류와 협력을 강화하여 모든 분야에서 북한의 엘리트들이 남한 수준에 버금갈 정도로 양성될 수 있는 정책을 추진해야 할 것이다. 또한 이 기간 중 언제라도 북한의 체제 전환을 지원할 수 있도록 남한의 엘리트층도 분야별로 충분히 양성되어 있어야 할 것이다. 통일부를 중심으로 한 정부부처들은 이들에 대한 인적 네트워크와 교육 및 재교육 프로그램,

그리고 학계 및 시민단체들과의 연계를 유지하고 발전시켜야 할 것이다.

정부는 이상에서와 같은 목적을 달성하고 시민들의 수준을 한 차원 높이기 위해 독일의 연방정치교육센터(Bundeszentrale für politische Bildung: BPB)와 같은 교육센터를 설립하여 운영할 필요성이 있을 것이다. 독일의 연방정치교육센터는 시민들의 역사의식과 민주화의식을 고양시키기 위해 독일의 역사, 분단, 그리고 통일에 이르는 주제와 동독 역사의 전반에 걸쳐 교육받을 기회를 제공한다. 그 외에도 유럽 및 세계 정세와 글로벌 이슈들에 대해서 각종 간행물과 세미나, 그리고 온라인 정보제공을 통해 시민들의 재교육을 담당하고 있다. 이와 같은 정치교육센터의 설립은 통일 전후에 북한 주민들의 민주화를 촉진시키고 남북한 간의 정치·사회·문화적 통합에도 크게 기여할 수 있을 것이다.

(5) 정치문화의 상이성

통일된 지 20년이 흘렀으나 경제와 사회정치적 관점에서 보면 아직도 동·서독 간에는 상이한 정치문화가 존재하며 이데올로기 청산도 완전히 끝나지 않았다. 2010년 통계에 따르면 반수가 훨씬 넘는 동독 주민들이 국가이념으로 민주주의보다 사회주의가 더 중요한 제도라고 인식하고 있다.

이처럼 동·서독 간의 정치문화가 차이를 보이는 이유는 서독 주민들이 1945년 이래 민주주의와 관련된 학습기간을 가져온 반면, 동독 주민들은 같은 기간 중 사회주의 체제 속에서 세뇌되어왔고 분단으로 인해 민주주의나 자유 개념을 법체계나 행정기구에 접목시킬 수 있는 기회를 갖지 못했기 때문이다. 특히 자유민주주의체제에 대한 동독 주민들의 불만은 통일에 대한 그들의 기대감이 충족되지 못했다는 사실에서 기인한다. 동독 주민들은 통일 후 조만간 서독 주민들과 같은 생활수준과 복지를 누리게 될 것을 기대했으나, 오히려 대량실업과 '2등 국민'이라는 자괴심만 경험했다. 또한 동독 내 정부기관과 산업체의 대부분이 서독의 엘리트에게 점령 당함으로써, 이에 대한 실망과 분노는 결국 서독의 자유민주주의체제 자체에 대한 불만으로 표출되었다. 이처럼 동·서독 주민들 간의 상이한 정치문화와 체제인식의 차이는 독일 국민으로서의 동질성과 민족공동체 형성에도 부정적인 영향을 미쳐 결국 내적 통합을 어렵게 만드는 요소로 나타나고 있다.

따라서 연방정부는 통일 후 동·서독 간 정치문화가 상이하다는 현실에 기초하여 관공서, 각급 교육기관, 언론, 군 및 연구소 등을 통해 동독 주민에 대한 정치교육을 강화해오고 있다.

20년이 지난 독일의 통일이 우리에게 시사하고 있는 것은 체제 분단으로 생겨난 상이한 정치이념을 한 방향으로 통합한다는 것은 결코 쉬운 일이 아니며, 내적인 통일 과정은 예상보다 훨씬 진전이 더디고 분단 민족이 통합될 때 마지막으로 등상하는 과세라는 것이다.

남북한 간의 정치문화 차이는 동·서독 간의 차이보다 훨씬 더 크고 극복하는 데도 더 오랜 기간을 필요로 할 것이다. 한국의 경우 헌법이 규정하고 있는 정치이념은 자유민주주의와 문화민족에 바탕을 둔 민족주의이다. 그러나 북한의 정치이념은 마르크스-레닌주의 이념을 실천하기 위해 고안되었다는 이른바 주체사상으로, 이는 한마디로 '김일성-김정일주의'이다. 이제까지 주체사상은 북한 체제의 정통성을 확보하고 북한 주민들의 일체감을 조성하는 데 이용되어왔다. 그뿐만 아니라 북한 주민들을 하나로 묶어놓고 있는 주체사상은 대외적으로 독자성을 추구하고 대남 혁명을 수행하는 기본 이념으로 이용되어왔다. 이처럼 상이한 정치 이념으로 무장된 북한 주민들을 장차 통일 헌법에서 규정하게 될 자유민주주의 이념으로 동화시키는 과정은 어렵고도 오랜 시간을 요구하게 될 것이다.

따라서 한국 정부는 교류·협력단계와 남북연합단계 기간 중 북한의 주체사상 이념을 쇠퇴시키고 전체주의체제가 다원주의체제로 전환될 수 있도록 종합대책을 마련하고 발전시켜야 할 것이다.

2) 동·서독 경제 분야 통합과 한반도 관련 시사점

(1) 유럽 최대이며 세계 제3위 경제 대국인 독일은 1990년 이후 평균 1%대 전후의 낮은 경제성장률과 대량실업 증가를 보이며 경제 침체를 겪어왔다. 이를 극복하기 위해 2000년대 초부터 새로운 동독재건전략과 개혁 프로그램 'Agenda 2010'을 추진해오고 있다. 독일 경제 침체의 주요 원인은 EU 집행위원회의 분석대로 통일 후유증의 결과이며, 이는 전적으로 동독 경제의 침체로부터 기인한다고 볼 수 있다. 동독 경제를 침체로 몰고간 이유는 다음과 같다.

첫째, 동독의 실물경제보다 4~5배나 과대평가된 1:1 화폐통합으로 인해 동독의 기업들이 대내 경쟁력을 상실하여 대규모 도산으로 이어졌다.

둘째, 동독의 국영 기업체를 민영화하는 과정에서 동독 기업의 자산능력이 지나치게 과대평가되었고, 결국 기업들은 경쟁력을 상실하고 파산하여 산업공동화를 초래했다.

셋째, 동독 근로자들의 경제생산성을 앞지른 임금 인상으로 동독 기업은 국제 경쟁력을 상실했다. 이는 생산성의 저하를 가져오고 결국 기업 도산으로 이어지며 대량실업을 자초했다.

넷째, 동독 지역 내 높은 실업률과 노동시장의 불안정으로 동독 경제의 침체를 초래했다.

다섯째, 기존의 서독의 사회보장제도와 노동정책(노동법·노사관계)을 동독 지역에 그대로 적용함으로써 국가재정 악화와 동독 지역 내 임금 인상을 유발시켰다.

여섯째, 설상가상으로 전체 수출의 70% 이상을 차지하던 동구시장의 붕괴로 동독 기업은 경쟁력을 상실하며 빠른 속도로 파산하게 되었다.

이와 같은 배경으로 자체적 자본 형성이 미흡한 동독 지역 경제를 살리기 위해 연방정부는 1990년 통일 직후부터 2009년 말까지 19년간 순이전액으로 약 1조 6,000억 유로를 쏟아붓고 있다. 이처럼 독일 경제에 치명적인 조치들이 취해질 수밖에 없었던 배경은 독일 통일이 급작스럽게 이루어졌으며 동독이 서독에 일방적으로 흡수당하는 형태로 진행되었기 때문이다. 독일 통일은 전승 4개국의 승인과 직결되어 있었기 때문에 분위기가 조성되었을 때 서둘러 할 수밖에 없었다. 따라서 동·서독 경제통합 과정은 경제논리보다는 정치논리에 의해 추진될 수밖에 없었다. 당시 서독 정부는 대규모 항의시위와 끊임없는 서독으로의 이주 물결 등을 조속히 차단하고, 동독 주민들의 즉각적인 화폐통합 요구를 수용하며 대부분이 임금생활자인 동독 근로자를 고려하여 1:1 화폐교환을 실시했다. 당시 상황에서 서독 정부는 단계적 모델에 따른 경제통합을 추진할 수 없었기 때문에 어찌 보면 동독 내 대량실업과 산업공동화 현상 등과 같은 시행착오를 범한 것은 불가피한 측면이 있었다.

그러나 한반도의 경우는 앞서 언급한 것처럼 독일의 패턴대로 갑작스러운 흡수통일로 이어질 가능성이 비교적 적을 것으로 전망된다. 따라서 남북한은 교류·협력기간을 통해 가급적 정치논리보다는 경제논리에 입각하여 북한의 경제력을 최대한 끌어올릴 수 있도록 상호 협력을 강화해야 할 것이다. 이 기간 중 북한 지도부는 중국이나 베트남의 모델에 따라 '서서히, 그러나 스스로' 시장경제체제로 전환할 수 있도록 노력해야 할 것이다. 이런 과정에서 남한 정부는 북한의 체제 전환 노력을 적극 지원하는 것이 바람직할 것이다. 장차 남북 관계가 이런 테두리 속에서 발전될 경우 한반도에서는 북한의 대량이주 사태로 인한 북한 지역의 산업공동화 현상이나 남한 내 노동시장의 혼란을 최소화할 수 있을 것이다.

(2) 경제통합과 관련하여 독일이 우리에게 주는 또 다른 교훈은 경제력이 우월한 측이 통일을 주도할 수밖에 없다는 것이다. 이런 측면에서 한국 정부가 한반도의 통일을 기획하고 주도해야 할 것이며, 앞으로 교류·협력 과정에서 북한 내 인프라 확충 등 많은 부분을 지원해야 할 상황에 대비해야 할 것이다. 이를 위해 '더 높은 경제성장을 통해 더 많은 국부를 축적'해야 할 것이다. 독일 통일이 독일 사회에 던진 화두는 '경제성장이 사회복지(분배)보다 우선'이란 것이었다. 건국 이후 독일의 국내 정치사는 '기민/기사연합의 사회적 시장경제를 통한 성장'과 '사민당의 사회복지 확대(분배)'의 대결로 점철되어왔다고 해도 과언이 아니다. 아데나워 수상의 '기민/기사연합'은 1950~1960년대 '라인 강의 기적'이라 불리는 고도성장을 통해 사회복지 기반을 구축하는 데 성공했다. 1970년대에 들어서자 사민당은 사회보장제도를 확대·시행함으로써 기업과 가계의 조세부담을 증가시켰고, 결국 기업투자와 가계소비를 위축시키면서 경기침체가 발생했다. 통일 후 경제적 현실을 무시한 과도한 사회보장제도의 지속적 운영은 독일 경제를 장기 침체 국면으로 빠트리게 한 핵심 요인 중 하나가 되었다. 경쟁원칙이 훼손되고 사회적 형평성이 과도하게 강조될 경우 경제침체가 초래되며, 고도성장기에 한 번 상향 조정된 복지정책을 경기 하락 시에 갑자기 축소시키기 어렵다는 것이 독일 통일에서 입증되었다. 따라서 한국의 경우 경제의 활력을 저하시키는 과도한 사회복지정책추진은 통일을 앞두고 지양해야 할 것이다. 독일식 사회복지국가는 높은 성장을 구가하던 완전고용 상태에서나 가능했고, 그나마 통일 후 경제 침체 상황하에서는 과거에 시행되어왔던 사회복지 수준을 유지하는 것조차도 불가능하다는

것이 입증되었다. 따라서 1980년대 말까지 세계 제3위 경제 대국으로 경제 호황을 누리다 통일 후유증으로 경제 침체를 겪고 있는 독일이 우리에게 주는 교훈은 통일을 대비해 '분배에 치중하기보다는 고도 경제성장을 통해 국부(國富)를 지속적으로 확대해야 한다'는 것이다.[30]

(3) 독일의 경우 통일비용은 최초 예상했던 것보다 훨씬 더 많이 소요되었다. 이에 대한 가장 큰 이유는 경제 침체로 동독 주정부들 스스로가 동독 지역 재건을 주도할 수 없었기 때문이다. 지난 20년간 매년 평균 1,000억 유로 정도가 동독으로 재정이전되었다. 이는 독일 GDP의 4%에 해당되는 금액으로 그간 독일의 경제성장을 저해하는 주요 요인이 되었다는 평가를 받고 있다. 독일의 막대한 통일비용 소요가 한반도에 주는 시사점은 첫째, 장차 남북한 간의 통합 시에도 동·서독 간에 발생한 것처럼 막대한 통일비용이 소요될 것이고, 통일비용을 준비해야 할 주체는 한국이 될 것이라는 점이다. 둘째, 동·서독과 남북한 간의 경제적 상황을 비교해볼 때, 통일비용을 준비하는 과정에서 한국이 독일보다 훨씬 더 많은 어려움에 봉착할 것이다. 따라서 남북한은 분단 시절 긴밀한 교류협력을 통해 북한의 경제력을 최대한 끌어올릴 수 있도록 해야 할 것이다. 셋째, 막대한 통일비용을 우려하여 통일을 주저하거나 반대하는 우를 범해서는 결코 안 될 것이다. 통일할 기회가 포착되면 언제든지 통일비용과 상관없이 통일을 이룩해야 할 것이다. 통일은 통일 비용을 필요로 하지만, 반면 분단비용의 지출을 불필요하게 할 뿐만 아니라 평화배당금(peace dividend)이라는 경제적 이득을 가져다줄 수 있다는 점도 고려되어야 할 것이다.

---

[30] 미국이 1990년대 IT 기술혁신을 통해 신경제를 구축하는 동안 독일은 통일 후속 조치수행으로 이 분야에 진출할 여력이 부족하여 오늘날 IT 분야의 낙후를 초래했다.

(4) 2000년대 초부터 독일 정부는 이제까지 엄청난 재원을 쏟아부었음에도 불구하고 동독 경제가 기대한 만큼 성장하지 못한 이유를 분석하고, 제한된 예산을 효율적으로 운용하자는 취지에서 이제까지의 동독재건정책을 다시 검토하고 신재건전략을 수립하여 추진하고 있다. 이 분석에서 확인된 것은 경제발전단계가 낮은 경제권과의 통합은 낮은 경제권의 자생력 확보에 정책적 초점이 맞추어져야 한다는 것이다. 통일 후 동독 경제의 발전단계를 분석해볼 때, 동독 경제는 재건특수 이후 성장이 정체되었다. 서독과의 격차를 줄였던 경제부흥기는 1996~1997년 이후 정체 상태로 빠져 들었고 경제성장률은 서독 지역보다 더 낮아졌다. 반면 자체 동력으로 시장경제체제로의 전환을 점진적으로 추진해온 체코를 위시한 동구 국가들은 시간이 흐를수록 경제성장이 호조를 보이고 있다. 이는 동독 경제가 '자립적인 발전의 길(selbsttragender Entwicklungspfad)'로 스스로 들어서지 못했다는 것을 의미한다.

따라서 남북한의 경제협력도 교류·협력단계에서 북한이 자립 경제를 구축할 수 있는 방향으로 이루어져야 할 것이다. 앞으로 우리의 북한 지역개발전략도 북한 지역의 경제가 자생력을 갖추어 성장·발전할 수 있는 근본적인 기반을 구축하고, 북한이 가급적 외부로부터 재정이전에 의존하지 않는 독립된 경제체제를 갖추도록 유도해야 할 것이다. 외부의 자본유입도 중요하나 북한 지역 내에 존재하는 생산자원과 우수 인력자원의 발굴과 교육에도 치중해야 할 것이다. 만약 북한이 자체 개발과 관련하여 남한에 전적으로 의존하는 상황이 올 경우 한국 정부는 경제성장 잠재력이 높은 지역에 우선적으로 재원을 지원해야 하며, 주요 산업시설과 경제성장과 연계된 지역에 먼저 인프라를 구축하고 예산을 투입할 필요가 있을 것이다.

한국 정부는 통일 직후 북한 지역을 경제특구화하고 북한이 전통적으로 강한 주력 산업 분야와 북한의 지정학적 입지를 고려하여 중국과 러시아를 상대로 진출할 수 있는 지역별 전략적 특화 산업을 발전시켜야 할 것이다. 또한 한국 정부는 북한의 시장경제체제로의 점진적 전환과 관련하여 포괄적인 대책을 마련하고 북한과 협의해야 할 것이다. 그뿐만 아니라 통일 후 남한의 산업구조와 상호 보완적으로 발전시킬 전략을 사전에 구상하고 개발해야 할 것이다. 이와 관련하여 산학협동이 이루어질 수 있도록 관련 연구소와 학교들도 북한 지역으로 이전시킬 수 있어야 할 것이다. 통일 후 군사전략에 따른 한국군 부대의 북한 지역 이전도 북한의 지역 경제를 활성화시키는 데 기여할 수 있음을 참고해야 할 것이다.

(5) 독일의 '1:1 화폐통합'이 한반도에 시사하는 것은 남북한 간의 화폐통합은 '남북연합단계'를 거쳐 경제적 통합을 이룬 다음 추진되어야 바람직하다는 것이다. 독일의 경우 즉각적인 화폐통합이 동독 기업에 대한 평가절상의 효과를 가져왔고, 이는 도산으로 이어져 실업률의 증가를 초래하고 결국 서독 정부의 부담으로 작용했다. 따라서 화폐통합은 초기 단계에서 시행될 수 없고 통합 말기 시점에서 추진하는 것이 바람직할 것이다. 남북 경제통합절차와 관련하여 무엇보다 시급한 것은 북한이 먼저 시장경제체제로의 전환을 통해 인프라와 생산시설을 현대화시키고, 생산성의 격차를 줄여나가야 한다는 것이다. 북한의 통화는 국제 시장에서 태환이 가능하도록 환율시장을 통해 적응을 거친 뒤에 마지막 단계에서 남한 통화와 통합되어야 할 것이다.

(6) 독일의 경우를 거울삼아 국영기업의 민영화를 통해 모든 기업이 도산하지 않도록 남북 교류·협력기간 중 북한 스스로 단계적으로 인민소유 기업들을 민영화하여 시장경제체제로의 전환과 자립적 경제체제를

구축해야 할 것이다. 설사 남북 통합 직전까지 북한의 국영기업들이 존속할 경우 바로 민영화시키기보다는 오히려 통일 정부의 강력한 조정과 통제로 당분간 국영기업 상태 그대로 운영할 필요성이 있을 것이다.

(7) 독일의 경우를 보더라도 일단 장벽이 무너진 후 동독 주민의 경제활동을 통제하기는 사실상 불가능했다. 만약 한반도에서 휴전선이 무너지면 마찬가지로 정치적 논리가 지배하여 북한 주민의 남한 이주와 이들의 남한 내 경제활동을 통제하기는 쉽지가 않을 것이다. 따라서 분단 상황하에서 남북 교류로 북한의 경제력을 최대한 성장시킬 필요가 있을 것이다.

(8) 독일 통일로부터 배우는 또 다른 교훈은 분단 시절 동독과의 지속적인 교역이 동독을 경제적으로 서독에 종속시켰으며, 나아가 동독 지도부의 정치적 결정에도 긍정적으로 영향을 미쳤다는 점이다. 이는 결국 동·서독 간 긴장완화로 직결되었다는 점에서 동·서독 간 최소한의 교류와 협력이 어떠한 대결보다도 유리했다는 명제(These)는 남북한 관계에도 그대로 적용될 수 있을 것이다. 우리는 경제 교류가 그 어떤 군사적 수단보다도 북한을 변화시킬 수 있는 강한 무기라는 점을 독일로부터 배워야 한다. 나토가 총알 한 발도 쏘지 않았는데도 교류·협력을 통해 동구 진영이 스스로 공산체제로부터 해방되길 원하며 무너졌듯이, 북한 주민들이 남한과의 교류·협력을 통해 남한체제가 훨씬 우월하고 살 만한 체제란 것을 스스로 인식할 수 있도록 해야 할 것이다. 그리하여 북한 주민들이 불만족스러운 자체 체제로부터 스스로 해방되기를 원하는 날이 올 때까지 북한과의 교류와 협력을 강화해나가는 것이 무엇보다 급선무일 것이다.

(9) 독일의 경우 경제 분야에서의 통일은 여전히 진행 중이고 정신적

통일에도 간극이 남아 있다. 이는 40년간의 분단 격차를 20년 만에 치유하기가 어렵다는 것을 시사하며, 분단이 길어질수록 치유 기간도 더욱더 늘어날 수 있다는 것을 암시한다. 이런 맥락에서 독일인들은 양독 간 내적 통합의 근원적인 해결은 통일 이전 세대에서는 불가능하고, 통일 이후 세대에 가서야 가능하리라고 전망한다. 앞으로도 경제 분야에서의 동·서독 간 차이는 부분적으로 지속될 전망이다. 그러나 동·서독을 분할하는 결정적인 경계선은 더 이상 존재하지 않는다. 통일 독일의 장래는 전적으로 동독 지역의 재개발과 부흥에 달려 있다 해도 과언이 아니다. 독일 정부는 '연대협약 II'가 종료되는 2019년까지 동독 지역의 경제력을 서독의 취약지역 수준으로 끌어올려 동·서독 간의 생활수준을 평준화하는 것을 목표로 하고 있다. 이를 위하여 기업의 투자와 혁신역량을 강화하고 우수 대학을 육성하며, 미래산업 분야인 청정기술과 생명공학에 대한 지원을 강화해나가고 있다.

3) 통일 후 독일의 대외정책 변화와 한반도 관련 시사점

독일 대외정책과 관련하여 한반도에 주는 시사점은 다음과 같다. 첫째, 독일 정부는 분단에서부터 통일에 이르기까지 시종일관 전승 4개국과의 관계를 우호적으로 관리하려고 노력했다. 특히 그중에서도 독일 정부는 미국과의 우호·동맹관계를 굳건하게 유지해왔다. 분단 시절 서독은 제2차 세계대전 종식 후 미국의 마셜플랜으로 전후복구가 가능했고, 미국이 주도하는 나토 체제에 편입됨으로써 체제 안정과 민주주의를 구가할 수 있었다. 따라서 동서냉전 당시 독일은 나토 내에서 항상 미국의 충실한 우방으로 남아 있었다.

통일 이후에도 여전히 미군을 나토군의 일원으로 독일에 주둔하고 있다.

부시 대통령의 해외주둔 미군 재배치 검토 계획에 따라 주독 미군 철수 문제가 제기되자 독일 정부와 해당 연방 주는 미군 철수와 미군기지 축소가 지역 경제에 미치는 부정적인 영향을 우려하여 이에 반대하거나 철수 규모를 최소화하려는 노력을 강구해왔다. 독일의 정치권이나 대부분의 국민들은 미군 주둔을 적극 지지하고 있다. 독일 정부와 해당 주들이 단지 지역 경제적인 이유만으로 미군이나 나토 회원국의 주둔을 희망하는 것은 결코 아니다. 다수의 독일인들은 독일군이 나토나 EU, 그리고 유엔의 범주 내에서 공동으로 안보방위정책을 추구하며 다국적 군사구조의 틀 속에서 우방국들과의 군사 협력을 강화하는 것이 또다시 독일로 하여금 역사적 과오를 되풀이할 수 없게 만드는 안전장치라고 여기고 있다. 독일을 얽어매는 다자간의 틀이야말로 통일 후 '제3의 길'을 갈지도 모른다는 주변국들의 우려를 불식시킬 수 있는 유일한 수단이라는 점에서 앞으로도 미군을 포함한 나토 회원국의 주둔은 계속 지지를 받을 것이다.

굳건한 미-독 관계가 분단 시절 독일의 안보와 번영을 보장하고 결국 독일 통일의 주춧돌 역할을 한 것처럼, 굳건한 한미 동맹의 유지는 줄곧 한국의 안보와 번영의 초석이 될 것이며 장차 한반도 통일을 보장하는 확실한 지름길이 될 것이다.

둘째, 비록 동서냉전의 여파로 인해 이념적으로 동구 진영과 대치하고 있었으나, 서독 정부는 소련을 위시한 동구권과의 관계정상화를 추구했고 동구 진영의 대서방창구 역할을 하며 교류·협력을 강화함으로써 상호 적대감과 편견을 약화시키기 위해 노력했다. 소련의 고르바초프는 동구 진영을 스스로 해체하게 만들어 동서냉전을 종식시킨 장본인으로 독일 입장에서는 통일의 일등공신이나 다름없는 인물이다. 통일 후 독일은 러시아를 유럽 및 세계 경제권으로 편입시켜 서방과의 협력체제를 구축하는 데도 가장 적극적이었다. 이와 같이 동서 양 진영의 모든 국가와 우호관계를 수립함으로써 통일 전 서독은 양 진영 간 균형자적인 역할을 수행하며 이미 양측으로부터 신뢰를 받고 있었다. 독일의 'friendship with all' 정책은 한국 정부에도 시사하는 바가 클 것이다. 바람직한 통일 환경을 조성하기 위해 북한에게 그나마 유일하게 영향력을 미칠 수 있는 중국이나 러시아와도 우호적인 관계를 유지해나가야 할 것이다.

셋째, 독일은 과거 역사적으로 항상 적대 관계를 유지해왔던 프랑스와 화해협력조약(엘리제 조약)을 체결함으로써 양국 관계를 정상화했고, 이후 유럽통합의 핵심 축으로 모든 분야에서 협력을 강화하고 있다. 양국은 수시로 정상회담을 개최하며 정부 차원의 협력을 강화하기 위해 각기 외교부에 양국 문제를 다루는 특별차관을 두고 있다. 정부 간 정책협력 강화를 위해 양국은 연 2회 정기적으로 합동국무회의를 개최하고 의회 차원에서도 협력을 강화하고 있다. 양국은 청소년 교류를 확대하고 있으며 2006년부터 양국 학자들에 의해 공동 집필된 인문계 고등학교용 역사교과서 『Histoire』·『Geschichte』를 사용하고 있다.

한반도의 통일 환경을 우호적으로 조성하기 위해 한국 정부는 독일-프랑스의 관계개선 패턴을 거울삼아 '한국-일본-중국 3국 정상 실무회동' 개최를 주관하여 지역 안보나 경제 문제, 그리고 글로벌 현안들을 조율하고 상호 이해의 폭을 넓혀나갈 수 있어야 할 것이다. 북한에 대해서는 언제든지 '한-일-중 3국 정상 실무회동'의 문호를 개방하고 상호 토의의 장으로 발전시켜나가야 할 것이다.

4) 통일 후 독일의 국방정책 변화와 한반도 관련 시사점

(1) 독일식 군사통합의 한반도 실현과 적용 여부

동·서독 간 군사통합은 1:1의 대등한 국가 간의 통합 개념이 아닌 서독 연방군 주도의 일방적인 통합이었다. 통일되는 순간 동독군은 더 이상 존재하지 않았고, 동독군 부대, 병력, 장비들은 연방군에 편입되어 연방군의 일방적인 결정에 따라 인수되거나 도태되었다. 동독 군 지도부가 동독군의 이해를 전혀 대변하지 못하는 상황에서 통일 전에 모두 제거되었고, 동독 인민군은 일방적으로 서독 연방군에 의해 무장해제를 당했다. 이와 같은 서독에 의한 일방적인 군사통합이 가능했던 근본적인 원인은 동독 인민의회가 1990년 8월 23일 기본법 제23조에 의한 통일을 결정했고, 이에 따라 동독 정부는 군사 분야를 비롯한 모든 분야에서 재량권을 상실할 수밖에 없었기 때문이다.

정치적 결정에 따라 군사통합이 진행되면서 동독군은 어떠한 무력저항도 없는 상태에서 일방적으로 무장해제를 당했다. 그 이유는 다음과 같다. ① 동독 인민군은 그간 소련군의 강력한 통제하에 바르샤바 조약기구의 일원으로 육성되어왔기 때문에 국내 급변사태에 대한 독자적인 대응능력을 갖고 있지 못했고, ② 특히 사통당 지휘부 퇴진 이후 군 내부는 거의 지휘부재의 공황 상태에 빠져 있었다. ③ 동·서독군은 집단안보체제상으로는 서로 적이었으나 양독군은 평소 서로에 대한 적대감을 갖고 있지 않았고, 동독 군인들은 심지어 서독 사회를 동경하고 있었다. 특히 1990년 3월 18일 인민의회선거로 출범한 데 메지에르 민주정부가 들어선 이후로 인민군 장병들은 일반 주민들과 같은 수준에서 여행자유화나 군내 개혁을 요구했다. ④ 더군다나 1990년 6월 7일 바르샤바 정치자문위원회(모스크바) 공동 코뮤니케는 "동서 간 이념적 적대 관계는 극복되었고 나토와의 대결은 시대정신과 일치하지 않는다"라는 평가를 내림으로써 조만간 집단안보체제인 바르샤바 조약기구가 해체될 것임을 암시하자 동독군은 완전히 공황 상태에 빠져들었다. 당시 동독군 수뇌부들은 바르샤바 조약기구가 동독군을 끝까지 지켜줄 것으로 믿고 있었고, 동독군이 통일 이후에도 유지될 수 있도록 소련을 위시한 회원국들의 강한 지원을 기대했다. 그러나 이날 회의에서 대부분의 회원국들은 조만간 바르샤바 조약기구를 탈퇴할 것임을 선언했다. 이처럼 동독 인민군은 총체적 난관에 봉착된 상황에서 서독 연방군에 일방적으로 흡수통합당하고 말았다.

앞서 분석한 대로 한반도 통일은 독일식 흡수통일과는 양상이 달라질 수밖에 없을 것이다. 따라서 독일의 경우에서 보듯 '서독에 의한 일방적 군사통합'이 한반도에서도 '남한에 의한 일방적 군사통합'으로 쉽게 재현되지는 못할 것이다. 북한은 '김정일 1인 독재+노동당 1당 독재'라는 지배 형태를 띤 지구상 유일한 전체주의체제라는 점에서 북한 수뇌부의 급작스런 백기항복은 사실상 기대하기 어려운 실정이다. 게다가 북한 내에서 가장 강력한 국가기관 중 하나이며 체제 유지의 유일한 수단인 인민군은 대남 적화통일을 수행하기 위해 양성된 군대이다. 공격형 재래무기 전력과 핵 및 화생 무기를 포함한 대량살상무기를 보유하고 있고 언제든지 불법 남침행위를 저지를 수 있는 예측 불가능한 집단이다. 상차 남북한 지도부가 군사통합이라는 정치적 결정을 내릴 경우에도 과연 북한 군부가 순수하게 이를 따를지도 여전히 의문이다.

따라서 남북한 간 군사 문제는 한국의 통일방안인 '화해·협력단계'를 거쳐 '남북연합단계'로 이르는 과정에 따라 단계별로 쉬운 문제부터 접근해야 할 것이다. 화해·협력단계에서는 남북 간 신뢰구축 조치가 이행되어야 할 것이다. 남북한이 이미 남북 기본합의서에서 합의한 대로 상호 불가침의 이행을 보장하기 위해 대규모 군사이동이나 군사연습을 사전 통보하는 문제, 군 인사 교류 및 정보교환 문제, 비무장 지대의 평화적 이용 문제, 그 외에 군사적 신뢰구축과 관련된 제반 문제 등을 토의함으로써 일차적으로 남북 간의 군사적 긴장을 완화시켜야 할 것이다.

남북한은 한반도의 냉전의 원인과 실태에 대해 진지하게 토의하고 장차 평화체제를 구축하기 위해 남은 과제들이 무엇인지, 또 이를 해결할 방안은 무엇인지에 대해 합의점을 도출해야 할 것이다. 이때 정전협정의 평화협정으로의 대체 문제와 유엔사 해체 문제를 토의할 수 있을 것이다. 한미 방위동맹체제는 어떤 형태로든 유지되는 것이 바람직하므로 남북 간의 협상 시 거론되지 않도록 유의해야 할 것이다.

이어서 상호 신뢰가 구축이 되어 남북연합단계에 진입할 경우 남북한은 정치적 발전 상황에 발맞추어 군비제한 조치와 병력 및 무기체계감축에 이르는 군축 문제를 다루면서 군사통합 과정으로 서서히 접근해나가야 할 것이다. 남북연합 말기 단계에서 남북한 군 수뇌부는 당면 위협인식에 근거하여 통일 한국군의 모델, 군 구조와 군사력 규모, 부대 인수와 병력통합방안, 장비·물자 통합방안, 군사시설 운용방안 등과 관련하여 합의해야 할 것이다. 이를 위해 한국군은 북한의 어떤 부대와 어떤 무기체계를 존속시킬지를 사전에 검토해놓아야 할 것이다. 이로써 군 병영 기반시설이나 무기체계 개발과 관련하여 중복 투자를 막을 수 있을 것이다. 그러나 독일의 경우에서 보듯 일부 러시아제 무기체계를 운영하면서 대두되는 추가 설치 비용과 후속 군수지원의 어려움 등을 고려할 때 통일 한국군의 무기체계는 가급적 단일화되는 것이 바람직할 것이다. 그러나 북한이 개발한 일부 전략무기의 활용 여부를 결정짓기 위해서는 깊은 사전 연구가 진행되어야 할 것이다. 군 주둔지를 결정할 때는 군사전략적 가치 이외에도 지역 경제를 활성화시킬 수 있을지에 대한 검토도 병행되어야 할 것이다.

또한 남북한 군인 간의 내적 통합을 위한 다양한 프로그램을 사전에 준비해놓아야 할 것이다. 독일의 연방군에 편입된 동독군 장병뿐만 아니라 동독 주민을 대상으로 꾸준히 실시된 정치교육 내용들이 우리에게 좋은 참고가 될 것이다. 남북한 군사통합은 남북 통합의 마지막 단계에서 실현될 것이다. 이러한 접근 과정에서도 남북한 군은 언제든지 무력 충돌로 비화될 수 있는 소지를 안고 있기 때문에 남북한은 어떤 형태로든 군사적 대결로 발전되지 않도록 상호 노력해야 할 것이다.

(2) 연방군 변혁과 국방조직 및 지휘체계로부터의 시사점

연방군의 변혁은 동서냉전 종식과 통일 후 변화된 안보환경하에서 독일이 취할 수밖에 없었던 고육책으로 이해되어야 한다. 통일 후 연방군은 적이 사라지고 모두 우방국으로 둘러싸여 주요 임무가 영토방위에서 해외파병으로 변화되었다. 그러나 통일 후 독일과 여전히 분단 상황하에 있는 한반도의 안보환경은 근본적으로 차이가 크기 때문에 독일 연방군의 경우는 한국군과 직접 비교의 대상이 될 수 없을 것이다. 단지 통일 후 독일 국방 분야에서 나타나는 여러 현상과 관련하여 한국군에도 적용될 수 있는 시사점을 발췌해볼 수 있다.

첫째, 통일 후 군의 임무변화로 인해 신군사전략, 편제, 병력 규모, 무기체계 등 근본적인 군 개혁이 요구될 것이고 대대적인 소식개편이 뒤따를 것이다. 둘째, 국내적으로 북한 재건을 위해 막대한 통일비용을 투입해야 하는 상황이기 때문에 정부는 가급적 국방예산을 삭감하려는 경향을 보일 것이다. 셋째, 통일 한국의 국제적 위상이 부상됨으로써 국제사회는 한국군에 대해 국제 위기갈등 관리임무에 있어서 더 많은 역할과 기여(해외파병)를 해줄 것을 요구할 것으로 예상된다.

한편 한국 국방조직의 혁신 차원에서 현행 독일 국방부·합참·군본부의 조직편성상 주요 특성을 참고할 필요가 있을 것이다. 독일 국방부 조직의 특징은 민간인 국방장관의 국방·군사정책을 보좌하기 위해 현역 군인들로 구성되어 있는 합참과 각 군 본부가 국방부 내의 실(室) 개념으로 편성되어 있다는 것이다. 국방장관은 국방·군사정책 전반에 걸쳐서는 이 분야의 최고 전문가들로 구성되어 있는 합참과 합참의장으로부터, 그리고 각

군 관련 정책에 관해서는 각 군 총장으로부터 직접 보좌를 받는다.

국방부 본부 내 6개의 민간국, 즉 인사국, 예산국, 법무국, 병무·행정·시설·환경국, 군비총국 및 현대화사업국은 대부분 민간인으로 구성되어 있고, 각 국(局) 내에 군사 전문 분야에 한하여 소수의 현역이 배치되어 있다.[31] 이로써 국방부의 문민화가 유지되고 조직의 유사 기능이 배제되며, 인력 감축이 가능하다. 한국의 경우 실제로 현역들이 많이 배치되어 있는 국방부 내 정책실, 기획관리실 및 일부 차관보실 등이 담당하는 기능을 독일의 경우 합참이 담당함으로써 조직의 경량화, 효율성 및 유사 기능 중복을 막아주고 있다.

합참 및 각 군은 장관의 군사정책을 보좌하는 조직으로서 최소의 인력으로 슬림화 편성이 되어 있다. 즉 합참은 I국(인사)에서 VII국(조직·주둔·인프라)에 이르는 7개국으로 편성되어 있고, 합참의 각 국장 계급은 준장이며 핵심인 3국(군사정책)의 국장은 소장이다. 2008년 6월 신설된 해외파병지휘국은 합참의장 직속으로서 별도의 국으로 개편한 것이며, 국장은 현재 소장이다. 합참 각 국(처)은 5~8개 과로 편성되어 있다. 합참 내 전체 장군 수는 2010년 현재 모두 13명으로 육군 8명, 공군 3명, 그리고 해군 2명으로 구성되어 있다. 합참 근무인력은 모두 458명으로 장군 13명, 장교 329명, 부사관 51명 군무원 65명으로 구성되어 있다. 합참의 각 군별 인원구성 비율은 육군 59%, 공군 29%, 해군 12%이다.

육·해·공군 본부는 모두 3개 처, 즉 인사·교육·조직과 군수·군비 그리고 기획·작전으로 편성되어 양병 책임만을 보유하고 있다. 각 군 청은 각 군 내 교육임무와 교리발전 등을 담당한다.

---

31) 국방부 민간국의 국장은 모두 민간인이며 장군으로 정해진 보직 자리는 총 세 개로 기획실 부실장(육군 준장), 인사국 부국장(육군 소장), 그리고 인사국 1처장(해군 준장)이다.

〈그림 9-1〉 독일 국방부·합참 조직

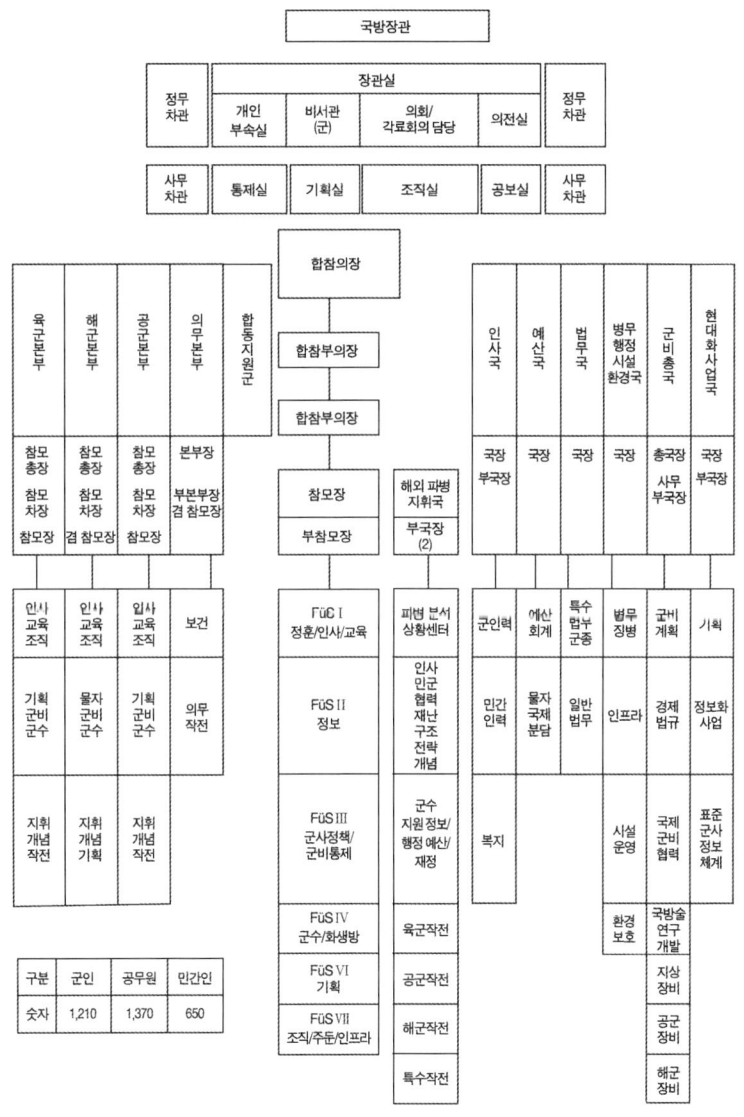

전·평시 군사력 운용 및 해외파병 작전 등 연방군의 용병 차원에서 볼 때, 연방군의 지휘체계는 간소하며 일원화되어 있다. 전시 작전지휘권은 수상으로부터 나토 사령관에게 위임되어 행사된다. 이때 반드시 연방하원이 이에 동의해야 한다. 평시 작전지휘권은 국방장관으로부터 해외파병 사령관이나 각 군 작전사령관에게 위임되어 행사된다. 따라서 각 군의 실제 작전은 각 군 작전사령부(관)에 의해 지휘된다. 해외파병 작전 시에는 합참의장을 경유하도록 되어 있다. 이처럼 독일군의 작전지휘체계가 단순할 수 있는 이유는 연방군이 나토의 지휘체계 속에서 작전을 수행할 수 있기 때문이다.

그러나 북한과 대치하고 있는 한국의 경우 함참의장(합참)이 실제 용병 책임을 지며 전쟁기획과 작전지휘, 그리고 평상시 장관의 군사정책 조언 역할까지 모두 담당해야 하는 실정이다. 간소한 지휘체계로 일사분란하게 작전·전쟁지휘가 가능할 수 있는 방안이 검토되어야 할 것이다.

(3) 기타 국방정책 분야에서 시사점
① 양심적 병역 거부

독일은 기본법에서 양심적 병역 거부를 인정하고 수십 년에 걸쳐 대체복무제도를 시행해오고 있다. 2000년대 초반부터 중반에 이르면서 한국에서도 일부 사회단체와 국가인권위원회를 중심으로 독일의 경우를 거울삼아 양심적 병역 거부제도를 도입하려는 움직임이 있었다. 독일이 분단국가였으면서도 양심적 병역 거부를 인정하고 개인의 도덕적 결정을 중시했던 것은 과거 동·서독이 동족상잔의 비극을 겪지 않았고 큰 적대감 없이 대치했으며, 따라서 분단에 따른 안보책임보다도 인류에 대한 범죄행위를 저지른 전범으로서의 책임이 더욱 컸던 역사적 배경이 자리 잡고 있었기 때문이다. 그러나 한반도의 경우 '양심적 병역 거부'의 보편적 가치와 기본권을 논하기 전에 오히려 여전히 군사적 긴장이 지속되고 있는 특수한 안보환경이 최우선적으로 고려되어야 할 것이다. 국방이라는 특수한 임무 앞에 필요시 개인의 기본권의 제한은 불가피한 측면이 있기 때문이다. 또한 동독 인민군조차도 1962년부터 양심상의 이유로 군부대 대신 산업체 현장에 투입되는 '건설군인(Bausoldat)'을 선택할 수 있는 양심적 병역 거부 제도를 도입해온 점으로 미루어볼 때 동·서독 간 군사 관계가 남북한의 군사대치 상황과 본질적으로 얼마나 차이가 나는지를 대변해주고 있다.

② 의회민주주의를 신봉하는 군

상이한 체제 속의 동·서독군이 통합된 지 20년이 경과한 지금 일반적으로 군사통합이 외형적으로는 완성되었다는 평가를 받고 있으나, 아직도 내면적인 통합 문제는 해결 과제로 남아 있다. 이는 지난 40년 동안 상이하게 발전되어온 양독 간의 상이한 체제에서 기인하고 있다. 이러한 현상은 장차 통일을 지향하며 '하나의 통일된 군'을 형성해야 하고, 장차 '통일된 한국군'의 사명과 책무에 대한 가치를 어떻게 서로 공유할 수 있을 것인가를 진지하게 고민해야 하는 남북한에 좋은 시사점이 될 수 있을 것이다. 통합된 독일군에서 이제까지 나타난 현상들은 상이한 군대윤리와 정치이념, 기존 체제로부터의 사고 전환의 어려움, 상이한 지휘통솔체제, 기존의 사회적 신분 포기에 따른 자괴감과 상대적 박탈감, 심리적 패배의식과 자격지심 등이다. 이러한 문제들은 통합과 동시에 하루아침에 해결될 성격의 문제가 아니다. 따라서 군사 분야도 다른 통합 분야와 마찬가지로 남북 화해·협력기간 중에 쉬운 문제부터 출발하여 점진적인 상호 교류·협력이 이루어져야 할 것이다.

독일군이 남북한에 주는 또 다른 메시지는 장차 통일된 한국군은 의회민주주의를 신봉하는 군이 되어 반드시 민주주의 헌정질서 내로 통합되어야 한다는 것이다. 이로써 군의 쿠데타나 집단난동 가능성을 원천적으로 막을 수 있을 것이다. 지난 반세기 이상 동안 호전적인 집단으로 길든 북한군의 군사문화를 확실하게 통제할 수 있도록 '군에 대한 문민통제와 의회통제'라는 제도적 장치가 반드시 설치되어야 할 것이다. 통일 헌법에서도 '군에 대한 정치의 우위권'을 규정함으로써 군에 대한 통수권을 민간정치가가 행사하도록 해야 할 것이다. 여기서 의회가 연방군을 통제한다는 것은 군의 작전지휘까지도 간섭하고 통제한다는 것을 의미하지는 않는다. 국방장관 또는 국방장관의 위임을 받은 고위 장교가 책임지고 군을 지휘해야 하며, 군의 작전지휘가 어떠한 정치 세력의 집단적인 의사 결정에 종속되어서도 안 될 것이다.

남북한 통합군을 빠른 시일 내에 민주군대로 정착시키기 위해 독일식 군특명관제도를 도입하는 문제를 검토할 필요가 있을 것이다. 독일 연방하원은 연방군에 대한 의회통제를 강화하기 위해 1957년 이래로 군특명관제도를 운영하고 있다. 군특명관은 연방군이 민주군대로 계속 발전되고 있는지, 부대지휘 시 민주적인 기본 원칙이 준수되고 있는지, 그리고 군인의 기본권이 보장되고 있는지 여부 등을 감독한다. 계급에 상관없이 모든 군인은 직접 군특명관에게 애로사항을 진정할 권리를 가지며, 군특명관은 군에 대해 자료를 요청하고 필요시 언제나 부대를 방문할 수 있다. 한반도 통일과 동시에 이 제도가 통일된 한국군 내에서 원만하게 시행될 수 있기 위해서는 지금부터라도 미리 한국군에 도입하여 운영하는 방안이 국회 차원에서 검토되어야 할 것이다.

통일 한국군의 장병들은 국가를 방위하기 위해 항상 전투준비를 갖춘 군인인 동시에, 자유와 인간의 존엄성을 지키기 위해 공동의 책임을 다하며, 자신이 행한 군사행동의 원인과 결과를 분명히 인식할 줄 아는 시민으로 성장할 수 있어야 할 것이다. 장차 이러한 개념이 통일 한국군에 뿌리를 내릴 수 있기 위해서는 평소 한국군 내에서도 독일 연방군의 '내적 지휘'와 같은 지휘통솔철학이 정착되어야 할 것이다. 내적 지휘를 통해 교육된 독일 장병들은 군인으로서의 정당성, 즉 왜 군복을 입어야 하는가에 대한 확신을 갖고 있으며, 동시에 군인 스스로가 독일 사회의 민주적 틀 속에 통합되어야 한다는 개념을 모두 갖고 있다. 연방군은 대외적으로 가장 자랑스럽게 내세우는 가치인 내적 지휘를 통해 정치권이나 여론으로부터 신뢰를 받고 있다.

장차 통일 한국군의 민-군 관계를 개선하고 특히 북한군에 대한 민주주의에 입각한 안보의식을 고양시키기 위해 독일식 청년장교제도를 검토할 필요성이 있다. 한국군의 정훈장교제도가 주로 군내 장병을 대상으로 운영되고 있는 반면, 독일의 청년장교제도는 민간인들에 대한 연방군의 홍보 문제를 담당하며, 이로써 안보 문제를 민과 군이 같은 시각으로 인식하며 군과 민간사회와의 간극을 없애는 역할을 하고 있다. 북한군 장병들에게 자유민주주의 사상을 고취시키기 위해 국내외 안보견학시찰 등 다양한 프로그램을 발전시켜야 할 것이다.

③ 의무복무병제 고수

동서냉전 종식 이후 많은 서방국가들이 의무복무병제를 폐지하고 직업군인제로 전환했음에도 불구하고 독일 연방군은 여전히 의무복무병제를 고수하고 있다. "국민들의 권리와 자유를 지키는 국방 문제는 전 국민이 참여해야 한다"는 프로이센의 군사철학에 대한 전통이 독일 내에 깊이 뿌리박고 있기 때문이다. 남북한도 통일 후 주변국의 잠재 위협 등을 고려할 때 의무복무병제를 유지하는 것이 바람직할 것이다. 남북한 군 모두 의무복무병제를 고수해오는 상황에서 이는 큰 문제가 되지 않을 것이다.

5) 동·서독 사회 분야 통합과 한반도 관련 시사점

(1) 사회보장정책 확대

통일 이후 연방정부는 기존의 사회보장정책을 동독으로 확대했다. 아무런 재정적인 대책이 없는 동독 주민들의 40%가 정부의 사회보장지원으로 생계를 유지했다. 사회보장제도가 동독 지역으로 확대되고 통일 초기 단계에서 매년 10% 이상의 연금이 상승됨으로써 동독 주민들의 생활수준은 급격히 향상되었다. 이를 통해 연방정부는 동독 주민들의 서독 지역으로의 대량이주 사태를 사전에 방지할 수 있었고, 서독 지역의 주택부족 문제를 포함한 다양한 경제·사회적 문제를 예방할 수 있었다. 사회보장제도의 동독 지역 유입으로 최소한의 최저 생계를 보장받음으로써 동독 주민들은 통일과 시장경제체제를 수용해야 하는 데 따르는 초기의 불안을 해소할 수 있었다. 따라서 처음부터 사회보장제도를 동독 지역에 그대로 적용하기로 한 결정은 동·서독 지역 주민 간의 사회통합을 촉진함으로써 정치뿐만 아니라 사회 안정에 크게 기여했다는 평가를 받고 있다.

남북통일의 경우에도 한국 정부는 기존의 사회보장정책을 북한 지역으로 확대해야 할 것이다. 이로써 체제 전환으로 어려움에 처하게 될 북한 주민의 최저 생계를 보장해줌으로써 통일 초기에 나타나는 사회불안을 최소화하고 남한으로의 대량이주 사태를 막는 효과를 기대할 수 있을 것이다. 그러나 한국의 사회보장제도를 그대로 북한 지역에 적용하기보다는 북한 실정에 맞게 수정하여 적용하는 것이 바람직할 것이다. 차제에 국민연금, 건강보험, 고용보험 및 산재보험을 재정비하여 현행 제도가 갖고 있는 제반 문제점이 북한 지역에서 재발하지 않도록 개선할 필요가 있을 것이다.

사회보장제도를 동독 지역으로 확대함으로써 연방정부는 재정적인 부담을 안게 되었다. 동독 주민들의 연금액 증가로 발생되는 모든 적자를 포함하여 총 국민연금 재원의 1/3은 이미 연방정부의 예산에서 지원되는 실정이다. 이와 같은 정부의 재정이전은 독일 전체의 경제 침체를 가져오게 한 원인이 되고 있다는 평가이다. 사회보장 분야의 지출이 늘어나면서 정부의 재정부채는 증가되고, 이는 투자 분야에 대한 재정지원의 여력을 상실하게 함으로써 경제 침체를 유발했다는 것이다. 2010년 정부 총예산의 약 54.6%가 사회복지예산이다. 사회복지예산의 높은 비율과 이에 따른 지출 부담은 독일 기업의 경쟁력 저하와 고용확대에 부담으로 작용하고 있다. 적절한 대응 조치 없이는 연금보험금을 인상할 수밖에 없고 이는 피고용인의 보험금을 일부 부담해야 하는 기업으로 하여금 임금 부수지출액과 이에 따른 노동비용을 증가시켜 결국 기업의 경쟁력을 저하시키는 악순환을 가져오고 있다.

여기서 한반도에 시사하는 점은 통일 후 북한 지역으로 사회보장제도를 확대해야 한다는 전제조건 이래, 분단 시절부터 교류·협력을 강화하여 북한의 경제적 수준을 끌어올림으로써 통일이 도래했을 경우 한국 정부의 재정전이 부담을 최소화시킬 수 있어야 한다는 것이다. 북한 지도부는 남북 화해·협력기간을 체제 경쟁을 하는 데 헛되이 보낼 것이 아니라 남북 간의 국력 격차를 줄일 수 있도록 북한의 경제부흥에 매진해야 할 것이다. 남한 정부도 북한을 이런 방향으로 유도할 수 있는 일관된 정책을 추진해야 할 것이다.

(2) 독일식 사회복지국가의 문제점

건국 이후부터 '기민/기사연합'을 중심으로 한 서독 정부는 일반적으로 사회적 시장경제원칙에 따라 '성장에 기초한 시장' 기능에 충실했던 반면, 사민당 정부는 '분배에 기초한 사회복지'를 강조해왔다. 특히 1970년대 브란트와 슈미트로 이어지는 사민당 정부는 경제 호황이라는 성과를 사회복지 확대로 연결하여 서독 사회에 도덕적 해이를 잉태시켰고, '고복지와 고임금'을 고착화시켰다. 이는 기업의 활력을 저하시켜 결국은 경제성장의 걸림돌이 되게 함으로써 시장경제원칙을 훼손했다는 평가를 받고 있다. 독일이 우리에게 주는 교훈은 시장경제의 근본인 경쟁원칙과 사회적 형평성을 강조하는 사회복지는 항상 조화롭게 추진되어야 한다는 것이다. 독일의 경우 경제활동 종사자가 점차 감소하는 추세로, 연금생활자 대비 근로자의 비율은 1:4(1980년)에서 1:1.2(2050년)로 올라갈 것으로 전망된다. 따라서 이는 임금노동자의 활동에 실질적으로 의존하는 복지국가의 기초가 서서히 붕괴되고 있음을 의미하고 있다. GDP 대비 사회복지부담금 비율은 독일이 29%(2010년)로 세계 최고 수준이다(미국과 영국은 7%, 일본은 11%). 독일의 경우 국민연금재원의 1/3을 국가가 보조하고 있고, 2050년경에는 국가가 80%를 보조할 것으로 예상하고 있다. 독일 정부는 100여 종의 다양한 사회보장금을 지급하는 데 동독 지역의 47%, 서독 지역 38%가 전적으로 혹은 상당 부분 국가의 사회복지지출에 생계를 의존하고 있는 실정이다. 최근 독일은 통일의 후유증을 치유하는 과정에서 과도하고 방만하게 운영되어온 사회복지제도를 개혁하고 있다. 따라서 독일식 사회복지 모델에 대한 독일 내부의 자성과 비판을 주목하며 과연 독일식 모델이 통일 한국에도 적합할지를 진지하게 검토할 필요가 있을 것이다.

(3) 실업

통일 직후부터 동독 지역은 대량실업을 경험하고 있다. 이에 대한 주요 원인은 '1:1 화폐교환', '국영기업의 민영화', '급격한 임금상승'이다. 처음으로 대량실업을 경험한 동독 주민들은 사회적 불균형과 불평등을 인식함으로써 통일 후 실업 문제가 동·서독 간의 사회통합에 큰 걸림돌이 되고 있음을 보여주고 있다.

독일의 실업 문제가 남북한에 던지는 메시지는 다음과 같다. 화폐통합 시 교환율은 정치논리보다는 가급적 경제논리에 입각하여 시행하고, 통일 후에도 북한의 기업체가 국제 시장에서 경쟁력을 갖추고 정상 가동될 수 있도록 미리부터 체질 전환을 거쳐야 한다는 점이다. 또한 기업별 노조 형태를 띠고 있는 한국의 경우 기업별 사정이 고려된 임금교섭을 통해 생산성에 기초한 임금 인상을 유도하고 비록 임금수준이 낮더라도 북쪽에는 주택 및 생필품 등에 대한 저물가 정책을 유지함으로써 주민들의 불편을 줄여나가야 할 것이다.

이를 위해 남북한은 무엇보다도 화해·협력기간 중 교류를 강화하여 북한의 기업 체질이 국제 경쟁력을 갖추도록 성장·강화시켜야 할 것이다. 이와 관련하여 어떻게 북한 기업들을 남한의 기업과 상호 보완적인 관계에서 발전시킬 수 있을지에 대한 전략을 개발해야 할 것이다.

(4) 인구

통일 후에도 분단 시절과 마찬가지로 동독 인구는 지속적으로 줄고 있다. 분단 당시 2,000만 명에 달하던 인구가 통일 직전에는 1,450만 명에서 2008년 1,300만 명으로 감소했다(분단 이후부터는 베를린을 제외한 통계). 인구 감소의 주된 원인은 동독 주민들의 지속적인 서독으로의 이주와 동독 지역 내의 출산율 저하에 기인한다. 서독 이주와 출산율 저하에 따른 인구 감소와 젊은 층의 동독 지역 이탈로 동독 사회의 고령화가 빠르게 진행되고 있다. 서독 지역으로의 인구 이탈을 막고 동독 지역으로 인구를 새로이 유입시키기 위한 대책은 근본적으로 동독 지역 내의 경제 활성화 여부와 직결되어 있다. 이를 위해 연방정부와 동독 주정부는 주민

유입을 위한 대책으로 동독 경제의 국제적 경쟁력을 강화시키고 대학을 국제화하는 정책을 수립하고 있다.

남북한 간의 경제적 차이가 극명한 상태에서 통일이 될 경우 한반도에서도 독일에서 파생하는 현상이 똑같이 재현될 것이다. 북한 주민들의 남한 이주를 막고 인구를 안정화시키기 위해서는 북한 지역의 경제가 활성화되어야 할 것이다. 동독 주정부가 과거의 사회주의적인 색채를 말끔하게 씻고 대학·연구소 등의 유치를 통한 학생 유입으로 도시를 젊게 변모시키려 하고 있듯이, 북한 지도부도 인식 전환으로 하루빨리 사회주의 색채를 제거하고 북한 사회를 개방시켜야 할 것이다. 한국 정부는 화해·협력기간 중 이러한 방향으로 북한을 유도할 수 있도록 일관된 전략을 발전시켜야 할 것이다.

통일 과정에서 한국 정부는 인구 이동을 고려하지 못하고 결과적으로 과잉 투자를 하여 공공재정에 부담을 초래한 독일의 실수를 재현해서는 안 될 것이다. 동·서독 통일 직후부터 2000년대 초까지 100만 명이 넘는 동독인들이 서독으로 이주했음에도 불구하고 상·하수 시설 및 도로 등 공공시설 등에 과잉 투자함으로써 재정의 비효율성을 가져왔다. 또한 1990년대 정부의 과도한 건설경기촉진책과 주택 건설과 관련한 기업들의 판단착오로 빈집이 수없이 생겨났다. 전체 주택의 13%가 비어 있게 됨으로써 이는 건설업체에 재정부담을 주는 등, 주택시장에 부정적인 영향을 미칠 뿐만 아니라, 도시 자체의 주거 및 경제기능을 상실하게 하여 심각한 경제·사회적 문제를 야기해오고 있다.

(5) 교통

독일의 경우 1970년대 초 '동·서독 국경통과협정'과 '교통조약'에 따른 교통망의 연결로 양독 간의 인적 교류, 무역거래, 우편·전신·전화 분야의 협력, 여행, 문화, 과학기술, 교회, 청소년, 스포츠 및 언론·정보 분야 등 사회 전반에 걸친 교류·협력이 크게 증진되었다. 동·서독은 이와 같은 지속적인 교류와 협력을 통해 민족동질성을 유지할 수 있었고, 이는 결국 통일의 밑거름이 되었다. 분단 시절 서독 정부의 동독 교통인프라에 대한 지원 문제가 당시 서독 내에서 비판에 직면하기도 했지만, 막대한 건설비용과 장기간 소요되는 건설기간을 고려할 때, 통일 후 동독 지역의 재건을 앞당기는 선행투자의 성격을 띠고 있었다는 점을 간과해서는 안 된다.

남북한의 경우도 교류·협력의 진전에 따라 필요시 북한의 인프라 구축을 위해 지원할 준비가 되어 있어야 할 것이다. 이에 대한 전제조건은 안보에 직접적인 영향을 미치지 않아야 하며, 또한 북한의 반대급부가 반드시 뒤따라야 한다는 것이다.

4. 독일 통일의 경험과 현행 한반도 안보에 대한 함의

> 함의 1: 분단 배경으로 볼 때, '독일 문제의 독일화'는 불가능했으나 '한반도 문제의 남북화'는 가능하다.

고착된 분단을 극복하기 위한 전제조건은 독일의 경우 동서 진영 간의 긴장완화였던 반면, 한반도의 경우 미국-소련·중국 양 진영 간의 긴장완화와 남북한 간의 냉전 종식이었다. 따라서 독일의 분단 극복 문제는 다분히 처음부터 '국제 문제의 성격'을 보여주고 있었던 반면, 한반도의 분단 극복 문제는 '국제 문제인 동시에 남북문제의 성격'을 띠며 출발했다.

한반도의 통일을 달성하기 위해서는 독일의 경우처럼 구속력이 있는 어떤 협정의 효력을 중지시켜야 한다거나, 특정 국가로부터의 국제법적 승인절차를 필요로 하지 않는다. 따라서 통일의 주체는 건국 이후 완전한 주권을 누리고 있는 남북한이다. 특히 1990년대 초 동서냉전 종식 후부터 한반도 문제는 국제 문제보다도 남북문제의 성격이 더 짙어졌다고 볼 수 있다. 아직까지는 국제 문제의 성격이 일부 남아 있지만, 한반도의 냉전구조가 해체되고 평화체제가 수립될 경우 통일 문제는 전적으로 남북한 간의 문제로 귀결될 것이다.

따라서 '독일 문제의 독일화'는 근본적으로 불가능했으나, '한반도 문제의 남북화'는 언제든지 가능할 것이다. 남북한 지도자들은 통일을 지향하는 과정에서 '한반도 문제의 국제화'를 야기할 그 어떠한 돌출행위도 삼가야 하는 이유가 바로 여기에 있는 것이다.

> 함의 2: 남북 간에 형성된 한반도 냉전구도를 볼 때, 분단 극복의 일차 책임은 남북한에 있다.

남북한은 한국전쟁 이후 지금까지 체제 경쟁 속에서 적대 관계를 유지하며 스스로 남북 간의 냉전구도를 형성해오고 있다. 따라서 한반도에서 아직도 냉전이 종식되지 않고 있는 것은 주변국의 방해 때문이 아니라, 남북한이 분단 이후 스스로 만들어놓고 아직도 이를 고집스럽게 유지하고 있는 남북 대결구도 때문이다. 이런 맥락에서 분단을 극복하지 못한 일차적 책임은 남북한에 있다고 할 것이다.

> 함의 3: 동서냉전에서의 서방측 승리는 장차 한반도 통일이 한국 주도로 이루어질 것임을 시사한다.

40년 이상 지속되어오던 동서냉전이 자유민주주의와 자본주의 시장경제를 축으로 하는 서방 진영의 일방적 승리로 끝났다. 이는 동구 진영의 공산주의와 사회주의 계획경제체제가 자체 모순으로 스스로 붕괴되었음을 의미한다. 동구 공산 진영에 속해 있던 동독의 몰락은 독일 통일이 서방 진영에 속해 있던 서독에 의해 주도될 수밖에 없다는 것을 시사했다.

사회주의 계획경제체제가 제대로 작동되지 않았다는 유럽으로부터의 역사적 교훈은 한반도에도 그대로 적용될 것이다. 장차 한반도의 통일도 국력이 우세한 한국 주도로 이루어질 수밖에 없을 것이다.

> 함의 4: 통일을 대비한 한국 정부의 급선무는 '자유민주주의와 시장경제'를 굳건히 다지며, 이를 바탕으로 한 국력 신장에 매진하는 것이다.

서독은 자유 민주주의와 사회적 시장경제체제를 굳건하게 다져옴으로써 동독을 수용할 수 있는 국력을 키워왔다. 그리고 서독 정부는 막강한 국력을 바탕으로 양독 교류와 협력을 주도해옴으로써 분단으로 인한 민족 간의 이질감을 해소시키는 데 기여했고, 또한 동독 주민들로 하여금 서독 사회를 이상향으로 인식하게 만들었다. 또한 서독은 의회민주주의에 입각한 정치체계와 완벽한 사회적 안전망을 미리 구축해놓음으로써 차후 동독과의 통합을 가능하게 했다.

한국도 자유민주주의와 시장경제체제를 착실하게 정착시키고 사회 안정을 다지며 북한을 수용할 수 있을 정도의 막강한 경제력을 키울 수 있도록 매진해야 할 것이다. 남북한 간의 경제력 격차는 통일 전 동·서독 간의 격차에 비해 훨씬 큰 반면 남북 통합을 주도해야 하는 한국의 경제력은 서독에 비해 훨씬 열세인 점을 고려할 때, 한국은 장차 천문학적인 통일비용을 조달하기 위해 국력을 크게 신장시켜야 할 것이다.

함의 5: 통일은 역사적 변증법에 따라 '정·반·합'으로 발전되는 오랜 과정의 산물이다.

독일 통일은 어느 한 순간에 갑자기 이룩된 것이 아니라, 시대적 상황에 따라 필요한 여건들이 꾸준히 마련되고 결정적인 호기가 왔을 때 비로소 이루어진 긴 과정으로 풀이될 수 있다.

남북한은 거창한 통일방안에 대한 논의는 차후로 미루고 쉬운 문제부터 차근차근 하나씩 풀어나갔던 독일 통일로부터 지혜를 배워야 할 것이다. 남북한 관계에서 지금은 교류협력을 강화해야 할 시점이다.

우리보다 훨씬 더 많은 교류협력을 해왔음에도 불구하고 아직도 동·서독 간에는 이질적인 요소들이 많이 남아 있어 '내적 통합'에 어려움을 겪고 있다. 특히 경제 분야에서의 통일은 여전히 진행 중이고 정신적 통일에도 간극이 남아 있다. 이는 40년간의 분단 격차를 20년 만에 치유하기가 어렵다는 것을 시사하며, 분단이 길어질수록 치유기간도 더욱더 늘어 날 수 있다는 것을 암시하고 있다. 따라서 과거 동·서독보다 훨씬 더 많은 이질성을 갖고 있는 남북한은 역설적으로 동·서독보다 훨씬 더 많은 교류와 협력이 필요하다 할 것이다.

함의 6: 남북 간 교류·협력강화가 한반도 분단 극복의 지름길이다. 그러나 원만한 교류·협력을 위해서는 안보 문제가 걸림돌로 작용해서는 안 된다.

분단 시절 서독 지도부는 분단으로 인한 주민들의 고통을 완화하고 동족 간의 이질성을 막아야 한다는 강한 철학과 의지에서 양국 간 교류·협력을 제도화하기 위해 노력했다. 동·서독 주민들 간에는 특히 기본조약 체결 이후 수많은 인적·물적 교류와 협력을 통해 같은 민족이라는 인식과 연대의식 그리고 서로의 체제와 문화에 대한 상호 이해를 넓혀갈 수 있었다.

한반도에서 양 체제 간의 이질성의 심화를 막기 위해 무엇보다도 시급한 것은 남북 간의 교류·협력을 강화하는 일일 것이다. 동·서독 기본조약이 양독 간의 공존과 협력을 제도화한 기본 틀로 간주되어왔다는 점에서, 장차 남북한도 남북 기본합의서 체제로 복귀하여 남북교류협력의 근간으로 삼아야 할 것이다. 또한 경제 교류가 그 어떤 군사적 수단보다도 북한을 변화시킬 수 있는 강한 무기라는 점을 독일로부터 배워야 한다. 북한 주민들이 남한과의 교류·협력을 통해 남한 체제가 훨씬 우월하고 살 만한 체제란 것을 스스로 인식할 수 있도록 해야 할 것이다.

그러나 독일의 경우 안보 문제가 동·서독 간의 교류·협력에 큰 걸림돌이 되지 않았다는 점을 우리는 주목해야 한다. 동·서독은 국제 사회의 이해와 안정을 해치는 행위를 일절 하지 않음으로써 양독 관계는 국제 사회로부터 어떠한 제약도 받지 않고 마찰 없이 진전될 수 있었다.

남북 교류·협력관계가 북한의 핵무기 개발로 인해 거의 전 분야에 걸쳐 경색되어 있듯이, 한반도의 안보 문제는 남북 교류·협력 관계에 그대로 직결되어 영향을 미치고 있다. 따라서 한반도 안보 문제의 해결이 선행되지 않고서는 남북 간의 교류·협력 분야에서 그 어떤 진전도 기대하기 힘들 것이다.

함의 7: 북한의 '체제 붕괴'보다는 '체제 변화'를 유도해야 한다.

독일의 통일은 서독 정부가 40년 이상의 접촉과 교류를 통해 동독의 '체제 변화'를 유도해왔기 때문에 가능했다. 국가 형태의 차이, 엄청난 경제적 격차, 첨예한 군사적 대치, 사상과 이념의 차이로 인한 이질성이 엄연히 존재하는 남북한에 당장 시급한 것은 화해와 교류·협력을 활성화하여 산적한 이질성을 하나씩 차례로 해소하는 일일 것이다. 꾸준한 접촉과 교류·협력을 통해 '북한 체제의 와해보다는 북한 체제의 변화'를 도모하는 정책을 대북정책의 최우선으로 삼아야 할 것이다.

함의 8: 국제 사회를 대상으로 통일 한국에 대한 신뢰를 높여가야 한다.

비록 통일이 남북 당사자 간의 문제이기는 하나 국제 사회에 반하는 요소들을 책임 있게 제거하려는 의지와 노력을 과시하여 '통일 한국'의 위상에 대해 주변국을 위시한 국제 사회로부터 신뢰를 쌓아가야 할 것이다.

함의 9: 남북한 간 군비통제는 긴장완화의 산물이 될 것이다. 실용주의노선을 쫓는 개혁파가 북한에 등장할 때 비로소 남북 간 군비통제가 실현될 것이다.

유럽의 경우 동서냉전이 가속화되면서 동서 진영 간에 군비경쟁이 과열되었으나, 동서 긴장완화가 가시화되며 군비통제 및 군축이 뒤따랐고, 이는 결국 냉전 종식으로 이어지게 되었다. 이를 한반도에 적용해보면, 남북한 정치지도자 간에 대결을 중단하고 한반도의 긴장완화를 실현하자는 합의가 이루어질 경우 남북 간 군비통제가 본격적으로 추진될 수 있을 것이다.

제10장

현행 한반도 안보 구도 실태와 통일 여건

1. 한반도 냉전구조의 본질과 특성

■ These 36　동서 간 냉전이 종식된 이후 전 세계 국가들이 무한경쟁 시대를 맞아 오로지 국력 신장에만 매진하고 있음에도 불구하고, 한반도에서는 아직도 냉전구조1)가 종식되지 않은 채 분단이 지속되고 있으며 남북한은 여전히 체제 경쟁에 국력을 소모하는 실정이다. 이처럼 남북 분단이 앞으로도 지속될 경우, 남북한은 국가 경쟁력을 상실하고 세계 무대 경쟁에서 영원히 낙오하고 말 것이다. 남북 간 국력 격차는 앞으로도 더욱 심화될 것이므로 남북한은 하루빨리 이와 같은 냉전구조에서 벗어나 통일로 나아갈 평화체제를 구축해야 할 것이다.

분단 이래 지금까지 남북한이 해결하지 못하고 있는 한반도의 냉전구조는 〈그림 10-1〉2)에서 보듯, 크게 세 개의 핵심 요소로 구성되어 있다. 이는 ① 분단 이래 변함없이 지속되고 있는 남북한 간의 적대 관계, ② 1953년 이래로 유지되고 있는 정전협정체제, ③ 남북한을 중심으로 불안정하게 구축되어 있는 주변 4개국과의 안보역학관계(미국-한국-일본과 구소련/러시아-북한-중국)이다.

1) 남북 적대 관계 지속

한반도 냉전구조의 가장 큰 핵심은 남북한 간의 적대 관계이다. 그동안 남북한은 상호 적대 관계를 해소하기 위해 '7·4 남북공동성명'(1972), '남북 기본합의서'(1992), 그리고 두 차례에 걸친 정상회담 후 발표된 '6·15 공동선언'(2000)과 '10·4 공동선언'(2007) 등을 합의하며 나름대로 화해·협력의 노력을 기울여왔다. 특히 김대중 정부의 대북포용정책의 결과로 남북한은 사회·경제·문화 등 비군사적 분야에서 많은 진전을 가져온 것은 사실이다. 남북한 간 사회·문화적 인적 교류(30여만 명)와 교역량이 크게 증가되었고, 그 외 개성 공단을 통한 남북 경제협력, 1998년 이래 150만 명이 다녀간 금강산 관광, 세 차례의 이산가족 상봉, 경의선과 동해선 철도 및 도로 연결과 남북열차 시험운행(2007. 5) 등의 분야에서 많은 성과가 있었다. 그럼에도 불구하고 남북한은 군사 분야에서는 어떠한 본질적인 변화도 보여주지 못한 채 여전히 중무장한 채로 첨예하게 대치하고 있다.

특히 이명박 정부 출범 후 남북 관계는 기복을 거듭하며 거의 단절 상태에 이르렀다. 북한은 2008년 3월 27일 개성공단 내 경제협력협의 사무소에서 남한 당국자들을 추방했으며, 2008년 7월 11일 금강산 관광객 피격 사망 사건을 겪으면서 남북 관계는 더욱 악화되었다.

북한은 이어 김정일 국방위원장의 건강 이상설이 나온 뒤인 2008년 10월 이후 남측 민간단체들의 대북 전단(삐라) 발송을 문제 삼아 이명박 정부를 압박했고, 급기야 남북 육로통행 제한 및 차단을 골자로 하는

---

1) 냉전구조(Cold War Structure)란 남북 간 군사대결구조를 포함한 한반도 정전체제와 남북한과 주변 4강과의 역학관계를 전부 포함한 개념이다.
2) 필자는 이 그림으로 '한반도의 냉전구조 해체와 평화체제 구축' 문제를 설명하고자 한다. 이 그림은 제3부를 설명하는 데 모두 적용된다.

〈그림 10-1〉 한반도의 냉전구조 해체와 평화체제 구축 과정

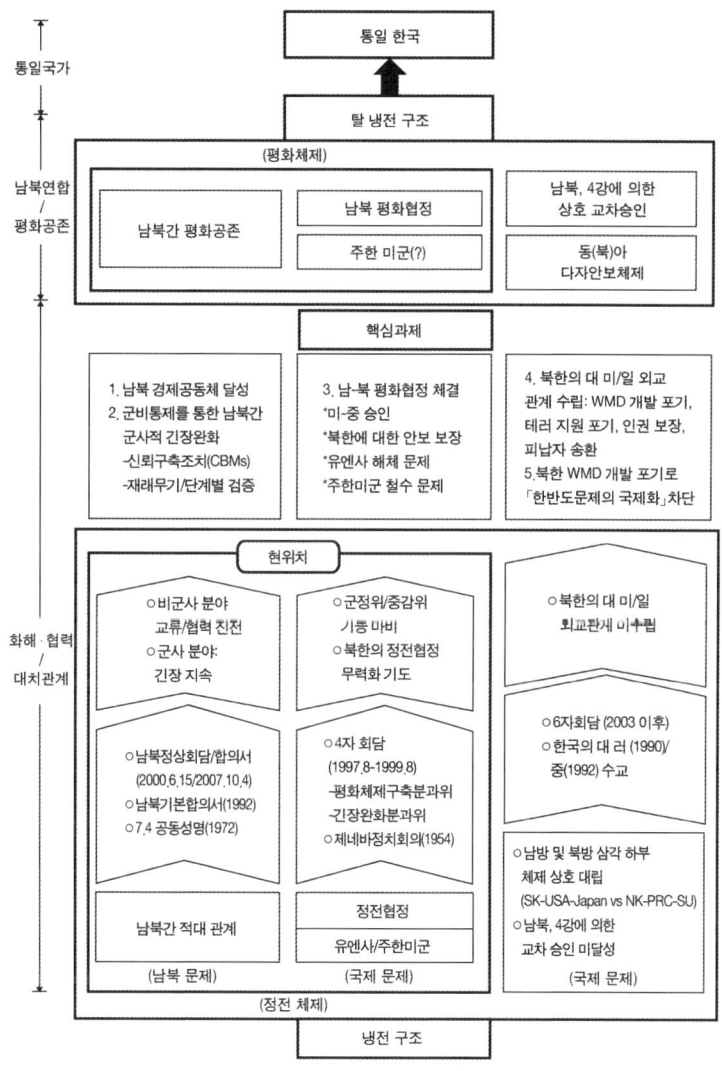

'12·1 조치'를 발동했다. 최근 북한의 대포동 2호 미사일 시험발사(2009. 4. 5)와 2차 핵실험(2009. 5. 25), 그리고 46명의 국군 장병이 희생된 '천안함'에 대한 군사 도발(2010. 3. 26)로 남북 관계는 그 어느 때보다도 경색 일로를 걷고 있다.

이처럼 남북 관계가 동·서독처럼 발전하지 못하고 대립 국면이 지속되고 있는 근본적인 이유는 남북한이 한국전쟁에서 수많은 희생자들을 내며 서로 교전했던 경험을 갖고 있고, 이후 지속된 군사적 대립으로 인해 아직도 신뢰를 구축하지 못한 채 상호 간 불신 관계가 지속되고 있기 때문이다. 이는 또한 한반도 안보 관련 당사자들의 상이한 위협 인식에서 찾아볼 수 있을 것이다. 한국과 미국은 한국전쟁의 여파와 그간 북한의 군사적 도발에 따른 경험으로 인해 북한의 정치지도부와 호전적인 군부를 한반도 안보의 위협 요인으로 간주하고 있다. 한국은 북한이 그간 핵무기를 포함한 대량살상무기의 개발로 국제 사회와의 관계를 스스로 악화시켜 왔고 이것이 직간접적으로 남북 관계를 경색시키는 주요 요인으로 작용하고 있다고 인식한다. 한국과 한반도에서 파생되는 모든 위협 요인은 원천적으로 북한으로부터 기인한다고 인식하고 있는 한국과 미국은 한반도의 위협을 근본적으로 제거하기 위해서는 남북한이 군비통제와 군축을 통해 군사적 긴장완화를 이룩하고, 북한이 핵무기를 포함한 대량살상무기 개발을 스스로 포기해야 한다고 주장한다.

반면에 북한도 마찬가지로 한국전쟁으로부터의 부정적인 경험에 따라 남한 내에 주둔하고 있는 주한 미군으로부터 위협을 느끼며, 이에 따라 이들의 한반도 철수를 지금까지 일관되게 주장해오고 있다. 따라서 북한은 한반도 안보와 관련된 모든 문제는 전적으로 '미국과 북한과의 문제'이기 때문에 오로지 미·북 간에 해결되어야 한다고 주장해오고 있다. 북한의 주장에 따르면 주한 미군이 철수하고 미국과 북한 간에 평화협정이 체결되면 한반도 안보 문제는 저절로 해결되며 이후 남북 간에 정치적 합의로 통일에 이를 수 있다는 것이다. 이런 맥락에서 북한은 안보 협상 무대에서 항상 한국을 의도적으로 배제하려 해왔고, 한국으로부터는 오로지 경제 지원에만 관심을 보여왔을 뿐이다.

남북 관계가 동·서독처럼 지속성을 유지하며 발전하지 못하는 또 다른 이유는 북한 지도부가 남북 관계를 개선시켜야 한다는 당위성을 진지하게 인식하지 못하고 있기 때문이다. 이들은 남북 교류가 북한 체제에 독배(毒杯)가 될 것으로 인식하고 있으며, 체제 붕괴를 두려워하는 나머지 모든 교류를 가급적 차단하려 애써왔다.

남북 간의 교류·협력이 동·서독과 유사한 패턴으로 발전하지 못하는 또 다른 이유는 남한 사회 내에서 대북정책과 관련하여 완전한 합의가 형성되지 못했다는 사실에서 찾아볼 수 있을 것이다. 남한 사회의 일부 햇볕정책 지지자들은 군사적인 위협 실체라기보다는 같은 민족임을 더 강조하며 북한을 포용하려 노력해왔다. 이들은 과거 군사정권이 민주·재야 세력들을 탄압하고 정권의 정통성을 유지하기 위해 안보 문제를 악용해왔다고 믿는 사람들이다. 따라서 이들은 안보라는 개념에 대해 일종의 알레르기 반응을 보이고 있다. 이들의 패턴을 도식화해보면, ① 북한은 우리의 안보를 위협하는 세력이 아니라 우리와 같은 민족으로 통일해야 할 대상이며, ② 한반도의 평화나 안정 문제보다는 오히려 통일 문제에 더 큰 비중을 두어야 한다고 주장한다. 또한 이 부류는 ③ 과거 군사정권에서 강조했던 분단 현실과 북한의 도발에 대해서 애써 무시해왔다. 이들은 북한에서 파온 땅굴이나 6·25 남침을 모두 부정하고, 일부는 오히려 북침설을 주장하며, ④ 안보를 강조하는 보수주의자들을 '비민주적·수구 세력'으로 치부해왔다.

반면 햇볕정책과 대북포용정책에 반대하는 세력들은 북한을 우리의 체제를 위협하는 실체로 인식하며, 따라서 한반도의 평화와 안정이 통일보다 우선이라는 입장을 갖고 있다. 이와 같이 대북정책과 관련하여 상이한 개념을 갖는 두 부류가 생긴 이유는, 한편으로는 같은 동포이며 또 다른 한편으로 우리의 체제를 위협하는 공산 세력이라는 '북한의 이중성'에 기인한다고 볼 수 있다. 대다수의 무고한 북한 주민들은 통일되어야 할 같은 민족이다. 그러나 노동당이나 군부 등 북한 사회의 핵심 그룹들은 우리의 체제를 위협하는 세력이기도 하다.

따라서 북한은 현실적으로 한국에게 '통일과 평화'라는 이중의 모습으로 인식되고 있다. 과거 김대중과 노무현 정부는 역대 정부와 비교할 때 상대적으로 '평화'보다는 '통일' 측면을 강조해왔다고 볼 수 있다.[3] 통일을 강조하는 세력들은 북한을 끌어안아야 할 동족으로 느끼며 북한이 경제난 극복을 위해 결국 개혁·개방노선을 취할 수밖에 없을 것으로 진단했다. 따라서 이들은 '대결보다는 대화로' 북한을 포용하려는 입장이었다. 반면 통일보다는 평화를 더 옹호하고 있는 세력들은 북한이 대남적화노선을 변함없이 유지하고 있으며 여전히 우리의 체제를 위협하는 세력이라고 인식하고 있다. 이들은 김대중·노무현 정부가 북한에 대해 너무 많은 양보를 해왔으며 북한의 군사적 위협을 과소평가해왔다고 지적하고 있다. 또한 이 세력들은 대북경제지원이 전략적 상호주의에 입각해서 실시되어야 함을 주장하고, 원조한 식량이 군량미로 전용되지 않도록 식량 배급 시 투명성을 보여줄 것을 강조하고 있다.

한반도에 대한 미국이나 서방 세력들의 최대 관심은 통일보다는 먼저

---

[3] 헤겔의 역사적 변증법에 따른 해석으로 진단할 때, 이들 정부의 출현은 지극히 자연스러운 현상일 수 있을 것이다. 과거 군부정권에서 강조해온 기존의 가치 이외에 다원화된 한국 사회가 요구하는 또 다른 가치와 시각을 수렴했다는 측면에서 한국의 정치발전사에서 볼 때 긍정적인 기여를 했다고 볼 수 있다.

안정과 평화이다. 따라서 이들 국가는 북한을 한반도뿐만 아니라 지역의 안정과 평화를 위협하는 세력으로 간주하고 있고, 이에 따라 북한에 대해 대량살상무기 개발을 포기할 것을 강조하며 이에 대한 철저한 검증을 요구하는 것이다.

2) 정전협정체제 지속

한반도 냉전구조의 또 다른 특징은 1953년 이래 정전협정을 바탕으로 한 정전체제가 남북 간 첨예한 군사대결구도하에서 한반도에 장기간 지속되어오고 있다는 것이다. 한국전쟁은 완전히 끝나지 않은 채 휴전 상태에 놓여 있다. 정전협정의 양대 핵심기구인 군사정전위원회(Military Armistice Commission: MAC, 이하 군정위)와 중립국 감독위원회(Neutral Nations Supervisory Commission: NNSC, 이하 중감위)의 기능은 정지되어 유명무실해진지 오래되었다.[4]

한반도의 정전 상태를 평화 상태로 전환시키기 위해 그간 제네바 정치회담(1954)[5]과 4자회담(남북한+미국+중국, 1997. 8~1999. 8)이 개최되었으나 별 진전이 없었다. 4자회담에서 정전협정의 실질적인 당사자인 남북한과 서명국인 미국 및 중국은 정전협정을 평화협정으로 전환하는 문제를 다루

---

[4] 1953년부터 북한은 정전협정을 무력화시키기 위해 지속적으로 노력해왔다. 북한은 정전협정을 해체하여 미·북 평화협정으로 대체하는 안과 유엔사의 해체를 주장해왔다. 특히 북한은 정전협정에 따라 주재하고 있던 중립국 감독위원회의 체코(1993.4)와 폴란드(1995.2) 대표를 강제로 철수시켰고, 1994년 4월부터 군사정전위원회에서 북한 대표를 철수시켰다.

[5] 정전협정 60항(한국 문제의 평화적 해결을 보장하기 위해 정치회의 재개)에 따라 19개국(유엔 참전 16개국+남북한, 중국 소련)이 참가하여 1954년 4~6월 제네바에서 한국 문제의 평화적 해결을 논의했다.

기 위해 '평화체제구축 분과위원회(Peace Regime Establishment Subcommittee)'와 동시에 한반도의 긴장완화를 촉진시키기 위해 '긴장완화 분과위원회(Tension Reduction Subcommittee)'를 운영했다. 그러나 북한이 회담 의제로 주한 미군 철수와 미·북 평화협정 체결을 제안하면서 회담은 성과를 거두지 못한 채 흐지부지되었다. 또한 1953년 이후 북한의 무력 공격 등 한반도 전쟁억제 및 정전관리의 실체로 기능해온 유엔군사령부(UN Command, 이하 '유엔사')[6]도 엄연히 존재하고 있다.

3) 남북한과 4강 역학관계의 불안정성

한반도에서 남북한을 중심으로 한 4강의 역학관계는 1990년대 초 동서 냉전 종식으로 인해 그 양상이 다소 변질되었다. 한국을 중심으로 한 미국과 일본의 남방 삼각관계는 한·미 및 미·일 동맹관계의 강화에 힘입어 비교적 안정적으로 발전해왔다. 특히 한국은 괄목할 만한 국력신장으로 북한의 동맹국인 소련(1990) 및 중국(1992)과 수교를 맺었다. 반면 북한을 중심으로 한 중국과 러시아의 북방 3각 관계는, 비록 최근 3국가 간 상호 화해 분위기가 형성되기는 했어도 남방 3개국과의 관계와 비교할 때 상대적으로 덜 유기적이라고 볼 수 있다. 게다가 북한은 아직도 미국 및 일본과 수교를 맺지 못하고 있어 한반도에서 남북한을 중심으로 한 4강과의 교차승인(cross recognition)은 아직도 이루어지지 않고 있다.

북한의 대 미·일 수교와 관련된 핵심 의제들은 북한의 핵무기와 미사일 개발 문제, 남북 간 재래무기 분야의 군비통제를 통한 군사적 긴장완화

---

6) 현재 유엔사에는 미국을 비롯해 호주, 벨기에, 캐나다, 콜롬비아, 프랑스, 네덜란드, 뉴질랜드, 노르웨이, 필리핀, 태국, 영국, 그리스 등 한국전쟁에 참가한 유엔군 참전국들이 참여하고 있다.

문제, 북한 내 인권 문제, 일본인 피랍 문제 및 일제 식민통치기간 중 청구권 문제 등이다. 2007년 이후 6자회담의 '2·13 합의'에 따라 6자회담의 틀 내에서 '미·북 국교정상화' 및 '북·일 국교정상화' 실무 그룹이 신설되었으나 지금까지 거의 운영되지 않고 있는 실정이다.

이상에서 보듯 한반도 냉전구조의 특성은 한반도 문제가 본질적으로 남북 간의 문제이면서 동시에 국제 문제라는 이중적인 구조를 띠고 있다는 점이다. 한국전쟁은 남북 간의 내전이었으나 16개국의 유엔군과 중공군이 참전한 국제전 성격을 띠고 있다. 특히 미국과 중국이 깊숙이 개입되어 주도적으로 전쟁을 수행했고, 정전협정 서명자가 됨으로써 전후 한반도에 대한 양국의 이해관계가 얽히게 된 근원이 되었다.

따라서 남북한이 한반도의 냉전구조를 스스로 벗어나기 위해서는 남북한 간의 군사적 갈등을 해소해야 할 뿐만 아니라, 반드시 주변국과 국제사회의 지지가 있어야 한다. 또한 남북한은 국제 사회를 대상으로 남북한이 서로 화해하고 군사적 긴장 해소를 위해 노력하고 있음은 물론, 국제사회의 안정과 평화를 위협하는 세력으로 발전하지 않을 것임을 과시해야 한다.

위에서 언급한 한반도 냉전구조의 특징을 살펴볼 때 현재의 남북 관계는 엄밀한 의미에서 아직도 화해·협력단계에도 진입하지 못한 채 냉전의 대결단계에 머물고 있다고 평가된다.

2. 한반도 냉전구조의 해체를 위한 다섯 가지 핵심 과제

▮These 37   한반도의 안보 현안 중 무엇보다도 우선적으로 해결해야 할 과제는 남북한이 아직도 분단으로 고통받고 있는 냉전구조를 해체하는

일이다. 한반도의 냉전구조를 해체하기 위해 남북한은 ① 남북 간 교류·협력을 강화하여 상호 이질적 요소를 줄이고 남북한 간의 경제공동체를 건설하며, ② 군사적 긴장을 완화시키고 상호 적대 관계를 해소하기 위해 남북 간 군비통제를 추진해야 할 것이다. ③ 정전협정은 평화협정으로 전환되어야 하고 동시에 북한에 대한 안전보장대책이 강구되어야 할 것이다. ④ 남북을 중심으로 한 4강과의 교차승인을 실현시켜 한반도 주변의 안보환경을 평화적으로 조성하고, 나아가 동아시아 다자안보체제를 조성하는 데 기여하기 위해 북한은 미국 및 일본과의 관계 정상화를 이루어야 하며 당사국들은 이에 필요한 모든 조치를 스스로 강구해야 할 것이다. 이를 위해 한국 정부는 중재 역할을 해야 할 것이다. ⑤ 남북한은 국제 사회의 규범과 질서를 존중하고 준수하여 '한반도 문제의 국제화'를 차단해야 할 것이다. 특히 북한은 국제 사회가 우려하고 있는 핵무기를 포함한 대량살상무기 개발을 스스로 포기해야 할 것이다.

이상에서 보듯 ①번과 ②번 과제는 남북한 간의 교류·협력과 군비통제 노력으로 해결해야 할 남북한 간의 문제이다. 반면 ③번, ④번 그리고 ⑤번 과제는 국제 사회와의 협력을 통해 해결해야 할 국제 문제들이다.

1) 남북 교류협력강화로 경제공동체 달성

2000년 제1차 남북 정상회담 이후 남북 교류협력은 주로 인도적 차원의 대북지원과 금강산 관광 사업, 그리고 개성공단 사업에 국한되어 진행되어 왔다. 1998년 11월부터 시행되어오던 금강산 관광 사업은 2008년 7월 관광객 피격사건 이후 중단되었다. 2010년 4월 23일 북한은 사업 중단에 따른 손실 보전을 이유로 정부 및 관광공사 소유의 부동산을 몰수하고 민간부동산을 동결시킴으로써 남북 교류·협력관계를 심각하게 훼손시켰다. 앞서 언급한대로 이명박 정부 출범 이후 북한은 2008년 3월 29일 이후 당국 간 대화를 중단하고 그해 12월 1일 군사분계선 육로통행 제한,[7]

개성 관광 중단, 남북경협 사무소 폐쇄, 개성공단 체류인원 축소 등을 담은 '12·1조치'를 단행했다. 이에 따라 개성공단 사업도 어려움을 겪고 있다. 당국 간 관계가 경색되는 국면 속에서도 남북한 간 민간·사회문화 분야의 교류협력은 체육, 종교, 교육, 학술 등 각 분야별로 추진되어왔으나, 2010년 3월 한국의 천안함이 서해 백령도 인근 해역에서 북한 잠수정의 어뢰 공격으로 침몰되는 사건이 발생한 후 거의 모든 남북 관계가 단절되었고 2010년 11월 23일 연평도 포격으로 남북 간의 긴장이 지속되고 있다.

남북 교류·협력관계가 경색되고 있는 가장 본질적인 이유는 첫째, 북한 지도부가 남한과의 교류·협력을 통해 북한의 경제를 재건하고 공동 성장하여 경제공동체를 이룩하고 남북한을 서서히 평화체제로 진입시켜야 한다는 철학과 의지를 갖고 있지 않기 때문이다. 그들에게 시급한 것은 오로지 언제 붕괴될지 모르는 체제를 지켜내는 일과 당면한 경제난을 벗어나는 일뿐인 것처럼 보인다. 하지만 근본적으로 경제난을 치유하기 위해 개혁·개방을 추진해야겠다는 북한 지도부의 의지는 매우 찾기가 어렵다.

북한의 경우 사실상 외부의 지원 없이는 체제 유지가 어려운 상황이고, 실질적으로 경제적 도움을 줄 수 있는 국가는 중국과 한국뿐일 것이다. 북한 지도부는 이제까지 자체적으로 경제난을 해결하기 위해 중국과 한국을 이용해왔다. 김대중·노무현 정부의 대북포용정책을 십분 활용해 금강

---

7) 2005년 12월말 경의선 구간(문산-개성, 27.3km)과 동해선 구간(제진-금강산, 25.5km)의 남북 간 연결철도궤도 부설공사가 완료되어 열차운행을 위한 기본 시설을 갖추게 되었다. 이에 따라 2007년 4월 남북경제협력추진위원회 제13차 회의 합의를 통해 2007년 5월 17일 남북열차 시험운행이 실시되었다. 이후 2007년 12월 11일부터 경의선 우리 측 도라산역과 북한 측 판문역 간에 남북 화물열차가 정기적으로 운행하게 되었다.

산 관광과 개성공단 사업을 중심으로 대북 경협을 이끌어냈다. 이 기간 중에는 북한의 핵개발 문제나 국제 사회의 규범과 가치를 위반하는 정책들, 즉 테러 지원, 마약 밀수, 지폐 위조, 인권 유린, 집단수용소 운용, 외국인 납치 등은 한국 정부 수뇌부들에 의해 애써 묵인되거나 심지어 옹호되는 경향까지 보였다.

그러나 이명박 정부 출범 이후 그간 한국 정부로부터 문제시되지 않았던 북한의 이러한 정책들이 국제 사회와 더불어 재조명되고 비난의 대상이 되자, 2008년 3월 이후 북한은 사실상 한국과의 관계를 단절하고 경제난 극복을 위해 중국에게 원조의 손길을 내밀고 있다. 한국 정부와 국제 사회의 북한에 대한 비난과 질책은 북한 지도부에 체제에 대한 도전으로 인식되고 있다. 이러한 남북 간의 갈등은 중국 수뇌부에 또다시 '남북한을 갖고 놀' 절호의 기회가 될 것이다.

북한의 중국으로의 회귀는 중국의 한반도에 대한 중·장기적 전략적 이해와 일치한다. 김대중·노무현 정부 당시 북한에 대한 남한의 영향력 확대로 인해 상대적으로 북한에 대한 중국의 영향력은 줄어들 수밖에 없었다. 그러나 남북 관계가 악화되어 그간 개성과 금강산에서 행사되어오던 한국의 경제적 활동이 제약을 받는 사이에 중국이 한국에 의해 점유되었던 공간을 차지할 경우, 전략적으로 중국의 국경선은 서울 북방까지 확대될 것이다. 또한 중국은 이 기회를 이용하여 북한에 대해 대대적인 경제지원을 제공함으로써 북한 내 자원을 착취하며 북한 체제를 중화경제권에 편입시키는 전략을 구사할 수도 있을 것이다. 중국은 핵무장한 북한이 끝까지 체제를 유지해줌으로써 중국의 완충지대 역할을 해주기를 기대할지도 모른다. 이와 같은 중국의 북한에 대한 전략적 이해는 '북한의 비핵화'라는 이해보다도 훨씬 큰 것처럼 보인다. 이런 배경에서 북한에 대해 핵개발을 포기하라는 중국의 압력에는 한계가 있는 것이다. 2010년 5월 김정일의 중국 방문은 이와 같은 배경에서 중국과 북한의 이해가 맞아떨어진 산물일 것이다.

김정일과 북한 지도부는 중국과의 협력을 통해 1978년 등소평의 개혁·개방의지를 반드시 배워야 할 것이다. 그들은 북한의 자원을 중국에 내주는 대가로 경제지원이나 챙기는 데 만족해서는 절대로 안 될 것이다. 하지만 북한 지도부는 장차 통일까지 내다보며 같은 민족으로 끝까지 북한을 도울 수 있는 국가는 지구상에 한국밖에 없다는 사실을 명심해야 할 것이다. 지리적으로 인접하고 사회주의 형제국인 중국이 북한을 일시적으로 도울 수 있을지는 모른다. 그러나 중국은 세계 제2위의 경제 대국으로 지속적인 경제성장을 이끌기 위해서 서방 국가들과의 우호적 협력관계를 유지하는 것이 필수적이다. 또한 유엔 안보리 상임이사국 중 하나인 중국이 핵개발로 국제 사회의 지탄이 되고 있는 독재국가인 북한의 후견인 역할을 언제까지나 하고 있을 수는 없을 것이라는 점도 북한 지도부는 정확하게 읽을 수 있어야 한다.

둘째, 이 밖에도 남북 간의 교류협력에 직접 영향을 미치는 요인들로 ① 남북 간의 갈등, ② 미국의 대북정책, ③ 야당을 포함한 한국 사회 내에서의 대북정책에 대한 합의, ④ 북한 내부의 갈등 ⑤ 국제 사회의 대북제재 등을 들 수 있다. 남북 간 교류·협력은 한반도의 안보 문제 진전 여부와 직결되어 있다. 남북 간의 안보 문제가 풀리지 않으면 교류·협력에도 제한이 따를 수밖에 없다. 동·서독의 경우 교류·협력이 순탄하게 진행될 수 있었던 것은 양독 간 첨예하게 대립될 만한 안보 현안 문제들이 존재하지 않았기 때문이었다. 따라서 남북 간 교류와 협력을 제도화하고 이를 마찰 없이 진행시키기 위해서는 무엇보다도 한반도의 안보 문제가 선행적으로 원만하게 해결되어야 한다. 한반도 안보 문제에는 남북한 간에 해결되어야 할 문제와 북한 핵문제처럼 미국을 위시한 국제 사회와의 협의로 해결되어야 할 문제가 있다. 특히 미군을 주둔시킴으로써 한반도의 전쟁 억제에 크게 기여하고 있는 미국은 한반도 문제의 당사자 중 하나이기 때문에, 안보 문제와 관련하여 미국과의 긴밀한 정책조율은 필수적이다.

또한 남한 내에서 대북정책과 관련하여 정당별, 세대별 그리고 지역별 불협화음이 존재하는 것은 바람직하지 않다. 다양한 사고와 견해들이 자유롭게 개진되고 공론화되어 정상적인 가치로 수렴될 수 있도록 내부적인 노력이 뒤따라야 할 것이다.

북한 내부에서도 '북한판 고르바초프'가 등장하여 개혁·개방정책을 주도할 시기가 도래할 수 있도록 한국과 국제 사회는 이들 개혁 세력이 등장할 수 있는 여건을 조성하는 데 최대한 지원을 아끼지 말아야 할 것이다. 북한의 경우 미국의 군사적 위협으로부터 해방되었다고 인식할 경우 문호를 개방할 것이다. 미국에 의한 북한에 대한 안보보장(security guarantee)대책도 강구되어야 할 것이다. 이와 관련하여 한국 정부는 어떤 조건에서 어떤 수준으로 가능할지를 미국과 사전 조율해야 할 것이다.

남북한은 한반도 냉전체제하에서 남북문제가 동시에 국제 문제라는 성격을 띠고 있음을 인식하고 냉전체제를 극복하기 위해서 국제 사회를 자극하는 어떠한 돌출행위도 행해서는 안 될 것이다. 한국과 국제 사회는 북한으로 하여금 미사일기술 통제체제(Missile Technology Control Regime: MTCR), 포괄적 핵실험 금지조약 및 화학무기 금지조약(Chemical Weapons Convention: CWC)에 가입하는 등 국제 군비통제체제에 적극적으로 참여할 것을 강조해야 할 것이다. 또한 한국 정부는 북한의 국제 사회 진출을 적극 지원해야 하고 북한의 대 마일 수교를 촉진시킬 수 있도록 외교력을 발휘해야 할 것이다.

셋째, 남북 간 기존의 교류·협력은 더욱 확대되어야 하고, 이산가족 재회 문제도 제도화되어야 한다. 아직까지 연결되지 않은 철도-도로(경의

선·경원선·금강선)를 연결하기 위해 이 지역을 중심으로 남북 교류·협력 사업을 발전시킬 수 있는 방안도 강구해야 할 것이다.

　북한이 핵무기를 포함한 대량살상무기 개발을 포기하고 남북 간에 군사적 긴장이 완화되면 서해 북방한계선(Northern Limit Line: NLL) 지역에의 공동 어로구역 설정, 북한 민간선박의 해주항 직항 문제, 경의선·동해선 통행, 임진강 수해 방지, 한강하구 골재채취 등 남북 공동 경제협력 프로젝트가 가동될 수 있을 것이다. 그뿐만 아니라 북한 내 철도, 도로 개·보수 등 사회간접자본(SOC) 구축, 경수로 등 에너지 지원, 남포항 등 항만 개·보수 등의 사업도 추진될 수 있을 것이다.

　넷째, 근본적으로 남북 교류·협력을 제도화하기 위해서 남북한은 '6·15 선언'이나 '10·4 선언'보다는 먼저 남북 기본합의서(1992) 체제로 복귀해야 한다. 남북 화해, 불가침, 교류·협력 분야로 구성되어 있는 남북 기본합의서는 포괄적으로 남북 간의 평화와 협력 문제를 다루고 있고, 기본합의서이 분야별 부속합의서는 화해와 불가침, 교류협력에 관한 구체적 실천 방안을 담고 있기 때문이다. '6·15 선언'이나 '10·4 선언'은 거의 대부분 북한을 지원하는 사업 분야에만 국한되어 있을 뿐, 근본적으로 남북 간의 교류·협력과 직간접으로 관련되어 있는 '불가침 문제'를 다루고 있지 않기 때문에 전반적인 남북 화해·교류·협력을 제도화하는 데는 적절치가 않을 것이다.[8] 북한 핵문제 등 안보 관련 현안들이 근본적으로 해결되지 않은

---

[8] 2007년 10월 평양에서 있었던 노무현·김정일 회담의 산물인 '10·4 선언'과 이후 서울서 개최된 '남북총리회담'에서 합의(11.16)된 주요 사업은 ① 개성-신의주간 철도 개보수, ② 문산-봉동 간 화물열차 운행, ③ 개성-평양 간 고속도로 개·보수, ④ 개성공단 2단계 공사, ⑤ 서울-백두산 간 직항로 개설, ⑥ 해주 경제특구 신설과 해주항 개발, ⑦ 안변·남포 지역의 조선 협력단지 건설, ⑧ 단천 지구의 지하자원 개발, ⑨ 농업 분야 종자생산 가공시설 건설, ⑩ 서해 공동어로와 민간선박 운항 및 해상수송 보장을 위한 평화수역 및 공동 어로구역 설정 및 관리,

상태에서 한국 정부가 일방적으로 북한에 '퍼주기 성격의 사업'을 진행하는 것은 결코 바람직하지 않을 것이다.

다섯째, 남북 정상회담은 어떤 형태로든 수시로 이루어지는 것이 바람직할 것이다. 이때 남북한은 회담 성사를 위해 어떠한 조건도 제시하지 않은 채 오로지 남북 현안 문제의 해결에 초점을 맞추어야 할 것이다.

2) 남북 간 군비통제를 통한 한반도의 군사적 긴장완화

▎These 38   최초의 남북정상회담 이후 많은 분야에서 성과가 있었음에도 불구하고, 군사 분야에서는 아직도 전혀 진전이 없는 상태에서 남북 간 180만 명이 중무장한 채로 서로 대치 중인 것이 현실이다. 남북 간 군사적인 긴장완화 없이는 절대로 평화공존 관계나 평화체제로 전환될 수 없을 것이다. 한반도에서 군비통제를 추진해야 하는 이유는 남북 간의 군사적 신뢰를 구축하여 한반도에서의 군사적 긴장을 완화하고 전쟁 위험 및 위협을 감소시킴으로써 결국 한반도와 지역 안정에 기여하는 평화체제를 구축하기 위해서이다. 남북한은 이미 기본합의서(1992) 불가침 분야에서 재래무기 군비통제와 관련된 대규모 부대 이동 및 군사훈련 사전 통보, DMZ 평화적 이용, 군 인사 및 정보교류, 단계적 군축, 대량살상무기 및 공격능력 제거와 검증, 그리고 군사 당국자 간 직통전화 설치에 대해 합의한 바 있다. 또한 제1차 남북 국방장관 회담(2000.9)에서 양 장관은 한반도 군사적 긴장을 완화하기 위해 공동 노력하고, 지속적이고 안정적인 평화를 구축함으로써 전쟁 위협을 제거해나가기로 합의했다. 그러나 이러한 합의들은 하나도 지켜지지 않은 채 문서상으로만 남아 있다. 기존의 남북 간 군비통제 관련 합의가 지켜지지 않는 이유는 남북 상호 간 불신과 북한의 군비통제 실천 의지가 부족하기 때문이다.

---

⑪ 한강하구 골재채취 등이다.

(1) 군비통제 관련 남북한 입장

군비통제 관련 남북한 간의 입장 차이는 여전히 큰 상태로 남아 있다. 한국은 남북 간 군비통제를 군사적 긴장을 완화하고 상호 간 기습 공격을 제거하기 위한 수단으로 간주하며 점진적으로 이행되어야 함을 강조하고 있다. 한국은 기본적으로 '화해협력 → 남북연합 → 통일국가완성'의 단계로 이어지는 정부의 '민족공동체 통일방안'과 연계하여 남북한 간의 '군사적 신뢰구축 → 군비제한 → 군비축소'로 이어지는 3단계 군비통제 정책을 계획하고 있다. 제1단계인 '화해·협력단계'에서 남북 간 '군사적 신뢰구축'을 통해 지난 반세기 동안 누적된 상호 불신과 적대감을 해소하고, 제2단계인 '남북연합단계'에서 남북 간 두터운 신뢰구축을 바탕으로 '군비제한'과 '군비축소' 단계로 접근하여 상호 군비경쟁을 중단하고 군사력 불균형을 시정하며, 끝으로 제3단계인 '통일국가완성' 단계에서 남북한 합의에 의한 군사통합을 이룩한다는 계획이다.

구체적으로 한국은 남북한이 이미 기본합의서에서 합의한 5대 신뢰구축 조치 외에도 제2단계인 '군비제한' 단계에서 조기경보를 위한 안전구역 설치, DMZ로부터 "X"km 이내 모든 공세적 군사활동 금지, 수도권 안전보장지대 설치, 그리고 장사정포 후방 재배치와 사찰 및 검증체제(현장사찰 및 영공 개방) 구축 등을 고려하고 있다. 한국은 이와 같은 조치들로 남북 간 군사적 투명성이 증대되고 직접적인 위협과 위험이 감소되면 '검증 가능한 단계적 군축'을 시행하여 남북 상호 간 기습공격능력을 제거하고, 이 단계를 거친 후 한반도 평화체제를 제도화하는 것이 바람직하다는 개념을 갖고 있다. 이때 정전협정은 남북 간 평화협정으로 교체되고 미국과 중국은 이를 추인하는 평화보장문서를 체결해야 할 것이다. 또한 이 단계에서 DMZ의 지뢰, 철조망, 장비 및 요새지를 제거하고, 대규모 군비통제가 이행되어야 한다. 이때 북한의 대량살상무기와 투발수

〈표 10-1〉 군비통제 관련 양측 입장 비교

구분	한국	북한
긴장완화 및 군비통제 관련 양측 기본 입장	군비통제를 통해 긴장완화 실현 · 한반도 문제의 남북당사자 해결 · 통일 지향적 군비통제: 민족공동체 통일방안과 연계	먼저 미·북 평화협정 체결 및 주한 미군 철수, 이후 남북 군비통제
군비통제	· 점진적 군비통제 · '선 신뢰구축, 후 군비축소': 신뢰구축, 군비 제한, 군축	'일괄 타결, 동시 실천' 원칙: 군축 우선, 신뢰구축은 자동적으로 따라옴
신뢰 구축	비군사적 5대 조치와 군사적 신뢰구축 조치의 동시 이행	· 외국군과 군사훈련 중지 · 우발적 충돌 방지를 위한 DMZ 평화적 이용
군축	· 먼저 공격무기 감축, 이후 병력 감축 및 감시·검증 · 군사력 상호 균형 원칙	· 먼저 3단계 병력 감축 (30만→20만→10만), · 이후 무기 감축, 검증

단은 제거되고 해체되어야 할 것이다.

반면 북한은 이제까지 군비통제를 정치적 목적으로 이용해왔다. 한국과의 군비통제협상의 전제조건은 주한 미군 철수와 미·북 간의 평화협정 체결이었다. 실제로 북한은 1953년부터 주한 미군의 철수를, 1974년 이래 미·북 평화협정 체결을 일관되게 주장해오고 있다. 남북 군비통제와 관련하여 북한은 아직까지 체계적인 안을 제시하지 못한 채 시대 상황에 따라 단편적인 내용들만을 제기해왔다. 북한이 남한에 제의해온 군비통제 내용은 ① 1953년 이래 주한 미군 철수와 남북한 각기 10만 명으로 감축과 ② 1974년 이래 한반도 비핵화·비군사지대화와 미·북 평화협정 체결 및 DMZ 평화지대화였다. 1988년 11월 북한은 기존의 안들을 발전시켜 '포괄적 평화방안'을 발표했다. 주요 내용은 ① 1991년까지 주한 미군의 3단계 철수, ② 남북 병력을 3단계로 감축하고 이에 상응하여 군사장비도 감축, ③ 미군 무력의 철수와 남북군축에 대한 통보와 검증, ④ 미·북 평화협정 및 남북 불가침협정 체결 등이다. 북한은 또 1990년 5월 발표한

'10개 군축방안'을 통해 ① 남북한 간 신뢰조성을 위해 군사훈련의 제한, ② DMZ의 평화지대화, ③ 우발적 충돌방지 조치, ④ 남북 무력감축, ⑤ 외국 무력 철수, ⑥ 한반도 비핵지대화, ⑦ 불가침 선언 채택 ⑧ 대규모 군축 등을 주장했다.

남북 기본합의서에서 이미 합의한 군비통제 조치는 전혀 이행되지 못하고 있는 실정이다. 북한은 미·북 평화협정이 체결된 이후에야 남북 간 신뢰구축 논의가 가능하다는 입장을 고수하고 있기 때문이다. 따라서 군비통제에 대한 북한의 인식 변화를 끌어내기 위한 다각적인 노력이 뒤따라야 할 것이다.

(2) 교훈

이제까지의 경험을 통해 얻은 한반도 군비통제의 이행과 관련된 교훈은 다음과 같다.

첫째, 군비통제는 상대적으로 이행하기 쉬운 조치부터 출발하여 점차 어려운 단계(군 배치 이동, 장비 및 병력감축 등)로 점진적 접근을 시도해야 할 것이다. 이 원칙에 따라 북한이 수용 가능한 조치에 우선적으로 중점을 두고 군비통제를 추진해야 할 것이다. 이미 남북 간에 합의되고 북한이 수용할 가능성이 높은 조치로 남북 국방장관회담을 들 수 있다.

이 외에도 남북 간에 이미 합의서는 마련되었으나 발효되지 못한 사항들인 남북 간 해운합의 및 공동 어로구역 설치, 한민족 고대 전사 및 DMZ 내 사적연구 등 공동 군사연구, 체육부대 교류 및 교환경기, 한국 국제군인 체육대회 유치 및 북한팀 참가 초청, 남북단일 팀 구성 등 스포츠 교류, 군진의학 협력, 해군사관생도 및 상호 함정의 교환방문, 군악대 상호 교환 공연 및 합동연주회 개최, 공동 학술세미나와 국제적인 다자안보대화에 공동 참여[9], DMZ 내 공동 수색, 구조 훈련 및 인근 군사활동 축소 등이 이 범주에 포함될 수 있을 것이다. 현재까지 억류된 모든 한국전 포로를 송환하는 것도 남북 간 신뢰를 높이는 데 크게 기여할 것이다.

둘째, 남북 간 경제 교류·협력사업과 연계된 군사적 신뢰구축 조치를 발전시킬 필요가 있을 것이다. 이미 남북한은 경의선과 동해선 철도-도로를 연결하기 위해 DMZ 내 남북 관리구역을 설정하는 문제(UNC가 관할권은 유지)와 관련하여 상호 긴밀하게 협의했다. DMZ 내 남북교통회랑에 대한 상호 안전 조치를 수립하는 과정에서도 남북 간 군사실무 접촉과 대화가 이루어졌다. 이와 같이 경제협력사업이 늘어날 경우 군사적 지원 문제도 더욱 활성화되어 궁극적으로 남북 군인들 간에 신뢰형성에 큰 도움이 될 것이다. DMZ 내 교통회랑이 형성되었다는 것은 그간 반세기 이상 닫혀 있던 'DMZ가 이미 뚫렸다'는 것을 상징적으로 나타내고 있다.

이런 맥락에서 경제 교류·협력사업과 연계된 군사적 신뢰구축 조치는 양측 모두에게 실질적인 혜택을 가져다줌은 물론 남북 간의 군사적 긴장완화에 궁극적으로 크게 기여할 것이다. 장차 경제 교류·협력 범주에 포함시킬 수 있는 사업들은 임진강 공동 수방사업, 남북 간 해운합의 및 이행, 남북 간 공동 어로구역 설정 및 운용지원, 남북 간 직항로 개설·운용을 위한 협의 등을 고려할 수 있을 것이다.

셋째, 남북한 간의 우발 사태를 막기 위한 조치들이 우선적으로 이행되어야 할 것이다. 이 범주에 포함시킬 수 있는 조치들로 군 고위 당국자 간 핫라인(한국 국방부장관-북한 인민무력부장, 합참의장-총참모장) 설치, 주요 군사연습 상호 통보 및 참관, DMZ 인근 지역에서의 대규모 군사연습 및 활동축소 등을 들 수 있다.

---

9) 아세안지역 안보포럼(ASEAN Regional Forum: ARF), 동북아시아 협력대화(Northeast Asia Cooperation Dialogue: NEACD) 및 퍼그워시(Pugwash) 회의 등에 참여하면 좋을 것이다.

넷째, 북한이 피부로 느끼는 위협을 감소시킬 수 있는 조치를 검토하여 남북 간 합의할 수 있도록 해야 할 것이다. 이에 따라 북한의 군비통제 참여와 미국의 대북 안보보장 문제와 연계시키는 것에 대해서도 검토할 필요성이 있다. 신뢰구축 조치를 이행하는 것이 남북한 간의 군사적 긴장 완화와 충돌 위험을 감소시키고 북한의 체제 안보에 도움이 된다고 설득해야 한다. 한미 연합훈련에 북한군 및 북한 언론을 초청할 수도 있을 것이다.

다섯째, 한반도의 군비통제를 추진할 때 한국 정부는 미국과 긴밀하게 정책을 사전 조율해야 할 것이다. 한반도 군비통제 문제는 순수하게 남북의 문제만이 아니라 '남한-북한-미국' 간의 문제이기 때문이다. 경의선과 동해선 철도 도로 연결을 위해 DMZ를 개방하여 남북 관리구역(250m)을 설정하는 문제와 관련하여 남북-유엔사(UNC) 간 협의가 필요했고 'jurisdiction' 용어를 'administration'으로 변경시키는 문제는 미 국무부의 승인까지 필요로 했던 사안이었다.[10] 특히 남북 간 해운합의 및 공동 어로구역 설정 조치는 서해 북방한계선과 관련한 문제를 야기힐 수 있기 때문에 미국과 사전 긴밀한 협의가 요구된다.

여섯째, 한반도의 군비통제 실현을 위해 국제기구와 독일, EU, ARF, OSCE, 호주, 캐나다, 중국, 일본, 러시아 등 제3국과 기구들을 다양하게 활용할 필요가 있을 것이다.

일곱째, 군비통제 조치는 상호주의적이고 검증 가능해야 한다. 남북한은 1992년 남북기본합의서에서 합의한 대로 군사적 신뢰구축 조치를 포함한 군비통제를 이행하기 위해 빠른 시일 내 '남북 기본합의서' 체제로 복귀해야 한다.

---

10) 정전협정에 따라 DMZ 관할권(jurisdiction)은 유엔사가 갖고 있으나, 철도가 통과하는 구간에 대해서만큼은 남북한이 관리(administration)하도록 남북-유엔사 간에 합의되었다.

(3) 이행 전망

근본적으로 북한은 동구권 공산국가들이 서방 진영과의 군비통제 및 군축조치에 의해 붕괴되었다는 인식을 갖고 있다. 따라서 군비통제에 관해 부정적이다. 현재까지 북한은 군비통제 협상을 위한 전제조건으로 주한 미군 철수와 미·북 평화협정 체결을 고수하고 있다. 이러한 북한의 주장은 근본적으로 한국이나 미국이 수용할 수 없는 내용이기 때문에 북한의 입장이 바뀌지 않는 한 남북한 간의 군비통제 분야의 본질적인 진전은 기대하기 어려울 것이다.

군비통제 문제는 전적으로 남북한 정상의 정치적 의지에 달려 있다. 따라서 장차 남북 정상회담이 개최될 경우 최소한의 일부 군사적 신뢰구축 조치에 합의해야 할 것이다. 앞서 언급한 대로 남북 기본합의서에서 이미 합의된 내용 중 이행에 큰 어려움이 없는 신뢰구축 조치나 혹은 경의선 철도-도로 연결 사업에서 보듯 화해·협력사업과 관련된 분야의 신뢰구축 조치가 이 범주에 포함될 수 있을 것이다. 현실적으로 군비제한이나 군축 등은 남북한 모두 내부 사정으로 당장 실현되기 어려울 전망이다.

3) 정전협정을 평화협정으로 전환

▌These 39   정전협정은 1953년 이래 한반도 분단관리와 평화유지에 결정적인 기여를 해왔다. 정전협정은 한국전쟁의 일시적 중지를 규정한 잠정협정(Modus Vivendi)으로, 법적 관점에서 볼 때 한국전쟁은 아직도 종식되지 않았다. 따라서 남북한 간에 군사적 긴장이 지속되는 한 정전협정은 어떤 형태로든 유지되어야 한다. 그러나 정전협정의 이행을 감독하고 관리할 군정위와 중감위는 그간 북한의 무력화 노력으로 사실상 기능이 정지된 상태이다.[11] 이러한 이유로 정전협정은 더 이상 한반도의 영구적 평화를 보장하지 못한다는 지적에 따라 정전협정을 한반도의 전쟁을 종식

시키고 영구적 평화를 보장하는 평화협정으로 대체하기 위하여 남북한과 미국 및 중국으로 구성된 '4자회담'이 1997년 8월부터 1999년 8월까지 개최되었으나, 이후 북한의 일방적 참여 거부로 열리지 못하고 있다. 4자 회담이 정체된 이유는 긴장완화와 관련하여 북한과 다른 참가국(한국·미국·중국) 간의 입장 차이에 기인했다. 한국과 미국은 군사적 긴장완화와 신뢰구축 문제를 우선적으로 다루어야 할 회담 주제로 인식하고 있었던 반면, 북한은 주한 미군 철수를 회담 주요 의제로 요구했고 이런 맥락에서 평화협정도 미·북 간에 체결되어야 함을 주장했다.

(1) 평화협정 체결

정전협정을 평화협정으로 전환하는 문제와 관련하여 북한은 휴전 이후 최초에는 남한과의 평화협정 체결을 주장했다. 그러나 1973년 미국이 남북 베트남 정부와 베트콩을 모체로 한 월남 임시혁명정부(민족해방전선) 대표자들과 함께 파리평화협정(1. 27)을 체결하고 이에 따라 미군이 철수하는 것에 크게 고무받아 1974년부터 남북한 간 대신 미·북 간 평화협정

---

11) 북한은 1991년 3월 유엔사 측이 군사정전위원회 수석대표에 한국군 장성을 임명한 이후부터 군정위 본회의 참여를 거부해오다가 1995년 3월에 군사정전위원회를 대신하여 미국과 북한 간 장성급 회담을 개최할 것을 제의했다. 2002년 9월 12일 제14차로 유엔사와 북한 간의 판문점장성급 회담은 중단되고, 그 후 2004년 2월 6일 제13차 남북장관급 회담에서 남북 교류협력의 군사적 보장을 위한 남북군사실무회담과 별개의 쌍방 군사 당국자 간 회담 개최에 합의한 후 5월 7일 제14차 남북장관급 회담에서 남북장성급 군사회담의 개최에 합의했다. 그 결과 그해 5월 26일 금강산에서 제1차 남북장성급 군사회담이 개최되었으나, 그해 7월 중순 이후 남북 당국 간 대화가 전면 중단됨에 따라 남북장성급 군사회담과 실무대표회담이 중단된 바 있다. 2009년 3월 유엔사와 북한 간의 제15차 판문점 장성급 회담이 재개되어 한미연합훈련인 '키 리졸브(Key Resolve)'에 대해 논의했다.

체결을 주장해오고 있다.[12] 이후 북한은 정전협정이 마크 클라크(Mark Clark) 유엔군사령관, 김일성 북한군최고사령관, 그리고 펑더화이(彭德懷) 중국 인민지원군사령관이 서명권자라는 이유로 한국을 당사자 자격에서 배제하려 해왔다. 이 중 중국군은 이미 북한에서 철수했고 미국과 북한만이 정전협정의 당사자로 남아 있기 때문에 정전협정을 대신할 평화협정은 미국-북한 간에 체결되어야 한다는 주장이다. 또한 북한 측 논리에 따르면 한국전쟁 중 한국군에 대한 작전통제권을 미군이 보유하고 있었기 때문에 북한의 적은 오로지 미군이고, 따라서 전쟁 종식을 위해서는 미군과 평화협정을 체결하고 유엔사를 해체해야 한다는 것이다.

그러나 법리적으로 보면 한국은 한국전쟁 당시 실질적인 교전 당사국이었기 때문에 당연히 정전협정의 실질적인 구속을 받는 당사자(party)이다. 당시 유엔군사령관은 남한 및 유엔 참전 16개국을 대표하여 서명했을 뿐이다. 따라서 평화협정 체결의 주체는 한국전쟁의 주요 교전 당사자인 남북한이어야 하고, 정전협정의 서명국인 미국과 중국은 남북 간에 체결된 평화협정의 이행을 보장하는 형태를 취해야 할 것이다. 남북한은 평화협정의 성실한 이행을 보장받기 위해 유엔 안보리의 추인을 받은 후 국제적으로 정전협정의 종식을 선포할 수 있을 것이다.

평화협정에 포함시킬 내용에는 전쟁 상태의 종식, 불가침 및 무력불사용, 경계선 설정, 분쟁의 평화적 해결 및 내부 문제 불간섭, 상호 체제 존중, 기존 합의 준수 및 이행 문제 등이 포괄적으로 포함되어야 할 것이다.

그러나 이와 같은 평화협정이 체결되었다는 사실 하나로 한반도의 평화가 보장되는 것은 결코 아닐 것이다. 무엇보다 한반도의 평화는 남북

---

12) 월맹은 파리평화협정을 깨고 1975년 3월 10일 월남을 침공하여 4월 30일 사이공을 함락시키며 적화통일에 성공했다.

간의 군사적 긴장이 완화되고 대결구조가 해소될 때 비로소 실현될 수 있을 것이다. 따라서 남북 간 평화협정을 체결할 바람직한 시기는 군비통제가 실현되어 한반도에 군사적 긴장이 해소되고 UN을 포함한 국제사회가 객관적으로 한반도에 전쟁재발위험이 없다고 판단하여 유엔 안보리가 유엔사 해체 결의안을 채택할 무렵일 것이다.

이는 남북 간 군사력 균형이 달성될 평화공존 진입단계, 즉 통일방안 2단계인 남북연합단계 바로 직전이나 직후가 될 것이다. 따라서 남북한은 냉전구조를 해체하여 평화체제기반을 조성할 때까지 우선적으로 군사적 긴장완화를 추구해야 한다. 이를 위해 남북한은 먼저 정전체제를 유지하는 가운데 남북기본합의서의 불가침 부속합의서를 성실하게 이행하며 남북 평화협정 체결 시기를 준비해야 할 것이다.

이제까지의 진전을 통해 보면 장차 이 문제는 크게 두 개의 채널에서 다뤄질 가능성이 있다. 첫째, 평화협정 체결 문제는 북한 핵문제를 다루는 '6자회담'의 '9·19 공동성명'(2005)에서 언급된 대로 직접 당사국 간의 "적절한 별도 포럼에서"에서 진행될 수 있을 것이다. 이 방안은 6자회담 참가국 중 법적으로나 현실적으로 정전협정의 당사국으로 보기 어려운 일본과 러시아를 뺀 나머지 '남북한+미국+중국' 4개국 간 '별도의 회담 틀'을 만드는 것이다. 이는 사실상 1990년대 말에 중단되었던 '4자회담'의 부활을 의미한다.

또 다른 방안은 북한 비핵화의 초기 단계 조치를 담은 '2·13 합의'(2007) 때 마련된 6자회담 산하의 실무 그룹에 평화협정 하나를 추가시키는 방법이다. 현재 6자회담 산하에는 ① 한반도 비핵화, ② 미·북 관계 정상화, ③ 북·일 관계 정상화, ④ 경제 및 에너지 협력, ⑤ 동북아 평화·안보체제 등 5개 실무 그룹이 있는데, 여기에 평화협정 관련 실무그룹을 추가하는 방안이다.

그러나 두 가지 방안 모두는 평화협정에 대한 논의를 6자회담의 비핵화 협상과 병행하여 추진되게 함으로써 북한 핵문제 해결이라는 6자회담의 본질을 흐리게 할 가능성이 크다. 한국의 입장에서 볼 때 평화협정은 반드시 남북한을 당사자로 하여 남북 간의 군사적 긴장이 현저히 완화된 평화체제에 진입하는 단계에서 체결되는 것이 바람직하다. 따라서 6자회담 틀 내에서 서둘러가며 이 문제를 다룰 이유는 전혀 없을 것이다.

어떤 형태의 평화협정 관련 회담이 개최되더라도 북한의 고정 메뉴인 ① 미·북 간 평화협정체결, ② 주한 미군 철수, ③ 연합사 해체 문제는 반복될 것이다. 가뜩이나 북한 핵문제 해결의 가닥도 못 잡고 파행을 거듭하는 시점에서 이 문제가 6자회담의 틀 내에서, 아니면 별개 포럼이라 할지라도 6자회담과 같은 시기에 다뤄질 경우 북한 핵문제 해결은 더욱 난항을 겪을 것이며, 결과적으로 한국과 미국은 북한의 술책에 말려들어 시간만 허비하는 꼴이 되고 말 것이다.

(2) 유엔사 해체와 주한 미군 철수

정전협정을 평화협정으로 대체할 때 검토되어야 할 사항으로 유엔사 해체 문제를 들 수 있다. 유엔사는 정전협정 체제와 밀접한 관련을 갖고 있다. 정전협정 제17항에 따라 유엔군사령관은 우리 측을 대표하여 정전협정을 준수하고 집행하는 책임을 지고 있다. 따라서 한국의 입장은 정전협정체제의 이행을 위해서 유엔사가 존속되어야 한다는 것이다. 반면 북한은 1954년 제네바 정치회의 이래 유엔사를 유엔과 무관한 불법적인 국내 문제 간섭 도구로 인식하고 이의 해체를 주장해왔다. 유엔사가 유엔 안보리의 동의 없이 언제든지 북한에 대해 '방어적 공습'을 감행할 수 있다는 점도 북한으로서는 상당한 불안 요인이다.

정전협정이 평화협정으로 전환되어 평화체제가 도래할 경우 유엔사의 존속 명분은 약화되어 해체를 가속화시키는 계기가 될 것이다. 그러나 법리적으로 정전협정 폐기와 유엔사 해체 문제는 별도 사안이며, 정전협정의 폐기만으로 유엔사가 해체되는 것은 결코 아니다. 유엔사는 안보리 결의 84호(1950. 7. 7)에 의거하여 한국전 참전 16개국을 총괄하는 통합사령부로 설립되었고, 이승만 대통령의 작전지휘권 이양에 따라 한국군에 대해서도 작전지휘권을 행사하게 되었다. 따라서 한반도의 평화가 공고화되었다고 판단될 때 유엔사는 유엔 안보리 결의에 의거하여 언제든지 해체가 가능하다.

유엔사가 해체된다고 해서 정전협정이 자동적으로 효력을 상실하거나 종료되는 것은 아니다. 이는 비록 정전협정의 이행관리기구인 군정위와 중감위가 기능을 못하는 상황일지라도 정전협정을 폐기할 수 없는 이유와 같은 논리이다. 유엔사는 정전협정의 '당사자'가 아니고 정전협정의 준수와 집행을 책임지는 하나의 행정기관에 불과하기 때문이다. 따라서 정전협정의 존속과 유엔사의 해체는 법적으로 선혀 별개의 문세이나.

유엔사 해체 문제는 유엔 안보리 결의에 따른 법리적인 문제와 미국의 안보전략적인 이해관계가 얽혀 있는 복잡한 성격의 문제이다. 한반도 정세가 불안정할 시 미군으로 하여금 즉각 개입할 수 있는 명분도 제공하고 있다. 따라서 유엔사는 남북한 간 군사적 긴장완화와 공고한 평화체제가 실현될 때까지 존속되는 것이 바람직할 것이다.

주한 미군은 최초 한국전쟁이 발발한 후 한국의 방위를 위해 유엔군의 일원으로 참전했던 미군과 한미 상호방위조약(1953. 10. 1)에 따라 지금까지 한국에 주둔 중인 미군으로 나눌 수 있다. 이는 법적으로 별개이며 따라서 주한 미군 문제는 정전체제 해체 문제와 전혀 상관이 없다. 이제까지 한반도의 전쟁 억제에 실질적인 역할을 수행해오고 있는 주한 미군은 한미 양국의 국가이익 차원에서 결정되어야 할 순수한 한미 간의 문제일 뿐이다. 유엔사 해체와 주한 미군 철수가 불가분의 관계에 있는 것으로 주장하는 북한의 논리에는 근거가 없다. 한미 상호방위조약은 한국과 미국의 합법적인 주권의 행사로 체결된 방어적 성격의 군사동맹으로, 제3국은 이에 대해 개입할 권리가 없다.

(3) 정전협정 당사자 자격과 작전통제권 문제

북한은 한국전쟁 당시 이승만 대통령이 국군 작전지휘권(operational command authority)을 유엔군 사령관에게 이양했다는 이유로 한국을 정전협정 당사자로 인정하지 않고 있다. 그러나 이를 서로 연계시키는 것은 법적으로 타당성이 없다. 1950년 7월 14일 이승만 대통령이 맥아더 유엔군사령관에 이양했던 '작전지휘권'은 더 이상 유엔군에게 그대로 귀속되어 있지 않다.

작전지휘권은 1954년 11월 17일 '한미 합의의사록'에 따라 인사·군수 기능이 제외된 '작전통제권'(operational control authority)의 의미로 축소되었고, 이는 다시 1978년 11월 17일 '한미 연합군사령부(한미연합사)' 창설로 한미 간에 체결된 '군사위원회 및 한미연합사에 대한 권한위임사항(Terms of Reference for the Military Committee and ROK-US Combined Forces)'에 따라 유엔사로부터 한미연합사로 재이양되었다. 이후 한미연합사에 의해 행사되던 작전통제권 중 전시 작전통제권을 제외한 평시 작전통제권은 1994년 12월 1일 이후 한국으로 이전되었고, 전시 작전통제권도 조만간 한국에 이양될 예정이다. 따라서 한미연합사가 행사하는 작전통제권은 1950년 당시 우리 정부가 포괄적으로 이양했던 작전지휘권과는 성격이 근본적으로 다르다.

그리고 한국군에 대해 전시 작전통제권을 보유하고 있는 한미연합사는 한미 양국의 합의에 의해 설치된 공동 방위기구이고 한미 간의 모든 작전은

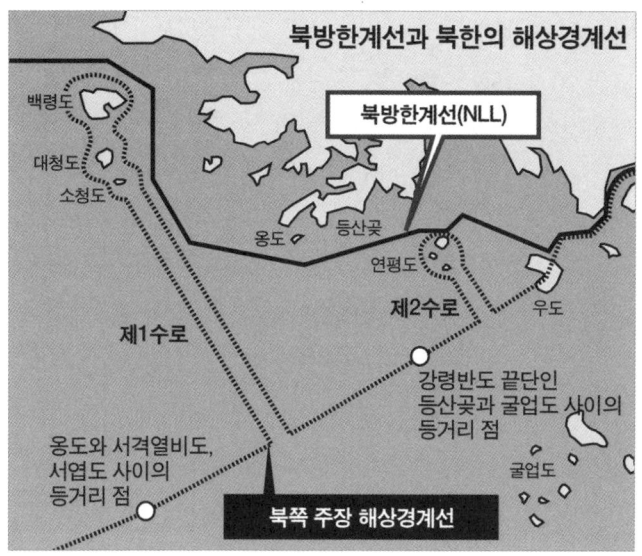

〈그림 10-2〉 북방한계선과 북한의 해상경계선

한미 국가통수권자의 지침을 받고 양국 합참의장의 지시에 따라 '군사위원회(Military Committee: MC)'에서 상호 조율을 거쳐 이행되기 때문에 한국이 작전지휘권을 행사하지 못하고 있다는 북한의 주장은 법리적으로 타당성이 없다.

(4) 정전협정과 '서해 북방한계선'

북한은 그동안 서해 북방한계선(NLL)이 유엔군 측에서 일방적으로 설정한 비법(非法)적인 선이어서 이를 인정할 수 없다며 재설정을 요구해왔고, 그간 NLL의 무력화를 기도해왔다. 2000년 3월 23일 '서해 5도 통항질서'[13]를 발표한 이래 북한은 수시로 NLL을 침범했다. 급기야 세 차례에

---

13) 이 발표에 따르면 서해 5도는 북측 영해 내에 존재하기 때문에 통항 시 반드시 북측이 정한 통로만을 이용하도록 되어 있다. 북한은 백령도, 대청도 및 소청도

걸쳐 연평도와 대청도 인근 해역에서 벌어진 남북 해군간의 교전(1999. 6. 15, 2002. 6. 29, 2009. 11. 10)으로 상호 인명 및 장비 피해가 발생했다. 2010년 3월 26일 북한은 백령도 근해에서 잠수함에 의한 어뢰 공격으로 한국의 천안함을 침몰시키고 46명의 국군 장병들을 희생시키기에 이르렀다. 이처럼 북한은 NLL 재설정만이 남북 간 군사적 긴장완화를 가져오고 상호 신뢰를 구축할 수 있는 선결 조건이라고 지속적으로 주장해오고 있다.

그러나 NLL은 정전협정의 안정적 관리를 위해 설정된 선으로 현재까지 한국이 실효적으로 관할해왔고, 지난 50여 년간 해상에서 군사적 충돌을 방지해온 남북 간의 실질적인 해상 군사분계선이다. 정전협정 제13조에 따르면 북위 38도선과 황해도-경기도 도계선 연장선 사이의 해면은 유엔사가 관할한다고 되어 있으며, 유엔사령관은 상기 항을 충실히 이행하기 위해 NLL을 설정했다. 따라서 북측의 NLL 재설정 주장은 남북 간 신뢰구축 조치들이 이행된 이후 논의함이 바람직할 것이다.

NLL 문제가 해결된 후 다른 신뢰구축과 긴장완화 조치가 뒤따르는 것이 아니라 오히려 NLL이 기존 위치에서 남하할 경우 이는 백령도 등 서해 북방 5개 도서는 물론 한국의 수도권 안보도 위협받을 우려가 커지는 만큼, 이 문제는 정전협정과 남북 기본합의서에서 합의한 대로 남북 간 새로운 해상 경계선이 합의되기 전까지 정전협정의 대상으로 준수되어야 할 것이다. 이는 근본적으로 유엔사의 관할 사항이므로 차후 남북 군사공동위가 구성될 경우 유엔사와의 협의하에 이 문제를 다룰 수 있을 것이다.

그러나 북한이 확고하게 NLL 준수와 존중 입장을 표명할 경우 서해

통항을 위한 제1수로와 연평도 통항을 위한 제2수로를 지정했고 수로 폭은 2마일로 제한했다. 북한은 만약 남측이 지정된 구역과 수로를 벗어날 경우 북측의 영해 및 군사통제구역과 영공을 침범하는 행위로 간주하겠다고 통보했다.

공동 어로작업과 북측이 요구하고 있는 해주 직항로 문제, 또한 임진강 수해 방지, 한강하구 골재채취 등의 경제협력사업에 유엔사와 함께 협의할 수는 있을 것이다.

(5) 평화협정 체결 논의 시점

정전협정을 평화협정으로 대체하는 문제는 남북 간 군사적 긴장이 현저히 완화되는 남북연합단계(평화공존단계)에서 추진하는 것이 바람직할 것이다.

한반도 평화 상태가 확고히 구축될 때까지 현재의 정전협정은 준수되어야 하고 유엔사의 위상과 역할도 존중되어야 할 것이다. 정전협정의 주요 기구들이 기능을 상실하여 이를 장성급 회담이 뒷받침하고 있듯이 앞으로도 문제가 발생할 경우 이를 대체할 수 있는 다른 이행감시수단을 강구하면 될 것이다. 기구가 기능을 못한다 하여 여건 조성도 안 된 상태에서 정전협정 자체를 폐기시키는 우를 범해서는 안 될 것이다.

또한 정전협정이 평화협정으로 전환된다 하여 한반도에 곧장 평화체제가 도래한다는 망상을 가져서는 안 될 것이다. 평화체제란 남북한 간의 군사적 긴장이 완화된 상태에서 정전협정이 남북 평화협정으로 전환되고 남북한을 중심으로 한 4강의 교차승인도 이루어지는 상태를 의미한다. 이는 '남북한 간 군비통제로 상호 신뢰구축 및 군사적 긴장완화 → 정전협정의 평화협정으로 전환 → 북한 핵문제 및 대량살상무기 문제 해결로 북-미-일 국교 수교 → 평화체제구축'으로 도식화될 수 있다. 그럼에도 불구하고 2000년대 이후 남한의 일부 정치지도자들은 마치 정전협정을 평화협정으로 대체하기만 하면 곧바로 평화체제가 구축된다는 식으로 북한의 주장과 일맥상통하는 여론을 형성해왔다. 이들의 논리는 '남북 정상회담을 통해 국가 차원의 조약을 체결 → 한반도 평화체제 구축 →

정전협정을 평화협정으로 전환, 북한의 미국 및 일본과의 국교 수교 → 남북 간 전쟁위협 소멸'로 도식화된다. 그러나 남북한 간의 군사적 대치관계가 지속되는 가운데 북한의 대량살상무기 개발로 인해 한 치 앞도 내다볼 수 없는 상황에서 남북 정상의 합의만으로 한반도의 평화체제가 당장 구축될 수 있다는 것은 순진한 발상이며, 한편으로는 북한 측의 논리와 맥을 같이하는 것이라고 볼 수 있다.

무엇보다도 한반도 평화체제 구축의 관건은 '북한의 평화에 대한 의지'일 것이다. 북한이 한반도 평화의 당사자인 한국을 배제한 채 미·북 평화협정만을 고집할 경우 북한의 평화에 대한 진정성은 의심받을 수밖에 없을 것이다. 북한 지도부의 의지와 과감한 인식 전환이 뒤따르지 않는 한 아무리 훌륭한 평화체제 전환방안도 무용지물이 될 수밖에 없을 것이다. 남북한은 이미 기본합의서와 부속합의서를 채택하여 한반도의 평화체제 구축을 위한 구체적인 청사진까지 모두 마련해둔 상태에서 이행만을 남겨놓고 있다. 그러나 북한은 오래전에 이와 같은 합의들을 모두 무산시켜 버렸다.

비록 정전협정 이행을 감시 감독하는 군정위나 중감위의 기능이 현실적으로 정지되기는 했으나 정전협정은 여전히 유효한 상태이며 이제까지 남북 분단을 관리해온 유일한 법적 장치이다. 따라서 남북한은 한반도 내 평화체제가 완전히 정착될 때까지 정전협정을 성실히 준수하여 남북 간 전쟁위협을 억제하고 군사적으로도 남북 관계가 진전되고 있음을 대외적으로 과시하는 것이 훨씬 시급한 과제임을 명심해야 할 것이다.

4) 북한-미국·일본 수교로 동북아의 우호적 국제 환경 조성

> **These 40**   한반도 냉전구조를 해체하고 평화체제를 구축하기 위해서는 한반도 주변의 안보환경이 우호적이어야 하며, 이는 남북한과 4강과의 교차승인이 이루어져야 함을 의미한다. 한국은 이미 북방 3각관계의 핵심국인 러시아(구소련)와 1990년에, 중국과는 1992년에 수교했으나, 북한은 남방 3각관계의 핵심국인 미국 및 일본과의 수교를 아직도 성사시키지 못하고 있다. 따라서 북한의 미국 및 일본과의 수교가 이루어져 남북한에 대한 4강의 교차승인을 끌어내고 한반도 통일에 유리한 동북아 국제 환경을 조성하기 위해서, 북한은 최우선적으로 핵무기·화생 무기·미사일 개발을 포기해야 하며 북한 내 인권탄압과 테러 지원을 중지해야 한다. 또한 북한은 일본인 피랍 문제 등 국제 사회가 우려하고 있는 의혹들을 완전히 제거함으로써 '한반도 문제의 국제화'를 근본적으로 막아야 할 책임이 있음을 인식해야 한다. 이 문제가 궁극적으로 해결되지 못할 경우 이는 유엔을 비롯한 국제 사회로 하여금 한반도 문제에 개입하여 간섭할 빌미를 줄 것이고, 이는 또다시 남북 관계 개선에 악영향을 미칠 것이다. 이런 상황에서는 한국 정부가 민족의 공동번영과 통일을 고려하여 북한의 경제성장을 돕고 싶어도 도울 수가 없다는 점을 북한 지도부는 명확히 인식해야 한다.

(1) 미·북 수교 현안

① 미국의 대북정책

동서냉전 종식과 구소련의 와해로 미국은 유일한 초강대국으로 부상했다. 전면전에 대한 가능성이 줄어들자 미국은 냉전시대의 상호 확증파괴(mutually assured destruction)에 의한 억제 개념을 폐기했고, 대신 불량국가들에 의한 대량살상무기(WMD) 개발 및 확산과 국제테러를 새로이 미국의 안보를 위협하는 대상으로 인식하고 있다. 특히 2001년 9·11테러사건

이후 미국은 국제 대테러전을 주도해오고 있으며 WMD가 테러리스트의 수중에 들어갈 위험에 대해 크게 우려하고 있다. 이와 관련하여 동북아 지역에서 미국의 안보에 위협을 주는 것은 북한의 핵무기 및 미사일의 개발과 확산이다. 미국은 6자회담과 미·북 간 양자회담 등으로 북한의 핵무기와 미사일 개발을 저지하려 했고, 동시에 북한의 대량살상무기 유출을 차단하는 국제협력 체제를 구축하고자 노력해왔다. 구체적인 방편으로 미국은 이미 대량살상무기 확산방지구상 체제를 운영하고 있고, 중국의 강경한 반대에도 불구하고 미사일 방어체제의 구축을 시도해왔다.

가. 클린턴 정부

클린턴 정부 출범 후 미·북 관계는 북한의 핵개발 문제로 악화되었다. 1994년 6월 클린턴은 영변의 핵단지에 '선제공격(preemptive strike)'을 단행하려 했다. 그러나 마지막 순간 특사로 파견된 지미 카터(Jimmy Carter) 전 미국 대통령이 북한으로부터 핵활동을 완전 동결하겠다는 약속을 받아냈고, 1994년 10월 미국과 북한 간의 '제네바 핵합의(Agreed Framework)'가 도출됨으로써 위기일발에 놓여 있던 미·북 관계가 점차 개선되었다. 만약 북한이 핵개발을 완전히 포기할 경우 양국은 정치·경제적으로 관계 정상화를 도모하기로 합의했다.

당시 클린턴 행정부의 대북정책 핵심은 포용정책('engagement policy')으로 대변되는 '페리보고서(Perry Report)'로, 이는 외교와 억제를 절묘하게 결합시킨 것이었다. 북한의 핵문제와 미사일 개발 문제가 당시 미국과 북한과의 관계 개선에 핵심 사안이었다. 미·북 관계 개선의 획기적 전기는 2000년 10월 조명록 차수의 워싱턴 방문과 매들린 올브라이트(Madeleine Albright) 국무장관의 평양 방문이었다. 조명록 차수의 워싱턴 방문 시 체결된 '미북 공동성명(2000. 10)'에서 양국은 북한 미사일 문제의 해결이 양국 관계 개선의 핵심 사안임을 확인했고, 현재의 정전협정을 4자회담을 포함한 다양한 수단을 통해 영구적인 평화협정으로 대체하기로 합의했다. 또한 북한은 재래무기와 관련해서도 협상할 용의가 있음을 밝혔다.

나. 부시 정부

2001년 부시 행정부 출범 후 미·북 관계는 다시 악화되기 시작했다. 북한 지도부에 대한 신뢰성 문제를 제기하며 대북 강경노선을 밝힌 부시는 북한과의 대화 의제로 제네바 핵합의의 성실한 이행, 미사일 개발에 대한 검증과 미사일 수출 금지, 재래무기위협 감소 등을 제기했다. 부시 행정부는 클린턴 행정부에 비해 대북정책을 수행함에 있어 훨씬 더 엄격한 원칙을 제시했고 북한과의 상호주의에 입각한 대화원칙을 견지했다. 대량살상무기에 관해서는 반드시 검증 과정을 포함하며, 북한의 불량행위에 대해서는 어떤 보상도 하지 않는다는 것이었다.

부시 행정부의 대북정책은 클린턴 행정부의 대북포용정책이 너무 급속하게 전개되어 엄격한 상호주의와 충분한 검증을 보장받지 못했다는 전제로부터 출발하고 있었다. 클린턴 행정부가 점진적 협상을 선호하고 '비대칭적 상호주의'를 적용하여 북한의 변화를 유도하려 했던 반면, 부시 행정부는 북한과 관련된 모든 안보위협 문제를 '분명한 태도와 포괄적 방식으로' 다루려고 했다. 클린턴 행정부가 북한의 핵과 미사일 개발을 억제하려고 했던 반면, 부시 행정부는 이와 더불어 북한의 재래무기위협도 포함시키고 있었다. 부시 행정부는 '제네바 핵합의'가 실제로 북한의 핵개발을 저지할 수 있는지에 대해 의구심을 갖고 있었다. 1994년 제네바 핵합의 이후 장차 미국은, 북한이 고도 기술의 핵 재처리 시설을 보유하게 될 경우 미국이나 국제 사회의 통제로부터 자유롭게 핵무기 제조에 필요한 플루토늄을 추출할 수 있을 것으로 판단했다. 따라서 부시 행정부의 강경

파들은 북한과의 제네바 핵합의를 종식시키고, 북한이 스스로 핵개발을 포기할 때까지 양국 관계 개선을 위한 외교적 노력을 중지하며 국제 협력을 통해 북한에 대해 경제적 압박을 가하고자 했다.

그러나 말기에 네오콘이 실각하며 북한 핵문제의 해결을 위한 이제까지 미국 일변도의 노력은 다자외교 방향으로 급선회했다. 부시의 대북정책과 관련하여 재임 기간 8년 중 6년은 북한과 대결구도를 보였으나, 나머지 2년간의 대북정책은 클린턴 정부 때와 유사한 포용정책을 추구하는 경향을 보였다. 이와 같은 정책 변경의 계기는 2006년 10월 9일 실시된 북한의 제1차 핵실험이었다. 미 국무부는 북한에 대한 안보보장이나 수교 등 다양한 정치·경제적 보상을 대가로 하여 북한이 NPT 체제로 복귀하고 핵무기 개발 프로그램을 검증 가능한 방식으로 폐기하게 만든다는 이른바 중국식 해결방법을 제시했다. 이에 따라 미국 정부는 2007년 2월 13일 6자회담 비핵화 조치에 서명했고, 북한과의 양자 회담을 유지했다. 2008년 6월 북한은 중국에게 핵개발 관련 신고서를 전달했고, 부시 행정부는 북한에 대해 적용해오던 「적성국 교역법(Trading with the Enemy Act)」 규정을 해제했으며, 테러 지원국 명부에서도 북한을 삭제했다. 그러나 부시의 재임 기간 중 어느 정책도 북한의 핵무기를 포함한 대량살상무기 개발을 막지 못했고, 북한의 관련 기술이 중동국가로 수출·이전되는 것을 차단하는 데 실패했다.

다. 오바마 정부

오바마 정부의 대북정책은 근본적으로 기존의 정책과 큰 차이가 없다. 오바마의 대북 기본 정책은 한반도 비핵화를 달성하는 것이다. 이를 위해 시리아에 대한 핵개발 지원 등 과거 북한의 핵활동을 포함하여 북한 핵개발 프로그램의 '완전하고도 검증 가능한' 폐기를 이끌어냄으로써 절대로 북한을 핵보유국으로 인정하지 않는다는 입장이다. 이를 위해 오바마 정부는 부시 행정부가 마지막 2년간 보여주었던 정책과 유사한 기조를 유지하며, 북한이 6자회담 합의를 준수하도록 '지속적이며, 직접적으로 그리고 적극적으로(sustained, direct and aggressive)' 대북정책을 추진할 것을 천명하고 있다. 이 과정에서 오바마 정부는 북한의 '벼랑 끝 전술(brinksmanship)'은 절대 허용하지 않는다는 입장이다. 만약 북한이 약속을 이행하지 않고 시간을 끌 경우 북한에 대해 새로운 제재를 부과할 수 있다는 것이 오바마 정부가 공식적으로 밝혀온 약속이다. 오바마는 각종 제재를 북한의 핵개발을 저지하기 위한 중요한 수단으로 간주하고 있으며, 북한에 대한 군사적 선택도 완전히 배제하지 않는다는 입장에서 한국과 일본 등 동맹국들과의 정책조율을 강화해나가고 있다.

② 미·북 관계 개선과 관련된 주요 사안들
가. 북한 핵문세와 미국 입장

한반도와 관련된 미국의 최대 안보과제는 북한의 핵개발을 저지하는 일이다. 미국은 1994년 10월 북한과 '제네바 핵합의'를 체결했다. 이 합의에 따라 북한은 NPT 당사국으로 잔류하며 18개의 핵시설을 모두 동결하고 IAEA 사찰단의 사찰과 감시를 받을 것을 허용했다. 그 대가로 북한은 미국으로부터 2기의 경수로와 중유를 획득하기로 되어 있었다. 그러나 이와 같은 합의에도 불구하고 북한은 비밀리에 핵무기 개발을 진전시켰다.

부시 정부가 들어서면서 미·북 간의 갈등은 고조되기 시작했다. 2002년 연두교서에서 부시는 북한을 '악의 축(Axis of Evil)'에 속하는 국가 중 하나로 언급했고, 그해 10월 북한은 고농축 우라늄에 의한 핵무기 개발 프로그램을 갖고 있음을 인정했다. 이와 같이 비밀리에 진행된 북한의 핵개발 행위는 한반도 비핵화 공동선언과 제네바 핵합의를 위반한 것으로 간주되었고, 급기야 미국은 2002년 11월 북한에 대한 경수로와 중유 제공을 중단하기로 결정했다. 이후 미국은 6자회담을 통해 이 문제를 해결하기 위해 노력해왔으나 북한은 이미 두 차례에 걸쳐 핵실험을 강행한 상태이다.

이제까지 북한은 한편으로는 핵무기 개발을 비밀리에 진행하면서 다른 한편으로는 6자회담에서 참가국들을 기만하며 실리를 챙겨나갔다. 북한은 제4차 6자회담(2005. 9. 19) 공동성명에서 모든 핵개발 프로그램을 포기하고 NPT에 복귀하며 IAEA의 안전조치협정을 준수한다고 약속했다. 그러나 그 이듬해 10월 9일 1차 핵실험을 단행했다. 이후 북한은 일부 핵시설을 불능화한다는 약속으로 미국으로부터 마카오 소재 방코델타아시아(Banco Delta Asia: BDA) 은행에 대한 제재를 풀게 하여 동결되어 있던 2,400만 달러를 회수할 수 있었다. 또한 북한은 핵활동일지와 핵시설 및 물질신고서를 제출함으로써 미국으로 하여금 테러 지원국 명부에서 북한을 제외시키고 북한에 대한 「적성국 교역법」 적용을 종료하도록 만들었다. 그러나 우라늄 농축 프로그램이나 다른 국가에 핵기술을 지원했다는 관련 내용은 이 신고서에 전혀 포함되어 있지 않았다. 미국은 북한이 제공한 '핵활동일지'와 핵신고서에 대한 검증을 하고자 했으나 북한과의 이견으로 진행하지 못하고 있던 상태에서 2009년 5월 25일 북한은 2차 핵실험을 감행했다.

북한 핵문제에 대한 미국 정부 입장은 단호하다. 부시 정부가 강조한 '완벽하고, 검증 가능하며, 결코 되돌릴 수 없는 핵무기 개발 폐기(complete, verifiable, and irreversible destruction of North Korea's nuclear weapons program: CVID)' 원칙은 여전히 유효하다. 오바마 정부도 북한의 플루토늄과 농축 우라늄에 의한 핵무기 개발계획을 완전히 저지시키고 시리아와의 핵기술

협력 부분까지도 규명하겠다는 입장이다. 오바마 정부는 부시 정부 때의 '국제 대테러 정책'에 다소 눌려 있던 '핵 비확산 정책'을 다시 최우선정책으로 끌어올리려 하고 있으며,14) 이에 따라 북한을 NPT 체제로 복귀시키고 IAEA와의 협력체제 내로 이끌어내려 하고 있다. 이를 위해 오바마 정부는 "지속적이며, 직접적으로 그리고 적극적으로" 북한 문제에 개입하겠다고 밝혀왔다.

나. 북한 미사일

핵문제 외에 미·북 관계를 결정짓는 또 하나의 중요한 요소는 북한의 미사일 개발이다. 클린턴 행정부는 페리가 제안한 상호 절차에 따라 북한의 미사일 개발을 저지하려 했다. 미국과 북한은 1996년 4월부터 미사일 회담을 시작해 1999년 9월 최종 타결을 보았다. 이에 따라 북한은 장거리 미사일 시험발사유예를 선언했고, 이에 대한 대가로 미국은 반세기 이상 북한에 부여되었던 경제제재 및 무역금수를 해제했다. 그러나 부시 행정부의 출범 후 북한과의 미사일 추가 협상은 중단되었다. 부시 행정부는 과거 클린턴 행정부의 대북 미사일 협상에 대해 비판적이었으며, 미·북 미사일 합의사항에 대해 더욱 엄격하고 광범위한 조건의 검증을 촉구했다. 부시 행정부는 북한의 미사일 개발계획을 미국의 MD계획을 정당화하는 주요 원인 중 하나로 삼고 있었다. 반면 북한은 중국과 더불어 미국의 MD계획에 강력하게 반대해오고 있다. 미사일과 미사일 기술 수출은 북한의 주요 외화 획득 수단이기 때문이다.

북한의 미사일 프로그램과 관련된 미국의 근본적인 입장은 다음과 같다.

---

14) 오바마는 「국가안보전략(NSS) 보고서」(2010)에서 그들이 국제적 의무를 무시한다면 "그들의 고립을 심화시킬 것"이라며 "우리는 다양한 수단을 동원해 그들이 국제 사회의 비확산 규범을 준수하도록 만들 것"이라고 강조했다.

북한은 ① 중·장거리 미사일의 개발·생산·배치를 포기하고, ② 이란이나 시리아 등 중동 지역에 미사일 수출을 중단하며, ③ 미사일 발사시험을 금지해야 한다. 장차 미국의 목표는 북한과의 양자 차원의 미사일 회담을 통해 북한의 미사일기술 통제체제(MTCR) 가입을 유도하는 것이다. 미국은 과거에도 미사일 개발 및 수출 등의 우려를 낳았던 러시아와 남아공, 그리고 브라질 등을 양자 협상을 통해 MTCR에 가입시킨 바 있다.

반면 북한의 기본 입장은 미사일의 개발·생산·배치 문제는 자위권과 관련된 주권 문제로 미국이 간섭할 일이 아니라는 것이다. 1990년대 말 미국과 미사일 회담 시 북한은 외화 획득을 위해 미사일을 수출하는 것인 만큼 미국이 그에 상응하는 보상을 해줄 경우 한시적으로 이를 중단할 수 있다고 언급하며 수출 중단에 따른 보상금으로 3년간 매년 10억 달러씩을 요구했다.

그러나 북한 지도부는 근본적으로 북한의 대량살상무기 개발이 북한만의 주권 문제가 아니라 인접국의 안보와 주권도 위협한다는 인식을 가져야 할 것이다. 북한의 미사일 발사는 미국과 일본의 MD 개발에 도화선이 되었고, 이는 다시 중국과 러시아의 반발을 부르며 동북아시아의 긴장을 고조시켰다는 사실을 인식하고 진정으로 미국과의 수교를 바란다면 미국의 기대에 부응하도록 미사일 개발 프로그램을 중단해야 할 것이다.

다. 북한의 테러 지원

미·북 관계의 개선을 막고 있는 또 다른 요인은 북한의 테러지원 문제이다. 미 국무부 테러보고서에 따르면, 북한은 2008년 6월 이전까지 쿠바, 이란, 이라크, 리비아, 수단, 시리아와 함께 테러지원국 명단에 올라 있었다. 북한은 그간 테러지원국으로 간주되어 미국이 실제적으로 주도하고 있는 세계은행(World Bank)이나 국제통화기금(IMF)과 같은 국제 금융기구로부터 재정지원을 얻을 수 없는 상태였다. 그간 미국과 일본은 북한을 테러 지원국으로 간주해왔던 반면 한국 정부(김대중·노무현)를 비롯한 러시아 및 중국은 1987년 이래 북한은 테러행위에 간여하지 않았다는 입장이었다.

라. 재래무기

미국은 재래무기 위협을 미·북 관계 개선에 주요 장애 요소로 인식해왔다. 북한은 120만 명의 정규군을 보유하고 있는 세계 제4위의 군사 대국이다. 북한은 핵심 포병전력, 지대지 및 지대공미사일과 전차의 성능을 개선해오고 있으며, 지상군의 65%를 DMZ 근처에 배치하고 있다. 미국은 서울이 휴전선으로부터 불과 40km 지점에 위치하고 있다는 사실을 고려하여 DMZ 인근의 북한군 재래전력을 감축하고 후방으로 재배치할 것을 요구하고 있다. 그러나 북한은 주한 미군이 한국으로부터 철수하지 않는 한 이 문제를 미국과 토의할 의사가 없음을 밝히 하고 있다. 이 문제는 한국군은 물론 주한 미군의 군사력 배치와도 연계되는 문제이다. 따라서 남북한이 재래무기위협 감소 문제를 다루기 전에 한미 간에 이 문제에 대한 사전 조율이 이루어져야 할 것이다. 원칙적으로 재래무기 분야에 대한 군비통제는 남북 간의 군비통제협상에서 다루고, 핵 및 미사일 문제는 미·북 간에 토의되는 것이 바람직할 것이다. 이와 같은 역할분담 과정에서 한국과 미국은 긴밀한 사전 협의가 필요하며 필요시 일본도 협의에 포함시켜야 할 것이다.

마. 인권 및 기타

미국이 북한과의 관계 개선과 관련하여 관심을 갖는 분야 중 또 다른 하나는 북한 내의 인권 문제이다. 2004년 부시 대통령은 「북한 인권법

(North Korean Human Rights Act)」15)에 서명했다. 이후 미국은 본격적으로 북한 주민들의 인권 문제를 지속적으로 제기해오고 있으며 중국 정부에 북한 난민들의 보호를 요청하고 있다. 현재 미국이 판단하고 있는 북한의 인권(human rights) 실태는 최악이다. 식량난으로 인해 생긴 북한 주민들의 먹을 권리(right to food), 노동자로서의 권리, 북한으로 재추방당하는 북한 탈북자들의 권리가 몹시 침해를 받고 있고, 정치 수용소에 감금된 정치범 및 피랍인들의 인권이 유린당하고 있다는 것이다.

북한은 야당, 독립노조, 자유언론 그리고 신앙의 자유가 없는 억압받는 사회이다. 북한 사회에서는 시민들에 대한 불법체포, 구금, 고문, 억류가 공공연하게 자행되고 있고, 반체제 인사도 없는 실정이다. 북한 사회는 공개 재판과 사형제에 따른 공개 처형제도를 갖고 있는 폭압이 지배하는 사회이다. 따라서 미국은 이와 같은 북한 사회 내의 비인도적 처사들이 개선되어야 한다는 입장이다. 미국의 주장에 따르면, 첫째, 북한 주민들의 식량난과 관련하여 인도적 지원이 뒤따라야 하나 반드시 분배 과정이 공평하고 투명하게 집행되어야 하며, 특히 노약자들 및 임산부들에게 우선적으로 지원이 되어야 한다. 둘째, 중국 정부는 1990년대 중반 북한의 기아로 인해 중국으로 잠입한 북한 주민들을 난민으로 보호해야 하고 북한으로 되돌려보내는 행위를 중단해야 한다. 셋째, 개성공단에 근무하는 노동자들의 권익보호를 위해 노동법이 적용되어야 한다. 이와 관련하여 북한은 국제노동기구(ILO)에 가입해야 한다.

이 외에도 미국은 북한이 그간 미 달러를 위조해서 유통시켜왔고, 마약 생산으로 부족한 외화를 보충하고 있다고 의심하고 있다. 이러한 문제들도

---

15) 북한에 대한 인도적 지원과 라디오 방송 확대, 북한 난민지원 및 정착, 북한의 인권 및 민주화를 위해 노력하는 NGO에 대한 재정후원, 그리고 특사 임명을 주요 내용으로 하고 있다.

미·북 관계의 개선을 막는 요인이 되고 있다.

미·북 수교와 관련해서, 북한은 오래전부터 미국으로부터 안보위협이 제거되면 모든 것이 자동적으로 개선된다는 입장을 취하고 있다. 미·북 관계에서 이제까지 북한이 주장해온 내용은 미국과 평화협정·불가침협정 체결, 미국과의 수교, 북한에 대한 미국의 적대정책 중지, 한국에 대한 핵우산보호 제거, 한미 군사훈련 중단, 주한 미군 감축 및 철수, 전작권을 한국군으로 이양,[16] 그리고 한미동맹의 파기 등이다.

③ 미국의 대북정책 실패 이유

미국과 국제 사회는 6자회담 등을 통해 지속적으로 북한 핵개발을 저지하려는 정책을 펴왔음에도 불구하고 북한의 핵개발을 막는 데 실패했다. 북한은 2006년 10월과 2009년 5월 두 차례에 걸친 핵실험으로 미국의 핵 비확산 정책을 위협하고 있는 실정이다. 이 외에도 1990년대 말 미·북 간에 미사일 협상이 개최되었으나 지금까지 북한의 미사일 개발과 중동 지역으로의 수출을 막지 못하고 있다.

이와 같이 미국의 대북정책은 뚜렷한 결실을 거두지 못한 채 실패를 거듭하고 있다. 1990년대 초반 이래로 북한은 남북한 비핵화 공동선언(1992), 제네바 핵합의(1994), 6자회담 공동성명(2005/2007) 등에서 보듯, 한국과 미국을 비롯하여 국제 사회를 상대로 합의나 협정을 체결해왔으나 합의된 내용을 이행하지 않고 철저히 무시해왔다. 이제까지 북한과의 협상 경험을 통해 국제 사회는 북한이 어떠한 것도 포기하지 않은 채 협박 전술로 경제적 이득만을 챙겨왔다고 인식하고 있다.

미국의 클린턴 및 부시 정부는 북한의 대량살상무기 개발 프로그램을

---

16) 북한은 전작권의 한국군 이양 문제를 미군 철수 이전 단계의 조치로 해석한다.

중단시키기 위해 초기에는 강경하게 대처했으나 항상 정권 말기에 접어들면서부터 대화와 유화책을 중심으로 한 온건정책을 구사했다. 이는 결국 북한의 대량살상무기 개발 프로그램을 방치하게 만드는 형국이 되고 말았다.

이처럼 미국 정부가 일관적인 대북정책을 추진하지 못한 이유, 즉 미국의 국내 정치적인 요인들인 국내 선거, 이라크 전쟁 및 중동 문제 등으로 인해 한반도 문제가 우선순위에서 뒤처지게 되는 근본적인 이유는 '한국이 북한의 인질로 잡혀 있다'는 사실에서 찾을 수 있을 것이다. 이 테제는 북한에 대한 군사 공격은 곧바로 남한에 대한 북한의 군사 공격으로 비화되어 제2의 한국전쟁으로 이어질 것이라는 우려에 기인하고 있다.

만약 북한이 한반도가 아닌 지구상 어느 다른 지역에 위치했더라면 이제까지 북한의 만행은 미국을 위시한 국제 사회로부터 결코 용납되지 않았을 것이고, 북한은 수차례에 걸쳐 '제2의 이라크'의 운명이 되었을 것이다. 그러나 북한은 한반도에서 사실상 한국을 인질로 잡고 있는 상태에서 "서울 불바다"와 "전쟁 불사"라는 승부수로 국제 사회를 대상으로 협박과 공갈 전술을 구사하며 이제까지 생존해오고 있다. 이럴 때마다 과거 한국 정부는 미국에 대해 강공책보다는 대화로 북한과의 모든 문제를 해결할 것을 주문해왔다. 반세기 이상 북한은 이와 같은 안보환경에 익숙해져 수시로 강공 모드로 전환하며 각종 이득을 챙겨왔다. 한국 정부와 국제 사회는 이러한 북한의 '막가파'식 행태에 길들어 사태의 본질보다는 항상 후속 대응책에 전전긍긍해왔다.

이런 맥락에서 볼 때 북한의 만행조차도 애써 감싸고돌며 미국의 북한 고립 정책에 반대해온 일부 한국 정부도 지금까지 미국의 대북정책 실패에 상당 부분 책임이 있을 것이다. 이들 정부는 냉전 체제하의 한반도 문제는 분명히 남북문제이면서 동시에 국제 문제라는 성격을 띠고 있음에도 불구하고 남북문제인 남북 관계 개선과 국제 문제 성격의 북한 핵문제, WMD

및 평화협정 체결 문제 등을 구분하지 못한 채, 시종일관 민족 문제만을 강조해옴으로써 동맹국 간의 조율된 대북정책추진을 어렵게 만들었다.

(2) 북·일 수교 현안
① 북·일 수교 협상 경과

1991년부터 1992년 사이에 북한과 일본 간의 수교 협상이 총 8차례에 걸쳐 진행되어오다가 북한 핵문제로 인해 중단되었다. 당시 협상 주요 의제는 과거 식민통치기간에 대한 보상과 북한 핵문제, 그리고 일본인 납치 문제였다. 제네바 핵합의 이후 북한과 일본 관계는 다소 개선되었으나, 1998년 북한의 대포동 미사일 발사시험 중 2단 로켓이 일본 열도 상공을 비행함에 따라 북·일 간의 외교적 접촉은 중단되었다. 1999년 9월 미·북 간의 미사일 협상이 타결되고 2000년 6월 남북 정상회담이 개최된 후, 북일 관계도 다시 호전되어 양국 간 수교 협상이 재개되었고 2002년 10월(제12차 회담)까지 총 네 차례 더 진행되었다. 이 기간 중 협상의 주요 의제는 식민통치기간에 대한 보상과 일본인 납치 문제로 국한되었다. 미사일 문제는 한·미·일 3국의 사전 조율을 거쳐 미국과 북한 간의 협상의제로 다루어졌다.

제12차 회의를 끝으로 중단되었던 양국 간 국교정상화 회담은 2006년 1월 다시 재개되어 ① 과거 청산과 국교정상화, ② 핵 및 미사일, ③ 일본인 납치 문제 등 3개 분과위로 나누어 진행되었다. 이 회담에서 일본은 납치 문제를 먼저 해결하고자 했으나, 북한은 과거 청산 문제와 국교정상화에 초점을 맞추었다. 북한에게 무엇보다도 시급한 당면 과제는 일본과의 수교를 통해 청구권 자금을 받아 내고 일본과의 경제협력기반을 조성해 국내 경제를 회생시키는 것이었다. 2007년 이후부터 일본과 북한은 6자회담의 '2·13 합의'에 따라 신설된 '북·일 국교정상화' 실무 그룹에서 양국 간 첨예한 사안였던 납치자 문제에 대한 해결방안 이외에도 일본의 식민지 시대의 과거 청산 문제와 일본항공여객기인 '요도호' 납치범의 인도 문제 등을 다뤄왔다.17)

일본은 한반도 식민지지배 등 북한 측이 중시하는 '과거 청산' 문제의 진전을 위해서는 피랍인 문제가 우선적으로 해결되어야 하며 이 문제의 진전 없이는 북한에 대해 어떠한 지원도 할 수 없다는 입장을 견지하고 있다. 이에 따라 일본은 6자회담 틀 내에서 자국에 할당된 의무를 일절 이행하지 않고 있으며, 북한의 핵실험과 6자회담이 경색 국면에 접어든 이후 양국의 수교 협상은 중단 상태를 보이고 있다. 일본은 북한의 핵 및 미사일 문제와 피랍인 문제가 미해결 상태로 남아 있는 상황에서 서둘러 수교할 필요성을 못 느끼고 있으며 미국과 공동보조를 취한다는 입장이다.

② 양국 관계 개선과 관련된 주요 사안들

일본 입장에서 볼 때 북일 관계 개선을 가로막는 가장 큰 문제는 피랍인 송환 문제이다. 일본은 북한이 1970~1980년대에 일본 시민들을 납치하여 간첩교육에 활용해왔다고 믿고 있다. 김정일은 2002년 9월 17일 평양을 방문한 고이즈미 준이치로(小泉純一郎) 당시 일본 총리와의 정상회담에서 일본인 납치 문제를 시인하고 사과했다. 이후 북한은 과거 납치했던 다섯 명의 일본인을 일본으로 송환 조치했으나, 아직도 많은 일본인들은 북한이 8명의 실종된 일본인을 인질로 구류하고 있다고 믿고 있으며 납치에 대한 정확한 진상을 밝힐 것을 요구하고 있다. 일본은 이 문제를 해결하기 위해 2006년 유엔 결의안 '북한 내 인권상황(Situation of Human Rights

---

17) 2007년 9월 5일부터 이틀간 몽골의 울란바토르에서, 2008년 6월 11일 북경에서 개최되었다.

in the DPRK)'을 적극 지지했으며, 이 문제에 대한 국제적 관심을 환기시키기 위해 노력해왔다.

이 외에도 일본은 북한의 미사일 개발을 일본 안보에 대한 위협으로 간주하고 있다. 일본은 북한의 미사일 위협에 대한 대응책으로 미국과의 미사일 방어체제를 구축하고자 한다. 또한 일본은 북한의 미사일 위협을 제거하기 위해 '탄도미사일 확산방지 헤이그 행동규약(the Hague Code of Conduct against Ballistic Missile Proliferation)', 대량살상무기 확산방지구상 및 미사일기술 통제체제 등 각종 국제 군비통제체제 내에서 적극적으로 활동하고 있다.

반면 북한의 최대 관심사는 일제 식민통치기간에 대한 사죄와 보상이다. 북한과 일본의 국교정상화 문제는 6자회담 '북·일 국교정상화 실무그룹'에서 다루어지고 있으나 6자회담에서 핵문제가 가닥을 잡지 못하는 한 독립적으로 나아갈 수 없는 실정이다.

5) 북한의 대량살상무기 개발 포기로 '한반도 문제의 국제화' 차단

> **These 41**   한반도 냉전구조를 해체하기 위한 또 다른 시급한 과제는 북한이 국제 사회가 우려하고 있는 대량살상무기(핵·화학·생물 무기 및 미사일) 개발을 완전히 포기하는 것이다. 이로써 한반도 문제가 주변국들의 우려의 대상으로 국제 무대에서 거론되는 것을 원천적으로 차단해야 할 것이다.

(1) 북한 핵개발 프로그램

① 핵개발 프로그램과 핵실험

북한은 핵무기 개발을 포기하겠다는 국제 사회와의 약속에도 불구하고

그간 비밀리에 핵개발을 진행시켜왔고, 드디어 2006년 10월 9일과 2009년 5월 25일 두 차례에 걸쳐 핵실험을 단행했다. 1차 핵실험이 끝난 이후부터 북한은 유엔 안보리 결의안 1718호(2006. 10. 14)와 1874호(2009. 6. 12)에 따라 경제·외교적 제재를 받고 있다.

1958년 1월부터 1991년까지 미국은 남한에 약 950여 개의 전술 핵무기를 배비했다. 이에 위협을 느낀 북한은 1960년대 초부터 플루토늄에 의한 핵무기 개발을 시작했다. 북한의 핵개발은 1980년대 말 프랑스 위성사진에 의해 처음으로 포착되어 국제 사회에 폭로되었다. 핵개발을 포기하라는 국제 사회의 압력으로 북한은 1992년 2월 한국과 비핵화 공동선언을 채택했다. 이 선언에 따르면 남북한은 핵무기의 시험, 제조, 생산, 접수, 보유, 저장, 배비, 사용을 금지하고, 핵에너지를 평화적 목적으로만 이용하며, 핵 재처리 시설 및 우라늄 농축 시설을 보유하지 않도록 되어 있다. 이후 북한은 국제원자력기구(IAEA)와 안전조치협정(safeguards agreement)을 체결했다.

1992년 IAEA의 임시사찰(ad hoc inspection)에서 북한이 사용 후 핵연료(spent fuel)를 재처리(reprocessing)하여 이미 소량의 플루토늄을 추출한 사실이 밝혀졌다. 이에 따라 국제 사회는 북한의 핵시설에 대한 특별사찰을 요구했고, 1993년 3월 북한은 이에 반발하며 NPT 탈퇴를 선언함으로써 한반도의 북핵 위기가 고조되었다. 1994년 10월 북한은 미국과 극적으로 '제네바 핵합의'를 타결했다. 이 합의에 따라 북한은 NPT 당사국으로 잔류하며 18개의 핵시설을 모두 동결하고 IAEA 사찰단의 사찰과 감시를 받도록 허용했다. 이 대가로 북한은 미국으로부터 2기의 경수로와 중유를 획득하기로 되어 있었다. 이와 같은 합의에도 불구하고 북한은 비밀리에 핵무기 개발을 진전시켰고, 2002년 10월 고농축 우라늄에 의한 핵무기 개발 프로그램을 갖고 있음을 인정했다. 이에 미국은 북한에 대한 경수로와 중유 제공을 중단하기로 결정했다. 2003년 1월 북한은 제네바 핵합의의 사문화를 선언하며 다시금 NPT를 탈퇴했고 모든 IAEA 사찰단을 추방했다. 또한 북한은 동결되었던 핵 프로그램을 재가동시키며 8,000개의 연료봉을 재처리함으로써 핵무기 제조용 플루토늄을 추출하기 시작했다.

그간 북한의 핵무기 개발 프로그램은 다음과 같은 이유로 완전히 저지할 수 없었다. 첫째, 1990년대 초부터 북한은 핵무기를 생산할 수 있는 3대 핵심 기술을 이미 보유하고 있었다. 3대 핵심 기술은 ① 사용 후 핵연료를 재처리함으로써 플루토늄을 추출할 수 있는 노하우, ② 140여 회의 고폭실험(high explosive test)을 통해 개발한 기폭장치(explosive device), ③ 미사일을 포함한 각종 핵무기 투발수단이다.

따라서 1990년대 초 핵무기 개발을 위해 북한이 추가로 필요로 했던 세 가지 핵심 과제는 ① 분말 형태의 플루토늄을 금속 형태의 플루토늄으로 성형제작하는 문제, ② 금속 형태로 성형제작된 플루토늄을 핵무기의 중앙에 위치한 중성자 발생장치(neutron initiator)와 연결하는 문제, ③ 완성된 핵무기를 투발수단과 결합하는 문제였다. 1990년대 초 남아 있던 이와 같은 세 가지 핵심 과제는 영변 핵단지 이외의 북한의 '제3의 어떠한 장소에서라도, IAEA 사찰 활동에 전혀 구애 받지 않고, 은밀하게' 추진될 수 있었기 때문에 북한 핵문제를 막는다는 것은 근본적으로 불가능했다.

2004년 1월 북한은 미국의 핵 과학자 지그프리드 헤커(Siegfried Hecker)[18] 교수 앞에서 성형제작된 플루토늄을 공개했고, 2005년 중국에 고폭장치의 성공적인 개발을 통보함으로써 핵실험이 시간문제임을 대외적으로 과시했다. 이 외에도 북한은 1992년 이래로 파키스탄 핵 과학자 압둘 카디르

---

18) 미 핵무기 개발 연구소인 로스앨러모스 국립연구소(Los Alamos National Laboratory)의 전 소장이자 스탠퍼드 대학교 교수이다.

칸(Abdul Qadeer Kahn)의 도움으로 고농축 우라늄을 통한 핵무기 개발 프로그램(Highly Enriched Uranium programme: HEU)도 비밀리에 진행시켜왔음을 2002년 10월 미국 대표단 앞에서 인정했다.

둘째, 동서냉전 종식과 사회주의 진영의 몰락으로 체제 붕괴의 위협을 느껴왔던 북한 지도부는 남북 간 국력 격차로 인해 재래무기 분야에서 더 이상 한국과 경쟁할 수 없음을 잘 인식하고 있었고, 따라서 체제 유지를 위한 유일한 대안은 핵무기 개발뿐이라는 확신을 갖고 있었다. 따라서 북한 지도부의 핵무기 개발의지는 단호했다.

셋째, 한국이 북한의 인질 상태로 놓여 있는 상황에서 그간 국제 사회는 한반도 문제의 해결을 위해 깊이 개입하는 데 많은 제약 사항을 경험했다. 이 점이 항상 미국의 대북정책수행을 어렵게 하는 요인이 되어왔다. 1981년 이스라엘 공군이 감행한 이라크의 오시라크(Osirak) 원자로 공습과 같은 영변 핵단지에 대한 선제공격은 북한 핵문제의 해결 방안으로 고려되지 않았다. 군사적 선택은 제2의 한국전쟁을 의미하기에, 남북한 전 주민들의 공통적 이해와 일치하지 않기 때문이다.

2006년 10월 9일 길주에서 행해진 핵실험은 비록 기대했던 폭발력은 보여주지 못했으나 일단 핵물질이 임계질량에 도달하여 폭발했다는 측면에서 성공적인 핵실험이었다고 평가될 수 있을 것이다. 먼저 이 폭발은 포괄적 핵실험 금지기구(Comprehensive Nuclear-Test-Ban Treaty Organization: CTBTO)에서 운영하고 있는 관측소 중 13개의 지진파 관측소에서 '지진이 아닌 인공폭발'로 탐지되었고, 이후 핵실험일 경우 반드시 나타나는 크세논 가스(Xe-133)가 당시 한국에 파견되었던 스웨덴 탐지팀과 CTBTO 방사핵종관측소에서 탐지됨으로써 핵실험으로 판명되었다.[19] CTBTO에

---

19) 핵실험 후 2주 뒤 7,500km 떨어진 캐나다의 옐로나이프(Yellowknife) 노블

따르면 폭발 위력은 4.1리히터 규모로 TNT 1킬로톤(TNT 1,000톤의 위력)에 약간 못 미치는 것으로 평가되었다. 이처럼 계획했던 폭발력보다 낮아진 이유로 기폭장치의 조잡성, 폭약의 비(非)동시 폭발, 폭약의 조잡성, 플루토늄의 순도 미흡으로 조기 폭발, 중성자 발생 장치의 성능 미흡 및 중성자 반사재(reflector)의 성능 미흡 등이 지적되었다. 20)

이 실험을 통해서 북한이 플루토늄탄 개발에 성공했으나, 탄두를 실제 무기화하는 데는 다소 시일이 걸릴 것으로 판단할 수 있다. 핵실험 이후 북한은 핵보유국으로 다뤄지길 희망하며 핵보유국으로서 미국과 양자 핵군축 회담을 통해 이미 보유하고 있는 핵무기를 해결하자는 제의를 하고 있다. 그러나 실제로 NPT상 핵보유국은 1967년 1월 1일 이전에 핵무기를 보유하거나 핵실험을 한 미국, 구소련(러시아), 영국, 프랑스 및 중국 5개국뿐이다.

2009년 5월 25일 북한은 1차 때와 거의 같은 장소(길주)에서 2차 핵실험을 단행했다.21) CTBTO의 공식 발표에 따르면 폭발 위력은 1차 때 겉괴인 리히터 규모 4.1보다 다소 큰 4.52로 1차 때보다 5~6배 높아졌고 대략 4킬로톤의 폭발 위력이 감지되었다. 그러나 2차 핵실험에서는 핵실험 증거로 간주되는 방사능 물질(radio-nuclide, 크립톤이나 크세논)들이 전혀 검출되지 않았다.

국제 사회는 북한의 핵실험이 이제까지 6자회담에서 합의한 공동선언 ('9·19 선언', '2·13선언', '10·3 선언')을 정면으로 위반한 것이라 지적하며

가스 스테이션(noble gas station)에서 탐지되었다.
20) Jungmin Kang, "Technical Analysis of the DPRK Nuclear Weapons Program", *CISAC*(Stanford University, 2007).
21) CTBTO's INITIAL FINDINGS ON THE DPRK's ANNOUNCED NUCLEAR TEST, Vienna, Austria, 25 May 2009.

다시금 북한을 비난했다. 2009년 6월 12일 유엔 안보리는 만장일치로 대북제재 결의안(1874호)을 채택했다. 이 결의안은 2006년 10월 채택된 기존의 대북제재 결의 1718호보다 훨씬 강력한 제재 수위를 보이고 있다. 유엔 결의안 1874호는 북한 내의 모든 무기 관련 물자의 대외 수출을 금지하고, 유엔 회원국들이 북한에 모든 종류의 무기(소형무기 제외)와 관련 물자를 이전하거나 수출하지 못하도록 규정하고 있다. 또한 북한 선박에 대한 화물검색범위와 수위를 강화했다. 또한 대량살상무기 개발 프로그램에 기여할 수 있는 금융자산의 동결을 포함하여 모든 금융거래를 금지하고 있다.

② 6자회담

2003년 8월부터 남북한과 미국, 일본, 중국 그리고 러시아 6개국은 북한 핵문제를 대화로 해결하기 위해 6자회담을 개최해왔다. 이제까지 일곱 차례에 걸쳐 진행된 6자회담에서의 주요 합의사항은 다음과 같다.

첫째, 북한은 모든 핵무기 개발 프로그램을 포기하고 NPT에 복귀하며 IAEA의 안전조치협정을 준수하기로 했다(2005. 9. 19, 4차 회담) 그러나 이 합의 이후 6자회담은 미국 재무부의 마카오 소재 방코델타아시아(BDA) 은행에 대한 경제제재로 인해 18개월간 중단되었다. 미국은 북한이 미 달러를 위조하여 BDA를 통해 돈세탁을 하고 있는 정황을 포착하여 이 은행의 자산을 동결하는 조치를 취했고, 이에 반발하여 북한은 6자회담 참여를 거부했으며 결국 2006년 10월 9일 1차 핵실험을 단행했다.

둘째, 2005년 '9·19 공동성명'을 이행하기 위한 후속 조치계획(action plan) 1단계로 북한은 5MWe 흑연 감속로, 방사화학 실험실(재처리시설), 연료봉 생산장비시설을 폐쇄하고 '봉인(shut down and seal)'하기로 했다.(2007. 2. 13, 5차 회담) 북한은 60일 이내 원자로를 폐쇄하고 미국은 마카오 BDA 문제를 30일 이내 해결할 것을 협의했다.[22] 2007년 7월 14일 북한은 IAEA 감독 아래 5개 주요 핵시설인 5MWe 연구용 원자로, 방사화학 실험실, 핵연료 가공 공장, 50MWe 영변 원자로, 그리고 200Mwe 태천 원자로를 폐쇄하고 봉인 조치했다.

셋째, '9·19 공동성명'을 위한 2단계 조치로 북한은 2007년 연말까지 5MWe 원자로, 방사화학 실험실, 핵연료 가공 공장을 불능화(disable)하기로 합의했다. 또한 북한은 핵 프로그램과 관련한 '완벽하고 정확한 신고서(complete and correct declaration)'를 제출해야 했다. 대신 미국은 테러 지원국 명부로부터 북한을 제외시키고 북한에 대한「적성국 교역법」적용을 해제하기로 했다.(2007. 9. 30, 6차 회담) 북한은 2008년 6월 26일 거의 6개월이 지난 후 핵물질 보유신고서를 제출했으나, 우라늄 농축 프로그램과 다른 국가에 대한 핵기술 지원 관련 내용은 포함시키지 않았다. 이에 따라 미국도 북한에 대한 위 약속을 완전히 이행하지 않았고, 2008년 8월 말부터 북한은 다시 핵활동을 재개했다. 결국 2008년 10월 11일 북한은 핵 프로그램 동결 조치를 계속 진행하고, 사찰단에게 핵물질 사찰을 허용하며 우라늄 프로그램을 미국에 밝히기로 약속했다. 미국은 이에 대한 대가로 테러 지원국 명부에서 북한을 제외시켰다.

넷째, 5개국은 북한에 백만 톤의 중유를 제공하기로 했다(2005. 9. 19).

다섯째, 미·북 및 북·일 관계 개선 회담을 진행하기로 했다(2005. 9. 19).

여섯째, 5개국은 '적절한 시기(at the appropriate time)'에 북한에 두 개의 경수로를 지원하기로 합의했다(2005. 9. 19).

일곱째, 미국은 남한에 핵무기를 배비하지 않고, 북한을 공격하지 않기로 했다(2005. 9. 19).

---

[22] 2007년 3월 19일 BDA에 동결되어 있던 북한 자산이 해제되었다.

여덟째, 한반도 정전협정을 평화협정으로 전환하고 동북아 지역평화체제를 구축하기로 합의했다(2005. 9. 19).

2008년 12월 11일 이후 6자회담은 개최되지 못하고 있다. 6자회담의 앞날은 여전히 험난하다. 북한이 미국이 요구하는 검증의정서를 거부하고 있기 때문이다. 미국은 북한이 제공한 핵활동일지와 핵물질 보유신고서가 부정확하다고 평가하고 있으며,[23] 또한 우라늄 농축 관련 조달계획 등이 포함되어 있지 않아 이를 검증을 통해 확인하고자 하고 있다.[24] 게다가 미국은 함경북도 길주의 핵실험 시설과 소재 불명의 핵무기 제조공장, 그리고 평북 태천의 200MWe 미완성 흑연로 등 영변 지역 이외의 시설들도 신고대상에 포함시켜야 한다는 입장이다. 반면 북한은 신고대상을 영변 핵단지로 국한시키고 있다.

이처럼 6자회담 틀 내에서 북한 핵문제를 완전히 해결하는 것은 거의 불가능해 보인다. 이제까지 6자회담의 합의 내용은 북한의 과거 핵활동, 즉 이제까지 추출한 플루토늄과 농축 우라늄의 양이나, 핵실험 결과 등을 검증하는 데 한계를 갖고 있기 때문이다.

③ 북 핵개발 저지 문제점 및 해결책

북한은 필사적으로 핵무기를 개발함으로써 체제 생존을 도모하고, 동시에 미국과의 협상을 통해 경제·외교적 양보를 끌어내고자 했다. 또한 북한 지도부는 핵무기를 보유함으로써 이를 적화통일수단으로 활용할

---

[23] 북한이 제출한 보고서에 따르면 북한은 이제까지 약 30.8kg의 플루토늄을 추출하여 저장하고 있다고 되어 있으나, 미국은 최소한 40~50kg을 추출했다고 평가하고 있다.

[24] 북한이 우라늄 고농축과 노동 미사일에 장착할 핵탄두의 소형화 작업을 이란과 합작하여 북한 내부가 아닌 이란에서 진행시키고 있다는 정보도 거론되고 있다.

수도 있다고 믿고 있다. 이제까지 한국과 미국을 위시한 국제 사회의 대북 핵정책의 문제점은 북한 핵개발을 정치·외교·경제적 수단으로 저지시킬 수 있다고 판단했다는 점이다. 아마도 북한 핵문제의 유일한 해결책은 ① 영변 핵단지를 포함한 일부 핵무기 제조 및 저장시설들에 대한 군사공격과, ② 1990년대 초 남아공의 드 클라크 대통령이 6개의 핵무기를 자진 폐기했듯이 북한 지도부도 이런 선례를 따르는 길일 것이다. 그러나 군사적 선택은 제2의 한국전쟁을 의미할 것이다. 한국이 북한의 인질로 잡혀 있는 한반도의 특수한 상황에서 미국도 선뜻 제2의 한국전 개입을 원하지 않을 것이다. 북한은 이러한 한반도 안보의 특수성을 십분 활용하여 이제까지 국제 사회를 상대로 합의와 기만을 반복했고, 때로는 '벼랑 끝 전술'을 구사하며 핵무기 개발에 성공했다.

북한의 핵무기는 반드시 폐기되어야 한다. 그러나 폐기 시점은 북한 내에 개혁·개방 세력들이 들어설 때가 될지, 아니면 통일 후가 될지 아무도 모른다. 1990년대 초 남아공 지도부처럼 북한 지도부가 자진하여 핵무기 개발을 포기하는 것이 가장 바람직할 것이다. 그러나 이는 현 북한 지도자 밑에서는 상상하기 힘든 선택이다. 따라서 현실적으로 한국과 국제 사회는 핵무장한 북한과 당분간 공존하는 수밖에 없는 실정이다.

대신 북한의 핵무기를 무용지물화할 수 있는 전략을 수립해야 할 것이다. 미국은 한국과 일본에 대해 확고하게 핵우산을 제공하는 정책을 발전시켜야 할 것이다. 이를 위해 냉전 종식에도 불구하고 통일된 독일에는 미국의 전술핵무기가 배치되어 있듯이, 한반도에 전술핵을 재반입하여 배비하는 문제도 고려될 수 있을 것이다.

북한 지도부가 핵무기를 스스로 폐기하는 것이 보유하고 있는 것보다 훨씬 더 체제 안보에 도움이 된다고 인식할 때까지 유엔을 위시한 국제 사회는 북한에 대한 압력과 각종 제재를 지속적으로 유지하며 북한의 체제 변화를 유도해야 할 것이다. 북한 내에서 수차례의 정권교체가 반복되며 실용주의 정권이 들어서고 핵무기 보유가 고통스러운 선택임을 지도부가 인식할 때 비로소 북한 핵문제는 해결될 것이다. 이와 더불어 한국 정부는 통일된 한반도는 반드시 비핵화되어야 함을 국제 사회를 대상으로 지속적으로 강조해야 할 것이다.

북한 핵문제의 포괄적 해결책은 북한이 모든 핵무기를 포기하고 기존의 핵개발 프로그램을 폐기하며, 한반도의 비핵화 공동선언을 준수하며 NPT 체제에 적극 동참하는 것이다. 북한은 플루토늄 핵무기 개발 프로그램을 완전히 포기해야 한다. 6자회담에서 합의된 핵시설의 불능화 조치는 물론, 현재 보유하고 있는 사용 후 핵연료를 공개하고, 모든 핵활동 및 핵시설은 IAEA에 의해 감시·통제를 받아야 한다. 그 외 핵물질 및 플루토늄 추출량을 신고하고 금속 플루토늄을 성형제작하는 시설 및 기폭장치 개발 관련 시설들을 완전히 폐기해야 할 것이다. 이제까지의 핵실험 결과를 신고하고 관련 핵무기와 관련 장비를 완전히 폐기해야 할 것이다. 우라늄 농축 핵무기 개발 프로그램도 완전 포기해야 함은 물론, 핵무기 투발수단과 연결 기술도 자진 포기해야 한다. 북한은 남아공이 핵무기 개발 프로그램을 자진 포기한 선례를 따라야 할 것이다.

북한은 국제 핵 비확산 체제에 적극 동참함으로써 핵 관련 투명성을 대외에 과시해야 할 것이다. 이를 위해 북한은 NPT에 완전 복귀하고, IAEA와 적극 협력하며, CTBT에 가입해야 할 것이다. 또한 중동 국가들(이란·시리아 등)에 핵관련 기술 이전을 금지해야 할 것이다.

이런 맥락에서 장차 6자회담에서는 북한 핵무기 개발 프로그램이 완전하게 폐기되고 또한 이것이 검증될 수 있도록 당사국 간에 합의되어야 할 것이다. 북한은 국제 사회를 대상으로 핵기술과 물질을 제3국으로 이전하지 않겠다는 약속을 해야 한다. 이럴 경우에 한해 국제 사회는 북한에게 약속한 2기의 경수로를 지원하고 안보를 보장하며 미국과 일본과의 관계를 정상화할 수 있도록 지원해야 할 것이다.

④ 북한 핵문제가 NPT체제에 미치는 영향

첫째, NPT는 이제까지 국제 핵 비확산과 군축 분야에서 성공적인 역할을 해왔다. 그럼에도 불구하고 이스라엘, 인도, 파키스탄 및 북한 등 일부 NPT 비회원국가들의 핵무기 개발을 저지하는 데는 실패했다. NPT 규약상 NPT 비회원국의 핵무기 개발을 통제하는 조항이 없기 때문에 핵무기를 개발하는 데에는 아이러니하게도 NPT 비회원국이 회원국보다 더 유리한 실정이다.

둘째, 북한은 이스라엘, 인도 및 파키스탄으로부터 "끝까지 버틸 경우 국제 사회가 결국 굴복한다"는 교훈을 얻었다. 또한 핵무기 개발과 보유가 미국과의 관계 개선에 전혀 지장을 주지 않는다는 것도 배웠다. 이처럼 끝까지 버텨서 핵개발에 성공한 북한의 사례는 이란에 좋은 교훈이 되고 있다. 이란 지도부는 북한처럼 버틸 경우 미국을 위시한 국제 사회가 결국 포기할 것이라는 교훈을 북한으로부터 배우고 있는 것이다.

셋째, 북한은 그간 9·11테러 이후 부시 정부가 핵 비확산 정책보다 국제 대테러 작전에 더 큰 정책 비중을 두고 있는 상황을 자체 핵무기 개발을 촉진하는 데 십분 활용했다.

넷째, 북한의 핵개발은 장차 핵무기 보유국이 수년 내 25~30개국으로 확대될 것임을 시사해주고 있다. 또한 핵무기가 테러리스트 수중으로 건네질 가능성도 점차 커지고 있다. 또한 북한의 핵무기 보유로 동북아의 핵무장 군비경쟁이 가속될 수 있다. 북한 핵기술의 대 중동 수출 가능성도 배제할 수 없다.

다섯째, NPT 정책을 최우선 국가정책으로 추진하고 있는 미국에 북한과 이란의 핵개발은 가장 시급하게 해결해야 할 과제이다. 미국은 두 나라 모두 핵무기 개발을 결코 허용하지 않을 것이다. 그러나 미국 정부가 북한과 이란의 핵문제 해결과 관련하여 이란보다 북한에 대해 다소 유연한 정책을 쓰고 있는 것은 한국이 한국전 이래로 북한의 인질로 잡혀 있기 때문이다. 미국은 제2의 한국전쟁에 개입되는 것을 원하지 않기 때문에 미국의 대북정책은 항상 북한과의 대화로 귀결되었다. 그러나 이란의 경우는 미국의 입장에서 볼 때 중동이란 전략적 가치 면에서 북한과 큰 차이가 있다. 북한과는 달리 이란은 한국과 같은 미국의 동맹을 인질로 확보하고 있지 않기 때문에 핵개발과 관련하여 선을 넘을 경우 언제든지 미국이나 이스라엘로부터의 공습이 가능하다는 것을 염두에 두어야 할 것이다.

(2) 북한 미사일 개발

북한은 1970년대 후반 중국의 DF-61 미사일 개발 계획에 참여했고 본격적으로 탄도미사일을 개발하기 시작한 것은 1980년대 초 이집트에서 스커드-B를 도입하면서부터이다. 1986년 북한은 사거리 500km의 스커드-C의 시험발사에 성공했다. 북한은 1980년대 말 노동 미사일 개발에 착수했고 1993년 5월 시험발사에 성공했다.

북한이 탄도미사일을 개발하는 목적은 먼저 남한과의 재래무기 경쟁에서 열세를 만회하며 이 분야에서의 군사적 우위를 달성할 수 있고, 핵무기 및 화생 무기의 탑재수단으로 활용하며 동시에 수출로 외화 벌이도 가능하기 때문이었다.

1998년 8월 북한은 사거리가 2,000~4,500km인 대포동 1호 미사일을 시험 발사했다. 그러나 북한은 대내외적으로 인공위성(광명성 1호)을 발사했다고 선전했다. 대포동 1호 미사일은 1단 로켓으로 노동 미사일을,

2단 로켓으로 스커드-C를 사용하는 것으로 추정된다.

이후 북한은 2006년 7월 대포동 2호 미사일 시험 발사했고, 2009년 4월에 추가 시험발사를 했다. 이번에도 북한은 인공위성(광명성 2호)을 발사했다고 주장하고 있으나 국제 사회는 사실상 대포동 2호 미사일 시험 발사로 간주하고 있다. 설사 인공위성 발사체라 하더라도 언제든지 탄두만 바꿔 달면 장거리 탄도미사일로 전용할 수 있기 때문에 북한의 이와 같은 미사일 시험발사를 위협으로 인식하는 것이다. 국제 사회는 이와 같은 북한의 미사일 시험발사를 유엔 결의안 1718호(2006. 10)[25]에 대한 심각한 위반으로 간주하고 있다.

북한은 1980년대 중반 이후부터 수 백기의 미사일로 편성된 여단 규모의 미사일 부대를 운용하고 있다. 북한군은 현재 약 500기의 스커드 종류 미사일과 100여 기의 노동 미사일(사거리 1,300km, 탄두 중량 700kg), 그리고 10기의 대포동 1호 미사일을 보유하고 있는 것으로 추정된다.[26]

북한은 1980년대 중반 이래로 이란, 시리아, 이라크, 리비아, 인도 및 아랍에미리트에 약 490여 기의 미사일을 수출한 것으로 나타났다. 또한 북한은 1990년대 후반부터 중동 일부 국가에 대해 미사일 생산시설을 제공하거나 기술협력을 강화하고 있다. 파키스탄의 가우리 미사일과 이란의 샤하브-3 미사일은 모두 북한의 기술과 협력으로 제조된 미사일들이다.

미사일과 관련하여 국제 사회가 북한에게 요구하는 것은 미사일 기술통제체제(MTCR)에 가입하고, 미사일 확산 방지를 위해 노력하고 있는 국제 사회의 움직임에 동참하라는 것이다. MTCR은 탄두 500kg, 사정거리

---

[25] 북한의 1차 핵실험 이후 내려진 결의안으로 북한의 탄도미사일 발사 행위를 금지하고 있다.

[26] CNS(Center for Nonproliferation Studies). http://www.nti.org/e_research/profiles/index.html의 'country Information' 참조.

300km 이상의 미사일의 완제품 및 관련 부품 기술에 대하여 제3국 수출 또는 국가 간 이전을 금지하는 내용을 골자로 하고 있다.

(3) 기타 북한의 WMD 개발

핵 및 미사일 이외에도 북한은 화생 무기를 보유하고 있다. 북한은 연간 4,500톤의 화학무기 생산능력을 보유하고 있으며, 12개의 화학무기 시설과 6개의 주요 화학물질 저장소를 갖추고 있다.[27] 북한은 아직도 '화학무기 금지조약(CWC)'에 가입하지 않고 있다. 북한은 화학무기금지기구(Organisation for the Prohibition of Chemical Weapons: OPCW)에 가입하여 화학무기 보유를 신고하고, 이를 폐기하며, 대신 상용 화학산업기술 및 물자 거래를 허용받아야 할 것이다.

북한은 1987년 '생물무기금지협약(Biological and Toxin Weapons Convention: BWC)'에 가입했음에도 불구하고 1980년대 이래로 탄저균, 보툴리늄 독소 및 페스트균 등의 생물학 작용제를 발전시켜오고 있다. 북한은 비인도적 무기 개발을 즉각 중단하고 국제 군축기관과 성실히 협력해야 할 것이다.

이와 같은 북한의 WMD 문제는 기본적으로 국제적 통제체제의 틀 속에서 해결하는 것이 바람직하므로 북한은 은둔을 끝내고 국제 군축활동에 적극 동참해야 할 것이다. 이를 통해 남북한은 국제 사회로부터 신뢰를 획득할 수 있고, 동시에 한반도 문제의 국제화를 사전에 차단할 수 있다는 것을 명심해야 할 것이다.

---

[27] CNS(Center for Nonproliferation Studies).

3. 5대 과제 상호 연관성과 추진 우선순위

> ■ These 42   냉전구조 해체의 5대 핵심 과제는 상호 연관성을 갖고 얽혀 있다. 과제별로 사안의 특성을 고려하여 해결되어야 할 우선순위대로 나열해보면 첫 번째로, 북한의 핵개발을 포함한 대량살상무기 개발 문제와 남북 간 군비통제를 통한 군사적 긴장완화 문제가 우선적으로 해결되어 남북 관계의 돌파구를 열어주어야 한다. 둘째, 이를 바탕으로 남북 간 교류·협력과 북한의 대미·일 수교가 성사될 것이다. 셋째, 이러한 일련의 과제들이 순차적으로 이행된 후 정전협정의 평화협정으로의 전환이 뒤따르며 평화체제와 통일로 나아가야 한다. 따라서 남북 관계가 근본적으로 개선되기 위한 전제조건은 남북 간의 군사적 긴장이 완화되고 전 분야에 걸친 교류·협력이 병행·진척되어야 하며, 동시에 국제 사회가 우려하는 북한 핵문제가 평화적으로 해결되어 미·북 관계가 개선되어야 한다는 것이다.

냉전구조 해체를 위한 5대 핵심과제 중 ① 남북 간 교류·협력을 통한 남북 경제공동체 달성 문제, ② 남북 간 군비통제를 통한 군사적 긴장완화 문제는 남북 간의 협력과 합의로 해결해야 할 문제들이다. 반면 ③ 현행 정전협정을 남북 간 평화협정으로 전환시키는 문제, ④ 북한의 대 미·일 수교 문제 ⑤ 북한의 대량살상무기 개발 포기로 '한반도 문제의 국제화'를 차단하는 문제는 주변국 및 국제 사회와의 합의로 해결해야 할 국제 문제의 성격을 띤 과제들이다.

이 중 남북 관계를 개선하기 위한 핵심 과제는 남북 간 교류·협력(①)이다. 그러나 남북 간의 교류·협력 문제는 근본적으로 한반도의 안보 문제와 직결되어 있다. 따라서 북한의 핵개발을 포함한 대량살상무기 개발 문제(⑤)와 남북 간 군비통제를 통한 군사적 긴장완화 문제(②)에서 해결의 실마리가 보이지 않는 한 남북 간의 교류·협력에는 한계가 있을 수밖에 없을 것이며, 북한의 대미·일 외교관계 수립(④)은 불가능할 것이다. 이러한 일련의 과제들이 순차적으로 이행된 후 정전협정의 평화협정으로의 전환(③)이 뒤따르는 것이 평화체제와 통일로 나아가는 가장 바람직한 방안일 것이다. 따라서 핵심 과제 해결에 대한 바람직한 순서는 '⑤·② → ①·④ → ③'이다.

남북문제를 풀기 위한 최우선 과제는 북한 핵문제의 평화적 해결이다. 그러나 북한 지도자는 이제까지의 핵개발 정책을 절대로 포기하지 않을 것으로 예상된다. 그들은 핵무기를 북한의 체제 붕괴를 막을 수 있는 유일한 대안으로 간주하고 있다. 북한 핵문제를 해결하기 위해 이제까지 북한과 맺었던 모든 합의는 물거품이 되고 말았고, 2003년 이후 개최되어 왔던 6자회담도 사실상 북한의 핵문제를 해결하는 데 실패했다. 2005년 9월 제4차 6자회담에서 북한은 모든 핵무기 개발 프로그램을 포기하고 NPT에 복귀하여 IAEA의 안전조치협정을 준수하기로 합의했음에도 불구하고 2006년과 2009년, 두 차례에 걸쳐 핵실험을 단행함으로써, '북한은 국제 사회와 합의한 내용을 언제든지 스스로 파기하고 국제 사회를 기만하는 제멋대로(unbridled)인 불량국가(outlawed, dishonest and unprincipled)'임을 전 세계에 과시했다.

또한 6자회담에서의 '전혀 이행되지 않은 합의'를 대가로 그간 북한은 한편으로 국제 사회의 제재를 벗어나고 경제지원을 도모하며, 또 다른 한편으로 핵개발을 지속할 수 있었다는 점에서 6자회담은 오히려 북한이 비밀리에 핵무기 개발을 추진할 수 있도록 보장해준 안전장치 역할을 해왔다고 볼 수 있다. 6자회담이 북한 핵문제를 완전히 해결하여 한반도의 비핵화를 달성할 수 있는 유일한 대안이란 기대는 이제 버려야 한다. 북한의 현재 정권하에서도 핵문제 해결은 기대하기 어려울 것이다.

남북 관계 개선을 위한 또 다른 시급한 과제는 남북 간의 군사적 긴장을 완화시키는 것이다. 남북한은 '통일과 평화'의 상호 관계에 대해 분명한 입장 차이를 보이고 있다. 한국 정부는 통일 과정을 중시하며, 분단을 슬기롭게 극복한 후 통일을 모색한다는 이른바 '선 평화, 후 통일' 입장을 견지하고 있다. 따라서 기존의 남북한 군사적 갈등은 남북 간 군비통제를 통해 먼저 해소되어야 한다는 것이 한국의 입장이다. 반면 북한은 '즉각 통일, 이후 평화는 저절로 수반된다'는 입장이다. 따라서 북한은 군사 문제와 관련된 협상을 중시하지 않으며, 한반도 통일이 베트남이나 예멘에서와 같이 비평화적 수단을 통해 달성할 수 있다고 인식하고 있다.

한국은 평화에 대한 개념을 전쟁이나 군사적 도발이 없는 상태로 규정함으로써 북한이 적화통일을 포기할 것을 강조한다. 반면 북한은 한국이 미국으로부터 해방될 때만이 한반도에 평화가 정착된다고 인식하며 주한미군 철수를 지속적으로 강조해왔다. 이와 같은 북한의 기존 입장을 고려할 때, 남북 간 군비통제를 통한 한반도의 군사적 긴장을 완화시키는 문제와 관련하여 북한 성권으로부터 긍정적인 해결을 기대하기는 사실상 어려운 실정이다. 이 문제와 관련된 북한의 입장에는 전혀 변화가 없다. 근본적으로 북한의 현 정권은 남북 간의 군비통제 문제에 대해 회의적이며 주한 미군이 철수하고 미·북 간에 평화협정이 체결되면 군비통제 문제는 저절로 해결된다는 입장을 고수하고 있다.

위에서 언급된 북한 핵문제와 남북 간 군사적 긴장 문제가 근본적으로 해결되지 않는 상황에서 남북 간의 경제협력이 탄력을 받지 못하는 것은 지극히 당연하다. 과거 김대중 정부는 당시 햇볕정책을 통해 전 정권들과 비교할 때 비군사적 분야에서 괄목할 만한 성과를 거두며 남북 간 화해와 협력에 큰 기여를 한 것이 사실이다.[28] 그러나 김대중 정부는 남북 간의

---

28) 금강산 관광 실현, 분단 이후 55년 만에 최초 남북 정상회담 실현, 수차에

군사적 대치관계에 있어서 본질적인 진전을 보여주지 못함으로써 결국은 국내적으로 많은 비판에 직면했다. 안보 분야에서 북한의 근본적인 변화가 전혀 없음에도 불구하고, 당시 김대중 정부는 "북한에 대해 일방적인 퍼주기로 일관했고" 또한 "6·15 공동성명에서 남북이 합의한 남북연합과 낮은 단계의 연방제가 상호 공통점을 갖는다는 부분도 북한의 공산화 통일을 묵인한 것"이라고 국내적으로 비판받았다. 이는 남북한 간에 군사적 긴장완화가 실현되지 않는 한 햇볕정책 하나만으로 남북문제가 해결되지 않는다는 것을 보여주고 있다. 남북문제는 미·북 문제와 깊은 연관을 갖고 있다. 근본적으로 미국의 역대 정부는 북한의 김정일 체제에 대해 불신하고 있으며, 특히 북한의 핵과 미사일 문제, 그리고 재래무기 위협에 대해 검증할 필요성을 강조하고 있다. 이는 남북 관계가 미·북 관계의 발전 없이는 근본적으로 개선될 수 없음을 시사해주는 것이다. 남북 화해와 협력을 가속화하기 위해서는 남북 관계는 물론 동시에 같은 속도로 미·북 관계도 개선되어야 함을 시사하고 있다.

4. 한반도 평화체제 구축 이후 남북한 통일 대비 주요 과제

▌**These 43**　냉전구조 해체를 위한 5대 핵심 과제를 성공적으로 이행한 후 남북한은 한반도의 평화체제를 구축하게 될 것이다. 이를 보장하는 기본 틀은 남북 평화협정이다. 이때부터 남북통일 문제는 전적으로 남북한 당사자의 손으로 넘어오게 되기 때문에 통일은 남북 수뇌부에 의해 자주적으로 해결되어야 한다. 이 단계에 들어서면 남북한이 평화적인 방법으로

걸친 장관급 회담, 이산가족 상봉, 기타 경제·사회·문화 분야에서의 남북 협력 등이 있다.

통일에 합의할 경우 주변 어느 강대국도 이에 반대할 수 없을 것이다.

1) 남북연합단계 진입과 통일 대비 주요 과제

앞 장에서 언급했던 냉전구조 해체를 위한 5대 핵심 과제가 '화해·협력단계'에서 성공적으로 이행되면 남북한은 드디어 평화체제로 진입하게 될 것이다. 평화체제로 진입한 이 시기는 바로 민족공동체 통일방안 중 화해·협력단계에서 남북연합단계로 진입한 단계이며, 남북 대치단계에서 평화공존단계로 발전된 상태를 의미한다. 여기서 평화체제(Peace Regime 혹은 Arrangement Mechanism)란 정전체제와 대치되는 개념이다. 이는 법적으로 전쟁 상태가 종결되고 실제적 평화가 회복·유지되는 기본 틀로서, ① 적대 관계에 있던 남북 관계가 남북 간 평화공존 관계로 전환되었음을 의미하고, ② 정전협정이 남북 간 평화협정으로 대체된 상태를 말한다. 이 단계에서 그간 유지되어오던 유엔사는 해체될 것이나, 주한 미군의 한반도 주둔과 한미 상호방위조약의 존폐 여부는 당시 안보 상황에 따라 결정될 것이다.

그러나 광의의 평화체제는 여기에 남북을 중심으로 주변 4강과의 교차 승인이 이루어져 한반도 주변 4강과 동북아 지역 국가들과 남북한과의 평화·우호적 관계가 조성되고, 더 나아가 동(북)아 다자안보협력 체제가 구축될 경우를 의미하며, 이는 탈냉전구도(Post-Cold War Structure)와도 같은 개념이다. 이 단계에서는 한반도를 중심으로 한 남방 및 북방 3각 관계가 이미 군사 동맹의 성격을 탈피한 상태일 것이다.

남북한이 평화체제에 진입했다는 의미는 이미 화해와 협력을 통해 남북 경제공동체가 달성되고 남·북한 간의 교류와 협력이 제도화되어 활성화되고 있다는 뜻이다. 또한 군사적 신뢰구축조치가 성실히 이행되어 남북 간에 군사적 투명성이 증대되고 군사적 긴장이 현저히 완화되어 상호 불가침 보장체제가 확립되었음을 의미한다. 주변국과 국제 사회가 그간 우려했던 북한의 대량살상무기 개발 문제가 국제적 규범(norm)에 따라 이미 원만하게 해결되었고, 이로써 북한은 미국과 일본과의 수교를 이룩하여 우호적 관계를 유지하고 있음을 의미한다.

남북 간 평화공존 시기는 정전협정이 더 이상 한반도에 불필요하다는 국제 사회와 유엔의 평가에 따라 남북 간의 평화협정으로 대체되는 시기이다. 이때 남북 간 평화협정은 남북한을 지배하는 규범으로 작용할 것이다. 통일단계로 가는 중간 과정인 이 단계에 진입해야 비로소 한반도에 평화체제가 구축되었다고 할 수 있을 것이다.

남북연합단계는 평화를 제도화하고 통일을 본격적으로 준비하는 예비단계로서, 남과 북이 상호 협력과 공존공영의 관계를 도모하면서 통일 기반을 조성해나가는 과도기적 단계이다. 남북연합단계에서는 남과 북이 상이한 이념과 체제를 갖고 존재한다는 현실을 인정하는 바탕 위에서 '1민족, 2국가, 2체제, 2정부(1 nation, 2 states, 2 systems, 2 governments)'를 유지하게 된다.

남북연합단계에서 남과 북은 각자의 외교력과 군사력을 보유한 주권국가이나 국제법적으로 상이한 두 개의 국가로 분열된 상태는 결코 아니다. 남북연합단계에서 남북 관계는 기본조약 체결 이후의 동·서독 관계와 유사한 '민족 내부의 특수 관계'이다.[29]

따라서 남북연합은 EU나 독립국가연합과 같은 독립적인 '국가 간의

---

29) 남북 간 교역의 성격은 국가 간의 수입·수출 개념이 아니라 국내의 반입·반출 성격을 띠며, 비관세를 적용받게 된다. 남북 간의 왕래에도 비자 대신 방문증이 발급되며 서울과 평양에 상주대표부가 설치될 것이다.

연합(commonwealth)' 성격이 아니라, 궁극적으로 정치통합과 통일을 지향하는 '국가연합'으로 이해해야 할 것이다.

냉전구조를 해체하는 과정에서 한반도 문제가 남북문제이며 동시에 국제 문제인 성격으로 인해 주변국과의 협력이 필수적이었던 반면, 평화체제에서 한반도 문제는 전적으로 남북문제로 귀결되게 된다. 따라서 통일 준비 과정은 전적으로 남북 주도로 이루어지며, 주변국은 단지 남북한의 평화공존을 보장하고 한반도의 통일 문제가 평화적으로 진행되도록 보조적 역할만 하게 만들어야 할 것이다. 북한이 즐겨 쓰는 '우리 민족끼리'라는 구호는 일단 남북한이 평화체제에 진입한 후 남북 간 통일 문제를 협의하기 시작할 때 비로소 사용 가능한 구호임을 알아야 한다.

또한 한반도를 위시한 동북아의 지역 안정과 평화를 정착시키기 위해 '동(북)아 다자안보협력' 틀을 구축할 수 있도록 외교적 노력을 경주해야 할 것이다.

남북연합은 남북정상회담에서 합의·확정된 '민족공동체헌장'을 법적 근거로 출범하게 된다. 남북연합단계가 도래하면 남북한의 합의에 따라 법적·제도적 장치가 마련되고, 남북한이 공동으로 구성하는 기구에서 통일과 국가 통합을 위한 여러 가지 방안들이 논의될 것이다. 민족공동체 통일방안에서는 남북연합기구로 최고의사결정 기구인 남북 정상회의와 산하기구로 남북각료회의, 통일 헌법을 기초(起草)할 남북평의회, 위 기구들의 업무를 지원할 공동사무처의 상설화를 제의하고 있다. 그러나 구체적인 기구창설 문제는 남북한 간의 합의에 의해 유연하게 결정될 수 있을 것이다.

평화체제가 구축되는 남북연합단계에서 남북한은 대량살상 및 기습공격용 무기를 상호 제한하고 군축 조치를 통해 상호 기습공격(surprise attack) 능력을 완전히 제거하여 군사적 안정성을 높여야 할 것이다. 또한 남북한은 당시 주변 안보환경을 고려하여 적정 수준의 무기와 병력을 유지하고 남북 군사력의 배치를 조정하며, 비무장 지대의 처리 방안과 군사적 적대 행위를 방지할 수 있는 조치 등에도 합의해야 할 것이다.

남북연합단계에서 주한 미군의 한반도 주둔 여부와 한미 상호방위조약 존폐 여부가 남북 간에 주요 이슈로 등장할 것이다. 한국 정부 입장에서는 통일 이후에도 미군의 한반도 주둔을 희망할 가능성이 농후하나, 북한은 단호하게 미군의 한반도 철수를 주장할 것으로 예상된다. 주한 미군 문제와 한미 상호방위조약 문제는 남북 간 평화협정 체결 시 주요 현안으로 등장할 가능성이 높다. 이 단계에서 위 문제를 포함하여 주한 미군의 재조직 및 재배치 문제가 남북 및 한미 간에 집중적으로 논의될 것이다.

화해·협력단계에서 남북 경제공동체가 구축이 되면 남북한 간의 경제적 상호 의존성은 점차 커질 것이다. 남북연합단계에 이르러 남북한은 경제통합의 첫 단계인 남북 간 자유무역지역 형성을 위한 협약을 체결해야 할 것이다. 이어서 남북한은 관세동맹의 단계를 거쳐 남북한 공동시장을 형성하는 등 장차 '남북한 경제·화폐·사회 연합'을 추진하기 위한 여건을 조성해야 할 것이다.

그 외에도 남북연합단계에서는 실업대책 등 노동시장정책을 발전시켜 장차 사회통합을 위한 대비책을 강구해야 할 것이다.

2) 통일국가 완성 단계에서의 주요 과제

민족공동체 통일방안 중 마지막 단계인 통일 국가 완성 단계는 남북연합단계에서 구축된 민족 공동의 생활권을 바탕으로 남북한 두 체제를 완전히 통합하여 정치공동체를 실현함으로써 '1민족, 1국가, 1체제, 1정부'로의 통일을 완성하는 단계이다. 남북한 의회 대표들에 의해 마련된 통일 헌법에 따라 민주적인 선거를 통해 통일 정부와 통일 국회를 구성하고 두 체제의 기구와 제도를 통합하는 단계이다.[30] 이 단계에서 남북한은 통일방안, 국가 형태 및 정부체제에 대해 합의해야 한다. 군사통합을 비롯해 분야별 국가통합이 이루어지고 남북 간 각종 법제의 정비가 뒤따르며, 드디어 북한 사회가 민주화되어 자유선거제도와 다당제, 그리고 시장경제체제가 북한 지역에도 정착하게 된다.

---

30) 통일원, 『통일 백서』(1997).

제11장

통일을 지향한 남북분단관리 방안

1. 북한의 변화

　북한의 사회주의 계획경제체제는 더 이상 기능을 발휘하지 못하는 상황이다. 북한은 1990년대 중반 이래 경제난, 식량난 및 에너지난 등 삼중고를 겪어왔고, 이를 개선하기 위해 2002년 7월 북한은 배급제를 중단하고 자본주의식 시장경제를 일부 도입했다. 임금과 물가가 상승했고, 장터시장에 대한 통제가 완화되고 자유매매가 허용되었다. 중국을 통해 유입된 외부 정보는 장터를 통해 소통되었다. 장터의 확산으로 북한의 계획경제는 큰 타격을 받았고, 더 이상 '시장 세력'의 확산을 방치할 수 없다고 판단한 북한 당국은 급기야 2009년 11월 화폐개혁으로 시장 세력의 차단에 나섰다. 북한의 화폐개혁은 구화를 일부만 신화폐로 교환해주고 나머지는 당국이 사실상 몰수하는 방식이었다. 화폐개혁 단행 이후 물가가 폭등하고 생필품 거래가 중단되면서 북한 주민들의 불만은 커지고 있고, 북한 당국은 이를 통제하기 위해 강압적 수단을 동원하고 있다. 북한은 두 차례에 걸친 핵실험으로 인해 국제 사회로부터의 지원이 급감하여 고통을 받고 있고, 더군다나 '천안함 사태' 이후 남북 관계의 경색으로 한국으로부터의 지원도 거의 차단되어 있는 실정이다. 2차 핵실험[1]과 천안함 사태의 여파로 미국과 국제 사회에 의한 대북제재가 강화되고 있고, 특히 금융제재가 새롭게 가해져 북한 지도부에게 심각한 타격이 될 것이다.

김정일은 뇌혈관 계통의 수술(2008년) 이후 건강을 확신하지 못한 채 더욱더 군부에 의존하여 통치하고 있다. 김정일의 정권 교체는 필연적으로 보이며, 이미 가시권에 들어와 있는 상태이다.

대체적으로 북한에서 민중봉기에 의한 정권 교체 가능성은 희박한 것으로 분석된다. 설사 북한에 급변사태가 발생되더라도 동독의 급변사태와는 성격이 다를 것이다. 동독은 체제 몰락으로 서독에 그대로 흡수되었으나, 북한의 경우 민중봉기는 군부에 의해 무자비하게 진압되고 군부 집단지도 체제를 들어서게 할 것이다. '포스트(Post) 김정일 시대'로 ① 삼남 김정은으로 이어지는 3대 세습 체제, ② 군부 중심의 집단지도체제, ③ 당·정·군 세력을 제압한 1인 지배자 체제 등이 거론되고 있다. 그러나 어떤 형태로든 김정일의 정권 교체가 이루어지더라도, 북한 공산사회가 급작스런 '체제 교체(system change)'나 '체제 붕괴(system collapse)'로 이어질지는 여전히 미지수다. 1994년 김일성에서 김정일로 정권 교체가 이루어졌을 때도 체제 교체나 체제 붕괴가 이루어지지 않았고 북한 공산체제는 변함없이 존속되어왔다. 북한 공산체제가 언젠가는 붕괴될 것이나, 갑작스러운 붕괴 가능성은 김정일 사후에도 당장은 기대하기 어려울 것이다. 그러나 비록 북한의 변화 속도는 느리지만 과거 김일성 시절과 비교해볼 때 상당한 변화가 일고 있는 것도 사실이다.

---

[1] 유엔 결의안 1874호.

북한의 '포스트 김정일 정권'의 최우선 과제는 경제개혁과 국제 사회로부터의 주권 보장이 될 것이다. 따라서 새 정권은 경제난 해소를 위해 부분적으로나마 '북한식 개혁·개방'을 추진할 것이며 정치적으로 유일지배체제는 사실상 종말을 고할 것으로 예상된다.

2. 통일을 지향한 남북분단관리 방안

1) 독일 통일의 경험을 통해 본 한반도 문제에 대한 정책대안

　첫째, 한반도 문제와 관련하여 가장 시급한 것은 남북한이 하루빨리 냉전구조의 틀을 벗어나야 한다는 점이다. 한반도 냉전구조 해체를 위해 남북한은 군비통제 실현으로 남북 간 군사적 적대 관계를 해소하고, 북한의 핵문제 해결로 남북 간 교류·협력을 강화할 수 있는 발판을 마련해야 할 것이다. 따라서 남북한은 앞으로 통일보다는 평화 문제에 더 많은 중점을 두어야 할 것이다.

　둘째, 남북한은 냉전구조 해체 과정이 근본적으로 남북문제이면서 동시에 국제 문제임을 인식할 필요가 있다. 따라서 해체 과정에서 국제 사회 및 주변 강대국과의 협력은 필수적이다. 한반도 문제는 주변국의 이해와 상충되지 않아야 하고, 지역 평화와 안보를 위협하지 않아야 한다는 것이다. 장차 통일된 한국이 지역적·세계적 차원에서 평화 세력으로 주변국에 인식될 경우 남북 당사자에 의한 통일이 가능할 것이다. 이런 맥락에서 북한의 WMD 개발과 국제 테러지원이나 인권탄압은 반드시 포기되거나 해결되어야 할 대상이다. 북한이 계속 위 문제들로 국제 사회의 안정과 평화를 위협할 경우 한반도 문제는 국제 문제화될 수밖에 없고, 이는 또다시 남북 관계에 악영향을 미칠 것이다. 북한의 이러한 문제에 대한 근본적인 해결책이 없는 상태에서, 외세를 배제한 '우리 민족끼리'라는 정신에 따른 통일 주장은 완전한 허구이다. 이 경우 국제 사회에서 북한의 어렵고 난처한 입장을 감싸주는 효과는 있을지 모르나, 한국도 덩달아 국제 사회로부터 고립을 자초하는 결과를 초래할 것이다.

셋째, 남북 간 군사적 긴장은 그대로 지속되는 상태에서 남북한은 '남북 평화선언'이나 '종전선언'을 해서는 절대로 안 될 것이다. 이렇게 했을 경우, 이는 주한 미군 철수라는 북한의 정치 선전 공세로만 이용될 뿐이다. 과거 남한의 일부 세력은 남북 간 평화선언이나 평화협정을 체결하거나 남북연합을 시행하면 남북 간 군비통제 분야가 진전이 되어 평화 문제가 해결될 수 있을 것이라고 주장해왔다. 그러나 이는 북한이 남북 군비통제의 기본 가설로 주한 미군 철수의 선행을 요구하고 있으며, 평화선언 후 주한 미군을 한반도에서 축출하려는 의도라는 사실을 모르고 한 주장이다. 따라서 '평화선언'만으로도 한반도 내 군사적 긴장이 완화된다는 주장이나, 북한 핵문제가 해결될 경우 미국으로 하여금 종전선언을 하도록 강요한 조치나, 남북 간 군사적 긴장이 있는 상태에서 북한 핵문제만 해결되었다고 종전선언을 하겠다는 부시의 언급(베트남 한미정상회담, 2006)조차도 모두 문제의 핵심을 모르고 접근하는 위험한 발상들이다. 정전협정을 평화협정으로 전환하는 문제는 한반도의 군사적 긴장 상태 및 대결구조를 근본적으로 해체하고 북한이 대량살상무기 개발을 포기하여 전쟁의 위협이 완전히 제거된 뒤에 뒤따라야 하는 일로, 이는 2~3년 내에 이루어질 일이 결코 아니다. 종전선언의 전제조건은 그야말로 남북 간 군비통제 실현으로 군사적 긴장이 해소되고 남북 간에 실질적인 전쟁위협이 사라졌을 경우이다.

넷째, 한반도 냉전구조의 틀을 해체하는 작업은 한국을 중심으로 이루어져야 한다. 자본주의 시장경제와 자유민주주의에 입각한 한반도의 통일을 준비해야 할 책임이 한국에게 있기 때문이다.

다섯째, 냉전구조 해체를 위한 5대 핵심 과제를 성공적으로 이행한 후 남북한은 한반도의 평화체제를 구축하게 될 것이다. 이때부터 남북통일 문제는 전적으로 남북한 당사자의 손으로 넘어오게 되기 때문에 통일은 남북 수뇌부에 의해 자주적으로 해결되어야 한다.

여섯째, 통일을 대비하고 남북 경제통합 시의 후유증을 최소화하기 위해 지금부터라도 남북한은 경협의 외연을 확대하고 남북공조를 통해 북방경제 시대를 개척할 수 있도록 긴밀히 협의해야 할 것이다. 1980년대 말까지 세계 제3위 경제 대국으로 경제 호황을 누리다가 통일 후유증으로 경제 침체를 겪고 있는 독일이 우리에게 주는 교훈 중 하나는 분단 상황하에서도 최대한의 남북 교류로 북한의 경제력을 성장시킬 필요가 있다는 것이다.

또한 북한의 산업구조가 통일 후 남한의 산업구조와 상호보완적으로 발전되도록 전략을 개발하고, 지역별로 어떤 산업을 특화시켜야 할지도 미리 고려한 전략적 접근이 필요하다. 중국 자본이 북한 경제를 잠식하고 있는 가운데 중국에 대한 경제적 예속을 우려하고 있는 북한 입장에서 남북 간 경제협력확대는 필수적이다. 개성공단의 협력 사업은 북한인들이 간접적으로나마 자본주의 시장경제를 배울 수 있고, 또한 기업 내에서의 남북 접촉을 통해서 서로를 이해할 수 있고 함께 살아가는 지혜를 배울 수 있는 좋은 기회이다.

일곱째, 무엇보다도 시급한 것은 화려한 통일방안을 발표하는 것보다 실질적으로 남북 간 화해와 협력을 강화할 수 있는 조치를 취하는 것이다. 통일지상주의보다 북한의 변화에 초점을 맞추는 점진적 통일이 바람직할 것이다. 남북은 이미 항구적인 평화체제를 유지하기 위해 1992년 남북 기본합의서를 체결했으며, 이 기본합의서를 바탕으로 남북 쌍방의 정치·군사적 신뢰구축을 쌓아 점차적으로 한반도의 정전 상태를 평화 상태로 전환하기 위한 토대를 마련해야 한다. 남북한은 빠른 시일 내에 기본합의서 체제로 복귀하여 남북 간 교류·협력을 강화할 수 있도록 해야 할 것이다.

여덟째, 한국은 한반도 전체의 유일한 합법정부이다. 따라서 한국 지도부는 북한이 한반도 통일의 대상임을 한시도 잊어서는 안 된다. 통일이라는 공동 목표를 향해 함께 나아가는 가운데서도 국제 사회에 대한 북한의 만행에 대해서는 단호하게 질타할 수 있어야 할 것이다.

2) 대북 정책에 대한 제안

첫째, 남북 간 경협 문제의 활성화 여부는 한반도 안보 문제와 직결되어 있기 때문에 북한 핵문제 해결과 남북 간의 긴장완화가 무엇보다도 선행되지 않는 한 이 문제는 진척되기 어려울 것이다. 근본적으로 북한의 현 지도부는 북한이 겪고 있는 경제난, 식량난 및 에너지난 등이 북한의 공산 계획경제체제의 문제점에서 기인한다는 인식을 갖고 있지 않을 뿐만 아니라, 이러한 삼중고를 해결하기 위해 한국과의 교류·협력에 대한 필요성도 느끼지 못하고 있다. 북한에 '제2의 고르바초프'나 '등소평'이 나타나 개혁·개방정책을 추진하지 않는 한 남북 간의 진정한 교류·협력도 기대하기 어려울 것이다. 북한 당국은 대외 지불능력상실과 열악한 인프라로 인해 한국 이외에 어떤 나라도 선뜻 북한에 투자하기를 꺼리고 있다는 실정을 직시해야 할 것이다.

둘째, 따라서 한국과 국제 사회는 북한의 현 정권을 상대로는 기존의 입장으로부터 그 어떤 변화도 기대하기 어렵다는 현실을 바탕으로 북한의 정권 교체에 대북정책의 초점을 맞추어야 할 것이다. 실용주의 노선을 택하는 정권이 등장할 때까지 여러 가지 방법을 동원하여 북한의 정권 교체와 체제 변화를 유도하여 북한의 연착륙을 시도해야 할 것이다. 변화할 준비가 되어 있지 않은 정권은 하루라도 빨리 교체되어야 할 것이다. 1인 독재체제가 붕괴되고 개혁·개방의 물결 속에 민주화 정권이 들어서서 자체적으로 변화를 추구할 때만 비로소 남북 간 진정한 의미의 화해와 협력이 시작되고 한반도의 분단은 극복될 수 있을 것이다. 여기서 정권 교체와 체제 붕괴의 개념이 구분되어야 할 것이다. 동독의 경우, 체제 붕괴와 정권 붕괴가 동시에 이루어져 독일 통일로 귀결되고 동독이란 국가가 사라졌으나, 북한의 경우는 이와 다를 것이다. 즉, 김정일 정권이 설사 붕괴되더라도 북한의 공산주의 체제와 국가로서의 북한은 당분간 지속될 것이다.

대량살상무기 확산 방지 및 대북 금융·경제제재로 북한의 경제 불안정성을 유발시키는 모든 조치들이 북한의 체제 변화를 유도하는 대책이 될 수 있을 것이다. 이 외에 폐쇄 사회인 북한을 변화시킬 수 있는 방법으로 전단(삐라)을 포함하여 DVD, USB, 라디오 방송 및 휴대전화 등 정보매체가 널리 활용되어야 할 것이다. 지속적인 대북 압박이 당장의 체제 변화를 가져오지 않을지는 몰라도 북한의 체제 변화를 초래하는 원동력이 될 것이다. 그간의 경제난이 화폐개혁을 유도하고, 이는 또다시 대규모로 주민들의 불만을 야기했다. 북한 사회가 서서히 변화하고 있다는 반증이다.

셋째, 한국 정부는 북한이 결국 한국에 의존할 수밖에 없도록 북한 체제를 변화시키고 아래로부터의 혁명 기반을 강화시키기 위해 북한 사회의 민주화를 촉진시켜야 할 것이다. 북한이 내부적으로 개혁의 필요성을 느낄 때 외부 국가들의 노력이 결실을 맺을 것이다. 따라서 한국 정부는 실용주의 노선을 추구하는 정권이 도래할 수 있도록 북한 내부의 개혁 세력들을 육성하고 지지할 필요가 있을 것이다. 북한에 대한 중국과 러시아의 지원이 갈수록 축소되는 상황에서 한국에 대한 북한의 경제의존이 심화될수록 북한 사회의 이념은 약화될 것이다. 북한 주민들이 북한을 지상 낙원으로 여기는 한 체제 변화에 대해 기대하기 어려울 것이다. 북한 주민들이 경제 대국 한국과 초강대국 미국의 지원하에서 그들의 번영이 가능해질 것이라는 인식을 가질 수 있도록 해야 할 것이다. 북한 주민 스스로가 북한 체제로부터 해방되어야겠다는 인식으로 무장될 때 비로소 통일의 물꼬가 트일 것이다.

넷째, 한국 정부는 북한의 인권 문제를 적극 제기하고 주체사상으로 세뇌되어 있는 북한 인민들의 의식을 전환시킬 수 있는 방안들을 다각도로 발전시켜야 할 것이다.

다섯째, 한국 정부는 북한이 국군 포로 및 납북자 문제와 관련한 진상을 밝히고, 인도적 차원에서 빠른 시일 내 송환시킬 수 있도록 일관된 정책을 추진해야 할 것이다.

여섯째, 한국 정부는 최소한의 인노석 시원 이외에 다른 지원은 엄격힌 상호주의에 입각하여 시행하고 경제지원과 안보 문제를 연계하여 반드시 반대급부를 챙겨야 할 것이다. 한국의 대북 지원을 당연시하는 북한 지도부의 행태도 반드시 시정시켜야 할 것이다.

일곱째, 한국 정부는 남북 관계 개선이 우선되어야 미·북 관계 개선이 가능하다는 사실을 북한에게 인식시켜야 할 것이다. 한국이 북한을 믿을 수 있어야 미국도 북한을 믿을 수 있을 것이다. 북한은 한국을 제치고 미국과 모든 것을 협상한다는 인식부터 바꾸어야 할 것이다.

3) 대미국 및 주변국 정책에 대한 제안

첫째, 북한 지도부의 태도가 바뀔 때까지 북한의 체제 변화를 유도하려는 국제 사회의 공조는 지속되어야 한다. 다른 한편으로 북한을 국제 사회에 편입시키는 노력도 일관되게 추진해야 할 것이다.

둘째, 한반도를 둘러싼 미국·중국·일본·러시아 등 주변 4국의 한반도정책과 역학관계의 변화는 한반도의 분단을 극복하고 통일 환경을 결정짓는 중요한 요인으로 작용할 것이다. 주변 4국에 통일 한국이 동북아시아의 평화와 안정에 도움이 되며 또한 그들 국가 이익에 보탬이 된다는 점을 설득해야 하며, 이를 위해서는 먼저 '한반도 비핵화' 약속을 실천하여 그들의 협조를 이끌어나가야 할 것이다.

셋째, 천안함 사태와 연평도 포격 이후 한반도 안보는 그 어느 때보다도 위태로운 상황이다. 북한은 핵무기 보유를 기정사실화하기 위해 수시로 핵실험과 장거리 미사일을 시험·발사할 가능성이 높다. 차후 예상 가능한 한반도 관련 안보 문제는 ① 서해 5도를 포함한 남북 간의 국지적인 분쟁 가능성, ② 북한 핵무기와 관련 기술 및 대량살상무기의 제3국 유출, ③ 북한 주민의 대량 탈북사태에 따른 한반도 불안정성 등일 것이다. 따라서 한미 방위동맹체제는 그 어느 때보다도 굳건히 유지되어야 할 것이다. 한반도의 전쟁 억지력을 유지하고, 제한된 국방예산 속에서 한국군의 현대화를 안정적으로 도모하기 위해서 한미 연합체제는 당분간 계속 유지되어야 할 것이다.

[부록] 독일 분할에서 통합까지 주요 일지

구분	시기		내용
독일 분할	1941년	12.16.~18.	스탈린, 영국의 이든 외상에게 독일 분할 의사 표명
	1943년	10.19.~30.	미·영·소 모스크바 외상회의 개최 (유럽자문위원회 구성 합의)
		11.28.~12.1.	테헤란 회담
	1944년	9.12.	유럽자문위원회, 독일 분할에 관한 런던의정서 의결
	1945년	2.4.~11.	미·영·소 얄타 정상회담
		5.8.	독일, 무조건 항복
		6.5.	연합국, 독일 주권 인수
		7.17.~8.2.	미·영·소 포츠담 정상회담
		11.20.	뉘른베르크 전범재판 시작
	1946년	4.21.~22	소련 점령 당국, 사회주의통일당(SED) 결성
	1947년	1.1.	영미 점령 지역 통합(Bizone)
		3.12.	트루먼 독트린 선언
		6·15.	마셜플랜 발표
	1948년	2.23.~3.6.	미·영·프·베네룩스 3국, 제1차 런던정상회담
		3.17.	브뤼셀조약 체결
		3.20.	소련 점령 당국, 연합국 통제위원회 탈퇴
		4.20.	서방 6개국 제2차 런던정상회담
		6.20.	서방 점령 지역 내 화폐개혁
		6.23.~24.	동유럽 8개국 바르샤바 회담
		6.24.~28.	소련 점령 지역 내 화폐개혁
		6.24.	소련, 베를린 봉쇄(1949년 5월 12일 해제)
	1949년	1.25.	동구공산권 상호경제협력위원회(COMECON) 창설
		4.4.	북대서양조약기구(NATO) 창설
		4.8.	프랑스 점령 지역, Bizone에 가입(Trizone)
분단 시절	1949년	5.24.	독일연방공화국(서독) 기본법 발효
		8.14.	서독, 최초의 연방하원 총선 실시
		9.20.	서독 연방정부 출범, 점령규약 발효
		10.7.	독일민주공화국(동독) 건국
	1951년	4.18.	서독, 유럽석탄철강공동체(ECSC) 가입
		7.9.~10.24.	서방 3개 점령국, 독일과의 전쟁 상태 종료 선언
		9.20.	동·서독 교역 관련 베를린 협정 체결
	1952년	3.10.	소련, 독일의 중립화 통일방안 제안
		7.24.	동독, 5개 주를 해체하고 14개 지구(Bezirke)로 행정 개편
	1953년	6.17.	동독, 베를린 인민봉기
	1954년	10.19.~23.	파리 조약 체결
	1955년	1.25.	소련, 독일과의 전쟁 상태 종료 선언

		5.5.	파리 조약 발효로 독일의 부분적 주권 회복
		5.9.	서독, 나토 가입
		5.11.~14.	동독, 바르샤바 조약기구 가입
		9.9.~13.	서독의 아데나워 수상, 소련 방문
		9.20.	동독, 소련과의 조약 통해 부분적 주권 회복
	1957년	1.1.	자를란트, 독일연방공화국(서독)에 가입
	1958년	11.27.	소련, 서방측에 베를린 관련 최후통첩 발송
	1959년	9.8.	빌리 브란트 베를린 시장, 베를린 관련 4대 기본 원칙 제시
	1960년	9.12.	동독의 피크 대통령 사망으로 울브리히트가 국가원수 겸직
	1961년	8.13.	동독, 베를린장벽 구축 시작
		11.15.	서독, 잘츠기터에 동독 정권에 폭력사례기록보존소 설립
	1962년	10.14.~28.	쿠바 위기
	1963년	1.22.	독·프 우호조약(엘리제 조약) 체결
		6.23.~26.	케네디 미국 대통령, 서독 및 베를린 방문
		7.15.	서독의 에곤 바, '접촉을 통한 변화' 제안
		10.18.	서독, 에어하르트 수상 취임
		12.17.	동독과 서베를린 간 통과사증협정 체결
	1964년	2.16.	서독 사민당, 빌리 브란트를 신임당수로 선출
		9.24.	동독, 빌리 슈토프 총리 취임
		10.14.	소련, 후르시초프 실각, 브레즈네프 등장
	1966년	3.25.	서독 에어하르트 정부, 동독을 제외한 모든 동구권 국가에 평화 공한 발송
		12.11.	서독, 키징거 수상 취임(대연정 구성)
	1967년	7.1.	ECSC, EEC, EURATOM이 유럽공동체(EC)로 통합
	1968년	4.6.	동독, 신헌법 제정
		8.21.	바르샤바 조약 군대의 체코 침공 후 브레즈네프 독트린 선언
	1969년	10.21.	빌리 브란트, 서독 수상 취임
		10.28.	브란트, 동방정책 발표
	1970년	3.19.	동·서독 에르푸르트 정상회담
		5.21.	동·서독 카셀 정상회담
		8.11.~13.	브란트 수상, 소련 방문(독·소 불가침조약 체결)
		12.7.	서독·폴란드 간 바르샤바 조약체결(오데르-나이세 국경선 인정)
	1971년	1.31.	동·서베를린 간 전화 10년 만에 재개통
		5.3.	호네커, 사통당 당 총서기 취임
		9.3.	베를린 지위에 관한 4개국 협정체결
		9.30.	동·서독 간 우편 및 전화 교류 합의
		12.17.	동·서독 '국경통과협정' 체결
	1972년	5.26.	동·서독 교통조약 체결
		12.21.	동·서독 기본조약 체결
	1973년	2.9.	동독, 영·프와 국교 수립

		6.12.	헬무트 콜, 기민당 당수로 선출
		9.18.	동·서독, UN 동시가입
		12.11.	서독-체코 간 프라하 조약 체결 (뮌헨협정 무효 선언)
	1974년	5.2.	동·서독, 상주대표 교환
		5.7.	브란트 수상, 동독 간첩 기욤사건으로 사임
		5.16.	헬무트 슈미트, 수상 취임
		9.4.	동독, 미국과 국교 수립
		10.7.	동독, 1968년도 헌법 개정
	1975년	7.30.~8.1.	유럽 안보협력회의(CSCE) 35개국 정상 헬싱키 최종의정서 채택
	1976년	3.30.	동·서독 우편·전화협정 체결
	1978년	5.4.~7.	브레즈네프, 서독 방문
		11.25.	동·서독, 베를린-함부르크 간 고속도로 건설 합의
	1979년	10.7.	서독 녹색당, 브레멘 주의회 진출
		12.12.	나토 회원국, 이중 결정 결의
	1984년	7.25.	서독, 동독에 20만 마르크 차관 보증
		11.30.	동독, 동·서독 국경 지역 자동발사장치 철거 시작(1985년 11월 3일 완료)
	1985년	3.10.	소련 체르넨코 사망, 고르바초프 등장
	1886년	9.7.~11.	호네커 서독 방문 (양독 간 과학기술·환경·방사선 연구 협정 체결)
	1988년	8.15.	동독과 EC 외교관계 수립
		10.24.~27.	콜 수상, 소련 방문
통일 시기	1989년	1.15.	라이프치히에서 로자 룩셈부르크 사망 70주년 시위
		5.8.	동독 교회와 야당, 지방자치단체 선거 부정 관련 시위
		6.12.~15.	고르바초프, 서독 방문
		7.17.	헝가리, 오스트리아 국경 철책 제거
		8.3.	동독 이주 희망자 80명, 동베를린 주재 서독 상주대표부로 진입
		8.13.	헝가리 주재 서독 대사관, 동독 탈출민 쇄도로 폐쇄
		8.22.	체코주재 서독 대사관, 동독 탈출민 쇄도로 폐쇄
		9.10.	헝가리, 동독 탈출민의 출국 허용
		9.13.	동독, 'Neues Forum' 결성
		9.16.	동독, 'Demokratie Jetzt' 결성
		9.24.	서독 겐셔 외무장관, UN에서 동독 탈출민 관련 체코, 헝가리, 폴란드, 동독 외무장관과 협의
		9.27.	라이프치히 니콜라이 교회에서 평화시위
		9.30.~10.1.	동독, 동구권 주재 서독 대사관 체류 탈출민 서독 이주 허용
		10.7.	고르바초프, 동독 건국 40주년 기념행사에 참석하여 "늦게 오는 자는 벌을 받는다"고 하면서 동독 지도부 경고
		10.9.	라이프치히에서 5만 명 평화시위, 동독 SPD 창당

	10.15.	동독의 기관지 《노이에스 도이칠란트》 동독 정부 비판 시작
	10.18.	호네커, 당 서기장 및 국가평의회 의장 사임, 에곤 크렌츠가 후임으로 등장
	10.24.	동베를린에서 크렌츠 반대 시위
	10.26.	서독 콜 수상과 크렌츠, 20분간 전화 통화
	10.31.	크렌츠, 소련 방문
	11.3.	크렌츠, 근본적 개혁 발표
	11.4.	동베를린에서 100만 명 시위
	11.7.	동독의 빌리 슈토프 내각 총사퇴, 후임에 모드로 총리 취임
	11.9.	베를린장벽 붕괴, 동·서독 국경 개방
	11.10.	베를린장벽 철거 시작
	11.13.	동독 총리 모드로, 동·서독 간 계약공동체 구성 제의
	11.28.	콜 수상, 유럽과 독일분단 극복을 위한 10개 방안 발표
	12.1.	동독 인민의회, 헌법에 규정된 SED의 지도적 역할 조항 삭제
	12.3.	· 미-소 몰타 정상회담 · 크렌츠, 당 서기장 사퇴
	12.6.	크렌츠, 국가평의회 의장 사퇴
	12.7.	동독, 최초의 원탁회의 개최
	12.17.	사통당 특별 전당대회, 당명을 SED-PDS로 개칭
	12.11.	라이프치히 월요시위에 '독일 통일' 구호 등장
	12.17.	동독, '민주약진당' 결성
	12.19.~20.	콜-모드로 드레스덴 정상회담
	12.22.	베를린의 브란덴부르크 문 개방
1990년	1.4.	동독, 병역의무 기간 단축(18개월 → 12개월)
	1.20.	동독, 독일사회연합(DSU) 창당
	1.20.~21.	SED-PDS는 PDS로 개칭
	1.28.	모드로 총리와 원탁회의, 인민의회선거일 3월 18일로 확정
	2.1.	모드로 총리, 4단계 통일방안 발표
	2.4.	동독 자유민주당(FDP) 창당
	2.5.	동독, 각 정당과 사회단체로부터 13명의 무임소장관 선출
	2.10.	콜 수상, 소련 방문(독일 통일 허용)
	2.12.~13.	콜-모드로, 본 정상회담(화폐동맹 창설 합의)
	2.14.	'2+4 회담' 구성 합의
	3.18.	동독, 최초의 인민의회 자유총선 실시(독일동맹 승리)
	4.5.	동독 인민의회 구성
	4.12.	동독, 로타어 데 메지에르(CDU) 연립내각 구성
	4.19.	데 메지에르 총리, 기본법 23조에 의한 통일 발표
	4.24.	콜-데 메지에르 본 정상회담(화폐·경제·사회통합 실시 합의)

		4.29.	데 메지에르 총리, 고르바초프 방문
		5.5.	제1차 '2+4' 회담(본)
		5.6.	동독 지방자치단체 선거 실시
		5.18.	동·서독 재무장관, '경제·화폐·사회연합' 조약(일명 국가조약) 체결
		5.30.~6.30.	미·소 정상회담
		6·15.	동·서독, 미해결 재산 문제 처리에 관한 공동성명 발표
		6.22.	· 동·서독 의회, 국가조약 비준 · 제2차 2+4 회담(동베를린)
		6.29.	동독 검찰청, 호네커 고발
		7.1.	'경제·화폐·사회연합' 조약 발효
		7.16.	콜-고르바초프 코카서스 정상회담, 통일 독일의 나토 잔류 허용
		7.17.	제3차 '2+4' 회담(오데르-나이세 강 국경선 확정)
		8.22.~23.	동독 인민의회, 10월 3일 기본법 제23조에 따라 독일 연방공화국에 가입할 것을 결의
		8.31.	동·서독 내무장관, 통일조약 체결
		9.12.	제4차 '2+4' 회담(모스크바)
		9.20.	동·서독 의회 통일조약 비준
		9.24.	동독, 바르샤바 조약기구 탈퇴
		9.27.	동·서독 SPD 통합
		10.1.	동·서독 CDU 통합
		10.2.	동독 인민의회, 독일민주공화국 소멸 공식 선언
		10.3.	독일 통일 선포
통일 이후	1990년	12.2.	1933년 이후 처음으로 전 독일 연방하원 총선 실시 (제12대 연방총선에서 집권 연정은 54.8%를 획득)
		12.20.	1933년 이후 처음으로 자유총선을 거쳐 선출된 연방의회가 베를린 제국의사당에서 구성
	1991년	1.17.	헬무트 콜, 연방수상으로 선출
		3.15.	'2+4 조약' 발효
		6.17.	독일-폴란드 간 우호친선 협정 체결
		6.20.	의회 및 정부소재지로 베를린으로 결정
		11.7.~8.	나토 정상회의는 동서대립의 완전 종식 선언
	1992년	1.1.	통일 재원 조달을 위해 부가가치세 인상(14%)
		4.2.	독일, 보스니아-헤르체고비나에 AWACS 파견: 1945년 이후 첫 해외파병
		11.1.	마스트리히트 조약 발효, 이에 따라 EC에서 EU로
	1994년	5.23.	로만 헤어초크 연방대통령으로 선출
		8.31.	동독 지역 주둔 소련군 철수
		9.8.	베를린 주둔 미·영·프랑스군 철수
		10.16.	제13대 연방하원 선거 실시

	11.15.	연방하원은 헬무트 콜을 연방수상으로 선출
	12.31.	신탁청 해체
	2.3.	신연방주 주둔 독일연방군은 나토에 편입됨.
1995년	3.26.	독일, 프랑스, 베네룩스 3국, 스페인, 포르투갈이 모여 솅겐협정 체결
	5.7/9.	제2차 세계대전 패망 50주년 전승국 기념식에 처음으로 독일 대통령 및 수상 참석
	10.27.	연방군 복무기간 12개월에서 10개월로 단축
	1.29.	프랑스, 핵실험 금지 선언
1996년	5.16.	러시아, 2000년부터 의무복무병제 폐지
	5.29.	프랑스, 1997년부터 의무복무병제 폐지
	7.29	중국, 핵실험 금지 선언
1997년	1.21.	독·체코 화해협정 체결
	7.17.	독일·이탈리아·오스트리아 3국 국경통제 폐지 합의
	9.27.	하원 선거에서 사민당 승리
1998년	10.27.	게르하르트 슈뢰더, 7대 연방수상으로 선출
	11.7.	볼프강 쇼이블레, 기민당 당수 취임
	3.12.	폴란드, 체코, 헝가리 나토 가입
	3.24.	나토 전투기, 코소보 전 투입
	5.23.	요하네스 라우 8대 연방대통령 당선
1999년	11.5.	기민당 기부금 스캔들 부상
	11.20.	콜 전 수상, 당 비밀계좌 운영 실토
	12.12.	기민당 기부금 조사위구성
	12.16.	콜, 불법 기부금 수령 실토
2000년	4.10.	앙겔라 메르켈, 기민당 당수 선출
	1.1.	여성도 연방군 내 전투병과 근무 가능
2001년	3.1.	독일·북한 수교
	3.2.	기민당 불법 정치 자금 수사: 콜에 대한 30만 마르크 벌금형으로 중지
2002년	1.1.	유로 지폐 및 동전 도입
	8.3.	슈뢰더, 이라크 전 불참 선언
	1.22.	엘리제 조약 40주년 기념식에서 독·프 정상, 반이라크 전 동맹 구축
2003년	3.20.	미·영, 이라크 침공
	5.1.	부시, 이라크 전 종식 선언
2004년	7.1.	호르스트 쾰러, 연방대통령으로 선출
	1.1.	「하르츠 IV법」 시행
	6.10.	민사당과 WASG 통합
2005년	7.1.	슈뢰더, 의회에 신임안 제출, 하원의 부결
	7.21.	대통령, 하원 해산, 9.18일 새 선거 실시 선포
	9.18.	기민당, 제1당 부상

		11.22.	앙겔라 메르켈, 수상으로 선출
	2006년	1.27.	요하네스 라우 전 대통령 사망
	2007년	1.1.	부가가치세 16%에서 19%로 인상
		6.13.	구동독 슈타지 희생자들에 대한 특별 연금 시행
		12.12.	러시아, 유럽 재래식무기감축협정(Conventional Armed Forces in Europe) 조약 무효 선언
		12.13.	EU 정상, 리스본 조약 서명

참고문헌

강원식 외. 1995. 『한반도 평화체제 구축방안』. 민족통일연구원.
김영탁. 1997. 『독일 통일과 동독재건과정』. 한울아카데미.
동북아평화연구회. 1999. 『대북포용정책』. 밀레니엄북스.
뮐러, 우베. 2006. 『대재앙 통일(Supergau Deutschland, Uwe Mueller)』. 이봉기 옮김. 문학세계사.
서울대학교 독일학연구소. 2000. 『독일이야기』. 거름.
서울대학교 행정대학원 통일 정책연구팀. 2005. 『남과북 뭉치면 죽는다』. 랜덤하우스중앙.
손선홍. 2005. 『(분단과 통일의) 독일 현대사』. 소나무.
아태평화재단. 2000. 『김대중의 3단계 통일론』. 한울.
월간조선. 2004. 『마이스터의 나라 독일』. 월간조선사.
유석력. 1997. 『북한의 체제위기와 한반도통일』. 박영사.
이종석. 2000. 『새로 쓴 현대 북한의 이해』. 역사비평사.
전득주. 1995. 『독일연방공화국』. 대왕사.
정용길. 2009. 『독일 1990년 10월 3일』. 동국대학교 출판부.
정현수 외. 1995. 『북한정치 경제론』. 박영사.
주독 한국대사관. 1993. 『동서독 교류협력 사례집』. 통일원.
_____. 1993. 『동서독 화폐통합』. 통일원.
_____. 1994. 『독일 통일백서』. 통일원.
_____. 1996. 『독일 통일 6년, 동독재건 6년』. 통일원.
통일대비 정책연수단. 1993. 『동서독 통일 과정과 통합실태』.
통일원. 1997~2008. 『통일백서』.
하정열. 1996. 『한반도 통일 후 군사통합 방안』. 팔복원.
_____. 2004. 『한반도의 평화통일 전략』. 박영사.
한운석. 2008. 『독일의 역사화해와 역사교육』. 신서원.

Amos, Heike. 2005. *Die Entstehung der Verfassung in der sowjetischen Besatzungszone/DDR 1946-1949*. LIT-Verlag.
Andersen, Uwe & Wichard Woyke(Hg.). 2003. *Handwörterbuch des politischen Systems der Bundesrepublik Deutschland*. Leske+Budrich, Opladen.
Vogel, Berthold. 1999. "Arbeitslosigkeit in Ostdeutschland". *SOFI-Mitteilungen*, Nr. 27.

Bundesinstitut für Bevölkerungsforschung. 2008. *Die demographische Lage in Deutschland*. BiB.

Bürklin, W. & P. H. Rebenstorf. 1997. *Eliten in Deutschland. Rekrutierung und Integration*. Opladen.

Busch, Ulrich. 2002. *Am Tropf- Die ostdeutsche Transfergesellschaft*. trafo.

Clement, Rolf & Paul Elmar Joeris. 2005. *50 Jahre Bindeswehr 1955-2005*. Mittler.

CTBTO's Initial findings on the DPRK's announced nuclear test(2009. 5. 25).

Deubner, Christian & Heinz Kramer, Elke Thiel. 1993. *Die Erweiterung der Europäischen Union nach Mittel- und Osteuropa*. SWP.

Ehlert, Hans. 2002. *Armee ohne Zukunft*. Ch. Links.

Farwick, Dieter(Hg). 1992. *Ein Staat Eine Armee*. Report Verlag.

Fischer, Wolfram & Herbert Hax, H. Karl Schneider. 1993. *Treuhandanstalt*. Akademie.

Größl, Wolf-Rüdiger. "Die Rolle Deutschlands in der Außenpolitik: zwischen Kontinuität und Neubestimmung". http://www.deutschlandundeuropa.de/40_00/rolledeutschlands.html

Hans, Barbara. 2007. "Abwanderung Ost, Weiblich, ledig, jung gesucht"(2007. 9. 18). http://www.spiegel.de

Herbstritt, Georg. 2007. *Bundesbürger im Dienst der DDR-Spionage*. Vandenhoeck & Ruprecht.

Hirtschulz, Stefan Ulrich & Peter Joachim Lapp. 1996. "Das Grenzregime der DDR". von Eberhard Kuhrt(Hg). *Die SED-Herrschaft und ihr Zusammenbruch*. Opladen.

Institut für Wirtschaftsforschung Halle. 2009. "20 Jahre Deutsche Einheit-Teil 1- Wirtschaft im Wandel".

Jarausch, Konrad. 1995. *Die unverhoffte Einheit 1989-1990*. Suhrkamp.

Kaeselitz, Hella. 1999. Die Ängste der Margaret Thatcher: Einige Aspekte der britischen Haltung zur deutschen Vereinigung. UTOPIE kreativ.

Kang, Jungmin. 2007. *Technical Analysis of the DPRK Nuclear Weapons Program*. CISAC, Stanford University.

Kim, Dongmyung. 1991. *Die Amerikanisch-chinesisch-japanische Zusammenarbeit in Ostasien*. Peterlang Verlag.

Klessmann, Christoph & Hans Wichert & Günter Misselwitz. 1999. *Deutsche Vergangenheiten*. Ch. Links Verlag.

Köhler, Henning. 1997. *Adenauer, Eine politische Biografie*, Bd. 1. Propyläen.

Kühl, Jürgen. 1993. "Arbeitslosigkeit in der vereinten BRDeutschland". *Aus Politik* und *Zeitgeschichte*, B. 35.

Kuhrt, von Eberhard. 1996. *Die SED-Herrschaft und ihr Zusammenbruch*. Opladen.

LeMO Impressum. *Geteiltes Deutschland, 1963-1974 Entwicklungen im Osten: Dritter Weg*.

LeMO Impressum. Web Camera, II. Weltkrieg.

Lindner, Bernd. 1998. *Die demokratische Revolution in der DDR 1989/1990*. bpb.

Mählert, Ulrich. 2006. *Kleine Geschichte der DDR*. Beck.

Malycha, Andreas & Peter Jochen Winters. 2009. *Die SED. Geschichte einer deutschen Partei*. Beck.

Maull, Hanns W. & Sebastian Harnisch. 2001. "Exploring the German Analogy: The '2+4 Process' and Its Relevance for the Korean Penninsula". Unpublished document, Trier University.

Meinhardt, Volker. 2000. "Der Prozess der Angleichung im Bereich der sozialen Sicherung". *Vierteljahrshefte zur Wirtschaftsforschung 69*. Jahrgang.

Mosse, Werner E.(Hg.). 1998. *Juden im Wilhelminischen Deutschland 1890-1914*. Tübingen.

Müller, Uwe. 2009. "100 Milliarden Euro fließen pro Jahr in den Osten". Welt Online, Axel Springer AG.

Niedziell, Dietmar. 1999. "Historische Chance. Zum Stand der Osterweiterung der Europäischen Union". *IfdT 1/99*.

Noland, Marcus. 2000. *Avoiding the Apocalypse, The Future of the Two Koreas*. Peterson Institute for International Economics.

Papcke, Sven. 1998. "Zur Neuorientierung deutscher Außenpolitik". *Aus Politik und Zeitgeschichte*. B12/98, 1998.

Pilz, Frank. 2004. *Der Sozialstaat*. bpb.

Poetzsch, Horst. 2004. Die deutsche Demokratie. bpb.

Pollack, Detlef & Gert Pickel. 1998. "Die ostdeutsche Identität - Erbe der DDR". *Aus Politik und Zeitgeschichte*, B41-42/1998.

Pollack, Detlef. 2000. "Wirtschaftlicher, sozialer und mentaler Wandel in Ostdeutschland". *Aus Politik und Zeitgeschichte*, B40/2000.

Priller, Eckhard. 1999. *Demokratieentwicklung und gesellschaftliche Mitwirkung in Ostdeutschland*. WZB.

Joachim Ragnitz. "Die Wirtschaft in Deutschland Ost und in Deutschland West". http://www.buergerimstaat.de/4_00/ostwest10.htm

Ragnitz, Joachim. 2009. *Zwanzig Jahre "Aufbau Ost": Erfolge und Misserfolge*. bpb.

Ragnitz, Joachim & Simone Scharfe & Beate Schirwitz. 2009. *Bestandsaufnahme der wirtschaftlichen Fortschritte im Osten Deutschlands 1989-2008*. Ifo-Institut für Wirtschaftsforschung.

Rödder, Andreas. 2009. *Deutschland einig Vaterland. Die Geschichte der Wiedervereinigung*. Beck.

Roesler, Jörg. 2003. *Ostdeutsche Wirtschaft im Umbruch*. bpb.

Roesler, Jörg. 2002. *Die Wirtschaft der DDR*. Landeszentrale für politische Bildung Thüringen.

Sauer, Heiner & Hans Plumeyer. 1991. "Der Salzgitter-Report- Die zentrale Erfassungsstelle berichtet über Verbrechen im SED-Staat".

Schönbohm, Jörg. 1992. *Zwei Armeen und ein Vaterland*. Siedler Verlag.

Schöllgen, Gregor. 2000. "Zehn Jahre als europäische Großmacht. Eine Bilanz deutscher Außenpolitik seit der Wiedervereinigung". *Aus Politik und Zeitgeschichte*, B24/2000.

Schöllgen, Gregor. 1999. *Die Außenpolitik der Bundesrepublik Deutschland*. Beck.

Schröder, Richard. 2008. *Deutsche Einheit – besser als ihr Ruf*.

Schröder, Klaus. 2009. "20 Jahre Nach Dem Mauerfall". Freie Universität Berlin, Forschungsverband SED-Staat(Freie Universität Berlin).

Siebenmorgen, Peter. 1990. *Gezeitenwechsel; Aufbruch zur Entspannungspolitik*. Bouvier.

Sinn, Hans Werner. 2000. "Zehn Jahre deutsche Wiedervereinigung-Ein Komentar zur Lage der neuen Länder". *ifo Schnelldienst*, 26/27/2000.

Solms, Von Franz. 2009. "Ost- und Westdeutsche entfernen sich voneinander". http://www.Welt-online.de(2009. 5. 20).

Staack, Michael. "Großmacht oder Handelsstaat? Deutschlands außenpolitische Grundorientierungen in einem neuen internationalen System". *Aus Politik und Zeitgeschichte*, B12/98.

Stehr, Uwe. 2008. *US-Streitkraefte in Deutschland*. Friedrich-Ebert Stiftung.

Steingart, Gabor. 2005. *Deutschland: Der Abstieg eines Superstars*. Piper.

Steinitz, Klaus. 2004. *Transfers - Ist der Osten Schuld an der wirtschaftlichen Situation in Deutschland?*. Uni Bremen.

Thumfart, Alexander. 2001. "Politische Kultur in Ostdeutschland". *Aus Politik und Zeitgeschichte*, B39-40.

von Alemann, Ulrich. 2003. *Das Parteiensystem der BRD*. bpb.

von Kirchbach, Peter(Hg.). 1992. *Abenteuer Einheit*. Report Verlag.

von Plato, Alexander. 2003. *Die Vereinigung Deutschlands*. bpb.

Weidenfeld, Werner & Korte, Karl-Rudolf(Hg.). 1999. *Handbuch zur deutschen Einheit*. Campus.

Wenzke, Rüdiger. 2003. "Das Ende der DDR-Volksarmee und die Integration von ehemaligen NVA-Angehörigen in die Bundeswehr."(Entwurf eines Vortrages vor einer koreanischen Delegation am MGFA, 2003. 11. 19). Militärgeschichtliches Forschungsamt.

Werz, Nikolaus. 2001. *Abwanderung aus den neuen Bundesländern von 1989 bis 2000*. bpb.

Zellhuber, Andreas. 2006. *Das Reichsministerium für die besetzten Ostgebiete und die deutsche Besatzungsherrschaft in der Sowjetunion 1941-1945*. Universität Augsburg.

20 Jahre Wiedervereinigung – was denken Ost- und Westdeutsche darüber? Leipzig (2009. 9. 24). Pressemitteilung, Universität Leipzig.

주요 언론

Frankfurter Allgemeine Zeitung
Süddeutsche Zeitung
Die Welt
Berliner Zeitung
Spiegel
Focus
≪동아일보≫ ≪조선일보≫ ≪중앙일보≫ ≪한겨레≫

항목 찾아보기

ㄱ

강제환전금(Zwangsumtausch) 93~95
개성공단 548, 556~558, 561, 588, 620
건설군인(Bausoldat) 533
건설적 불신임 투표(Konstruktives
  Misstrauensvotum) 57, 154
경의선 548, 557, 560~561, 566~568
경제·화폐·사회연합 90, 117, 126, 164,
  180, 218, 375, 396, 402, 405
경제공동체 556~557, 607, 611, 614
계약공동체(Vertragsgemeinschaft) 114
고농축 우라늄 583, 594
고농축 우라늄을 통한 핵무기 개발 프로그램
  (Highly Enriched Uranium programme:
  HEU) 596
고데스베르크 프로그램
  (Godesberger Programm) 47
고려민주연방공화국 469
고려연방제 통일방안 472~473
고령화 사회 257, 260
고용창출조치(Arbeitsbeschaffungsmaß-
  nahmen: ABM) 384
고폭실험(high explosive test) 595
고향 추방인(Heimatvertriebene) 397
공동안보방위정책(Common Security and
  Defense Policy: CSDP) 266, 268, 339,
  368
공동외교안보정책(Common Foreign Affairs
  and Security Policy: CFSP) 267~268,
  284
공동의사결정제도 255
공동헌법위원회(Gemeinsame
  Verfassungskommission: GVK) 505

과거사 청산 작업 205, 510, 511
관세 및 무역에 관한 일반 협정(GATT) 91
광명성 1호 604
교차승인(cross recognition) 554, 556~577,
  579, 611
교통 인프라 98~99, 137, 226, 260,
  41~418, 477
교통망위원회(Deutsch-Deutsch
  Verkehrswegekommission) 416
교통정책 415~416
교통조약(Verkehrsvertrag) 96, 98~99,
  101, 474, 477, 540
구채무변제기금(Erblastentilgungsfonds)
  221, 235
국가계획위원회(Staatliche wirtschaftliche
  Plankommission) 33, 138
국가보안청(Amt für Nationale Sicherheit) 115
국가보위부(Ministerium für
  Staatssicherheit: MfS) 32, 306
국가사회주의당(NSDAP, 나치당) 174
국가연합(Confederation) 63, 114, 118, 156,
  471, 613
국가조약(Staatsvertrag) 90, 116, 389
「국경법(Grenzgesetz)」 70
「긴급수용법(Notaufnahmegesetz)」 399~400
국경연결 프로그램(Lückenschlussprogram) 416
국민 저항권(Widerstandsrecht) 85
국민정당(Volkspartei/catch-all-party)
  172~174
국방개발획득 운용회사(Gesellschaft für
  Entwicklung, Beschaffung und Betrieb:
  GEBB) 344
국제 대테러(fight against terrorism) 269,
  275, 350, 353, 603
국제노동기구(ILO) 588
국제민간항공기구(International Civil

Aviation Organization: ICAO) 320
국제원자력기구(International Atomic Energy Agency: IAEA) 294, 594
군비제한 528, 563
군비총국 530
군비축소 563~564
군사안정화 작전 271~272, 352
군사역사학연구청(MGFA) 232
군사위원회(Military Committee: MC) 575
군사적 신뢰구축 527, 563~564, 566, 612
군사정보청(Zentrale für Nachrichtenwesen der Bundeswehr: ZNBw) 353
군사정전위원회(Military Armistice Commission: MAC) 553, 569
군사통합 297~298, 300~304, 310, 314~316, 318, 321, 340~341, 525~528, 533, 563, 615
군정청(Soviet Civil Authority) 461
군축 53, 89~90, 130, 139, 241, 271, 274~275, 292~293, 296, 315, 369, 469, 482~483, 528, 546, 550, 562, 565, 568, 603, 606, 613
군특명관(Wehrbeauftragte) 327~328, 330, 335, 369, 534
금강산 관광 사업 475, 556
기독 민주 연합(Christlich Demokratische Union: CDU, 기민당) 46, 57, 87, 88~89, 117, 153~154, 176~177, 180, 186~187, 189, 192~194, 216, 348
기독 사회 연합(Christlich-Soziale Union: CSU, 기사당) 176, 179, 189
기독교평화회의(Christian Peace Conference: CPC) 481
기민/기사연합(CDU/CSU) 47, 53, 120, 172, 173, 175, 177, 181~185, 189~191, 198~199, 229, 233, 258, 518, 537

기본법 23조에 의한 통일 143~144, 162, 491, 504~505
기본법(Grundgesetz) 29, 41, 54, 57, 60~61, 84, 99, 118, 144, 155, 157, 163, 174, 195, 328, 345, 348, 372, 505, 508
기폭장치(explosive device) 595, 597, 602
긴장완화 9, 35, 37, 40, 44, 46~48, 50, 53, 55~56, 85~86, 97, 131, 146, 190, 271, 283, 315, 424, 459, 466, 467, 468, 476, 488~499, 503~504, 508, 522, 541, 546, 550, 554, 562, 564, 566, 567, 569, 571, 573, 576, 577, 607, 610, 621
긴장완화 분과위원회(Tension Reduction Subcommittee) 554

ㄴ

「남녀군인 평등대우조치법(Gesetz zur Durchsetzung der Gleichstellung von Soldatinnen und Soldaten der Bundeswehr)」 345
나치 친위대(Schutzstaffel: SS) 77~78, 81
나치당(Nationalsozialistische Deutsche Arbeiterpartei: NSDAP) 75, 79, 174, 176
나토 신속대응군(NATO Response Force: NRF) 281, 342
나토 역외 파병(NATO-out-of-area operation) 269, 276, 347~348
나토 유럽 신속대응군단(Alllied Command Europe Rapid Reaction Corps: ARRC) 326
나토 이중 결정(NATO-Doppelbeschluss) 130
나토 즉각대응군(Immediate Reaction Forces: IRF) 327
나토 최고 유럽연합사령부(Supreme Headquarters Allied Powers Europe: SHAPE) 270
나토(NATO: 북대서양 조약기구) 26, 29,

36~37, 40, 42, 45, 47, 50, 69, 107, 125, 130, 135~136, 144~146, 265, 266, 269~270, 272~274, 276~282, 284, 286~288, 290, 295, 300~302, 310, 315, 317, 319, 323~325, 327, 334, 339, 341~342, 349~353, 355, 356~358, 364, 368~369, 420, 453, 460, 462, 468, 482, 487, 491, 522~523, 526, 532
나토군 지위협정에 대한 보충협정 356
나토의 동구 확대(NATO-Osterweiterung) 279~280
나토의 동맹군(Bündnisarmee) 278
나토의 PfP(Partnership for Peace) 279~280
나토재정 281
남북 관리구역 566~567
남북 기본합의서 482, 485, 499, 527, 545, 548, 561, 565~568, 576, 621
남북 평화선언 619
남북연합(confederation) 472~473, 501~502, 508, 528, 563, 610, 612~613, 619
남북연합단계 502~503, 513, 516, 521, 527~528, 563, 571, 577, 611~614
남북열차 시험운행 548
남북장관급 회담 569
남조선혁명론 472
내독 국경 38, 54, 66, 69, 96, 207, 241, 307, 312, 397~398, 483~484, 492
내적 지휘(Innere Führung) 304, 328, 535
내적 통합 166, 211, 238, 298, 321, 447~448, 504, 511, 515, 523, 528, 544
노동 미사일 600, 604~605
노동관계(Arbeitsbeziehungen) 383
노동시장 58, 224, 231, 247, 249, 251, 253, 255, 257~259, 261~262, 383~385, 387~394, 401, 405, 430, 516, 518

노동시장정책(Arbeitsmarktpolitik) 192, 383, 386, 391, 393~394, 614
노동정책(Arbeitspolitik) 383, 389, 516
노동촉진법(Arbeitsförderungsgesetz) 58
녹색당(Bündnis 90/Die Grünen) 121, 172, 177, 182~183, 185, 189, 191, 194, 199, 334, 348
뉘른베르크 재판(Nürnberger Prozesse) 80~81

「동독국적법」 63
다국적성(multinationality) 325
다수선거제(Mehrheitswahl) 161, 172
단독대표권(Alleinvertretungsanspruch) 42, 46, 53, 61~63, 465~466, 467
단순 혐의자(Entlastete) 79
단일보험(Einheitsversicherung) 375
대량살상무기 확산방지구상(Proliferation Security Initiative: PSI) 295, 580, 593
대량살상무기(Weapons of Mass Destruction) 269, 271, 288, 294~295, 323, 340, 359, 470, 483, 504, 527, 550, 553, 556, 561~563, 577~582, 586, 589~590, 593, 598, 607, 612, 619, 622, 624
대북포용정책 464, 485, 500, 548, 551, 557, 581
대포동 1호 미사일 604~605
대포동 2호 미사일 550, 605
데이턴(Dayton) 협정 349
도시재건 프로그램(Stadtumbau Ost) 415
독립국가연합(Commonwealth Independent States: CIS) 271~272, 274, 279, 401, 612
독일 연방제 156, 157, 506

독일 통일 교통 프로젝트(Verkehrsprojekte Deutsche Einheit) 417~418
독일 통일기금(Fonds Deutsche Einheit) 236
독일 협정 41
독일공무원노조(Deutscher Beamtenbund: DBB) 389
독일공산당(Kommunistische Partei Deutschlands: KPD) 32, 85
독일국민연합(DVU) 194
독일노동자당(Deutsche Arbeiterpartei: DAP) 75
독일노총(Deutscher Gewerkschaftsbund: DGB) 389
독일-미국 군단(GE/US Korps) 326
독일민족민주당(NDPD) 87
독일민주공화국(Deutsche Demokratische Republik: DDR) 29, 42
독일민주농민당(DBD) 87
독일사무노조(Deutsche Angestellten Gewerkschaft: DAG) 389
독일사회주의통일당(Sozialistische Einheitspartei Deutschlands: SED) 32
독일연맹(Allianz für Deutschland) 125, 299
독일연방(Deutscher Bund) 21, 156
독일연방공화국(Bundesrepublik Deutschland: BRD) 29, 42, 60, 118, 180, 196, 197, 444
독일제국(Das Deutsche Kaiserreich) 21, 42, 60, 61, 63, 78, 133, 156, 173, 195, 196, 372, 375, 396, 422, 508
독일제국의 동부 영토(Ostgebiete des deutschen Reiches) 48, 133, 422
독일화(Germanisierung) 77
돌격대(Sturmabteilung: SA) 75
동(북)아 다자안보 협력 611, 613
동·서독 국경통과협정(Transitabkommen) 55, 92, 94, 96~99, 415, 474, 477, 540

동·서독 기본조약(Grundlagenvertrag) 40, 52~54, 61, 63, 65, 86, 101~103, 105, 464, 467, 474, 477, 479, 485, 499, 544~545
동독 국방부(Ministerium für Abrüstung und Verteidigung) 301~302, 305
동독 선물중개회사(Genex) 92~93, 95
동독 정치범(Freigekaufte) 398, 475
동북 다국적군단(Multinationales Korps Nord-Ost) 326
동북아시아 협력대화(Northeast Asia Cooperation Dialogue: NEACD) 66
동브란덴부르크(Ost-Brandenburg) 25
동서냉전 20, 23, 25~26, 29, 34~35, 37, 39, 41~42, 48, 64~65, 79, 82, 107~108, 127~129, 135, 142, 145~146, 265, 269, 271~273, 278~279, 287, 288~289, 295, 315, 323~325, 332, 334, 340~341, 354, 359, 364~365, 420~421, 424, 453, 458~459, 462, 466~467, 469, 483, 486~487, 489~490, 492, 499, 523~524, 529, 535, 542, 546, 554, 579, 596
동조자(Mitläufer) 79~80
동해선 548, 557, 561, 566, 567

ㄹ

러일전쟁 455
런던 서방 6개국 정상회담 28
런던의정서(EAC-Zonenprotokoll) 22, 64~65
룩셈부르크 협정(Luxemburger Abkommen) 82

ㅁ

「모성보호법(Mutterschutzgesetz)」 44, 372
마셜플랜 26~28, 43, 136, 286, 460, 523
마스트리히트 조약(Maastricht Treaty)

134~135, 267, 272, 283
모스크바 외상회담 22
무역을 통한 변화 추구(Wandel durch Handel) 49
무이자 초과인출(zinsloser Überziehungskredit) 91
미·북 평화협정 550, 564~565, 568~570, 572, 589, 609
미국-독일 군단(US/GE Korps) 326
미사일 방어체제(Missile Defense: MD) 275, 580, 593
미-소 공동위원회 461
민간복무(Zivildienst) 330~332
민족공동체 통일방안 469, 472, 503, 563, 564, 611, 613~614
민족공동체헌장 613
민주사회주의(Demokratischer Sozialismus) 169, 439
민주사회주의당(Partei des Demokratischen Sozialismus: PDS) 116~117, 179

ㅂ

「베를린-본 법의 폐지 법안(Beendigungsgesetz zum Berlin/Bonn-Gesetz)」 203, 510
「북한 인권법(North Korean Human Rights Act)」 478, 587
바르샤바 조약기구(Warsaw Treaty Organization) 29, 50, 62, 69, 109, 120, 128, 269, 270, 272, 274, 299, 325, 347, 354~355, 424, 453, 460, 463, 469, 482, 487~488, 493, 526~527
바이마르 공화국(Weimarer Republik) 60, 74, 156, 173~174, 333
반유대주의(Antisemitismus) 72~73, 75, 145
반탁운동 461
반히틀러 연합(Anti-Hitler-Koalition) 21, 454

발칸 반도 내전 265, 266, 269, 341, 409
방사화학 실험실(재처리시설) 598~599
방어계획위원회(Defence Planning Committee: DPC) 270
범대서양 관계(transatlantic relationship) 273, 282, 286~288
베네룩스 3국 28, 36
베르됭(Verdun)조약 21
베를린 봉쇄 29
베를린 선언(Berliner Deklaration) 34, 102, 477, 487
베를린 지위 관련 전승 4개국 협정(Viermächte-Abkommen über Berlin) 54~55, 86, 132, 474, 477
베를린 최후통첩(Berlin-Ultimatum) 34, 37
베를린 헌법(Verfassung von Berlin) 133
베를린 협정(Berliner Abkommen) 90, 133, 475
베를린장벽 11, 38~39, 45, 70, 86, 87, 111, 114, 134, 170, 179, 215, 314, 397, 399, 424~425, 438, 478, 492, 496
베를린장벽 구축 33~34, 38~39, 63, 69, 99~100, 103, 105, 398, 438, 466, 474, 479, 484, 487
베씨(Wessi: 서독 사람) 447
벤들러블록(Bendlerblock) 84
벼랑 끝 전술(brinksmanship) 583, 601
병역불만(Wehrbeschwerdeordnung) 330
보상점수(Entgeltpunkte) 377
보스니아 국제평화유지군(Implementation Force in Bosnia and Herzegovina: IFOR) 349
보씨(Wossi: Wessi+Ossi) 447
보호지역(Schutzstreifen) 66
복지범죄(Wohlstandskriminalität) 426
부가가치생산(Bruttowertschöpfung) 436

부모수당(Elterngeld) 260
부헨발트(KZ Buchenwald) 집단수용소 85
북조선 인민위원회 461
북조선 임시 인민위원회(North Korean Provisional People's Committee) 461
북조선사회민주당 475
분단(Teilung, division) 25, 28, 34, 39~40, 48, 60, 70, 72, 85, 89, 96~99, 101, 103~104, 120, 131, 142, 145~147, 160, 168, 195~198, 205, 209, 238, 241, 245, 275~277, 280, 289, 333, 375, 396, 397, 399, 410, 416, 418, 420~421, 424, 430, 433, 438~439, 446, 448, 451~454, 458~459, 460, 464, 466~468, 470~479, 482~483, 485~492, 494~495, 497~501, 503, 506~508, 510, 513~515, 519, 522~524, 529, 532, 537, 539, 541~544, 547, 551, 555, 568, 578, 609, 616, 618, 620, 622, 624, 628
분담금 268, 276~277, 292
분할(Aufteilung, division and sharing out) 20, 454
분할통치(divide and rule) 453
불가침 선언 565
브레튼우즈(Bretten Woods)체제 56
비군사화(Demilitarisierung) 23, 62
비례선거제(Verhältniswahl) 161, 172
비시 정권(Vichy-Regime) 23, 80
빈회의(Wiener Kongress) 21

ㅅ

사고보험 372
사무근로자 보험 375
사용 후 핵연료(spent fuel) 594
사유화 47, 136, 214, 218, 220, 222, 233, 235, 413, 462

사통당 독재체제 잔재청산 특별위원회 (Enquete-Kommission Aufarbeitung der Geschichte und der Folgen der SED-Diktatur) 206
사통당 독재평가 연방재단(Bundesstiftung zur Aufarbeitung der SED-Diktatur) 212, 513
사회민주당(Sozialdemokratische Partei Deutschlands: SPD, 사민당) 31~32, 40, 44, 46~47, 56, 58, 83, 87, 118, 120, 153~154, 173, 175~181, 183~194, 198~199, 217, 229, 256~258, 295, 334, 341, 348, 373, 430, 469, 495, 507~508, 518, 537~538
사회민주주의(Sozialdemokratie) 30, 190
「사회보장법(Gesetz über die Sozialversicherung: SVG-DDR)」 372
「사회보장법(Sozialversicherungsgesetz)」 426
사회보장통합 371, 381
사회부조(Sozialhilfe) 190, 258, 379~380, 395
사회연대특별세(Solidaritätszuschlag) 237~238, 244
사회적 시장경제(Soziale Marktwirtschaft) 30~31, 40, 43, 46~47, 55, 58, 118, 142~143, 214, 219, 222, 226, 249, 257, 375, 389, 418, 420, 428, 441~442, 497, 518, 537, 543
사회주의 노동자당(Sozialistische Arbeiterpartei) 176
사회주의 중앙계획경제 33
사회주의(Marxismus, Marxism) 29, 30, 33, 52, 55, 63, 84, 88~89, 96, 103~104, 106~107, 109, 114, 128~129, 139, 146, 151, 163, 166~167, 169~171, 176, 179, 190, 192, 219, 272, 320, 372, 386, 388, 408, 463, 481, 504, 508, 514, 540,

559, 596
사회주의 제국당(Sozialistische
　Reichspartei Deutschlands: SRP)　174
상점 영업시간　261
상주대표부　53~54, 110, 122, 399
상호 확증파괴(mutually assured destruction)
　579
생물무기금지협약(Biological and Toxin
　Weapons Convention: BWC)　606
생산근로자 보험　375
서베를린 봉쇄(Berlin-Blockade)　28
서유럽연합(Western European Union: WEU)
　36, 349
선거협정　120
선군정치　494
선제공격(preemptive strike)　580
성형제작　595, 602
세계교회협의회(World Council of Churches:
　WCC)　481
세대 간의 계약(Generationenvertrag)　372
세제개혁　244, 259, 430
소극 가담자(Minderbelastete)　79
소련 통제위원회(Sowjetische Kontroll-
　kommission: SKK)　97, 132, 476
소련군 철수　144, 313, 629
수당 신설　393
순이전액(Nettotransfer)　234, 517
슈타지(Stasi)　32, 66~67, 109~110, 115~
　116, 124~125, 139~140, 186, 205~
　207, 209~210, 212~213, 220, 242,
　298, 301, 306, 318, 398, 422, 425, 428,
　484, 511, 631
슈타지 대외정찰 총국(Hauptverwaltung
　Aufklärung: HVA)　209~210
「슈타지 자료 관리법」　212
슈타지 자료 관리 연방 특명관　209

슈피겔 사건(Spiegel Affäre)　45
슐레지엔(Niederschlesien-Oberschlesien)
　25, 397
스윙(swing) 제도　91
스탈린 공한　34
스푸트니크(Sputnik)　35
시오니즘　73
신동방정책(Neue Ostpolitik)　44, 47~48,
　50, 52, 55, 57
신성로마제국(Heiliges Römisches Reich)
　21, 156
「신연금법」　372
신자유주의(Neoliberalismus)　30, 177
신재건전략　228, 230, 520
신중도(Neue Mitte)　256
신탁청(Treuhandanstalt: THA)　214, 219~
　221, 223, 233, 235, 250, 311, 312, 404,
　427, 630
실업급여(Arbeitslosengeld)　58, 190~191,
　234, 239, 379, 391, 393, 395, 406
실업보험　239, 258, 372, 374~376, 379,
　392, 406
실업부조(Arbeitslosenhilfe)　190, 258, 374,
　379~380, 393, 395
실질임금(Effektivlohn)　390

ㅇ
아세안지역 안보포럼(ASEAN Regional
　Forum: ARF)　566
아시아불교도평화회의(Asian Buddhist
　Conference for Peace: ABCP)　481
아우슈비츠 재판(Auschwitz Prozesse)　81
아우슈비츠(Auschwitz) 수용소　77~78, 81
악의 축(Axis of Evil)　583
안전조치협정(safeguards agreement)　584,
　594, 598, 608

안정화군(Stabilisierungskräfte) 340, 342~343
얄타(Jalta)회담 22, 64, 454~455, 458~459
양면전(兩面戰, Zwei-Fronten-Krieg) 45
「양성평등법」 44
「연금이전법(Rentenüberleitungsgesetz)」 375, 377
양심적 병역 거부 330~333, 532~533
양육수당(Erziehungsgeld) 260
엘리제 협정 43
엘리트 충원 513
역사적 변증법(Dialektik) 420, 499, 544, 552
역외 파병 작전 265
연금보험 55, 372, 374, 376~377, 381, 406, 434
연금평가지수(Rentenwert) 377
연대협약기금 I(Solidarpakt I) 238
연방 카르텔청 200~201
연방감사원 200~201
연방고용청(Bundesagentur für Arbeit) 259, 379, 384, 391, 393, 406
연방국가(Bundesstaat) 21, 156
연방국경수비대(Bundesgrenzschutz: BGS) 66
연방군 개혁위원회 (Weizsecker Kommission) 341
연방군 동부지역사령부 (Bundeswehrkommando Ost) 301, 305
연방군 변혁센터(Zentrum für Transformation der Bundeswehr: ZTransfBw) 342
연방군 사회학연구소(SWInstBw) 232
연방군 중앙추모관(Ehrenmal der Bundeswehr) 351
연방군 IT청(Bundesamt für Informationsmanagement und Informationstechnik der Bundeswehr: IT-AmtBw) 343
「연방군 해외파병법」 348
「의무복무법(Wehrpflichtgesetz)」 333
연방군 해외파병임무 323, 339~342, 346~347, 351, 353
연방군(Bundeswehr) 29, 42, 47, 119, 120, 126, 231~232, 278~279, 291, 297, 298, 300, 302~303, 304, 306~320, 322~323, 325~327, 329~333, 336~337, 339, 341~344, 346~348, 350~351, 353, 359, 364~365, 368, 370, 526, 529, 532, 534~535
연방노동·사회부(Ministerium für Arbeit und Soziales) 384, 406
연방단계 502
연방대통령(Bundespräsident) 45, 151, 153~155, 162, 184, 200, 629, 630
연방상설위원회 501
연방상원(Bundesrat) 152~153, 155~160, 199~200, 505
연방시(Bundesstadt) 200
연방정보부(Bundesnachrichtendienst: BND) 353
연방정치교육센터(Bundeszentrale für politische Bildung: BPB) 514
연방제(federalism) 473
연방주의 상·하원 공동위원회 (Föderalismuskommission) 159
연방하원(Bundestag) 47, 54, 57~58, 118, 120, 131, 151~160, 168, 174~176, 178, 182, 184~186, 196~200, 202~203, 206, 212, 217, 258, 268, 285, 327~328, 335, 348, 350, 369, 373, 509, 532, 534, 625, 629
연방헌법재판소 (Bundesverfassungsgericht) 54, 155,

174, 184, 208, 210, 237, 347
연방회의(Bundesversammlung) 153
연합국 통제위원회(Alliierter Kontrollrat) 22, 26, 28, 79, 83, 96
영방국가(領邦國家, Territorialstaat) 150
영변 핵단지 595~596, 600~601
오데르-나이세(Oder-Neiße) 강 24, 36, 48, 51, 60, 62, 120, 126~127, 133, 135, 145, 279, 422
오스탈기(Ostalgie) 현상 447
오시라크(Osirak) 원자로 596
오씨(Ossi: 동독 사람) 447
옴부즈맨(Ombudsmann) 327
외국인 근로자(Gastarbeiter) 46, 409
외형적 통일(äußere Einheit) 427
원외야당(Außerparlamentarische Opposition: APO) 177
원탁회의(Zentraler Runder Tisch) 117, 125, 219
월남 임시혁명정부(민족해방전선) 569
위성정당(Blockpartei) 87~89, 125, 180, 478
유대인 박해의 밤(Pogromnacht, Kristallnacht) 75
유대인 중앙협의회 창설(Zentralrat der Juden in Deutschland) 82~83
유대인추방센터(Zentralstelle für jüdische Auswanderung) 75
유럽 단일시장 284
유럽 상호 균형 병력 및 무기 감축(Mutual and Balanced Force Reductions in Central Europe: MBFR) 69, 131, 482
유럽 안보 구도 265
유럽 안보협력기구(Organization for Security and Cooperation in Europe: OSCE) 266, 271, 279, 350, 567
유럽 안보협력회의(Conference for Security and Cooperation in Europe: CSCE) 50~53, 71, 106, 120, 129, 131, 139, 144, 146, 271, 398, 421, 467, 487, 493
유럽방위공동체(European Defence Community) 36, 324
유럽부흥계획(European Recovery Program: ERP) 27
유럽사령부(EUCOM) 270, 354
유럽석탄·철강공동체 (European Coal and Steel Community: ECSC) 29, 40, 283, 420
유럽선거(Europawahl) 190
유럽자문위원회(European Advisory Commission: EAC) 22, 64, 454
유럽지역발전기금(EFRE) 417
유럽통합 43, 57, 130, 134, 145, 176, 266~267, 272, 282~284, 286~287, 365, 369, 525
유로(Euro) 187, 267
유로군단 284, 326
유로존(Euro-Zone) 248
유보조항 24
유엔 기후변화협정기구(United Nations Framework Convention on Climate Change: UNFCCC) 201
유엔 사막화 방지 협정 (United Nations Convention to Combat Desertification: UNCCD) 201
유엔군사령관 570, 572
유엔사 528, 553~554, 567, 569~574, 576~577, 611
유엔한국위원단 462
의료보험 58, 245, 257, 285, 308, 372, 374, 376, 380~381, 395, 406, 437
의무복무병제 333, 335, 535
의회위원회(Parlamentarischer Rat) 29, 157,

196
이산가족 상봉 475, 500, 548, 610
이주민 정착수당(Eingliederungsgeld) 406
이주민(Übersiedler) 215, 396, 399~403, 405~406, 410~411, 425
인구 이동 229, 396, 401, 403, 431, 540
인민군 국경부대 사령부(Kommando Grenztruppe der NVA) 69
인민군(Nationale Volksarmee: NVA) 29, 38, 69~70, 115, 140~142, 220, 297~299, 304, 306~307, 310, 314, 493, 526~527, 533
인민의회(Volkskammer)선거 117, 125, 164, 186, 298, 425~426, 526
임금 균형 요구 246
「임금동일화법(Rentenangleichungsgesetz: RanglG-DDR)」 375
임기응변의 통일(improvisierte Vereinigung) 496
임무형 전술(Auftragstaktik) 298, 301, 303, 308, 320
임산부보조금(Mutterschaftsgeld) 374
임시사찰(ad hoc inspection) 594

ㅈ

자녀수당(Kindergeld) 55, 58, 374
「자녀수당법(Kindergeldgesetz)」 372
「적성국 교역법(Trading with the Enemy Act)」 582, 584, 599
자르(Saar) 지위 관련 협정 41
자영업(Ich-AG) 259, 391
자유도시(Freie Stadt) 37
자유독일노조연합(Free German Trade Union Federation: FDGB) 389
자유독일청년(Freie Deutsche Jugend: FDJ) 86

자유민주당(Freie Demokratische Partei: FDP, 자민당) 40, 45~47, 87, 90, 172, 175, 177, 179~182, 184~185, 189, 191, 194, 199, 237, 334, 348
자유주의(Laisssez-faire Liberalismus) 30, 90
작센(Sachsen) 25, 159, 194, 231, 239
작전지휘권(operational command authority) 573~575
작전통제권 570, 574
장군참모(general staff) 324
재정이전 225, 229, 233~234, 239, 242~247, 253, 381, 434, 519, 520, 537
재처리(reprocessing) 581, 594~595
저소득 일자리(Mini-Job) 258~259
적극 가담자(Belastete) 79~80
전략무기 제한 협정(Strategic Arms Limitation Talks I-II: SALT) 131
전방방위(Vorneverteidigung) 341
전술핵 601
전승 4개국의 유보권한(Vorbehalterechte) 41, 490
전쟁주범(Hauptschuldige) 79
전체 인민 소유(Volkseigentum) 410, 413
전체로서의 독일(Deutschland als Ganzes) 60~61, 470
접근을 통한 변화(Wandel durch Annährung) 44, 54, 466
정부부처 이전 198, 508~509
정상회담 86
정전협정체제 547, 553, 572
정주민(Aussiedler) 396~397, 401, 405~406
정착부조(Eingliederungshilfe) 406
정치문화 165~166, 170~172, 187, 492, 505, 514~515
제3제국 20, 23, 60, 79~80, 83, 150, 345, 455

제국의회(Reichstag) 156, 173
제네바 정치회담 553, 581~584, 589, 591, 594~595
제네바 핵합의(Agreed Framework) 580
조기통합 214~215
조기퇴직제도 392
조선노동당 463, 472, 478
조세력(Steuerkraft) 263, 436
종교대회(Kirchentag) 104
종전선언 619
좌파연합(Die Linke) 172~173, 178, 185, 189~194, 257, 318, 334, 362, 388, 430, 507
주둔협정(Aufenthaltsvertrag) 354, 356
주별 재정균형(Länderfinanzausgleich) 238, 239
주의회(Landtag) 152~153, 157, 160, 175, 184, 426, 430, 491
주체사상 493, 515~516, 623
주택기금(Wohnungsfond) 413
주택정책 410~411
중거리 핵무기 감축 협정(Intermediate Range Nuclear Forces: INF) 131
중립국 감독위원회(Neutral Nations Supervisory Commission: NNSC) 553
중성자 발생장치(neutron initiator) 595
중앙기록소(Zentrale Erfassungsstelle Salzgitter) 71
지방분권화(Dezentralisierung) 24
「지방자치단체 교통재원조달법(Gemeindeverkehrsfinanzierungsgesetz)」 417
지원군(Unterstützungskräfte) 342
지휘·명령권(Befehls- und Kommandorecht) 327
직업 및 행정법상의 복권(Verwaltungsrechtliche, und das Berufliche Rehabilitierungsgesetz) 211
질서자유주의(Ordoliberalismus) 30

ㅊ

차단지역(Sperrzone) 66, 68, 70
차단호(KFZ-Sperrgraben) 66
채무청산기금(Kreditabwicklungsfonds) 235
천도교 청우당 478
천안함 550, 557, 576, 617, 624
철의 장막(Iron Curtain) 25, 277
청년장교(Jugendoffizier)제도 330, 535
청산 단위(Verrechnungseinheit: VE) 90
체제 교체(Systemwechsel) 494~495, 617
체제 변화(Systemwandel) 494~495, 545, 602, 622~623
초국가연합(supranational union) 273
총이전액(Bruttotransfer) 234
최고민족 연방회의 501
추가의석(Überhangmandat) 162
출산휴가지원금(Mutterschaftsgeld) 58
친서방정책(Westintegration) 36, 40~41, 48, 142, 421

ㅋ

카이로 선언 455, 460
코메콘(Council for Mutual Economic Assistance: COMECON) 28~29, 34, 43, 50, 242, 250, 460
코민포름(Kominform) 28, 460
코카서스 회동 119, 126, 300, 424
쾨니히스베르크(Königsberg) 24
쿠바 위기 39, 44, 108, 300, 466
크세논 가스(Xe-133) 596
클러스터 구축(Clusterbildung) 251

ㅌ

「탈나치 종식법
    (Entnazifizierungsschlussgesetz)」 80, 83
나치화 훈령(Entnazifizierungsdirektiven) 79
탄도미사일 35, 275, 604~605
탄도미사일 확산방지 헤이그 행동규약(the
    Hague Code of Conduct against Ballistic
    Missile Proliferation) 593
탄도탄요격미사일협정(Antiballistic
    Missile: ABM) 274
탈나치화(Entnazifizierung) 72, 79~80, 83
탈냉전구도(Post-Cold War Structure) 611
탈스탈린화 37, 139
토지개혁 33, 463
통과사증협정(Passierscheinabkommen) 45,
    100, 466
통일 이전 세대(Vorwende-Generationen)
    448, 523
통일 이후 세대(Nachwende-Generationen)
    448, 523
통일 헌법 428, 492, 505~506, 515, 534,
    613~614
통일 후유증 182, 193~194, 246, 249, 261,
    387, 424, 428, 443, 516, 519, 620
통일비용 198, 233~235, 239~241, 243~
    244, 246~247, 315, 429, 497, 519,
    529, 543
통일조약(Einheitsvertrag) 118, 205, 206,
    219, 303, 306, 308, 375~376, 379,
    383, 392, 413, 426, 505
통제구역(Kontrollstreifen) 66, 76
투입군 작전지휘사령부(KdoOpFüEingrKr)
    326, 343
투입군(Eingreifkräfte) 340, 342~343
트루먼 독트린(Truman Doktrin) 24, 26, 28,
    460

ㅍ

파괴적 불신임 투표(destruktives
    Misstrauensvotum) 154
파리 협정 41
파병지휘국(Einsatzführungsstab) 340
파시즘(Faschismus) 85, 465
판문점장성급 회담 569
페리보고서(Perry Report) 580
페터스베르크 협정(Petersberger Abkommen) 26
평화공존(Friedliche Koexistenz) 37, 44, 47,
    571, 611~613
평화공한(Friedensnote) 46
평화체제구축 분과위원회(Peace Regime
    Establishment Subcommittee) 554
평화통일구상 선언(8·15 선언) 468
평화협정 24, 132, 491, 528, 553~554, 556,
    563, 568,~572, 577~578, 581, 591, 600,
    607~608, 610~612, 614, 619
포괄적 평화방안 564
포괄적 핵실험 금지기구(Comprehensive
    Nuclear-Test-Ban Treaty Organization:
    CTBTO) 596, 597
포괄적 핵실험 금지조약(Comprehensive
    Nuclear-Test-Ban Treaty: CTBT) 275,
    288, 293~294, 560, 602
포메른 주(Provinz Pommern:
    Hinterpommern) 25
포츠담회담(Potsdamer Konferenz) 22~24,
    64, 90, 459
포츠머스 조약 455
프랑스 해방군 23
프랑크 왕국(Frankenreich) 21
프로이센(Preußen) 21, 74, 156, 195, 324,
    333~334, 535
플루토늄 581, 584, 594~595, 597, 600,
    602

ㅎ

「하르츠(Hartz IV)법」 190, 257~259, 385, 395
「해고보호법(Kündigungsschutzrecht)」 390
하부구조(subsystem) 453, 488
한미 상호방위조약 573~574, 611, 614
한미 합의의사록 574
한반도 냉전구조 547~548, 553, 555, 579, 593, 618~619
한반도 비핵화 488, 564, 571, 582, 584, 624
한반도 평화체제 구축 577~578, 610
한일합방 455
할슈타인 독트린(Hallstein-Doktrin) 42, 47, 53~54, 62, 465, 467
함부르크 프로그램(Hamburger Programm) 73
합동지원군 337~338, 340, 344
합참 202, 348, 529~530, 532
해고보호(Kündigungsschutz) 58, 258
해외주둔 미군 재배치 검토(Global Defense Posture Review: GPR) 354, 359~361, 524
해외파병사령부 339~340
핵물질 생산중지 조약(Fissile Materials Cut-off Treaty: FMCT) 294
핵실험 34, 270, 294, 470, 550, 582, 584, 589, 592~598, 600, 602, 605, 608, 617, 624
핵연료 가공 공장 599
핵테러(nuclear terrorism) 294
핵확산 금지조약(Nuclear Non-proliferation Treaty: NPT) 131, 275, 293, 582~585, 594, 597~598, 602~603, 608
헌법(Verfassung) 29, 31, 85, 157, 328, 505
헬싱키 최종의정서(final act) 51~52, 129, 131, 135, 139, 144, 398, 421, 467
현대화 사업국(Abteilung Modernisierung) 340, 343, 530
협동조합 소유재산(Genossenschaftliche Eigentum) 410, 413
협력 및 근린 공동 협정 (Gemeinsamer Vertrag über Zusammenarbeit und gute Nachbarschaft) 116, 125
형사복권법(Strafrechtliches Rehabilitierungsgesetz) 211~212
호네커 재판(Honecker-Prozess) 207
화폐개혁 27~28, 616
화폐교환 차액보전기금(Ausgleichsfonds Währungsumstellungen) 235
화폐교환비율 215, 217
화폐통합 214~218, 222, 233, 235, 246, 249, 251, 396, 516~517, 521, 539
화해·협력단계 472, 501~503, 513, 527, 555, 563, 611, 614
환경군 336
후르시초프의 3국 이론 37
흡수통합 205, 315, 511, 527
히틀러 암살계획 84
힘의 우위 정책 40, 48, 420~421, 499

1

10개 군축방안 565
10개 항(Zehn-PunkteProgramm) 114, 124, 134

2

2+4 조약 118, 120, 126, 300, 309, 314, 315, 317, 325, 338, 368, 369, 422, 462, 648
200Mwe 태천 원자로 599~600
2·13 합의 555, 571, 591

2등 국민 166, 182, 193, 388, 428, 429, 439, 446, 448, 515

3
3단계 통일론 502
3대 혁명역량 467

4
4자회담 553, 569, 571, 581
4차 중동전쟁(Yom-Kippur war) 56

5
50MWe 영변 원자로 599
5MWe 연구용 원자로 599

6
6자회담 483, 555, 571~572, 580, 582~584, 589, 591~593, 597~598, 600, 602, 608

7
77헌장(Charta 77) 51, 140
7·4 남북공동성명' 468, 548

9
9·11 테러사건 579
9·19 공동성명 571

A
Agenda 2010 184, 190, 244, 249, 256, 257~258, 394, 430, 516

B
Bizone 26, 460

D
DMZ 평화지대화 564~565

E
EU 기동타격대 273, 278
EU 의회(Europäisches Parlament) 268~269
EU 의회선거 268
EU 이사회(Europäischer Rat) 268
EU 집행위원회(Europäische Kommission) 245, 268, 516
EU 확대 266, 278, 368
EU의 동구 확대 261, 369, 407

I
IAEA 안전협정 추가 의정서(additional protocol) 294

M
MBO(Management-Buy-Out) 방식 220

T
Trizone 26, 460

인명 찾아보기

ㄱ

가우크, 요아힘(Joachim Gauck) 153, 212
고르바초프, 미하일 (Mikhail Gorbachev) 107~110, 119~120, 127~128, 130, 135~136, 141~144, 146, 168, 289, 300, 301, 397, 423~424, 469, 524
고이즈미 준이치로(小泉純一郞) 592
괴링, 헤르만(Hermann Göring) 80~81
괴벨스, 요제프(Joseph Goebbels) 80
그로스만, 베르너(Werner Großmann) 210
기욤, 귄터(Günter Guillaume) 56
기지, 그레고어(Gregor Gysi) 116
김구 502
김규식 502
김대중 464, 479, 485, 500, 502~503, 548, 552, 557~558, 587, 609~610, 650
김성수 502
김영삼 472
김일성 459, 463, 466, 494, 515, 570, 617
김정은 617
김정일 491, 494, 515, 527, 548, 559, 561, 592, 610, 617, 618, 622

ㄴ

넌, 샘(Sam Nunn) 295
노이라트, 콘스탄틴 폰(Konstantin von Neurath) 81
노무현 500, 509, 552, 557~558, 561, 587

ㄷ

대처, 마거릿(Margaret Thatcher) 134~135
데 메지에르, 로타어(Lothar de Maizière) 88, 117, 144, 180~181, 186, 263, 299, 511, 526
데스탱, 발레리 지스카르 (Valery Giscard d'Estaing) 284
돌루스, 호르스트(Horst Dohlus) 208
드 클라크 대통령 601
드골, 샤를(Charles De Gaulle) 23, 270, 284
드타시니, 장 드라트르(Jean-Marie-Gabriel de Lattre de Tassigny) 22

ㄹ

러스크, 딘(Dean Rusk) 457
로렌츠, 지크프리트(Siegfried Lorenz) 209
로젠베르크, 알프레트(Alfred Rosenberg) 81
루스벨트, 프랭클린(Franklin Roosevelt) 21~22, 64, 456
뤼에, 폴커(Volker Rühe) 280
리벤트로프, 요아힘 폰(Joachim von Ribbentrop) 81

ㅁ

마셜, 조지(George Marshall) 26, 456
메드베데프, 드미트리(Dmitry Medvedev) 289
메르켈, 앙겔라(Angela Merkel) 163~164, 175~176, 181, 185~188, 190, 203, 229, 258~259, 261, 284, 289~290, 334, 338, 385, 395
모드로, 한스(Hans Modrow) 114, 116, 124~125, 216, 219, 511
몽고메리, 버나드(Bernard Montgomery) 22
뮈켄베르거, 에리히(Erich Mückenberger) 208
뮐러, 하이너(Heiner Müller) 123
미테랑, 프랑수아(François Mitterrand) 134, 146, 283, 284
밀케, 에리히(Erich Mielke) 33, 115, 207~208
밋탁, 귄터(Günter Mittag) 138

ㅂ

바거, 하르트무트(Hartmut Bagger) 335
바로, 루돌프(Rudolf Bahro) 52, 139
바웬사, 레흐(Lech Walesa) 140
바이츠제커, 리하르트 폰
 (Richard von Weizsäcker) 295, 341
번스, 제임스(James F.Byrnes) 457
벨러스호프, 디터(Dieter Wellershoff) 314
보르만, 마르틴(Martin Bormann) 81
본스틸, 찰스(Charles H.Bonesteel) 457
볼프, 크리스타(Christa Wolf) 52, 123
뵈메, 한스-요아힘(Hans-Joachim Böhme) 209
불프, 크리스티안(Christian Wulff) 153
브란트, 빌리(Willy Brandt) 40, 44, 46~50,
 52~53, 55~56, 61, 86~87, 97, 114,
 154~155, 175, 198, 244, 373~374,
 421, 466~467, 476, 485, 495, 499~
 500, 538
블레어, 토니(Tony Blair) 256
비스마르크, 오토(Otto von Bismarck) 21,
 60, 150, 156, 177, 333, 372, 422
빌헬름(Wilhelm I) 황제 372

ㅅ

샤르핑, 루돌프(Rudolf Scharping) 341
샤른호르스트, 게르하르트 폰(Gerhard von
 Scharnhorst) 324
샤보브스키, 귄터(Günter Schabowski) 114,
 124, 208
셰바르드나제, 예두아르트(Eduard
 Schewardnadse) 144, 301
셸, 발터(Walter Scheel) 47
숄츠, 루퍼트(Rupert Scholz) 345
쇤봄, 외르크(Jörg Schönbohm) 301, 316
쉬라흐, 발두어(Baldur Schirach) 81
슈뢰더, 게르하르트(Gerhard Schröder) 155,

173, 175, 183~184, 190, 192, 229, 245,
 256~258, 261, 273, 284, 287, 289, 341,
 359, 385, 394, 429~430
슈마허, 쿠르트(Kurt Schumacher) 176
슈미트, 헬무트(Helmut Schmidt) 51, 56~
 57, 87, 154~155, 175, 244, 284, 295,
 345, 374, 468, 469, 538
슈타우펜베르크, 클라우스 폰(Claus von
 Stauffenberg) 84
슈토이버, 에드문트(Edmund Stoiber) 363
슈토프, 빌리(Willi Stoph) 86~87, 115,
 207, 208
슈톨텐베르크, 게르하르트(Gerhard Stoltenberg)
 31, 40, 299~302, 317
슈트라우스, 프란츠 요제프
 (Franz Josef Strauß) 70, 484
슈트레렛츠, 프리츠(Fritz Streletz) 207
슈트루크, 페터(Peter Struck) 341
슈페어, 알베르트(Albert Speer) 80
슐츠, 조지(George Schultz) 295
스탈린, 이오시프(Joseph Stalin) 21, 23, 25,
 35~37, 41, 64, 457~458
시라크, 자크(Jacques Chirac) 273

ㅇ

아난, 코피(Kofi Annan) 292
아데나워, 콘라트(Konrad Adenauer) 31,
 40~45, 48, 82~83, 175~176, 188,
 196, 244, 282, 284, 371~373, 420~
 421, 465, 471, 499, 518
아브라스, 베르너(Werner Ablaß) 302
아이젠하워, 드와이트 데이비드(Dwight D.
 Eisenhower) 22
아이히만, 아돌프(Adolf Eichmann) 75
안드레오티, 줄리오(Giulio Andreotti) 134
알브레히트, 한스(Hans Albrecht) 206~207

애틀리, 클레멘트(Clement Attlee) 23
에곤 바(Egon Bahr) 44, 53, 295, 466
에르하르트, 루트비히(Ludwig Erhard) 31, 45~46, 175~176, 188
올브라이트, 매들린(Madeleine Albright) 580
울브리히트, 발터(Walter Ulbricht) 27, 32, 38, 62, 86, 137, 398, 471
이명박 548
이승만 462

ㅈ

조명록 580
존스, 제임스(James Jones) 363
주코프, 게오르기(Georgi K.Schukow) 22
진더만, 호르스트(Horst Sindermann) 114

ㅊ

처칠, 윈스턴(Winston Churchill) 21, 23, 25, 64

ㅋ

칸, 압둘 카디르(Abdul Qadeer Kahn) 595
케슬러, 하인츠(Heinz Keßler) 140, 207, 208, 298
콜, 미하엘(Michael Kohl) 53
콜, 헬무트(Helmut Kohl) 57~59, 87, 114, 116, 119, 120~121, 124~126, 134~136, 143~144, 146, 155, 173, 175~176, 180~183, 186~188, 192, 198, 216~218, 223, 233, 237, 244, 282~284, 289~301, 314, 374, 421, 424, 426, 428~429, 469, 499, 504, 507
크렌츠, 에곤(Egon Krenz) 111, 115, 123, 208
클라이버, 귄터(Günter Kleiber) 208
클라크, 마크(Mark Clark) 570
키신저, 헨리(Henry Kissinger) 295

키징거, 쿠르트 게오르크 (Kurt Georg Kiesinger) 46, 175

ㅌ

텔만, 에른스트(Ernst Thälmann) 85
텔칙, 호르스트(Horst Teltschik) 144
트루먼, 헤리(Harry Shippe Truman) 23~24, 26, 456, 457
티르제, 볼프강(Wolfgang Thierse) 164
티쉬, 하리(Harry Tisch) 208

ㅍ

펑더화이(彭德懷) 570
페리, 윌리엄(William Perry) 295, 585
푸틴, 블라디미르(Vladimir Putin) 289
플라체크, 마티아스(Matthias Platzeck) 159, 164
플레뱅, 르네(René Pleven) 36

ㅎ

하거, 쿠르트(Kurt Hager) 208
하리히, 볼프강(Wolfgang Harich) 139
하베만, 로베르트(Robert Havemann) 139
하벨, 바츨라프(Václav Havel) 140
하인, 크리스토프(chrisgtoph Hein) 123
하임, 슈테판(Stefan Heym) 52, 123
할슈타인, 발터(Walter Hallstein) 42
헤겔, 프리드리히(Friedrich Hegel) 40, 420, 499, 552
헤르브스트리트, 게오르크(Georg Herbstritt) 209
헤버, 헤르베르트(Herbert Häber) 208
헤커, 지그프리드(Siegfried Hecker) 595
호네커, 에리히(Erich Honecker) 47, 51 58~59, 70, 86~87, 103~104, 111, 115, 123, 137~138, 142, 205, 207~208,

411, 425, 469, 481, 496
호이스, 테오도어(Theodor Heuss) 177
호프만, 테오도어(Theodor Hoffmann) 298~299
회스, 루돌프(Rudolf Höß) 77, 80

후르시초프, 니키타 세르게예비치
 (Nikita Sergeevich Khrushchyov) 35, 37
히틀러, 아돌프(Adolf Hitler) 20, 60, 61, 72, 75, 80

▪ 지은이

김동명 Colonel(ret.) Dr. Kim, Dongmyung

경남 진주 출생(1952)
서울 대광고등학교 졸업(1971, 23회)
육군사관학교 졸업(1975년, 31기, 독어 전공)
서울대학교 독어독문과 졸업(1979)
독일 콘스탄츠 대학교 국제정치·독문학 석사(1986)
독일 콘스탄츠 대학교 국제정치학 박사(1991)

육군사관학교 교수부 독일어 교수
국방부 군비통제관실 북한 핵문제 담당관
합참의장실 군사정책 담당관
대통령비서실 외교안보수석실 국방정책 담당관
주독일 한국대사관 국방무관(본·베를린)
국방차관 수석보좌관
국방부 군비통제관실 대북정책과장
국방대학교 안보 문제 연구소 연구관
국제기구 포괄적 핵실험 금지기구(CTBTO, 비엔나 소재) 국제협력과장

『서구통합 관점에서 본 환태평양 공동체 가능성과 한계(Die Möglichkeiten und Grenzen der pan-pazifischen Gemeinschaft im Licht der Westeuropäischen Integration)』(Konstanz University, 1984)
『동아시아에서 미-중-일 3국 협력 관계(Die amerikanisch-chinesisch- japanische Zusammenarbeit in Ostasien)』(Peter Lang Verlag, 1991)
그 외 독일 통일, 독일 군사통합, 유럽 안보 및 한반도 안보 문제 관련 논문 다수

독일 정부로부터 Das große Verdienstkreuz(대 공로 십자 훈장)을 받음(2001)

한울아카데미 1294

독일 통일, 그리고 한반도의 선택
스무 살 독일 얼마만큼 컸나?

ⓒ 김동명, 2010

지은이 | 김동명
펴낸이 | 김종수
펴낸곳 | 도서출판 한울

편집책임 | 배은희
편집 | 염정원

초판 1쇄 발행 | 2010년 9월 30일
초판 2쇄 발행 | 2010년 12월 30일

주소 | 413-756 파주시 교하읍 문발리 535-7 302(본사)
　　　121-801 서울시 마포구 공덕동 105-90 서울빌딩 3층(서울 사무소)
전화 | 영업 02-326-0095, 편집 02-336-6183
팩스 | 02-333-7543
홈페이지 | www.hanulbooks.co.kr
등록 | 1980년 3월 13일, 제406-2003-051호

Printed in Korea.
ISBN 양장　978-89-460-5294-9　93340
　　　반양장 978-89-460-4335-0　93340

* 책값은 겉표지에 있습니다.